de Gruyter Studienbuch

Günter Abel

Nietzsche

Die Dynamik der Willen zur Macht und die ewige Wiederkehr

2., um ein Vorwort erweiterte Auflage

1998

Walter de Gruyter · Berlin · New York

Erstmals erschienen als
Monographien und Texte zur Nietzsche-Forschung Bd. 15,
Walter de Gruyter & Co., Berlin 1984

∞ Gedruckt auf säurefreiem Papier,
das die US-ANSI-Norm über Haltbarkeit erfüllt.

Die Deutsche Bibliothek – CIP-Einheitsaufnahme

Abel, Günter:
Nietzsche : die Dynamik der Willen zur Macht und die ewige Wiederkehr / von Günter Abel. – 2., um ein Vorw. erw. Aufl. – Berlin ; New York : de Gruyter, 1998
(De-Gruyter-Studienbuch)
ISBN 3-11-015191-X

Printed in Germany

Satz und Druck: Arthur Collignon GmbH, Berlin
Bindearbeiten: Lüderitz & Bauer, Berlin

Vorwort zur 2. Auflage

Das vorliegende Buch erscheint unverändert in Neuauflage als de Gruyter-Studienbuch. Die vor allem in Kapitel VI entfaltete zentrale Rolle der Perspektivität und der Interpretativität im Denken Nietzsches stellt einen in der neueren Nietzsche-Forschung grundlegenden Gesichtspunkt dar. Dies gilt sowohl in Hinsicht auf Nietzsches Konzeption der Willen-zur-Macht-Prozesse als auch in bezug auf den Gedanken der ewigen Wiederkehr sowie für die Verbindung beider. Interpretation kann, so die These, als Fundamentalvorgang konzipiert und als ein Leitfaden der Betrachtung genommen werden.[1] Dieser Aspekt hat in der Nietzsche-Forschung eine philosophische Aufwertung erfahren.[2] Er vermag den Grundcharakter von Nietzsches Denken ebenso zu treffen, wie er die fragmentarische und sich in Aphorismen darstellende Eigenart von Nietzsches Texten integriert, *ohne* dabei den interpretativen Charakter der Lebensformen in ihrer Pluralität der Perspektiven zu übergehen, gar in ein ‚System' zu pressen. Von letzterer Möglichkeit sind wir durch die Natur der Interpretationsverhältnisse selbst, die eben nicht-reduzierbare und plurale *interpretative* Verhältnisse sind, systematisch abgeschnitten.

Die in Nietzsches Denken zentrale Thematik der Interpretation habe ich in späteren Arbeiten und in anderen Kontexten weiterzuentwickeln versucht. Dies führte zu der Idee einer „Interpretationsphilosophie", wie sie vor allem in dem Buch „Interpretationswelten. Gegenwartsphilosophie jenseits von Essentialismus und Relativismus"[3] und in einer Reihe anderer Arbeiten entfaltet wurde. Der Interpretationsphilosophie geht es um ein angemessenes Verständnis dessen, daß wir uns als endliche Geister immer schon in Welt-, Fremd- und Selbstverhältnissen befinden, die als Interpretationsverhältnisse, das heißt: als aktiv schematisierende, konstruktbildende, formierende, projizierende, perspektivisch-auslegende, klassifizierende und darin Erfahrung organisierende Verhältnisse angesehen werden können. In diesem Sinne kann, in der

---

[1] In bezug auf die Wiederkunftslehre wurde auf S. 389 der Neuauflage ein versehentlicher Übertragungsfehler in einem Zitat aus dem Nachlaß (Kritische Gesamtausgabe Werke, Abtlg. VIII, Band 3, Fragment 14 [188], S. 167) beseitigt: es geht dort nicht um den „endlichen", sondern um den „unendlichen progressus". Den Hinweis auf diesen Fehler verdanke ich einem Aufsatz von Dirk L. Couprie zu Nietzsches Wiederkunftslehre, der in den *Nietzsche-Studien*, 27 (1998), erscheinen wird.

[2] Vgl. die Darstellung von J. N. Hofmann: Wahrheit, Perspektive, Interpretation. Nietzsche und die philosophische Hermeneutik (= Monographien und Texte zur Nietzsche-Forschung, Band 28), Berlin–New York 1994.

[3] Frankfurt a. M. 1993; Neuauflage 1995.

Linie Nietzsches, „Interpretation" als Grundwort einer Philosophie entfaltet werden, der es um Erläuterung der genannten Verhältnisse und um Präzisierung des auf sie bezogenen Diskurses geht. Auch auf diese Weise also ist eines der grundlegenden Themen der Philosophie Nietzsches in Debatten der Gegenwartsphilosophie systematisch relevant, und zwar sowohl in der sogenannten kontinentalen als auch in der analytisch orientierten Philosophie sowie an den Schnittstellen beider. Der Ausgangspunkt der Interpretationsphilosophie bei Nietzsche wird in der Literatur mit Recht betont.[4] Durch die Neuauflage des vorliegenden Buches trägt der Verlag Walter de Gruyter auch zur Stärkung dieses Zusammenhangs bei. Dafür möchte ich dem Verlag danken.

Berlin, im Mai 1998 Günter Abel

---

[4] Vgl. z. B. M. Hofer: Nächstenliebe, Freundschaft, Geselligkeit. Verstehen und Anerkennen bei Abel, Gadamer und Schleiermacher, München 1998, Teil I.

Vorwort

Der erste Teil des vorliegenden Buches analysiert die aus Nietzsches veröffentlichtem und nachgelassenem Werk zu rekonstruierende *neue* Auslegung der Wirklichkeit. Darin geht es um ein Welt- und Selbstverständnis, das an die Stelle der die abendländische Tradition bestimmenden Auffassungen tritt. In Nietzsches Denken vollzieht sich eine Überwindung nicht nur der für die alte Weltdeutung wesentlichen Teleologie, sondern auch der Prinzipien neuzeitlicher Rationalität. Dies wird leitmotivisch an den Grundbegriffen der Selbsterhaltung, der Steigerung, der Teleologie, der Perspektivität und der Interpretation entwickelt. Realität gibt es immer nur als eine in Prozessen der Organisation, des Abgrenzens, Auswählens, Unterscheidens, Assoziierens, Dissoziierens und klassifizierenden Konstruierens, kurz: immer nur als in Prozessen der Interpretation hervorgebrachte Realität. Wenn etwas *so* ist, dann ist es ipso facto ein interpretiertes Etwas. Auch die empirische Welt ist von den Standards der Interpretation abhängig. Die Idee des rein Gegebenen läßt sich nicht explizieren und sollte mithin nicht nur abgeschwächt und verfeinert, sondern aufgegeben werden. Diese Prozesse perspektivischer Realitäts-Erzeugung sind Nietzsche zufolge Vorgänge des Machtwollens und der Interpretation in einem. Sie sind für alle Geschehensvorgänge, nicht nur für den Menschen charakteristisch. Grundlage des neuen Welt- und Selbstverständnisses sind die jetzt nicht mehr am Paradigma der Dinge im Sinne materieller Körper, sondern der Ereignisse im Sinne prozessualen Geschehens konzipierten Kräftevollzüge, die Nietzsche als dynamisch-energetische Willen-zur-Macht-und-Interpretations-Prozesse bestimmt. Mit ihnen wird eine Ebene der Betrachtung betreten, die in die gemeinsame Wurzel von Ethik, Physik, Logik als logikē technē und Ästhetik sowie hinter die Dualismen und Entgegensetzungen des Verstandesdenkens (Subjekt und Objekt; Innen und Außen; Mensch und Welt; Geist und Natur; Sein und Sollen) zurückgeht. Dies gestattet, der naturphilosophischen Dimension gegenüber einer rein logozentrischen Auffassung Raum zu geben, *ohne* damit naturalistischen Reduktionen unterworfen zu sein. Zugleich wird das Machtwollen in einer Weise konzipierbar, die weder als Ausdruck eines philosophischen Absolutismus noch als Hypostasierung des neuzeitlichen Subjektbegriffs mißverstanden werden darf.

Auf der so gewonnenen Basis soll der zweite Teil den Gedanken der ewigen Wiederkehr des Gleichen entwickeln und in seinem philosophischen Status bestimmen. Unter den vielen möglichen Weltkonzeptionen erweist sich die Wiederkunftslehre als diejenige Form des ursprünglich-einheitlichen Welt-und-Selbst-Verständnisses, die den spezifisch nach-neuzeitlichen, nach-metaphysischen und post-nihilistischen Bedingungen angemessen Rechnung trägt. Diese laufen im Kern darauf hinaus, daß die endlichen Geister das Wahre, Gute und Schöne nicht nur nicht besitzen, sondern daß es Wahrheit, höchstes Gut und Schönheit in irgendeinem an-sich-seienden oder objektiven Sinne gar nicht gibt bzw. sich unter den Bedingungen der Endlichkeit, die mit Perspektivität gleichbedeutend ist, nicht einmal verständlich machen lassen. Der Wiederkunftsgedanke kann unausweichlich werden, sobald man versucht, die Bedingungen anzugeben und zu Ende zu denken, unter deren Geltung ein Großteil der Probleme, die in der abendländischen Tradition von kardinaler Bedeutung waren (wie z. B. die Idee der Transzendenz; eines endlichen Anfangs der Welt in der Zeit; eines Schöpfer-, Erhalter- und Heils-Gottes; der Teleologie; der moralischen Ontologie; der Rechtfertigungs- und der Erlösungsbedürftigkeit; eines metaphysisch Letztgründenden oder eines Seins), gar nicht mehr als Probleme auftreten können. Diesen Effekt erreicht die Wiederkunftslehre nicht deshalb, weil sie einzelne andere Konzeptionen widerlegt. Vielmehr wird die ganze Optik der Betrachtung, innerhalb derer diese Interpretamente überhaupt sinnvolle Probleme sein konnten, von Grund auf verändert, sprich: um-interpretiert.

Darüber hinaus ist es allein der Wiederkunftsgedanke, der die beiden zentralen philosophischen Gesichtspunkte in ihrer Einheit zusammenschließt: daß die Welt vom Charakter des Werdens, nicht des Seins, und daß alles Dasein unabwertbar ist und keiner Rechtfertigung bedarf. Beide Perspektiven implizieren einen Aeternalismus a-platonistischer Art. Und in keinem anderen Welt- und Selbstverständnis sind Werdecharakter, Daseinswert und Aeternität so vollständig ineinander übergegangen wie im Gedanken der ewigen Wiederkehr. Dieser kann schließlich aus der Logik der Willen-zur-Macht-und-Interpretations-Prozesse heraus als der interne Gipfel des alle Erfahrung bestimmenden Interpretations-Zirkels, als die Interpretation der Interpretationen entfaltet werden. Der Wiederkunftsgedanke ist dann als die post-nihilistische Daseinsinterpretation aufzufassen, die sich selbst nicht erneut als absolute Philosophie oder gar als einen Objektivismus mißverstehen kann. Die Überwindung des Nihilismus stellt er vor allem deshalb dar, weil mit seiner Übernahme die vorbehaltlose und uneingeschränkte Bejahung *aller* Realität verknüpft ist. Oder: ein Individuum, das sich selbst und alles Dasein, dem es zugehörig ist, vorbehaltlos bejaht und als unabwertbar bzw. als überaus wertvoll empfindet, steht eben dadurch bereits jenseits des Nihilismus und im Gedanken der ewigen Wiederkehr des Gleichen. Denn die vollständige Bejahung zu Ende gedacht, erfordert schließlich die Wiederkehr des Weltprozesses im ganzen und in einem jeden seiner Momente. Darin entzieht der Wiederkunftsgedanke nach-neuzeitlich allen erneut drohenden dualismus-nahen gnostischen Metaphysmen die Bedingungen ihrer Möglichkeit.

Der dritte Teil des Buches erörtert die Wiederkunftslehre sodann überwiegend in ihrem Verhältnis zum neuzeitlich-wissenschaftlichen Denken. Dies darf freilich nicht als eine Verwissenschaftlichung des Wiederkunfts-*Gedankens* mißverstanden werden. Doch obwohl eine wissenschaftliche *Theorie* nicht Begründungsinstanz für einen philosophischen *Gedanken* sein *kann* (denn der Gedanke liegt im Sinne horizont-bildender und darin welt-erschließender Logik *vor* der Möglichkeit empirischer Erfahrung und Theoriebildung), ist das Verhältnis von Wiederkunftslehre und wissenschaftlichem Denken dennoch bedeutsam. Zum einen muß sich die Wiederkunftslehre für ein in der Neuzeit großgewordenes Bewußtsein neben den verstandeslogischen auch den wissenschaftlich-theoretischen Herausforderungen und Rationalitätsstandards stellen bzw. diesen gegenüber verteidigen lassen. Zum anderen läßt sich die wissenschaftlich-theoretische Darstellungsform (die *eine*, nicht die einzige, nicht die grundlegende, mithin nicht *die* Version bzw. Veranschaulichung des Wiederkunftsgedankens ist) gerade auch im Ausgang der Rahmenbedingungen des neuzeitlich-wissenschaftlichen Denkens selbst konzipieren. Auch die Wissenschaft sieht sich diesem Gedanken ausgesetzt.

Nietzsche steht nicht nur am Ende der Epoche abendländischer Metaphysik. Er ist zugleich ein neuer Anfang. Aber er selbst hat den Strukturen der in seinem Philosophieren bereits maßgebenden nach-neuzeitlichen, nachmetaphysischen und post-nihilistischen Daseinsinterpretation keine systematisierende Darstellung gegeben. Eine der Schwierigkeiten im Umgang mit Nietzsche-Texten besteht darin, daß sich das Fragmentarische dieses Denkens einerseits bewußt einem streng begrifflichen Zugriff entzieht, daß andererseits jedoch die möglichen Inhalte dieser Philosophie nur dann den Boden weiterer Einsichten abgeben können, wenn sie in einer auch der Argumentation zugänglichen Form bewahrt werden. Weder also ist Nietzsches Denken einer unangemessenen begrifflichen Positivierung zu unterwerfen, noch darf sich die Vernunft in der Auseinandersetzung mit Nietzsche mit dem bloß Aphoristischen begnügen. Das Stehenbleiben-wollen beim Fragmentarischen ist nicht weniger positivistisch als der Glaube an objektive Gegebenheiten.

In den folgenden Erörterungen geht es um Nietzsche den Philosophen, nicht um den Stilisten und nicht um Nietzsche den Psychologen, den er vor allem in Gestalt der Entlarvungspsychologie so meisterlich verkörperte. Doch wie für Philosophie überhaupt, so ist auch in bezug auf Nietzsches Denken wichtig, den Unterschied sowohl zwischen Philosophie und Psychologie als auch zwischen Philosophie und Wissenschaft zu beachten.

Während, stark vereinfacht, Psychologie sich mit Vorgängen der Innenwelt, mit seelischen Zuständen und Reaktionsformen beschäftigt, Wissenschaft dagegen mit der Außenwelt und deren Gesetzmäßigkeiten befaßt ist, kann es als Charakteristikum der Philosophie gelten, daß ihre Anstrengung nicht auf Dinge *in* der Welt, weder der Innen- noch der Außenwelt, sondern auf die *Grenze der Welt* im Sinne Wittgensteins gerichtet ist, in und als deren Vollzug Wirklichkeit überhaupt erst *als* Wirklichkeit, Welt überhaupt erst zu einer *So-und-so*-Welt wird. Philosophie befaßt sich nicht mit einer Welt von Tatsachen, sondern mit dem Zustandekommen von Tatsachen. Diese Struktur, die *vor* jeder empirischen Erfahrung liegt, ist das, was im *philosophischen* Sinne als *das Logische* anzusprechen und deutlich vom formellen Sprach- und Verstandesdenken sowie von der formalen Logik im Sinne des prämissenfolgernden Schließens zu unterscheiden ist. Philosophie kann als der Versuch aufgefaßt werden, diese in einem jeden Welt- und Selbstverhältnis implizit wirksame Struktur explizit zu machen.

Nietzsche hat den Unterschied zwischen der formalen und der philosophischen Logik nicht hinreichend bedacht. Was er unter dem Titel ‚Logik' kritisiert, ist vor allem der Logizismus und der Logozentrismus im Sinne eines formellen Denkens, das sich selbst als ontologisches Realitätskriterium und zugleich als etwas Fest-Stehendes mißversteht. Die formale Logik sagt weder etwas über die Form noch über die Beschaffenheit der Welt. Sie sagt gar nichts über die Welt. Demgegenüber erstreckt sich das Logische nicht nur auf formale Konsistenz, sondern auch auf die Bedingungen seiner Gültigkeit in der Erfahrung. Es ist eo ipso nichts Statisches und meint die nicht noch einmal hintergehbaren und auch nicht operational herstellbaren prozessualen sowie schemainternen Vollzüge des ursprünglich-einheitlichen Welt- und Selbstverständnisses. Jede Nietzsche auf den Grund gehende Betrachtung wird bemerken, daß das Interesse seines Denkens letztlich auf das Erfassen eben dieser Struktur gerichtet ist. Dieses Motiv teilt er mit der großen Tradition der philosophischen Logik, die mit den Namen Leibniz, Kant, Hegel und Wittgenstein verbunden ist. Die Deutung jedoch, die Nietzsche von dieser Struktur gibt, und die Konsequenzen, die er aus ihren charakteristischen Merkmalen ziehen zu müssen glaubt, sind von den die Tradition beherrschenden Auffassungen auf eine markante Weise unterschieden. Dies wird vor allem im Rahmen des Grundbegriffs der *Interpretation* sowohl in bezug auf die Willen-zur-Macht-Prozesse als auch hinsichtlich der Wiederkunftslehre im einzelnen zu entwickeln sein. Keine dieser beiden Lehren läßt sich auf Psychologie oder auf Wissenschaft bzw. wissenschaftliche Theorie reduzieren. Aber dies schließt nicht aus, daß Nietzsche sich auch an Psychologie und Wissenschaft orientiert. Doch bei näherer Prüfung wird vieles von dem, was zunächst wie ein psychologisches oder ein theoretisches Problem aussieht, zu einem Strukturmodus der Welt-und-Selbst-Auslegung mit einer spezifisch eigenen Logik. In dieser Hinsicht kommt innerhalb des Argumentationsganges des ganzen Buches den Kapiteln VI und VIII besondere Bedeutung zu.

Das Nietzsche-Verständnis ist seit Beginn der siebziger Jahre vor allem durch die Arbeiten von Wolfgang Müller-Lauter auf ein neues Niveau gestellt worden. Die von ihm vertretene Wende gegen eine Auffassung des Willens zur Macht im Sinne eines metaphysischen Prinzips und die Betonung des Primats der Vielheit vor der Einheit sowie des Gegensatzcharakters der Machtwillen werden hier aufgenommen. Herrn Professor Dr. Müller-Lauter gilt für die in vielen Gesprächen im Rahmen der Thematik dieses Buches vermittelten sachkundigen Hinweise mein besonderer Dank. Darüber hinaus möchte ich den Kollegen vom Institut für Philosophie an der Technischen Universität Berlin, vor allem Herrn Professor Dr. Hans Poser und Herrn Professor Dr. Friedrich Rapp, ebenso Herrn Professor Dr. Dr. h. c. Friedrich Kaulbach (Münster), Herrn Professor Dr. Gerd-Günther Grau (Hannover) und Herrn Professor Dr. Mazzino Montinari (Florenz) für Anregungen und Diskussionsbeiträge danken. Der Verfasser ist den Herausgebern und dem Verlag Walter de Gruyter für die Aufnahme der Arbeit in die Monographienreihe der Nietzsche-Studien und der Deutschen Forschungsgemeinschaft für die Gewährung eines Druckkostenzuschusses zu Dank verpflichtet. Dem Buch liegt die im Wintersemester 1981/82 vom Fachbereich Kommunikations- und Geschichtswissenschaften der Technischen Universität Berlin angenommene Habilitationsschrift zugrunde.

Inhaltsverzeichnis

Zweiter Teil

Der Gedanke der ewigen Wiederkehr des Gleichen

Dritter Teil

Wiederkunftslehre und neuzeitliches Denken

Erster Teil
Die Willen-zur-Macht-Prozesse

„Wir wissen eine Veränderung nicht abzuleiten, wenn nicht ein Übergreifen von Macht über andere Macht statt hat".
(Nietzsche, KGW VIII, 3, 14 (81), S. 52)

„naturam finem nullum sibi praefixum habere, et omnes causas finales nihil, nisi humana esse figmenta". (Spinoza, Ethica I, Appendix)

„die anscheinende ‚*Zweckmäßigkeit*' ... nur ein *Ausdruck* für eine Ordnung von Machtsphären und deren Zusammenspiel".
(Nietzsche, KGW VIII, 2, 9 (91), S. 50)

I. Wirklichkeit als Bewegung. Nietzsche und die Tradition

1. Geschehen als Problem

Wie ist Wirklichkeit aufzufassen, wenn weder eine teleologische noch eine kausal-mechanische Erklärung an ihren Prozeßcharakter heranreicht? Diese Frage spielt in Nietzsches Philosophie eine wichtige Rolle. Sie setzt sie zum einen in ein bestimmtes Verhältnis zur philosophischen Tradition und eröffnet zum anderen eine Verbindung zur modernen Naturauffassung dieses Jahrhunderts, die sich ihrerseits zu einem weitgehenden Ausschluß sowohl der Final- als auch der Kausalerklärung genötigt sah. Die Reichweite des Problems wird jedoch erst deutlich, sobald dessen erkenntnis- und prinzipientheoretische Perspektive überschritten und zugleich eingesehen werden muß, daß der Mensch nicht mehr, wie die Metaphysik unterstellte, als etwas von allem anderen Seienden irreduzibel Verschiedenes angesetzt werden kann. Dies bedeutet, daß eine Auftrennung der Seinsbereiche nach Anorganischem, Organischem, Bewußtheit und bewußtem Denken nicht möglich ist, daß es letztlich keinen kardinalen Unterschied zwischen Kristall, Pflanze, Tier und Mensch gibt. Wird noch hinzugesetzt, daß, wie sich vor allem im Hinblick auf ein Verständnis des menschlichen Leibes zeigt, auch die Kybernetik als Lehre der sich selbst steuernden Systeme keine zufriedenstellende Antwort auf die veränderte Problemlage bietet, so ist eine der Perspektiven bezeichnet, in der Nietzsches Philosophie nicht nur von historischem Interesse ist. Daß sie dies in anderen Hinsichten, z. B. in Sachen Nihilismus, nicht ist, findet weitgehend Anerkennung. Daß jedoch Nietzsches Anstrengung etwa zur Überwindung des nihilistischen Sinn- und Wertlosigkeitsverdiktes über alles Dasein ihre Basis nicht in einer ‚spielerischen Artistik' und auch nicht in der Idee der ‚großen Politik', sondern, grundsätzlicher, in der von diesem Philosophieren gegebenen Antwort auf die Frage nach dem *Geschehens*charakter des Wirklichen und Lebendigen hat, dies gerät in der Regel nicht in den Blick. In der Rede von ‚Geschehen' geht es um die Prozesse des Übergangs von einem Zustand in einen nächsten und um die Frage, wie diese Vorgänge zu begreifen sind. Die Schwierigkeit besteht darin, daß diese Übergänge weder im Modus und in den Elementen der Ausgangszustände noch in denen der Abschlußzustände beschrieben und erfaßt werden können. Die Klärung der damit verbundenen Probleme kann als ein zentrales Anliegen auch von Nietzsches Philosophie angesehen werden.

Nietzsche hat eine *neue Auslegung* des Daseins vorgeschlagen. Die Welt ist darin weder eine einheitliche Substanz noch etwas, das aus vielen individuellen Substanzen als seinen Teilen besteht. Die Welt ‚besteht' überhaupt nicht aus irgend etwas. Sie ist die sich in ihren strukturellen Konfigurationen fortwährend verschiebende Totalität, nicht die Einheit, sondern das Gesamt der mit- und gegeneinander wirkenden Kräfte-Zentrierungen, die Nietzsche als dynamische Willen-zur-Macht-Organisationen bestimmt. Deren Vollzüge sind die einzige Realität. Oder umgekehrt: es gibt Wirklichkeit *als* Wirklichkeit, als die *So-und-so*-Wirklichkeit nur *in und als* Vollzug des vielheitlichen Willen-zur-Macht-Geschehens. Dieses ist darin weder psychologischer noch wissenschaftlich-gesetzlicher, sondern *logischer* Natur und betrifft *alle* Seinsbereiche. Eine solche Auffassung bedarf der Klärung und der eingehenden Erörterung. So ist z. B. zu fragen, unter welchen Bedingungen sie zustande kommen kann, wodurch sie näherhin charakterisiert ist, was sie voraussetzt und was sie impliziert, inwieweit und in welchem Sinne sie als triftig und, in Verbindung mit anderen Lehrstücken, als Ausdruck eines nach-metaphysischen und post-nihilistischen Welt-und-Selbst-Verständnisses angesehen werden kann. Wichtig ist zunächst der Aufweis, daß sich die relationalen Vollzüge der Willen-zur-Macht-Quanta grundlegend nicht nur von der alten teleologischen, sondern auch von der mit der Neuzeit dominant gewordenen kausalmechanischen Wirklichkeitsauffassung unterscheiden. Die ursprünglichen, das heißt die nicht noch einmal hintergehbaren und nicht auf dem Wege irgend einer Operation herstellbaren Geschehensvollzüge sind weder durch Rekurs auf eine Zweck-, Ziel- oder Endursächlichkeit noch durch das Ursache-Wirkung-Schema zu erfassen. Da sich causa finalis und causa efficiens wechselseitig bedingen und voneinander abhängen, war es eine natürliche Konsequenz, daß auf den Ausschluß der finalen schließlich auch derjenige der kausalen Erklärung folgte. Allerdings bedurfte es zu diesem zweiten Schritt noch längerer theoriegeschichtlicher Entwicklungen.

In diesen Zusammenhängen ist das Prinzip der intransitiven Selbst-Erhaltung für die neuzeitliche Rationalität von grundlegender Bedeutung. Es ist zum einen selbst bereits Gegenbegriff zur aristotelisch-scholastischen Teleologie.[1] Zum anderen kann es in Gestalt des Erhaltungssatzes den Inhalt des Kau-

[1] Vgl. dazu die grundlegenden Arbeiten von H. Blumenberg, *Selbsterhaltung und Beharrung. Zur Konstitution der neuzeitlichen Rationalität,* (1970), und D. Henrich, *Die Grundstruktur der modernen Philosophie,* (1974), sowie Ders., *Über Selbstbewußtsein und Selbsterhaltung* (1976); alle Arbeiten wiederabgedruckt in H. Ebeling (Hg.), *Subjektivität und Selbsterhaltung,* Frankfurt/M. 1976, S. 144–207; 97–121; 122–143. Vgl. W. Dilthey, *Weltanschauung und Analyse des Menschen seit Renaissance und Reformation,* Ges. Schr., Bd. II, bes. S. 283–292. Vgl. von H. Blumenberg, *Die Legitimität der Neuzeit,* Frankfurt/M. 1966, und hier besonders die erweiterte Neuausgabe des ersten und zweiten Teiles dieses Buches als: *Säkularisierung und Selbstbehauptung,* Frankfurt/M. 1974.

salprinzips abgegeben. Letztere Möglichkeit zeigt sich deutlich erst im Zuge der mathematisch gesicherten Formulierung des Energiesatzes Mitte des 19. Jahrhunderts, der auch heute noch einen der obersten Grundsätze aller wissenschaftlichen Naturbetrachtung darstellt. Doch ist der fundamentalistische Erhaltungsgedanke gerade auch im Blick auf Nietzsches Philosophie aufschlußreich. Die mit ihm verknüpften Problemstellungen bieten sachlich eine ausgezeichnete und integrationskräftige Hintergrundfolie zur Interpretation dieses Denkens. Die Frage nach Nietzsches Stellung zum Prinzip der Selbst-Erhaltung eröffnet einen Zugang zum Zentrum dieses Philosophierens, ermöglicht eine umfassende Rekonstruktion seiner Grundgehalte und macht das Verhältnis von Nietzsches Denken zur neuzeitlichen Rationalität und deren Entwicklungen bis ins späte 19. Jahrhundert durchsichtig.

Im Hinblick auf diese Aspekte ist von vornherein zu betonen, daß ebensowenig wie das neuzeitliche Erhaltungsprinzip auch Nietzsches Philosophem der Willen-zur-Macht nicht, wie dies immer noch weitverbreitete Meinung ist, als ein physikalischer Naturalismus, als Sozioökonomismus oder einfach als Biologismus mißverstanden werden darf. Nietzsche nennt ‚Willen-zur-Macht' die dynamischen und in sich vielheitlich organisierten Kraftzentren, deren relationalem Tätigsein sich jedes Wirkliche und Lebendige in seinem Was, in seinem Wie und in seinem fortwährenden und prinzipiell unabschließbaren Fluß des Werdens und Vergehens verdankt. Zwar ist nicht zu leugnen, daß Nietzsches physiologisch-chemische Denkungsart nicht nur im Vokabular, sondern auch in mancher Sachfrage eine deutliche Verbindung zur Biologie sowie zu den Naturwissenschaften seiner Zeit aufweist. Aber es handelt sich eben nicht um einen Biologismus im Sinne der Übertragung von Ansichten der biologischen bzw. physikalisch-chemischen Wissenschaften über das Pflanzliche und Tierische in andere Bereiche. Vielmehr geht es darum, daß Wirklichkeit als Leben und jedes Lebendige wiederum als Struktur in sich *zugleich* physischer und intelligenter sowie vielheitlicher Relationalität, von Anfang an also weder im Sinne eines bloßen Naturalismus noch nach Art eines Substantialismus sich-gleich-bleibender, fester Entitäten oder der Idee eines metaphysisch Letztgründenden aufgefaßt wird. In der Optik dieser zugleich nicht-naturalistischen und nicht-essentialistischen Welt-Auslegung gewinnt Nietzsche dann auch die Maßstäbe seiner Kritik an der Wissenschaft, und zwar gerade auch der zeitgenössischen Physiologie, Biologie und Physik. Später wird zu sehen sein, daß es darüber hinaus vor allem der Perspektivismus der Kräftevollzüge ist, der dem Naturalismusverdacht den Boden vollständig entzieht.[2] Für die weiteren Erörterungen ist also entscheidend, sowohl in bezug auf das

---

[2] Zum Perspektivismus vgl. unten Kap. VI, 2–5. Zur Abwehr des Biologismus-Vorwurfs vgl. schon M. Heidegger, *Nietzsche*, Bd. I, S. 517ff.; vgl. unten auch Kap. II, 3, S. 55f., Anm. 51.

neuzeitliche Selbst-Erhaltungsprinzip als auch hinsichtlich der Philosophie Nietzsches diese fundamentalere Verständnisebene einer Auslegung des Grundcharakters dessen, *was und wie es ist,* zu betreten.

2. *Ursprüngliche Aktivität der Kräfte*

Die Antwort, die Nietzsche auf die mit der Tradition geteilte Frage nach dem Grundcharakter und der Verlaufsform des Seienden gibt, ist von den Antworten dieser Tradition deutlich unterschieden. Dies hindert jedoch nicht, das Eigentümliche von Nietzsches Weltauslegung, außer durch eine genaue Analyse seines Werkes, auch durch Bezug auf einige Stationen dieser Tradition verdeutlichen zu können und zu müssen. Wer nur auf Nietzsche fixiert ist, sieht auch ihn nicht recht. Durch die über Nietzsches eigenes Selbstverständnis hinausgehenden Bezugnahmen auf die Tradition gewinnen Nietzsches Auffassungen schärferes Profil. Erst auf diese Weise wird auch deutlich, daß und in welchem Sinne dieses Denken zugleich als Konsequenz, als Destruktion und als Überwindung der von den Griechen bis in Nietzsches eigene Zeit reichenden Epoche und als ein neuer Anfang betrachtet werden kann. Dabei kommt hinsichtlich der Auseinandersetzung um das Prinzip der Selbsterhaltung dem Verhältnis Nietzsches zu Spinoza hohe Bedeutung zu. Doch gehen in Nietzsches eigene Auffassungen vor allem Aspekte einer Tradition ein, die mit Leibniz' dynamischem Kraftbegriff in Verbindung zu bringen ist. Der Leibnizsche Kraftbegriff gelangte seit Mitte des 19. Jahrhunderts im Umfeld der Begründung des Satzes von der Erhaltung der Kraft/Energie sowie im Zuge der sich gegen Ende des Jahrhunderts allmählich durchsetzenden dynamisch-energetischen Betrachtungsweise zu neuer und auch Nietzsche beeinflussender Aktualität. Dies bedeutet freilich nicht, daß Nietzsches Denken mit der Leibnizschen Metaphysik in eine positive Verbindung zu bringen ist. Darüber hinaus kann es, wenn für Nietzsche weder eine kausal-mechanische noch eine teleologische Weltauffassung in Frage kommt, auch nicht mehr um den Leibnizschen Rettungsversuch gehen, Kausal-Mechanik und Teleologie dadurch nebeneinander bestehen zu lassen, daß dem Bereich der Erscheinungsphänomene die kausal-mechanische Erklärungsweise zugeordnet wird, während das metaphysische Monaden-Geschehen rein teleologisch bestimmt sein soll, und beide Bereiche im Sinne des Systems der prästabilierten Harmonie als vollständig synchronisiert aufgefaßt werden. Eine mögliche Verbindung zwischen Leibniz und Nietzsche ist also nicht am System der Leibnizschen Metaphysik festzumachen. Doch gibt es in der Bestimmung des Kraftbegriffs einige wichtige Berührungspunkte. So wird z. B. die Auseinandersetzung mit der neuzeitlichen Wissenschaft von beiden unter Rückgriff auf das allem Geschehen zugrundeliegende immanente, nicht von außen durch Druck und Stoß verursachte, sondern von innen heraus wirkende Kräftegeschehen, welches Organisation bereits voraussetzt, geführt.

Um das Verhältnis Nietzsches zu Leibniz und auf dem Wege über diesen zu Aristoteles zu markieren, kann ein bestimmter Ausschnitt des Modalverhältnisses von Möglichkeit und Wirklichkeit als Einstieg gewählt werden. Wird Bewegung und Veränderung, mithin Geschehen, zunächst ganz allgemein dadurch gekennzeichnet, daß es sich darin um je bestimmte Übergänge von Möglichkeit zu Wirklichkeit handelt, so geben Aristoteles, Leibniz und Nietzsche auf den Charakter ebendieser Geschehens-Passage grundsätzlich unterschiedene Anworten. Bei Nietzsche gelangt man schließlich sogar in eine Weltauslegung, deren Grundcharaktere durch das Begriffspaar ‚Möglichkeit – Wirklichkeit' gar nicht mehr angemessen interpretiert werden können. Gleichwohl aber sind diese drei Denker insofern miteinander in Verbindung zu bringen, als sie, zusammen mit der Lehre Spinozas, innerhalb des okzidentalen Denkens wichtige Etappen derjenigen Entwicklung darstellen, die schließlich auf eine vollständige Immanentisierung und Endogenisierung der Welt und der Geschehensprozesse hinausläuft.

Den Angelpunkt soll eine Stelle aus dem Leibnizschen *Système nouveau de la nature* (1695) bilden. Leibniz bestimmt dort den Unterschied der von ihm konzipierten Monaden (den metaphysisch letztgründenden einfachen Substanzen also, die als immaterielle Kraft-Punktationen alle Durchorganisation von Wirklichem sowie die Realität und Einheit alles vielheitlich Zusammengesetzten ausmachen und bewerkstelligen) zur aristotelisch-scholastischen Lehre von Möglichkeit und Wirklichkeit, von dýnamis und enérgeia. Zusammenhang und Differenz mit dieser Tradition werden deutlich, wenn Leibniz herausstellt, daß Aristoteles dasjenige, was er, Leibniz, die „ursprünglichen Kräfte" nenne, Erste Entelechien genannt habe, daß diese ursprünglichen Kräfte jedoch im Unterschied zur aristotelisch-scholastischen Tradition „nicht nur die *Aktualität* oder die Ergänzung der Möglichkeit enthalten, sondern auch eine ursprüngliche *Aktivität* aus sich selbst heraus"[3] besitzen. Die Brisanz dieses Gedankens liegt darin, daß hier den ursprünglichen Kräften ein sich von innen heraus und ein in bezug auf sich selbst entfaltendes, ein spontanes Tätigsein zugesprochen wird, welches die für die aristotelisch-scholastische Lehre charakteristische Differenz zwischen Möglichkeit und Wirklichkeit (dýnamis/enérgeia; potentia seu facultas/actus) bereits weitgehend zugunsten

---

[3] G. W. Leibniz, *Die philosophischen Schriften*, hrsg. von C. I. Gerhardt, Bd. IV, S. 479. Zur Frage, wie bei Leibniz die ontologischen Modalitäten mit den formal-logischen verbunden sind, vgl. H. Poser, *Zur Theorie der Modalbegriffe bei G. W. Leibniz*, Wiesbaden 1969, S. 61 ff.

einer immanenten Aktivität und Wirkung dieser Kraftzentren selbst hinter sich läßt. Für Aristoteles wie für die Scholastik bedeutet der Begriff der dýnamis lediglich die innere, aber ruhende Disposition zu einem Bewegtwerden. Diese bedarf stets noch eines Dritten, welches die Bewegung heranträgt, im weiteren auch unterhält und so den Übergang von Möglichkeit zu Wirklichkeit, der dann gemäß der inneren Disposition teleologisch in einer bestimmten Richtung verläuft, ins Werk setzt. Demgegenüber konzipierte Leibniz schon in *De primae philosophiae emendatione et de notione substantiae* (1694) die „aktive Kraft" (vis activa), für deren Erklärung er die besondere Wissenschaft der *Dynamik* entwickelte, als den eigentlichen Kern auch des Substanzbegriffes. Diese Kraft enthält „eine gewisse Wirksamkeit oder Entelechie und ist ein Mittleres zwischen der Fähigkeit des Wirkens und dem Wirken selbst; sie enthält den Drang (conatus) dazu und wird so durch sich selbst zur Wirksamkeit geführt, ohne Hilfen nötig zu haben, vielmehr nur durch Beseitigung des Hinderlichen (sola sublatione impedimenti)"[4]. Von dieser Bestimmung aus wird der Blick sowohl auf die ihr vorausliegenden Positionen zurück bis zu Aristoteles als auch auf die weitere Entwicklung, Radikalisierung und schließlich bis hin zur destruierenden Überbietung dieses Interpretamentes in Nietzsches Denken freigegeben. Worin aber, so wird man fragen, soll diese Radikalisierung und innere Überbietung des Leibnizschen Kraftbegriffs bestehen? Worin geht Nietzsche über Leibniz hinaus?

Nietzsches Auffassung läßt sich zunächst durch die folgenden Bestimmungen charakterisieren: a) jeder Kräfteprozeß, einschließlich der Widerständigkeit, ist als ein aktives, gänzlich endogenes, sich von innen her vollziehendes Geschehen der Kraft-Quanta aufzufassen; b) jede Kraft sucht, um den Grad ihrer Wirksamkeit und darin sich selbst zu bezeugen, Widerstände auf, an denen sie sich ausgeben kann; c) Veränderung und Bewegung, mithin Geschehen kann letztlich nicht anders abgeleitet werden als durch die Annahme eines übermächtigenden und funktionsaufprägenden Übergreifens von Kräfte-Organisationen über andere Kräfte-Organisationen; d) in jedem Kraftgeschehen geht es um Macht, und zwar nicht einfach um deren Erhalt, sondern um ihre Steigerung, Erweiterung und Auslassung; e) die ursprünglich-aktiven Willen-zur-Macht-Quanta haben überhaupt nur Dasein in und als Wirkrelationen; die Existenzweise einer Kraft ist ihre Wirkung, Realität *ist* Kräfte-Relation; f) die Entstehung von Organisationsgebilden relativer Einheit, Stabilität und Dauer, die dann als Welt, Wirklichkeit und Leben angesprochen werden,

---

[4] *Philos. Schr.*, Bd. IV, S. 468ff.; Vgl. *Specimen dynamicum*, in: *Mathematische Schriften*, hrsg. von C. I. Gerhardt, Bd. VI, S. 235: die ursprünglich-aktive Kraft „effectum plenum habituro, nisi contrario conatu impediatur". Vgl. die Definition der ‚Kraft' zu Beginn der *Dynamica*, in: *Math. Schr.*, Bd. VI, S. 436.

beruht darauf, daß jedes der Willen-zur-Macht-Quanta in jedem Moment seines Vollzugs die ganze ihm zur Verfügung stehende Macht in die Prozesse fortwährender Kraftfeststellung einbringt und auch einbringen muß, insofern eine Kraft durch den Grad ihrer Wirkung vollständig bestimmt ist. Aus diesen Positionen ergeben sich vier Gesichtspunkte, mit deren Hilfe die innere Überbietung des Leibnizschen Kraftbegriffs bei Nietzsche gekennzeichnet werden kann.

Zunächst (a) folgt aus der letztgenannten Bestimmung, daß selbst jener Rest der Unterscheidung zwischen der Möglichkeit des Wirkens und dem Wirken selbst, wie ihn auch Leibniz noch aus einer Reihe von Gründen beibehält, aufgehoben wird. Sodann (b) entfällt der von Leibniz aufrechterhaltene Bezug zum Entelechie-Gedanken. Die Willen-zur-Macht sind keine Entelechien, denen ihr Ziel, ihre Vollkommenheit und ihre Autarkie im Sinne einer sich selbst ergreifenden Wesensnatur einprogrammiert ist. Schließlich (c) stellt bei Nietzsche auch jene Organisiertheit, die in jedem Tätigsein immer schon vorausgesetzt werden muß, und die Leibniz letztlich nicht aus den Kräften selbst, sondern nur unter Rückgriff auf Gott und das von diesem vorab geregelte System der prästabilierten Harmonie erklären kann, etwas dar, das sich seinerseits bereits und allein dem Kräfte-Geschehen selbst verdankt. Endlich (d) muß, um zum Eigentümlichen von Nietzsches Kraftbegriff im Sinne der Willen-zur-Macht-Quanta vorzudringen, die Leibnizsche aktive Dynamis-Kraft noch um ein entscheidendes Moment ergänzt werden. Dem Begriff ‚Kraft' ist eine „innere Welt"[5] zuzusprechen, der es in jedem ihrer Vollzüge essentiell um Macht, um ein Mehr an Macht und um deren Bestätigung geht. Zusammen stellen diese Gesichtspunkte eine zugleich historische und systematische Perspektive dar, in der Nietzsches Philosophie zu thematisieren ist. Ausgehend von den beiden zitierten Leibniz-Stellen ist zunächst jedoch die diesen vorausliegende aristotelische Lehre von der Bewegtheit alles Natürlichen knapp zu skizzieren, um so die Problemlinie, in der Nietzsches Denken hier gesehen wird, noch deutlicher hervortreten zu lassen.

3. *Die aristotelische Bewegungslehre*

Alles Natürliche *ist* für Aristoteles in seiner Wirklichkeit *als* Bewegung. Solange dieser Prozeßcharakter, d.h. Bewegung und Veränderung, nicht begriffen wird, ist auch kein Verständnis der Natur möglich.[6] Bewegung ist stets

---

[5] F. Nietzsche, *Werke. Kritische Gesamtausgabe*, hrsg. von G. Colli und M. Montinari, VII, 3, 36 (31), S. 287. Im Folgenden abgekürzt als: KGW, Abteilung, Band, Aphorismus, Seitenzahl.

[6] *Physik* III, 2, 200b 12ff. Vgl. dazu W. Wieland, *Die aristotelische Physik*, Göttingen 1962, §§ 9, 15–19; und W. Bröcker, *Aristoteles*, Frankfurt a. M. [3]1964, Kapitel II, III, VII.

Bewegung von etwas. Näherhin ist Bewegung des Natürlichen für Aristoteles von vornherein und in Unterschied zum platonischen Gedanken einer absoluten Selbstbewegung der Weltseele durch einen doppelten Charakter ausgezeichnet. Es handelt sich stets um das Ineinander und Zugleich von Bewegt-Werden und Sich-Bewegen. Bewegung und Veränderung werden so als das Tätigsein eines Bewegten gefaßt. Wichtig ist, daß es sich darin gleichwohl nicht um zwei voneinander getrennte Bewegungen handelt, denn für Aristoteles sind, wie später für Leibniz, Bewirken und Erleiden, poíēsis und páthēsis, die beiden Seiten ein und desselben Vorgangs. Im dritten Buch der Physikvorlesung wird Bewegung unter Rückgriff auf die modaltheoretischen Grundbegriffe und die obersten ontologischen Seinsbestimmungen dýnamis und entelécheia (enérgeia) bündig in einem Kernsatz der aristotelischen Naturphilosophie und Metaphysik bestimmt: ἡ τοῦ δυνάμει ὄντος ἐντελέχεια, ᾗ τοιοῦτον, κίνησίς ἐστιν.[7] Annähernd wort- und sinngetreu übersetzt lautet diese Bestimmung: die Wirklichkeit (entelécheia) des der Seinsweise der Möglichkeit nach Seienden, des Möglichseienden (dynámei ón), insofern es ein solches ist, ist Bewegung (kinēsis). Und in der *Metaphysik* findet sich eine gedrängte Erläuterung derjenigen Geschehensprinzipien, die in jeder Bewegung am Werke sind. Alles Verändern und Wechseln (metabállein) geschieht so, „daß sich etwas durch etwas in etwas hinein verändert. Das, wodurch sich etwas verändert, ist das Erste Bewegende (prōton kinoūn); was sich da verändert, das ist die Materie, der Stoff (hýlē); und wohinein es sich verändert, das ist die Form, die Gestalt, das Gepräge (eīdos)".[8]

Mit hýlē und eīdos geht es in dieser Charakterisierung der Bewegtheit um zwei der vier Momente der aristotelischen Ursachenlehre. Darüber hinaus ist deutlich, daß die Tätigkeit des Ersten Bewegenden der letzte Grund jeder Bewegung und Veränderung ist. Damit sind zwei äußerst geschichtswirksame Lehrstücke der gesamten aristotelischen Philosophie benannt, die im Blick auf die sich im Gegenzug zur aristotelisch-scholastischen Auffassung formulierenden Neuzeit von Bedeutung sind. Zunächst ist zu beachten, daß von dem komplexen Viererbau der Ursachenlehre des Aristoteles (1. Materialursache, hýlē, causa materialis; 2. Formursache, eīdos und parádeigma, causa formalis et exemplaris; 3. Wirkursache, archḗ kinḗseōs, causa efficiens; 4. Zweckursache, télos, causa finalis)[9] in der neuzeitlichen Wissenschaft nur noch die causa efficiens übriggeblieben ist, – und diese wiederum nur noch in dem charakteristisch neuzeitlichen Sinne der Kausalität und des Kausalgesetzes, das von der aristotelischen Wirkursache (archḗ kinḗseōs) deutlich zu unterscheiden ist. So-

---

[7] *Phys.* III, 1, 201a 10f.; *Met.*, Θ (IX).
[8] *Met.*, Λ (XII), 3, 1069b 36ff.
[9] Vgl. *Phys.* II, 3 und *Met.*, Δ (V), 2.

dann ist zu erinnern, daß es im Zuge des Aufeinandertreffens von lateinischem Aristotelismus und christlicher Theologie im hohen Mittelalter zu dem bekannten Versuch kam, Bewegung und Schöpfung, das unbewegte Erste Bewegende des Aristoteles (welches Interpretament die Bewegung fassen, nicht aber die Existenz von Seiendem ex nihilo begreifen oder gar beweisen möchte) und den christlichen Schöpfergott der creatio ex nihilo einander zu amalgamieren. Das Theologoumenon der teleologisch orientierten ‚creatio continua' ist eines der Resultate dieses Versuchs. In ihr wird behauptet, daß sich der physische Bestand und die zeitliche Dauer von Seidendem in jedem seiner Zeitmomente einer externen, kontinuierlichen Schöpfungsleistung seitens Gottes verdanke und bei Abbruch dieser als Gnade auszulegenden Erhaltung in der Vernichtung verschwinde. Es ist nicht zuletzt dieses Lehrstück, gegen das sich, wie vor allem Hans Blumenberg[10] nachgewiesen hat, das neuzeitliche Prinzip der intransitiven und reflexiven Selbsterhaltung seit dem Spätnominalismus auf die Bahn bringt und behauptet. Es wird zu zeigen sein, daß und in welchem Sinne in Nietzsches Denken genau dieser Erhaltungsgedanke aus dem Status eines Grundprinzips alles Wirklichen und Lebendigen verdrängt, immanent überboten und aufgelöst wird. Dabei erweist sich Nietzsches grundsätzliche Stellung gegen Teleologie und Ontologie als treibendes Motiv. Vor diesem Hintergrund sind im augenblicklich erörterten Zusammenhang vor allem drei Momente der aristotelischen Lehre der Bewegtheit herauszustellen.

Erstens (1) ist darauf hinzuweisen, daß Aristoteles Bewegung als den an den Dingen sich abspielenden Prozeß des Veränderns und Wechselns nur dann hinsichtlich seiner letztlich tragenden Gründe glaubt fassen zu können, wenn er auf ein Bewegungs-Prinzip zurückgreifen kann, welches (damit Veränderung und Wechsel *als* Veränderung und Wechsel bestimmt und *aus Gründen* einsichtig gemacht werden können) von der Bewegung als akzidentiellem Prozeß, als einem symbebēkós unterschieden und doch wesensmäßig gleichgeartet sein muß. Diese Grundüberlegung ist durch zwei Aspekte zu vervollständigen. Zum einen darf es auch in Sachen Bewegung nicht zu einem schlechten Unendlichkeitsregreß kommen. Zum anderen ist Bewegung von etwas überhaupt nur dann möglich, wenn das Bewegte von einem Bewegenden bewegt wird, welches diese Bewegung bewirkt und kontinuierlich aufrechterhält. Unter diesen Vorzeichen kommt Aristoteles dann zur Ausarbeitung seiner Lehre vom ewigen unbewegten Ersten Bewegenden, das er kosmologisch in die Kreisbewegung der äußeren Himmelssphäre verortet.[11] Auf diese Denkfigur bezogen steht Nietzsches Wiederkunftslehre am anderen Ende. In ihr handelt es sich, wie im einzelnen noch darzulegen sein wird, um eine spät- und nach-

[10] Vgl. H. Blumenberg, *Selbsterhaltung und Beharrung*, a.a.O.
[11] Vgl. dazu *Phys.* VIII.

neuzeitliche Anstrengung, diesen für Aristoteles charakteristischen Gang von der Erde an den Himmel und von dort zum Göttlichen in umgekehrter Richtung wieder einzuholen. Problem wird sein, wie Bewegung dann zu erklären ist und wie, zumal unter den Bedingungen der Erfahrung des Todes Gottes und des Nihilismus, die für die antike Theoria nur *als* Kosmologie mögliche Welt-, Sinn- und Handlungsorientierung erreicht werden kann, ohne nachneuzeitlich in einen vor-philosophischen Mythos, der Geschichte verhindert und aufhebt, zurückzufallen.

Zweitens (2) ist mit Blick auf Leibniz und später auf Nietzsche herauszustellen, daß Wirken und Erleiden für Aristoteles zwar die beiden Seiten der einen Bewegung ausmachen, daß dies aber eben noch keineswegs bedeutet, daß den Dingen ein Streben (hormḗ) innewohnt, sich selbst auf eine bestimmte Weise und in einer bestimmten Richtung zu bewegen und in solchem Zustande zu erhalten. Eine solche Immanentisierung ist bei Aristoteles noch nicht erreicht. Wäre dies der Fall, dann müßte gerade auch die Lehre vom Ersten Bewegenden verändert werden, ja sie erwiese sich in weiten Teilen als überflüssig. Das Äußerste, zu dem Aristoteles hier vorgeht, ist dies, die Möglichkeit, bewegt zu werden, Bewegung im eher passivischen Sinne zu erleiden, als eine Fähigkeit in den Dingen selbst anzusehen. Doch ist von den beiden in ihrer Differenz zusammengehörigen Bestimmungen jeder Bewegung (demjenigen also, durch das eine Bewegung bewirkt und in ihrer zeitlichen Dauer unterhalten wird, dem kinoûn, und demjenigen, das diese Bewegung im Sinne der páthēsis erleidet, dem Bewegten oder kinoúmenon) das bewirkend und erhaltend Bewegende eindeutig das entscheidende Moment. Diese aristotelische Auffassung, daß alles, was bewegt ist, von etwas bewegt wird (omne quod movetur ab aliquo movetur), wirkt noch bis in die Impetus-Theorie des späten Mittelalters hinein, die dann erst, obwohl ihrerseits wichtiger Vorläufer der charakteristisch neuzeitlichen Auffassung von Bewegung, im Trägheitsprinzip der Galileischen und Newtonschen Mechanik durch eine grundsätzlich andersartige Interpretation abgelöst wird.

In der Neuzeit wird die Fortdauer einer gleichförmig geradlinigen Bewegung, ebenso wie die Ruhe, mit Bezug auf das Intertialsystem als ein Zustand und nicht mehr als ein Prozeß, der einer Kraftzufuhr bedürfte, aufgefaßt. Damit ist der Gegenpol zur aristotelischen Bewegungslehre erreicht. Hier hat mithin auch die aristotelische Lehre der ‚natürlichen Örter', derzufolge ein jeder sich naturgemäß bewegender Körper in einem Ziel-Ort, wie dieser seiner Wesensnatur entspricht, zur Ruhe kommt, keinen Sinn mehr. Es gibt so gesehen nicht mehr jene Spannung zwischen vorhandenem Sein und anzustrebender Wesensfülle und Vollkommenheit, die bei Aristoteles nicht nur die Bewegung physikalischer Körper hin zu den ihnen eigentümlichen, natürlichen Örtern, sondern das Wesensstreben eines jeden Seienden, einschließlich des Menschen, ausmachte. In der aristotelischen Tradition ist in genau diese Übergänge, die als die sich an Seiendem vollziehenden Verwirklichungen der Möglichkeitsmomente aufzufassen sind, die Frage der Teleologie zu verorten. Im teleologischen Weltbild hat jedes Seiende ein ihm eigenes Telos und eine ihm eigentümliche Tüchtigkeit (aretḗ). Von Wesens-Vollendung (teleíōsis) des Einzel-Seienden ist Aristoteles zufolge dann zu sprechen, wenn dieses die ihm eigentümliche aretḗ ergriffen und dergestalt vollzogen hat, daß es am meisten dasjenige ist, was in seiner phýsis angelegt ist, so daß schließlich kein Teil mehr dieser Physis-Bestimmung fehlt, und es weder einen Mangel (élleipsis) noch ein Übermaß (hyperbolḗ) gibt. Die Teleologie ist also in der Passage zwischen Möglichkeit und Wirklichkeit hinsichtlich der jeweiligen Richtung und Ausgestaltung bestimmend. Wird dies im Zusammenhang der Vorstellung gesehen, daß es stets eines Dritten bedarf, damit das Seinkönnende in Tätigkeit und Wirklichkeit übergeht, so ist leicht einsichtig, daß der absolute Gottesbegriff der spätmittelalterlichen Theologie-Philosophie alle drei Funktionen auf sich vereinigt, diejenige des Bewirkenden, des Erhaltenden und des Ziel- und Zwecksetzenden. Das Ausbleiben dieser Leistungen seitens Gottes bedeutet Annihilation von Seiendem, Verschwinden im metaphysischen Sinne. Erst wenn bis an diesen Tiefenpunkt mitgegangen wird, tritt die fundamentale Andersartigkeit der Galilei-Newtonschen Weltauffassung hervor. Für das sich von hier aus entwickelnde neuzeitliche Weltbild sind konsequenterweise die intransitiven Erhaltungssätze von grundlegender Bedeutung. Ja, es scheint, daß gerade sie sogar die Krise der Grundbegriffe der klassischen Physik, die in diesem Jahrhundert die Quantentheorie gebracht hat, „uneingeschränkt überstanden"[12] haben. Um so brisanter die Frage, in welchem Sinne der Erhaltungsgedanke der neuzeitlichen Rationalität bei Nietzsche in Hinsicht auf den Grundcharakter des Wirklichen und Lebendigen eine immanente Überbietung und Auflösung erfährt.

Diese erfolgt nicht zuletzt im Zuge einer Kritik der kausal-mechanistischen Weltauslegung, wobei eine gewisse Nähe zu der Position von Leibniz nicht zu verkennen ist. Leibniz kommt auf dem Wege der Auseinandersetzung mit den Modernen zu seiner Lehre der Monaden als den einfachen Substanzen, wahrhaften Einheiten und metaphysischen Punkten, die ihrer Natur nach durch Kraft charakterisiert sind. Nietzsche gelangt bei der Freilegung des ursprünglichen Geschehenscharakters zu seiner Lehre der Willen-zur-Macht, die, ebenfalls als Kraftzentren aufgefaßt, das „letzte Factum" sind, „zu dem wir hinunterkommen"[13]. Leibniz verbindet in seiner Lösung einige von leeren Subtilitäten gereinigte und jetzt vom Kraftgedanken her konzipierte Lehrstük-

[12] C. Fr. v. Weizsäcker, *Die Einheit der Natur*, München ²1974, S. 385.
[13] KGW VII, 3, 40 (61), S. 393.

ke der aristotelisch-scholastischen Tradition mit den Problemstellungen der Neuzeit. Dabei bildet seine Lehre der dynamischen Kräfte den Ausgangspunkt einer auch heute noch kaum erforschten Wirkungslinie. Diese führt von Leibniz über R. J. Bošković, auch über die Kräfteschrift des jungen Kant, über die die dynamische Naturauffassung betreffenden Ausführungen in Kants *Metaphysische Anfangsgründe der Naturwissenschaft*, über bestimmte Aspekte der Naturphilosophie des Deutschen Idealismus, vor allem bei Schelling, aber auch über Schopenhauer in Nietzsches eigene Zeit und Umgebung und ist etwa bei J. F. Herbart, J. R. Mayer, J. C. Fr. Zöllner, O. Caspari, O. Liebmann, C. v. Naegeli und anderen in unterschiedlichen Versionen und oft in Leibniz mißverstehenden Analogien anzutreffen.[14] Diese Linie ist von der mit den Namen Galilei, Newton, Hobbes, Descartes und Spinoza verbundenen Tradition zu unterscheiden.

Im Rückblick auf die aristotelische Bewegungslehre ist drittens (3) noch ein weiteres Moment zu betonen. Diese Lehre stellt insofern einen bereits gewichtigen Schritt in Richtung Immanentisierung der Wirklichkeit dar, als sie gegen die transzendente Lehre der durch absolute Selbstbewegung gekennzeichneten Weltseele bei Platon gerichtet ist. Bei aller nicht zu leugnenden Aufnahme platonischer Elemente in die eigene Lehre von der Bewegtheit, ist doch nicht zu verkennen, daß es Aristoteles nicht um eine transzendente Ideenlehre im Sinne Platons, sondern um eine Ontologie des Wirklichen geht, deren Fundamente in und an dem in seiner Wirklichkeit als Bewegung aufzufassenden Seienden nach Prinzipien ausfindig gemacht und entfaltet werden sollen. Aristoteles möchte die Frage nach dem wesenhaften Sein des Seienden so und auf einer Ebene entfalten, daß dabei, überspitzt formuliert, nicht das konkrete Seiende zugunsten einer transzendenten Ordnung der Ideen, welcher dann allein wesenhafte Realität zugesprochen werden muß, übersprungen wird. Im Unterschied zu Platon ist für Aristoteles das wirklich Seiende das Einzelne (kath'hékaston), und das Allgemeine (kathólou) existiert nur im Bereich des Geistes. Der Mensch denkt sich z. B. Gattungen, aber diese sind damit keine wesenhaften Realitäten.[15] Aristoteles spricht sich gegen die platonischen Universalia und für die Individualia sowie für eine Auffassung der

---

[14] Vgl. A. Mittasch, *Nietzsche*, Stuttgart 1952, S. 281. Vgl. dazu aus Nietzsches eigener Zeit etwa O. Caspari, *Leibniz' Philosophie, beleuchtet vom Gesichtspunkt der physikalischen Grundbegriffe von Kraft und Stoff*, Leipzig 1870; J. Frohschammer, *Monaden und Weltphantasie*, München 1879, S. 166–181 zum Monadengedanken bei neueren Naturforschern; vgl. den Bericht von E. du Bois-Reymond, *Leibnizsche Gedanken in der neueren Naturwissenschaft*, in: *Monatshefte der Königl. Preus. Akad. d. Wiss. zu Berlin (1870)*, Berlin 1871, S. 835–854. – Eine Wirkungsgeschichte der Leibnizschen Philosophie wäre wahrscheinlich über weite Strecken eine Geschichte ihrer Mißverständnisse.

[15] Vgl. *Met.*, Λ (XII), 1, 1069a 26.

Formen als etwas aus, das nur in Verbindung mit den individuellen Wesen, nicht jedoch unabhängig von diesen und ihnen vorausgehend existiert. Die Philosophie des Aristoteles stellt so im Verhältnis zu derjenigen Platons bereits eine deutliche Anstrengung zur Immanentisierung der Wirklichkeitsauffassung dar, die, vermittelt auch über die Leibnizsche Position, daß jede aktive Kraft selbst bereits das Mittlere zwischen Möglichkeit und Wirklichkeit enthält, in Nietzsches Philosophie unüberbietbar zum Leitfaden der Betrachtung wird und schließlich in der Lehre von der ewigen Wiederkehr des Gleichen ihren äußersten Ausdruck findet.

Wird darüber hinaus bedacht, daß Aristoteles in seiner Naturphilosophie und Metaphysik des öfteren bewußt hinter die Philosophie Platons zurückgreift und Anschlüsse an die ‚frühen Philosophen' herstellt, dann rücken diejenigen Denker in den Blick, die gerade auch für Nietzsche wichtig sind, – die Vorplatoniker, die Vorsokratiker. Nietzsche glaubt, nach Durchgang und auf der Höhe der sich gerade gegen die griechische Weltauslegung behauptenden neuzeitlichen Rationalität, in seiner Zeit eine positive Annäherung an jene „grundsätzlichen Formen" vorsokratischer Weltauffassung zu bemerken, wie diese in Anaximander, Heraklit, Parmenides, Empedokles, Demokrit und Anaxagoras zu finden sind.[16] Doch ebenso wie es sich, entgegen ihrem eigenen Selbstverständnis, bei der am Beginn der Neuzeit stehenden Renaissance nicht um eine Wiederherstellung der Antike handelte, so geht es auch in Nietzsches Philosophie nicht, wie vor allem Karl Löwith vermutet und darin wohl eher seine eigene Auseinandersetzung mit dem Problem des historischen Bewußtseins an Nietzsche herangetragen hat, darum, auf der „Spitze der Modernität"[17] einen Rückstieg in den Kosmosgedanken der Antike vorzunehmen. Ein atavistisches Zurück gibt es nicht. Freilich folgt daraus keineswegs ein Progressismus.

4. Leibniz' dynamischer Kraftbegriff und Nietzsches Willen-zur-Macht

Leibniz beschreibt des öfteren die Überlegungsschritte, die ihn schließlich zur Ausarbeitung seiner Dynamik und der Monaden-Lehre geführt haben. Den Ausgangspunkt bildet die doppelte Stellung zur entstehenden neuzeitlichen Kausal-Mechanik. Die Mechanik ist auf der einen Seite ein sehr treffliches Instrumentarium zur Erklärung konkreter Phänomene der Natur und in dieser Hinsicht den scholastischen formae et facultates weit überlegen. Auf der ande-

---

16 KGW VII, 3, 41 (4), S. 413.

17 Vgl. K. Löwith, *Nietzsches Philosophie der ewigen Wiederkehr des Gleichen*, Hamburg ^{3}1978, S. 113–126.

ren Seite aber zeigt sich bei dem Versuch, die Prinzipien dieser Mechanik ihrerseits einer gründlichen Prüfung und Rechtfertigung zu unterziehen, daß die von Descartes und den Cartesianern vorgenommene Bestimmung der Natur eines Körpers einzig durch seine Ausgedehntheit (extensio), wodurch die Natur unter die geometrische Betrachtungsweise fällt, nicht hinreichend ist. Die Ausgedehntheit und die mit ihr verbundenen Begriffe der Größe, Gestalt und Bewegung sind gar nicht so distinkt, wie Descartes und die Cartesianer behaupten. Ausgedehntheit enthält (ähnlich, wenn auch nicht in gleichem Maße wie etwa Farbe, Wärme oder andere Qualitäten) etwas Vorgestelltes und auf die Perzeption Bezogenes. Mithin ist durch die Ausgedehntheit keineswegs auch schon dasjenige markiert, was eine Substanz konstituiert.

Neben diese perzeptionsbezogene Überlegung tritt in der Kräfteschrift *Specimen dynamicum* (1695) ein weiteres und hier stärker interessierendes Argument. Ausgedehntheit, so stellt Leibniz dort fest, besage nichts anderes, als die „stetige Wiederholung oder Ausbreitung einer schon vorausgesetzten, strebenden und widerstrebenden, d.h. widerständigen Substanz (praesuppositae nitentis renitentisque id est resistentis substantiae continuationem sive diffusionem)“[18]. Unabhängig davon, daß Nietzsche die in ihrer Totalität das Universum ausmachenden Willen-zur-Macht nicht nach Art der Leibnizschen einfachen und metaphysischen Substanzen verstanden wissen will, besteht hier insofern eine Übereinstimmung mit Leibniz, als auch Nietzsche in seiner Kritik der gerade im 19. Jahrhundert vorherrschenden und durch die Prinzipien von Druck und Stoß gekennzeichneten kausal-mechanistischen Weltauslegung herausstellt, daß darin stets schon ein Etwas vorausgesetzt werden müsse, das überhaupt drücken und stoßen *kann*. Diese Überlegung liefert den Einstieg in die Frage nach dem ursprünglichen Geschehenscharakter, welcher der auf der Ebene der Phänomenerklärung erfolgreichen, nützlichen und anthropomorph nach Art einer von außen auf andere Gegenstände einwirkenden Muskelkraft vorgestellten Weltauffassung der Kausal-Mechanik bereits vorausliegt. Wie also, so ist zu fragen, kommt es überhaupt zur Ausbildung von Funktionseinheiten, die sich dann als Organisationsgefüge von relativer Einheit, relativem Bestand und relativer zeitlicher Dauer darstellen? Leibniz führt an dieser Stelle seinen Gedanken der ursprünglich-aktiven Kraft ins Feld. Dabei interessieren in dem hier zu erörternden und auf Nietzsches Problemstellungen vorblickenden Zusammenhang vor allem zwei Aspekte: erstens der Unterschied zwischen dem dynamischen und dem mechanischen Kraftbegriff, zweitens das Problem der Einheit in der Vielheit.

Bei Galilei, Descartes und Newton wird Bewegung als etwas verstanden, das nur durch Anstoß eines harten Körpers an einen anderen harten Körper

[18] *Spec. dynam.* in: *Math. Schr.*, Bd. VI, S. 235. Vgl. *Discours de métaphysique*, § 12.

zustande kommt, und die Ursache eines Bewegungsanstoßes heißt dann ‚Kraft'. Die mathematisch-physikalische Formulierung dieses Kraftbegriffes besteht in dem Produkt der Masse in die Beschleunigung (m·b). Dies entspricht auch dem heutigen Gebrauch des Wortes ‚Kraft'. Dagegen darf ‚Kraft' im Leibnizschen Verständnis nicht als äußerer Anstoß, sondern muß als das in jedem Körper selbständig bewegende Moment aufgefaßt werden. Das Maß dieser ‚lebendigen Kraft' ist bekanntlich $m \cdot v^2$ und stimmt (bis auf den Faktor $^1/_2$) mit dem überein, was seit Mitte des 19. Jahrhunderts kinetische Energie genannt wird.[19] Entscheidend ist an diesem Übergang von der mechanischen zur dynamischen Auffasung der Kraft der Übergang von der Exogenität zur Endogenität. Bewegung ist essentiell nicht etwas exogen Verursachtes, sondern etwas endogen Sichhervorbringendes. In diesem Übergang steckt eine

[19] Was Bewegungsgröße und lebendige Kraft angeht, so hat der junge Kant in seiner Schrift *Gedanken von der wahren Schätzung der lebendigen Kräfte und Beurteilung der Beweise* ... (1746) den Versuch einer Vermittlung zwischen Cartesianern und Leibniz hinsichtlich der Frage nach dem geeignetsten Kräftemaß unternommen. Kant hat gesehen, daß, solange es sich um meßbare Kräfte handelt, jede der beiden Positionen ihr Recht hat, je nachdem, auf welchen Standpunkt der Argumentation man sich stellt. Geht man von der Geometrie aus, so ist die Cartesianische Maßgröße $m \cdot v$ berechtigt. Geht man von den „lebendigen Kräften" aus, bei denen zur bloßen Geschwindigkeit noch das „Streben" zur Erhaltung ihrer Bewegung hinzukommt, so hat der Leibnizsche Vorschlag, $m \cdot v^2$ als das konstante Kräftemaß zu nehmen, sein Recht. Diese Einschätzung stimmt auch mit der heutigen Auffassung überein, daß beide Erhaltungssätze nebeneinander bestehen.
Die Newtonsche Physik versteht ‚Kraft' als einen Druck, wie er im Gefühl der Muskeln empfunden wird, und formuliert das Maß dieser Kraft folglich als das Produkt aus der Masse und der durch den Druck an der Masseneinheit in der Zeiteinheit hervorgebrachten Beschleunigung $K = m \cdot b$. Dies ist die mathematische Formulierung des Zweiten Newtonschen Axioms. Im Falle geradlinig gleichförmiger Bewegung eines Körpers gibt das Cartesianische Kräftemaß $m \cdot v$ die Impulserhaltung an, während die Leibnizsche Größe $m \cdot v^2$ für den gleichen Fall das Maß der Erhaltung dessen ist, was seit dem 19. Jahrhundert (Rankine) kinetische Energie genannt wird.
Doch darf die Vereinbarkeit beider Vorschläge nicht dazu verleiten, die fundamentalen *philosophischen* Unterschiede zwischen Cartesianern und Leibniz, aus denen ja die unterschiedliche Bestimmung des Kräftemaßes überhaupt erst hervorgegangen ist, zu überdecken. Die Differenz zwischen dem Mechanischen und dem Dynamischen ist gerade auch im Blick auf das 19. Jahrhundert von Bedeutung. Es ist nicht zutreffend, daß es sich, wie später aus physikalischer Sicht z. B. bei M. Planck, *Das Prinzip der Erhaltung der Energie*, Leipzig/Berlin (^{1}1887) ^{3}1913, S. 7 geurteilt wird, eher um einen „reinen Wortstreit" handle, da der Unterschied zwischen Kraft (als Stoß) und Arbeit noch nicht bedacht sei. Umgekehrt: die Unterscheidung von Kraft und Arbeit ist ein Ergebnis nicht zuletzt dieser Kontroverse.
Was Kant betrifft, so lassen dessen Ausführungen zu den „lebendigen Kräften" klar erkennen, daß er diese Thematik nicht im physikalisch-mathematisch-geometrischen, sondern im metaphysischen Sinne behandelt. Kraft ist dasjenige, was überhaupt ein räumlich-zeitliches Zusammenhalten figürlicher Gestalten bewerkstelligt. In dieser Hinsicht ist die Sympathie Kants für den Leibnizschen Kraftbegriff unverkennbar. Denn aus den geometrischen Eigenschaften eines Körpers gelangt man gar nicht in die Dimension der „lebendigen Kräfte", welche doch für „freie" Bewegungen (d. h. für solche, die den Grund ihres Bewegtseins in sich selber tragen und nicht einem äußeren Anstoß verdanken *können*) gerade entscheidend ist. Vgl. in diesem Sinne Kants *Gedanken von der wahren Schätzung* ..., §§ 126, 117, 123.

veränderte Wirklichkeitsauffassung, die sich jedoch erst im späten 19. Jahrhundert, am radikalsten vielleicht bei Nietzsche, gegen die mechanistische Weltauslegung durchzusetzen beginnt. Nietzsches Willen-zur-Macht sind in diesem Sinne endogen-dynamische Kraftquanta. Wichtig ist, daß Leibniz den internen Charakter, das Von-innen-her-sich-vollziehen der Kräfte nicht nur für das Geschehen innerhalb der ganz aus sich selbst lebenden und sich nach einem „principe interne" vollziehenden Veränderungen der Monaden[20] (d. h. des Übergangs von einer Perzeption zu einer anderen, welche Tätigkeiten nicht mit Hilfe der Mechanik erklärt werden können und nicht dem Kausalitätsgesetz, sondern der Teleologie unterstehen) ansetzt, sondern bereits auch auf der Ebene der derivativen Kräfte und zwar auf dem einheimischen Feld der Mechanik, d. h. in bezug auf den mechanischen Kraftstoß herausarbeitet.

Beim mechanischen Kraftstoß von etwas auf etwas handelt es sich für Leibniz um ‚lebendige Kraft', „die aus unendlich vielen, stetig fortgesetzten Einwirkungen der toten Kraft entstanden ist (ex infinitis vis mortuae impressionibus continuatis nata)"[21]. Unter Heranziehung des Prinzips der Kontinuität, demzufolge die Natur keine Sprünge macht, ist die ‚lebendige Kraft', mathematisch gesprochen, das Integral der ‚toten Kraft' (vis mortua) nach der Zeit. An der Bestimmung der toten Kraft, die lediglich erst das Element der Kraft, noch nicht die Bewegung selbst enthält, als sollicitatio ad motum, als Anreiz (wörtlich: als Aufwiegelung) zur Bewegung, wird deutlich, daß es Ruhe in einem ausgezeichneten Sinne nicht gibt. Das, was Ruhe genannt wird, ist ein Grenzwert der Bewegung, selbst eine unendlich kleine Bewegung. Von besonderem Interesse ist natürlich die Frage, wie es aus diesem Zustand zu einer Bewegung im eigentlichen, d. h. im Sinne der lebendigen Kräfte kommt. Darauf gibt Leibniz die bereits erwähnte Antwort, daß die lebendige Kraft sich aus der toten kontinuierlich aufbaut. Dies bedeutet zum einen, daß der durch eine aktive Kraft bewirkte Übergang vom Eintritt in die Bewegung zur eigentlichen und für den Menschen mit einer wahrnehmbaren Geschwindigkeit verbundenen Bewegung selbst (ein Übergang, den Leibniz auch mit Hilfe der beiden Begriffe „motio" und „motus" zu kennzeichnen sucht), daß also die durch eine Kraft verursachte Wirkung nicht sofort-unmittelbar, nicht instantan erfolgt, sondern einer unendlich-stetigen Fortsetzung des Anreizes zur Bewegung, der sollicitatio ad motum in der Zeitfolge bedarf. Dies bedeutet zum anderen aber auch, daß es in jedem Körper ein doppeltes Kraftstreben und eine Tendenz (conatus et nisus) zur Bewegung gibt, zunächst das elementare und

[20] *Monadologie*, § 11. Verbindungen Nietzsches zur Monadenlehre verfolgt F. Kaulbach, *Nietzsche und der monadologische Gedanke*, in: *Nietzsche-Studien*, 8 (1979), S. 127–156. Kaulbach weist freilich auch auf die Tatsache hin, daß zwischen Nietzsche und dem theologischen Metaphysiker Leibniz erhebliche Unterschiede bestehen (vgl. S. 155 f.).

[21] *Specimen dynamicum*, in: *Math. Schr.*, Bd. VI, S. 238.

unendlich kleine Streben im Sinne der sollicitatio ad motum, sodann dasjenige Bewegungsstreben, das sich durch fortgesetzte, stetige Wiederholung dieser elementaren Bestrebungen ergibt. Erst dieses zweite Streben verursacht eine wirkliche, mit feststellbarer Geschwindigkeit verbundene Bewegung oder einen Antrieb (impetus). Der Impetus ist stets mit lebendiger Kraft verbunden, wenngleich beide dennoch nicht identisch sind.

Leibniz nennt die Geschwindigkeit, in der zugleich eine Richtung mitzudenken ist, „Streben" (conatus) und unterscheidet davon den „Antrieb" (impetus) als das Produkt aus Körpermasse und Geschwindigkeit, jene Größe also, die die Cartesianer Bewegungsquantität nannten. Soll die sich über eine gewisse Zeit erstreckende Bewegung genauer berechnet werden, so ist das Integral über den unendlich vielen Antrieben (impetus) nach der Zeit zu bilden. Der Impetus selbst entsteht, obwohl er eine momentane Größe darstellt, „aus der sukzessiven Folge unendlich vieler Einwirkungen, die auf ein und dasselbe Bewegliche ausgeübt werden".[22] Und das Element, aus dem der Antrieb seinerseits hervorgeht, ist die oben angeführte sollicitatio, d. h. die „elementare, unendlich kleine Tendenz", die Leibniz dann ‚tote Kraft' nennt, während mit der tatsächlichen Bewegung ‚lebendige Kraft' verbunden ist. Es liegt also eine Aufstufung vor. Der Antrieb (impetus) ist als das Integral der sollicitatio nach der Zeit zu fassen, und die wahrnehmbare Bewegung kann dann als das Integral der unendlich vielen Antriebe nach der Zeit berechnet werden.

Diese Bestimmungen stellen für Leibniz primär Versuche dar, das dynamische Kraftgeschehen, das der Stoß- und Ortsbewegung zugrunde liegt, einer Berechnung zugänglich zu machen. Doch da es für Leibniz auch in der mathematisch-physikalischen Betrachtung der Kraft um dasjenige geht, was überhaupt eine raum-zeitliche Organisation figürlicher Gestalten ausmacht, werden gerade in der Durchführung dieser Absicht zwei im Blick bereits auf Nietzsches Lehre der Willen-zur-Macht zentrale und die Wirklichkeitsauffassung selbst betreffende Momente deutlich. Zum einen ist durchgängig, d. h. bei sollicitatio, impetus, motio und motus, der Charakter des *Von-innen-heraus*-Geschehens der Kraft-vollzüge zu beachten. Zum anderen betont Leibniz selbst, nicht der Meinung zu sein, daß diese mathematischen Wesenheiten „sich wirklich so in der Natur der Dinge vorfinden", sondern er hält sie nur für „ein Mittel der abstrakt-mathematischen, exakten Berechnung".[23] Die Frage nach dem eigentümlichen, sich unter Umständen der mathematischen Berechenbarkeit entziehenden, nicht in den geometrisch-notwendigen Wahrheiten zu findenden und im Kausalitätsschema nicht erreichbaren *Geschehens*charakter der Kräftevollzüge wird so von beiden Momenten her nicht nur

[22] Ebenda.
[23] Ebenda.

nicht blockiert, sondern in gewisser Weise gerade erst freigegeben. Wie aber, so ist im Vorgriff auf Nietzsche zu fragen, wenn dieser Geschehenscharakter der Kräfte als ein endogenes, weder mathematisch berechenbares noch dem Erhaltungsprinzip verpflichtetes, nicht kausal-mechanisch und schon gar nicht teleologisch erklärbares *Explosions*-Geschehen interpretiert werden müßte, in dem es fortwährend um Vorgänge des Übergreifens von Macht-Ordnungen über andere Macht-Ordnungen geht? Die von Nietzsche vorgeschlagene Deutung liegt in dieser Richtung.

Der zweite im Zusammenhang der von Leibniz konzipierten ‚ursprünglich-aktiven Kraft' interessierende Aspekt betrifft das Problem der Einheit in der Vielheit. Der Leibnizschen Auffassung zufolge lassen sich in der Materie allein oder in dem, was sich bloß passiv verhält, die Prinzipien einer wahrhaften Einheit deshalb nicht auffinden, weil hier alles bloß eine „Ansammlung und Anhäufung von Teilen bis ins Unendliche hinein" ist. Für Leibniz ist kennzeichnend, daß alle Vielheit ihre Realität einzig von den „unités véritables" erhält, „qui viennent d'ailleurs"[24]. Diese wirklichen Letzteinheiten können nun aber nicht die Atome der atomistischen Tradition von Demokrit bis Gassendi sein, weil Materielles nicht zugleich materiell und doch unteilbar sein kann. So sieht Leibniz sich genötigt, den Gedanken des Atomon mit demjenigen der formae substantiales der aristotelisch-scholastischen Tradition in einer bestimmten und auf den Kraftcharakter zentrierten Weise zusammenzudenken und dann von einem „atome formel", von einem Forma-Atom zu sprechen.

Später wird zu sehen sein, daß auch Nietzsche, und zwar im Rückgriff auf Bošković, der seinerseits unter dem Einfluß der Leibnizschen Kraftlehre steht, den Atomismus für gründlich widerlegt hält und in dem das 19. Jahrhundert bewegenden Streit zwischen Kraft und Stoff entschieden auf seiten der Kraftlehre steht. Nicht mehr ist der Körper das zuerst Gegebene, das dann eine Kraft ausübt, sondern umgekehrt ist auch der Körper selbst bereits als Manifestation von Kraft aufzufassen.[25] Alles ist Kraft. Doch heißt dies für Nietzsche nicht, daß er, wie Leibniz, zu substantialen Letztpunkten im Sinne der Monaden als den immateriellen und ausdehnungslosen „metaphysischen"[26] Punkten gelangt. Vielmehr wird das für Leibniz charakteristische

---

[24] *Système nouveau de la nature*, in: *Philos. Schr.*, Bd. IV, S. 478, vgl. S. 479.

[25] R. J. Bošković gehört in die Vorgeschichte der modernen Feldtheorie. Vgl. M. Jammer, Art. *Feld, Feldtheorie*, in: *Historisches Wörterbuch der Philosophie* hrsg. von J. Ritter, Bd. II, Sp. 923f.

[26] Leibniz, a. a. O., S. 482. Die Annahme einer Substantialität wurde zuerst von W. Müller-Lauter, *Nietzsche*, S. 32 zurückgewiesen. Müller-Lauter hat, besonders gegen die von Heidegger vorgetragene Nietzsche-Deutung, herausgestritten, daß es sich in Nietzsches Lehre vom Willen zur Macht nicht um ein einheitliches ens metaphysicum, nicht um einen sich selbst wollenden Wesenswillen, sondern um eine Vielheit miteinander kämpfender Willen zur Macht handelt. Vgl. außer dem genannten Nietzsche-Buch, Ders., *Nietzsches Lehre vom Willen zur Macht*,

Denkmuster, daß Einheit da sein muß, damit Vielheit überhaupt Realität habe, aufgehoben. Das Problem besteht für Nietzsche umgekehrt darin, wie Einheit im Sinne jener für ein Wirksamsein bereits vorauszusetzenden Organisiertheit gegeben ist, wo doch alles den Charakter der Vielheit hat. Für Nietzsche, der den Substanzbegriff für eine projizierte Folge des Subjekt-Begriffs (nicht umgekehrt!) hält[27], und für den die Preisgabe von diesem den Raub der Voraussetzung für jenen bedeutet, gilt relationale Vielheit im Kleinen wie im Großen. Man gelangt nicht an einen Letztpunkt, an dem sich dann doch wieder erwiese, daß Vielheit auf eine Substanz-Einheit, jetzt nicht im Sinne eines Monismus etwa Spinozistischer Prägung, sondern im Sinne des von Leibniz so gedachten metaphysisch Zugrundeliegenden der Monaden als der einfachen Substanzen zurückzuführen ist. Die von Nietzsche konzipierten und alle Wirklichkeit ausmachenden Willen-zur-Macht-Kräfte sind darüber hinaus und in deutlichem Unterschied zu den Leibnizschen Monaden nicht von unerschütterlicher Konstanz und ewiger Dauer. Sie unterliegen vielmehr selbst wiederum dem vielheitlichen Funktionalitäts-Spiel der beteiligten Kräftezentrierungen und -felder, welches ‚Spiel' durch Prozesse der Kraft-Mehrung und/oder Kraft-Minderung charakterisiert ist.

Nun ist Leibniz freilich der Gedanke, daß die eigentümliche Struktur einer Ganzheit in jedem ihrer Teile, und zwar bis in ihre unendlich kleinsten hinein immer wieder anzutreffen ist, nicht nur vertraut, sondern für sein System unverzichtbar. Daran zeigt sich auch der Unterschied zwischen der Natur und den von Menschen hergestellten Artefakten. Im Unterschied zu künstlichen Maschinen faßt Leibniz alle organisch-lebendigen Körper als „Maschinen der Natur" auf, die bis ins unendlich Kleinste immer wieder solche Maschinen sind. Auch ist für Leibniz sowohl der Gedanke, daß die Materie unendlich teilbar ist und jeder Teil seine ihm eigene Bewegung hat, als auch die zentrale Bedeutung von Wachstum (accroissement) und Verminderung (diminution) wichtig.[28] Auf dieser Ebene kann also der Unterschied zu Nietzsche nicht festgemacht werden. Doch während Leibniz sich zum Überstieg in das Konzept der einfachen Substanzen genötigt sieht, um so auch erst dem Zusammengesetzten, dem Vielen (welches ihm zufolge nichts anderes als ein „Aggregat" von einfachen Substanzen ist) Realität zu geben, ist es genau diese Idee metaphysischer Letzt-Einheits-Punkte, die aus Nietzsches Perspektive nicht nachvollziehbar ist. Nietzsche sucht die Frage nach der Einheit des bzw. im Vielen nicht von metaphysischen Einheitspunkten, sondern ganz vom relatio-

---

in: *Nietzsche-Studien*, 3 (1974), S. 1–60, und *Das Willenswesen und der Übermensch. Ein Beitrag zu Heideggers Nietzsche-Interpretationen* in: *Nietzsche-Studien*, 10/11 (1981/82), S. 132–192.

[27] Vgl. KGW VIII, 2, 10 (19), S. 131.

[28] Vgl. *Monadologie*, §§ 64, 65, 73.

nalen Wirkgeschehen der Willen-zur-Macht-Komplexe her, die überhaupt nur in und als Relation zu anderen Willen-zur-Macht-Komplexen *sind*, zu beantworten. Von daher ist verständlich, daß von Einheit stets nur in einem relativen Sinne die Rede sein kann. Es gibt keine ewig dauernden, keine sich selbst gleich-bleibenden und substantialen Einheiten, die einzig durch einen Akt metaphysischer Annihilation seitens Gottes, der die Monaden ja auch geschaffen hat, zunichte werden könnten. Die für Leibniz grundlegende Differenz zwischen dem Zusammengesetzten (das aus Teilen entsteht, in das auch fortwährend Teile hinein- und heraustreten und das schließlich auch in Teile vergeht)[29] und den einfachen Substanzen, den Monaden (die weder teilbar noch vergänglich sind, noch auch etwas in sich herein- oder heraustreten lassen), kann in bezug auf Nietzsches Willen-zur-Macht gerade nicht angenommen werden. Nietzsche schreibt den relationalen und vielheitlichen Willen-zur-Macht-Kräften auch all jene die Durchorganisation von Realität bewirkenden Funktionen zu, die Leibniz allein im Rückgang auf die metaphysischen Einheitspunkte glaubt erklären zu können. Dabei ist der Geschehensvollzug der Willen-zur-Macht jeweils auf das Angereiztwerden durch Anderes angewiesen. Jeder Wille-zur-Macht sucht anderes, ihm widerstehendes Seindes, welches ebenfalls vom Charakter des Willens-zur-Macht ist, aus sich heraus auf. Er *ist* überhaupt nur *in und als* diese Relation. Auf diese Weise ergeben sich auch erst diejenigen Organisationsgebilde, die dann, je nach dem Grad ihrer internen Stabilität und Kräftedisposition, in einem über die unmittelbare Um-welt hinausgehenden Sinne nach außen aktiv wirken bzw. Widerständigkeit aufbringen können. In diesen Prozessen können Willen-zur-Macht-Ordnungen, im Unterschied zu den Monaden, sich aufspalten, abspalten, zusammenschließen und auch zerfallen. Für die Willen-zur-Macht gilt also gerade nicht, was für die Monaden zentral ist, daß sie nämlich nicht nach außen, sondern nur in sich wirkend und keinen äußeren Einwirkungen zugänglich sind, daß sie, wie Leibniz sich ausdrückt, „keine Fenster haben, durch die etwas herein- oder heraustreten könnte“[30].

Wirklichkeit wird bei Nietzsche nicht am Leitfaden der Substantialität und mithin auch nicht nach dem Muster einer essentialistischen Einheits-Logik gedacht. Vielmehr steckt in der Relationalität selbst bereits alles, *was* und *wie* die Realität ist, und entsprechend auch alles, was und wie sie nicht ist. Damit ist zugleich gesagt, daß dem Menschen in dem Geflecht der relationalen Bezogenheiten dessen, was ihm als Welt und Realität gilt, besondere Bedeutung zukommt. Denn insofern es der Mensch ist, der seine Welt hat, ist deren Seinsweise ohne ihn nicht sinnvoll konzipierbar, und es gilt hier der Homo-mensu-

[29] Vgl. *Monadologie,* §§ 6, 72, 2.
[30] *Monadologie,* § 7, vgl. §§ 1–6.

ra-Satz. Dieser darf jedoch weder in anthropozentrischer Selbstüberschätzung auf den Umstand, *daß* Welt existiert, ausgeweitet noch bedürfnis-psychologisch verkürzt, sondern muß auf die phänomenologische und logische Struktur der Willen-zur-Macht-Realität und deren Geltung hin entfaltet werden. Unter dem Logischen ist hier freilich nicht das formelle, auf prämissenfolgerndes Schließen eingeschränkte Denken, sondern jener Fundamentalvorgang zu verstehen, *in und als* dessen Vollzug der Mensch die Grenze und den Sinn seiner Welt nicht nach Art einer Sprach-, Verstandes- und Reflexionsbestimmung *setzt*, sondern in einem holistischen Sinne selbst *ist*. Der genauere Sinn solcher Rede wird später eingehend zu erörtern sein.[31] Zunächst jedoch kommt es vor allem und im Unterschied zu einer substantialen Einheits-Betrachtung auf die Betonung des Relationencharakters jeden Willen-zur-Macht-Geschehens an.

In diesen Relationen sind die Willen-zur-Macht keine entelechetisch selbst-genügsamen Gebilde. Der für sie kennzeichnende Grundzug der Steigerung, Erweiterung und Auslassung von Kraft macht sie gerade in dem, was ‚Wert' für sie hat, von Anderem, genauer von dem übermächtigenden und funktionsaufprägenden Übergreifen über andere Machtwillen abhängig. Und was schließlich den perspektivisch-repräsentierenden Charakter einer jeden Monade im Sinne eines „lebendigen Spiegels des ganzen Universums"[32] betrifft, so teilen Nietzsches Willen-zur-Macht mit Leibnizens Monaden zwar den Aspekt der Pluralität der Perspektiven. Doch geht es im welt-auslegenden und interpretativen Charakter der Willen-zur-Macht-Vollzüge nicht um eine Spiegelung der Einen, in vollkommener Ordnung geregelten Welt im Einfachen, d.h. im Innern der fensterlosen einfachen Substanzen. Es handelt sich vielmehr von jedem Kraftzentrum aus um die Konstruktion der ganzen übrigen Welt auf dem Wege eines in den Raum wirkenden und sich *als* Perspektivismus vollziehenden Machtstrebens. Darin stößt jeder Wille-zur-Macht auf Seiendes gleichen Charakters und Bestrebens. Durch fortwährendes und wechselseitiges Auf-seinen-Wert-hin-Interpretieren dieser anderen Machtwillen kommen jene Gebilde zustande, die dann als Welt, Wirklichkeit und Leben angesprochen werden. Die perspektivisch-interpretierenden Willen-zur-Macht repräsentieren nicht, d.h. sie geben nicht eine Welt wieder, sondern sie konstruieren, sie stellen Wirklichkeit her, sie *sind* die Prozesse der Welt-Erzeugung. Darin ist das Verhältnis von Innen und Außen so aufzufassen, daß alles Geschehen, einschließlich der Anpassungsleistungen an äußere Umstän-

---

[31] Vgl. dazu im einzelnen unten Kap. VI, 5. Diese Struktur ist dann auch für ein Verständnis von Nietzsches Wiederkunftslehre fruchtbar zu machen, vgl. Kap. VIII, 5.

[32] *Monadologie*, § 56; vgl. §§ 57, 63, 18 (Entelechie); vgl. *Principes de la nature et de la grâce fondés en raison*, § 3.

de, innere Aktivität, interne Funktion ist. Zugleich aber ist das Außen im Sinne der ihrerseits von innen her wirkenden Widerstände unverzichtbar. Denn die Willen-zur-Macht-Kräfte *sind* nur *als* diese Relationen. Wird diese Struktur geleugnet, so hat man, zumindest theoretisch, die Welt vernichtet. Im Zusammenhang der Wiederkunftslehre wird darüber hinaus zu sehen sein, daß die von Leibniz für seine Auffassung der Monaden als Spiegel des Universums vorauszusetzende vollkommen geregelte Ordnung des Universums in Nietzsches Philosophie gerade nicht mehr vorausgesetzt werden kann. Solche Ordnungsvorstellungen sind Projektionen seitens des Menschen. Sie dienen der theoretischen und praktischen Orientierung und Entlastung in der Welt und möchten den Charakter *fehlender metaphysischer* Ordnung, den Chaos-Charakter der Welt als ganzer mit Hilfe einer moralischen Ontologie verborgen halten, die als Palliativ und Therapeutikum gegen den Nihilismus wirkt.

Dem Wegfall einer fest-stehenden Ordnung im Großen entspricht nach der Seite der kleinen und kleinsten Welten, daß die Redeweise und die Vorstellung von ‚Atomen' und selbst noch diejenige von ‚Monaden' Ausdruck für die Unfähigkeit des Sprach- und Verstandesinstrumentariums ist, den Werdecharakter der werdenden Welt erfassen und aus*sagen* zu können. Bereits auf dieser Ebene zeigt sich ein Bedürfnis nach Erhaltung, Dauer und Beständigkeit. Es wird in den Sprach- und Verstandesbestimmungen fortwährend eine „gröbere Welt von Bleibendem, von ‚Dingen'" gesetzt. Doch darf strenggenommen von Atomen und Monaden nur „relativ" gesprochen werden. Beide Vorstellungen sind Wert-Gesichtspunkte. In ihnen manifestieren sich „*Erhaltungs-Steigerungs-Bedingungen* in Hinsicht auf complexe Gebilde von relativer Dauer des Lebens innerhalb des Werdens". Es gibt keine „dauerhaften letzten Einheiten", keine Atome und keine Monaden. Ein ‚Sein' sowie ‚das Seiende' wird erst vom Menschen in den Fluß des Geschehens fixierend „hineingelegt", und zwar aus „praktischen, nützlichen perspektivischen Gründen". Doch darf diese lebens-pragmatische Strategie nicht als eine Bestimmung des Wesens der Geschehensprozesse selbst mißverstanden werden. In bezug auf diese formuliert Nietzsche den Kern seiner eigenen Auslegung der Wirklichkeit. In allen Wirklichkeits-Gestaltungen handelt es sich um konkreszierte Kräfte-Konstellationen und darin wiederum um „Herrschafts-Gebilde", innerhalb deren die „Sphäre des Beherrschenden" als „fortwährend wachsend" oder „unter der Gunst und Ungunst der Umstände" als „periodisch abnehmend, zunehmend"[33] gedacht werden muß. Es gibt keine festen ontologischen Entitäten und kein sich-gleich-bleibendes Sein. Werden ist Grundvorgang.

Die Willen-zur-Macht sind also den Leibnizschen Monaden zwar in funktionaler Hinsicht insofern vergleichbar, als es sich in beiden Fällen um die

[33] KGW VIII, 2, 11 (73), S. 278.

Bestimmung derjenigen Kräfte handelt, auf deren Wirksamkeit die in jedem Tätigsein bereits vorauszusetzende Organisiertheit und die Durchorganisation von Wirklichem und Lebendigem beruhen. Dieser Zusammenhang ist nachdrücklich herauszustellen. Es ist in bezug auf Nietzsches Wirklichkeitsauffassung in der Tat schon viel gewonnen, wenn diese Verbindung der Willen-zur-Macht-Quanta zu Leibnizens monadischen Kräften gesehen wird. Doch abgesehen von der grundsätzlichen Differenz, daß die Willen-zur-Macht-Kräfte nicht als metaphysische Punkte aufgefaßt werden, ist auch die Art und Weise, wie diese Organisation von Wirklichem Nietzsche zufolge geschieht, von der Leibnizschen Monadenlehre deutlich unterschieden. Der eigentliche Bezugspunkt zu Leibniz liegt von daher weniger im Monadengedanken als vielmehr im *dynamischen* Kraftbegriff, d.h. in jenem Begriff der ursprünglich-aktiven Kraft, der hinter die kausal-mechanische Vorstellung der Kraft zurückgeht, ohne sogleich rein als monadisch, d.h. ohne auf die internen Tätigkeiten der metaphysischen Monaden festgelegt werden zu müssen. Es handelt sich *nicht* um eine Monadologie der Kraftzentren, sondern um eine *Dynamik der Willen-zur-Macht*. Dieser Zwischencharakter ist es auch, der dem von Leibniz auf der Ebene der dynamischen Kräfte und unter Anwendung des Prinzips des zureichenden Grundes entwickelten Erhaltungssatz der Kraft/Energie seinen besonderen Status verleiht. Dies ist sowohl innerhalb der Leibnizschen Philosophie als auch im Zusammenhang der späteren, dann auch mathematisch sowie experimentell gesicherten Aufnahme und definitiven Etablierung des Energiesatzes Mitte des 19. Jahrhunderts und der sich daran anschließenden Diskussionen, z. B. um die Irreversibilitäts-Konsequenz der Sätze der Thermodynamik, zu beachten. Nietzsche hat diese Debatten aufmerksam verfolgt. Sie sind für ein Verständnis seiner beiden Grundlehren der Dynamik der Willen-zur-Macht und der ewigen Wiederkehr des Gleichen wichtig.

Zusammenfassend ergeben sich aus den bisherigen Ausführungen also zunächst vier Gesichtspunkte positiver Beziehung zwischen Leibniz und Nietzsche. Erstens ist hinsichtlich der den Willen-zur-Macht-Kräften zugewiesenen Funktionen auf die Nähe zu den von Leibniz konzipierten monadischen Kräften hinzuweisen. Zweitens ist der bei Leibniz erstmals herausgestrittene Charakter der Endogenität, des Von-innen-heraus-Wirksamseins der ursprünglich-aktiven Kräfte zu betonen. Dabei zeigt sich drittens, daß es in der Passage von Möglichkeit zu Wirklichkeit bereits bei Leibniz keines Dritten mehr bedarf, sondern daß die aktive Kraft dieses Mittlere zwischen der Möglichkeit des Wirkens und dem Wirken selbst in sich enthält. Viertens ist darauf aufmerksam zu machen, daß der auf Leibniz zurückgehende Energiesatz in Nietzsches Auseinandersetzungen mit dem Erhaltungsprinzip sowohl in Hinsicht auf den Vollzugscharakter der Willen-zur-Macht-Kräfte als auch im Rahmen der Wiederkunftslehre von Bedeutung ist. Dies wird im einzelnen noch zu verfolgen sein. Darüber hinaus ist fünftens ein weiterer Bezugspunkt herauszustellen. Er betrifft die Auffassung des Verhältnisses von Bewußtsein und Perzeption.

Nietzsche zufolge ist Bewußtheit ein erst am Ende der organischen Entwicklung auftretendes Phänomen, das in seiner welt- und erfahrungs-organisierenden Leistungskraft gemeinhin überschätzt wird. Dies sei vor allem in der Tradition der idealistischen Philosophie der Fall, in der dem Bewußtsein Lasten aufgebürdert werden, die dieses schwerlich zu tragen imstande ist. Vor diesem Hintergrund und angesichts der Kontinuität der Seinsstufungen vom Anorganischen bis zum *bewußt* werdenden Denken stellt Nietzsche an Leibniz dessen „unvergleichliche Einsicht" heraus, mit der er, Leibniz, nicht nur gegen Descartes und den Cartesianismus, sondern auch gegen alle vorangegangene und auch gegen einen Großteil der auf Leibniz folgenden Philosophie Recht bekam, – „dass die Bewusstheit nur ein Accidens der Vorstellung ist, *nicht* deren nothwendiges und wesentliches Attribut". Es ist also in dem Sinne umzudenken, daß das, was ‚Bewußtsein' genannt wird, „nur einen Zustand unserer geistigen und seelischen Welt ausmacht (vielleicht einen krankhaften Zustand) und *bei weitem nicht sie selbst*". Die Tiefe dieses Gedankens sei „auch heute noch nicht ausgeschöpft"[34]. In einer solchen Überlegung kommt weniger die Leibnizsche als vielmehr Nietzsches eigene Sicht der Dinge zum Ausdruck. Dies wird auch an der These deutlich, daß erst Physiologie und Tiergeschichte des 19. Jahrhunderts vor die Einsicht geführt haben, daß das Problem des Bewußtseins, „genauer des Sich-Bewusst-Werdens", überhaupt erst dann auftritt, wenn man zu begreifen anfängt, inwiefern man des Bewußtseins „entrathen" könnte. Man habe also zwei Jahrhunderte benötigt, um den „vorausfliegenden Argwohn" von Leibniz einzuholen. Der sich seiner selbst bewußt werdende Teil der fortwährenden Geschehensprozesse ist sehr gering. Bewußtsein tritt immer erst spät auf, ist eingegrenzt und derivativ, nicht ontologisch primär und nicht konstitutiv. Die Individuen könnten „denken, fühlen, wollen", auch sich „erinnern" und „‚handeln'", und zwar „in jedem Sinne des Wortes", – trotzdem „brauchte das Alles nicht . . . ‚in's Bewusstsein zu treten' (wie man im Bilde sagt)".[35] In technischer Ausdrucksweise könnte man dies auch so formulieren, daß der Unterschied zwischen ‚etwas tun' und ‚etwas sich-bewußt-werdend tun' nicht darauf schließen läßt, daß es sich hier um zwei verschiedenartige Klassen von Vorgängen handelt. Und anders als in der die philosophische Tradition vor allem der Neuzeit bestimmenden Auffassung des Bewußtseins als des konstitutiven Mediums und des Ortes genauer Repräsentation der Wirklichkeit vertritt Nietzsche die Ansicht, daß das ganze

---

[34] KGW V, 2, *Die fröhliche Wissenschaft*, V, Aph. 357, S. 280.
[35] a.a.O., Aph. 354, S. 272.

Leben auch möglich wäre, „ohne dass es sich gleichsam im Spiegel sähe", und daß sich der bei weitem größte Teil der Prozesse des Lebens auch in der Tat „ohne diese Spiegelung abspielt". Weder bedarf es solcher Spiegelung noch vermag der kleine Ausschnitt der Bewußtheit einen genauen und abbildenden Spiegel abzugeben. Nietzsche bringt diese in einer Nähe zu Leibniz gesehene Problemlage in die zugespitzte Frage: „*Wozu* überhaupt Bewusstsein, wenn es in der Hauptsache *überflüssig* ist?".[36]

Später wird sich erweisen, daß die Leibnizsche Lehre in noch drei weiteren Hinsichten für ein Verständnis von Nietzsches Denken fruchtbar gemacht werden kann. Zum einen ist für Leibniz die Symbiose von Physik und Moral kennzeichnend. Zum anderen hat der späte Leibniz die mathematische Kombinatorik in Verbindung mit dem Gedanken einer Grenze des Erkenntnisfortschritts auf die Geschichte angewandt und gelangte auf diese Weise ebenfalls zu einer Lehre von der Wiederkehr aller Dinge. Darüber hinaus spielt das von Leibniz formulierte Principium identitatis indiscernibilium in der Auseinandersetzung um die Wiederkunftslehre eine gewichtige Rolle.[37] Im Augenblick jedoch sei lediglich noch auf eine grundsätzliche Schwierigkeit hingewiesen, die sich sowohl für die Leibnizsche Monadologie als auch in Nietzsches Willen-zur-Macht-Lehre ergibt. Die Monadenlehre gerät, rein immanent betrachtet und alle mit ihren metaphysischen Voraussetzungen verbundenen Probleme noch beiseite gelassen, gerade dort in erhebliche Schwierigkeiten, wo es um ein Verständnis von Funktions/Organisation-Gebilden, z. B. eines Organismus oder des menschlichen Leibes geht, in denen, etwa im Verhältnis von Teil und Ganzem, Verhältnisse der Über- und Unterordnung, mithin Macht- und Herrschaftsverhältnisse bestimmend sind. Auf die Frage, wie diese Beziehungen auf der Ebene der durch die ursprünglich-aktive Kraft charakterisierten Monaden zu denken sind, gibt Leibniz, soweit zu sehen ist, keine Antwort.[38] Die systematische Frage lautet, wie die ihrer Wesensbestimmung nach aktiven Monaden zugleich auch passiv sein können. Der Sache nach tritt genau dieses Problem auch bei Nietzsche an einem entscheidenden Punkt auf. Dort handelt es sich um die Frage, ob in organisierten Funktionsgebilden, in denen die ursprünglich-aktiven und durch ihr Herrschenwollen charakterisierten Willen-zur-Macht offensichtlich auch untergeordnet, eben als Funktionsteile arbeiten, das Machtstreben weiterhin Grundbestimmung bleibt. Dies läßt sich präzisieren. Kann auch in diesen Zusammenhängen die Teleologie ausgeschlossen und

[36] Ebenda.

[37] Vgl. unten Kap. VII, 3 (Indiszernibilität); VIII, 4 (Wiederkehr) und VIII, 1, S. 258 (Physik und Moral).

[38] Leibniz gelangt lediglich zu der allgemeinen Bestimmung, daß das *Bewirken* mit der Vollkommenheit und das *Erleiden* mit der Unvollkommenheit in Verbindung zu bringen ist. Vgl. *Monadologie*, § 49f.

die Erhaltungstendenz aus einer Priorität des Steigerungscharakters erklärt werden oder nicht?[39]

5. *Neuzeitliche Rationalität und Selbsterhaltung*

Das neuzeitliche Prinzip der Selbsterhaltung hat im 17. Jahrhundert seine klarste Ausprägung bei Hobbes, Descartes, Spinoza und Newton gefunden, und es ist Leibniz gewesen, der den dann vor allem seit Mitte des 19. Jahrhunderts für alle wissenschaftliche Naturbetrachtung grundlegenden Erhaltungssatz der Kraft/Energie begründet hat. Bei Hobbes suchen die primären Individuen aus sich heraus, „necessitate naturae suae", die Überwindung jenes ihre Existenz bedrohenden Naturzustandes, in dem der Krieg aller gegen alle herrscht, und wo ein jeder ein Recht auf jedes hat.[40] Insbesondere ist es die Furcht vor einem gewaltsamen Tode, d. h. vor einer exogenen Vernichtung, die das Streben nach Selbsterhaltung auslöst und sowohl für das Leben der Individuen als auch für dasjenige des Staates zum obersten Gebot und Prinzip der Vernunft werden läßt. Ist für Hobbes Selbsterhaltung im anthropologischen und staatlich-politischen Bereich der wichtigste Grundsatz der Vernunft, so formuliert Newton das gleiche Prinzip mit Blick auf die physikalische Mechanik und die Bestimmung von Kräften. Die Materie besitzt in sich eine Widerständigkeit (potentia resistendi), die dafür verantwortlich ist, daß jeder Körper, soweit es an ihm liegt, in seinem jeweiligen Zustand beharrt (perseverat in statu suo). Diese Beharrungstendenz, die Trägheit (vis intertiae) erhebt Newton dann in seinem ersten Bewegungsgesetz zum Grundmerkmal eines jeden Körpers.[41]

Bei Spinoza schließlich läßt das Prinzip der Selbsterhaltung seine bereichsspezifischen Eingrenzungen (auf Anthropologie, Politik, Physik) hinter sich und wird abstrahierend zum Wesensmerkmal alles Seienden. „Conatus sese conservandi est ipsa rei essentia". Wenn Selbsterhaltung die Wesenheit der Dinge selbst ausmacht, so folgt daraus zugleich, daß sie „primum, & unicum virtutis est fundamentum".[42] Denn es kann kein Prinzip gedacht werden, das diesem vorherginge, und ohne es kann keine Tugend (virtus) vorgestellt werden. Diese Ausweitung der *conservatio sui* in die Bereiche spekulativer Onto-

---

[39] Vgl. dazu unten Kap. V, 1–3.

[40] Vgl. Th. Hobbes, *De cive*, in: *Opera*, Ausg. G. Molesworth, Bd. II, S. 148. Zur zentralen Stellung des Erhaltungsprinzips vgl. die in Anmerkung 1 genannten Arbeiten.

[41] Vgl. I. Newton, *Philosophiae Naturalis Principia Mathematica*, in: *Opera*, Ausg. S. Horsley, Bd. II, S. 2; 13.

[42] B. de Spinoza, *Ethica*, IV, Prop. 22, Dem. et Cor., in: *Opera*, Ausg. C. Gebhardt, Bd. II, S. 225.

logie und Ethik muß sich bei Spinoza deshalb vollziehen, weil das Aus-sich-heraus-sein und die Erhaltung-aus-sich-selbst gerade für das allem Seienden Zugrundeliegende, die Substanz, wesentlich ist, und weil alle endlichen Dinge nur Modi eben dieser einen einzigen Substanz, außerhalb deren es kein Sein und keinen Gott gibt, sind, mithin im Kern die gleiche Wesensverfassung wie die zugrundeliegende Substanz, d.h. wie Gott selbst besitzen. „Per substantiam intelligo id, quod in se est, & per se concipitur".[43] Die Existenz der Substanz gründet einzig in dieser selbst, und so benötigt die Natur keine ihr exogenen Ursachen, keine externe Creatio, um zu sein und sich in ihrem Sein zu erhalten. Für Spinoza liegt die essentia nicht außerhalb der existentia, ebenso wie die als Ursache gefaßte natura naturans nicht außerhalb der als Wirkung gefaßten natura naturata liegt. Realität der Natur und deren Vollkommenheit sind folglich ein und dasselbe.[44] Die so in einem metaphysischen Sinne allem Seienden wesentlich zugehörige Selbsterhaltung ist gleichbedeutend mit Macht (potentia). Denn diese besteht in der Möglichkeit zur Existenz, in der Selbst-Erhaltung und im Wirkenkönnen.

Wie sehr Spinoza in seinen Bestimmungen das gegen alle Fremd-Erhaltung sich behauptende Selbsterhaltungsprinzip der neuzeitlichen Rationalität zum Ausdruck bringt, zeigt ein Blick auf seinen Lehrer Descartes. Dieser bewegt sich in seinem Gottesbeweis der *Dritten Meditation* noch ganz im Rahmen der Lehre der creatio continua, derzufolge das physische Dasein und die zeitliche Dauer eines Menschen in jedem seiner Zeitpunkte nicht aus dem unmittelbar vorangegangenen Dasein notwendig folgt, sondern es vielmehr einer Ursache bedarf, die ihn in jedem Zeitmoment, von Augenblick zu Augenblick von neuem schöpft und somit im Dasein erhält. Descartes führt diese Version seines Gottesbeweises mit dem Argument durch, daß der Mensch zwar als Wesen existiert, nicht aber über eine Kraft der Selbsterhaltung verfügt. Wäre er mit einer solchen ausgestattet, dann müßte er sich auch alle ihm noch fehlenden Vollkommenheiten geben können, denn die „perfectiones" sind nur Attribute der Substanz, das Ich aber ist eine Substanz. Dieses Vermögen jedoch ist dem Menschen offensichtlich nicht gegeben. „Ergo ab alio conservor"[45].

Nietzsche wird später auf die strukturell gleiche Problematik, daß aus einem einmal erreichten Zustand sowie einer vorhandenen Veränderung nicht ohne weiteres auch schon auf ein fortwährendes Verändern zu schließen sei, mit seiner Lehre der von innen heraus wirkenden Kraftzentren, die als Willen-

[43] *Ethica*, I, Def. 3, S. 45.

[44] *Ethica*, II, Def. 6, S. 85.

[45] Vgl. R. Descartes, *Meditationes de prima philos.*, III, und dazu die *Secundae responsiones*, Prop. 3, Dem., in: *Œuvres*, Ausg. Ch. Adam/P. Tannery, Bd. VII, S. 49 und 168; vgl. S. 164f., Axiomata I und II.

zur-Macht aufzufassen sind, antworten. Bei Descartes jedenfalls werden conservatio und creatio im Sinne exogener Bestimmungen der Sache nach nicht unterschieden. Der auf diese Weise schöpfend und erhaltend gedachte Gott ist als causa ultima wesentlich dadurch ausgezeichnet, daß er seinen Ursprung und seine Existenz aus sich selbst heraus (a se) und nicht von etwas anderem her (ab alia) hat. Gott ist durch die Macht der Selbsterzeugung (vis per se existendi) charakterisiert, und darin ist auch die Macht zur Erhaltung seines Gottwesens aus sich selbst heraus impliziert. Wenn Spinoza dann den ,conatus se conservandi' vom weltjenseitigen Gott auf alles Seiende überträgt, weil Gott als die Eine Substanz gedacht wird, so ergeben sich zwei Aspekte, die im Blick auf Nietzsche von Interesse sind. Zum einen wird der Gedanke der Selbst*erhaltung* von demjenigen der göttlichen Selbst*erzeugung* geschieden. Damit wächst dem endlichen Seienden die innere Dignität zu, sich intransitiv selbsterhalten zu können. Für Nietzsche aber fällt dieser Gewinn noch bei weitem zu gering aus. Erhaltung im Sinne einer Sicherung dessen, was ohnehin schon ist bzw. als Verlustersatz entlang der Zeit stellt in seiner Sicht bereits eine Verfallsform des Lebens dar. Zum anderen wird durch den Spinozistischen Monismus die Möglichkeit freigegeben, in bezug auf den Weltprozeß den Gedanken einer rein immanenten Selbstproduktion aller seiner Gestaltungen zu konzipieren. Dieser Punkt zeigt seine Sprengkraft etwa dann, wenn Nietzsche die Geschichte als eine Experimentier-Werkstätte auffaßt.[46]

Spinoza hat den anti-teleologischen Grundzug dieser Zusammenhänge in einem Anhang zum ersten Buch der *Ethica* eigens thematisiert.[47] Wichtig ist hier und in bezug auf die späteren Erörterungen zu Nietzsche, daß Spinoza die weitverbreitete Vorstellung, alle Dinge der Natur agierten, wie die Menschen selbst, wegen eines Zweckes, von vornherein als menschliches Vorurteil (praejudicium) einstuft. Ja, alle anderen Vorurteile (wie z. B. gut und böse) hängen von diesem ab. Grund dafür ist der doppelte Umstand, daß die Menschen als der Ursache der Dinge Unkundige geboren werden, und daß sie danach trachten, das ihnen Nützliche zu sichern. Sie halten sich daher für frei und tun alles „propter utile". Sie beziehen alles in der Natur Gegebene auf ihre eigene Nützlichkeit und glauben schließlich, daß alles Natürliche bereits von einer lenkenden Kraft als Mittel zu ihrem menschlichen Nutzen zubereitet sei. So versuchen die Menschen dann mit großem Eifer, die Zweckursachen (causae finales) zu erkennen und zu erklären. Selbst die vielfältigen Negativa und das Schädliche im Naturgeschehen werden noch eher in Kauf genommen als daß die Menschen ihr fest verwurzeltes Vorurteil aufgeben. Demgegenüber stellt

---

[46] Vgl. Kap. VI, 1, S. 136 und VIII, 5, S. 313.
[47] Vgl. *Ethica*, I, Appendix, S. 77–83.

Spinoza entschieden heraus, „naturam finem nullum sibi praefixum habere, et omnes causas finales nihil, nisi humana esse figmenta". Man muß sogar noch einen Schritt weiter gehen. Nicht nur sind Finalursachen menschliche Erdichtungen (figmenta humana). Eine solche Lehre der Finalität stellt auch die Natur selbst auf den Kopf (naturam omnino evertere), denn jetzt wird die wahre Ursache als die Wirkung, und umgekehrt, betrachtet. An den verschiedenen menschlichen Vorurteilen läßt sich aufweisen, daß all die gemeinhin zur Naturerklärung herangezogenen Begriffe nur Modi der menschlichen Imaginationskraft sind. Die Menschheit wäre nach Ansicht Spinozas wohl lange in diesem Vorurteil gefangen geblieben, wenn ihr nicht die mathematisierende Wissenschaft (Mathesis), die sich nicht mit Zwecken, sondern nur mit den Wesenheiten (essentiae) und Eigentümlichkeiten (proprietatae) der Gestalten (figurae) beschäftigt, eine andere Richtschnur der Wahrheit geliefert hätte.

Über die neuzeitlichen Auseinandersetzungen in Sachen Teleologie, creatio continua und Selbsterhaltung hinaus und im Vorblick auf Nietzsches neue Weltauslegung ist anzumerken, daß sowohl das Verständnis der ‚Erhaltung' als externe ‚beständige Schöpfung' als auch dessen neuzeitliche Überwindung im Konzept der Selbst-Erhaltung historisch wie systematisch als Durchgangsstadien angesehen werden können. Von der aristotelisch-scholastischen Zweiheit von dýnamis und enérgeia und dem Erfordernis eines Dritten zwecks Bewerkstelligung des Übergangs der einen zur anderen führt der Weg im skizzierten Sinne zunächst zu dem In-sich-Zusammengehen dieser Momente im Leibnizschen Begriff der ‚aktiven Kraft', und er kann von dort zu Nietzsches gänzlich adualistischer und rein interner Auffassung der Willen-zur-Macht-Vollzüge verlängert werden, die allein durch den Gradus ihrer Steigerung und Auslassung, durch ihren Conatus des Mehr-werden-wollen-müssens bestimmt sind. Es handelt sich Nietzsche zufolge in allem Geschehen um Prozesse fortwährender Schöpfung. *Dies* ist die Gestalt, in der hier erneut das Problem der *beständigen Schöpfung* auftritt. Freilich geht es jetzt nicht mehr darum, die Erhaltung als eine externe, von Gott erbrachte Leistung im Sinne der creatio continua auffassen zu müssen. Bestand vormals das Problem darin, daß Erhaltung ohne *externe* Schöpfung gar nicht möglich schien, so besteht es jetzt am anderen Ende, d. h. nach Durchgang durch das neuzeitliche Prinzip der Selbsterhaltung, eher in der Frage, wie es überhaupt zu Erhaltungsphänomenen kommen kann, wo doch Geschehen im Grunde fortwährender Prozeß kräfterelationaler *interner* Schöpfungen, mithin des Wechsels und der Veränderung ist. In den von Nietzsche konzipierten Vollzügen der dynamischen Willen-zur-Macht-Kräfte handelt es sich nicht mehr um von außen, von einem Dritten herangetragene und dann von diesem auch unterhaltene, sondern um ganz aus der inneren Kräfteverfassung selbst hervorgehende, interne, fortwährende und wesentlich explosionsartige Schöpfungsprozesse. Geschehen, einschließlich des Vergehens, *ist* konkatenativer Vollzug der schöpferischen Willen-zur-Macht-Prozesse.

Diesem Grundgeschehen gilt Nietzsches besonderes Interesse, und er hat ihm den Namen ‚Dionysos' gegeben. Die Rede vom Dionysischen bezeichnet die jeder konkreten Gestaltung bereits zugrunde liegende ursprünglich-aktive Prozeßnatur der Kräfte, die Nietzsche als Willen-zur-Macht-Kräfte auffaßt. Einer dionysischen Einstellung und Haltung ist selbst alle Vergänglichkeit noch Genuß, noch aktives Schaffen, und, wie Nietzsche einmal eher beiläufig notiert, „beständige Schöpfung"[48]. Nietzsche ahnt nicht, in welche Zusammenhänge sein Philosophieren durch diese Formulierung mit einem Schlage rückt. Zunächst scheint dies eine in sich verkehrte Reminiszenz an die teleotheologische Weltauslegung des Spätmittelalters zu sein. Aber gerade indem diese Reminiszenz ganz von der Immanenz und der Endogenität des durch Steigerung, Erweiterung und Auslassung von Kraft charakterisierten Willen-zur-Macht-Geschehens her pointiert ist, werden sowohl die in Nietzsches Weltauslegung überwundenen Traditionen der aristotelischen, der scholastischen und der neuzeitlichen Auffassung als auch die neuen Horizonte und die eigentümlichen Problemlagen dieser Philosophie vor Augen geführt. Es ist *diese* Art *beständiger Dionysos-Schöpfung*, in deren Zusammenhang später auch der Gedanke der ewigen Wiederkehr des Gleichen zu rekonstruieren und zu entfalten sein wird.[49] Darin geht es um den Versuch, den aufgrund eben dieser Kräftenatur *ewigen Werdecharakter der werdenden Welt* mit der nach der Erfahrung des Todes Gottes (mithin auch des externen Erhalters und Schöpfers) und im Zuge des Nihilismus dringlich gewordenen Frage nach dem *Wert des Daseins* zu vereinen und einer gemeinsamen Lösung zuzuführen. Diese zeichnet sich vor allem dadurch aus, daß sie unter den vielen an sich möglichen Formen des Welt-und-Selbst-Verständnisses die einzige ist, die sich nicht schließlich doch wieder genötigt sieht, die zuvor gewonnene Immanenz der Welt und den damit verbundenen Gesichtspunkt prinzipieller Unabwertbarkeit allen Daseins an externe Instanzen oder an neue metaphysische Lockungen bzw. an erneut drohende, dualismus-nahe Positionen der Weltverneinung verlieren zu müssen. Alles *wird*, ist *unabwertbar* und *kehrt ewig wieder*, – dieser Gedanke Nietzsches stellt die höchste überhaupt nur mögliche Sicherung der Immanenz der Welt dar.

Auf dem Wege zu dieser vollständigen Immanenzauffassung spielt auch der Erhaltungssatz der Kraft/Energie eine wichtige Rolle. Er ist im Rahmen der neuzeitlichen Erhaltungsproblematik zu sehen. Der eigentliche Begründer des erst Mitte des 19. Jahrhunderts (bei J. R. Mayer, H. v. Helmholtz und J.

---

[48] KGW VIII, 1, 2 (106), S. 111.

[49] Vgl. dazu im einzelnen unten Teil II und III.

P. Joule) auf den Boden der Berechnung des mechanischen Wärmeäquivalents gestellten Energiesatzes ist Leibniz. Zusammen mit dem von alters her bekannten und in der zweiten Hälfte des 18. Jahrhunderts in Gestalt des Lavoisier-Satzes (demzufolge das Gewicht eines Körpersystems durch chemische Prozesse nicht, auch nicht durch Verbrennung verändert wird) sich endgültig durchsetzenden Prinzip der Erhaltung der Materie, d.h. der Unzerstörbarkeit der Masse, stieg der Energiesatz zu Nietzsches Zeiten zum obersten Grundsatz der Naturbetrachtung auf.[50] Für Leibniz verschwindet Kraft/Energie nicht, sondern sie wird umverteilt. So werden, wie beim unelastischen Stoß, beim Übergang von einer Bewegung der Körpermasse als ganzer in die inneren Teile, d.h. in dasjenige, was seit dem 19. Jahrhundert Molekularbewegung genannt wird, die Kräfte nicht zerstört, sondern umgewandelt. Dies bedeutet, daß lebendige Kraft/Energie auch übertragbar ist[51], und daß der Gesamtbetrag stets gleich bleibt. Der in der *Dynamica* sowie an anderen Stellen bei Leibniz formulierte und in ersten Zügen auch bereits in den scholastischen Kommentaren zur Physik des Aristoteles, etwa bei Thomas von Aquin[52] angelegte Erhaltungssatz der Kraft/Energie „effectus integer aequivalet causae plenae" hat zwei Komponenten. Zum einen kann die Wirkung nicht größer sein als die Ursache. Das hätte ein mechanisches perpetuum mobile zur Folge, was ausgeschlossen ist. Zum anderen aber kann die Ursache auch keine Wirkung hervor-

---

[50] Heute ist nur schwer vorzustellen, daß die Pionierarbeiten von J. R. Mayer, J. P. Joule und H. v. Helmholtz zunächst auf starken Widerstand gestoßen sind. Einer ersten Fassung von Mayers *Bemerkungen über die Kräfte der unbelebten Natur* von 1842 und v. Helmholtz' dann klassisch gewordener Abhandlung *Über die Erhaltung der Kraft* von 1847 wurde die Aufnahme in Poggendorff's Annalen, der damals wichtigsten physikalischen Zeitschrift in Deutschland, verweigert. Helmholtz berichtet, daß unter den Mitgliedern der Berliner Akademie nur der Mathematiker C. G. J. Jacobi eine positive Stellung bezogen habe. Vgl. Helmholtz, *Über die Erhaltung der Kraft,* Ausg. Leipzig 1902, S. 59. Auch Joule hat anfangs keine Beachtung gefunden.
Zur Geschichte des Erhaltungssatzes der Kraft/Energie sei auf drei Arbeiten hingewiesen, von denen die ersten beiden noch in die Zeit Nietzsches fallen und die dritte aus dem Kreis der Energetik stammt, die seit Ende des 19. Jahrhunderts die mechanistische Weltauslegung abzulösen beginnt. Vgl. E. Mach, *Die Geschichte und die Wurzel des Satzes von der Erhaltung der Arbeit*, Prag [1]1872, jetzt wieder abgedruckt in E. Mach, *Abhandlungen*, hrsg. von J. Thiele Amsterdam 1969; vgl. Ders.: *Über das Prinzip der Erhaltung der Energie*, in: *The Monist*, V, dt. dann in E. Mach, *Populär-wissenschaftliche Vorlesungen*, Leipzig [4]1910, S. 167–216 (Zu Mach vgl. unten Kap. XI, 4); vgl. dann M. Planck, *Das Prinzip der Erhaltung der Energie*, [1]1887, Leipzig Berlin [3]1913, und A. E. Haas, *Die Begründung der Energetik durch Leibniz*, in: *Annalen der Naturphilosophie* hg. von W. Ostwald, VII (1908), S. 373–386.

[51] Zur Frage, was diese Übertragbarkeit der Energie für die besondere Realität und den möglichen ontologischen Status der Kraft/Energie bedeutet, vgl. G. Martin, *Leibniz*, S. 190f.

[52] Vgl. W. Wieland, *Die aristotelische Physik*, S. 266, Anm. 12, der Thomas' Physikkommentar II, 6, 11 zitiert („causis debent proportionaliter respondere effectus ... causis in potentia respondent effectus in potentia, et causis in actu effectus in actu") und betont, daß mit dem Begriffspaar causa-effectus die für Aristoteles wichtige Unterscheidung von Ursache und Verursachtem nivelliert zu werden beginne.

rufen, die kleiner als die Ursache ist. Dies würde bedeuten, daß Kraft vernichtet wird, was ebenfalls unmöglich ist.[53]

Hier zeigt sich bereits, daß der Erhaltungsgedanke auch als Inhalt des Kausalprinzips angesehen werden kann. Dies tritt im 19. Jahrhundert noch klarer hervor und ist im Blick auf Nietzsche deshalb wichtig, weil die Willen-zur-Macht-Kausalität gerade dadurch definiert ist, keine Erhaltungskausalität zu sein. Zunächst jedoch ist zu betonen, daß der Erhaltungssatz der Kraft/Energie, als die im Horizont der beiden Aspekte von Kausalität (jeder Zustand ist durch den ihm vorangehenden Zustand als dessen Wirkung bestimmt; zwischen Ursache und Wirkung besteht Äquivalenz) entstehende Version des Erhaltungsapriori, eine entscheidende Etappe darstellt, die Welt, das Universum als eine in sich selbständige Einheit, überhaupt als ein in sich autarkes Ganzes denken und einer mathematischen Betrachtungsweise zugänglich zu machen. Das ist ein wichtiger Schritt zur Immanentisierung der Welt. Im Rahmen der Wiederkunftslehre Nietzsches wird später das Problem zu erörtern sein, wie die nicht mehr durch das Erhaltungsprinzip charakterisierte Willen-zur-Macht-Kausalität mit der Gültigkeit des Energiesatzes (eadem semper potentia est in Universo[54]), der Nietzsche zufolge die ewige Wiederkehr „fordert"[55], zusammengedacht werden kann.

Hinzuweisen ist im Rahmen des Energiesatzes auf die im Übergang von Kant zu Schopenhauer erfolgende Umstellung des Verhältnisses von Kausalität und Erhaltung. Wie zu hören war, ist mit dem als ‚causa aequat effectum' formulierten Erhaltungsprinzip nicht nur der Gedanke, daß sich das Quantum einer wirkenden lebendigen und in geleistete Arbeit umgewandelten Kraft erhält (d.h., daß vor und nach der Arbeitsleistung ein identischer, konstanter Gesamtbetrag erhalten bleibt), sondern auch die Vorstellung verbunden, daß der Grad der von einer Ursache hervorgebrachten Wirkung größenmäßig der

---

[53] Vgl. *Dynamica*, pars II, sect. I, in: *Math. Schr.*, Bd. VI, S. 437f. – Was Leibniz von der endgültigen Formulierung des Energiesatzes noch trennt, ist die Überlegung, daß die scheinbar verschwindende lebendige Kraft in Wärme umgewandelt, als Wärme erhalten und als mechanisches Wärmeäquivalent berechenbar wird.
Eine der entscheidenden Sperren noch bis in die Mitte des 19. Jahrhunderts für die Durchsetzung des Erhaltungssatzes bestand in der damals herrschenden Auffassung der Wärme. Wärme wurde als ein unzerstörbarer Stoff verstanden. Vgl. dazu M. Planck, *Erhaltung*, S. 14ff. Jedoch geriet die materielle Wärmetheorie durch Erfahrungen und besonders durch die im Zuge der Dampfmaschine überdeutlich werdende Tatsache, daß eine Wärmetheorie fehlte, welche die mechanischen Wirkungen der Wärme befriedigend erklären konnte, in Schwierigkeiten. In dieser Situation begründeten S. Carnot und danach B. P. E. Clapeyron eine neue Theorie der Wärme. Dabei wird von Carnot das Erhaltungsprinzip erstmals dezidiert auch auf nichtmechanische Erscheinungen ausgeweitet. Als sich dann ab Mitte des 19. Jahrhunderts die Lehre vom mechanischen Wärmeäquivalent (Mayer; Joule; Helmholtz; Colding; Holtzmann) durchsetzte, war damit auch der materiellen Wärmetheorie der Boden entzogen.

[54] G. W. Leibniz, *Dynamica*, a.a.O., S. 440.

[55] KGW VIII, 1, 5 (54), S. 209. Vgl. dazu im Detail die Erörterungen in Kap. XI, 2 und 3.

Ursache entsprechen muß und umgekehrt. Auf diese Weise konnte das Gesetz der Kausalität in engen Zusammenhang mit dem Erhaltungsprinzip gebracht werden, obwohl sich ein solcher vom Energiesatz selbst nicht direkt ableiten läßt. Während Kant den Grundsatz der Beharrlichkeit der Substanz noch in Gestalt der *Ersten Analogie* an die Spitze der allgemeinen Grundsätze der Erfahrungserkenntnis stellt und das Kausalitätsgesetz in der *Zweiten Analogie* folgen läßt, vertritt Schopenhauer, für den sich das Gesetz der Kausalität nur auf die Zustände der Körper (auf Ruhe, Bewegung, Form und Qualität), nicht aber auf das Vorhandensein des Trägers aller dieser Zustände, die Materie, bezieht, die Auffassung, daß das Trägheitsgesetz und der Grundsatz der Beharrlichkeit der Substanz Korollarien des Kausalgesetzes sind.[56]

Doch wie dem auch sei, in jedem Falle sind Erhaltungsgedanke und Kausalprinzip eng miteinander verknüpft. Das ist der hier entscheidende Punkt. Mithin bedeuten Schwierigkeiten für den einen stets zugleich auch Schwierigkeiten für den anderen Aspekt. Jede Einschränkung des Erhaltungsprinzips betrifft somit auch das Kausalitätsgesetz, und umgekehrt. Eine Kritik, die sich auf beide Komponenten erstreckt, ist bei Nietzsche anzutreffen. Nietzsche hält nicht nur das Ursache-Wirkung-Schema, sondern auch das Erhaltungsprinzip in bezug auf den Vollzugscharakter von Geschehen für unangemessen. Dem wird im einzelnen nachzugehen sein. Im Augenblick ist lediglich noch darauf aufmerksam zu machen, daß sich eine mögliche Grenze des Erhaltungsprinzips bereits auf der Ebene des Erhaltungssatzes selbst in den Blick bringen läßt. Solange es um den rechnerischen Äquivalenzgradus bei arbeitsverrichtenden Kräften im Ursache-Wirkung-Schema im Sinne der Mechanik, d.h. im Sinne des Zweiten und Dritten Newtonschen Axioms geht, kommt dem Erhaltungs- und dem Kausalitätsprinzip allgemeine Gültigkeit zu. Und für den Bereich der festen, durchgängig bestimmten Körper und für die Ortsbewegungen, wie diese Gegenstand der klassischen Physik sind, scheinen beide Prinzipien in der Tat auch mehr als eine bloße Beschreibung zu liefern. Doch ist eine Eingrenzung geboten, sobald sich die Betrachtung auch auf organische Prozesse und schließlich auf den Bereich menschlichen Handelns erstreckt. Deren Eigentümlichkeiten erweisen den Äquivalenzgedanken des Kraft/Energiesatzes und des Kausalitätsgesetzes nicht als unzutreffend oder einfach als falsch. Aber beide Gesetze sind nur um den Preis einer den tatsächlichen Vollzugscharakter des Geschehens eliminierenden Abstraktheit zu verwenden. Ihre Beschreibungskapazität bleibt bestehen, aber die Erklärungskapazität nimmt ab. Und schließlich kann mit ihrer Hilfe noch nicht einmal mehr die quanti-

---

[56] Vgl. I. Kant, *Kritik der reinen Vernunft*, Ausg. R. Schmidt, A 182/B 224f. A. Schopenhauer, *Über die vierfache Wurzel des Satzes vom zureichenden Grunde*, § 20, in: *Werke*, hg. von W. v. Löhneysen, Bd. III, S. 57f.

tative Seite des Verhältnisses von ‚kleinen Ursachen' und ‚großen Wirkungen' erfaßt werden.[57] Die Erhöhung z. B. der Temperatur des menschlichen Organismus um einen Grad über seinen Normalstand, d. h. das Eintreten von Fieber, kann nicht-berechenbare Folgen im energetischen Funktionszusammenhang des gesamten Organismus auslösen und damit zu einem nicht-äquivalenten Verhältnis von Ursache und Wirkung führen. Für den Druck dagegen, den man aufwenden muß, um die Temperatur eines Kilogramms Wasser um 1° Celsius zu erhöhen, kann, wie Joule und Holtzmann im 19. Jahrhundert erstmals gezeigt haben, rechnerisch genau angegeben werden, daß dem das mechanische Äquivalent der Hebung eines Kilogrammgewichts auf eine bestimmte Höhe entspricht.

Doch darf der Hinweis auf mögliche Grenzen der Erklärungskapazität des im Rahmen der Dynamik der Kräfte formulierten Erhaltungssatzes nicht den Blick dafür verstellen, wie sehr das Dynamische in Sachen Naturauffassung bereits über das Mechanische hinausgeht. Wichtig ist, daß die dynamischen Kräfte spontan sind in bezug auf sich selbst. Und da von einer durchgängigen Kontinuität der Seinsstufungen auszugehen ist, leistet der Dynamismus einen wesentlichen Beitrag zur Überwindung des sterilen Gegensatzes von Natur und Geist und darin auch des Cartesianischen Dualismus von extensio und cogitatio. Diesen Punkt hat vor allem Schelling im Rahmen seiner an einer spekulativen Naturphilosophie interessierten Abhandlung über das Wesen der menschlichen Freiheit deutlich gesehen.[58] Er ist auch im Hinblick auf Nietzsche grundlegend. Die Naturkräfte sind nicht ‚blinde', sondern ‚geistige, intelligente' Kräfte. In bezug auf deren Tätigsein ist herauszustellen, daß Begierde und Trieb nicht erst nachträglich, nicht als etwas Unwesentliches und nicht nach Art eines Akzidens zu den je besonderen Gebilden von der anorganischen Natur über das Organische bis in den Bereich der Geschichte und der Vorgänge des Denkens hinzutreten. Vielmehr stellen sie selbst diejenige grundlegende und aus sich heraus wirkende Aktivität dar, *als* deren Vollzug sich überhaupt erst die konkreten Gestaltungen des Wirklichen ergeben. Alles Wirkliche ist *als* das Tätigsein dieser Kräfte. Schelling, der das Dynamische zunächst nach der Seite des Idealismus und nach dessen Begriff der allgemeinen und formellen Freiheit hin verlängert, bringt diese Einsicht in die gegen Fichtes Ausdruck polemische und pointierte Formulierung, „daß nicht allein die Ichheit alles, sondern auch umgekehrt alles Ichheit sei"[59]. Dies ist die na-

[57] Auf diese Prozesse wird unten Kap. II, 2 näher eingegangen. Zu den Grenzen des Erhaltungssatzes der Kraft/Energie vgl. später auch Kap. XI, 4.

[58] Vgl. F. W. J. Schelling, *Philosophische Untersuchungen über das Wesen der menschlichen Freiheit und die damit zusammenhängenden Gegenstände*, (1809), in: *Werke*, hg. von M. Schröter, Bd. IV, S. 241 f.; S. 225.

[59] a. a. O., S. 243; vgl. dazu S. 268.

turphilosophische Radikalisierung und Überwindung des formellen Idealismus. Jedoch sind von hier aus noch zwei weitere und entscheidende Schritte erforderlich, um zu Nietzsches Philosophie zu gelangen.

In einem ersten Schritt sind die dynamischen Kräfte als *Willen* zu bestimmen. Bereits Schelling sieht, wie sich in der von ihm angestrebten „Wechseldurchdringung" des Realismus Spinozistischer Provenienz mit dem Idealismus der Freiheit „die ganze Natur in Empfindung, in Intelligenz, endlich in Willen verkläre". In der „letzten und höchsten Instanz" gibt es „gar kein anderes Sein als Wollen"[60]. Nicht nur unter diesem Aspekt kann Schelling in eine Verbindung mit der für Nietzsche wichtig gewordenen Willensmetaphysik Schopenhauers gebracht werden. Schopenhauer stellt nachdrücklich die Bedeutung der von ihm betonten Umstellung des Verhältnisses von ‚Wille' und ‚Kraft' heraus. Bisher habe man den Begriff Wille unter den der Kraft subsumiert. Doch komme es umgekehrt gerade darauf an, den Begriff Kraft auf den des Willens zurückzuführen. Alle Kraftwirkung ist essentiell Willenswirkung. Nur so könne man das innerste Wesen der Dinge erreichen, denn der Begriff Wille sei der einzige unter allen möglichen Begriffen, der „seinen Ursprung *nicht* in der Erscheinung, *nicht* in bloßer anschaulicher Vorstellung" hat, sondern „aus dem Innern kommt".[61] Dabei denkt Schopenhauer den als das Kantische Ding-an-sich aufgefaßten metaphysischen Willen als eine dem Wesen und dem Begriff nach vielheits-freie Einheit und unveränderliche Gleichheit, als das Eine und Gleiche. Darüber geht Schelling insofern hinaus, als er diesen Willen nicht als einen monotheletischen, sondern (entsprechend der für Schellings eigene Argumentationszwecke zentralen Unterscheidung zwischen dem ‚Wesen, insofern es existiert' und dem ‚Wesen, insofern es bloß Grund von Existenz' ist) als einen zweifachen denkt.[62] Doch ist damit auch bei Schelling natürlich keine Auflösung des Einen Wollens im Sinne des metaphysisch Zugrundeliegenden verbunden, denn beide sind *in* Gott als dem einen Weltengrund. Schelling steht hier in der Nähe der Spinozistischen Einen Substanz, außerhalb deren es kein Sein gibt, nicht aber in der Leibnizschen Tradition, für die eine Metaphysik der Individualitäten, die wesentliche Vielheit der Kräfte, die auch in Nietzsches Auffassung die Basis bildet, kennzeichnend ist. Die dynamischen Kräfte sind also in einem ersten Schritt als Willen im Plural und nicht bloß als Modi bzw. als Individuationen des Einen Willens zu bestimmen.

Der zweite Schritt ergibt sich aus der Frage, worum es denn in diesen dynamischen Willens-Tätigkeiten der Kräfte eigentlich geht. Nietzsches Antwort: um Macht, und zwar nicht um deren bloße Erhaltung, sondern um ihre

---

[60] a.a.O., S. 242.
[61] A. Schopenhauer, *Die Welt als Wille und Vorstellung*, § 22, in: *Werke*, Bd. I, S. 172.
[62] Vgl. F. W. J. Schelling, a.a.O., S. 264f.; vgl. dazu S. 267 und 249f.

Akkumulation, Steigerung und Auslassung. Die dynamischen Kräfte sind als Willen-zur-Macht-Kräfte aufzufassen. Damit ist innerhalb der neuzeitlichen Entwicklung die systematische und historische Linie bezeichnet, in der Nietzsches Philosophie zu sehen ist. Sie verläuft von der Überwindung des Mechanischen durch das Dynamische zur Freisetzung und immanenten Überbietung der dynamischen Kräfte in den relationalen Vollzugscharakter der Willen-zur--Macht-Quanta. Diese Entwicklungslinie, die über ein Verständnis des Erhaltungsgedankens als Prinzip hinausführt und schließlich zu einer Auffassung der Geschehensprozesse als Explosionsvorgänge gelangt, läßt sich zugleich an der Bestimmung des Phänomens ‚Erhaltung' selbst rekonstruieren. Man kann historisch und systematisch sechs Stufen unterscheiden, die als Übergang von einer externen zu einer völlig internen Bestimmung zu lesen sind. Erhaltung und natürliche Beharrungstendenz wurden aufgefaßt zunächst (a) als externe creatio, dann (b) als privatio, als etwas Passives, als Mangel, Beraubung und Limitierung des Aktiven, sodann (c) als etwas seinerseits bereits aktiv Positives im Sinne der conservatio sui, schließlich (d) als intransitiver Behauptungsvorgang, darüber hinausgehend (e) als ein bereits in sich potenziertes Geschehen und endlich (f) als eine Konsequenz und Folgeerscheinung des ursprünglicheren Erweiterungsstrebens und der Auslassung von Kraft. Diese letzte und das der gesamten Problematik zugrunde liegende Schema selbst verändernde Stufe ist erst in Nietzsches Philosophie erreicht.

Alle diese Welt ausmachenden Gestaltungen des Wirklichen sind Nietzsche zufolge je spezifische Ausprägungen und Organisationsformen dynamischer Willen-zur-Macht-Kräfte. Darin handelt es sich jedoch nicht, wie bei Schopenhauer, um den Einen blindwirkenden, erkenntnislosen und unaufhaltsam drängenden Willen, der sich als Wille zur Selbsterhaltung und zur Fortpflanzung zeigt.[63] Vielmehr geht es um die relationalen Geschehensvollzüge der vielen, vielheitlich organisierten und organisierenden, sich in ihrem Mit- und Gegeneinander zu Funktionseinheiten relativer Dauer und Stabilität zusammenschließenden, je nach den Umständen und der internen Organisationskraft wachsenden oder in ihrer Macht abnehmenden, sich schließlich auch dissoziierenden Willen-zur-Macht-Zentren. Für diese Prozesse, die das Geschehen, welches Welt und Wirklichkeit genannt wird, *sind*, ist nicht das Erhaltungs-, sondern das Steigerungs- und Auslassungsprinzip charakteristisch. Vor diesem Hintergrund ist im folgenden Nietzsches Kritik einiger in der zeitgenössischen Diskussion wichtiger Erscheinungsformen des Erhaltungsprinzips zu erörtern. Dies führt tiefer in die neue Auslegung der Wirklichkeit.

---

[63] Vgl. A. Schopenhauer, a. a. O.. Bd. I, § 60, S. 448–452; § 57, S. 428; § 54, S. 380; vgl. Bd. II, § 42, S. 657. – Zu Nietzsches Kritik der Schopenhauerschen Willenslehre vgl. unten Kap. II, 4.

II. Nietzsches Rückgang hinter das fundamentalistische Erhaltungsprinzip

Neben dem Gedanken der ewigen Wiederkehr des Gleichen sind vor allem drei Zusammenhänge für Nietzsches Denken zu Beginn der achtziger Jahre und seine Stellung zum Prinzip der Selbst-Erhaltung aufschlußreich: die Kritik an der Lehre Darwins (II,1), die Aufnahme des Konzepts der Erhaltungs- und Auslösungskausalität des Naturforschers Julius Robert Mayer (II,2) und die nähere Beschäftigung mit der Philosophie Spinozas (II,3). Darüber hinaus finden sich in Nietzsches Kritik der Schopenhauerschen Willensmetaphysik (II,4) und in der Erfahrung der Kunst (II,5) wichtige Motive zur Überwindung des fundamentalistischen Erhaltungsapriori.

1. Kritik des Darwinismus

Schon in der Zeit seiner Baseler Professur stand Nietzsche in dem heftig geführten Streit um den Darwinismus deutlich auf seiten der Gegner Darwins und Haeckels, auf seiten von L. Rütimeyer, K. E. v. Baer und C. v. Naegeli.[1] Der Auseinandersetzung mit der Lehre Darwins lassen sich einige Elemente entnehmen, die für Nietzsches eigene Weltauslegung von erheblicher Bedeutung sind. Entscheidend ist die Frage, ob mit dem darwinistischen Gedanken der Selbsterhaltung durch Anpassung im Sinne des Kampfs ums Dasein der Grundcharakter des Lebendigen getroffen ist oder nicht. Mitte der siebziger Jahre fragt Nietzsche, ob es überhaupt nötig sei, einen Erhaltungstrieb anzunehmen. „Unter zahllosen unzweckmäßigen Bildungen kamen lebensfähige, *fort*lebensfähige vor".[2] Hier ist noch kaum etwas von der Schärfe zu spüren, mit der Nietzsche sich später gegen das Prinzip der Selbsterhaltung wenden wird. Ähnliches gilt für *Menschliches, Allzumenschliches* (1878). Dort erscheint Selbsterhaltung als diejenige Notwehr, die auch seitens der Moral zugestanden wird, d.h. als Handlung (sei es von Menschen gegen Menschen, sei es vom Staat in Gestalt von Strafen gegen Verbrecher), die einer Notlage entspringt und, obwohl sie anderen Menschen bewußt Schaden zufügt, ge-

[1] Vgl. A. Mittasch, *Nietzsche*, S. 34 und 174ff.
[2] KGW IV, 2, 23 (9), S. 501.

rechtfertigt ist. Von daher werden auch die ‚bösen' Handlungen erklärlich. Man „will für sich Lust oder will Unlust abwehren; in irgend einem Sinne handelt es sich immer um Selbsterhaltung"[3]. Gegen den Darwinismus und dessen Lehre der Selbsterhaltung führt Nietzsche dann eine Reihe von Argumenten ins Feld, die sich auch bei anderen zeitgenössischen Gegnern der Theorien Darwins und Haeckels finden. Mit Blick auf die Ausbildung von Nietzsches Lehre der Willen-zur-Macht stehen diese Argumente bei Nietzsche jedoch im Kontext der Auflösung neuzeitlicher Selbsterhaltung und Subjektivität sowie der alten Teleologie.

Wird Selbsterhaltung unter dem Gesichtspunkt der Nützlichkeit betrachtet, so muß zugleich nach dem ‚nützlich in bezug worauf?' gefragt werden. Nützlichkeit im Sinne der Bestandssicherung, d.h. der zeitlichen Dauer eines Individuums, bedeutet keineswegs auch schon eine Erhöhung seiner „Stärke und Pracht". Vielmehr könnte gerade das, was das Individuum „erhält", dieses zugleich „festhalten" und in seiner Entwicklung „stille stellen"[4]. Solche Gedanken fand Nietzsche in dem gegen Darwin und Spencer gerichteten Buch von W. H. Rolph *Biologische Probleme, zugleich als Versuch zur Entwicklung einer rationellen Ethik* (1882, zweite, stark erweiterte Aufl. 1884). Würde es sich bloß um Selbsterhaltung handeln, dann, so Rolphs Argument, könnte gar keine Entwicklung und kein Fortschritt der Arten eintreten. Vielmehr muß es in Wirklichkeit um einen Kampf hinsichtlich der Erweiterung und Vermehrung der im Prinzip unersättlichen Nahrungsaufnahme gehen.[5] Neben dem Aspekt, daß die gegen das Selbsterhaltungsprinzip eingebrachte Vorstellung der Unersättlichkeit in Nietzsches Lehre der Willen-zur-Macht breite Aufnahme gefunden hat, sind an dieser Opposition zum Erhaltungsprinzip drei Momente herauszustellen. Zunächst (a) ist zu betonen, daß das Dauerhaftere und Angepasste keineswegs auch das Höherwertige, nicht den höheren Typus verkörpert, der sowohl der Intensität als auch der Umfänglichkeit nach durch eine gesteigerte Komplexität ausgezeichnet ist. Den in der Darwin-Schule behaupteten ‚Fortschritt' der Gattung gibt es in *diesem* Sinne nicht.[6] Anpassung

---

[3] KGW IV, 2, *Menschliches, Allzumenschliches*, I, Aph. 102, S. 97; vgl. dazu auch Aph. 104, a.a.O., S. 98ff.

[4] KGW VIII, 1, 7 (25), S. 312.

[5] Nietzsche äußert sich lobend über Rolphs Buch in KGW VII, 3, 35 (34), S. 247f. Vgl. dazu W. Müller-Lauter, *Der Organismus als innerer Kampf. Der Einfluß von Wilhelm Roux auf Friedrich Nietzsche*, in: *Nietzsche-Studien*, 7 (1978), S. 222, Anm. 180; vgl. A. Mittasch, *Nietzsche*, S. 334, Anm. 122.

[6] Dieser Aspekt ist hervorzuheben, damit nicht der Eindruck entsteht, aus Nietzsches Wende gegen den Erhaltungsgedanken folge umgekehrt, daß er Anhänger irgend einer Fortschrittslehre sein müsse.
Wenn ‚Kampf ums Dasein' und ‚Selektion' in der Darwin-Schule so aufgefaßt werden, daß darin die Stärksten, die „Robustesten und Bestbegabten" siegreich überleben, dann liegt die Versuchung nahe, eine ständige Zunahme der Vollkommenheit, einen Fortschritt der Gattung

ist nie Erhöhung des Typus. Sodann (b) ist darauf hinzuweisen, daß die Erhaltung der Gattung „nur eine Folge des *Wachsthums* der Gattung, d.h. der

---

zu imaginieren. Vgl. KGW VIII, 3, 14 (133), S. 107. Dies ist Nietzsche zufolge jedoch ein Fehlschluß und eine Illusion. Es erhalten und setzen sich, so Nietzsches Überlegung, gerade nicht die „höher gerathenen Typen" (a.a.O., 14 (123), S. 95) durch. Der *höhere Typus,* der extensional wie intensional eine „größere Summe coordinirter Elemente" (a.a.O., 14 (133), S. 109), mithin eine äußerst komplexe Organisation darstellt, geht leichter zugrunde als die „mittleren" und selbst die „untermittleren" Typen, die zudem eine „compromittirende Fruchtbarkeit" für sich haben (ebenda). Auch gilt, daß die mit dem höheren Typus verbundene ‚Schönheit' weder vererbt noch ausgelesen wird. Gerade aufgrund des im Verhältnis zum Durchschnittstypus ungleich höheren Grades interner Komplexität wird auch die „Disgregation" wahrscheinlicher. Die „sublimste Maschine" ist zugleich die „zerbrechlichste". Höhere Typen werden zwar erreicht, aber „sie halten sich nicht". Der Mensch ist als Gattung *nicht* im Fortschritt begriffen. Das „Niveau" der Gattung wird *nicht* erhöht. Auch stellt der Mensch als Gattung keinen Fortschritt „im Vergleich zu irgend einem anderen Thier" dar. Es handelt sich in der gesamten Pflanzen- und Tierwelt, einschließlich des Menschen, nicht um Entwicklungen vom Niedrigen zum Höheren, sondern alles ist „zugleich, und übereinander und durcheinander und gegeneinander" (a.a.O., S. 108f.).
Dem entspricht, daß Nietzsche zufolge die „Domestikation" des Menschen qua Kultur nicht tief geht. Wo dies jedoch gelingt, da folgt sofort „Degenerescenz" (a.a.O., S. 107; 109). Nietzsche denkt dabei vor allem an die platonisch-christliche Tradition.
Nietzsches Kritik der Darwin-Schule ist, besonders in den späten achtziger Jahren, in Verbindung mit seiner Moralkritik sowie der These zu sehen, daß es in der bisherigen Geschichte seit Sokrates zu einem Sieg der ‚moralischen' Werte über alle anderen Werte gekommen ist. Auch in *deren* Durchsetzung manifestiert sich natürlich ein Wille zur Macht. Wessen Wille zur Macht? Nietzsche antwortet mit derselben Dreigliedrigkeit, die er auch gegen die Auffassung der darwinistischen Selektionslehre stellt. Drei Mächte sind *als* Moral wirksam: a) der „Instinkt der *Heerde* gegen die Starken Unabhängigen", b) der „Instinkt der *Leidenden* und Schlechtweggekommenen gegen die Glücklichen" und c) der „Instinkt der *Mittelmäßigen* gegen die Ausnahmen" (KGW VIII, 2, 9 (159), S. 93; vgl. dazu VIII, 3, 14 (123), 95). Darwinismus und bisherige Moral stützen sich also wechselseitig, wenn die Selektions-Vorgänge so ausgelegt werden, als vollziehen sie sich zugunsten der Stärkeren, der Besser-Weggekommenen und eines Fortschritts der Gattung sowie der höheren Typen. Das Gegenteil ist, Nietzsche zufolge, tatsächlich der Fall. Vor diesem Hintergrund sind drei Momente hervorzuheben.
Erstens: Die Lehre vom Willen zur Macht vermag zu erklären, warum die Selektion zugunsten des verstärkten und erhöhten Typus *nicht* statthat. Dieser ist schwach, wenn er „organisirte Heerdeninstinkte", die organisierte „Furchtsamkeit der Schwachen", die Überzahl gegen sich hat (a.a.O., S. 95). Zweitens: Wird die Realität (d.h. die Durchsetzung, Erhaltung und Fortpflanzung der mittleren und untermittleren Typen) unter dem Eindruck der darwinistischen Lehre, daß es sich dabei um die Durchsetzung der stärksten und besten Typen handle, als ‚Moral' formuliert (– „die Mittleren sind mehr werth als die Ausnahmen, die Decadenz-Gebilde mehr als die Mittleren" –), so erscheinen nihilistische Konsequenzen nicht nur als unvermeidlich, sondern sogar als gattungs- und selektionstheoretisch begründet. Auf diese Weise gewinnt der ‚Wille zum Nichts' gegenüber der Lebensbejahung die Oberhand, und „das Gesammtziel ist nun, christlich, buddhistisch, schopenhauerisch ausgedrückt: besser *nicht* sein als sein" (a.a.O., S. 96). Drittens: „das Wachstum der *Macht* einer Gattung ist durch Präponderanz ihrer Glückskinder, ihrer Starken vielleicht weniger garantirt als durch die Präponderanz der mittleren und niederen Typen . . . In letzteren ist die große Fruchtbarkeit, die Dauer; mit ersteren wächst die Gefahr, die rasche Verwüstung, die schnelle Zahl-Verminderung" (a.a.O., S. 97). Die Stärkung und Erhöhung des Typus könnte für die Erhaltung der Art gerade „verhängnißvoll" sein (VIII, 3, 14 (182), S. 161). Dieser Aspekt spielt auch im Rahmen der Wiederkunftslehre eine bestimmte Rolle, vgl. unten Kap. VIII, 5, S. 312ff.

Überwindung der Gattung auf dem Wege zu einer stärkeren Art"[7] ist. Schließlich (c) glaubt Nietzsche – und dies ist von einschneidender Bedeutung für alles weitere – in jedem jeweils erreichten Zustand auf ein inneres Vermögen zu stoßen, „eben *nicht* sich erhalten⟨zu⟩wollen". Die Annahme eines solchen Strebens gründet zunächst in der Erfahrung, daß die Veränderungen, die fortwährend und überall zu konstatieren sind, nicht zu einem Stillstand gelangen, es an sich aber „nicht den geringsten Grund" zu der Ansicht gibt, daß auf eine Veränderung auch eine weitere folgen muß. Eigentlich scheint ein einmal erreichter Zustand „sich selbst erhalten zu müssen"[8]. Erst wenn ein innerer Conatus des Mehr-werden-wollens angenommen wird, ist überhaupt zu erklären, wieso es zu Bewegung, Veränderung und Wechsel, mithin zu Geschehen und dessen Fortgang kommt. Dabei ist die im Verhältnis zur Frühen Neuzeit jetzt veränderte Problemlage zu beachten. Problematisch ist nicht mehr die ‚Erhaltung' im Sinne des Gegenpols zur metaphysischen Vernichtung, zum Verschwinden im Nichts. Vielmehr geht es um die Frage, wie Wechsel und Veränderung abgeleitet werden können, wo doch die im Stillstand kulminierende Selbst-Erhaltung das Nächstliegende ist. Nicht die Beharrung, sondern das Werden ist das Rätsel.

Im Conatus des Mehrwerdens liegt also Nietzsches Antwort auch auf jene Problemlage, die Descartes noch mit der sachlichen Identität von externer conservatio und creatio lösen zu müssen glaubte. Der Unterschied zu Descartes besteht hier, neben dem grundsätzlichen Übergang von einer exogenen zu einer vollständig endogenen Sichtweise und Erklärung des Geschehens und Sich-Veränderns, darin, daß Descartes' Argumentation auf der Voraussetzung einer atomistischen Theorie der Zeit beruht, während Nietzsche gerade den Atomismus in jeder Hinsicht und grundsätzlich für widerlegt hält. Nietzsche möchte den Gesichtspunkt des ewigen Flusses aller Dinge wiedergewinnen. Dagegen müßte, so Nietzsches Überlegung, auch Spinozas Satz über den ‚conatus sese conservandi' jeder Veränderung im Grunde ein Ende setzen. Ein solcher Stillstand ist aber offensichtlich nicht der Fall. Spinozas Satz kann also nicht zutreffend sein. An allem Lebendigen läßt sich vielmehr zeigen, daß es nicht sich erhalten, sondern sich steigern, über sich hinaus, mehr-werden will.[9]

Der besondere Charakter dieses Strebens verweist auf ein weiteres Argument gegen den Darwinismus. Darwin hat den Einfluß der äußeren Umstände auf die Entwicklung „ins Unsinnige *überschätzt*". Demgegenüber ist das Wesentliche am Lebensprozeß gerade die „ungeheure gestaltende, von Innen her

[7] KGW VIII, 2, 9 (91), S. 49.
[8] KGW VIII, 3, 14 (121), S. 93.
[9] Vgl. a.a.O.

formschaffende Gewalt, welche die ‚äußeren Umstände' *ausnützt, ausbeutet*"[10]. Es gilt eine grundsätzliche Priorität des Internen vor dem Externen. An anderer Stelle wendet Nietzsche sich gegen die Milieutheorie und betont, daß die *innere* Kraft „unendlich *überlegen*" ist. „Vieles, was wie Einfluß von Außen aussieht, ist nur ihre Anpassung von Innen her"[11]. Mit dieser Einstellung steht Nietzsche in einer gewissen Nähe zur Theorie Lamarcks. Bei Lamarck gründet die zwar durchaus als Erhaltungstrieb aufzufassende Anpassungsleistung an die äußeren Umstände in einem vitalistischen Lebenstrieb, d.h. in einem Tätigsein des Subjekts. Demgegenüber ist bei Darwin das Milieu gleichsam Subjekt.

Dieses Innere aber ist Nietzsche zufolge selbst bereits ein Kampfgeschehen. Das Individuum selbst ist als ein „Kampf der Theile (um Nahrung, Raum usw.)"[12] aufzufassen. Darwins Kampf ums Dasein, der Kampf mit anderen, ist so gesehen eine späte Veranstaltung, die überhaupt erst dann auftritt, wenn die internen Machtverhältnisse ein Gebilde relativer Einheit und Stabilität ausgebildet haben. Darüber hinaus scheint Nietzsche „schon das *Mehrgefühl,* das Gefühl des *Stärker-Werdens,* ganz abgesehen vom Nutzen im Kampf, der eigentliche *Fortschritt*: aus diesem Gefühl entspringt erst der Wille zum Kampf"[13]. Im Vorgriff auf das Problem der Teleologie ist hier bereits herauszustellen, daß diese „von Innen her gebildeten *neuen* Formen *nicht* auf einen Zweck hin geformt" sind[14], wenngleich sich zweckmäßig erscheinende Nutzenbeziehungen ergeben. Wichtig ist jedoch zunächst und grundsätzlich Nietzsches Auffassung, daß Wechsel, Bewegung und Veränderung, mithin die Geschehensprozesse weder auf das Prinzip der Erhaltung des Bestandes bzw. des Verlustersatzes entlang der Zeit zurückgeführt noch als etwas exogen Verursachtes bestimmt werden können, sondern wesentlich auf dem Prinzip der Machtsteigerung beruhen und darin etwas endogen Hervorgebrachtes, interne Funktion sind.

2. *Erhaltungs- und Auslösungs-Kausalität*

Die Idee des Mehr-werden-wollens und der Endogenität entwickelt in bezug auf das Problem der Selbst-Erhaltung ihre Sprengkraft durch das Zusam-

---

[10] KGW VIII, 1, 7 (25), S. 312.

[11] KGW VIII, 1, 2 (175), S. 152. Die Milieu-Theorie ist „eine wahre Neurotiker-Theorie" (VI, 3, S. 139). Vgl. VIII, 3, 14 (133), 107.

[12] KGW VIII, 1, 7 (25), S. 312. Hier ist Nietzsche, wie W. Müller-Lauter, a.a.O., S. 189ff. gezeigt hat, von dem Buch des Anatomen Wilhelm Roux, *Der Kampf der Theile im Organismus. Ein Beitrag zur Vervollständigung der mechanischen Zweckmässigkeitslehre,* [1]1881, beeinflußt.

[13] KGW VIII, 1, 7 (44), S. 317.

[14] KGW VIII, 1, 7 (25), S. 312.

mentreffen mit der Lehre des Naturforschers Julius Robert Mayer, insbesondere mit dessen Abhandlung *Über Auslösung* (1876). Mayer hatte in seinen *Bemerkungen über die Kräfte der unbelebten Natur* (1842) das Gesetz über die Erhaltung der Energie von seiner den Physikern bekannten Fassung als Erhaltungssatz der mechanischen Kraft auf das ganze Gebiet der Naturkräfte erweitert und vermittels der Berechnung des mechanischen Wärmeäquivalents, des Arbeitswerts von Bewegung auf einen sicheren Boden gestellt. Mayers Ergebnis, das die Grundlage des Ersten Hauptsatzes der Thermodynamik bildet, wurde dann vor allem von J. P. Joule und H. v. Helmholtz bestätigt. Diesem Prinzip zufolge erhalten sich die als Ursachen auffaßbaren Kräfte durch alle Wandlungen und Umsetzungen hindurch, und folglich findet auf sie der alte Grundsatz ,causa aequat effectum' Anwendung. Darin vollzieht sich bei Mayer eine Ausweitung nicht nur des mechanischen Gesetzes der Erhaltung, sondern auch des mechanistischen Kausalprinzips selbst. Denn der Erhaltungsgedanke wird von Mayer als der eigentliche Inhalt des Kausalprinzips aufgefaßt. Die Kausalität im Naturgeschehen zeigt sich darin, daß Materie und Kraft sich quantitativ erhalten.

Nun hat Mayer jedoch gesehen, daß in diesem Kausalitätsprinzip nicht alle Ursachenphänomene aufgehen. Im alltäglichen Leben wie in der wissenschaftlichen Forschung spielt der Zusammenhang ,kleine Ursachen – große Wirkungen' eine wesentliche Rolle. Diesen Zusammenhängen gilt die Abhandlung *Über Auslösung*, und es sind vor allem zwei Aspekte zu betonen, die für Nietzsches Auffassung wichtig geworden sind. Zum einen ergibt sich jetzt ein weiterer und im Verhältnis zum Erhaltungsgrundsatz ,causa aequat effectum' veränderter Kausal- und Kraftbegriff. Zum anderen wird der Blick darauf freigegeben, daß an Geschehensvorgängen Kraftpotentiale beteiligt sind, die erst dann in Prozesse übergehen, wenn sie „durch einen Anstoss eingeleitet werden"[15]. Zu denken ist hier an die „Auslösung" bestimmter Effekte. Mayer nennt naheliegende und einfache Beispiele, wie etwa die Entzündung von Knallgas durch einen elektrischen Funken oder die Auslösung eines riesigen

[15] J. R. Mayer, *Über Auslösung*, (1876), hier zit. nach Ders.: *Beiträge zur Dynamik des Himmels*, und andere Aufsätze, hg. von B. Hell, Leipzig 1927, S. 95. Mayers Arbeit über das Gesetz der Energieerhaltung erschien zuerst in den von Fr. Wöhler und J. Liebig herausgegebenen *Annalen der Chemie und Pharmacie*, 42 (1842), S. 233–240. Vgl. J. R. Mayer, *Bemerkungen über das mechanische Aequivalent der Wärme*, Heilbronn 1851, aufgenommen in Ders.: *Die Mechanik der Wärme*, hier benutzt die 3., ergänzte Aufl., hg. von J. J. Weyrauch, Stuttgart 1893, S. 235–293; dort auch die beiden genannten Abhandlungen. Vgl. H. v. Helmholtz, *Über die Erhaltung der Kraft*, Berlin 1847 (dann mit Zusätzen Ausg. Leipzig 1882), und J. P. Joule, *On the mechanical equivalent of heat*, in: *Philosophical Transactions of the Royal Society of London*, 140 (1850), S. 61–82. – Zu Mayer vgl. A. Mittasch, *Robert Mayers Kausalbegriff*, Berlin 1940. Mittasch hat als erster die Bedeutung der Auslösungsschrift für Nietzsche erkannt, vgl. *Nietzsche*, Stuttgart 1952, S. 114ff., 138ff., 150ff.

Brandes durch ein Streichholz. In diesen Ursache-Wirkung-Verhältnissen gilt nicht mehr der bei der Äquivalenzbeziehung von Bewegung und Wärme in quantitativer Hinsicht festgestellte Satz, daß die Ursache gleich oder proportional der Wirkung ist. In den jetzt ins Auge gefaßten Prozessen handelt es sich um Verhältnisse, wo zwischen Ursache und Wirkung „gar keine quantitative Beziehung besteht, vielmehr in der Regel die Ursache der Wirkung gegenüber eine verschwindend kleine Größe zu nennen ist“[16]. Beide Kausalitätsbegriffe, die Erhaltungs- und die Auslösungskausalität, gilt es nebeneinander zu sehen. Es ist nicht so, daß die Auslösungskausalität und die ihr zugehörigen Erscheinungen eine Ausnahme des Satzes von der Äquivalenz zwischen Bewegung und Wärme darstellen. Es handelt sich um zwei grundsätzlich unterschiedene Typen von Kausalität.

Während nun nach Mayers Ansicht Wesen und Fortschritt der neuzeitlichen Physik vor allem darauf beruhen, daß man „die Untersuchungsobjekte numerisch bestimmt, d.h. nach unveränderlichen Einheiten zählt“ – und in dieser Hinsicht ist mit der Lehre vom mechanischen Wärmeäquivalent eine „ganz solide Grundlage für die Wissenschaft gewonnen“ –, unterscheiden sich davon die Auslösungsprozesse dadurch, daß bei ihnen „nicht mehr nach Einheiten zu zählen“ und folglich die Auslösung „überhaupt kein Gegenstand mehr für die Mathematik ist“[17]. Bei dem auf Auslösungen von Kräften beruhenden Geschehen handelt es sich um qualitative Vorgänge, die sich jeder Berechnung entziehen. Denn „Qualitäten lassen sich nicht, wie Quantitäten, numerisch bestimmen“. Ähnlich wie Mayer im Falle des Gesetzes über die Erhaltung der Energie eine Ausweitung des mechanischen Erhaltungssatzes auf alle Naturkräfte vornahm, so ist auch die Auslösungskausalität nicht auf den Bereich der anorganischen Natur beschränkt. Sie spielt „auch in der lebenden Welt, und namentlich also in der Physiologie, eine große und wichtige Rolle“, ja, „unser ganzes Leben (ist) an einen ununterbrochenen Auslösungsprocess geknüpft“. Die Bewegungen des Lebendigen „beruhen alle auf Auslösung“[18]. Mayer erinnert an das Verhältnis des Willens zum Tätigsein. Der Wille wird, „freilich auf eine völlig rätselhafte und unbegreifliche Weise, durch die Bewegungsnerven zu den entsprechenden Muskeln geleitet, und auf diese Weise erfolgt sofort die Auslösung, die gewünschte Aktion“. Wichtiger noch als dieser Aspekt ist mit Blick auf Nietzsches später zu erörternde Sicht des inneren Zusammenhangs von Selbsterhaltung, Kraftauslassung und Glück/Unglück[19] der weitere Gedanke, daß die ganglienfreien motorischen Nerven mit den mit

[16] *Über Auslösung*, a.a.O., S. 96.
[17] Ebenda.
[18] a.a.O., S. 97.
[19] Vgl. Kap. IV, 4.

Ganglien versehenen sensitiven Nervenwurzeln „ein gemeinschaftliches Centrum, das *sensorium commune*" haben. Mayer zufolge gilt, daß „der jeweilige Zustand des Auslösungsapparates für das Allgemeingefühl oder für das allgemeine Befinden massgebend ist". Die richtigen physiologischen Auslösungen bringen sowohl auf der ausgelösten als auch auf der auslösenden Seite eine angenehme Empfindung mit sich. Ist dagegen der Auslösungsapparat gestört, so tritt „Leiden an die Stelle der Freude"[20]. Mayers Vorstellungen über Auslösungsprozesse führen letztlich zu einer Aufhebung der kausal-mechanischen Auffassung. Diese bleibt bei den Naturgesetzen stehen, die unzutreffenderweise als Erklärungen der Phänomene angesehen werden. Demgegenüber lenkt die Rede von der ‚Auslösung' die Aufmerksamkeit auf den Bereich, dem auch Nietzsches Interesse gilt, und an dessen Struktur sich für ihn die Frage nach dem Status des Prinzips der Selbsterhaltung entscheidet. Es geht um den qualitativen Charakter der Geschehensvollzüge selbst, der quantitativ nicht berechnet und nicht durch das traditionelle Ursache-Wirkung-Schema des Kausal-Mechanismus, nicht durch Druck und Stoß und nicht durch Erhaltung erklärt werden kann.

Der von Mayer herausgestellte Zusammenhang ‚kleine Ursachen und große Wirkungen' ist in aufschlußreichem Sinne bereits bei Leibniz, und zwar auch dort mit dem illustrationskräftigen Beispiel ‚Funke-Pulverfaß' anzutreffen. In den konkreten Naturvorgängen kann es vorkommen, daß „eine geringfügige Änderung der Bedingungen eine gewaltige Änderung der Wirkung zur Folge hat. So kann ein Fünkchen, das in eine gewaltige Pulvermasse fällt, eine ganze Stadt zerstören"[21]. Leibniz ist hier vorwiegend an der Geltung des Kontinuitätsprinzips interessiert. Dieses wird durch solche Vorgänge nicht nur nicht verletzt. Es liefert seinerseits erst deren Erklärung. Doch ist unverkennbar, daß das eigentliche Motiv darin besteht, die Möglichkeit einer in der Natur drohenden Regellosigkeit zurückzuweisen. So können derartige Vorgänge, die zwar in den konkreten Naturphänomenen auftreten, auf der Ebene der Prinzipien nicht zugelassen werden, „da sonst die Natur nicht als das Produkt einer unendlichen Weisheit erschiene"[22]. An dieser Überlegung wird deutlich, wie weitreichend die Konsequenzen sind, wenn die Auslösungs-, und nicht die Erhaltungs-Kausalität als Prinzip der Geschehensvollzüge angesehen werden muß. Mit dem Rückgang der Erklärungsleistung der Erhaltungskausalität nimmt auch die Möglichkeit ab, der Welt eine auf göttliche Vernunft zurückzuführende Geordnetheit zuzusprechen. Nietzsche wird später, in Aufnahme der Auslösungslehre, den Gesamtcharakter der Welt als

---

[20] a.a.O., S. 98.
[21] G. W. Leibniz, *Hauptschriften*, Bd. I, S. 91.
[22] Ebenda.

,Chaos' bestimmen. Darin ist dann das Ende des Ordo-Gedankens erreicht und zugleich ein neuer Horizont eröffnet.

Was die Grenzen des Erhaltungssatzes betrifft, so ist nicht uninteressant zu sehen, daß die berühmte Abhandlung von H. v. Helmholtz *Über die Erhaltung der Kraft* von 1847 (an der Max Planck rühmte, daß sie „zum ersten Male die universale Bedeutung des Prinzips der Erhaltung der Kraft für alle Naturerscheinungen von der Höhe des Standpunktes der damaligen Entwicklung der Physik in gedrängter Übersicht entwickelt" hat)[23] mit einigen nur zaghaften Hinweisen auf den Bereich der organischen Natur endet. Ausführlich wird die Verallgemeinerung des neuen Prinzips von Helmholtz für die Mechanik im engeren Sinne, für die Wärmewirkungen, für die Elektrizität und für den Magnetismus dargelegt. Aus dem organischen Bereich nennt er als Beispiele die für das Wachstum wichtige chemische Spannung der Pflanzen als Folge des Sonnenlichtes sowie die Wärmeproduktion aufgrund der Verbrennung von Nahrungsmitteln.[24] Daß die Anwendbarkeit des Erhaltungsgesetzes auf den Bereich des Organischen von Helmholtz nicht näher behandelt wird, ist sicherlich kein Zufall. Denn gerade im komplexen Funktionsgeschehen des Organischen tritt jene qualitative und einer mathematischen Behandlung nicht mehr zugängliche Seite in den Vordergrund, die das Feld der Auslösungskausalität ist. Mayers Auslösungsgedanke ist in Nietzsches Bestimmung der Willen-zur-Macht eingegangen.

Doch ist Mayer nicht der einzige Anstoß gewesen. Nietzsche war vor allem mit dem Werk Schopenhauers gut vertraut. Dort konnte er an mehreren Stellen Ansätze in dieser Richtung finden. Schopenhauer unterscheidet etwa in der *Preisschrift über die Freiheit des Willens* drei Formen der Kausalität: „Ursache" im engen Sinne (die alle Veränderungen im Bereich unorganischer Körper, also mechanische, physikalische und chemische Veränderungen bewirkt), „Reiz" (der alle Veränderungen der Organismen bestimmt) und „Motivation" (welche die Bewegung und Veränderung beim Tier hervorruft).[25] Während bei

---

[23] M. Planck, *Erhaltung*, S. 39. – Obwohl Mayer an der Durchsetzung und Verbreitung des Erhaltungsprinzips in der Fachwelt der Physiker keinen Einfluß gehabt hat, kommt ihm doch gegenüber Joule, Séguin und Colding die Priorität zu. Zur Prioritätsfrage vgl. die Ausführungen von H. v. Helmholtz, *Robert Mayer's Priorität*, in Ders.: *Vorträge und Reden*, Bd. I, Braunschweig [4]1896, S. 401–414. Dies ist ein Nachtrag, den Helmholtz 1883 seinem Vortrag *Über die Wechselwirkung der Naturkräfte* (1854) als Anhang beigegeben hat. Helmholtz hatte bereits in dem genannten Vortrag Mayer als denjenigen genannt, der das Erhaltungsgesetz als erster richtig zum Ausdruck gebracht habe. Helmholtz war der erste, der auf die Verdienste Mayers nachdrücklich hingewiesen hat, lange vor dem dann für das Bekanntwerden Mayers wichtigen Buch von E. Dühring, *Robert Mayer. Der Galilei des neunzehnten Jahrhunderts*, Chemnitz 1880.

[24] Vgl. H. v. Helmholtz, *Erhaltung*, [1]1847, hier benutzt Ausg. Leipzig 1902 (= Ostwald's Klassiker der exakten Wissenschaften, Nr. 1), S. 51 f.

[25] Vgl. dazu A. Schopenhauer, *Werke*, Ausg. W. v. Löhneysen, Bd. III, S. 547–552.

der ‚Ursache' im engeren Sinne das Dritte und das Zweite Newtonsche Axiom (actio und reactio sind einander gleich; und der Grad der Wirkung ist gleich dem Grad der Ursache) in vollem Umfang Anwendung finden und die Grundlage des Kausalgesetzes bilden, stellt Schopenhauer hinsichtlich des für die Pflanzen ausschlaggebenden ‚Reizes' demgegenüber zwei Unterschiede heraus. Zunächst gilt beim Reiz nicht das Verhältnis von actio und reactio. Sodann findet zwischen der Intensität der Ursache und der Intensität der Wirkung „durchaus keine Gleichmäßigkeit" statt. Der Gradus der Wirkung kann nicht „vorher bestimmt werden nach dem Grade der Ursache: vielmehr kann eine kleine Vermehrung des Reizes eine sehr große Wirkung verursachen oder auch umgekehrt die vorige Wirkung ganz aufheben, ja eine entgegengesetzte herbeiführen"[26]. Schopenhauer nennt als Beispiel, daß Pflanzen durch Wärme als Reiz ihrer „Lebenskraft" zu schnellem Wachstum getrieben werden können, daß aber in dem Falle, wo „der angemessene Grad des Reizes um ein weniges überschritten" wird, der Erfolg nicht im gesteigerten Wachstum besteht, sondern gerade das Gegenteil, der Tod der Pflanze eintritt. So sind bei Schopenhauer, mithin zeitlich bereits *vor* den ersten rechnerisch gesicherten Formulierungen des Erhaltungssatzes der Kraft/Energie und des mechanischen Wärmeäquivalentes (1842 Mayer, 1843 Joule, 1843 Colding, 1847 Helmholtz) Gedanken zu finden, von denen her die Grenze des Erhaltungsgesetzes, die dann von Mayer deutlich gesehen wurde, in den Blick gebracht werden kann.

Freilich ändert dies auch bei Schopenhauer nichts an der Gültigkeit des von ihm auf naturspekulativem Wege gewonnenen und vorausgesetzten Satzes, daß das Gesamtvolumen der der Welt als ganzer eigentümlichen Kraft weder vermehrt noch vermindert werden kann. Da es für Schopenhauer nur Einen Willen gibt, so sind für ihn sowohl Materie als auch Naturkraft nur Eine, und beide bleiben, unabhängig vom Wandel ihrer Formen und Zustände, erhalten. Nietzsche wird diese Gedanken Schopenhauers gekannt haben, zumal Schopenhauer auf die wichtige Unterscheidung der Kausalitätstypen des öfteren zu sprechen kommt.[27] Andererseits jedoch ergeben sich aus dem Umstand, daß diese Überlegungen bei Schopenhauer, anders als bei Helmholtz und Mayer, im Kontext einer Willens*metaphysik* stehen, die ihrerseits im Horizont der Erhaltungsproblematik thematisiert werden kann, grundlegende Unterschiede zwischen Nietzsche und Schopenhauer. Darin liegt ein weiterer Grund für Nietzsches Überbietung des Erhaltungsprinzips. Dies wird (Kap.

---

[26] a. a. O., S. 549.

[27] Vgl. *Die Welt als Wille und Vorstellung,* § 23, in: *Werke,* Bd. I, S. 176–179; vgl. § 26; und in: *Über die vierfache Wurzel des Satzes vom zureichenden Grunde,* § 20, in: *Werke,* Bd. III, S. 62 ff.

II,4) eigens zu erörtern sein. Im Augenblick ist lediglich festzuhalten, daß nach Schopenhauers Ausführungen zur Reiz- und Motiv-Kausalität die Ursache-Wirkung-*Gleichung* für bestimmte Geschehensbereiche nicht mehr im vollen Sinne gültig ist. Damit sind Prognostizierbarkeit und Berechenbarkeit solchen Geschehens in Frage gestellt.

Nietzsche lernte die Gedankenwelt Julius Robert Mayers in der Zeit zwischen dem Erscheinen von Eugen Dührings Buch *Robert Mayer. Der Galilei des neunzehnten Jahrhunderts* (1880) und dem Frühjahr 1881 kennen. Über Peter Gast hatte er ein Exemplar der zweiten Auflage von Mayers *Mechanik der Wärme* (1874) bekommen, in dem er nicht nur die Abhandlung zur Energieerhaltung von 1842, sondern, zusätzlich eingebunden, auch die Schrift *Über Auslösung* von 1876 fand. Am 16. April 1881 spricht Nietzsche auf einer Postkarte an P. Gast von seiner Mayer-Lektüre und bringt deutlich zum Ausdruck, daß die Abhandlung über das Auslösungsgeschehen für ihn „das Wesentlichste und Nützlichste"[28] in Mayers Buch sei. Das Datum dieser Postkarte ist aufschlußreich. Es zeigt, daß die Mayer-Lektüre Nietzsches unmittelbar vor (!) seiner Auseinandersetzung mit demjenigen neuzeitlichen Denker liegt, für den das Prinzip der Selbsterhaltung zum Zentrum philosophischer Anstrengung geworden war, und von dem er, Nietzsche, wenig später sagen wird, daß „seine Gesamttendenz gleich der meinen ist"[29] – Spinoza.

3. *Auseinandersetzung mit Spinoza*

Nietzsches Spinozabild[30] ist bis zum Sommer 1881, wohl hauptsächlich unter dem Eindruck seines Freundes Paul Rée und dessen Buch *Ursprung der moralischen Empfindungen* (1877), durchweg positiv. Erstmals intensiver mit Spinozas Lehre beschäftigt er sich, nachdem er, auf Bitte vom 8. Juni 1881, von Franz Overbeck das Spinoza-Buch Kuno Fischers, d.h. den zweiten Band seiner *Geschichte der neueren Philosophie* erhalten hat. Und auf der berühmten Postkarte an Overbeck mit Stempel vom 30. Juli 1881 finden sich dann die begeisterten Sätze: „Ich habe einen *Vorgänger* und was für einen! Ich kannte Spinoza fast nicht: daß mich *jetzt* nach ihm verlangte, war eine ‚Instinkthandlung'. Nicht nur, daß seine Gesamttendenz gleich der meinen ist (...) in fünf Hauptpunkten seiner Lehre finde ich mich wieder, dieser abnormste und einsamste Denker ist mir gerade in *diesen* Dingen am nächsten: er leugnet die

[28] F. Nietzsche, *Briefwechsel. Kritische Gesamtausgabe*, hrsg. von G. Colli und M. Montinari, III, 1, S. 85. Im Folgenden abgekürzt als: KGB.
[29] Postkarte an F. Overbeck vom 30. Juli 1881, a.a.O., S. 111.
[30] Vgl. dazu W. S. Wurzer, *Nietzsche und Spinoza*, Meisenheim a. Glan 1975.

Willensfreiheit –; die Zwecke –; die sittliche Weltordnung –; das Unegoistische –; das Böse –; wenn freilich auch die Verschiedenheiten ungeheuer sind, so liegen diese mehr in dem Unterschiede der Zeit, der Cultur, der Wissenschaft"[31].

Hier ist zunächst auf zwei allgemeine Aspekte hinzuweisen. Zum einen gilt es daran zu erinnern, daß das in typologischer Hinsicht mit dem Tode Goethes und Hegels beginnende 19. Jahrhundert zum Geist der Frühen Neuzeit ein weitaus positiveres Verhältnis hat als die vorangegangene Goethezeit. Dies zeigt sich etwa auch daran, daß die naturwissenschaftliche Theoriebildung zur Zeit Nietzsches in hohem Maße an der mechanistischen Denkart orientiert ist. Zum anderen hat Nietzsche selbst, bei aller Betonung der Grenzen der in der frühneuzeitlichen Entwicklung wurzelnden kausal-mechanischen Erklärungsweise, eine Brücke aus seinem Jahrhundert zur beginnenden Neuzeit, zu Renaissance, zum 16. und teilweise noch zum 17. Jahrhundert geschlagen. Der Zwischenraum bis zu Nietzsches eigener Zeit erfährt dagegen eine deutliche Abwertung. Dabei signalisiert die zitierte Stellungnahme zu Spinoza den Doppelcharakter von Anknüpfung und immanenter Überbietung. Was Nietzsches Hinweis auf Unterschiede zu Spinoza betrifft, so ergibt sich aus dem bisher Ausgeführten bereits ein grundlegender Aspekt. Die Kritik am Darwinismus und die Aufnahme des Auslösungsgedankens[32] lassen vermuten, daß Nietzsche mit einer Einstellung an Spinozas Philosophie herantritt, der deren zentrales Lehrstück, der Gedanke „conatus sese conservandi est ipsa rei essentia", ins Auge springen und doch zugleich als ungenügend erscheinen muß. Das Wachsenwollen als Argument gegen den darwinistischen Selbsterhaltungstrieb und das durch Reize ausgelöste Sich-Entladen von zur Verfügung stehendem aufgestautem Kraftpotential, dies sind Denkfiguren, denen gegenüber Spinozas ‚conatus in suo esse perseverare'[33] als Grundcharakterisierung alles Wirklichen und Lebendigen bei weitem zu wenig darstellt. Nietzsche geht sogar so weit, den Darwinismus auf eine für die modernen Naturwissenschaften überhaupt kennzeichnende Verwicklung – und zwar eine der „gröbsten" – mit dem „Spinozistischen Dogma"[34] zurückzuführen.

Nietzsche hat, wie seine Exzerpte und Notizen zu Spinoza im Nachlaß zeigen[35], sogleich und zentral den Zusammenhang von Selbsterhaltung, Nutzen und Macht (potentia) im Blick. Dies sind leitende Aspekte, die auch Kuno Fischer in seinem Buch immer wieder betont. Es konnte Nietzsche nicht

[31] An Overbeck, KGB, a.a.O., S. 111.
[32] Siehe oben Kap. II, 1–2.
[33] Vgl. *Ethica*, IV, Prop. 18, Dem., und Prop. 22, Dem.
[34] KGW V, 2, *Die fröhliche Wissenschaft*, V (1886), Aph. 349, S. 267.
[35] Vgl. z. B. KGW V, 2, 11 (193), S. 415–416; VIII, 1, 7 (4), S. 269–271.
[36] KGW VIII, 1, 7 (4), S. 269; vgl. Spinoza, *Ethica*, IV, Def. 8.

verborgen bleiben, daß es schon bei Spinoza nicht nur um bloßen Erhalt der Macht, sondern auch um deren Mehrung geht. Das zeigt eine Aufzeichnung aus der Zeit 1886/87. Es heißt dort zu Spinoza: „der *natürlich*-egoistische Gesichtspunkt: Tugend und Macht identisch. (...) Gut ist, was unsere Macht fördert: böse das Gegentheil. Tugend folgt aus dem Streben nach Selbsterhaltung. ‚Was wir thun, thun wir, um unsere Macht zu erhalten und zu vermehren.' ‚Unter Tugend und Macht verstehe ich dasselbe'".[36] Die Art des Umgangs Nietzsches mit Spinoza ist zu beachten. Er entzieht Spinozas Lehre das Moment der Macht und deren Steigerung, fügt beide seiner eigenen Gedankenwelt ein und legt Spinoza auf den Grundsatz der Selbsterhaltung fest. Diese wird dann als „Ausdruck einer Nothlage, einer Einschränkung des eigentlichen Lebens-Grundtriebes", der auf *Machterweiterung* aus ist und in eben diesem seinem Mehr-werden-wollen „oft genug die Selbsterhaltung in Frage stellt und opfert"[37], aufgefaßt.

Der Grund dafür, daß Nietzsche in seinen Äußerungen zu Spinoza weder den Aspekt der Macht noch den der Steigerung mit dessen Lehre in Verbindung bringt, dürfte darin liegen, daß Spinoza zufolge die größte Macht in der Vernunft liegt, und daß es Spinoza hinsichtlich dieser „potentia rationis" vor allem um den Aufweis geht, „quantum, et quale imperium in affectus habeat, ad eosdem coercendum, et moderandum"[38]. Für Nietzsche dagegen ist umgekehrt auch alle Verstandes- und Denktätigkeit auf Affekte und Triebe und diese wiederum auf die Willen-zur-Macht-Kräfte zurückzuführen. Die Triebe bestimmen die Vernunft, und weder kann noch soll diese jene bezwingen. Bereits in dem ersten Exzerpt von Spinoza-Sätzen aus Kuno Fischers Buch findet sich der in dieser Hinsicht massive Einspruch Nietzsches. Es heißt: „*ego*: das Alles ist *Vorurtheil*. Es *giebt* gar keine Vernunft der Art, und *ohne* Kampf und Leidenschaft wird alles *schwach*, Mensch und Gesellschaft".[39] Die Einstufung der Vernunftlehre Spinozas als ‚Vorurteil' ist ironisch. Darin soll Spinoza mit seinem eigenen Instrumentarium getroffen werden. Denn es sind die „praejudicia", unter deren Titel Spinoza selber Vorstellungen wie die von ‚gut und böse', ‚Verdienst und Sünde' oder ‚Lob und Tadel' kritisiert. Der Machtgedanke muß also – entgegen der Ansicht Spinozas, für den sich die größte Macht in der Überwindung der Leidenschaften und in der Übereinstimmung der Menschen mit sich selbst und mit anderen ausdrückt – erst in den Kontext von Kampf und Leidenschaft gerückt und von diesem her gedacht werden, bevor er mit Nietzsches Anliegen verbindungsfähig wird. Der spinozistische Erhaltungsgedanke sowie der darwinistische Kampf ums Dasein im

---

[37] KGW V, 2, *Die fröhliche Wissenschaft*, V (1886), Aph. 349, S. 267.
[38] *Ethica*, V, praef., a.a.O., S. 277.
[39] KGW V, 2, 11 (193), S. 415.

Sinne des Selbsterhaltungsstrebens sind in Nietzsches Sicht Ausdruck einer Notsituation, nicht die Regel, sondern eine Ausnahme, eine „zeitweilige Restriktion des Lebenswillens“[40]. Dies bedeutet freilich nicht, daß Nietzsche damit den Kampfcharakter zurückweist. Diesen nimmt er, wie zu sehen ist, gerade auf und wendet ihn, zusammen mit dem Gedanken der Leidenschaft, gegen den fundamentalistischen Anspruch des Prinzips der Selbsterhaltung. Nietzsche streitet jedoch mit dem Darwinismus[41] über die Frage, worum es in diesen vielfältigen Kampfesweisen im Grunde geht, welches deren Inhalt ist und was darin bereits alles an interner Organisiertheit vorausgesetzt werden muß. Für eine Beantwortung *dieser* Fragen ist der Gedanke der Erweiterung, der Steigerung und der Auslassung der Macht grundlegend.[42]

Wird bedacht, daß Nietzsche vor dem Frühjahr 1881 seine Lehre der Willen-zur-Macht noch gar nicht explizit auf die Bahn gebracht hat, so ist deutlich, welch grundlegende Bedeutung dem als Hintergrundkonstellation aufgefaßten Zusammenwirken der drei Komponenten des Anti-Darwinismus, der Aufnahme der Auslösungs-Lehre J. R. Mayers und des Spinozastudiums anhand des Werkes von K. Fischer für Nietzsches Denken zukommt. Gemeinsamer Brennpunkt dieser drei Komponenten ist die Frage nach dem Prinzip der Selbst-Erhaltung. Und erst vor diesem Hintergrund wird auch der für die Auffassung Nietzsches wie für die Geschichte des neuzeitlichen Erhaltungsgrundsatzes aufschlußreiche Aphorismus 13 in *Jenseits von Gut und Böse* verständlich. „Die Physiologen sollten sich besinnen, den Selbsterhaltungstrieb als kardinalen Trieb eines organischen Wesens anzusetzen. Vor Allem will etwas Lebendiges seine Kraft *auslassen* – Leben selbst ist Wille zur Macht –: die Selbsterhaltung ist nur eine der indirekten und häufigsten *Folgen* davon. – Kurz, hier wie überall, Vorsicht vor *überflüssigen* teleologischen Prinzipien! – wie ein solches der Selbsterhaltungstrieb ist (man dankt ihn der Inconsequenz Spinoza's –). So nämlich gebietet es die Methode, die wesentlich Principien-Sparsamkeit sein muss“.[43]

Dieser Passus ist von grundlegender Bedeutung. Hier findet nicht bloß eine Substituierung oder Umstellung von Prinzipien statt. Vielmehr ist die Überbietung des Erhaltungsprinzips zugleich Rückgang in dessen Grund. Gemessen an dem als ursprünglicher anzusetzenden Steigerungs- und Auslas-

---

[40] KGW V, 2, *Die fröhliche Wissenschaft*, a. a. O.; Notlage ist nicht der Normalfall, und „in der Natur *herrscht* nicht die Nothlage, sondern der Überfluss, die Verschwendung, sogar bis in's Unsinnige“ (ebenda).

[41] Vgl. auch oben Kap. II, 1.

[42] „‚Der Kampf um's Dasein‘ – das bezeichnet einen Ausnahme-Zustand. Die Regel ist vielmehr der Kampf um ‚Macht‘, um ‚Mehr‘ und ‚Besser‘ und ‚Schneller‘ und ‚Öfter‘“ (KGW VII, 3, 34 (208), S. 212).

[43] KGW VI, 2, *Jenseits von Gut und Böse*, Aph. 13, S. 21–22. Vgl. VIII, 1, 2 (63), S. 87. VII, 2, 26 (313), S. 231: „‚Selbst-Erhaltung‘ nur Nebenfolge, nicht Ziel! Spinoza's Nachwirkung!“

sungscharakter ist der Erhaltungsgedanke immer noch teleologisch. Er ist dies auf analoge Weise wie vormals das der Bewegung zugeschriebene Streben nach dem natürlichen Telos im Verhältnis zur Bewegtheit selbst. Dem Streben nach dem Ziel entspricht jetzt der Conatus der Selbsterhaltung. Nietzsche dagegen nimmt eine nochmalige, ihrerseits nicht weiter hintergehbare und auch jede rest-teleologische Differenz zwischen Grundcharakter und Zustand, hier zwischen Kraft-Auslassung und Selbst-Erhaltung einholende Rückübersetzung in die Kräftenatur selbst vor. Erhaltung steht im Gefolge der Steigerung und Auslassung, nicht umgekehrt. Dies erst führt zu einer völlig adualistischen Auffassung der Geschehensprozesse.

Die Ansicht, daß Selbsterhaltung ein bereits abgeleitetes Phänomen ist, hat zur Zeit der ersten intensiveren Beschäftigung Nietzsches mit Spinoza im Sommer 1881 außer in dem Gedanken der für alle Geschehensvorgänge charakteristischen Auslassung vorhandener und angestauter Kraftpotentiale ihr Motiv noch in einem zweiten Aspekt, der diesem ersten zunächst zu widersprechen scheint. Nietzsche exzerpiert aus Kuno Fischer den bereits erwähnten Satz, daß das Streben nach Selbsterhaltung die erste und einzige Grundlage der Tugend ist. Dagegen erhebt er entschieden Einspruch. Um dessen Kern jedoch zu verstehen, ist zunächst dasjenige Argument zu nennen, das Spinoza diesem Satz folgen läßt. Es lautet: „Nam hoc principio nullum aliud potest prius concipi". Nietzsche bestreitet diese Priorität der Selbsterhaltung sowohl der Sache nach als auch in bezug auf die Naturgeschichte des Menschen. Sein Einwand richtet sich genau gegen dieses ‚prius', wenn er notiert: „Dagegen *ich*: *Vor*egoismus, Heerdentrieb sind älter als das ‚Sich-selbst-erhalten-wollen'. Erst wird der Mensch als *Funktion entwickelt*: daraus löst sich später wieder das Individuum, indem es *als Funktion* unzählige Bedingungen des *Ganzen*, des Organismus, *kennen gelernt* und allmählich sich *einverleibt* hat"[44]. Die auf diese Weise ins Spiel gebrachte Problematik des entwicklungsgeschichtlich erst spät auftretenden Individuums wird weiter unten im Rahmen der Wiederkunftslehre und des Nihilismus noch zu erörtern sein.[45] Im Augenblick sind lediglich zwei Aspekte zu betonen.

Erstens ist darauf aufmerksam zu machen, daß Nietzsche Teile seiner Kritik an Spinoza im Jahre 1881 durchaus noch in einer gewissen Nähe zum traditionellen Organismus-Modell führt. Das Ganze ist hier das vorgängig Bestimmende, als dessen Funktion sich das Individuum erst entwickelt und über verschiedene Etappen dann als selbständig spezifiziert. Dieser Aspekt ist deshalb zu beachten, weil die mit dem Selbsterhaltungsgrundsatz verknüpfte Frage nach Stellung und Funktion des Organismusgedankens denjenigen Bereich be-

---

[44] KGW V, 2, 11 (193), S. 416; Spinoza, *Ethica*, IV, Prop. 22, Cor.

[45] Vgl. Kap. VIII, 5, S. 318 und XIII, 4, S. 454f.

trifft, in dem das Problem der Teleologie zur Entscheidung steht. Und in dieser Hinsicht wird es dem späten Nietzsche darum gehen, ineins mit dem Organismus-Modell sowohl die Teleologie als auch die Kausal-Mechanik aufzulösen. Dies aber hat, was die Teleologie angeht, zur Voraussetzung, daß von dem Konzept eines durchgängig bestimmenden und die Funktionen der Teile festlegenden Vorrangs des ‚Ganzen' zur umgekehrten Abhängigkeit auch des ‚Ganzen' vom internen Zusammenspiel der Teile, vom teleologischen *Organismus*-Gedanken zum Vorgang der *Organisation* übergegangen werden muß.[46] Dieser systematisch grundlegende Gesichtspunkt steht Nietzsche zu Beginn der achtziger Jahre noch nicht in der erforderlichen Klarheit zur Verfügung.

Zweitens verdient Beachtung, daß Nietzsche an der zitierten Stelle dem Selbsterhaltungsstreben des Individuums den Herdentrieb als das Ältere und Stärkere voranstellt. Von hier aus gilt es auch den etwa aus der gleichen Zeit stammenden ersten Aphorismus der *Fröhlichen Wissenschaft* (1882) zu lesen. Dort wird betont, daß die Menschen in scheinbar all ihren Tätigkeiten darauf aus sind, „das zu thun, was der Erhaltung der menschlichen Gattung frommt". Dieser Instinkt sei eben „*das Wesen* unserer Art und Heerde". Aufschlußreich ist, daß diese Überlegung im Blick auf die „*Lehrer vom Zwecke des Daseins*" formuliert wird. Dies signalisiert eine Verschränkung von Erhaltung, Moral und Teleologie.[47] Das Streben nach Arterhaltung manifestiert sich nämlich nicht nur als Erhaltungs*trieb*, sondern dieser Trieb „bricht von Zeit zu Zeit als Vernunft und Leidenschaft des Geistes hervor". Dann hat er „ein glänzendes Gefolge von Gründen um sich und will mit aller Gewalt vergessen machen, dass er im Grunde Trieb, Instinct, Thorheit, Grundlosigkeit ist. Das Leben *soll* geliebt werden, *denn*! Der Mensch *soll* sich und seine Nächsten fördern, *denn*!"[48]. Nietzsche denkt hier an das immer wieder neue Auftreten von Moralen und Religionen, die der Erhaltung der menschlichen Gattung förderlich sind, sofern sie das Leben als lebenswert, die Erhaltung folglich mit dem Hinweis darauf als wertvoll herausstellen, daß das Leben „etwas hinter sich, unter sich" hat, gegen das nicht verstoßen werden darf und soll, daß mit dem Leben also eine Absicht verfolgt werde. Der erhaltungsförderliche Effekt besteht darin, daß das, was auch von sich aus und ohne Zwecke geschieht, „von jetzt an auf einen Zweck hin erscheine und dem Menschen als Vernunft und letztes Gebot einleuchte"[49]. Auf diese Weise wird das Erhaltungsstreben motiviert.

---

[46] Vgl. dazu im einzelnen Kap. V.

[47] Vgl. in diesem Zusammenhang auch Kap. II, 1, Anm. 6.

[48] KGW V, 2, *Die fröhliche Wissenschaft*, I, Aph. 1, S. 43, 45.

[49] a. a. O., S. 45. Über diese Zweck-Lehrer selbst jedoch trägt auf Dauer stets die Natur und die Vernunft den Sieg davon. Gleichwohl ist durch ihr Wirken aber auch die menschliche Natur

Wichtig ist zu sehen, daß damit auch der Übergang von der Selbsterhaltung *als Trieb* zur Selbsterhaltung *als Vernunft* letztlich als bloß rationalisierte Ausprägung des zugrunde liegenden Erhaltungsstrebens erscheinen muß. Diese Sichtweise hätte also auch auf die Frühe Neuzeit und vor allem auf Thomas Hobbes Anwendung zu finden, bei dem Selbsterhaltung zum Grundsatz der Vernunft wird und in eben dieser Form von Hans Blumenberg zum Nachweis der Authentizität des *neuzeitlichen* Erhaltungsgedankens gegenüber einer Auffassung von dessen Herkunft aus der Stoa-Rezeption oder aus der aristotelisch-scholastischen Teleologie und Actus-Lehre herausgestellt worden ist.[50] Es ist hinzuzufügen, daß bei Nietzsche der Betonung der Triebseite die Zurückweisung jeder vordergründigen Aufspaltung der Lebens-Wirklichkeit in einen naturalistischen und einen demgegenüber autarken subjektiven Verstandesbereich entspricht. Nietzsche betont immer wieder die Abkünftigkeit des Bewußtseins von der Struktur der weit umfänglicheren Leib-Organisation. Das Bewußtsein gehört zur Leib-Organisation, die als „eine grosse Vernunft"[51] bezeichnet wird. Im Verhältnis zu ihr erscheint das genetisch erst spät auftretende menschliche Bewußtsein als die ‚kleine' Vernunft.

---

verändert worden. Der Mensch ist nach und nach zu einem „phantastischen Thiere" geworden. Im Vergleich zu jedem anderen Tier hat er ‚eine' Existenzbedingung mehr zu erfüllen: er „*muss* von Zeit zu Zeit glauben, zu wissen, *warum* er existirt, seine Gattung kann nicht gedeihen ohne ein periodisches Zutrauen zu dem Leben!" (a.a.O., S. 46).

50 Vgl. H. Blumenberg, *Selbsterhaltung und Beharrung*, in: H. Ebeling (Hg.), *Subjektivität*, S. 164.

51 KGW VI, 1, *Zarathustra* I, (*Von den Verächtern des Leibes*), S. 35. – Umgekehrt ist dies freilich *nicht* als ein biologistisch-physikalistischer Naturalismus mißzuverstehen. Nietzsche kann auch nicht auf die heute vor allem im anglo-amerikanischen Bereich vieldiskutierte Opposition von Mentalismus versus Physikalismus festgelegt werden. Aus zwei Gründen ist es selbst im Blick auf Nietzsches Auffassung des ‚Denkens' als eines bestimmten „Verhalten(s)" der Triebe zueinander (KGW VI, 2, *Jenseits von Gut und Böse*, Aph. 36, S. 50f.) nicht möglich, ein biologistisch-naturalistisches Moment auf der einen und ein rational-vernünftiges auf der anderen Seite voneinander getrennt zu halten.
Zum einen (a) wird der Biologismus- und Physikalismus-Verdacht dadurch unterlaufen, daß auch bei den nicht-materiell beschaffenen und mit Hilfe einer physikalischen Theorie nicht zu erklärenden ‚Trieben' von einer Art ‚Vernünftigkeit' bzw. ‚Geistigkeit' auszugehen ist. Die Triebe, die ihrerseits auf die dynamischen Willen-zur-Macht-Kräfte zurückgeführt werden müssen, sind nicht ‚blind', sondern fortwährend damit beschäftigt wahrzunehmen, vorzustellen, zu perspizieren, einzuordnen, auszugrenzen, zu intensivieren, zu vereinfachen, kurz: anderes Seiendes auf seinen Macht-‚Wert' hin auszulegen, zu interpretieren. Und es sind die Vollzüge eben dieser Machtwillen-Organisationen, die Nietzsche zufolge *alles* Geschehen vom Bereich des Anorganischen bis in den der Geschichte und des bewußten Denkens ausmachen. Von hier aus wird deutlich, daß und in welchem Sinne Nietzsches an der Organisation des Leibes orientierte und auf dem Boden der Lehre der Willen-zur-Macht stehende Denkungsart auch den neuzeitlichen Verstandesbegriff zu unterminieren vermag, *ohne* als Naturalismus und Reduktionismus diskreditiert werden zu können. Dies wird später (vgl. unten Kap. VI, 2–5) vor allem daran deutlich, daß die Geschehensprozesse selbst als Interpretationsvorgänge aufzufassen sind. Zum anderen (b) kann erst nach Überwindung der sterilen Alternative (und der mit dieser verbundenen Vorwürfe) eines dogmatischen Naturalismus und eines blo-

Der Hinweis auf Hobbes ist noch aus einem weiteren Grunde aufzunehmen. Nietzsches Bestimmung der Lebensvollzüge nicht als Erhaltung, sondern als fortwährendes Streben nach Machtsteigerung hat in Thomas Hobbes einen zeitlich noch vor Spinoza liegenden Bezugspunkt in der Frühen Neuzeit. Im *Leviathan* betont Hobbes, daß es für die Wünsche und Handlungen der Menschen kein letztes Ziel oder höchstes Gut im Sinne der überlieferten Moralphilosophie gibt. „Felicity is a continual progress of the desire, from one object to another; the attaining of the former, being still but the way to the latter". Dieses Machtwollen, „desire of power", muß stets seine eigene Erweiterung und Erhöhung verfolgen. „So that in the first place, I put for a general inclination of all mankind, a perpetual and restless desire of power after power, that ceaseth only in death"[52]. Bei Hobbes wird dieser Naturstand des Menschen und seine quasi natur-teleologische primäre Verlaufslinie, die erst im Tode enden würde, willentlich unterbrochen und in sich zur Konstruktion des allmächtigen Staates als Vernunft umgeleitet. Demgegenüber geht Nietzsche davon aus, daß Organisations-Strukturen (im Bereich des Anorganischen, bei den kleinsten Organismen, im menschlichen Leib, bis hin zu Staaten, Völkern und Gesellschaften) überhaupt nur im Zuge der für die Organisiertheit und Funktionalität jedes Lebendigen grundcharakteristischen Prozesse fortgesetzter Kräfte-Taxierungen der Elemente untereinander, in ihrem Verhältnis zur ‚regierenden' Macht, zum ‚Ganzen', und dann nach außen als Organisation gegenüber anderen Machtorganisationen zustande kommen können. Dabei bringt jeder Macht-Komplex das ihm zur Verfügung stehende Kraftquantum in die Prozesse der Feststellung von Machtverhältnissen und deren Verschiebungen ein. Dies ist nicht so zu verstehen, als rufe Nietzsche zum Bürgerkrieg auf, den Hobbes mit Hilfe des Konzepts der Selbsterhaltung als Vernunft gerade abwenden möchte. Vielmehr ist Nietzsche zufolge das ständige Mit- und Gegeneinander-Wirken der Willen-zur-Macht-Komplexe, einschließlich der Hobbesschen Selbsterhaltung als Vernunft, die universale, die einzige Realität. Darüber hinaus geht es in Nietzsches Auffassung um den

ßen Subjektivismus die Erörterung auf die ihr angemessene und grundsätzliche Basis der ursprünglichen Einheit von Welt und Selbst, von Objekt und Subjekt sowie der Geschehensvollzüge als solcher gestellt werden. Auf *dieser* Ebene ist nicht nur die Auftrennung und Entgegensetzung von Mensch und Welt, sondern auch diejenige von Mentalem und Physikalischem vordergründig, sekundär und abstrakt.

Auch die Erhaltungsproblematik ist auf dieser grundsätzlichen Ebene zu thematisieren. Vgl. auch schon oben Kap. I, 1, S. 5f. Hier erst hat die Frage ihren Ort, ob Selbsterhaltung, wie Spinoza es formulierte, das Wesen der Dinge selbst ist oder nicht. Selbsterhaltung meint also weder einen bloß naturalistischen Trieb noch ein bloß subjektives Prinzip. Sie betrifft die Auslegung des Seienden als solchen. Deren Bedeutung zeigt sich dann etwa darin, daß Physik, Physiologie, Biologie, aber auch Politik, Sozioökonomie und Psychologie ihre Gegenstandsbereiche unter anderem mit Hilfe eben dieses Prinzips charakterisieren zu müssen glauben.

[52] *Leviathan,* Kap. 11, in: *Works,* Bd. III, S. 85ff.

Vorgang und die Struktur von *Organisation,* nicht jedoch um eine Ordnungsform nach Art des modernen, neuzeitlichen Staates. Gerade vom Organisations-Gedanken her erfährt auch die neuzeitliche Staatsauffassung Kritik. Nietzsches Lehre der Macht-Organisationen ist also nicht mit dem Hobbesschen Leviathan zu verwechseln. Dies darf auch deshalb nicht erfolgen, weil in Hobbes' Konzeption des allmächtigen Staates als „sterblicher Gott" (mortal god)[53] dem menschlichen Naturstand eine Erlösungsbedürftigkeit unterstellt wird, die Nietzsche unter Einschluß des Gedankens, daß dort, wo kein Kampf, auch kein Leben ist, prinzipiell zurückweist. Bei Hobbes aber wird diese Erlösungsidee nicht nur angesetzt, sondern eben vom Leviathan als dem politischen Säkularisat der Allmächtigkeit und Gnade des christlichen Gottes auch erfüllt. Für Nietzsche dagegen stellt der moderne Staat und die an seinem Paradigma abgelesene Form der Organisation einen „neuen Götzen" dar. Zarathustra nennt den Staat „das kälteste aller kalten Ungeheuer"[54].

Schließlich ist hier in Sachen Selbsterhaltung noch auf einen weiteren Aspekt hinzuweisen, der sich aus dem zu Spinoza Ausgeführten ergibt. Es zeigt sich, daß das bereits mit einer starken anti-teleologischen Kapazität ausgestattete neuzeitliche Erhaltungsprinzip seinerseits teleologisch zu werden droht, sobald es in den Bereich der Ethik ausgeweitet wird. Dies kann in doppelter Hinsicht erfolgen. Einmal in dem bereits skizzierten Sinne, daß ein Zweck des Daseins imaginiert wird, der dann als Motiv der Erhaltung wirkt. Das andere Mal, indem der Geltungsanspruch der bisherigen Moral damit begründet wird, daß die vorhandene Gestalt der moralischen Urteile in bezug auf die Erhaltung der Gattung ‚wahr', d.h. nützlich gewesen sein *muß* – wie das Überleben und jetzige Vorhandensein sowohl der Moral als auch der Gattung in einem quasi analytischen Sinne ‚beweisen'. Eben *weil* sie übrig geblieben ist, sei die Rechtmäßigkeit ihrer Geltung erwiesen.[55] Diese moralische und teleologische Verstrickung des Erhaltungsgrundsatzes hat Spinoza nicht bedacht. Dagegen lassen sich bei Nietzsche vier Aspekte anführen, die den Erhaltungsgedanken auch in diesem Zusammenhang in seinem Status als Prinzip unterlaufen.

Zunächst (a) wendet Nietzsche sich gegen die „physiologisch-historischen Forscher der Moral" und deren moralisch interessierte, mithin nur scheinbar empirisch-analytische Argumentation, daß die bisherigen moralischen Instinkte deshalb ‚wahr' sind, weil sie überlebt haben. Mit dem gleichen Argument können und müssen auch die „unmoralischen" Instinkte als ‚wahr' behauptet werden.[56] Sie gehören ebenfalls zu der durchaus verschwenderischen „Oeko-

---

[53] *Leviathan*, Kap. 17, a.a.O., S. 158.
[54] KGW VI, 1, *Zarathustra* I, (*Vom neuen Götzen*), S. 57.
[55] Vgl. dazu KGW VII, 2, 26 (369), S. 245; vgl. 26 (261), S. 216.
[56] Vgl. KGW VII, 2, 26 (369), S. 246.

nomie der Arterhaltung"[57] und haben die Gestalt der Menschheit, in der diese jetzt erscheint, wesentlich bestimmt. Freilich manifestiert sich in ihnen gerade nicht ein Erhaltungswille, sondern der „Wille zum Vorwärts, zum Mehr"[58]. Sodann (b) betont Nietzsche, wie bereits im Rahmen seiner Kritik des Darwinismus deutlich wurde[59], daß es sich hinter dem in moralischer Abzweckung verwendbaren Gedanken der ‚Gattungs-Erhaltung' letztlich nur um „Erhaltung einer Heerde, einer Gemeinde"[60] handelt. Das Herdentum aber verhindert das Individuellwerden und die damit verbundene Kräfte-Steigerung. Schließlich (c) ist auch das, was als Erhaltung der Gattung angesehen wird, eine Folge der Veränderungs-, und das heißt der Wachstums- und Steigerungsprozesse der mit- und gegeneinander ringenden Lebens-Systeme. Und endlich (d) wendet Nietzsche sich überhaupt gegen den Mythos der Gattung und deren angeblich von der Natur teleologisch beabsichtigter Erhaltung. „Gattungen sind *nicht* Ziele: das letzte, was ‚der Natur' am Herzen liegt, wäre die Erhaltung der Gattungen!!"[61] Der Gesichtspunkt, daß um des Gattungserhaltes willen unzählige Exemplare geopfert werden, ist falsch.[62] Ein solches teleologisches ‚Umzu' gibt es nicht. Im Grunde gibt es auch die Gattung im Sinne irgend einer wesenhaften Entität nicht. Es gibt nur „lauter verschiedene Einzelwesen!"[63]

Nietzsche verfolgt, nachdem er zunächst gegen das von Spinoza betonte Sich-selbst-erhalten-wollen des Individuums den *Vor*egoismus als den älteren und stärkeren Instinkt herausgestellt und die mit dem einen wie mit dem anderen Gesichtspunkt verbundene Verschränkung von Erhaltungsgrundsatz, Teleologie und Moral aufgebrochen hat, einen Weg, der auf eine Zurückübersetzung des Menschen in die Natur hinausläuft. Später wird sich zeigen, daß diese Vernatürlichung des Menschen wichtige Voraussetzung für eine nicht im Nihilismus endende Erhöhung des Typus ist. Der Grundcharakter auch der Lebendigkeit des Organischen besteht nun aber, wie derjenige aller Bewegung und Veränderung, Nietzsche zufolge gerade nicht in der Selbst-Erhaltung, sondern in der *Selbst-Überwindung* qua Steigerung, Mehrung und Auslassung von Kraft. Daß sich dabei etwas *erhält*, ist eine Folgeerscheinung, keineswegs aber treibendes Moment der Geschehensvollzüge selbst. Doch bevor dies näher

---

[57] KGW V, 2, *Die fröhliche Wissenschaft* , I, Aph. 1, S. 43; vgl. Aph. 4, S. 50f.

[58] KGW VII, 2, 26 (369), 245.

[59] Vgl. oben Kap. II, 1, besonders Anm. 6.

[60] KGW, a. a. O., S. 246.

[61] KGW VIII, 2, 9 (100), S. 56; vgl. V, 2, 11 (178), S. 406.

[62] KGW VIII, 2, 9 (91), S. 49: „Das ‚Wohl des Individuums' ist eben so imaginär als das ‚Wohl der Gattung': das erstere wird *nicht* dem letzteren geopfert, Gattung ist, aus der Ferne betrachtet, etwas so Flüssiges wie Individuum."

[63] KGW V, 2, 11 (178), S. 406.

verfolgt wird, sind weitere Motive sichtbar zu machen, die Nietzsche über den Erhaltungsgedanken hinausführen bzw. hinter ihn zurückgehen lassen, zunächst die Schopenhauer-Kritik (II,4) und dann die Erfahrung der Kunst (II,5).

4. Kritik der Schopenhauerschen Willensmetaphysik

Schopenhauer ist derjenige Philosoph, den Nietzsche wirklich gründlich gelesen hat. So ist zu fragen, ob ein Zusammenhang zwischen der Schopenhauerschen Willensmetaphysik und dem Erhaltungsgedanken besteht, und ob sich daraus weiterer Aufschluß über Nietzsches Beweggründe ergibt, hinter den Erhaltungsgedanken zurückgehen. Dies führt umgekehrt zu einer Präzisierung der Kritik Nietzsches an Schopenhauer.

Die von Schopenhauer dargelegten Kausalitätstypen Ursache, Reiz und Motiv[64] beziehen sich auf gradmäßig unterschiedene Objektbereiche, die in Schopenhauers Sicht ihrerseits Manifestationen des Einen blinddrängenden metaphysischen Willens sind. Dieser Wille steht, als nähere Bestimmung und Inhalt des Kantischen Ding-an-sich, außerhalb von Zeit und Raum, ist von daher nicht dem Satz vom Grunde, der die allgemeine Form aller Erscheinungen ist, unterworfen. Er ist mithin erkenntnis-, zeit- und grundlos, ist frei von aller Vielheit, vielmehr reine Einheit, ist von allem Objektsein, von aller Erscheinung nicht nur grundsätzlich unterschieden, sondern umgekehrt selbst, insofern er in Zeit und Raum eingegangen ist, gerade dasjenige, wovon alle Verstandesanschauung der Welt, alle Vorstellung, alles Objekt „die Erscheinung, die Sichtbarkeit, die *Objektität* ist“[65]. Alles, was für den Verstand in der Anschauung Welt ist, ist objektivierte, d.h. in die Anschauung getretene Tätigkeit des Willens. Doch tritt der Wille nicht erst bei der Vorstellung als Motiv auf. Diese ist keine notwendige, nicht einmal eine wesentliche Bedingung für die Willenstätigkeit.[66] Vielmehr handelt es sich in dem ganzen Spektrum von der anorganischen Natur bis zum bewußten Handeln des Menschen um ein Wirken dieses Willens. Ist im Menschen die Stufe der Selbsterkenntnis erreicht, worin der Wille zur Erkenntnis dessen gelangt, was sein blindes Wollen ist und was es will (die Welt und das Leben nämlich so, wie sie gerade sind), so stellt sich die Frage nach Bejahung oder Verneinung des Willens zum Leben. Sobald das Subjekt erkannt hat, daß es seinerseits nichts anderes als das Wirken dieses Willens ist, muß es zu dieser Einsicht Stellung nehmen und Folgerungen daraus ziehen. Der Wille kann und muß sich dort, wo er zur

---

[64] Vgl. oben Kap. II, 2, S. 47f.
[65] A. Schopenhauer, *Die Welt als Wille und Vorstellung*, I, § 21, in: *Werke*, Bd. I, S. 170.
[66] Vgl. a.a.O., § 23, S. 176; vgl. dazu § 18, S. 158.

Erkenntnis seiner selbst gelangt ist, und eben dies macht die ausgezeichnete Stellung des Menschen aus, erneut äußern. Entweder will er auch nach und mit dieser Selbsterkenntnis weiterhin das gleiche, was er auch als blinder, erkenntnisloser Wille wollte. In diesem Fall bleibt die Erkenntnis „Motiv" des Willens. Oder aber die auf der Ebene des Selbstbewußtseins erlangte Erkenntnis wird ein „Quietiv", welches „alles Wollen beschwichtigt und aufhebt"[67]. Darin hebt sich der an sich betrachtet freie Wille also selbst auf. Aufschlußreich ist nun, daß sowohl die Willens*bejahung* als auch die metaphysischen Konsequenzen der Willens*verneinung* unter dem Gesichtspunkt des Erhaltungsgedankens betrachtet werden können.

Die auf den unterschiedlichen Stufen und in mannigfaltigen Erscheinungsformen auftretende Willenstätigkeit[68] manifestiert sich als das Streben nach Befriedigung von Bedürfnissen, Trieben, Begierden und Wünschen, die ihrerseits auf zwei Grundbestrebungen zurückzuführen sind, auf die Selbsterhaltung des Individuums und auf die Fortpflanzung zwecks Erhaltung der Gattung. Darin zeigt sich, was der an sich betrachtet blinddrängende Wille will. Er erhält sich eben in und als dieses heil-, ziel- und rastlose Gedränge der Triebe und Wünsche. Solange solches Wollen, bewußt oder unbewußt, gewollt wird, handelt es sich um die Haltung der Bejahung des Willens zum Leben. Sie findet ihren stärksten Ausdruck im Geschlechtstrieb, der, obwohl von den Individuen nicht als solcher durchschaut, stets auf die Erhaltung der Gattung aus ist und als der mächtigste aller Triebe angesehen wird. Die Bejahung des Willens zum Leben tritt auch als Egoismus hervor, in dem jeder alles für sich will und für den „sein eigenes Wesen und dessen Erhaltung" vor allem anderen unbedingten Vorrang hat. Sie ist auch im Selbstmord noch gegeben, der nicht den Lebenswillen als solchen, sondern bloß die Bedingungen, unter die sich dessen Erscheinung genötigt sieht, zurückweist.[69] Insofern den Trieben und Wünschen eine Unersättlichkeit eigen ist, die sich nach jeder endlichen Befriedigung erneut einstellt, ist in Schopenhauers Sicht alles Leben wesentlich und unter den Bedingungen von Zeit, Raum und Kausalität unaufhebbar ‚Leiden'. Solange überhaupt gewollt, also der Wille zum Leben bejaht wird, ist Leiden dem Leben unzertrennlich eingewoben und eine Erlösung ausgeschlossen.

Die einzige Möglichkeit der Erlösung besteht darin, das Wollen selbst zu überwinden. Dies kann allein durch den Intellekt, durch die reine Erkenntnis erreicht werden, in der das Individuum zum willenlosen, kontemplativ-zeitlo-

---

[67] a.a.O., § 56, S. 423; vgl. § 54, S. 393.

[68] Vgl. in diesem Zusammenhang auch oben Kap. I, 5, S. 37f.

[69] Vgl. *Die Welt als Wille und Vorstellung,* II, Kap. 42, S. 657 (Geschlechtstrieb); vgl. I, § 61, S. 455f. (Egoismus); vgl. I, § 69, S. 541ff. (Selbstmord).

sen Subjekt des Erkennens wird. Freilich ist damit nicht Erkenntnis im Sinne der neuzeitlichen, überhaupt der Wissenschaft gemeint, denn deren Objekte stehen als Erscheinungen unter den Bedingungen von Zeit, Raum und Kausalität, mithin des Satzes vom Grunde. In der Verneinung des Willens zum Leben handelt es sich vielmehr um eine Erkenntnisweise, die von diesen Bedingungen gerade unabhängig ist. Sie kann Schopenhauer zufolge zunächst in der ‚Kunst', dann aber vor allem auf dem Wege einer die natürlichen Triebe und Wünsche konsequent verneinenden ‚Askese' gelingen. Wenn also im Menschen die Stufe der Selbsterkenntnis des Willens erreicht und damit die Einsicht möglich ist, daß die Welt vom Anorganischen über das Organische bis zur Bewußtheit und zum Selbstbewußtsein prinzipiell gleichen Wesens, Erscheinungsform des Einen Willens ist, der sich als Wille zum Leben, als Selbst-Erhaltung und Gattungs-Erhaltung manifestiert, dann ergeht von eben dieser Einsicht die Forderung zur Verneinung des Willens, um auf diese Weise die Erlösung vom Leiden durch den Menschen selbst zu bewerkstelligen und darin zugleich des Willens in seinem Ansich als Freiheit ansichtig zu werden. Insofern der Eine Wille Ding-an-sich ist, ist er nicht in das Prokrustesbett von Zeit, Raum und Kausalität eingegangen.

Wird das Schopenhauersche Verhältnis von Willensbejahung und Willensverneinung so aufgefaßt, dann ist deutlich, daß die mit der Verneinung des Willens zum Leben zugleich vorliegende Aufhebung und Verneinung aller Erscheinungen, als und durch die die Welt besteht, mithin die in diesem Sinne eintretende Ver-nichtung der Welt und die frei erfolgende Selbstverneinung des Willens *nicht* in einem leeren, absoluten Nichts endet. Wenngleich vom Standpunkt der Philosophie aus nicht über diesen Negativcharakter in eine außerhalb der nach dem Satz vom Grunde geregelten Erscheinungsformen liegende Positivität hinausgegangen werden kann, das negative Moment vielmehr den „letzten Grenzstein"[70] der positiven Erkenntnis darstellt, führt die metaphysische Konsequenz der Willensverneinung doch nicht zu einem absoluten, sondern zu einem relativen Nichts, dem dann seinerseits der Charakter eines Etwas zukommt. Das hat Schopenhauer im Schlußparagraphen der *Welt als Wille und Vorstellung* dargelegt.[71]

Im Blick auf die Rolle des Erhaltungsgedankens ist wichtig zu sehen, daß sowohl das gewöhnliche Zurückschrecken vor solchem Nichts und der dagegen aufgebotene Widerstand als auch das Schopenhauerisch verstandene Nir-

---

[70] a.a.O., I, § 71, S. 557.

[71] Vgl. a.a.O., S. 554–558; vgl. II, Kap. 50, S. 826, wo Schopenhauer gegen den Pantheismus betont, daß bei ihm, Schopenhauer, „die Welt nicht die ganze Möglichkeit alles Seins ausfüllt, sondern in dieser noch viel Raum bleibt für das, was wir nur negativ bezeichnen als die Verneinung des Willens zum Leben". – Vgl. dazu J. Volkelt, *Arthur Schopenhauer*, Stuttgart 1923, S. 339–342.

wana als Gestalten der *Selbst-Erhaltung* angesprochen werden können. Jenes ist direkter Ausdruck des Willens zum Leben; dieses kann gerade unter dem Gesichtspunkt der ‚Erhaltung' bedacht werden, denn in dem im Verhältnis zur Aufhebung der Welt als Erscheinung und Vorstellung relativen Nichts des Nirwana ‚erhält sich etwas'. Was aber könnte dies sein, wo doch die Willensverneinung sich gerade auch auf das Ansich des Willens, insofern dieses blindes, ziel- und rastloses Drängen ist, erstreckt? Soll das nicht-leere Nichts in irgendeiner Weise am An-Sich des Willens als das Woraus, nicht als die Erscheinung, alles dessen, was ist, selbst festgemacht werden können, so bleibt allein diejenige Seite am An-Sich des metaphysischen Willens, die als dessen Freiheit gekennzeichnet ist, entweder Wille zum Leben zu sein oder dies nicht zu sein.[72] Darin besteht der Sinn der nicht im absoluten Nichts endenden „Wendung“[73] des Willens. Im Menschen als der vollkommensten Erscheinung des Willens tritt, da sich der Wille in dessen Selbsterkenntnis auf sich selbst bezieht, etwas von jener Freiheit des Willens hervor, die sich ansonsten, da sie allein dem Ding-an-sich zukommt, an keinem Ort und zu keiner Zeit in der Erscheinung zeigt. Schopenhauer behält die für Kant zentrale Unterscheidung zwischen ‚intelligiblem' und ‚empirischem' Charakter ausdrücklich bei.[74] Daß der Weg von der Bejahung des Willens zum Leben über die Willensverneinung kein absolutes Nichts zur Folge haben muß, wird auch daran deutlich, daß es sich im bejahenden und im verneinenden Willen um ein- und dasselbe Subjekt handelt.

Der Relativ- und Doppelcharakter des so auftretenden Nichts läßt sich in beiden Hinsichten als ein Fall von ‚Erhaltung' auffassen. Von demjenigen Standpunkt aus, wo noch ‚gewollt' wird, wo noch Befriedigung der Bedürfnisse, Triebe und Wünsche gesucht und die Möglichkeit empfunden wird, das Streben könnte in einen Zustand der Erfülltheit, gar des ‚Glücks' gelangen, muß die Aufhebung des Willens als das reine Nichts erscheinen. Damit wäre gegen die Selbst-Erhaltung des Individuums und gegen die darin sich vollstrekkende Lebenserhaltung verstoßen. Erhaltung erweist sich mithin als die Quelle des Widerstandes gegen die Willensverneinung.

---

[72] Vgl. dazu J. Volkelt, a. a. O., S. 340. Obwohl dies nicht im Sinne einer Aufteilung des Willens als Ding-an-sich verstanden werden darf (denn das Ding-an-sich ist unteilbar), ergeben sich freilich auch von hier aus noch Probleme der Vereinbarkeit des Ansichseins des Willens mit der Willensverneinung. Vgl. dazu auch J. Volkelt, a. a. O., S. 335–337.

[73] Vgl. Schopenhauer, a. a. O., II, Kap. 45, S. 732, wo dargelegt wird, daß der ‚Wille zum Leben', nachdem er die Reihe der anorganischen, vegetabilischen und tierischen Objektivationen durchlaufen hat, zuletzt im Menschen als dem „mit Vernunft ausgestatteten Wesen“ zur „Besinnung“ kommt, und daß er in der Entscheidung zwischen Bejahung oder Verneinung an seinem „Wendepunkte“ angelangt ist.

[74] Vgl. a. a. O., § 55, S. 396–399.

Doch kann auch der umgekehrte Standpunkt, d.h. die vollzogene Verneinung, Aufhebung und Umwendung des Willens als ein Erhaltungsphänomen gelesen werden. Zunächst ist, da sowohl Negation als auch Position stets nur in einem sich wechselseitig immer schon voraussetzenden Verhältnis gedacht werden können, nun umgekehrt für denjenigen Standpunkt, der die Verneinung vollzogen hat, die für den bejahenden Willen „so sehr reale Welt mit allen ihren Sonnen und Milchstraßen – nichts“[75]. Hier stellt also gerade der Widerstand gegen die Realität der Welt des bejahenden Willens eine Form von Selbsterhaltung und Selbstbehauptung dar. Andernfalls würde sich, so ist zu interpolieren, die durch die Willensverneinung gewonnene Position an die für den bejahenden Willen ‚reale Welt‘ und darin an *dieses* Nichts verlieren. Näherhin kann das sich in der Willensverneinung dokumentierende Bestreben, den eigenen Zustand nicht weiterhin von dem in seiner Erfüllung als unmöglich erkannten rastlosen und von Trieben, Begierden und Wünschen umgetriebenen Drängen abhängig zu machen, als eine Gestalt der Selbst-Erhaltung angesprochen werden. Selbsterhaltung besteht in diesem Falle also gerade in der Aufhebung desjenigen Selbsterhaltungstriebes, wie er für die Willensbejahung kennzeichnend ist und das mit dieser verbundene Leiden ausmacht. Es ist Selbsterhaltung *aus* Intellekt.

Schopenhauers Willensmetaphysik kann folglich nicht nur am Paradigma von ‚Erhaltung‘ betrachtet werden. Sie ist in ihren drei wesentlichen Hinsichten (Bestimmung des ‚Willens zum Leben‘ als das innerste Wesen der Natur; Willensbejahung; Willensverneinung) als eine metaphysische Erhaltungslehre, näherhin als Lehre der Selbst-Erhaltung des Individuums, der über das Individuum hinausgehenden Gattungs-Erhaltung und schließlich einer ästhetischen und asketischen Erlösungs-Erhaltung aus Intellekt aufzufassen. Zum einen zeigt sich darin deutlich, daß Schopenhauer in den Kontext der neuzeitlichen Rationalität gehört. Zum anderen läßt sich von hier aus darlegen, wie fundamental die Unterschiede zwischen Nietzsche und Schopenhauer sind.

Für Schopenhauer ist Erhaltung das Grundmerkmal all dessen, was so ist, wie es ist. Das ist die objektive Erhaltung. Und in der Selbsterkenntnis sowie im Selbstbewußtsein liegt die Möglichkeit, sich gegen die Gefahr der Diffundierung zu behaupten und zu erhalten, das Ich also nicht zu einem ebenso mannigfaltigen sich auflösen und darin leiden zu lassen wie es unstillbare empirische Bedürfnisse, Triebe und Wünsche gibt. Das ist die subjektive Erhaltung. Der konstruierende Charakter der neuzeitlichen Vernunft ist in dieser Sicht der Dinge insofern gewahrt, als die Welt zugleich Erscheinungsform des Einen Willens und, in der Kantischen Tradition, Vorstellung unter den an den menschlichen Erkenntnisstrukturen haftenden Bedingungen von Zeit, Raum

[75] a.a.O., I, § 71, S. 558; vgl. S. 555.

und Kausalitätsgesetz ist, welches seinerseits untrennbar mit dem Erhaltungssatz verbunden ist. Dieses neuzeitliche Moment ist auch dann nicht zu vergessen, wenn Schopenhauer nach der einen, der vor-weltlichen Seite hin einen einheitlichen, an-sich-seienden metaphysischen Willen als die inhaltliche Bestimmung des Kantischen Ding-an-sich ansetzt, und wenn er nach der anderen, der über-weltlichen Seite hin auf ein namenloses über-irdisches Sein, das in sich nicht leeres Nichts sein soll, ausgerichtet ist. Nietzsches Philosophie steht, und zwar nach Maßgabe der Überwindung des fundamentalistischen Erhaltungsgedankens, zu diesen Grundaspekten der Schopenhauerschen Lehre sowie den daraus sich ergebenden Folgerungen in unversöhnlicher Differenz.

Als Kardinalfehler Schopenhauers stellt Nietzsche im Sommerhalbjahr 1881 heraus, daß Schopenhauer der Gedanke Spinozas „im Herzen hängen geblieben" sein müsse, daß „das Wesen jedes Ding's appetitus sei und daß dieser appetitus darin bestehe, im Dasein zu beharren". Schopenhauer muß, so Nietzsches Vermutung, von diesem Gedanken dermaßen beeindruckt gewesen sein, daß er „den Vorgang ‚Wille' nie mehr sorgfältig überdacht hat"[76]. Damit ist Schopenhauers Lehre ins Mark getroffen. Die Bestimmung ihres Fundamentes wird von Nietzsche in Frage gestellt. So teilt Nietzsche mit Schopenhauer zwar die Auffassung, daß es sich in allen Vorgängen, d.h. auf den verschiedenen Stufen von der (mechanischen, chemischen, physikalischen) Ursache-Kausalität, über die (vegetabilische, organische) Reiz- bis zur (anschaulichen, gedacht-abstrakten) Motiv-Kausalität um Erscheinungsformen von Willenstätigkeit handelt. Doch bereits die Frage, was dieser Wille ist und worum es in seinen Vollzügen geht, führt zu unüberbrückbaren Unterschieden.

Grundlegend ist, daß es sich Nietzsche zufolge in Geschehensvorgängen nicht, wie Schopenhauer behauptet, um einen ‚Willen *zum Leben*', einen ‚Willen *zum Dasein*', sondern um ‚Willen *zur Macht*' handelt. Leben selbst ist nichts anderes als der komplexe Vollzug vielfältigen Machtwollens. Im *Zarathustra* wird dies in dem Abschnitt ‚Von der Selbst-*Ueberwindung*' (– nicht also der Selbst-*Erhaltung*!) in die pointierte Formulierung gebracht: „Wo ich Lebendiges fand, da fand ich Willen zur Macht". *Jedes* Geschehen, vom bewußten Denken und Handeln bis in den äußersten Bereich des Anorganischen wird von Nietzsche als Willen-zur-Macht-Geschehen und eben darin als Lebendigkeit charakterisiert. Und direkt auf Schopenhauer gemünzt heißt es im gleichen Zusammenhang: „‚Der traf freilich die Wahrheit nicht, der das Wort nach ihr schoss vom ‚Willen zum Dasein': diesen Willen – giebt es nicht! Denn: was nicht ist, das kann nicht wollen; was aber im Dasein ist, wie könnte das noch zum Dasein wollen! Nur, wo Leben ist, da ist auch Wille: aber nicht

[76] KGW V, 2, 11 (307), S. 457.

Wille zum Leben, sondern – so lehre ich's dich – Wille zur Macht!'"[77] Wille zur Macht ist die ursprünglichste „Affekt-Form"[78], von der alle anderen Triebe, Wünsche und Begehren Verzweigungen und Ausgestaltungen sind. Von daher ist Schopenhauers Bestimmung, daß das „Grundthema aller mannigfaltigen Willenstätigkeit"[79] in der Befriedigung der Triebe und Bedürfnisse liege, die sich ihrerseits auf die Erhaltung des Individuums und die Erhaltung der Gattung zurückführen lassen, in doppelter Hinsicht unzutreffend. Zum einen geht es in dem Streben des Lebendigen nicht um Zufriedenstellung von Bedürfnissen oder gar um ein Streben nach Glück, sondern um Macht, und zwar nicht um deren bloße Bestandssicherung, sondern um ihre Steigerung, um ein Mehr an Macht. Zum anderen operiert Schopenhauer mit einem Begriff von ‚Willen', der schließlich auf dessen Leugnung hinausläuft. Die Frage, ob die von Nietzsche konzipierten ‚Willen-zur-Macht' dasjenige sind, was Schopenhauer meinte, als er den ‚Willen' als das Ansich aller Erscheinungen behauptete, ist entschieden zu verneinen. Dazu lassen sich zumindest fünf Gesichtspunkte anführen.

Zunächst (a) hält Nietzsche die Zurückführung der ungeheuren Vielfalt von Formen auf *einen* metaphysisch gründenden Einheits-Willen, als dessen Individuationen die Erscheinungsformen dann aufzufassen wären, schon deshalb für unmöglich und eine bloß metaphysische Konstruktion, weil es gar kein Wesen-an-sich der Dinge, sondern immer nur eine Vielheit *relationaler* Beziehungsgeflechte gibt, die dann Dinge und Wesen konstituieren. Sodann (b) ist zu betonen, daß die Willen in ihrem Drängen gerade nicht blind sind. Dies zeigt bereits der Relationscharakter selbst, insofern die als Willen aufzufassenden Kräfte überhaupt nur in ihrer Bezogenheit auf andere Kräfte wirklich, ohne diese Bezüglichkeit jedoch nichts sind. Darüber hinaus (c) ist der Wille nicht durch eine Intention auf Erhaltung des Individuums und der Gattung, sondern durch das Mehr-Macht-Wollen zu qualifizieren. Schließlich (d) sieht Nietzsche gerade in Schopenhauers Bestimmung des Willens die unheilige Allianz von Psychologie und Metaphysik in einer Weise am Werk, die letztlich zur Leugnung des Willens führt. Nietzsche betont, daß das, was die Psychologie ‚Wille' nennt, eine „ungerechtfertigte Verallgemeinerung" ist, daß es einen solchen Willen „*gar nicht giebt*", daß „statt die Ausgestaltung Eines *bestimmten* Willens in viele Formen zu fassen, man den Charakter des Willens *weggestrichen* hat, indem man den Inhalt, das Wohin? heraus *sub*trahirt hat". Dies ist bei Schopenhauer „im höchsten Grade" der Fall. Was Schopenhauer Wille nennt, ist ein „bloßes leeres Wort"[80]. Schopenhauer hat nicht gesehen,

[77] KGW VI, 1, *Zarathustra* II, (*Von der Selbst-Ueberwindung*), S. 144f.
[78] KGW VIII, 3, 14 (121), S. 92.
[79] A. Schopenhauer, a.a.O., I, § 60, S. 448.
[80] KGW, a.a.O., S. 93.

daß ‚Wollen' „nur als Wort eine Einheit", der Sache nach jedoch ein komplexer und mit vielen Ingredienzen des Fühlens und Denkens verbundener Vorgang ist, daß weiterhin jedes Wollen stets ein Etwas-Wollen ist, mithin einen Inhalt und eine Richtung hat, und daß Wollen nicht einfach mit Begehren oder Wünschen zu verwechseln ist. Von diesen ist es durch das Moment des Befehlens, des Sich-selbst-Befehlens, durch den „Affekt des Commando's"[81] grundsätzlich unterschieden. Und endlich (e) stellt der ‚Wille *zum Leben*' keineswegs das innerste Wesen der Natur dar, wenn, wie Schopenhauer lehrt[82], darunter verstanden wird, daß es Ebenen der Objektivation des Einen metaphysischen Willens gibt, die im Menschen ihre höchste und qua Selbstbewußtsein zur Selbsterkenntnis des Willens selber führende Stufe hat. Leben in diesem engeren, organisch-bewußten Sinne ist Nietzsche zufolge vielmehr „bloß ein *Einzelfall* des Willens zur Macht", und es kann nicht behauptet werden, alles andere Seiende strebe danach, „in diese Form des Willens zur Macht überzutreten"[83]. Der Mensch ist *eine* spezifische Ausprägung des die Welt im ganzen und jede ihrer Gestaltungen ausmachenden vielfältigen und prinzipiell pluralen Willen-zur-Macht-Geschehens, nicht *die* Ausformung und auch nicht die notwendige, gar die teleologische Quintessenz des ganzen Spiels. Mit Ausnahme dieser letztgenannten Überlegung laufen alle Argumente darauf hinaus, daß erst durch eine Auffassung der ‚Willen-*zur-Macht*-Kräfte' als des jeweils „*treibende(n)*"[84] Momentes Bewegung und Veränderung, mithin Geschehen verstanden werden kann. Und entscheidend ist, daß dieses Willen-zur-Macht-Geschehen nicht als eines der Selbst-Erhaltung, sondern als Selbst-Überwindung im Sinne der Mehrung und Steigerung der Macht aufgefaßt werden muß. Selbst-Erhaltung könnte Veränderung nicht einsichtig machen.

Gilt dies für *alle* Geschehensvorgänge, dann erstreckt sich die im organischen Leben explizit zu beobachtende Willen-zur-Macht-Lebendigkeit auch auf den Bereich mechanischer, chemischer und physikalischer Ursache-Wirkung-Vorgänge. Dies ist die „niedrigste" Stufe der Objektivation des Willens, und in ihr sieht Schopenhauer die „Unfehlbarkeit der Naturgesetze"[85] besonders deutlich gegeben. Schopenhauer versteht die Naturgesetze als eine Beziehung der jeweiligen Stufe der Willens-objektivation, die ihrerseits eine ‚ewige Idee' im Sinne Platons sei, zu der Form ihrer Erscheinung. In den Naturgesetzen spreche sich die Platonische Idee aus. Die Form besteht aus Zeit, Raum und Kausalität, wobei Zeit und Raum die Individuation, das Kausalitätsgesetz

[81] KGW VI, 2, *Jenseits von Gut und Böse*, Aph. 19, S. 26; vgl. dazu KGW VIII, 2, 11 (114), S. 296.
[82] Vgl. A. Schopenhauer, a. a. O., II, Kap. 45, S. 732.
[83] KGW VIII, 3, 14 (121), S. 93.
[84] a. a. O., S. 92.
[85] A. Schopenhauer, a. a. O., I, § 26, S. 199–202.

jedoch die Ordnung festlegt und in engstem Zusammenhang mit der Beharrlichkeit der Substanz und dem Erhaltungssatz zu sehen ist. Insofern für Nietzsche nun aber nicht der Erhaltungsaspekt, und zwar weder im Sinne intransitiven Erhaltungsstrebens noch im Sinne einer Ursache-Wirkung-Gleichheit, sondern erst die als Willen-zur-Macht zu qualifizierenden Kräfte den Übergang von einem einmal erreichten Zustand in einen nächsten, Veränderung also und Geschehen verständlich machen können, handelt es sich auch bei den durch die ‚Naturgesetze' beschriebenen Vorgängen nicht um eine Unfehlbarkeit im Sinne der Platonischen ewigen Idee, sondern um die tatsächlichen Willen-zur-Macht-*Relationen*, die nicht in dem von Schopenhauer in Übereinstimmung mit der neuzeitlichen Weltauffassung behaupteten Sinne als stets identische und in ewig gleichbleibenden Quantitätsverhältnissen angebbare Beziehungen aufzufassen sind. Es geht um vollständige Relationalität, nicht aber um einen Essentialismus, nicht um einen Einheits-Substantialismus. Die Beschreibbarkeit und Berechenbarkeit der mit Hilfe der Naturgesetze erfaßten Vorgänge beruht in Nietzsches Sicht nicht darauf, daß in der Natur irgend welche ‚Gesetze' herrschen, sondern darauf, daß in den funktionalen Kräfterelationen wechselseitiger und unerbittlicher Macht-Feststellungen eine rein geschehensimmanente ‚Notwendigkeit' liegt. Diese besteht darin, daß es für die Kräftevollzüge selbst keine Indifferenz, keine Neutralität, kein Gleichgewicht der Kräfte, kein Wählenkönnen gibt.

Die Kritik des Fundaments der Schopenhauerschen Willensmetaphysik, d.h. die Kritik der dem Willen zugewiesenen Bestimmungen, wird nach der anderen Seite durch eine entschiedene Ablehnung der von Schopenhauer im Gegenzug zu der mit Leiden verbundenen Bejahung des Willens zum Leben propagierten Willens*verneinung* und deren metaphysischer Konsequenzen vollständig. Doch während es sich in der Bestimmung des Willensbegriffs, bloß, um vergröbernde und vereinfachende, um mangelnde Analyse handelte, droht die von Schopenhauer daraus gezogene Folgerung einer willensverneinenden ästhetischen und asketischen Erlösungs-Erhaltung die Lebendigkeit des Lebens in sich selbst zu verkehren, zu vernichten und darin eine sich selbst mißverstehende Niedergangsform des Lebens folgenschwer als dessen Gipfel, Erlösung und Heil auszugeben.

Unter den Leitbegriffen des Pessimismus, des Nihilismus und der Décadence hat Nietzsche gegen die von Schopenhauer als Erlösungs-Erhaltung vorgeschlagene Verneinung des Willens zum Leben nachdrücklich Partei ergriffen. Obwohl Schopenhauer vorgibt, nicht über den Standpunkt der Philosophie als positiver Erkenntnis hinausgegangen zu sein, von jenem nicht-absoluten Nichts also nur eine negative Erkenntnis geben zu können[86], ist doch der

---

[86] Vgl. a.a.O., I, § 71, S. 557.

,nihilistische' Grundcharakter dieses Denkens offenkundig. Er zeigt sich zunächst darin, daß das Nichtsein dem Sein eindeutig vorzuziehen sei, daß der ,Wille zum Nichts' also mehr Wert habe als der ,Wille zum Leben'. Bereits die Frage aber, ob Nichtsein besser sei als Sein, ist ein untrügliches Symptom, daß es sich hier um eine Verfallsform, um das idiosynkratisch niedergehende Leben, um Décadence handelt.[87] Dieser Nihilismus findet seinen stärksten Ausdruck dann darin, „daß, wenn das Nichts die oberste Wünschbarkeit ist, dieses Leben, als Gegensatz dazu, absolut werthlos ist – verwerflich wird". Wem dies erfolgreich insinuiert worden ist, dem werden unwillkürlich gerade auch die Dinge, denen er instinktiv noch Wert beilegt, zu Rechtfertigungen der nihilistischen Einstellung und Haltung. Darin liege die „große *Falschmünzerei*"[88] Schopenhauers. Die Mystik des Jenseits, in die Schopenhauers Lehre mündet, die Annahme also eines namenlosen, nicht mitteilbaren, überirdischen, ,unbekannten', ,anderen' und ,wahren' Seins ist sinnlos, weil eine andere Realität als diejenige *dieser* Welt gar nicht aufgewiesen werden *kann*. In summa: „von einer andren Welt als dieser zu fabeln hat gar keinen Sinn, – vorausgesetzt, daß nicht ein Instinkt der Verleumdung, Verkleinerung, Verdächtigung des Lebens in uns mächtig ist: im letzteren Falle *rächen* wir uns am Leben *mit* der Phantasmagorie eines ,besseren Lebens'"[89]. Was sich als Erhaltung vermeintlich höherer Art des Lebens auszugeben trachtet, erweist sich in dieser Perspektive umgekehrt als Ausdruck von dessen Minderung und Niedergang. Nietzsches Philosophie steht unter radikal entgegengesetztem Vorzeichen.

Die Intention geht nicht auf eine durch Willensverneinung zu bewerkstelligende leblose Erhaltung. Vielmehr handelt es sich darum, durch uneingeschränkte Bejahung *aller* Seiten dieser Welt und dieses Lebens, einschließlich des als ein Ingredienz wirkenden Leidens, zu einer Entfaltung dessen zu gelangen, was die Lebendigkeit des Lebens in ihrem Grunde und in jeder ihrer Ausformungen ist, des Willen-zur-Macht-Geschehens. In dieser Perspektive ist, wird sie umfassend konzipiert, selbst das Vergehen noch Ausdruck eines Machtwollens. Allein auf diese Weise bleibt das Leben unentfremdet bei sich selbst und schneidet sich nicht von seinen Möglichkeiten ab. Entfaltung des

---

[87] Vgl. KGW VIII, 3, 17 (8), S. 327; vgl. 14 (168), S. 146.

[88] KGW VIII, 3, 17 (7), S. 326.

[89] KGW VIII, 3, 14 (168), S. 146f.; vgl. S. 142–147. – Diese Aspekte sind auch für das Verständnis von Nietzsches Wiederkunftslehre wichtig. Vgl. dazu später Kap. IX, 3 und 4. Gesetzt, die ,andere' Welt sei ,mehr wert', so ist damit noch nicht gesagt, daß sie auch ,mehr Realität' hat als *diese* Welt. Nietzsche fragt, ob ,Realität' eine „Qualität der Vollkommenheit" ist und setzt, nach einem Gedankenstrich, listig hinzu: „Aber das ist ja der *ontologische Beweis Gottes* . . ." (a. a. O., S. 147). Auf diese Weise also trägt, die Konsequenzen der Erfahrung des ,Todes Gottes' nicht durchschauend und in seinen Optionen inkonsequent, gerade der Atheist Schopenhauer am Ende sogar noch zur Rehabilitierung der Gottesbeweise bei.

Willen-zur-Macht-Charakters bedeutet darin nicht Ausübung von Gewalt gegen Andere und Anderes, und schon gar nicht deren Vernichtung. Es geht um die Steigerung eines Mächtigseins, das darin besteht, schließlich auch jede externe Relation als eine *interne* Funktion zu entfalten und zugleich die Komplexität der Elemente und der Deutungshorizonte nach innen wie nach außen zu erweitern. Nicht in einem überirdischen, extra-mundanen Sein, sondern im innersten, weder einer Rechtfertigung noch gar einer Erlösung bedürftigen Wesen *dieser* Welt selbst, die nicht nur keine metaphysische, sondern eben auch keine moralische Bedeutung mehr hat, liegt, wenn überhaupt, eine Möglichkeit der Beständigung. Im Werden selbst, der einzig angemessenen Bestimmung des Wesens der Dinge, steckt das Bleibende und Unabwertbare, *nicht* aber in einem Rückzug aus der Lebendigkeit in die namenlose Gleichförmigkeit eines überweltlichen mystischen Seins. Das Werden ist gewissermaßen die einzig legitime, d. h. nicht aus der Verfassung des Lebens selbst heraustretende, sich nicht von dem, was das Leben *ist*, abtrennende, sondern unter dessen immanente Maßstäblichkeit fallende Version der ‚Erhaltung'. Das Werden selbst, indem es *wird*, *ist* das einzig Bleibende. Aus ihm gilt es nicht herauszuspringen, sondern so authentisch wie nur irgend möglich in es hineinzukommen. Nur auf diese Weise gelangt man, ganz von innen her, zu dem für Nietzsche einzig noch verbleibenden Sinn der Rede von einem ‚Sein'. Wird das *Werden* zugleich mit der Frage nach dem *Wert des Daseins* zusammen- und zu Ende gedacht, dann eröffnet sich ein Zugang zu Nietzsches Wiederkunftslehre.[90]

---

[90] Vgl. dazu später Teil II, vor allem Kap. VIII, 5. – Vor diesem Hintergrund bedarf es kaum eigens der Erwähnung, daß Nietzsche Schopenhauers Begründung der Moral des Mitleidens, des ‚neminen laede' (vgl. Schopenhauer, *Werke*, Bd. III, S. 663; vgl. S. 744) bzw. des in der Formel des Veda ausgedrückten ‚Tat tvam asi!' (Dieses bist Du!) (a. a. O., Bd. I, S. 509) heftig kritisiert. Diese Angriffe lassen sich auf zwei Grundargumente zurückführen. Erstens hat Schopenhauer nicht bemerkt, daß mit dem Tode Gottes auch die Stütze der bisherigen Moral entfällt. Vgl. dazu KGW VII, 3, 39 (15), S. 356. Zweitens ist das Mitleiden nicht Ausdruck einer Übereinstimmung mit dem Grundcharakter aller Dinge, sondern vielmehr gerade die Praxis einer nihilistischen Lebensverneinung. Vgl. *Antichrist*, Aph. 7; vgl. *Jenseits von Gut und Böse*, Aph. 187. Um dies zu erkennen, bedarf es noch nicht einmal der Bestimmung des Wesens der Welt als Willen-zur-Macht-Geschehen. Es genügte bereits, wenn Schopenhauer seine eigene Auffassung, daß das Ansich des Menschen mit demjenigen aller anderen, fremden Erscheinungen identisch, nämlich Wille zum Leben, Drang nach Selbst-Erhaltung des Leibes und der Gattung ist, konsequent zu Ende gedacht, statt moralisch umgebogen hätte. Die Stellung z. B. zum Egoismus hätte dann anders ausfallen müssen. Es gibt kein Argument, daß aus einem so bestimmten Ansich zur Mitleids-Moral führt und somit die Verneinung des Lebens geradezu moralisch verbindlich macht. Umgekehrt: die Lebensfeindlichkeit ist die Wurzel dafür, *daß* das Mitleiden zur Tugend wird. Nietzsche merkt im *Antichrist*, Aph. 7 an: „Aristoteles sah, wie man weiss, im Mitleiden einen krankhaften und gefährlichen Zustand, dem man gut thäte, hier und da durch ein Purgativ beizukommen: er verstand die Tragödie als Purgativ" (KGW VI, 3, S. 172).
Der Atheist Schopenhauer hat einen „Fluch gegen den ausgesprochen, der die Welt der moralischen Bedeutsamkeit entkleidet" (KGW VII, 3, 39 (15), S. 356). Schopenhauer wendet sich

Der durch die Erhaltungstendenz gekennzeichnete Schopenhauersche ‚Wille zum Dasein', der Nietzsche zufolge noch gar nicht als Grundmerkmal des Lebendigen angesehen werden kann, stellt für Schopenhauer bereits die „Erbsünde"[91], ein ewiges Schuldigsein des Daseins als solchen dar. Darauf bezogen erscheint die Willens*verneinung* als die ‚moralisch' gebotene Verpflichtung zur Erlösung. Mittel dazu sind für Schopenhauer zunächst die Kunst, dann aber vor allem die Askese. Nun hat gerade Nietzsche von der Tragödienschrift an bis in die Aufzeichnungen des späten Nachlasses der Kunst eine grundlegende Stellung zugesprochen. Auch wäre es völlig verfehlt, in Nietzsche einen Vertreter des Laisser-faire zu sehen. Letzteres würde das Leben in hastige, seine Kraft erschöpfende Zustände treiben, denen eher eine entropische Kraftlosigkeit, nicht aber Stärkung der Spannkraft und mögliche Prachtentfaltung auf dem Fuße folgen. Bereits an der Aufnahme von Julius Robert Mayers Bestimmung der Geschehensprozesse als fortwährender Auslösungsvorgänge wurde deutlich, daß eine bestimmte Form der Askese in allen Lebensfunktionen immer schon beteiligt und zum Vollzug der Lebendigkeit und deren Steigerung sogar erforderlich ist. Ohne vorherige Ansammlung, Speicherung, Akkumulation und Anstauung von Kraft könnte es (– eine Auffassung der ‚Kraft' im Sinne unbegrenzter causa sui als mit dem Begriff ‚Kraft' unverträglich ausgeschlossen –) gar nicht zu jenem als Entladung, Auslassung und gar als Explosion zu charakterisierenden Übergreifen von Kräften über andere Kräfte kommen, welcher Vorgang des wirk-relationalen Übermächtigens dann genau dasjenige ist, was Geschehen und Lebendigkeit genannt wird. Dies gilt von der Bewegung zwischen elastischen oder unelastischen Körpern, wo es sich um Entfaltung aufgespeicherter Bewegungstendenzen handelt, bis hin zum Aufeinandertreffen, zur Bewegung und Überzeugungskraft von Gedanken. In *diesem* Sinne sind Disziplin und Askese also zur Steigerung des

---

mit aller Kraft gegen den im Zusammenhang des Pantheismus und des Spinozismus auftretenden Gedanken, die Welt sei Selbstzweck. Darin sei die *moralische* Bedeutung der Welt, Mittel zu einem höheren Zweck zu sein, bestritten, und es bleibe nur noch die *physische* Bedeutung übrig. Dies aber sei der „heilloseste Irrtum, entsprungen aus der größten Perversität des Geistes" (*Werke*, Bd. V, S. 122; vgl. Bd. II, S. 827, Anm. 1, wo Schopenhauer Spinoza-Stellen zum Beweis der Spinozistischen Immoralität zusammenstellt).
Wird jedoch die Verbindung zwischen dem Tode Gottes und der Auflösung der bisherigen Moral ernst genommen, so erweist sich aus Nietzsches Sicht das Festhaltenwollen wenigstens der moralischen Wertschätzungen als das letzte Bollwerk gegen die drohende Erfahrung der Sinnlosigkeit der Welt. Nietzsche ist diesen Weg konsequent zu Ende gegangen. Für ihn ist Kritik der überlieferten Metaphysik zugleich Kritik der bisherigen Moral und umgekehrt. Und wenn der Nihilismus, wie es Nietzsches erklärte Absicht ist, überwunden werden muß und kann, dann nur auf dem Wege seiner zuvor vollständigen Radikalisierung, um danach aus einer gänzlichen Immanenz der Welt zu neuen Horizonten der Sinn*erzeugung* vorzustoßen. Vgl. dazu auch unten Kap. VIII, 5, S. 311 und XIII, 4, S. 453ff.

[91] A. Schopenhauer, *Werke*, Bd. II, Kap. 48, S. 779.

Lebens und damit zur Steigerung der Macht erforderlich. Der Unterschied zu Schopenhauer und weit darüber hinaus zur ganzen Tradition des asketischen Ideals[92] läßt sich mithin klar benennen. Askese und Askese ist zweierlei, je nachdem, ob sie aus der Lebendigkeit heraus, oder ob sie in diese hinein und zu deren Entfaltung und Steigerung führt. Nietzsche möchte auch die Asketik wieder „vernatürlichen". An die Stelle der Intention auf Verneinung hat die „Absicht auf *Verstärkung*"[93] zu treten. Askese ist somit, recht verstanden, ein Problem der Kräfte-Ökonomie, nicht der Moral.

Dieser Umorientierung der Asketik entspricht Nietzsches Stellung zu Schopenhauers Auffassung der Rolle der Kunst. Es ist das „skandalöse Mißverständnis" Schopenhauers, die Kunst als „Brücke zur Verneinung des Lebens"[94] auszugeben. Gründlicher hätte man die Kunst gar nicht mißverstehen können. Gerade in ihr spricht sich, wie Nietzsche seit der Schrift über *Die Geburt der Tragödie* immer wieder betont, nicht die Lebensverneinung, sondern die Lebensbejahung aus. Freilich erfolgt dies gerade nicht unter Ausklammerung des Leidens. Kunst kann nicht als ‚schöner Schein' verstanden werden. Vielmehr ist das Schöne mit dem Leiden unzertrennlich verbunden. Eine Welt, aus der das Leiden weggedacht ist, wäre „unaesthetisch in jedem Sinne". Vielleicht ist das, was ‚Lust' genannt wird, nur eine „Form und rhythmische Art" des Leidens. Vielleicht ist das Leiden „etwas vom Wesentlichen alles Daseins"[95]. In einer solchen Formulierung ist zugleich die Frage nach der Möglichkeit einer ‚tragischen' Kunst gestellt. Wichtig ist hier jedoch zunächst, daß mit der Welt auch das Leiden weder eine metaphysische noch eine moralische Bedeutung hat. Zu fragen ist, in welcher Beziehung dies zu der aus der

[92] Die asketischen Ideale sind Thema der 3. Abhandlung von *Zur Genealogie der Moral,* KGW VI, 2, S. 355–430.

[93] KGW VIII, 2, 9 (93), S. 51. – Abgesehen von diesem grundsätzlichen Einwand täuscht sich eine Schopenhauerisch verstandene Askesis (Unterdrückung aller natürlichen Triebe, Wünsche und Begehrungen) über sich selbst, wenn sie glaubt, daß der ‚Intellekt' eine Triebfreiheit verkörpert und darum das einzig mögliche und erfolgreiche Mittel der Willensverneinung ist. Dabei wird übersehen, daß der Intellekt selbst ein verfeinertes Triebgeschehen, ein „Werkzeug unserer Triebe" (KGW V, 1, 6 (130), S. 559) ist, das „nie frei" wird. Der Intellekt „schärft sich im Kampf der verschiedenen Triebe, und verfeinert die Thätigkeit jedes einzelnen Triebes dadurch". Dies ist auch dann noch der Fall, wenn qua Intellekt gerade gegen das Getäuschtwerden seitens der Triebe und gegen das Chimärische der Trieb- und Wunschbefriedigung angegangen werden soll. Denn das, was da nicht „düpiert" werden will, ist, wie Nietzsche betont, seinerseits gewiß ein Trieb, und zwar ein Wille nach Bemächtigung, ein Wille nach Macht (vgl. a. a. O.). Alle Realität ist auf Triebe zurückzuführen, die ihrerseits Verzweigungen und Ausgestaltungen ‚einer' Grundform von Willen, des Willen-zur-Macht-Geschehens sind. Vgl. KGW VI, 2, *Jenseits von Gut und Böse,* Aph. 36, S. 50f. Auf den Schopenhauerschen Askesegedanken angewandt fördert diese Genealogie den Trieb- und Machtcharakter auch noch der willensverneinenden Askese zutage.

[94] KGW VIII, 3, 14 (119), S. 90. Vgl. dazu auch unten Anm. 100.

[95] KGW VII, 3, 39 (16), S. 356.

Metaphysik- und Moralkritik allein noch übriggebliebenen physischen und ästhetischen Bedeutung der Welt steht? Damit tritt ein weiteres und wichtiges Motiv in den Blick, das Nietzsche nötigt, von dem fundamentalistischen Erhaltungsgedanken zum Prinzip der Steigerung und Selbst-Überwindung überzugehen: die Erfahrung der Kunst. In ihr ist das Erhaltungsprinzip gleichsam „ausgehängt"[96]. Von hier aus ergibt sich auch eine Möglichkeit, Nietzsches Kunstauffassung zu präzisieren.

5. *Die Erfahrung der Kunst*

Nietzsches Ästhetik hat zwischen der Tragödienschrift (1872) und den Nachlaß-Fragmenten der späten achtziger Jahre einen Wandel durchgemacht, der als Übergang von einer „Artisten-Metaphysik", die in der Kunst die „eigentlich *metaphysische* Tätigkeit des Menschen"[97] sieht, zu einer Auffassung der Kunst als Physiologie und Morphologie der Willen-zur-Macht-Kräfte zu kennzeichnen ist. Darin vollzieht sich keine Naturalisierung der Ästhetik. Umgekehrt: der als Willen-zur-Macht-Geschehen aufzufassende Grundcharakter alles Wirklichen ist als ‚ästhetisch' zu qualifizieren. Kunst erweist sich als der explizite und in sich gesteigerte expressive Austrag dessen, wozu Ansätze und wovon Spuren in jedem Lebendigen zu finden, ja an aller Lebendigkeit selbst wesentlich beteiligt sind. Die Auffassung der Kunst und die dieser zukommende Stellung im Prozeß der Welt-Auslegung wird somit bei Nietzsche aus ihrer neuzeitlichen Engführung als Ästhetizismus, für den Kunstwerke Gegenstände psychologischen Erlebens im inneren Sinn bzw. ihrerseits Ausdruck ebensolcher Zustände sind, gelöst und in eine dem Umfang wie der Intensität nach vollere Bedeutung eingesetzt. Es geht um eine Freisetzung des Ästhetischen im und am Lebendigen und damit *in und an* den Dingen selbst. Nur so kann die Kunst die entscheidende Gegenbewegung zu der ihrerseits physiologisch aufzufassenden Décadence, die als Zerfall der organisierenden Kraft eine Niedergangsform des Lebens darstellt, angesehen und ihr im Zuge der Überwindung des Nihilismus eine zentrale Bedeutung zugesprochen werden.

Das Ästhetische hat seine quasi naturphilosophische Wurzel in dem als Mit- und Gegeneinander von Willen-zur-Macht-Komplexen zu verstehenden Spiel der organisierenden Kräfte, der Organe, Formen, Farben, Fähig- und Fertigkeiten, die als die Gestaltungen der Wirklichkeit erscheinen. Das Ästhetische *ist* die Entfaltung dieser Beschaffenheit. Kunst ist so verstanden kein

[96] KGW VIII, 3, 14 (170), S. 148.

[97] KGW III, 1, *Die Geburt der Tragödie*, (*Versuch einer Selbstkritik*, 5), S. 11.

natur-entfremdeter und auf bloß subjektives Erleben und Geschmacksurteile abstellender Vorgang, weder Surrogat noch Kompensat einer verlustiggegangenen Beziehung zwischen Mensch und Mensch sowie zwischen Mensch und Natur. Sie ist weder schöner, entlastender, noch kompensatorischer Schein. Vielmehr ist sie wesentlich an jener Grundstruktur beteiligt, in und als deren Vollzug das, was *als* Welt, Wirklichkeit, Sinn und Bedeutung gilt, überhaupt erst zustande kommt. Darin liegt der ursprünglich-aktive, der welt-eröffnende Charakter der Kunst.[98] Dieser ist gerade auch deshalb von besonderem Belang, weil die Welt für Nietzsche in dem dargelegten Sinne weder eine *metaphysische* noch eine *moralische*, sondern nur noch eine *physische* und eben eine *ästhetische* Bedeutung hat. Dies führt zu einer nicht-auftrennbaren Verschränkung der Willen-zur-Macht-*Physik* mit einer Willen-zur-Macht-*Ästhetik*, zu einem Ineinanderstehen von Naturphilosophie und Kunst. Dieser Zusammenhang ist auch für ein Verständnis der Wiederkunftslehre fruchtbar zu machen. Dort tritt er in Gestalt des Verhältnisses von Physik und Axiologie, von Werden und Wert, von Faktizität der Machtwillen und Interpretationscharakter ihrer Vollzüge auf.[99] Im Augenblick jedoch sind zwei andere Aspekte dieses Zusammenhangs herauszustellen. Unabhängig von den Veränderungen der Kunstauffassung Nietzsches im Spätwerk ist, wie oben bereits gegen Schopenhauer betont, zunächst festzuhalten, daß Nietzsche die Kunst seit der Tragödienschrift und durchgängig als Ausdruck uneingeschränkter Lebensbejahung, als das dezidierte Gegenteil also einer resignativen Willens- und Weltverneinung sieht.[100] Damit hängt der zweite Aspekt zusammen. Die Erfahrung der Kunst führt dazu, den Erhaltungsgedanken nicht als ein Apriori des Vollzugs von Lebendigem ansetzen zu können. Gerade an der Kunst wird deutlich, daß

---

98 In Verbindung mit der für den späten Nietzsche auch in Sachen Kunst immer wichtiger werdenden Frage, ob eine ‚*organisierende* Kraft' vorhanden ist, die eine Vielzahl und Komplexität von einander widerstrebenden Elementen zu einem in sich gesteigerten und lebensbejahenden Gebilde zu strukturieren vermag oder nicht, steckt in diesen Bestimmungen zugleich ein Kriterium zur Auszeichnung von Werken als *Kunst*werken. Ist diese organisierende Kraft nicht vorhanden, so gehören die entsprechenden Werke, wie z. B. die Phantasmagorien Wagners, auch die Gedichte Baudelaires, auf die Seite der Décadence-Symptome. Dem entspricht, daß der Typus des von Nietzsche ins Auge gefaßten Künstlers nicht der ‚Artist' im Sinne der Modernität ist. Zur Charakteristik der modernen Artisten vgl. KGW VIII, 3, 14 (182), S. 158f.

99 Vgl. in diesem Sinne unten etwa die Kapitel VIII, 5 und X, 3 sowie VI, 5, S. 177–180.

100 Das *Tragische* der Tragödie zeigt nicht, wie Schopenhauer lehrte, daß Welt und Leben, da sie Leiden verursachen, es ‚nicht wert' sind, hochgeschätzt und bejaht zu werden. Die Tragödie ist vielmehr Ausdruck einer Lebensbejahung, die das Leiden und selbst noch den Untergang der erhabensten Formen als wesentlich zum Dasein gehörig übernimmt und sich nicht in ‚andere', ‚bessere' Welten wegstiehlt. Selbstkritisch bemerkt Nietzsche später, daß es ihm in der Tragödienschrift noch unterlaufen sei, „mit Schopenhauerischen Formeln dionysische Ahnungen verdunkelt und verdorben zu haben" (KGW III, 1, *Die Geburt der Tragödie*, Versuch einer Selbstkritik, Aph. 6, S. 14). Zur Kritik an Schopenhauer vgl. oben Kap. II, 4.

Lebendigkeit nicht als ‚Wille zum Dasein' und nicht als das Streben, in seinem Dasein zu beharren, nicht als Selbst-Erhaltung, sondern als Steigerung und Selbst-Überwindung zu charakterisieren ist. Dies läßt sich in verschiedenen Hinsichten verfolgen.

Innerhalb der im Kunstwerk vereinigten Duplizität des Apollinischen und des Dionysischen wird das Dionysische von Nietzsche in Analogie zum Rausch[101] und als ein überströmendes Kraftgefühl gekennzeichnet. Darin ist das Interesse an Selbsterhaltung und Bestandssicherung nicht nur nicht leitend. Es würde gerade eine Sperre der Prachtentfaltung darstellen. Künstlerische Produktivität ist nicht durch eine Tendenz der Beharrung, die dann gar noch wie eine Art Gravitation in ein weltverneinendes Jenseits strebt, sondern durch eine Überfülle an Kräften ausgezeichnet. Darauf beruht die der Kunst im Gegensatz zur natürlichen Trägheit und Schwere eigentümliche Leichtigkeit und das Tänzerische. Dies meint jedoch nicht einfach die psychologischen, sondern die *ästhetischen* Zustände des Künstlers, mit denen die je bestimmten Strukturen der Kunst*werke* verbunden sind. Hinzu treten weitere Aspekte, wie z. B. die Zurückweisung von Egoismus und Utilitarismus, sofern diese bloß auf eine Sicherung und Anpassung um der Erhaltung im Sinne der zeitlichen Fortdauer und des physischen Bestandes willen gerichtet und darin Ausdruck nur des Gattungsmenschen, nicht jedoch des Künstlers sind. Der Egoismus der künstlerischen Aktivität ist demgegenüber einer der sich ausgebenden, entladenden, darin jedoch zugleich sein Material gerade organisierenden Kräfte. Das Zusammenspiel *beider* Momente ist entscheidend. Und wenn Kunstwerke überhaupt mit einer Nützlichkeit, die nicht mit deren Sinn-Funktionalität zu verwechseln ist, in Verbindung gebracht werden können, dann allein mit der einer Entfaltung und Steigerung des Individuums und der darin sich vollziehenden Erhöhung und Stärkung des Typus.

Dies darf weder als psychologischer Ästhetizismus noch als metaphysische Artistik und natürlich auch nicht als imperiales Stilgehabe mißverstanden werden. Vielmehr kommt darin eine bestimmte Haltung zum nicht-aufhebbaren und nicht-hintergehbaren Werdecharakter allen Geschehens selbst zum Austrag. Im Ästhetischen manifestiert sich die Stellung zum Problem des Werdens. Darauf bezogen gehört der apollinische ‚schöne Schein' schließlich noch in die Nähe der am Werden Leidenden. Wichtiger jedoch ist die Einsicht, daß das Werden das Ausgangsproblem auch der Kunst und der Ästhetik darstellt. Damit aber tritt jetzt ein Doppeltes hervor. Zum einen zeigt sich auch unter diesem Gesichtspunkt, daß die Ästhetik vom Kräfte-, und das heißt: vom Willen-zur-Macht-Geschehen her, wodurch allein Veränderung und Wechsel, mithin Werden zufriedenstellend erklärt werden kann, zu rekonstruieren ist.

---

101 Vgl. KGW, a.a.O., S. 24 f., et passim.

Zum anderen wird deutlich, daß die Tendenz zum Überschreiten des Erhaltungsgrundsatzes schon im frühen Werk Nietzsches und hier vor allem in der Erfahrung der Kunst angelegt ist, und daß es umgekehrt genau dieser Übergang vom Erhaltungsapriori zum Selbst-Überwindungs-Charakter der sich auch *als* Kunst entfaltenden Machtwillen ist, der in Nietzsches Auffassung der Kunst ab 1881 den Wandel von der Artisten-Metaphysik zur ästhetischen Willen-zur-Macht-Physiologie/Morphologie begünstigt und vorantreibt.

Kunst wirkt suggestiv auf Muskeln und Sinne, sozusagen wie ein Resonanzphänomen auf den Künstler im Menschen, auf diese „Art von feiner Erreglichkeit des Leibes“[102]. Sie wirkt darin „tonisch“, „mehrt die Kraft“, „entzündet die Lust (d. h. das Gefühl der Kraft)“[103], wozu auch das Anregen feinster Rauscherinnerungen zählt. Mit diesen Wirkungen ist eine Kraftsteigerung verbunden, die sich ihrerseits als Verschönerung manifestiert. Verschönerung ist eine „nothwendige Folge der Kraft-Erhöhung“, ist Ausdruck eines „siegreichen“ Willens, einer „gesteigerten Coordination“, einer „Harmonisierung aller starken Begehrungen“, eines „unfehlbar perpendikulären Schwergewichts“[104]. Entscheidend ist dabei das wechselseitige Ineinander von Kraft-Mehrung und Organisation. Die eine gelingt nicht wirklich ohne die andere. Den Höhepunkt bildet der „große Stil“[105], in dem das hohe Machtgefühl, welches sich nicht noch einmal selbst zu beweisen nötig hat, zum Ausdruck kommt. Entsprechend kann Nietzsche das Häßliche als Kraft-Minderung und als Mangel an organisierender Kraft, als mangelnde Koordination fassen, die zur Abnahme der Kraft führt, depressiv wirkt und ihrerseits nur wiederum Häßliches suggeriert. Das Häßliche bedeutet „décadence eines Typus“[106], Disgregation der Willens-Organisation.

---

102 KGW VIII, 3, 14 (119), S. 88.

103 Ebenda.

104 KGW VIII, 3, 14 (117), S. 85f.

105 Vgl. a.a.O., S. 86; vgl. KGW VI, 3, *Götzen-Dämmerung*, (*Streifzüge eines Unzeitgemässen*, Aph. 11), S. 112f., wo auf die besondere Stellung der Architektur hingewiesen wird.

106 KGW VIII, 3, 14 (117), S. 86; vgl. 14 (119), S. 88.
Aufschlußreich hinsichtlich der Ebene, auf der das Eigentümliche von Kunstwerken anzusiedeln ist, ist Nietzsches Hinweis, daß es einen dem Häßlichen „nächstverwandten“ Zustand auch im Logischen gibt: „Schwere, Dumpfheit . . . Mechanisch fehlt dabei das Schwergewicht: das Häßliche hinkt, das Häßliche stolpert: – Gegensatz einer göttlichen Leichtfertigkeit des Tanzenden“ (KGW VIII, 3, 14 (119), S. 88). Über diese Analogie zwischen einer gelungenen künstlerischen Aktivität und der Eleganz z. B. eines logischen Schlusses hinaus ist grundsätzlich zu betonen, daß die ästhetische Erfahrung nicht auf Psychologie verkürzt werden darf. *Das Ästhetische* ist vielmehr auf derjenigen Ebene zu verorten, auf der auch *das Logische* seine welt-, wirklichkeits- und sinn-konstituierende Leistung zeigt. Das ist ein wichtiger und im Umgang mit Nietzsche-Texten zur Kunst und Ästhetik kaum beachteter Aspekt. Erst vor diesem Hintergrund kann gesagt werden, daß bei Nietzsche eine *philosophische* Ästhetik vorliegt. Zum Verhältnis von Logik und Ästhetik vgl. unten Kap. VI, 5, S. 177ff.

Ohne Überschüssigkeit an Kraft ist keine Kunst möglich.[107] Kunst kann nie das Ergebnis einer Selbst-Erhaltungs-Ökonomie sein. Der Künstler gibt sich aus. Doch unterscheiden sich die Auslassungs-Zustände künstlerischer Produktivität, vor allem in ihrer Nachwirkung, grundlegend von Zuständen morbider Halluzination und des „Suggestions-Raffinements", auf deren Exzentrizität, obwohl ebenfalls auf einer Überfülle an Kräften beruhend, ein Erschöpfungszustand folgt. Der ästhetische Zustand dagegen, der Künstler, „kann verschwenden, ohne arm zu werden"[108]. Diese physiologischen Zustände, die als Leib-Zustände ihrerseits Ausgestaltungen des vielfältigen Willen-zur-Macht-Geschehens, das der Mensch als Leib *ist*, darstellen, sind im Künstler „gleichsam zur ‚Person' gezüchtet". Sie lassen sich näherhin charakterisieren als Rausch, als hohe Sinnesschärfe und als extreme Irritabilität.[109]

Der Rausch ist ein Gefühl der Kraft- und Macht-Steigerung. In ihm ist eine „innere Nöthigung" leitend, „aus den Dingen einen Reflex der eigenen Fülle und Vollkommenheit zu machen"[110], indem im Sich-Auslassen und Abgeben an die Dinge diese solange gezwungen und verwandelt werden, bis sie die Macht des Menschen „widerspiegeln". Kunst *ist* dieses „Verwandeln-*müssen* in's Vollkommne". Auf diese Weise wird dem Menschen sogar alles, was er nicht ist, „trotzdem ihm zur Lust"[111] an sich selbst als Mensch.

Dem Rausch ist eine „Transfigurationskraft"[112] eigen, die in der Liebe am deutlichsten hervortritt. In Gestalt der Liebe wird der Rausch „mit der Realität in einer Weise fertig", die im Bewußtsein des Liebenden jede Ursache ausgeschaltet und an deren Stelle etwas anderes erscheinen läßt, ein „Zittern und Aufglänzen aller Zauberspiegel der Circe". Hier machen Mensch und Tier keinen Unterschied. Obwohl „genarrt", bleibt die Liebe doch in ihrer Wurzel ein „Fieber", das Gründe hat, sich zu „transfigurieren", ein Rausch, „der gut thut, über sich zu lügen"[113]. Denn darin ist der Liebende stärker, reicher, vollkommener. Hier, wie überhaupt in der Kunst, ist der Wille zur Täuschung bzw. zum Schein ‚mehr wert' als der ‚Wille zur Wahrheit'. Er wirkt stärkend

---

[107] Vgl. KGW VIII, 3, 14 (117), S. 87.

[108] a.a.O., 14 (119), S. 89f. – KGW VI, 3, *Götzen-Dämmerung*, (*Streifzüge eines Unzeitgemässen*, Aph. 44), S. 140: „Das Genie – in Werk, in That – ist nothwendig ein Verschwender: *dass es sich ausgiebt,* ist seine Grösse ... Der Instinkt der Selbsterhaltung ist gleichsam ausgehängt; der übergewaltige Druck der ausströmenden Kräfte verbietet ihm jede solche Obhut und Vorsicht". Der große Mensch „strömt aus, er strömt über, er verbraucht sich, er schont sich nicht". Dies vollzieht sich „mit Fatalität, verhängnisvoll, unfreiwillig". Nicht nur große Menschen, auch große Zeiten sind „Explosiv-Stoffe", in denen „eine ungeheure Kraft aufgehäuft ist" (a.a.O., S. 139). Nietzsche nennt als Beispiel die Renaissance.

[109] Vgl. KGW VIII, 3, 14 (170), S. 148.

[110] Ebenda. Vgl. 14 (117), S. 85.

[111] KGW VI, 3, *Götzen-Dämmerung*, (*Streifzüge eines Unzeitgemässen*, Aph. 9), S. 111.

[112] KGW VIII, 3, 14 (120), S. 91f.

[113] Ebenda.

und das Kraftgefühl erhöhend, während der ‚Wille zur Wahrheit', letztlich selbst eine Form des ‚Willens zur Illusion', zu einer Kraft-Minderung des Lebens führt, hinter der er sich, zumal unter der Erfahrung, daß es eine Wahrheit-an-sich nicht gibt, als ein ‚Wille zum Nichts' entpuppt. Von daher kann der grundlegende Satz formuliert werden, daß „die Kunst *mehr wert* ist als die Wahrheit"[114]. In der Liebe tritt die Kunst als „organische Funktion" auf. Sie hat darin nicht nur die Kraft zu lügen, sondern sie „verschiebt" die Werte und macht, daß der Liebende sich wertvoller und stärker ist. Er wird „Verschwender: er ist reich genug dazu"[115].

Diese in der Erfahrung der Kunst motivierte und sich darin vollziehende Überbietung des Erhaltungsapriori läßt sich auch an der dem ästhetischen Zustand eigentümlichen Umfänglichkeit und an dem Scharfblick der Sinne aufweisen. Die mit dem künstlerischen Zustand verbundene Machtsteigerung zeigt sich extensional im Einbeziehen und Überschauen größerer Mengen, weiterer Räume und Zeiten, intensional in einer Verfeinerung der Wahrnehmungsorgane selbst für das Kleinste und Flüchtigste sowie einer „Divination", einer „Kraft des Verstehens auf die leiseste Hülfe hin"[116]. Die darin erlangte Krafterhöhung drückt sich etwa auch in geschmeidigen, tänzerisch-leichten Bewegungen sowie schließlich in der Lust am Beweis der Stärke selbst (Abenteuer, Bravourstück) aus. Bei alledem regen sich die daran beteiligten Aspekte machtsteigernd gegenseitig an. Es ist ein Zustand erregter Beweglichkeit, der auch durch gesteigerte Mitteilsamkeit, durch ein Bedürfnis, „sich gleichsam loszuwerden durch Zeichen und Gebärden"[117] gekennzeichnet ist. Dies ist,

---

[114] KGW VIII, 3, 17 (3), S. 320.

[115] KGW VIII, 3, 14 (120), S. 91 f. Bei den Tieren treibt dieser Zustand „neue Stoffe, Pigmente, Farben und Formen heraus: vor allem neue Bewegungen, neue Rhythmen, neue Locktöne und Verführungen" (a. a. O.; vgl. 14 (117), S. 85). Das ist beim Menschen nicht anders. Sein „Gesamthaushalt" ist reicher. Nietzsche fährt fort: „Er wagt jetzt, wird Abenteurer, wird ein Esel an Großmuth und Unschuld; er glaubt wieder an Gott, er glaubt an die Tugend weil er an die Liebe glaubt: und andrerseits wachsen diesem Idioten des Glücks Flügel und neue Fähigkeiten und selbst zur Kunst thut sich ihm die Thüre auf. Rechnen wir aus der Lyrik in Ton und Wort die Suggestion jenes intestinalen Fiebers ab: was bleibt von der Lyrik und Musik übrig? . . . L'art pour l'art vielleicht: das virtuose Gequak kaltgestellter Frösche, die in ihrem Sumpfe desperiren . . . Den ganzen *Rest* schuf die Liebe . . ."

[116] KGW VIII, 3, 14 (117), S. 86.

[117] KGW VIII, 3, 14 (170), S. 148. Im *ästhetischen Zustand* entsprechen sich der „Überreichthum" von Mitteln der Mitteilung (die „Fähigkeit von sich durch hundert Sprachmittel zu reden"; a. a. O.) und die „extreme *Empfänglichkeit* für Reize und Zeichen" (14 (119), S. 88). Als der Höhepunkt der Mitteilsamkeit und „Übertragbarkeit zwischen lebenden Wesen" ist dies die „Quelle der Sprachen", der „Tonsprachen" ebenso wie der „Gebärden- und Blicksprachen". Wenngleich durch die Kultur beeinflußt und verändert, hört man auch heute noch „mit den Muskeln, man liest selbst noch mit den Muskeln". Insofern jede „reife" Kunst Sprache ist, trägt sie Konvention in sich. Konvention ist die „Bedingung der großen Kunst, *nicht* deren Verhinderung". „Jede Erhöhung des Lebens steigert die Mittheilungs-Kraft, insgleichen die Verständniß-Kraft des Menschen" (S. 89).

und hier zeigt sich der Einfluß der Auslösungslehre Julius Robert Mayers auf Nietzsches Ästhetik, ein „explosiver" Zustand, der zunächst als „Zwang und Drang" aufzufassen ist, „durch alle Art Muskelarbeit und Beweglichkeit die Exuberanz der inneren Spannung loszuwerden". Darauf erfolgt sodann die „unfreiwillige ‚Coordination dieser Bewegung' zu den inneren Vorgängen (Bildern, Gedanken, Begierden)", dies alles als „eine Art Automatismus des ganzen Muskelsystems unter dem Impuls von Innen wirkender starker Reize". Der „Hemmungsapparat" ist gleichsam „ausgehängt". Jede innere Bewegung (Gefühl, Gedanke, Affekt) wird begleitet von „Vaskular-Veränderungen", mithin von Farb-, Temperatur-, Form- und Sekretions-Veränderungen. Nietzsche nennt vor allem die „suggestion mentale" der Musik[118]. In dem so zu charakterisierenden *dionysischen* Zustand der ästhetischen Produktivität wie Betrachtung findet eine Erregung und Steigerung des Kräfte-Spiels statt, so daß das Affekt-System „alle seine Mittel des Ausdrucks mit einem Male entladet und die Kraft des Darstellens, Nachbildens, Transfigurierens, Verwandelns, alle Art Mimik und Schauspielerei zugleich heraustreibt"[119]. Das ist ein Vorgang des Idealisierens. Zugleich ist deutlich, daß auch das neben Rausch und Sinnesschärfe dritte Moment, die Irritabilität, nicht ein Erhaltungs-, sondern ein Auslösungs-, Auslassungs- und Entladungs-Geschehen der Kräfte ist. Hier handelt es sich um ein Nachmachen-*Müssen* in dem Sinne, daß ein Zustand bereits bei der geringsten Semiotik, d. h. schon bei dem feinsten durch Zeichen ausgelösten und vermittelten inneren Auftauchen etwa eines Bildes oder Gedankens, sofort als Leib-Expression nachgeahmt und dargestellt wird.[120] Von daher ist auch die Mimesis ein Vorgang gerade der Steigerung und des Ausströmens von Kraft.

Dieser Aspekt macht deutlich, daß die Erhöhung des Machtgefühls nicht nur bei dem sein Material aktiv bearbeitenden Künstler, sondern selbst noch in der kontemplativen Betrachtung von Kunstwerken zentrales Moment ist. Auch hier handelt es sich noch um Kraft-Auslösungen und Entladungen. Jenes „*Stille-werden* vor dem Schönen"[121] bedeutet ein „tiefes Erwarten", ein „Hörenwollen auf die feinsten, fernsten Töne", ein Warten auf das, was die Schönheit qua tonische Wirkung auszulösen vermag. Aber diese Stille ist eben, wie

---

Hinzuweisen ist darauf, wie leblos sich demgegenüber das Schopenhauerisch verstandene Nirwana ausnimmt, welcher mystische Zustand „nur der eigenen, nicht weiter mitteilbaren Erfahrung zugänglich ist" (A. Schopenhauer, *Die Welt als Wille und Vorstellung*, I, § 71, S. 557). Vorsicht also bei Sinn- und Heilsofferten, die ihre vermeintliche Tiefe mit dem Hinweis auf deren Nicht-Mitteilbarkeit immunisieren.

118 KGW VIII, 3, 14 (170), S. 148. Vgl. dazu KGW VI, 3, *Götzen-Dämmerung*, (*Streifzüge eines Unzeitgemässen*, Aph. 10), S. 111f. Zur Auslösungslehre J. R. Mayers vgl. oben Kap. II, 2.

119 KGW VI, 3, a.a.O.

120 Vgl. KGW, a.a.O. Vgl. KGW VIII, 3, 14 (170), S. 149.

121 KGW VII, 1, 7 (192), S. 311.

alle Kontemplation, nur eine „Vorbereitung, nicht mehr!“ Von ihr gilt es die darin eintretende Ruhe, das „Wohlgefühl“, die „Freiheit von Spannung“ zu unterscheiden.[122] Die Stille fungiert, so ist zu interpolieren, als eine Art anreizende Selbst-Auslösung. Und die daraufhin freigesetzte Ruhe bedeutet dann ein „sehr *gleichmäßiges Ausströmen von unserer Kraft*“[123]. In diesem Sinne findet eine ihrerseits als innere Aktivität zu charakterisierende Anpassung an den äußeren Gegenstand der Betrachtung statt.

Es ist darauf aufmerksam zu machen, daß die künstlerische Aktivität eine gewisse Verwandtschaft zwischen Ästhetik und Logik zeigt. Im ästhetischen Zustand ist das Beschränkende der Endlichkeit, die Auftrennung nach Mensch und Welt suspendiert. Das Kraftgefühl strömt aus und findet sich eben darin in den Dingen als seiner selbst. In diesem Sinne ist der *ästhetische* Zustand dem *logischen* Zustand, die Grenze der Welt und darin alle Realität selbst zu sein, ähnlich.[124] Freilich ist er dies von Nietzsche her gesehen auf der Ebene nicht der Vernunft als Selbstbewußtsein, sondern auf der der weit komplexeren Leib-Organisation. Die ‚große Vernunft des Leibes‘ ist ästheto-logischer Natur. Mit der philosophischen Logik hat sie insofern zu tun, als es beide Male um dasjenige Schema geht, *als* dessen interner Vollzug Wirklichkeit überhaupt erst eine *So-und-so*-Wirklichkeit wird.

In Nietzsches Sicht ist der Künstler dadurch gekennzeichnet, daß er Neues schafft. Darin ist er das sich in seinen Kräften ausgebende, überschießende und doch *ineins* das ein organisierendes, perpendikuläres Schwergewicht, eine neue Gravität verkörpernde Wesen Mensch. Wesentlich ist die in sich zu einem Optimum gesteigerte Verbindung zwischen äußerster Komplexität nach innen wie nach außen *und* der Organisiertheit eben dieser auf vollständige Individuierung gehenden Vielheit. Dies könnte man die ästhetische Kompossibilität nennen. Jede Verabsolutierung einer der beiden Seiten hat die Destruktion der anderen und damit des Zusammenhangs selbst zur Folge, führt entweder zur Décadence oder zu petrifizierten, lebensfeindlichen Systemen. Was demgegenüber den genannten Kriterien entspricht, kann Künstler bzw. Kunstwerk heißen. Diese Rede läßt sich also nicht auf die Künste im engeren Sinne begrenzen, zumal dann nicht, wenn, wie Nietzsche diagnostiziert, unter den ‚modernen Artisten‘ gerade keine Künstler im Vollbegriff des Wortes zu finden sind. Der Künstler ist für Nietzsche sowohl das Gegenbild zu dem nur auf seine Selbsterhaltung bedachten Typus des Herdenmenschen als auch die Überwindungsfigur der durch die nihilistisch lähmende Schwerelosigkeit ge-

---

122 Hier handelt es sich um den Einfluß des Mayerschen Gedankens der Doppel-Ursächlichkeit, des Zusammenspiels einer auslösenden und einer ausgelösten Ursache. Vgl. dazu Kap. III, 4.

123 KGW, a. a. O.

124 Vgl. dazu im einzelnen Kap. VI, 5, S. 163f., 168f. und 177ff. Zu solcher Rede vom *Logischen* vgl. auch schon Vorwort, S. VIII.

kennzeichneten Zeitsituation. Die Kunst erscheint als die „einzig überlegene Gegenkraft" gegen die Lebensverneinung. Sie stellt „das Antichristliche, Antibuddhistische, Antinihilistische par excellence" dar.[125]

Zwar ist es einerseits so, daß der gewöhnliche Egoismus des nur auf seine Erhaltung als Gattungsmensch bedachten „Durchschnittswesen" nichts von jenen „ausströmenden Kraft-Gefühlen" weiß, die den „Trieb des Künstlers nach seinem Material" ausmachen. In solchem Erhaltungs-Egoismus ist nicht das Individuelle, sondern das freilich tiefsitzende Gattungsallgemeine, das „nicht-ego"[126] wirksam. Andererseits jedoch ist zu betonen, daß von den ästhetisch-physiologischen Zuständen in jedem Menschen, auch im kulturellen Spätling, zumindest noch ein Rest anzutreffen ist, daß sie „in irgend welchem Grade dem Menschen überhaupt anhaften"[127]. Fragt man nun weiter, wieso der Mensch in diesem Sinne das ästhetische Wesen, das er ist, zu sein vermag, so ist, da von einer Kontinuität der Seinsstufungen auszugehen und mithin im Menschen als Leib-Organisation auch das ganze ihm vorausliegende Anorganische als ihn bedingend gegenwärtig ist, zu antworten, daß er dies deshalb ist, weil auch alles ihn Bedingende von eben diesem ästhetisch-kräftemäßigem Charakter ist. Damit aber ist die Welt selbst, *alles* Wirkliche und Lebendige, als ein *ästhetisches* Geschehen aufzufassen. Die Welt muß ästhetisch gelesen werden. Selbst die Farb-, Form-, Gestalt- und Fähigkeitsveränderungen im anorganischen (mechanischen, chemischen und physikalischen) Bereich sind nur gradmäßig, nicht aber prinzipiell anderer Natur. Auch hier noch ist der ästhetische Eros wesentlich. Die Welt *ist* dieser sich selbst hervorbringende und sich nach Art einer Metamorphose verwandelnde ästhetische Zustand. Der Weltprozeß ist als ganzer und in jedem seiner Momente eine aus dem Mit- und Gegeneinander der Willen-zur-Macht-Organisationen hervorgehende und sich fortwährend wandelnde Verkettung physio-ästhetischer Ereignisse, ein *dionysisch-tragisches* Spiel, dessen ‚Urlogik' im Ewigen-Wiederkunfts-Gedanken zum Ausdruck gebracht werden soll.

Bevor diese Zusammenhänge jedoch zureichend thematisiert werden können, ist Nietzsches immanente Überbietung und Auflösung des fundamentalistischen Erhaltungsprinzips noch eingehender und auf einige ihrer Konsequenzen hin zu betrachten. Zunächst ist zu verfolgen, wie Lebendiges von Nietzsche in seinem Grundcharakter durch Akkumulation, Erweiterung, Steigerung, Intensivierung und Auslassung von Kraft bestimmt wird (Kap. III). Dabei erweist sich, daß ‚Freiheit des Willens', ‚Glück', ‚Lust/Unlust' und ‚Nutzen' keine treibenden Motive, sondern Epiphänomene sind (Kap. IV).

---

[125] KGW VIII, 3, 17 (3), S. 319.
[126] KGW VII, 2, 26 (262), S. 217.
[127] KGW VIII, 3, 14 (170), S. 148.

Mit dem Übergang vom Prinzip der Selbst-Erhaltung der Kräfte zu dem der Selbst-Überwindung, Steigerung und Auslassung ist eine veränderte Fassung des Organismus-Modells verbunden. Darin wird sowohl die teleologische als auch die kausal-mechanische Erklärungsart zurückgewiesen (Kap. V). Doch wird die Teleologie erst in der Bestimmung der Willen-zur-Macht-Vollzüge als eines kräfte-relationalen Interpretations-Geschehens überwunden (Kap. VI). Danach erst ist der Boden gewonnen, auf dem die Lehre von der ewigen Wiederkehr des Gleichen angemessen thematisiert werden kann (Teil II und III).

III. Geschehen als Akkumulation und Auslassung von Kraft

1. Steigerungscharakter und Vielheit

Nietzsche demonstriert seine These, daß nicht Selbsterhaltung, sondern Erweiterung, Mehrung, Steigerung und Auslassung der Kraft die Grundtendenz des Lebendigen ist, auch am Beispiel des Protoplasma, der Grundlage also aller pflanzlichen, tierischen und menschlichen Zellen. Diese „unterste und ursprünglichste" Tätigkeit kann man nicht aus dem Prinzip der Selbsterhaltung ableiten. Denn das Protoplasma nimmt weit mehr in sich auf als die bloße Erhaltung erfordern würde und vor allem: „es ‚erhält sich' damit eben *nicht*, sondern *zerfällt*"[1]. Dieser „Wille zur Akkumulation von Kraft" ist kennzeichnend für alles Lebendige. Nietzsche führt Ernährung, Zeugung, Vererbung, Gesellschaft, Staat, Sitte und Autorität als weitere Beispiele an. Darüber hinaus muß dieser Wille als die spezifische Kraft auch in der Chemie und in der kosmischen Ordnung[2], überhaupt in *jedem* Geschehen als das treibende Moment angesetzt werden. Mit eben dieser endogenen Aktivität des Mehr-werden-wollens ist, aufgrund des damit zusammenhängenden Perspektivismus eines jeden dieser Ausgangszentren des Erweiterungs- und Steigerungsstrebens, die Konstruktion der Seins*weisen* der Welt verbunden.

Geschehen *ist* Vollzug des Mit- und Gegeneinander-Wirkens der Kräfte-, mithin der Willen-zur-Macht-Organisationen. Dies sind wesentlich perspektivische Vorgänge. Jedes Übermächtigen, mithin jedes Geschehen vollzieht sich als ein perspektivisches Interpretieren, und jedes Interpretieren ist ein Übermächtigen. So kann Nietzsche gegen das Weltbild der Physiker einwenden, daß diese, ohne es zu bemerken, den „notwendigen" Perspektivismus vergessen haben, vermöge dessen „jedes Kraftcentrum – und nicht nur der Mensch – von sich aus die ganze übrige Welt construirt d. h. an seiner Kraft mißt, betastet, gestaltet", alles andere Seiende also auf seinen Wert, auf seine mögliche Macht-Funktionalisierung hin auslegt. Diese entscheidende Bestimmung außer acht zu lassen, ist erstaunlich, da z. B. noch der Chemiker auf dieses „Subjekt-sein" angewiesen ist. Darin besteht Nietzsche zufolge gerade

[1] KGW VIII, 2, 11 (121), S. 299.
[2] Vgl. KGW VIII, 3, 14 (81), S. 53.

das „Spezifisch-Sein", das „bestimmt So-und-So-Agiren und -Reagieren"[3]. Wichtig ist zu sehen, daß (a) dies für das Geschehen von *jedem* Kraft-, und das heißt Willen-zur-Macht-Zentrum aus, vom bewußten Denken, über das Organische bis zum Anorganischen charakteristisch ist, und daß (b) sich aufgrund dieser Eigentümlichkeit überhaupt erst die relationalen Organisations-Gebilde ergeben, deren Vollzüge dann als Welt, Leben, Bewegung und Geschehen angesprochen werden. Jeder spezifische Körper strebt danach, „über den ganzen Raum Herr zu werden, und seine Kraft auszudehnen (– sein Wille zur Macht:) und Alles das zurückzustoßen, was seiner Ausdehnung widerstrebt". Dabei stößt er fortwährend auf andere Körper, die durch das gleiche Bestreben charakterisiert sind. Schließlich gelangt er dahin, „sich mit denen zu arrangieren (‚vereinigen'), welche ihm verwandt genug sind: – *so conspiriren sie dann zusammen zur Macht*. Und der Prozeß geht weiter ..."[4] Ein Doppeltes wird deutlich. Zum einen geht es in dem fortwährenden Mehrwollen um Macht, und zum anderen wird dieses „Stärker-werden-wollen" von einem jeden Kraftzentrum aus als die „einzige Realität"[5] angesehen.

Das Beispiel des Protoplasma und seiner übermäßigen und zum Zerfall führenden Nahrungsaufnahme zeigt, daß es sich hier um einen Trieb handelt, der weit über das Sichselbsterhalten hinausgeht – eben unersättlich ist, bis zum Zerfall. Darin kann es sich, wie Nietzsche gegen Darwin und in Aufnahme eines Gedankens von W. H. Rolph sagt, nicht um ‚Hunger' im Sinne des Ersatzes von Verbrauchtem und Verlustiggegangenem handeln. Das Protoplasma „streckt seine Pseudopodien aus, um nach etwas zu suchen, was ihm widersteht – nicht aus Hunger, sondern aus Willen zur Macht. Darauf macht es den Versuch, dasselbe zu überwinden, sich anzueignen, sich einzuverleiben". Was Ernährung genannt wird, ist so gesehen bloß eine Folge, „eine Nutzanwendung jenes ursprünglichen Willens, *stärker* zu werden"[6]. Wichtig ist vor allem die von Nietzsche daraus gezogene Folgerung. Es ist nicht möglich, den Hunger „als primum mobile zu nehmen: ebenso wenig als die Selbsterhaltung". Beide Male wäre es der Zustand einer Notlage, d. h. eine Ausnahmesituation in der Natur, die fälschlicherweise zu deren Prinzip erhoben würde. Primär, und zwar entwicklungsgeschichtlich wie geltungsmäßig, handelt es sich beim Hunger also nicht um Ersatz eines Verlustes. Ernährung ist „nur Consequenz der unersättlichen Aneignung, des Willens zur Macht". Und es liest sich wie eine nähere Bestimmung des von Nietzsche gegen den Darwinis-

[3] KGW VIII, 3, 14 (186), S. 165. Zum Perspektivismus und zu Nietzsches Interpretations-Lehre vgl. unten Kap. VI, 2–5.
[4] KGW, a.a.O., S. 166.
[5] KGW VIII, 3, 14 (81), S. 53.
[6] KGW VIII, 3, 14 (174), S. 152.

mus hervorgehobenen prinzipiellen Vorrangs der inneren Aktivität gegenüber den äußeren Umständen, wenn er betont, daß es die „*gestaltende*" Kraft ist, die „immer neuen ‚Stoff' (noch mehr ‚Kraft') vorräthig haben will. Das Meisterstück des Aufbaues eines Organismus aus dem Ei"[7].

Nun ist Nietzsche freilich gleichwohl genötigt, bei den ausgebildeten und als relative Einheiten in Erscheinung tretenden Organismen das Phänomen der Nahrungsaufnahme gerade auch im Sinne des Verlustersatzes zu konstatieren. Damit gerät er in die charakteristische Schwierigkeit, erklären zu müssen, wie *diese* Nahrungsaufnahme zu verstehen ist, ohne daß damit von einer Minderung des Machtcharakters zu sprechen wäre. Doch Nietzsche hat auch dafür eine Lösung anzubieten. Hunger im Sinne des Verlustersatzes ist etwas, das erst relativ spät, im Gefolge der „Arbeitstheilung" innerhalb des Organisationsgefüges und erst dann auftritt, „nachdem der Wille zur Macht ganz andere Wege zu seiner Befriedigung einschlagen lernte". Dann erst wird das „Aneignungsbedürfnis" des Organismus „reduziert" auf Hunger als „Wiederersatzbedürfniß des Verlorenen"[8]. Hunger steht nach der Arbeitsteilung im Organismus „im Dienst eines darüber waltenden höheren Triebes"[9]. Im Kontext der Steigerungstendenz ist zu betonen, daß jede Machterweiterung eine in sich wachsende Differenzierung, eine Zunahme der inneren Gliederung, der Komplexität (bei gleichzeitig zunehmender Arbeitsteilung und Funktionsvereinfachung) der ohnehin von vornherein nur als Vielheit wirklichen Macht-Organisationen zur Folge hat. Daran zeigt sich, daß auch unter dem Gesichtspunkt der Vielheit der Triebe ‚Selbsterhaltung' nur eine im Sinne des sich regulierenden Erhaltes der jeweiligen Funktionseinheit zu verstehende nach- und untergeordnete Bedeutung erlangen kann. Wenn zunächst die Triebe in sich prinzipiell plurale Gebilde sind, wenn sodann eine Vielheit von Trieben und Affekten anzutreffen, wenn schließlich die Seele als „Gesellschaftsbau der Triebe und Affekte"[10] auszulegen ist, und wenn endlich der menschliche Leib, das organische Ganze des Leibes als ein „Gesellschaftsbau vieler Seelen"[11] zu bestimmen ist, so heißt dies zugleich, daß im Innern der sich nach außen hin als Einheit von relativer Dauer und Stabilität zu bedeuten gebenden Gebilde ein fortwährendes und vielgestaltiges Tätigsein stattfindet, in dem es für jedes der beteiligten Elemente essentiell nicht um Selbsterhaltung, sondern um Steigerung, um ein Plus an Macht geht. Dies gilt durchgängig wiederum vom Anorganischen bis in den Bereich des bewußten Denkens. Denn auch das Denken ist, Nietzsche zufolge, letztlich „nur ein Verhalten dieser Triebe", d. h. der

[7] KGW VIII, 1, 2 (76), S. 94.
[8] KGW VIII, 3, 14 (174), S. 153.
[9] KGW VIII, 2, 11 (121), S. 300.
[10] KGW VI, 2, *Jenseits von Gut und Böse*, Aph. 12, S. 21.
[11] a.a.O., Aph. 19, S. 27.

Willen-zur-Macht zueinander[12]. Das Mehr-Werden-Wollen zeigt sich sowohl nach innen, bis ins Kleinste hinein, als auch nach außen, bis zu den größten für den Menschen noch wahrnehmbaren Machtordnungen, den Staaten, Völkern und Gesellschaften.

Unter dem Gesichtspunkt der Vielheit ergibt sich auch noch aus einer anderen Überlegung ein Argument gegen den Versuch, Selbsterhaltung als das primäre Prinzip anzusehen. Nietzsche notiert: „*Am Leitfaden des Leibes*. Das sich theilende Protoplasma $^1/_2 + ^1/_2$ nicht = 1, sondern = 2. ⟨Damit⟩ wird der Glaube an die Seelen-Monas hinfällig. Selbsterhaltung nur als eine der Folgen der Selbsterweiterung. Und ‚Selbst'?"[13] Dies ist im Rahmen der zur gleichen Zeit in *Jenseits von Gut und Böse* geführten Auseinandersetzung mit der „*Seelen-Atomistik*" zu sehen. Darunter versteht Nietzsche denjenigen Glauben, der die Seele „als etwas Unvertilgbares, Ewiges, Untheilbares, als eine Monade, als ein Atomon nimmt". Einen solchen Glauben soll man „aus der Wissenschaft hinausschaffen!"[14] So führt vermutlich gerade auch die Ablehnung des Atomismus zu der Einsicht, daß der Erhaltungsgedanke nicht den Grund und Charakter des als Werden auszulegenden Seienden trifft, sondern eine bereits abgeleitete Bestimmung darstellt.

2. *Auflösung der Atomistik und Wiedergewinnung des Werdens*

In seiner Haltung gegen die materialistische Atomistik, die zu den „bestwiderlegten Dingen"[15] gehört, stützt Nietzsche sich wesentlich auf Überlegungen des jesuitischen Mathematikers und Naturphilosophen Rugjer Josip Bošković. Dieser bekämpfte bereits Mitte des 18. Jahrhunderts die mechanistische Atomtheorie zugunsten eines Kraft-Dynamismus und faßte Materie als ein Gefüge von Kraftzentren auf, denen keine Ausdehnung zukomme. Für Nietzsches Haltung in dieser Frage ist ein Brief an Peter Gast vom 20. März 1882 aufschlußreich. Nietzsche konfrontiert darin die Lehre Julius Robert Mayers mit der Theorie Boškovićs. Nietzsche hat die von Mayer erstmals herausgearbeitete Unterscheidung zweier Typen von Kausalität, der Erhaltungs- und der Auslösungskausalität, bereitwillig in seine eigenen Denkzusammenhänge aufgenommen. Das hindert aber nicht, daß er Mayers Festhalten am „Vorurteil vom ‚Stoffe'" kritisiert und Bošković den in dieser Hinsicht deut-

[12] a.a.O., Aph. 36, S. 50. Daß dies nicht als ein physikalistischer oder biologistischer Naturalismus mißverstanden werden darf, wurde bereits betont. Vgl. oben Kap. I, S. 5 und Kap. II, 3, S. 55ff., Anm. 51; vgl. dazu näher Kap. VI, vor allem VI, 5.

[13] KGW VIII, 1, 2 (68), S. 90.

[14] KGW VI, 2, *Jenseits von Gut und Böse*, Aph. 12, S. 21.

[15] a.a.O., Aph. 12, S. 20.

lich höheren Rang zuspricht. So ist Mayer für Nietzsche „ein grosser Spezialist – und nicht mehr". Nietzsche ist erstaunt, wie „roh und naiv" Mayer in den „allgemeineren Aufstellungen" sei.[16] Unter Berufung auf die Lehre Boškovićs steht Nietzsche in dem das 19. Jahrhundert bewegenden Streit über das Verhältnis von Kraft und Stoff entschieden auf der Seite der dynamischen Kraftlehre. Bedeutsam scheint ihm auch, daß die Widerlegung des Vorurteils vom Stoff „nicht durch einen Idealisten, sondern durch einen Mathematiker" herbeigeführt wurde. Darüber hinaus sind für Nietzsche Bošković und Kopernikus „die beiden grössten Gegner des Augenscheins"[17].

In einer auf seine eigenen Theoriebedürfnisse bezogenen drastischen Zusammenfassung schreibt Nietzsche an Peter Gast: Seit Bošković „*giebt es keinen Stoff mehr*, es sei denn als populäre Erleichterung. Er hat die atomistische Theorie zu Ende gedacht. *Schwere* ist ganz gewiß keine ‚Eigenschaft der Materie', einfach weil es keine Materie giebt. *Schwerkraft* ist, ebenso wie die *vis inertiae*, gewiß eine Erscheinungsform der Kraft (einfach weil es nichts Anderes giebt als Kraft!): nur ist das *logische* Verhältniß dieser Erscheinungsformen zu anderen, z. B. zur Wärme, noch ganz undurchsichtig"[18]. Dieser letzte Satz scheint zum einen anzuzeigen, daß die in demselben Brief von Nietzsche vorgebrachte Kritik an J. R. Mayer nicht der positiven Aufnahme von dessen Energieerhaltungs- und Auslösungssatz widerspricht. Zum anderen tritt das Nietzsche eigentlich interessierende Problem hervor. Mayer hatte zwar einerseits durch seinen rechnerischen Nachweis des Satzes ‚causa aequat effectum' hinsichtlich der quantitativen Arbeitsäquivalenz von Bewegung und Wärme eine Sicherung und Ausweitung des mechanischen Erhaltungsgesetzes und des mit diesem verbundenen Kausalprinzips erreicht. Andererseits aber wurde über den Gedanken der Auslösungskausalität der Blick auf den qualitativen Bereich der Entladung angestauter Kraftpotentiale freigegeben. Wird dies mit der Überlegung verknüpft, daß es sich dabei nicht um Materie im Sinne der Atomistik, d. h. nicht um Materie als Träger dieser Kräfte, sondern eben um Kraftzentren handeln soll, um Kraft und nichts außerdem, so zeigt sich, daß Mayers Theorie keine Antwort auf die Frage nach dem Verhältnis der verschiedenen Erscheinungsformen dieser qualitativen Seite jeden Geschehens zueinander (und z. B. zur Wärme) gegeben hat. Mayer hat sich durch die Beibehaltung der noch aus dem Umfeld des mechanischen Erhaltungssatzes in seine eigene Gedankenwelt herüberragenden Bestimmungen Materie und Stoff diese

[16] KGB III, 1, S. 183. Gast notiert: „gegen diese Behandlung des M.'schen Problems protestirte allerdings mein physikalisches und erkenntnißtheoretisches Denken (zumal auch gegen die Hereinziehung des bloß mathematischen, vor-Dalton'schen Standpunktes von Boscovich)" (*Nietzsches Briefe an Peter Gast*, hg. von P. Gast, Leipzig 1908, S. 455).

[17] KGB III, 1, S. 183; vgl. KGW VI, 2, *Jenseits von Gut und Böse*, Aph. 12, S. 20f.

[18] KGB III, 1, S. 183.

Möglichkeit selbst verbaut. Damit ist derjenige Punkt bezeichnet, an dem Nietzsche sich, bei aller Aufnahme des Gedankens der Auslösungskausalität, von der Lehre Mayers deutlich unterscheidet.

Nietzsche dürfte auf die Theorien von Bošković erstmals durch Gustav Theodor Fechners Arbeiten gestoßen sein, auf die wiederum er durch seine Lektüre der *Geschichte des Materialismus und Kritik seiner Bedeutung in der Gegenwart* von Friedrich Albert Lange ([1]1866) aufmerksam wurde.[19] In der erweiterten Fassung seines Buches kommt Lange ([2]1873/75) unter Bezug auf die „Atomenlehre" des ehemaligen Schelling-Schülers Fechner auf Bošković zu sprechen. Die sich etwa parallel zu Daltons chemischer Atomtheorie mit Beginn des 19. Jahrhunderts stärker entwickelnde Wellentheorie des Lichtes (insbesondere durch den Aufweis der Schwingungszahlen durch Young 1801 und die Abhandlung von Fresnel 1819 zur Beugung des Lichtes) hatte zur Folge, daß die Lichttheorie schließlich zu einer „Mechanik der Ätheratome" führte. Darin wurde der Atombegriff charakteristischen Veränderungen unterzogen. „Die stärkste unter den Wandlungen – obwohl im Grunde nur die letzte Konsequenz der transzendenten Gravitationslehre – war die, daß man *den Atomen alle und jede Ausdehnung absprach*"[20]. Und genau darauf war Bošković bereits im 18. Jahrhundert gestoßen.

Nur unter Rückgriff auf ausdehnungslose Kraftzentren bestand seiner Ansicht nach eine Möglichkeit, diejenigen Widersprüche aufzulösen, die sich aus einer bloßen Druck- und Stoßlehre der Atome ergaben. Es gibt Wirkungen, die lassen sich durch das Aneinandertreffen von Atomen, gedacht als ausgedehnte Masseteilchen, nicht erklären, sondern müssen vielmehr auf Abstoßkräften beruhen, die von räumlich lokalisierbaren, jedoch ausdehnungslosen Kraft-Punkten ihren Ausgang nehmen. Die Materie setzt sich aus diesen Kraftpunkten zusammen, deren jeder mit einer *repulsiven* Kraft (die zunimmt, sobald die in Nachbarschaft befindlichen Kraftzentren näherrücken, und abnimmt, je weiter diese entfernt sind) und mit einer *attraktiven* Kraft (die in dem Maße zunimmt wie sich die benachbarten Kraftzentren entfernen und

[19] Vgl. K. Schlechta/A. Anders, *Friedrich Nietzsche. Von den verborgenen Anfängen seines Philosophierens,* Stuttgart-Bad Cannstatt 1962, S. 128. Nietzsche hat sich in der Zeit zwischen 1872 und 1875 wiederholt mit Boškovićs *Philosophiae naturalis theoria* beschäftigt. Vgl. a.a.O., S. 127–140. Zu Bošković vgl. L. L. Whyte (Hg.), *Roger Joseph Boscovich. Studies of his life and work,* London 1961.
F. A. Lange weist in der 1873 vorgelegten erweiterten zweiten Auflage des ersten Bandes der *Geschichte des Materialismus und Kritik seiner Bedeutung in der Gegenwart,* 2 Bde, hier benutzt Ausg. Frankfurt/M. 1974, hg. von A. Schmidt, Bd. I, S. 138, Anm. 44 anerkennend auf Nietzsches Tragödienschrift (1872) hin. Nietzsche hat diese Erwähnung nicht gekannt, da er entweder die kürzere erste Auflage benutzte oder mit den ohne die Anmerkungen abgedruckten späteren Auflagen zu tun hatte. Vgl. dazu J. Salaquarda, *Nietzsche und Lange,* in: *Nietzsche-Studien,* 7 (1978), S. 240.

[20] F. A. Lange, a.a.O., Bd. II, S. 638.

abnimmt, sobald diese näherrücken) ausgestattet ist. Ein Grenzfall liegt dort, wo, bei hinreichend großer Distanz, die Kraftzentren so weit voneinander entfernt sind, daß im Raume gleichsam nur noch attrahierende Kräfte vorhanden sind. Von hier aus eröffnet sich, über Bošković hinaus, eine Möglichkeit, das Universum als ein Kräftegeschehen von Repulsion und Attraktion vorzustellen.

Boškovićs Theorie bedeutete im Grunde bereits die Auflösung der mechanistischen Atomlehre, wie diese im 17. Jahrhundert insbesondere von Pierre Gassendi und Robert Boyle im Sinne des direkten Aufeinanderwirkens von Massen entwickelt worden war. Sobald jedoch die Wirkungen auf Kräfte der Anziehung oder der Abstoßung zurückgeführt werden, muß, und dies eben durchaus im Sinne einer inneren Konsequenz des Newtonschen Gravitationsgedankens, der Begriff des Atoms als körperlich-ausgedehntes Masseteilchen an Bedeutung verlieren. Ganz wie später Nietzsche im Zusammenhang der Lehre von den Bewußtseins-Vorurteilen bemerkt Fr. A. Lange dazu: „Das kleine Körperchen war eine hohle Überlieferung geworden. Man hielt es ja nur noch fest wegen der Ähnlichkeit mit den großen Körpern, die wir sehen und mit den Händen greifen können. (. . .) Unsre Materialisten halten am sinnlichen Stoffteilchen fest, eben *weil* sie der unsinnlichen Kraft noch ein sinnliches Substrat lassen *wollen*“[21].

Für den hier erörterten Zusammenhang ist wichtig, daß sich auch aus der Ablehnung der materialistischen Atomistik ergibt, daß Selbsterhaltung und Beharrung nicht das Wesensmerkmal des Wirklichen sein *können*. Denn es existiert gar kein nach Beharrung strebendes „Klümpchen-Atom“[22], sondern nur ein als relationale Kraftwirkungen auszulegendes Geschehen. Nietzsche betont, daß es „Subjekt-‚Atome‘“ gar nicht gibt. Vielmehr, und dies ist der entscheidende Punkt, gilt: „Die Sphäre eines Subjektes beständig *wachsend* oder sich *vermindernd* – der Mittelpunkt des Systems sich beständig *verschiebend* (. . .) Keine ‚Substanz‘, vielmehr Etwas, das an sich nach Verstärkung strebt; und das sich nur indirekt ‚erhalten‘ will (es will sich *überbieten* –)“[23]. Die sich so gewissermaßen im Schoße der exakten Wissenschaften selbst erneuernde Herakliteische Position des fortwährenden Flusses aller Dinge hat, zumal in Verbindung mit Nietzsches Willen-zur-Macht-Lehre, Konsequenzen auch für die Einstellung gegenüber den von der Wissenschaft aufgestellten Erhaltungs- und Naturgesetzen. „Erhaltungsgesetze für Dauer-Prozesse setzen perspektivische *Illusion* voraus“[24], und von keinem Naturgesetz kann eine

---

[21] a.a.O., S. 638–639. Vgl. dazu KGW VI, 2, *Jenseits von Gut und Böse,* Aph. 12, S. 20f.
[22] KGW VI, 2, *Jenseits von Gut und Böse,* Aph. 12, S. 20.
[23] KGW VIII, 2, 9 (98), S. 55–56.
[24] KGW VII, 2, 26 (38), S. 156.

„ewige Gültigkeit" und von keiner chemischen Qualität ihr „ewiges Verharren"[25] behauptet werden. Bleibendes und Beharrendes gibt es für den Menschen nur aufgrund seiner nicht hinreichend feinsinnigen, sondern (aus Gründen der Lebensdienlichkeit und für eine Orientierung in der Welt ausreichend) vergröbernden Organe sowie des fest-stellenden Charakters der Grammatik seiner Sprach- und Verstandesbestimmungen.

Wird der auf diese Weise wiedergewonnene Gesichtspunkt der Flüssigkeit alles dessen, was und wie es ist, in den ‚Wert'-Zusammenhang gerückt, so ist zu sagen, daß für Nietzsche gerade im Vergänglichen, im Wechselnden das gegenüber dem Festhalten an der Illusion des Sich-Gleich-Bleibenden Höherwertige liegt. Denn darin fällt das Leben nicht aus seinem eigenen Grundcharakter heraus, sondern wird vielmehr in seinem Vollzug zu dem, was es ist. Auch dies steht in einem Gegensatz zum Gedanken der Selbsterhaltung. So ist nur zu verständlich, daß Nietzsche nicht nur gegen Spinozas Erhaltungs-Grundsatz, sondern auch gegen die bei Spinoza anzutreffende Höherwertigkeit der als ‚causa sui' gedachten und sich gegenüber ihren Modi ewig gleichbleibenden Substanz polemisiert.[26] Es sei eine „Naivität" Spinozas, wie Descartes', „den *Werth* des Ewig-Gleichbleibenden" vertreten und das Sein selbst als dieses gedacht zu haben. Demgegenüber ist für Nietzsche „der Werth des Kürzesten und Vergänglichsten, das verführerische Goldaufblitzen am Bauch der Schlange vita"[27], das bei weitem Wesentlichere. Die Furcht vor Wechsel und Vergänglichkeit ist eine Folge der Psychologie der Metaphysiker. In ihr spricht sich Nietzsche zufolge eine „gedrückte Seele aus, voller Mißtrauen und schlimmer Erfahrung (Fall Spinoza . . .)"[28]. Auf diese Weise kommt im Selbsterhaltungsgedanken psychologisch vermittelt auch eine metaphysische Absicht zum Zuge. Eine „umgekehrte Art Mensch" dagegen würde gerade den Wechsel als „Reiz" auffassen, wobei ‚Reiz' hier im Sinne des Mayerschen Auslösungsgeschehens verstanden werden kann, d. h. als die Doppelheit von Reizendem und Angereiztem, woraufhin sich dann das vorhandene Kraftquantum entfaltet, ausgibt. „Eine mit Kraft überladene und *spielende* Art Wesen würde gerade die *Affekte*, die *Unvernunft* und den *Wechsel* in eudämonistischem Sinne gutheißen, sammt ihren Consequenzen, Contrast, Zu-Grund-gehen usw."[29] Dies ist auch als eine Umschreibung des Ideals des ‚Übermenschen' zu

---

[25] KGW V, 2, 11 (293), S. 452.

[26] Vgl. Spinoza, *Ethica*, I, Def. 4–5; 8; und I, Prop. 1.

[27] KGW VIII, 2, 9 (26), S. 12.

[28] KGW VIII, 3, 18 (16), S. 337. „Ebenso ist die Ängstlichkeit des früheren Daseins der Grund, weshalb die Philosophen so sehr die Erhaltung (des ego oder der Gattung) betonen und als Princip fassen: während thatsächlich wir fortwährend Lotterie spielen gegen dies Princip. Hieher gehören alle Sätze des Spinoza: d. h. *die Grundlage des englischen Utilitarismus*" (KGW VII, 2, 26 (280), S. 222).

[29] KGW VIII, 3, 18 (16), S. 337. Vgl. dazu auch oben Kap. II, 5 (*Die Erfahrung der Kunst*).

lesen. Der Übermensch, als Chiffre für den gegen Nihilismus und Dekadenz stehenden Typus des aufsteigenden Lebens, trachtet aus einem überströmenden Kraftgefühl heraus danach, *das Werden selbst zu sein*. Dies ist ineins ein Werden-zu-sich-selbst. Damit ist das Ideal des Übermenschen Inbegriff des ursprünglichen Grundcharakters aller Wirklichkeit. Selber vom Wesen des Willens zur Macht, weiß er sich eins mit allem übrigen Seienden. Seine Existenzbedingungen sind nicht mehr die für den bisherigen Typus wichtigen Erhaltungs-Bedingungen, zu denen auch Moral und Metaphysik gehörten, sondern Wachstums-, Erweiterungs- und Steigerungs-Bedingungen. Diese Zusammenhänge treten bei Nietzsche unter dem Stichwort des Dionysischen auf und spielen auch im Rahmen der Wiederkunftslehre eine wichtige Rolle.[30]

3. *Erhaltung und kulturgeschichtliche Entwicklung*

Selbsterhaltung ist nicht ein sekundärer, sondern bei näherem Hinsehen sogar ein nur tertiärer Aspekt, der erst als Folge der Selbsterweiterung sowie der Ausbildung von Organisiertheit und Funktionalisierung auftritt. Nietzsche hat nach Maßgabe der Bestimmung, daß Leben „nicht ein Sich-erhalten-wollen, sondern ein *Wachsen*-Wollen" ist (– wobei er freilich, wie an diesem Zitat deutlich, dazu neigt, das problematische Zwischenstück, die Organisation und Funktionalität alles Lebendigen, zu verdecken –) auch eine Einschätzung der „Grundinstinkte" der „politischen geistigen gesellschaftlichen Bewegung Europas"[31] gegeben. Die in geschichts-diagnostischer Hinsicht besonders negativ ins Visier geratenden Institutionen sind Christentum, Wissenschaft und Demokratie. Das Christentum begünstigt, als „plebejisches Ideal", mit seiner auf die „Schädigung der stärkeren höher gearteten männlicheren Typen" hinauslaufenden Moral einen „Heerdenart-Menschen" und dient so der Vorbereitung der demokratischen Denkweise. Die Wissenschaft befindet sich mit der demokratischen Gleichheits-Bewegung im Bunde, insofern sie den Gedanken der „Rangordnung" aus ihrem Gesichtskreis verbannt hat. Und was schließlich die politisch-gesellschaftliche Entwicklung Europas betrifft, so läuft diese nach Nietzsches Ansicht „auf eine sublime Züchtung der Sklaverei" hinaus, die „durch eine starke Rasse kommandirt werden muß, um sich selbst zu ertragen"[32]. Die beiden Diagnosen sowie die politisch düstere Vorhersage signalisieren, in welchem Sinne Nietzsche den Grundcharakter der Lebenspro-

[30] Vgl. unten Kap. VIII, 2 und 5. Vor diesem Hintergrund ist auch deutlich, daß nicht etwa die Selbstvernichtung, der Freitod, sondern das Dionysische der eigentliche Gegenpol zur Selbsterhaltung ist.

[31] KGW VIII, 1, 2 (179), S. 153.

[32] Ebenda.

zesse in diesen Bereichen gefährdet und von Selbstverkehrung bedroht sieht. Wird bedacht, daß in allen drei Gebieten der fundamentalistische Erhaltungsgedanke von nicht geringer Bedeutung ist (Selbsterhaltung als Moral; als allgemeiner methodisch-heuristischer Grundsatz sowie nicht-hintergehbares Merkmal der Gegenstände selbst; Selbsterhaltung und Beharrung als politische Maximen), so liegt auch in bezug auf die kulturgeschichtliche Entwicklung die Vermutung nahe, daß eine starre Selbsterhaltung im Sinne des bloß physischen Überlebens und der zeitlichen Dauer die Entfaltung des höheren Typus Mensch gerade verhindern, nicht also zur Stärkung, sondern zum Niedergang der Lebensform führen wird. Das Erhaltungsapriori müßte, wenn es in seiner ethischen Abzweckung genommen wird, den über das nackte Überleben und dessen bloße Verlängerung hinausgehenden Anspruch erheben, zugleich auch Form, Inhalt und Sinn des, um mit Aristoteles zu sprechen, ‚guten Lebens (eu zēn)'[33] festzulegen. Gegen diese Möglichkeit spricht jedoch bereits der Umstand, daß der Sinn einer Lebenswelt und das Ideal des gelingenden Lebens aufgrund der semantischen Unabgeschlossenheit der Lebenssysteme notwendig von der Interpretation abhängig sind, was eo ipso mehr als die Erhaltung im Sinne bloßer Bestandssicherung und instrumenteller Reproduktion des physischen Lebens beinhaltet.

Daß bestimmten, den ursprünglich-aktiven Charakter des Lebendigen in sich verkehrenden Prinzipien und geschichtlichen Entwicklungen unter einem umfassenderen Gesichtspunkt gleichwohl auch eine indirekt-positive Bedeutung zukommt, gerät in den Blick, sobald der Gedanke der Geschichte mit dem Gesichtspunkt verbunden wird, daß die Willen-zur-Macht-Kräfte und ihr Steigerungsstreben notwendig mit Ansammlungs- und Aufstauungs-Phasen verbunden sind.[34] Zudem bedürfen die Willen-zur-Macht-Komplexe wesentlich der Widerstände. Sie suchen diese auf, um an ihnen ihre Kraft, die sie nur *in und als* Wirkrelation sind, zu bezeugen. Ohne Widerständigkeit und Inhibition kann sich keine große Kraft ansammeln. Dies gilt auch in kulturgeschichtlicher Perspektive. So besteht z. B. das „Wesentliche und Unschätzbare" an jeder Moral darin, daß sie ein „langer Zwang" ist, und daß „lange und in Einer Richtung *gehorcht* werde". Nietzsche nennt den Stoizismus, Port-Royal und den Puritanismus als Beispiele solcher „Tyrannei gegen die ‚Natur', auch gegen die ‚Vernunft'". Erstaunlich und der Natur wohl selbst zugehörig ist, daß alles, was es an „Freiheit, Feinheit, Kühnheit, Tanz und meisterlicher Sicherheit auf Erden gibt oder gegeben hat, sei es nun in dem Denken selbst oder im Regieren, oder im Reden und Überreden, in den Künsten ebenso wie in den

[33] Aristoteles, *Ethica Nicomachea*, Ausg. I. Bywater, 1095a 19; 1140a 28.

[34] Vgl. dazu auch oben Kap. II, 4, S. 70, wo im Zusammenhang der Askese-Problematik betont wurde, daß Nietzsche gerade kein Anhänger eines Laisser-faire ist.

Sittlichkeiten, sich erst vermöge der ‚Tyrannei solcher Willkür-Gesetze' entwickelt hat"[35].

Diese Art von ‚Sklaverei' ist scheinbar „im gröberen und feineren Verstande das unentbehrliche Mittel auch der geistigen Zucht und Züchtung"[36]. Auf geschichtsphilosophischer Ebene zeigt sich von daher, daß etwa auch das Christentum, das die europäische Tradition maßgebend beeinflußt hat, contre coeur zur Herausbildung der „freien Geister" beigetragen hat. Auch Wissenschaft und Demokratie gehören im Gefolge der christlich-moralischen Denkungsart in diesen Prozeß. Gerade in politisch-geistig-gesellschaftlicher Hinsicht glaubt Nietzsche, wie er Mitte der achtziger Jahre einmal notiert, einen Begriff davon gegeben zu haben, „daß eine Aristokratie nur unter hartem langem Druck entsteht"[37]. Freilich ist die mit solchen Entwicklungen ebenfalls zunehmende Gefahr eines allgemeinen Scheiterns jener Verwirklichung des dem Lebensvollzug als Lebensvollzug Grundeigentümlichen nicht zu unterschlagen. Für Nietzsche steht die europäische Entwicklung an einem Scheideweg, den er in der Vorrede des appellativen *Zarathustra* in die Alternative zuspitzt, entweder bei den „letzten Menschen", die, wie sie blinzelnd verkünden, „das Glück erfunden" haben, enden zu müssen oder aber den Weg zum „Übermenschen", d.h. zu dem gegen Nihilismus, Dekadenz und Mediokrität entworfenen Typus des Lebens einzuschlagen. Doch ist wichtig zu sehen, daß auch Nihilismus, Dekadenz, Mediokrität und der von Nietzsche behauptete Sieg der Schlechtweggekommenen, der Herdenmoral über die Starken noch wesentlich zu dieser Entwicklung selbst gehören. Die auf diese Weise zur Dominanz gelangten und den Grundcharakter des Lebendigen bedrohlich in sich verkehrenden, ihn umwertenden ‚Werte' darf man nicht einfach als Anti-Leben voraussetzen. Vielmehr ist diese Entwicklung ihrerseits noch aus einem Interesse des Lebens selbst und aus dessen Existenzbedingungen zu erklären. Auch sie ist eine bestimmte Verzweigung der Willen-zur-Macht-Prozesse. *Alles*, was zu dieser Welt gehört, ist eben dadurch unverzichtbar. Diese holistische Denkfigur ist auch in bezug auf den Status des Erhaltungsgrundsatzes anzuwenden. Es ist nicht zu leugnen, daß es Erhaltungsphänomene in verschiedenen Bereichen und in unterschiedlichen Versionen gibt. Aber sie sind eben als genealogische Folgen des ursprünglichen Geschehenscharakters aufzufassen. Erhaltung ist eine indirekte Konsequenz der Steigerung. Das ist der entscheidende Punkt. In den kleinsten Organismen bildet und staut sich fortwährend Kraft[38], und auch die Menschheit muß als eine „Kraftmasse" angesehen werden, die „wächst und sich ausgeben *muß*"[39].

---

[35] KGW VI, 2, *Jenseits von Gut und Böse*, Aph. 188, S. 110f. [36] Ebenda.
[37] KGW VIII, 1, 2 (179), S. 153. [38] Vgl. KGW V, 2, 11 (139), S. 391.
[39] KGW VII, 1, 7 (268), S. 331. Hervorhebung von Verf.

4. Zwei Arten von Ursache

Dem Leser ist sicherlich nicht erst an dem letzten Zitat aufgefallen, daß der Fortgang von der Kraftakkumulation zur Kraftauslassung nicht etwas ist, was gewollt oder auch nicht gewollt werden kann. Vielmehr liegt hier ein Zugleich von Wollen und Müssen vor. Das Lebendige will seine Kraft auslassen. Nietzsche betont: „es ‚*will*' und ‚*muß*' (beide Worte wiegen *mir* gleich!): die Erhaltung ist nur eine *Consequenz*".[40] Die angesammelte Kraft *muß* sich auslösen. Dies geschieht „entweder von sich aus, wenn die *Fülle* da ist, oder es kommt ein Reiz von außen".[41] Das Fragment, dem dieser Gedanke entstammt, gehört in die Zeit der Mayer-Lektüre Nietzsches. Die Aufnahme der Mayerschen Auslösungskausalität ist unverkennbar. Die sogleich entstehende Frage nach dem Wohin solcher Kraftauslassungen gewinnt ihre Brisanz dadurch, daß Nietzsche jedes teleologische Denken ablehnt. Wohin also richtet sich die entbundene Kraftfülle? Nietzsches Antwort: „sicher nach dem *Gewohnten*: also *wohin die Reize leiten*, dahin wird auch die *spontane* Auslösung sich bewegen". Weiterhin gilt, daß die „häufigeren Reize ... *auch die Richtung der spontanen* Auslösung (*erziehen*)".[42]

Der Hinweis auf ‚Gewohnheit' und ‚Erziehung' klingt zunächst wie eine Verlegenheitslösung, erweist bei näherem Hinsehen jedoch seine grundsätzliche Bedeutung. Dahinter steckt nämlich die Auffassung, daß es eine universale, fest-stehende, abgeschlossene, kausale oder teleologisch bestimmte Verlaufs- und Entwicklungslogik der Geschehensprozesse *nicht* gibt. Nur unter Ausschluß dieser Möglichkeit ist die Rede von ‚Gewohnheit' hier triftig. Es gibt so viele Richtungen wie es Gewohnheiten geben kann. Wird noch hinzugesetzt, daß auch die Repräsentationsfunktionen des Schemas der Wahrnehmung, des Sprechens und des Denkens über die Welt nicht etwas an sich Objektives und einen objektiven Realismus Verbürgendes, sondern ebenfalls vom Charakter des ‚Gewohnten' sind, dann wird deutlich, daß das, was dem Inhalt und dem Umfang nach als ‚Welt' und ‚Wirklichkeit' gilt, eine Angelegenheit wesentlich des ‚Gewohnten', der Konvention, nicht jedoch einer festliegenden Vernünftigkeit ‚in der Sache' ist.

Die Nachlaß-Aufzeichnungen enthalten eine Fülle von Hinweisen auf den Auslösungs-, Reiz-, Entladungs- und Explosions-Charakter jeden Geschehens.[43] In Sachen ‚Wirkung' wurde immer wieder der Fehler begangen, den auslösenden Reiz mit der ausgelösten Wirkung zu verwechseln. Man schließt

---

[40] KGW VII, 2, 26 (277), S. 220f.

[41] KGW V, 2, 11 (139), S. 391.

[42] Ebenda.

[43] Vgl. etwa aus dem Jahre 1881 die folgenden Fragmente: KGW V, 2, 11 (28); (29); (81); (131); (173); (247); (31); (135); (138); (139); (247); u. ö.

„aus großen Kraft-Auslösungen auf große ‚Ursachen'. Falsch! Es können unbedeutende Reize und Menschen sein: aber die Kraft war angesammelt und lag zur Explosion bereit! – Blick auf die Weltgeschichte!"[44] Man beurteilt Menschen in der Regel nach ihren Wirkungen, „mit dem Maaße effectus aequat causam". Tatsächlich aber werden nur Reize ausgeübt, und es kommt darauf an, „*was* in anderen Menschen *vorhanden* ist, daß das Pulver explodirt oder daß der Reiz fast nichts ausmacht". Die Wirkungen eines Menschen auf andere „beweisen, *welche Elemente* in den anderen Menschen der Zeit da waren". Die oft anzutreffende Verwechslung dieser beiden Aspekte betrifft aber nicht nur die Beurteilung von Menschen. Sie erstreckt sich grundsätzlich auf die Einschätzung aller Dinge und Ereignisse, die zumeist nach den im Individuum hervorgerufenen Wirkungen erfolgt. „Wir messen *alles nach der Explosion,* die ein *Reiz* in uns hervorruft, als groß, klein usw."[45].

Im fünften Buch der *Fröhlichen Wissenschaft* werden dementsprechend zwei Arten Ursache unterschieden: die „Ursache des Handelns" und die „Ursache des So- und So-Handelns, des In-dieser Richtung-, Auf-dieses Ziel hin-Handelns". Die erste Ursache ist jenes „Quantum von aufgestauter Kraft", das auf seine Entladung wartet. Die zweite Ursache ist daran gemessen ganz unbedeutend, „ein kleiner Zufall zumeist, gemäss dem jenes Quantum sich nunmehr auf Eine und bestimmte Weise ‚auslöst': das Streichholz im Verhältniss zur Pulvertonne"[46]. In Übertragung auf den Bereich der Kultur und Religion heißt es dann pointiert: „– ein Religionsstifter *kann* unbedeutend sein, ein Streichholz, nichts mehr!"[47] Im Zusammenhang des Teleologieproblems und seiner Verbindung mit dem Gedanken der Selbsterhaltung[48] kann an diesen Punkt angeknüpft werden, denn Nietzsche rechnet die ‚Zwecke' zu dieser Art von Zufall. Gewohnt ist man freilich die umgekehrte Sichtweise, d.h. in Ziel und Zweck die „treibende" Kraft zu sehen. Aber der Zweck ist nur die „dirigirende" Kraft. Man hat dabei „den Steuermann und den Dampf verwechselt"[49]. Der Steuermann lenkt, aber er bewegt nicht.

Diese Richtungskausalität der auslösenden Reize und der Zwecke kann einmal versuchsweise als der aus der Tradition jetzt noch übriggebliebene Grenzwert der aristotelisch-scholastischen ‚begleitenden Kausalität' aufgefaßt werden, eben als eine dirigierende Kausalität. Doch wird sogleich deutlich,

---

[44] KGW V, 2, 11 (135), S. 390.
[45] KGW V, 2, 11 (263), S. 440.
[46] KGW V, 2, *Die fröhliche Wissenschaft,* V (1886), Aph. 360, S. 289. Das Beispiel ‚Streichholz-Pulverfaß' findet sich in Mayers Abhandlung *Über Auslösung* (1876), aber auch schon bei Leibniz, vgl. oben Kap. II, 2, S. 44ff.
[47] KGW VIII, 2, 25 (419), S. 118.
[48] Vgl. unten Kap. V, 1–3.
[49] *Die fröhliche Wissenschaft,* a.a.O. Das Bild ‚Steuermann-Dampf' ist eine direkte Entlehnung Nietzsches nicht aus der Auslösungs-Schrift, sondern aus einem anderen Text J. R. Mayers; vgl. A. Mittasch, *Nietzsche,* S. 119f.

daß und warum Nietzsche über diese Position noch hinausgehen muß. In dieser wenn auch nur ganz entfernt aristotelisch klingenden Denkfigur wird den Zwecken noch eine Eigenständigkeit zugesprochen, die ihnen aufgrund der von Nietzsche vorgenommenen Interessen- und Gewichtsverlagerung vom auslösenden Reiz zum ausgelösten Kraftquantum selbst gar nicht mehr zugewiesen werden kann und darf. Es ist Teleologie zu glauben, daß „der Große" eben den „vorhandenen zur Explosion bereiten Elementen zur Zeit kommen *muß*"[50]. Und was die menschlichen Handlungen betrifft, so ist das, was Ziel und Zweck einer Handlung genannt wird, „oft genug nur ein beschönigender Vorwand, eine nachträgliche Selbstverblendung der Eitelkeit, die es nicht Wort haben will, daß das Schiff der Strömung *folgt*, in die es zufällig gerathen ist", und daß es „dorthin ‚will', *weil* es dorthin – *muß*"[51].

Stellt das Konzept der *Selbst*-Erhaltung bereits in der Frühen Neuzeit das für deren Rationalität konstitutive Prinzip und zugleich den Gegenbegriff zur aristotelisch-scholastischen Teleologie und dem mit dem absoluten Gottesbegriff des Spätnominalismus verbundenen Gedanken der *Fremd*-Erhaltung dar, so findet die immanente Radikalisierung, Überbietung und Auflösung des Erhaltungsgedankens, wie diese über die Stationen der Erweiterung, der Steigerung, der fortwährenden inneren Akkumulation zum Gedanken der Explosion, Entladung und Auslassung der Kraft erfolgt, erst recht keinen Halt mehr an einem teleologischen Denken. Der Ausschluß der Teleologie gilt jetzt nicht mehr nur in bezug auf die Frage, ob die Welt ein sinnvolles Ganzes und auf den Menschen hingeordnet sei, sondern sogar auf der Ebene der Organisiertheit und Funktionalität der als Gebilde relativer Einheit und Dauer erscheinenden einzelnen Wirklichkeits-Gestaltungen selbst. Damit kommt das anti-teleologische Motiv der neuzeitlichen Rationalität erst bei Nietzsche zu seiner vollen Entfaltung. Freilich erfolgt dies um den Preis der Auflösung gerade des seinerseits von Nietzsche noch als rest-teleologisch angesehenen Konzepts der intransitiven und reflexiven Selbsterhaltung als eines primären Prinzips und damit der vielleicht wichtigsten Stütze der neuzeitlichen Rationalität[52] selbst. Zugleich lassen diese Aspekte bereits vermuten, daß im Zuge der Charakterisierung der Geschehensvollzüge als Kraft-Auslösungs-Vorgänge auch dasjenige, was herkömmlicherweise und gerade auch in Verbindung mit dem Grundsatz der Selbsterhaltung als ‚Lust/Unlust', ‚freier Wille' und ‚Glück' gefaßt wurde, einer fundamentalen Uminterpretation unterzogen wird.

---

[50] KGW V, 2, 11 (263), S. 440. Nietzsche fährt fort: „Wichtig ist jedenfalls, daß die *anreizende* Kraft eines Menschen nach seinem Tode übrig bleiben kann, durch seine Werke oder durch die Fabel, die von seinem Leben sich bildet: darauf sollen *die* denken, welche *auf die Zeit keinen ‚Reiz'* üben."

[51] *Die fröhliche Wissenschaft*, a.a.O., S. 289f.

[52] Zu deren Entstehung und Eigenart vgl. die Kap. I, Anm. 1 genannten Arbeiten von H. Blumenberg und D. Henrich.

IV. Lust, Willensfreiheit und Glück als Epiphänomene

1. *Lust und Unlust als Ingredienzien*

Analog zur Dualität der Ursachetypen unterscheidet Nietzsche auch an dem Begriff der Lust zwei Seiten: die „*Berechnung auf Lust* als eine mögliche Folge einer Handlung" und die „mit einer Thätigkeit selber verbundene Lust, als Auslösung einer gebundenen und aufgestauten Kraft"[1]. Dieser zweiten Art von Lust gehört zweifelsohne Nietzsches größeres Interesse. Darin zeigt sich ein Unterschied zwischen dem frühen und dem späten Nietzsche. In den frühen Schriften finden sich durchaus Passagen, denen zufolge das Streben nach Lust und die Vermeidung von Unlust den Status von Handlungsmotiven einnehmen können.[2] Im Zuge jedoch der sich seit Beginn der achtziger Jahre ausbildenden Lehre der Willen-zur-Macht verlieren Lust und Unlust diese Funktion und werden schließlich als nachgereichte Vorurteile eingestuft. Der Mensch sucht und will ein Mehr an Macht. Sein Tätigsein ist nicht durch Streben nach Lust bzw. durch Vermeidung von Unlust bestimmt und zu erklären. Lust und Unlust sind vielmehr Folge, „bloße Begleiterscheinung" des fundamentaleren Conatus, des Machtstrebens.

Wenn Lust aber das die Machterhöhungen begleitende subjektive Gefühl ist, so ist damit auch der Punkt markiert, an dem Nietzsches Sichtweise sich von derjenigen der Physiologen und auch von der der Motivations-Psychologen unterscheidet. Diese verstehen Tätigkeit bloß als Freisetzung eines aufgestauten Dranges und Druckes. Für Nietzsche dagegen ist entscheidend, daß jedes Tätigsein „ein *Überwinden* von Schwierigkeiten und Widerständen" ist. Lust stellt sich als Begleiterscheinung der fortwährenden Überwindungen vieler Widerstände ein, die gleichsam „wie in einem rhythmischen Tanze eine Art *Kitzel des Machtgefühls* mit sich bringen". Dabei sind alle Lust- und Unlust-Erscheinungen „intellektuell", sie sind „Ausdeutungen" von „Hemmungserscheinungen".[3] So kommt gerade der Unlust eine charakteristisch anreizende Funktion zu. Mit dem Mehrwollen an Macht ist verbunden, daß die sich aus-

[1] KGW VIII, 1, 1 (77), S. 26.
[2] Vgl. z. B. KGW IV, 2, *Menschliches, Allzumenschliches,* I, Aph. 102 S. 97.
[3] KGW VIII, 1, 7 (18), S. 309.

lassende Kraft nach einverleibbarer Nahrung ihres Machtstrebens Ausschau hält. Dieses Ausschauhalten muß ineins ein Suchen nach Widerständen sein, an denen sich der jeweilige Wille-zur-Macht realisieren kann. Gerade also von seinem Mehrwollen her „braucht" jeder Wille-zur-Macht etwas, das sich ihm „entgegenstellt"[4], sucht er Widerstände auf, „um über sie Herr zu werden". In dieser Bewegung muß folglich mit dem Stärker-werden-wollen auch das Ausmaß des „herausgeforderten Mißlingens und Verhängnisses wachsen"[5]. Die damit verbundene Unlust, das Gefühl, „nicht widerstehen und Herr werden zu können"[6], ist mithin als „Hemmniß" des Willens-zur-Macht gerade dessen „Stimulus"[7]. Unlust ist daher ein „normales Faktum", das „normale Ingredienz jedes organischen Geschehens". Der Mensch sucht sie nicht zu vermeiden. Er hat sie vielmehr „fortwährend nöthig", denn „jeder Sieg, jedes Lustgefühl, jedes Geschehen setzt einen überwundenen Widerstand voraus"[8]. Dies kann sich in sehr unterschiedlichen, transfigurierten und sublimierten Formen vollziehen. Die Unlust wirkt also Nietzsche zufolge gerade als „Reiz des Lebens"[9], sie stärkt den Willen zu Macht. Von daher gibt es „einen Willen zum Leiden im Grunde alles organischen Lebens (gegen ‚Glück' als ‚Ziel')"[10]. Erst an diesem Punkt zeigt sich die ganze Brisanz und Tragweite des Umstandes, daß die gegen das Prinzip der Selbsterhaltung als ursprünglicher ins Feld geführten Prozesse der Kraft-Auslassung zugleich ein Wollen *und* ein Müssen sind. Da alles Werden, Geschehen und Wirken nur *als* relationales Übermächtigungsgeschehen dynamischer Willen-zur-Macht-Organisationen *ist*, sind Unlust und Leiden dem Vollzug jedes Lebendigen im Kern und notwendig eingewoben. Darüber hinaus folgt aus der Einsicht, daß Lust und Unlust nicht Ursachen für Aktionen und/oder Reaktionen, sondern bereits Wirkungen, Begleiterscheinungen innerhalb der Geschehensvollzüge selbst sind, „daß Alles so verlaufen würde, nach genau derselben Verkettung der Ursachen und Wirkungen, wenn diese Zustände ‚Lust und Schmerz' fehlten"[11]. Dieser Aspekt ist auch im Hinblick auf die Wiederkunftslehre bedeutsam. Die uneinge-

---

4 KGW VIII, 3, 14 (174), S. 152.
5 KGW VIII, 2, 11 (77), S. 280.
6 KGW VIII, 3, 14 (80), S. 52.
7 KGW VIII, 3, 14 (174), S. 153.
8 a.a.O., 152.
9 KGW VIII, 2, 11 (77), S. 280.
10 KGW VII, 2, 26 (275), S. 220. Natürlich will Nietzsche sowohl die Unlust als auch die Lust noch einmal in sich unterschieden wissen. Unlust als Reiz zur Machtsteigerung und Unlust „nach einer Vergeudung von Macht", sowie Lust im Sinne des Sieges und Lust etwa im Sinne eines auf Erschöpfung folgenden Einschlafens sind nicht miteinander zu verwechseln (vgl. KGW VIII, 3, 14 (174), S. 153). Dazu, daß Lust und Unlust wie „mit einem Stricke zusammengeknüpft" sind, vgl. KGW V, 2, *Die fröhliche Wissenschaft*, I, Aph. 12, S. 57f.
11 KGW VIII, 3, 14 (152), S. 127.

schränkte und vorbehaltlose Bejahung der ewigen identischen Wiederkehr aller Dinge, *alles* Wirklichen, auch des Leidvollsten und Mediokresten, hat ihr Motiv nicht in Lust und Unlust.[12]

2. *Wollen als Befehlen und Begleitgefühl der Machtsteigerung*

Für Nietzsche ist Wollen nicht als ein Begehren, Streben oder Verlangen aufzufassen. Von diesen hebt es sich durch den „*Affekt des Commando's*"[13] ab. Wollen ist ein Befehlen. Weiterhin ist jedes Wollen ein Etwas-wollen. Ein davon losgelöstes Wollen-an-sich gibt es nicht, ist „reine Fiktion". Dies bedeutet freilich nicht, daß nun der Wille „effektuirt" wird. Es gilt der Zusammenhang: Wollen ist ein Befehlen, Befehlen ist ein bestimmter Affekt, und, was zu betonen ist, dieser Affekt ist eine „*plötzliche Kraftexplosion*"[14]. Darin liegt, daß auch hinsichtlich des Wollens nicht von Ursachen, sondern von Reizen des Wollens gesprochen werden sollte. Der Affekt des Befehlens kann näher charakterisiert werden: „gespannt, klar, ausschließlich Eins im Auge, innerste Überzeugung von der Überlegenheit, Sicherheit, daß gehorcht wird". Vor diesem Hintergrund ist zu fragen, wie es im Zuge der Auflösung des Prinzips der Selbsterhaltung um den für die neuzeitliche Rationalität nicht gerade unerheblichen Gedanken des ‚freien Willens' steht.

Es war zu hören, daß Nietzsche in Spinoza auch deshalb seinen Vorgänger sieht, weil dieser die Willensfreiheit leugnet.[15] Zu beachten ist freilich, daß Nietzsche Lehrstücke, die er bekämpft, nicht einfach unter Rekurs auf eine bloß entgegengesetzte und deduktiv verfahrende Argumentation zurückweist. Vielmehr zeigt er die Bedingungen und die Notwendigkeit auf, unter deren Voraussetzung die jeweilige Position überhaupt erst zustande kommen kann oder gar muß. So steht auch in Sachen Willensfreiheit zu vermuten, daß diese nicht einfach verschwindet, sondern einer Uminterpretation unterzogen wird. Eine erste Ebene der Bestimmung ergibt sich aus dem bisher Gesagten. Freiheit des Willens ist das „Überlegenheits-Gefühl" des Befehlenden in Hinsicht auf den Gehorchenden: „*ich* bin frei, und *Jener* muß *gehorchen*"[16]. Doch ist diese Freiheit stets in ihrer unaufhebbaren Bindung an die Grundstruktur des Übermächtigungsgeschehens selbst zu betrachten. Sie darf also nicht als ein isolierter, bewußtseins-solipsistischer ‚freier' Wille, dem, je nachdem ob er

---

[12] Vgl. dazu unten Teil II, vor allem Kap. VIII.

[13] KGW VIII, 2, 11 (114), S. 296; vgl. VII, 3, 34 (251), S. 226. Vgl. dazu auch Nietzsches Kritik an der Schopenhauerschen Willenslehre, oben Kap. II,4.

[14] KGW VII, 2, 25 (436), S. 123.

[15] Vgl. oben Kap. II, 3, S. 49f.

[16] KGW VII, 2, 25 (436), S. 123.

will oder nicht, eine Wirkung folge, aufgefaßt werden. Zunächst also ist festzuhalten, daß Freiheit des Willens etwas meint, das in den grundsätzlich als Machterweiterung und Machtsteigerung auszulegenden Geschehensvorgang selbst hineingehört und unabhängig von diesem gar nicht existiert. ‚Frei' sein heißt hier: „nicht gestoßen und geschoben" werden, „ohne Zwangsgefühl"[17] sein. Stellt man sich jetzt einmal vor, auf der Innenseite des Geschehens selbst zu stehen, den Geschehenscharakter von seiner Internität her zu betrachten, so wird deutlich, daß immer dann, wenn ein Widerstand begegnet, der zum Nachgeben zwingt, ‚Unfreiheit', überall dort aber, wo man in der Lage ist, den Widerstand zum Nachgeben zu zwingen, ein Gefühl der ‚Freiheit' erfahren wird. Damit ist der entscheidende Punkt genannt. Es ist das Gefühl der Kraft-Mehrung, das als ‚Freiheit des Willens' bezeichnet wird, das Bewußtsein davon, „daß unsere Kraft *zwingt* im Verhältnis zu einer Kraft, welche gezwungen wird"[18]. Darin ist jedes Wollen ein äußerst komplexes Geschehen, etwas, das „nur als Wort eine Einheit" ist. Lediglich auf einen Aspekt sei hier besonders hingewiesen. Wenn ein Mensch ‚will', so befiehlt er „einem Etwas in sich, das gehorcht oder von dem er glaubt, daß es gehorcht". Die Wollenden sind hier mithin zugleich die Befehlenden *und* die Gehorchenden. ‚Willensfreiheit' ist dann das „Wort" für jenen „vielfachen Lust-Zustand des Wollenden, der befiehlt und sich zugleich mit dem Ausführenden als Eins setzt, – der als solcher den Triumph über Widerstände mit geniesst, aber bei sich urtheilt, sein Wille selbst sei es, der eigentlich die Widerstände überwinde". Auf diese Weise reichert der Wollende seine eigenen Lust-, und das heißt Machtgefühle, die er als Befehlender hat, gerade auch mit den Lustgefühlen der „ausführenden, erfolgreichen Werkzeuge, der dienstbaren ‚Unterwillen' oder Unter-Seelen"[19] an.

In diesem Zusammenhang ist an einen bestimmten Aspekt der Mayerschen Auslösungslehre zu erinnern. Mayer hatte auf die Bedeutung des „sensorium commune", d. h. des gemeinsamen Zentrums der motorischen Nerven mit den sensitiven Nervenwurzeln hingewiesen und betont, daß „der jeweilige Zustand des Auslösungsapparates für das Allgemeingefühl oder für das allgemeine Befinden massgebend ist"[20]. Dies ist als Hintergrundvorstellung auch in Nietzsches Auffassung einer, wenn man so will, Willen-zur-Macht-physiologischen ‚Freiheit' eingegangen. Alle physiologischen Vorgänge sind darin gleich, daß es sich bei ihnen um „Kraftauslösungen" handelt, die, „wenn sie in das sensorium commune gelangen, eine gewisse Erhöhung und Verstärkung

[17] KGW VII, 3, 34 (250), S. 225.
[18] a. a. O., S. 226.
[19] KGW VI, 2, *Jenseits von Gut und Böse*, Aph. 19, S. 26f.
[20] J. R. Mayer, *Über Auslösung*, a. a. O., S. 98; vgl. oben Kap. II, 2, S. 46.

mit sich führen"[21]. Und genau diese Erhöhung und Verstärkung ist es, die dann, „gemessen an drückenden, lastenden Zuständen des Zwangs", als Freiheitsgefühl interpretiert, „ausgedeutet" wird. Wenn für alles Wirkliche und Lebendige grundcharakteristisch ist, daß es seine Kraft steigern und auslassen möchte, so handelt es sich überall dort, wo Lebendiges sich vollzieht, um „plötzliche Explosionen" von Kraft, und das darin auftretende subjektive Begleitgefühl wird ‚freier Wille' genannt[22]. In einem Entwurf vom Frühjahr 1884 heißt es unter der Überschrift ‚Psychologie': „Wille? Das eigentliche Geschehen alles Fühlens und Erkennens ist eine Explosion von Kraft: unter gewissen Bedingungen (äußerste Intensität, so daß ein Lustgefühl von Kraft und Freiheit dabei entsteht) nennen wir dies Geschehen ‚Wollen'"[23]. Unter ‚Wollen' darf also nicht der allgemeine „Spannungszustand" verstanden werden, „vermöge dessen eine Kraft nach Auslösung trachtet"[24]. Wollen ist vielmehr die „Begleit-Erscheinung" alles „*Ausströmens* von Kraft"[25]. Wird hier nach dem ‚Wert' des Wollens gefragt, so bestimmt dieser sich zunächst nach „Zahl" und „Mächtigkeit" der Kraftexplosionen und erst in zweiter Linie nach der diesen Explosionen gegebenen „Richtung"[26]. Auch hier ist die Mayersche Unterscheidung der beiden Komponenten des Auslösungsgeschehens im Spiel. Die Handlungsmotive sind von den Richtungsmotiven deutlich zu unterscheiden. Wenn von Motiven zum Handeln die Rede ist, so ist in der Regel nur das Richtungsmoment im Blick. Kommen beide Aspekte, die in einer gemeinsamen Wurzel zusammenlaufen und verbunden sind, im Sinne günstiger Konstellationen und energetischer Dispositionen komplementär überein, so wird von ‚freien Handlungen' gesprochen. Die ‚freieste' Handlung ist dann diejenige, in der die „eigenste stärkste feinstens eingeübte Natur hervorspringt", und zwar so, „daß *zugleich unser Intellekt* seine *dirigirende* Hand zeigt. – Also die *willkürlichste* und doch *vernünftigste* Handlung!"[27] Dies zeigt auch, wie sehr bei Nietzsche Freiheit, höchstes Mächtigsein und vollständiges Individuiertsein zusammengedacht werden. In diesem Sinne ist das Individuum der Gipfel der Betrachtung. Doch geht es darin eben gerade nicht mehr um dessen traditionelle Auffassung als unteilbares Ganzes und nicht mehr um ein Wählenkönnen zwischen Möglichkeiten.

---

[21] KGW VII, 2, 27 (3), S. 275.
[22] KGW VII, 1, 16 (20), S. 532.
[23] KGW VII, 2, 25 (185), S. 60.
[24] KGW VIII, 2, 11 (114), S. 296.
[25] KGW VII, 1, 7 (226), S. 320. Hervorhebung von Verf.
[26] KGW VII, 1, 16 (20), S. 532.
[27] KGW VII, 1, 7 (52), S. 266.

3. *Freiheit und Notwendigkeit bei Kant*

Wird der jetzt erreichte Stand der Überlegungen mit der Auffassung Spinozas verglichen, so läßt sich zunächst eine Übereinstimmung zwischen Nietzsche und Spinoza in Sachen Willensfreiheit feststellen. „Voluntas non potest vocari causa libera, sed tantum necessaria"[28]. Mit dieser Aufhebung des freien Willens durch Spinoza kann Nietzsche im Prinzip übereinstimmen. Es finden sich bei Spinoza Formulierungen, die noch näher an Nietzsches eigene Sichtweise heranragen. So etwa, daß die Menschen „ea sola de causa liberos se esse credant, quia suarum actionum sunt conscii, & causarum, a quibus determinant ignari". Von hier aus gehört der freie Wille zu den Vorurteilen (praejudicia). Diejenigen, die noch glauben, „se ex libero Mentis decreto loqui, vel tacere, vel quicquam agere, oculis apertis somniant"[29]. Die Reichweite dieser Nietzsche und Spinoza gemeinsamen Leugnung der Willensfreiheit springt aber erst ins Auge, wenn zwischen beiden die Anstrengung Kants eingetragen wird, die Willensfreiheit gegenüber der Naturnotwendigkeit zu behaupten und im Sinne einer Selbsterhaltung der Vernunft zu sichern. Wenn sich in Spinozas Begriff der Selbsterhaltung das Prinzip der neuzeitlichen Rationalität allgemeinen, d.h. auf alles Seiende, auf das Wesen der Dinge selbst bezogenen Ausdruck verschafft, so darf darüber nicht vergessen werden, daß die Willensfreiheit einen zentralen Bestandteil gerade der Selbsterhaltung der neuzeitlichen, der konstruierenden Vernunft sowie der Verschränkung des Erhaltungsprinzips mit dem vom Cartesianischen Ansatz her für die Neuzeit kennzeichnenden Ausgangspunkt beim Selbstbewußtsein darstellt. Kant hat die an dieser Stelle lauernde Gefahr einer skeptischen Konsequenz der neuzeitlichen Vernunfttätigkeit deutlich gesehen. Die Schwierigkeit ist eine doppelte. Zum einen könnte man vorbringen, daß die Vernunft einen Gesetzeszusammenhang zutage fördert, der in der Natur selbst immer schon und ohnehin herrscht. In diesem Falle wäre die Folgerung die, daß die Vernunft gegenüber der Struktur der Natur keine Freiheit des konstruierenden Vorschreibens besitzt. Zum anderen legt der Gesetzes- und Determinationscharakter der Naturvorgänge, wie diese in Galileis und Newtons Physik dargelegt werden, die Möglichkeit nahe, die Naturkausalität gerade auch auf die Vernunfttätigkeit selbst auszudehnen. Damit wäre der Vernunft auch von dieser Seite ihre Freiheit genommen. Um die eigentliche Bedeutung des Brückenschlages Nietzsche-Spinoza hinsichtlich des Problems der Willensfreiheit zu verstehen, ist es erforderlich, Kants Behandlung und Lösung dieses Problems in Erinnerung zu rufen.

---

[28] B. de Spinoza, *Ethica*, I, Prop. 32, a.a.O., S. 72. Zum Verhältnis Nietzsches zu Spinoza, vgl. oben Kap. II, 3.

[29] *Ethica*, III, Prop. 2, schol., a.a.O., S. 143f.

Hatte Kant in der *Kritik der reinen Vernunft* die beiden ersten der vier Antinomien (Endlichkeit vs. Unendlichkeit der Welt; Unteilbarkeit vs. Teilbarkeit der Substanzen/Dinge) dadurch auflösen können, daß er sie als Schein entlarvte, so erfordert die Auflösung der dritten Antinomie, derjenigen des Verhältnisses von Naturnotwendigkeit und Freiheit, eine kompliziertere Antwort.[30] Der Thesis zufolge gibt es neben der „Kausalität nach Gesetzen der Natur" noch eine „Kausalität durch Freiheit", während die Antithesis diese Möglichkeit bestreitet. In der Antithesis kann man Spinozas Argumentation gegen die Möglichkeit der Willensfreiheit wiedererkennen. Beide Male wird unter Rückgriff auf das infinite Reihenmodell, d. h. auf den grundsätzlich unabschließbaren Rückgang in der Wirkung-Ursache-Kette argumentiert. Bei Spinoza ist zu lesen: „unaquaeque volitio non potest existere, neque ad operandum determinari, nisi ab alia causa determinetur, & haec rursus ab alia, et sic porro in infinitum"[31]. Die Vollständigkeit der Kausalreihe und ein erster Anfang sind es nun aber, die, der Thesis zufolge, von der Kausalität nach Naturgesetzen vorausgesetzt werden müssen, wenn es nicht zu einem Selbst-Widerspruch kommen soll. Es gibt also eine freie, unbedingte Kausalität, d. h. eine „absolute Spontaneität" der Ursachen, die eine Erscheinungsreihe, „die nach Naturgesetzen läuft", von selbst anfangen und mithin „transzendentale Freiheit"[32] genannt werden kann. Diese Freiheit ist Kant zufolge sowohl für die theoretische als auch besonders für die praktische Vernunft geradezu ein Bedürfnis und eine Nötigung.[33] Kants Lösung dieser Antinomie besteht darin, zwei verschiedene Ebenen und Perspektiven zu unterscheiden, auf die bezogen die beiden Kausalitäten dann zugleich und mit Blick auf ein und dieselbe Begebenheit eine miteinander vereinbare Gültigkeit haben. Freiheit und Naturnotwendigkeit widersprechen sich insofern nicht, als die Kausalität zum einen „als *intelligibel* nach ihrer *Handlung*, als eines Dinges an sich selbst", und zum anderen „als *sensibel*, nach den *Wirkungen* derselben, als einer Erscheinung in der Sinnenwelt"[34], betrachtet werden kann.

Diese Lösung Kants und damit auch die Verteidigung des Konzepts der Willensfreiheit lebt von der Unterscheidung zwischen ‚Erscheinungen' und ‚Dingen-an-sich'. „Denn, sind Erscheinungen Dinge an sich selbst, so ist Freiheit nicht zu retten"[35]. Dann hätten die Erscheinungen selbst allen Charakter der „absoluten Realität". Die Antinomie von Naturnotwendigkeit und Freiheit wäre also nicht aufzulösen, wenn Kant nicht diese beiden unterschiedli-

---

[30] Vgl. I. Kant, *Kritik der reinen Vernunft*, Ausg. R. Schmidt, B 472–479 und vor allem B 560–586.

[31] *Ethica*, I, Prop. 32, Dem., a. a. O., S. 72.

[32] *Kritik der reinen Vernunft*, B 474.

[33] Vgl. dazu *KrV*, B 561 ff.

[34] *KrV*, B 566.

[35] *KrV*, B 564.

chen Weltbegriffe ins Spiel bringen könnte. Da die Kausalität durch Freiheit ihren Ursprung in der Vernunft selbst hat, und da die reine Vernunft als „ein bloß intelligibles Vermögen" weder der Zeitform noch den Bedingungen der Zeitfolge unterworfen, d.h. die Kausalität der Vernunft im „intelligiblen Charakter"[36] nicht etwas ist, das ‚entsteht', ist Kausalität durch Freiheit die ihrerseits unbedingte Ausgangsursache einer Erscheinungsreihe. Und der Mensch ist, unter diesem intelligiblen Standpunkt betrachtet, ein freies, d.h. unbedingtes Wesen.[37]

Grundlegend für Kants Freiheitslehre ist also die Unterscheidung von empirischem und intelligiblem Charakter und die Verdopplung des Weltbegriffs. Wenn Freiheit nicht zu retten ist, falls Erscheinungen Dinge-an-sich-selbst sind, dann wird deutlich, daß es vor allem Nietzsche ist, der die Idee einer aus der Perspektive des Gedankens der Selbsterhaltung der Vernunft *als* Vernunft konzipierten Freiheit auflöst. Es ist Nietzsche, der die für Kant wesentliche Welt-Verdopplung als Fiktion dechiffriert und in ein rein immanentes Beisichsein des wirklichen Geschehens zurückübersetzt. Die Unterscheidung zwischen Erscheinung und Wesen wird selbst hinfällig. Jedoch darf dies nicht als eine Rückkehr zum kausalen Determinismus mißverstanden werden. Dies ist in genau dem Maße nicht mehr der Fall wie auch auf der anderen Seite, etwa in dem bei Schelling vorgenommenen Ineinandersetzen des Intelligiblen und des Bestimmten, der Freiheit und der Notwendigkeit im Sinne einer Vereinigung von Idealismus und Realismus[38], worin dann die innere Notwendigkeit selbst die Freiheit *ist*, nicht einfach mehr als idealistisch zu kennzeichnen ist, obwohl Schelling dabei nach wie vor den Freiheitsaspekt in der intelligiblen Komponente verkörpert sieht. Bei Nietzsche meint die mit jedem Geschehen verknüpfte absolute interne Notwendigkeit, als deren Begleiterscheinung dann auch ‚Freiheit des Wollens' in dem oben[39] erörterten Sinne auftritt, keinen kausal-mechanischen Determinismus (wie er etwa im Spinozismus bestimmend ist) und auch kein Fatum. Vielmehr geht es um jene dem Geschehen selbst innewohnende und sich *in und als* dessen Vollzug *selbst-konstituierende* Notwendigkeit[40], wie diese sich auch aus dem Umstand ergibt, daß alles Kräf-

---

[36] *KrV*, B 579.

[37] Für den hier interessierenden Zusammenhang ist es nicht erforderlich, dieses Kantische Problem über den Bereich der Kritik der reinen Vernunft, in dem es um den Aufweis der ‚Möglichkeit' der Freiheit geht, in den Bereich der praktischen Vernunft, wo im Rahmen des dem handelnden Menschen eigentümlichen Bewußtseins des Sittengesetzes die ‚Wirklichkeit' der Freiheit aufgewiesen wird, weiter zu verfolgen.

[38] Vgl. F. W. J. Schelling, *Philosophische Untersuchungen über das Wesen der menschlichen Freiheit*, (1809), in: *Werke*, Bd. IV, S. 276f.

[39] Kap. IV, 2.

[40] Der Charakter der Selbst-Konstituierung *dieser* Notwendigkeit wird später auch für das Verständnis der Wiederkunftslehre grundlegend sein. In ihr geht es *nicht* um einen Determinismus

te-Geschehen zugleich ein Wollen *und* ein Müssen ist.[41] In diesem Sinne wird hier der Unterscheidung zwischen empirischem und intelligiblem Charakter inwendig der Boden entzogen.

Wird zudem bedacht, daß Nietzsches Verständnis von Metaphysik wesentlich durch die Überlegung bestimmt ist, daß der „Unsinn“ aller Metaphysik in einer „Ableitung des Bedingten aus dem Unbedingten“[42] besteht, daß die Metaphysiker hinter den Erscheinungen eine zweite und vermeintlich höhere, wesentlichere Welt errichten, daß sie „Hinterweltler“[43] sind, und daß Metaphysik immer wieder dadurch entsteht, daß das Denken zu dem Bedingten ein Unbedingtes „hinzuerfindet“[44], dann ist deutlich, daß es für Nietzsche geradezu eine antimetaphysische Verpflichtung ist, einen auf solch fiktiven Verdopplungen ruhenden Begriff der Willensfreiheit zurückzuweisen. Im Rahmen der Erörterungen zur Wiederkunftslehre wird zu sehen sein, daß die Konstruktion einer solchen ‚wahren', dem Werden, der Zeitform und der Perspektivität enthobenen Welt ein Erhaltungsmittel und ein Palliativ sowohl gegen den Nihilismus als auch gegen einen blinden Determinismus war.[45] Diese Problemlage tritt bei Kant in der für die Neuzeit charakteristischen Gestalt auf, daß die Vernunft durch die Betonung ihrer formellen Freiheit des konstruierenden Vorschreiben-Könnens und durch Rekurs auf das Intelligible die Bedingungen ihrer eigenen Möglichkeit zu sichern, auf Dauer zu stellen, zu behaupten und zu erhalten sucht.

4. *Handlung und Glück, Machtwollen und Unglück*

Die Uminterpretation der Eigenart und Funktion der Willensfreiheit sowie der Lust und Unlust läßt vermuten, daß auch ‚Glück' nicht die Stellung eines motivbildenden Zweckes menschlichen Handelns einnehmen kann, daß der Mensch im Handeln nicht nach ‚Glück' strebt, und daß ‚Glück' sich ebenfalls als eine subjektive Begleiterscheinung des Machtgefühls erweist. Dennoch ist die Glücks-Frage eigens herauszustellen, da sie an Umfänglichkeit noch über die der Willensfreiheit und der Lust und Unlust hinausgeht. Dabei sei die rein moralphilosophische Seite außer acht gelassen. Das Augenmerk ist sogleich auf den Handlungscharakter selbst zu richten.

---

und *nicht* um irgendein externes Fatum. Vgl. in diesem Sinne unten die Kap. VI, 5; VIII, 5; X und XII.

[41] Vgl. oben Kap. III, 4, S. 93ff.

[42] KGW VII, 1, 8 (25), S. 352f.

[43] KGW IV, 3, *Menschliches, Allzumenschliches*, II, 1, Aph. 17, S. 22; vgl. dazu KGW VI, 1, *Zarathustra*, I (*Von den Hinterweltlern*), S. 31–34.

[44] KGW VII, 1, 8 (25), S. 352.

[45] Vgl. dazu Kap. IX.

Gemeinhin wird in bezug auf Handlungen zuerst nach dem Wozu, nach dem Wohin sowie nach den Folgen gefragt, d.h. man geht davon aus, daß ein Handeln bereits vorliegt. Für Nietzsches Philosophieren dagegen ist auch hier wiederum kennzeichnend, daß die scheinbare Selbstverständlichkeit einer solchen Voraussetzung in sich zurückgedrängt und so die Genesis des Handlungsvorgangs selbst zum eigentlichen Problem wird. Die Frage nach dem Woraus des Handelns nötigt vor dessen *Geschehens*charakter. Der Mensch handelt „nicht *um des Glücks wegen* oder *Nutzens wegen* oder um Unlust abzuwehren", sondern „eine *gewisse Kraftmenge* giebt sich aus, ergreift etwas, woran sie sich auslassen kann". Was Ziel und Zweck genannt wird, ist in Wahrheit das „Mittel" für diesen „unwillkürlichen Explosions-Vorgang". Diese Denkfigur ist von der Behandlung der Willens-Problematik her vertraut.[46] Doch wird mit der Frage nach dem Glück ein im Vergleich dazu umfassenderer Zustand ins Spiel gebracht. Willensfreiheit kann etwa bereits aus dem Umstand verstanden werden, daß sich ein und dieselbe „Kraftgefühls-Menge" auf unterschiedlichste Weise „entladen" kann, und sie meint dann das subjektive Gefühl „einer gewissen *Beliebigkeit* der Handlungen in Betreff dieser Spannungs-Erleichterung"[47].

Nietzsche greift nun auch hinsichtlich der Frage nach dem Glück auf den Auslösungsgedanken[48] zurück. Es handelt sich um ein wechselseitiges Aufeinanderwirken und Sich-Steigern beider Bestandteile, des Auslösenden wie des Auszulösenden. Der „Grad des Kraftgefühls befruchtet den Geist; der führt viele Ziele vor, wählt sich ein Ziel aus, dessen Folgen für das Gefühl ausspannend sind". So entsteht eine doppelte Entladung. Einmal „in der *Vorwegnahme* eines ausspannenden Ziels", und sodann „im Handeln selber"[49]. Diese beiden Aspekte dürfen nicht verwechselt werden. Durch das Vor-stellen eines Zieles wird die „Begierde der Entladung" bis zum Äußersten gesteigert, wird, um im Bilde des Dampfboot-Beispiels Julius Robert Mayers zu sprechen[50], der im Lebendigen sich fortwährend sammelnde lebensenergetische Druck aufs Höchste angestaut. Im Blick auf Stellung und Funktion des ‚Glücks' bedeutet dies, daß das Glück im Sinne des ‚plaisir' als Ziel des Handelns „nur ein Steigerungsmittel der Spannung" ist. Davon ist dasjenige Glück zu unterscheiden, das „*in der Action selber liegt*". Das sehr bestimmte „finale Glück" darf nicht mit dem „Glück in der Action" verwechselt werden, welches „durch hundert solche bestimmte Glücksbilder zu bezeichnen sein" würde. Wie die Freiheit des Willens, so erweist sich mithin auch das Glück als eine subjektive

[46] Vgl. oben Kap. IV, 2. Die Zitate KGW VII, 1, 7 (77), S. 276f.
[47] KGW, a.a.O., S. 277
[48] Vgl. dazu oben Kap. II, 2, und III, 4.
[49] KGW, a.a.O., S. 277f.
[50] Vgl. auch oben Kap. III, 4, S. 94, Anm. 49.

Begleiterscheinung des ausströmenden Machtgefühls. In der Ausweitung und Erhöhung eben dieses Machtgefühls besteht das eigentliche Ziel des Handelns, nicht im Glück. Das ‚Glück' liegt „in dem herrschend gewordenen Bewußtsein der Macht und des Sieges"[51]. Und unter ‚Vollkommenheit' ist die „außerordentliche Erweiterung" des Machtgefühls, „der Reichthum, das nothwendige Überschäumen über alle Ränder"[52] zu verstehen. Eine „ungeheure Kraft im Menschen und in der Menschheit will sich *ausgeben,* will schaffen"[53]. Für sie ist das Streben nach Erweiterung die natürliche Konsequenz. Sie will anderem und anderen ihr Bild einverleiben, und deshalb *muß* der höhere Mensch *schaffen,* d.h. „sein *Höhersein* Anderen aufdrücken"[54]. Es handelt sich um eine „fortwährende Kette von Explosionen, die keineswegs das Glück zum Ziele haben"[55].

Lust, Willensfreiheit und Glück sind also begleitende, nicht jedoch bewegende, keine treibenden Momente. Sie sind Epiphänomene. Die treibende Kraft jeden Geschehens ist Nietzsche zufolge allein in dessen Willen-zur-Macht-Charakter zu sehen. Der Wille zur Macht ist die ursprüngliche „Affekt-Form", von der alle anderen Bestrebungen nur „Ausgestaltungen"[56] sind. Im Grunde allen Geschehens geht es um Macht, um ein Mehr an Macht, und um nichts außerdem. An die Stelle des in der Tradition so oft behaupteten Strebens nach Glück hat also Nietzsches neuer Auslegung zufolge die Einsicht in das Machtstreben als des eigentlichen Grundcharakters alles Wirklichen zu treten.

Die hier gebotene Aufklärung wird auch deutlich, sobald man die hinsichtlich des Satzes ‚Der Mensch strebt nach Glück' fraglos unterstellte *Einheit* Mensch, der dann das Glücksstreben zugeordnet wird, näher betrachtet. Eine solche Einheit gibt es gar nicht.[57] Hinzu tritt ein weiterer Aspekt. Da nicht von einer Auftrennung nach einem Bereich des Anorganischen, des Organischen und des Bewußten auszugehen ist, müßte die Formel ‚Der Mensch strebt nach Glück', insofern sie die Art „Streben und Spannung", die das Leben ist, kennzeichnen möchte, nicht nur für die höchst komplizierten Vorgänge und vielheitlichen Systeme, die man überaus vereinfachend Mensch und Ego nennt, sondern auch für Pflanzen und Tiere gelten. Aber bereits wenn von *der* Pflanze gesprochen wird, ist eine „falsche Einheit erdichtet", eine „plumpe" Einheit vorangestellt, die die unterschiedlichen Wachstumsvorgänge ver-

[51] KGW VIII, 3, 14 (70), S. 46. Die voranstehenden Zitate KGW VII, a.a.O., S. 278.
[52] KGW VIII, 2, 9 (102), S. 58.
[53] KGW VII, 1, 9 (48), S. 374.
[54] KGW VII, 1, 7 (107), S. 286.
[55] KGW VII, 1, 9 (48), S. 374.
[56] KGW VIII, 3, 14 (121), S. 92.
[57] Vgl. z. B. KGW VIII, 3, 22 (20), S. 400.

deckt. Wird das scheinbare Einheitsgebilde Pflanze von innen her betrachtet, so zeigt sich, daß „die kleinsten ‚Individuen‘ *nicht* in dem Sinne eines ‚metaphysischen Individuums‘ und Atoms verständlich sind“, sondern daß sie etwas sind, deren „Machtsphäre fortwährend sich verschiebt“[58]. Und an genau dieser Stelle ist zu fragen, ob diese kleinsten Wesen, die Kraft-Quantationen, welche die Grundstruktur jedes Wirklichen ausmachen, in eben diesen ihren Wandlungen nach Glück streben? Die Beantwortung dieser Frage kann auf bereits Bekanntes zurückgreifen. Das den Kraftquanten eigentümliche Bestreben, sich auszubreiten, zu wachsen, indem anderes Seiendes funktional übermächtigt und diesem das eigene Bild einverleibt wird, ist auf die ihm entgegenstehenden Widerstände angewiesen, ist selbst nichts anderes als dieses relationale Streben gegen Widerstände. Das Etwas, um das in diesen fortwährenden Kämpfen gerungen wird, ist nicht das Glück, sondern – Macht. Dieser Befund stellt sich auch ein, wenn der Mensch, der „Herr über die Naturgewalten“ und „Herr über seine eigne Wildheit und Zügellosigkeit“ geworden ist, einmal im Vergleich zum „Vor-Menschen“ gesehen wird. Er stellt dann „ein ungeheures Quantum *Macht* dar – *nicht* ein plus vom ‚Glück‘: wie kann man behaupten, daß er nach Glück *gestrebt* hat?“[59]

Auch in diesem Zusammenhang ist daran zu erinnern, daß das Auslassen der angestauten Kräfte ein Wollen *und* zugleich ein Müssen ist.[60] Besonders unter letzterem Aspekt wird deutlich, daß eine Lehre, die einen Anspannungszustand beendet, „indem sie irgend Etwas *befiehlt*, eine Umwerthung der Werthe, vermöge deren den aufgehäuften Kräften ein Weg, ein Wohin gezeigt wird“, durchaus keine „Glückslehre“ zu sein braucht. Indem sie Kraft „auslöst“, die „bis zur Qual zusammengedrängt und gestaut war, *bringt sie Glück*“[61]. Alles Lebendige, jedes Tier, und somit auch „la bête philosophe“, strebt „instinktiv nach einem Optimum von günstigen Bedingungen, unter denen es seine Kraft ganz herauslassen kann und sein Maximum im Machtgefühl erreicht“. Dies aber ist „*nicht* sein Weg zum ‚Glück‘“, sondern „sein Weg zur Macht, zur That, zum mächtigsten Thun, und in den meisten Fällen thatsächlich sein Weg zum Unglück“[62].

Damit ist erneut ein äußerster Punkt desjenigen Horizontes erreicht, der sich im Gefolge der Überwindung des fundamentalistischen Erhaltungsgrundsatzes zugunsten des Prinzips der Steigerung und Auslassung von Kraft eröffnet. Darin steckt zugleich der stärkste Gegensatz zur moralisch-ethischen Version des Erhaltungsgedankens der Frühen Neuzeit. Um dies zu verdeutlichen,

---

[58] KGW VIII, 2, 11 (111), S. 294.
[59] a.a.O., S. 294f.
[60] Vgl. Kap. III, 4, S. 93.
[61] KGW VIII, 2, 11 (38), S. 262.
[62] KGW VI, 2, *Zur Genealogie der Moral*, III, Aph. 7, S. 368.

kann über Spinoza und Hobbes hinaus auf Bernardino Telesio (der deutlich auf diese beiden neuzeitlichen Autoren gewirkt hat) und dessen Charakterisierung der Stofflichkeit der Welt, der Lebewesen allgemein und des Menschen im besonderen durch das Prinzip der ‚conservatio sui' zurückgegriffen werden. Selbsterhaltung ist für Telesio das der Natur, das allem Seienden wesentliche Grundprinzip. Diese Betonung der Immanenz stellt sich bereits bei Telesio bewußt in einen Gegensatz zur aristotelischen Fassung der Differenz von Sein und Vollkommenheit. Telesios Gedanken sind sichtlich von der Organismus-Vorstellung und dem mit dieser verbundenen Prinzip der conservatio sui, wie dieses originär in der Stoa entwickelt wurde, geprägt. Aber gerade aus dem immanent-teleologischen und organologischen Denken heraus finden sich bei ihm erste Ansätze zu jener Auffassung der Selbsterhaltung, die dann für Hobbes und Spinoza charakteristisch ist. Nietzsche steht am anderen Ende.[63] Aber

---

[63] Vgl. in diesem Sinne auch H. Blumenberg, *Säkularisierung und Selbstbehauptung*, S. 165f. Hintergrund für Blumenbergs Perspektive bildet die Entwicklung des Verhältnisses von Welt und Mensch, von Kosmos, Anthropos und neuzeitlichem Subjekt im Übergang vom Spätmittelalter zur Neuzeit. An Nietzsche werden die Geschichte dieser Konstellation sowie die Bedingungen ihrer „Umbesetzungen" sichtbar, indem Nietzsche durch den Willen zur Macht mit einem „Handstreich" (S. 166) das Schema selbst aufzuheben suche. „Der Maulwurf hat erst hier seinen Hügel aufgeworfen und die Spur erkennbar gemacht, die er unterirdisch zurückgelegt hatte" (165).

Blumenberg ist an dieser Optik, nicht an einer Analyse der von Nietzsche dazu verwendeten „Dogmatik" (165) interessiert. So kann auch der von Blumenberg benutzten Auffassung der Willen-zur-Macht-Lehre widersprochen werden, ohne daß damit die von ihm vorgeschlagene Perspektive aufgegeben werden müßte. Blumenberg sieht den Willen zur Macht als Ausdruck der übersteigerten Anthropodizee, als eine „demiurgische Selbstbestimmung" (vgl. die Kapitel-Überschrift, a.a.O., S. 158) des Menschen. Der Wille zur Macht stelle den Gegenschlag zur Rücksichtslosigkeit der Realität gegenüber dem Menschen dar, das umgekehrte Postulat, „daß das Leben rücksichtslos gegenüber der Wirklichkeit sein müsse" (S. 166). Eine solche Sichtweise ist im Rahmen der Blumenbergschen These von der humanen Selbstbehauptung der Neuzeit konsequent. Doch wird darin auch in bezug auf Nietzsche noch mit einer Entgegensetzung von Wirklichkeit und Leben sowie innerhalb des Rahmens neuzeitlicher Subjektivität operiert, die für Nietzsches Denken, betrachtet man es nicht nur nach seiner destruierenden, sondern nach seiner positiven Seite hin, gerade nicht mehr charakteristisch ist. Der neuzeitliche Subjektbegriff erfährt bei Nietzsche eine Auflösung in die Vielheit mit- und gegeneinander wirkender Willen-zur-Macht-Organisationen, in das Willen-zur-Macht-*Geschehen* (vgl. etwa unten Kap. VI, 3–5; vgl. auch oben Kap. I, 4, S. 21ff.), wobei die beherrschenden Kräftekomplexe zugleich von den beherrschten abhängig sind. Es handelt sich darin also nicht einfach um eine Unabhängigkeit von äußeren Kräften im Sinne einer anthropozentrischen Hybris. Weiterhin wird in der Willen-zur-Macht-Lehre jede Auftrennung nach Mensch und Welt unterlaufen. Darüber hinaus ist eine uneingeschränkte Bejahung *aller* Realität gefordert, die im *amor fati* und dann vor allem im *Wiederkunftsgedanken* ihre höchste überhaupt nur mögliche Formel hat. Auch dies kann nicht als prometheische Anthropodizee verstanden werden. Und grundsätzlich handelt es sich bei den Willen-zur-Macht nicht nur um eine anthropologische Welt-Einstellung und Haltung, sondern um diejenigen ursprünglich-produktiven Kräfte, deren Tätigsein sich jede raum-zeitliche Gestalt, nicht nur der Mensch verdankt. Unter Einbeziehung dieser Gesichtspunkte wird eine Perspektive auf Nietzsche eröffnet, die diesen nicht nur als ein Ende, sondern auch und vor allem als einen neuen Anfang sieht.

er betritt zugleich neuen Boden, ist ein neuer Anfang. Bei Telesio wurde die Selbsterhaltung aus dem naturphilosophischen Bereich in denjenigen der Ethik erweitert und dort als „conservatio sui ipsius" zum Höchsten Gut, zum „supremum bonum"[64] erhoben. Bei Nietzsche hat der Weg der die Selbsterhaltung überbietenden Erweiterung, Steigerung und Auslassung von Kraft nichts mit dem moralisch Guten und nichts mit Glück, sondern vor allem mit Macht zu tun. Insofern deren Vollzüge Grundgeschehen sind, stehen sie jenseits der moralischen Begriffe des Guten und des Bösen, die vielmehr ihrerseits und *als* moralisches Sollen eine bestimmte Version des Mächtiger-werden-wollens darstellen.

---

[64] B. Telesio, *De rerum natura iuxta propria principia libri IX*, Nachdr. Ausg. 1586, Hildesheim 1971, IX, 2, S. 360; vgl. IX, 2 (conservatio sui); 4; 13–16; 33–35. Vgl. dazu Verf., *Stoizismus und Frühe Neuzeit*, S. 49ff.

V. Vom Organismus-Modell zum Konzept der Kräfte-Organisation

1. Das Problem der Selbstregulation

Das bisher in Sachen Selbsterhaltung und Kraftauslassung Ausgeführte könnte die Vermutung aufkommen lassen, daß in Nietzsches Philosophieren das Problem der Selbst-Erhaltung gänzlich verschwunden sei, ja daß dieses Problem gar nicht existiere. Dies ist natürlich nicht der Fall. Nietzsche kennt das Phänomen der Erhaltung sehr wohl. Aber er sieht darin eben nicht ein fundamentales Prinzip, sondern bereits eine Folgeerscheinung des ursprünglicheren Grundcharakters der Erweiterung, Steigerung und Auslassung von Kraft. Selbsterhaltung hat einen bereits abgeleiteten Status, und als eine solche ist sie im Folgenden näher zu betrachten.

Wenn die Willen-zur-Macht-Kräfte überhaupt nur *als* Relationsgefüge von Reiz, Entladung, Auslassung und einverleibendem Übermächtigen *sind*, mithin alles Wirkliche und insbesondere alles Lebendige im engeren Sinne nur *als* Organisation, genauer als Machtwillen-Organisation *ist*[1], und wenn diese Gebilde sich durch eine innere Regulationsbedürftigkeit auszeichnen, dann ergibt sich jetzt aus Nietzsches eigener Denkbewegung erneut das Problem der Selbsterhaltung. „Das Machtgefühl erst erobernd, dann beherrschend (organisierend) – es regulirt das Überwundene zu *seiner* Erhaltung und *dazu erhält es das Überwundene selber*“[2]. Aus diesem Problemkreis sind in einem ersten Schritt zwei Aspekte zu erörtern. Zunächst ist festzuhalten, daß das Zusammenspiel der verschiedenen Willen-zur-Macht-Komplexionen innerhalb einer solchen Macht-*Organisation* (und Nietzsche spricht sogar von ‚Organismen‘) nicht durch Rekurs auf die Kausal-Mechanik erklärt werden kann. Sodann ist die bei Nietzsche erfolgende Uminterpretation des klassischen Organismus-Begriffs zu verfolgen. In einem weiteren Schritt wird dann der Frage des Verhältnisses von Selbst-Erhaltung und Teleologie nachzugehen sein.

---

[1] Vgl. dazu oben Kap. I, 4. – KGW VIII, 1, 2 (87), S. 102: „Alle Einheit ist *nur* als *Organisation und Zusammenspiel* Einheit: nicht anders als wie ein menschliches Gemeinwesen eine Einheit ist: also *Gegensatz* der atomistischen *Anarchie*; somit ein *Herrschafts-Gebilde*, das Eins *bedeutet*, aber nicht eins *ist*.“

[2] KGW V, 2, 11 (284), S. 448.

In zwei Hinsichten ist deutlich, daß das Organisations- und Funktionalitäts-Geschehen der Machtordnungen nicht mit Hilfe eines kausal-mechanistischen Erklärungsmodells zu erfassen ist. Zum einen handelt es sich bei den Macht-Gebilden, und damit bei allen Gestaltungen des Wirklichen und Lebendigen, um Prozesse, die auf den von innen her, endogen erfolgenden dynamischen, auslösungs- und explosionsartigen Vollzügen der Kräfte beruhen. Es handelt sich mithin nicht um äußere Verursachungen, die der Mechanik zugänglich wären, und auch nicht um ein Geschehen, das durch die Erhaltungskausalität zu charakterisieren ist. Zum anderen sind alle Erhaltungstendenzen deshalb nicht aus der Mechanik abzuleiten, weil sie „eine *Vergegenwärtigung* des Ganzen", seiner „Ziele, Gefahren und Förderungen" voraussetzen. Das „niedrigere, gehorchende Wesen muß sich bis zu einem Grade auch die Aufgabe des höheren vorstellen können"[3].

Nietzsche kommt mit diesen beiden Abgrenzungsargumenten in eine gewisse Nähe zur Kantischen Tradition. Kant geht im zweiten Teil der *Kritik der Urteilskraft* der Frage nach, wie das Geschehen in einem Organismus angesichts der Einsicht verstanden werden kann, daß die mechanistische Naturerklärung die Eigentümlichkeit des Organischen nicht zu treffen vermag. Die von Kant vorgeschlagene Lösung besteht in der Einführung der teleologischen Betrachtungsweise der Natur und des dafür grundlegenden Begriffs der Zweckmäßigkeit. Es ist dabei für Kant von vornherein klar, daß die Betrachtung der „organisierten Wesen" nach innerer Zweckmäßigkeit ein Prinzip der Beurteilung seitens des erkennenden Subjekts darstellt, und daß dieses Prinzip nicht bedeuten kann, daß die Existenz eines solchermaßen organisierten Dinges als Zweck der Natur und weiterhin die Natur als ein zwecktätiges Wesen aufgefaßt werden darf. Dies bedeutet für Kant auch, daß es sich in den Bewegungsvorgängen der Organismen nicht um äußere Zwecke handelt, die etwas von außen bezwecken, sondern daß die immanente Zweckmäßigkeit sich in formaler Hinsicht als „Zweckmäßigkeit, ohne daß doch ein Zweck ihr zum Grunde zu legen, mithin Teleologie dazu nötig wäre"[4], zu begreifen ist.

Diese Erinnerung an die Eigenart der Kantischen Kritik der teleologischen Urteilskraft zeigt zunächst, daß auch Kants teleologisches Beurteilungsprinzip ganz in den für die neuzeitliche Rationalität kennzeichnenden Immanenzgedanken gehört. Freilich sucht die immanente ‚Zweckmäßigkeit ohne Zweck' gerade auch dort noch ein Verständnis zu ermöglichen, wo die mechanistische Denkweise keine Erklärung mehr liefern kann. Sodann läßt sich die Nähe Nietzsches zur Position Kants durch einen Hinweis auf Kants Unterscheidung von Organismus und Maschine verdeutlichen. Während die Maschine ihre

---

[3] KGW VII, 2, 25 (520), S. 145. Zur näheren Kritik des Mechanismus vgl. unten Kap. V, 5.
[4] I. Kant, *Kritik der Urteilskraft*, Ausg. K. Vorländer, § 62, S. 225.

wirkende Ursache außerhalb ihrer selbst hat, wohnt diese dem Organismus gerade inne. Der Organismus organisiert sich selbst, ihm eignet eine innere „bildende Kraft“ (während einer Maschine lediglich „bewegende Kraft“ zukommt), jeder Teil ist um der anderen Teile und um des Ganzen willen da, alle Teile sind selbst zugleich Mittel und Zweck, und ihnen wird ihre Funktionsstelle vom Ganzen her zugewiesen.[5] Der Unterschied zu Kant besteht darin, daß Nietzsche das Verhältnis von Teil und Ganzem uminterpretieren wird und dabei gerade das teleologische Erklärungsmodell ausschließt. Freilich ist nicht zu verhehlen, daß Nietzsche den für Kant zentralen Unterschied (– daß es sich um ein teleologisches Beurteilungsprinzip, nicht aber um den Gedanken einer zwecktätigen Natur handelt –) nicht hinreichend deutlich gesehen hat. Diese Art der Ausblendung ist derjenigen, die etwa auch in Hinsicht auf den von Spinoza bereits konzipierten, von Nietzsche aber an Spinoza nicht hervorgehobenen Zusammenhang von Selbsterhaltung und Machterweiterung zu sehen war[6], vergleichbar. Manche Dinge will Nietzsche offensichtlich nicht zur Kenntnis nehmen.Doch scheint es, als sei gerade eine solche Verkürzung, hier wie in anderen Fällen, der Profilierung seines eigenen Anliegens förderlich. Zudem ist oftmals überraschend, daß Nietzsche auch in der Verkennung noch etwas Wesentliches an der Überlieferung trifft.

2. *Das Verhältnis zum alten Organismusbegriff*

Aus dem bisher Gesagten könnte man versucht sein, die Nietzsche provozierende These aufzustellen, daß es zwar zur Ausbildung von Macht-Organisationen aufgrund und im Zuge der Auslassungen der dynamischen Kraftzentren komme, daß diese Gebilde selbst aber dann offensichtlich doch genau wieder nach dem altbekannten und teleologisch bestimmten Organismus-Modell funktionieren. Gegen eine solche These sind zwei Aspekte der jetzt veränderten Sichtweise herauszustellen.

Zunächst (a) ist zu beachten, daß der Streit in Sachen Organismus weniger hinsichtlich eines fertigen organischen Gebildes, sondern vielmehr hinsichtlich der Entstehung von Organismen geführt wurde. Erinnert sei daran, daß es das Problem der Entstehung der Arten war, das die Biologie von Buffon über Cuvier und Lamarck bis hin zu Darwin[7] und damit in Nietzsches eigener Zeit beschäftigte. Nietzsche selbst nimmt dann eine nochmalige Immanentisierung

---

[5] Vgl. dazu *Kritik der Urteilskraft*, §§ 65–68, 77, 80.

[6] Vgl. oben Kap. II, 3, S. 51. Ähnliches gilt auch für das Verhältnis zu Darwin, vgl. Kap. II, 1.

[7] Vgl. dazu E. Ràdl, *Geschichte der biologischen Theorien in der Neuzeit*, Nachdruck (der Ausg. Leipzig 1909/13), 2 Bde, Hildesheim 1970, Bd. I, S. 284 ff.; Bd. II, S. 7–21, 122 ff.

der Genesis-Problematik vor, insofern er dem Darwinismus[8] entgegenhält, weder die Binnenlogik noch die Entstehung jener organischen Gebilde, die später dann als Einzelwesen in einen Kampf mit Anderen und Anderem treten, mit seinem methodischen Instrumentarium erreichen oder gar erklären zu können. Und auf dieser, ihrerseits nicht noch einmal hintergehbaren Ebene vollzieht Nietzsche den entscheidenden Übergang von der Vorstellung exogener Verursachung zur Vorstellung einer endogenen, von innen her ursprünglich-produktiven Kraft[9], die dann als organisierte Gestalt, als Organismus auftritt. Ein Organismus ist so im Grunde nichts anderes als der zu einer relativ einheitlichen Organisation gelangte Ausdruck dieser fortwährenden Kräfteprozesse, wobei sich ein Machtwille als herrschend über eine jeweilige Vielheit der Teile durchgesetzt hat und nun das Verhältnis von Teil und Ganzem in der Binnenstruktur der gesamten Machtordnung mit Erfolg vorzuschreiben, d.h. seine organisierende Kraft und seine Imperative durchzusetzen in der Lage ist. Entwicklungslogisch also erst spät ergibt sich jener Zustand, der aufgrund der in ihm anzutreffenden Funktions- und Regelhaftigkeiten den Eindruck erweckt, als handle es sich jetzt erneut um das, was auch im klassischen Modell des Organismus gemeint sei. Doch zeigt bereits die Genesis, daß hier das Verhältnis von Ganzem und Teil eine Umkehrung und damit auch eine weitgehende Auflösung erfahren hat.

Dieser Übergang vom alten *Organismus*-Gedanken zum *Vorgang* der Kräfte-*Organisation* ist von grundlegender Bedeutung. In ihm liegt die Pointe von Nietzsches Philosophie des Lebendigen. Sie betrifft nicht nur das Organische im engeren Sinne, sondern ist auf *alles* Seiende, dessen Kern die Willen-zur-Macht-Lebendigkeit ist, auszuweiten. Die auf die Probleme der Kräfte-Organisation bezogenen Ausführungen gelten mithin im Prinzip und in Variation für alle Formen der Organisiertheit, vom Anorganischen über das Organische im engeren bis hin zu kulturellen Institutionen im weitesten Sinne und zur zeichen-vermittelten Organisation des bewußten Denkens sowie des Materials in Kunstwerken. Kräfte-Organisation ist Grundvorgang.

Daß es bei Nietzsche zu einer Auflösung des klassischen Organismus-Gedankens kommt, zeigt sich sodann (b), wenn die innere Funktionalität eines Machtgebildes[10] selbst betrachtet wird. Dessen internes Bewegungsgeschehen ist weder kausal-mechanisch durch Druck und Stoß[11] noch klassisch-organo-

[8] Vgl. Kap. II, 1, S. 40ff.

[9] Vgl. dazu auch oben Kap. I, 4.

[10] Zu Nietzsches Verständnis organischer Vorgänge vgl. W. Müller-Lauter, *Der Organismus als innerer Kampf. Der Einfluß von Wilhelm Roux auf Friedrich Nietzsche*, in: *Nietzsche-Studien*, 7 (1978), S. 189–223.

[11] „Die Regierung des Organismus geschieht in einer Weise, für welche *sowohl* die mechanische Welt, *als* die geistige nur *symbolisch* zur Erklärung herangezogen werden kann" (KGW VII, 2,

logisch durch eine harmonische Integration und Reintegration der Teile zur Mitte des Ganzen sowie als Leistung dieses Ganzen aufzufassen. Hier herrscht Rangordnung des mit- und gegeneinander wirkenden Machtstrebens der Kraftzentren, weder eine mechanistische „Einerleiheit"[12] der Kräfte noch egalistische Harmonie der Teile im Verhältnis zum Ganzen. Es handelt sich nicht um ein kampfloses, harmonisch-befriedetes Stabilitätsgebilde. Das käme dem Ende der Lebendigkeit selbst gleich. Das Aufeinanderwirken der Willen-zur-Macht ist auch innerhalb des Organismus als Verhältnis der Herrschenden zu den Gehorchenden keineswegs ausgesetzt. Vielmehr finden fortwährend wechselseitige und jedes Mal Bewährung verlangende Machtkämpfe statt, in denen selbst das Gehorchen noch als ein „Widerstreben" gedeutet werden muß. Im Gehorchen ist die „Eigenmacht" durchaus nicht aufgegeben. Ebenso findet sich im Befehlen das Zugeständnis, „daß die absolute Macht des Gegners nicht besiegt ist, nicht einverleibt, aufgelöst". Gehorchen und Befehlen sind ineinander verkettete „Formen des Kampfspiels"[13].

Dieses Kampfspiel, das Leben genannt wird, erscheint dann jeweils als Gebilde von relativer Einheit und Dauer. Doch darf dies nicht so verstanden werden, als herrschten in diesem Geschehen ‚Gesetze' im Sinne der Kausal-Mechanik. Schon im Bereich der Chemie hat für Nietzsche die Rede von ‚Gesetzen' einen „moralischen Beigeschmack". Vielmehr handelt es sich um eine unerbittliche, „absolute Feststellung von Machtverhältnissen". Darin wird „das Stärkere über das Schwächere Herr, so weit dies eben seinen Grad Selbständigkeit nicht durchsetzen kann"[14]. Und wenn Nietzsche schreibt, ‚Leben' wäre zu definieren als „eine dauernde Form von *Prozeß* der *Kraftfeststellungen*, wo die verschiedenen Kämpfenden ihrerseits ungleich wachsen"[15], so ist es genau dieser Vorgang, der in der Binnenstruktur aller organisierten Wesen, mithin gerade auch im Organischen fortwährend stattfindet. Der Umstand, daß es sich darin um ein unterschiedlich starkes Wachsen handelt, macht zugleich deutlich, daß der auf diese Weise vorgestellte Organismus auch nicht mehr durch jene Mitte ausgezeichnet ist, die für das traditionelle Organismus-Modell von zentraler Bedeutung war. Dort erfolgte die Integration und Reintegration der Teile gerade in die Mitte des Ganzen, wenngleich auch bereits in der antiken Stoa hervorgehoben wurde, daß diese Mitte nicht ein für allemal durch Teile besetzt werden könne, mithin die Dynamik von Integration und

26 (68), S. 164). – „Druck und Stoß etwas unsäglich Spätes, Abgeleitetes, Unursprüngliches. Es setzt ja schon etwas voraus, das *zusammenhält* und drücken und stoßen *kann*! Aber woher hielte es zusammen?" (KGW VIII, 1, 2 (105), S. 110). Vgl. KGW V, 2, 11 (264), S. 440.

[12] KGW VIII, 1, 11 (119), S. 34.

[13] KGW VII, 3, 35 (22), S. 284–285; Vgl. KGW VII, 3, 40 (55), S. 387.

[14] KGW VII, 3, 36 (18), S. 283.

[15] KGW VII, 3, 36 (22), S. 284.

Reintegration immer wieder erneut erforderlich sei. In den als jeweils in sich vielheitliche Organisationen existierenden Herrschaftsgebilden verschieben sich die internen Gewichtungen in dem Maße wie sich der Selbständigkeits-Gradus der einzelnen Funktionsteile ändern kann, und diese sich auch tatsächlich, obwohl für das grobe Aufnahmevermögen des Menschen nicht wahrnehmbar, fortwährend umorganisieren. Später wird noch zu sehen sein, daß es eine feste Mitte auch deshalb nicht geben kann, weil der alle dynamischen Kraftzentren und deren Auslassungs-, Übermächtigungs- und Einverleibungs-Geschehen auszeichnende *interpretative* Charakter und die mit jedem Interpretieren verbundene perspektivische Bewegtheit die Annahme einer fixierbaren Mitte nicht mehr zuläßt.[16]

Schließlich ist in diesem Zusammenhang auch an Nietzsches Kritik des Atomismus zu erinnern, in der das Konzept beharrender Subjekt-Atome unter Rückgriff auf Bošković bestritten wurde. Mit der Macht-Mehrung bzw. Macht-Minderung der Willen-zur-Macht-Komplexe sowie der Pluralität der Kraftzentren, deren jedes nach Maßgabe der ihm zur Disposition stehenden Kraft seine Umwelt perspektivisch konstruiert, ist verbunden, daß es keinen festen Mittelpunkt der Organisation mehr gibt, daß dieser sich vielmehr verschiebt, eo ipso beweglich ist. Es findet ein fortwährendes Um- und Neu-Organisieren der Kräfte-Konstellationen statt, bei dem auch das jeweils herrschende Macht-Schwergewicht, die Regentschaft, die jedoch nicht nach Art einer einzelnen Herrscherperson, nicht als absoluter Monarch, sondern ihrerseits als strukturelle Kräfte-Konfiguration, eben als die organisierende Kraftzentrierung vorgestellt werden muß, dem Wandel unterworfen ist. Wenn das System die „angeeignete Masse nicht organisieren kann, zerfällt es in 2. Andererseits kann es sich ein schwächeres Subjekt, ohne es zu vernichten, zu seinem Funktionär umbilden und bis zu einem gewissen Grad mit ihm zusammen eine neue Einheit bilden"[17]. Dabei ist zu beachten, daß „jede Macht-Verschiebung an irgend einer Stelle das ganze System bedingt", daß es also außer einer Kausalität der Aufeinanderfolge eine „Abhängigkeit *neben und miteinander*"[18] gibt. Gegen die alte Kausalitäts-Vorstellung notiert Nietzsche: „Coordination statt *Ursache und Wirkung*"[19]. Zusammenfassend springt ins Auge, daß Nietzsche die Macht-Organisationen zwar als Organismen anspricht, daß sich dahinter jedoch eine Uminterpretation, ja Auflösung des überlieferten und wesentlich an die Philosophie der Stoa gebundenen Organismus-Gedankens, d.h. genauer der Bestimmungen und der Verhältnisse des

---

[16] Vgl. unten Kap. VI, 2–5.
[17] KGW VIII, 2, 9 (98), S. 55f. Zur Kritik der Atomistik, vgl. oben Kap. III, 2.
[18] KGW VIII, 1, 2 (143), S. 135.
[19] KGW VII, 2, 26 (46), S. 157.

Ganzen, der Teile, der Mitte und der Selbsterhaltungstendenzen zueinander vollzieht. Daß Nietzsche von hier aus erneut in beträchtliche Schwierigkeiten gerät, wenn es um organische Einheits-Gebilde, etwa um die Deutung des menschlichen Leibes als einer Ganzheit geht, soll damit nicht geleugnet werden. Aber in der skizzierten Uminterpretation des Organismus-Gedankens liegt der Schlüssel auch zur Beantwortung der Frage, wie Nietzsches Konzept der Machtsteigerung mit den internen Erhaltungstendenzen eines Herrschafts-Organismus nicht nur zu vereinbaren ist, sondern letztere als Folgen aus ersterer zu verstehen sind.

Auch innerhalb eines Organismus ist Nietzsche zufolge Selbsterhaltung entweder widerständiger Reflex auf eine (in der Natur jedoch nur als Ausnahme vorkommende) Notlage oder, wie in allen anderen Erhaltungsphänomenen, eine Folge, indirekte Konsequenz eines erfolgreichen Erweiterungsstrebens. Dessen unterer Grenzwert kann als ‚Erhaltung' beschrieben werden, freilich stets nur im Sinne eines in sich bereits potenzierten und von dieser seiner Potenziertheit her aufzufassenden Geschehens. Dies gilt auch für die auf die Erhaltung eines Organismus gerichteten Tendenzen.[20] Insbesondere an dem expliziten Wachstum eines Organismus wird deutlich, daß die Erhaltung der Organisation als eines Gebildes relativer Einheit, Stabilität und Dauer eine Folge des durch das Wachsen-Wollen gekennzeichneten Zusammenwirkens ihrer Teile ist. *Weil* die Teile wachsen, erhält sich die Organisation, nicht umgekehrt. Dieses Wachsen-Wollen tritt zwar auf der Ebene eines ausgebildeten Organismus nicht mehr so augenscheinlich hervor und ist auch weitaus stärkeren Transfigurationen unterworfen. Aber es verschwindet deshalb nicht, und es findet keine Umkehr der Prinzipien statt. Auch das von der organisierenden Kraft erzwungene Gehorchen der Teile im Sinne funktionaler Erhaltungsleistungen stellt seinerseits noch, werden sowohl die wechselseitige Abhängigkeit von Befehlenden und Gehorchenden als auch die fortwährenden Kräfte-Taxierungen der Teile unter-, mit- und gegeneinander einbezogen, eine Form des Machtwollens dar. Eine Aktivität, die auf die Erhaltung, und das heißt auf die Erhaltung der wenn auch transfigurierten und sublimierten Wachstums-Bedingungen genau derjenigen Organisation abzielt, als dessen arbeitsteiliger Funktionär das Teilchen selbst tätig ist, bleibt auch in untergeordneter Funktion eo ipso ein Steigerungsgeschehen. Auch im Erbringen der Leistungen zum Erhalt des ‚Ganzen' stecken Eigennutz und Machtstreben als Motiv, verknüpft sogar mit einer indirekten Herausforderung an die Organisationskraft des dominierenden Willens. Selbst im Gehorchen liegt noch ein subversives Moment.

[20] Anders dagegen W. Müller-Lauter, der in einer Diskussionsbemerkung, a. a. O., S. 225, keine Möglichkeit sieht, die Erhaltungstendenzen eines ausgebildeten Organismus aus dem Grundstreben der Teile nach Machtsteigerung abzuleiten.

Doch primär geht es um Vorgänge der Transposition, um Identifikation mit anderen Zielen, um das eigene Wachsen-Wollen *im anderen,* bei gleichzeitiger Spannung zu den im gleichen Funktionszusammenhang wirkenden anderen Teilen. Darüber hinaus ist auch jede Funktion ihrerseits aus Machtgefühl entstanden, „im Kampf mit noch schwächeren Kräften"[21]. Die Funktion übt ihrerseits beherrschende Macht gegenüber anderen Funktionen aus, die sie zu ihrer eigenen, im Verhältnis dazu übergeordneten Erhaltung organisiert. Die Funktion „erhält sich in der Überwältigung und Herrschaft über noch niedrigere Funktionen". In diesem Sinne ist bis ins Kleinste und Organisierteste hinein Erhaltung eine Konsequenz von Übermächtigungs- und darin von Steigerungsprozessen. Im Übermächtigungsgeschehen gegenüber den beherrschten Machtkomplexen wird die Funktion „von der höheren Macht unterstützt"[22]. Ist *diese* (auf der Ebene eines ausgebildeten Organismus als die dort anzutreffende Ausprägung des Gegeneinanders der Willen-zur-Macht-Kräfte zu verstehende) Spannung gegenüber den anderen Teilen sowie gegenüber der Regentschaft des Organismus nicht mehr vorhanden, so bedeutet dies gerade nicht, daß Erhaltung, Regulation und Dauer nun *maschinen*mäßig gewährleistet werden. Vielmehr verschwindet damit das Moment der Lebendigkeit selbst. Es handelt sich, geht es nur noch um bestandssichernde Erhaltungsleistungen, in denen das eigene wie immer auch transformierte Machtstreben der Teilchen vollständig entäußert und schließlich nullifiziert ist, bereits um eine Form des Niedergangs, um beginnende Disgregation, die sich, wenngleich nicht prima facie beobachtbar, als Kraftminderung auf die ganze Organisation auswirkt.

Von der anderen Seite wird das Machtstreben der Funktions-Kräfte auch gerade dann sichtbar, wenn die organisierende Kraft nicht mehr in der Lage ist, die von ihr zuvor bestimmte Organisationsstruktur aufrechtzuerhalten, d.h. der von ihr umfaßten Machtsphäre ihre Organisations-Matrix nicht mehr vorzuschreiben vermag. Die Dissoziation und/oder die Herausbildung neuer Herrschaftsgebilde aus alten tritt entweder aufgrund äußerer Bedingungen oder aber, was im Augenblick stärker interessiert, aufgrund der Veränderungen der internen Machtverhältnisse der Teilchen-Kräfte unter- und gegeneinander ein. Von deren Konstellation ist gerade auch die regierende Macht, mithin Einheit, Dauer und Stabilität der gesamten Organisation abhängig. Wäre dieses Machtstreben nicht auch den Erhaltungstendenzen noch eigentümlich, so würde es schwerlich weder zu internen Machtverschiebungen noch zu einem Wachstum bzw. zu Minderung der Organisation als relativer Ganzheit kommen können. Denn das, was die Organisation nach außen, gegenüber an-

[21] KGW V, 2, 11 (284), S. 448.
[22] Ebenda.

deren organisierten Wesen und in all ihren Transfigurationen wie ein scheinbar einheitliches Subjekt ,will', ist im internen Zusammenspiel der Kräftekomplexe *vor*-bestimmt. Der befehlende und von den Gehorchenden zugleich abhängige Macht/Organisations-Wille wird in dem, was er ,will' zugleich von derjenigen vielheitlichen Organisation, deren konkreter, d.h. konkreszierter Ausdruck er ist, ,gewollt'. Dieser Zirkel ist nicht zu durchbrechen. Die einzig aus dem Streben nach Mehrung, Erweiterung und Steigerung der Macht erklärbaren Veränderungen eines Organisations-Gebildes sowie die vielfältig transformierten Machtstrebungen der diese Organisation regierenden Kraft könnten gar nicht diejenigen Veränderungen und Tendenzen sein, die sie sind, wenn nicht auch die internen Bedingungen, mithin alle, zumindest aber die überwiegende Anzahl der dieses Geschehen ausmachenden Teil-Aktivitäten essentiell gleichen Wesens wären. Wären die Erhaltungstendenzen nicht ihrerseits auf die Machtsteigerung zurückzuführen und aus *diesem* Conatus genealogisch abzuleiten, so würde sich als Grenzfall sogar die Vorstellung nahelegen, jedes organisierte Wesen könnte prinzipiell ein perpetuum mobile sein. Dies aber ist offensichtlich nicht der Fall und würde das Wesen des Lebendigen von Grund auf verkennen. Nietzsche zufolge ist selbst noch das Untergehen, inwendig betrachtet, als eine bestimmte Version von Steigerung auszulegen. Verschwinden ist nicht aus dem intransitiven Erhaltungsprinzip als solchem zu erklären.

Auch also auf der Ebene der Organisiertheit, Funktionalität und Regulationsbedürftigkeit verbleibt Selbsterhaltung, die als Tendenz offenkundig vorhanden ist, in dem ihr zugewiesenen sekundären und aus der Machtsteigerung zu verstehenden Status. Dies zeigt sich auch daran, daß es in den Erhaltungsprozessen nicht die gemeinhin als starre und beharrende ,Subjekte' aufgefaßten Teile sind, die sich erhalten wollen, sondern daß sich "*der Kampf selber* erhalten will, wachsen will und sich bewußt sein will"[23]. Es erhalten sich also nicht einzelne Wesen, sondern das *Kampf-Geschehen selbst*. Die ,Teile' der Organisations-Gebilde dürfen nicht als atomistische Elemente gedacht werden. Es geht vielmehr, wie immer wieder herauszustellen ist, um *wirk-relationale Geschehensvollzüge,* die weder von einem Konzept gegeneinander isolierbarer fester Einzelelemente, denen dann ein Erhaltungsstreben zugesprochen werden müßte, noch vom Ursache-Wirkung-Schema begriffen werden können. *Als* Relationen müssen diese Vorgänge essentiell von der Tendenz des Übermächtigens und können nicht von der bloßer Erhaltung sein. Denn es *kann* kein Gleichgewicht zwischen Kräften geben (– damit wäre das Geschehen stillgelegt –), und Veränderung ist Nietzsches Grundeinsicht zufolge nur durch das Übergreifen eines Machtkomplexes über einen anderen erklärbar. Weiterhin

---

[23] KGW VIII, 1, 1 (124), S. 36, Hervorhebung von Verf.

kann die Arbeitsteilung im Organismus nicht als eine Zergliederung in Teile mit anschließendem erneutem Zusammenwirken beschrieben werden. Auch dies würde dem *Geschehens*charakter der Kräfte gerade widerstreiten. Und in den Veränderungen der Zustände, die aufeinanderfolgen bzw. sich gegeneinander verschieben, handelt es sich nicht um Beziehungen im Sinne des Kausalitätsprinzips. Vielmehr geht es um ein fortwährendes „Neuarrangement der Kräfte"[24]. Darin ist die jeweils spätere Anordnung von der vorangegangenen grundverschieden, *nicht* deren ‚Wirkung'.

Schließlich ist vor diesem Hintergrund zu fragen, in bezug worauf es sich denn eigentlich in Funktionalität und Selbstregulation der Organismen um Erhaltungstendenzen handelt? Es stellt sich heraus, daß diese nicht um der bloßen zeitlichen Dauer und des physischen Bestandes willen, sondern deshalb erbracht werden, weil sich auf diese Weise ‚im Leben', das aber heißt: „im Willen zur Macht, zum Wachstum der Macht erhalten"[25] wird. Erhaltungsprozesse bleiben somit gerade innerhalb des Verhältnisses der befehlenden und der gehorchenden Kräfte-Funktionen ein Modus der Machtsteigerung. Dies läßt sich auch an der Art verdeutlichen, wie Nietzsche die Erhaltungstendenzen des Organismus von der mechanischen Denkweise unterschieden wissen will. Von der Erhaltung des Individuums sprechen heißt voraussetzen, „daß eine Vielheit mit den mannichfaltigsten Thätigkeiten sich ‚erhalten' will, *nicht* als sich-selber-gleich, sondern ‚lebendig' – herrschend – gehorchend – sich ernährend – wachsend"[26]. Dabei ist alles, was zur Erhaltung des Organismus nötig ist, als „‚moralische' Forderung" aufzufassen, nicht aber herrscht im Organismus eine „mechanische Nothwendigkeit"[27]. Es geht eben nicht um Verhältnisse externer Verursachung, nicht um mechanischen Druck und Stoß, sondern um Befehlen und Gehorchen im Sinne des kräfte-relationalen Übergreifens von Machtordnungen über andere Machtordnungen. Beides aber, Befehlen wie Gehorchen, ist an endogene Kraftanstrengungen, an Grade des verfügbaren Kraftquantums und an viele Imperative des Sollens gebunden. Darin kann es „Unbotmäßigkeit" der Organe, z. B. „Willens- und Charakter-Schwächen des Magens" geben. Im Organismus geht es um „Rücksichten von Befehlenden und Gehorchenden untereinander", um ein „Wissen um höhere und niedere Funktionen!"[28] Diese Verhältnisse können nicht als ein am Organe „sich abspielender Mechanismus" verstanden werden. Grundsätzlich hält Nietzsche fest, daß in allem Organischen der „Maschinen-Charakter"[29] ganz

[24] KGW VIII, 3, 14 (95), S. 65. Zur Kritik des Kausalitätsprinzips vgl. unten Kap. V, 5, S. 130f.
[25] KGW VIII, 1, 2 (108), S. 112.
[26] KGW VII, 2, 25 (427), S. 121.
[27] KGW VII, 2, 25 (432), S. 122.
[28] Ebenda; vgl. 25 (437), S. 124.
[29] KGW VII, 2, 25 (432), S. 122; vgl. 25 (426), S. 120.

und gar fehle. Wichtig jedoch ist zu sehen, daß dies jetzt nicht mehr auf das alte Organismus-Modell, sondern auf den Geschehensvorgang der relationalen Kräfte-*Organisation* verweist.

3. Scheinbare Zweckmäßigkeit

Nietzsches Wende gegen ein kausal-mechanisches Verständnis des Organischen und überhaupt aller Organisiertheit droht ihn wieder an das teleologische Denken heranzuführen. Dies wird etwa daran deutlich, daß die Erhaltungstendenzen innerhalb des Organismus eine vorwegnehmende Vergegenwärtigung der Ziele des ‚Ganzen' einschließen. Ja, es ist bei Nietzsche sogar von dem Versuch zu lesen, „alles Zweckmäßig-Scheinende als das *allein Leben-Erhaltende* und *folglich allein Erhaltene* zu fassen –"[30]. Hier scheint Erhaltung von der Zweckmäßigkeit her bestimmt und sogar in den Kontext von Bezweckung, von Erhaltungstätigkeit um übergeordneter Zwecke willen, eingerückt zu sein. Wie aber ist dies mit der Absicht zu vereinen, nicht nur die kausal-mechanische, sondern in noch entschiedenerem Sinne gerade die teleologische Erklärung der Geschehensvollzüge auszuschließen?[31] Bei der Beantwortung dieser Frage sind in bezug auf Nietzsches Stellung zur Teleologie zunächst einige grundlegende Unterscheidungen zu beachten.

Es geht hier nicht mehr um die anthropozentrische Frage, ob die Wirklichkeit zweckmäßig auf den Menschen hingeordnet ist oder nicht, auch nicht um die Frage eines metaphysischen Endzweckes des Weltprozesses, ebensowenig um das Problem eines zwecksetzenden umfassenden Gesamt-Bewußtseins und auch nicht mehr um eine den Dingen selbst innewohnende Teleologie im Sinne des Entelechie-Gedankens.[32] Stellt sich die philosophische Betrachtung konsequent auf die Innenseite der Geschehensvollzüge, wird also der inwendige Standpunkt einer Auslegung der Kräfteprozesse als endogene, von innen her sich vollziehende Aktivitäten, als interne Relationen eingenommen, dann sind diese Formen der Fragestellung deshalb überholt, weil sie un-

---

[30] KGW VII, 2, 25 (437), S. 124; vgl. 25 (427), S. 121.

[31] Die Frage der Teleologie spielt in den gegenwärtigen Diskussionen um die neuzeitliche Rationalität und darüber hinaus etwa in der Wissenschafts- und in der Handlungstheorie eine wichtige Rolle. Als Verteidiger teleologischen Denkens gegen den Geist der Neuzeit sind hier R. Spaemann, *Der Verzicht auf Teleologie*, in: R. E. Vente (Hg.), *Erfahrung und Erfahrungswissenschaft*, Stuttgart 1974, S. 90–95, Ders.: *Naturteleologie und Handlung*, in: Zeitschrift f. philos. Forschung, 32 (1978), S. 481–493, aus rein Kantischer Perspektive J. Simon, *Teleologisches Reflektieren und kausales Bestimmen*, in: Zeitschrift f. philos. Forschung, 30 (1976), S. 369–388 zu nennen.

[32] Vgl. zu dieser Seite des Problems auch Kap. VI, 1 und XIII. Zur Zurückweisung des Entelechie-Gedankens vgl. oben Kap. I, 2, S. 9.

ter den Bedingungen einer vollständigen Willen-zur-Macht-*Internität* sinnvollerweise so gar nicht mehr auftreten können. Die Lösung solcher Sinnprobleme merkt man, um eine Formulierung Wittgensteins zu gebrauchen, „am Verschwinden des Problems"[33]. Falsche Extrapolationen, Transfigurationen und Externitäten werden in analytische Internität zurückübersetzt und eben dadurch aufgelöst. Es ist der Gesichtspunkt der Internität jeden Geschehens, der Nietzsche zum dezidierten Gegner der Teleologie im Sinne jedweden Vorgegebenseins exogener und bewirkend vorgestellter Ziele und Zwecke macht. Doch bedeutet dies nicht, daß damit die Zweck-Problematik überhaupt entfällt.

Zwar kritisiert Nietzsche das Prinzip der Selbsterhaltung wegen des noch in ihm vorhandenen restteleologischen Charakters. Denn obwohl Selbsterhaltung bereits Gegenbegriff zur Teleologie ist, scheint ihr eine Naturteleologie eigen zu sein. Daher ist auch dieser Grundsatz noch zu überbieten bzw. hinter ihn zurückzugehen. Doch bleibt Nietzsche auf der Ebene der unausweichlichen Frage nach Selbstregulation und Funktionalität der organisierten Machtgebilde mit dem Problem der Zweckmäßigkeit gleichwohl konfrontiert. Deshalb gilt es deutlich auf den Unterschied zu achten: Zweck und Zweck ist zweierlei, je nachdem, ob er im Sinne der alten Teleologie und damit einer Vernunft in der Sache und einer wie immer auch sublimierten Exogenität (worunter als Grenzwert auch die Entelechie noch zählt) verstanden wird, oder ob er im Sinne der endogenen, sich aus den tatsächlichen Kräfteverhältnissen und wirklichen Vollzügen der Willen-zur-Macht-Relationen ergebenden Funktionalität und Regularität sowie im Sinne des von innen heraus erfolgenden Zwecke-Produzierens aufgefaßt wird. Erst von einem *nachträglich* betrachtenden Auge werden diese Zusammenhänge dann als Zweckmäßigkeits-Gefüge gedeutet. Darin jedoch wird nicht der Vollzugscharakter der Vorgänge selbst getroffen. Doch auch im Hinblick auf die beiden letztgenannten und einzig noch verbleibenden Möglichkeiten des Sinns der Rede von Teleologie und Zweckmäßigkeit gilt, was analog bereits für die Stellung zum Erhaltungsprinzip[34] kennzeichnend war: die Überwindung ist zugleich Rückgang in den Grund des Überwundenen. Dies gilt der heuristischen Einstellung wie der Sache nach. Es geht also nicht darum, Zweckmäßigkeitsphänomene um jeden Preis zu leugnen, wohl aber darum, den Zweckmäßigkeitscharakter als derivativ im Verhältnis zum ursprünglicheren Kräfte-, und das heißt Willen-zur-Macht-*Geschehen* aufzufassen. Zwecke und Zweckmäßigkeit sind bereits Folgeerscheinungen, die dann vom Bewußtsein im nachhinein und fälschlicher-

[33] L. Wittgenstein, *Tractatus logico-philosophicus,* in: Schriften, Bd. 1, Frankfurt/M. [4]1980, Nr. 6.521, S. 82.

[34] Vgl. oben Kap. II, 3, S. 52.

weise als bewegende, als treibende Kraft hinter das Geschehen selbst gesteckt, dahintergedichtet werden. Zweckmäßigkeit ist Konsequenz, nicht Motiv. Sie stellt sich erst ein, wenn die zu ihrer Durchführung erforderlichen Kräfte-Verhältnisse bereitliegen. Dies gilt nicht nur für die Genesis von Zweckmäßigkeits-Relationen, sondern auch noch für deren ausgebildeten Zustand. Auch hier gelangen die Zwecke nicht über ihren motivationskräftigen Grenzwert hinaus, innerer Reiz im Blick auf die Auslösung desjenigen Kraftquantums zu sein, welches bereits vorhanden sein muß und für das Geschehen selbst die wirklich bewegende Kraft ist.

Selbst innerhalb scheinbar vollendeter Zweckmäßigkeits-Organisationen sind die Zwecke nicht mit den bewegenden Kräften zu verwechseln. Zwecke bringen keine Bewegung hervor. Nur für eine von außen kommende und vergröbernde Sichtweise stellt sich das Geschehen so dar. Wird jedoch der wirkliche Geschehensvollzug von seiner Inwendigkeit her aufgefaßt und konzipiert, dann wird das äußere Schema mutmaßlicher Identität zwischen einem Geschehen nach Zwecken und dem wirklichen Geschehen aufgebrochen und zerstört. Der Zweck ist Reiz, ist voranlaufendes und auslösendes Bild, nicht mehr. Wird dieser grundlegende Unterschied nicht nur akzentuiert, sondern auch durchgängig bedacht, dann kann das Bewußtsein in seiner nachträglichen Beschreibung der Geschehensvorgänge neben anderen Gesichtspunkten etwa auch den sich einstellenden, aber eben nicht mehr als Beweisgrund für eine teleologische Vernünftigkeit in den Dingen heranzuziehenden Zweckmäßigkeits-Effekt betonen. Innerhalb des Geschehens-Zirkels von auslösendem Reiz (als eine von dessen vielfältigen Formen auch der ‚Zweck' anzusehen ist) und ausgelöstem Kräftequantum ist jetzt eine Verwechslung von Grund und Folge nicht mehr möglich. Auf dieser Differenz zwischen dem Geschehens-Vollzug als solchem und dem vorgestellten Zweck als Reiz muß nachdrücklich bestanden werden. Sie bestreitet der teleologischen Erklärung nicht nur ihre ontologische, sondern auch noch ihre regulative und heuristische Triftigkeit, falls, wie dies die teleologische Erklärung zumindest implizite unterstellt, damit beansprucht wird, die *bewegende* Kraft des *wirklichen* Geschehens erfaßt zu haben. Es ist wichtig, an diesem Punkt strikt und unnachgiebig zu sein. Denn wird die Teleologie in einem über das skizzierte Maß auch nur geringfügig hinausgehenden Sinne zugelassen, dann sind Konsequenzen unausweichlich, die schließlich erneut in einer metaphysischen, transzendenten oder entelechetischen Teleologie enden. Daß ein solcher Zugzwang auch noch in einem sich als bloß regulativ und heuristisch bescheidenden teleologischen Erklärungsmodell vorliegt, wird in der Regel nicht bedacht oder aber übergangen. Zugleich wird deutlich, daß Nietzsches Stellung gegen die Teleologie zugleich eine Stellung gegen die überlieferte Ontologie sein muß. Das, was *ist*, *wird* immer erst aus dem ursprünglich-produktiven und unaufhebbar perspektivischen Kräfte-Geschehen, es ‚ist' nicht immer schon im Sinne eines durchgängig bestimmten Substrats oder eines ontologischen Seins. Weder ‚Zwecke' noch ‚Sein' sind etwas Gegebenes. Wirklichkeit ist ein Prozeß fortwährend rhythmischer und experimentierender Schöpfung.

Auf diese Zusammenhänge verweist auch, daß Nietzsche an der eingangs zitierten Stelle vom Zweckmäßig-*Scheinenden*[35] spricht. Darin steckt zunächst, daß solcher Anschein nicht als Beweisgrund für eine Teleologie ‚in der Sache' herangezogen werden kann. Darüber hinaus wird auch auf diese Weise signalisiert, daß der hinter der anscheinenden Zweckmäßigkeit stehende Grundcharakter der Geschehensvollzüge selbst, das sich fortwährend in, an, und mit den Macht-Organisationen als Prozesse der Fest-stellung und des Um- und Neu-Organisierens der Kräfteverhältnisse ateleologisch vollziehende Kampf-Spiel von befehlenden und gehorchenden Machtordnungen der entscheidende Vorgang ist. Auch im Gehorchen auf eine Zweckmäßigkeit bzw. auf einen durch einen fremd- oder selbstbestimmten Befehl gesetzten Zweck hin findet ein Ausgeben von Kraft statt. Dies kann unter Heranziehung des mit dem Auslösungsgedanken verbundenen Aspektes der Richtungskausalität auch so aufgefaßt werden, daß der imperativische Charakter des Befehlens und die Kraft einer übergeordneten Zweckmäßigkeit die Richtung der auszulassenden Kraft festlegt. Doch ist damit nicht zugleich auch das Maß, das Quantum der darin zur Verfügung stehenden Kraft von dieser Zweckmäßigkeit her bestimmt. Zwischen dem Auslösenden sowie der Richtung auf der einen und dem Grad der Auslassung sowie der ausgelösten Wirkung auf der anderen Seite besteht keine berechenbare äquivalente oder proportionale Beziehung im Sinne etwa der Erhaltungskausalität[36]. Vielmehr kommen, gemessen an der Ökonomie der Zweckmäßigkeit, sowohl zu geringe als auch unbotmäßig überschießende Kraftauslassungen vor, in denen sowohl der herrschende, der befehlende Wille-zur-Macht als auch die anderen Gehorchenden herausgefordert sind. All diese Bewegungen aber in, an und von Macht-Organisationen (einschließlich derjenigen, die zur Abspaltung und Entstehung neuer Macht-Gefüge führen) sind als vollständig endogene, jeweils von innen her sich produzierende Erweiterungs-, Steigerungs- und Auslassungsfunktionen aufzufassen. Aus dieser Perspektive erscheinen ‚Zwecke' und ‚Zweckmäßigkeit' als späte, als nachträgliche Rationalisierungen, d.h. als fiktionierte Einbildungen, die sich an eine zugrunde liegende Interessenlage der Kräfte-Prozesse im nachhinein anpassen. Von grundlegender Bedeutung ist, daß auf diese Weise die Existenz der Zwecke sowie die als ein Betrachtungsprinzip eingestufte und organisations-funktionale Zweckmäßigkeit in die endogenen, explosionsarti-

[35] Siehe oben Anm. 30.
[36] Vgl. oben Kap. II, 2, S. 44ff.

gen und ateleologischen Vollzüge des Willen-zur-Macht-Geschehens zurückübersetzt werden. Da das Willen-zur-Macht-Geschehen wesentlich ein Funktionsaufprägen ist, läßt sich gar nicht vermeiden, daß die so entstehenden Gebilde hinterher den „Anschein" einer Zweck-Mittel-Organisation erwecken. Jedes Stärkerwerden bringt Ordnungen mit sich, die „einem Zweckmäßigkeits-Entwurfe ähnlich sehen". Doch sind die augenscheinlichen Zwecke nicht beabsichtigt, und schon gar nicht dürfen sie als treibende Kraft, etwa im Sinne von Antizipationen als Motor der Bewegung aufgefaßt werden. Wie sollte ein in seiner Realisation noch ausstehender Zweck hinter das Geschehen als dessen bewegende Kraft gelangen? In dieser Frage liegt das logische Problem jeder teleologischen Erklärung. Die anscheinende Zweckmäßigkeit ist, und das ist der entscheidende Punkt, „nur ein *Ausdruck* für eine Ordnung von Machtsphären und deren Zusammenspiel".[37]

Die so in Sachen Zweck und Zweckmäßigkeit gebotene Revision der Betrachtungsweise läßt sich analog auch an dem Verhältnis zwischen ‚moralischem Urteil' und ‚Organismus-Geschehen' verdeutlichen. In jedem Organismus stößt man Nietzsche zufolge auf viele ‚Du sollst!', die fortwährend darin arbeiten. Das klingt moralisch in dem zunächst geläufigen Sinne, verweist aber gerade auf eine umgekehrte Auffassung und genealogische Herleitung moralischer Urteile. Nietzsche geht hier nicht davon aus, daß sich das Binnenfunktionieren von Organismen nach bestimmten, vom menschlichen Bewußtsein und Willen hineininterpretierten moralischen Gesetzen oder sollens-theoretischen Imperativen verhält und diesen gehorcht. Umgekehrt: er setzt den Charakter der leiblich-organischen Geschehensvorgänge so grundsätzlich an und spricht ihnen einen so hohen ‚Wert' und eine so hohe ‚Vernünftigkeit' zu, daß, unter Fortfall eines an-sich-seienden Guten und eines objektiven Sittengesetzes, erst von ihnen her sinnvoll bestimmt werden könnte, was überhaupt als ‚moralisch' im neuen, im nach-metaphysischen Sinne gelten soll. Die „*thatsächliche* Moralität des Menschen in dem Leben seines Leibes" ist in Nietzsches Sicht „hundert Mal größer und feiner als alles begriffliche Moralisieren es war".[38] Analoges gilt in Hinsicht auf die ‚Zwecke'. Diese verhalten sich zum eigentlichen Geschehensvorgang genau so wie das moralische Urteilen sich zu dem „wirklichen *vielfältigeren* und feineren *Urtheilen des Organismus*" verhält. Beide sind „nur ein Ausläufer und Schlußakt davon".[39]

In allen Ausführungen Nietzsches zum Organismus-Problem ist das Bemühen leitend, den Weg zu einer Wirklichkeitsauffassung weder kausal-mechanischer noch teleologischer Art zu eröffnen. Wenngleich sich in den Nach-

---

[37] KGW VIII, 2, 9 (91), S. 50.
[38] KGW VII, 2, 25 (437), 124.
[39] Ebenda.

laß-Aufzeichnungen manche teleologisch klingende Formulierung und Vorstellung findet, so ist, soll Nietzsche ernst genommen werden, darin jedoch nicht ein erneutes Anheimfallen an die Teleologie, sondern über weite Strekken lediglich die Schwierigkeit zu sehen, den eigentümlichen *Geschehens*charakter der Willen-zur-Macht-Organisationen bislang noch nicht durch geeignete Ausdrucksmittel *darstellen* zu können.[40] Daran zeigt sich eine gewisse Sperre auch von seiten der Sprache und der Grammatik. So erweckt z. B. die Darstellung der vielheitlich-relationalen und nicht nach Art der Kausalität, sondern im Sinne auslösungs-explosiver und sich fortwährend um-organisierender Funktionsverhältnisse von Kräftefeldern miteinander verknüpfter Willen-zur-Macht-Ereignisse in der sprachlichen Artikulation stets noch den Eindruck, als handle es sich dabei doch um Sach-Identität, um Einheit, um Ursache-Wirkung-Verhältnisse und um Dinge im Sinne materieller Körper. Die Schwierigkeit besteht auch hier darin, den in der Sprachstruktur sedimentierten Vorurteilen nicht sprach-positivistisch erliegen zu dürfen und doch gleichwohl der Grammatik des Schemas weder entspringen zu können noch auch zu wollen.

4. *Aspekte der Erkenntnislehre*

Ist Erhaltung als indirekte Konsequenz eines fundamentaleren Geschehens aufzufassen, dann werden auch einige Aspekte der Erkenntnislehre Nietzsches verständlicher. Auch in und als Erkenntnis manifestiert sich ein Wille-zur-Macht. Wenn es heißt, daß alle Erkenntnisorgane nur „in Hinsicht auf Erhaltungs- und Wachsthums-Bedingungen"[41] entwickelt sind, so ist dies nicht so zu verstehen, als handle es sich primär um Erhaltung und davon abgetrennt erst sekundär um Wachstum, Steigerung und Erweiterung. Bei dem, was Erkenntnis genannt wird, geht es um eine bestimmte Ausgestaltung des zweiten Aspektes. So ist es konsequent, wenn Nietzsche an anderer Stelle das ‚und' zwischen ‚Erhaltung' und ‚Wachstum' wegläßt und ineins von „Erhaltungs-Steigerungs-Bedingungen"[42] spricht. Erhaltung ist hier selbst bereits Ausdruck von Steigerung, insofern in den Erkenntnisinstrumentarien (z. B. in der Vernunft, in der Logik, in den Kategorien, aber auch schon auf der Ebene der Wahrnehmungssinne) das „Bedürfnis" maßgebend ist, zu subsumieren, zu schematisieren, der Berechnung zugänglich zu machen, „dem Chaos so viel Regularität und Formen auf(zu)erlegen" wie es dem „praktischen Bedürfniss genugthut".[43] In den „Werthschätzungen", daß etwas *so und so* ist, sind die

[40] Vgl. W. Müller-Lauter, a.a.O., S. 220.
[41] KGW VIII, 2, 9 (38), S. 16.
[42] KGW VIII, 2, 11 (73), S. 278.
[43] KGW VIII, 3, 14 (152), S. 125.

Erhaltungs-Steigerungs-Bedingungen des Menschen „projicirt als *Prädicate des Seins* überhaupt“[44]. Damit eine bestimmte Art ihren Erhalt und ihr Machtwachstum sicherstellt, „muß sie in ihrer Conception der Realität so viel Berechenbares und Gleichbleibendes erfassen, daß daraufhin ein Schema ihres Verhaltens construirt werden kann“.[45] Von daher ist es die „Nützlichkeit der Erhaltung“, und *nicht* irgendein „abstrakttheoretisches Bedürfniß“, nicht getäuscht und nicht betrogen zu werden, die als Motiv hinter der Ausbildung und Entwicklung der Erkenntnisorgane steht. Dabei hängt der Grad, „das *Maß* des Erkennenwollens“ von „dem Maß des Wachsens des *Willens zur Macht* der Art“[46] ab. Die als Machtwollen aufgefaßte Erkenntnis will also jeweils nur bis zu demjenigen Grade vordringen, bei dem noch gewährleistet ist, daß sie über die Realität Herr zu werden und sie in Dienst zu nehmen, d. h. ihr eine sei es theoretische, praktische oder ästhetische Funktion aufzuprägen vermag. Das perspektivische Zurüsten, Handgreiflich- und Berechenbarmachen auf dem Wege illusionierender und in das „Chaos sive natura“[47] projizierter Wertschätzungen ist so gesehen für den Lebensvollzug als solchen charakteristisch. Die Wertschätzungen sind also konstitutiv und nicht-hintergehbar. Sie sind nicht als täuschende Verstellungen einer absoluten Realität, eines objektiven Wahren, Guten und Schönen aufzufassen. Wollte jemand die wertschätzende Perspektivität jeden Geschehens aufheben, so hätte er damit das Leben selbst, und zwar um einer mutmaßlichen ‚Wahrheit‘ willen, negiert.

Die perspektivisch-wertschätzenden Prozesse finden bereits auf der Ebene des sinnlichen Wahrnehmens statt. Das Tätigsein der Sinne ist in dieser Hinsicht von gleicher Art wie dasjenige des Intellekts und des Geistes. Die Sinne „bemächtigen sich der Dinge“ auf die gleiche Weise wie dann die Wissenschaft „eine Überwältigung der Natur in Begriffen und Zahlen“ ist. Es handelt sich darin nicht um einen Willen, ‚objektiv‘ zu sein. Vielmehr geht es um eine Art von „Einverleibung und Anpassung, zum Zweck der Ernährung“.[48] Und darin manifestiert sich bis hinein in die Erhaltungstendenz des Verstandes und der Vernunft um ihrer selbst willen, d. h. bis hinein in die von Verstand und Vernunft geleisteten Anstrengungen zur Sicherung der Bedingungen ihrer eigenen Möglichkeit (die Kant im Durchgang durch eine selbst-kritische Prüfung, in einer Kritik der reinen Vernunft gewährleistet sah), eine bestimmte Ausprägung des Lebens, ein Teil der Existenzbedingungen eines bestimmten Typus. Wenn Denken und Empfinden auch unableitbar erscheinen, so sind sie damit für Nietzsche „noch lange *nicht* als ursprünglich oder ‚an sich seiend‘ bewie-

---

[44] KGW VIII, 2, 9 (38), S. 17.
[45] KGW VIII, 3, 14 (122), S. 94.
[46] Ebenda.
[47] KGW V, 2, 11 (197), S. 417.
[48] KGW VII, 2, 26 (448), S. 267.

sen!"[49] Auch sie sind letztlich konkreszierter Ausdruck bestimmter Prozesse und Konstellationen der Triebe und das heißt der Willen-zur-Macht-Komplexe zueinander.[50]

Neben den Aspekt der Abkünftigkeit tritt der perspektivisch vereinfachende Charakter des Intellekts. Als Erhaltungsmittel des Individuums entfaltet der Intellekt „seine Hauptkraft in der Verstellung"[51], heißt es bereits in den frühen siebziger Jahren. Dies ist in zwei Richtungen zu beachten. Zum einen gilt es hinsichtlich des Verhältnisses des Bewußtseins zur äußeren sinnlich wahrgenommenen Welt. Das Bewußtsein ist „spät, kümmerlich entwickelt, zu äußeren Zwecken, den gröbsten Irrthümern ausgesetzt, sogar *essentiell* etwas Fälschendes, Vergröberndes, Zusammenfassendes". Zum anderen gilt dies in bezug auf die Innenwelt, die inneren Prozesse. Diese sind „essentiell *Irrthum-erzeugend*", weil Leben überhaupt nur „unter der Führung solcher verengender, perspektivisch-schaffender Kräfte"[52] möglich ist. Dies ist bereits im Bereich des Organischen, dann aber vor allem für die erst am Ende des Organischen auftretende Bewußtheit und das bewußte Denken der Fall. Hier handelt es sich in zunehmendem Maße um Verhältnisse perspektivischer Nicht-Eindeutigkeit. In diesem Sinne und bezogen auf die für den organisch-bewußten Bereich aus Gründen der Lebensdienlichkeit nicht aufhebbare Verstrikkung von Erkenntnis und Irrtum (– die Erkenntnis ist, da wesentlich von der Art des Fest-stellens, prinzipiell nicht in der Lage, den Werdecharakter des Werdens, d.h. die „letzte Wahrheit"[53] vom Fluß aller Dinge zu erfassen –), kann Nietzsche sagen, daß die Welt des Unorganischen die gegenüber dem Organischen höherwertigere ist. „Wo es keinen Irrthum giebt, dies Reich steht höher: das Unorganische als die individualitätslose Geistigkeit. Das organische Geschöpf hat seinen Seh-Winkel von Egoismus, um erhalten zu bleiben".[54] Und es ist eben diese Erhaltungsperspektive, die auch die Grenzen

---

49 KGW VII, 1, 8 (25), S. 353.

50 Vgl. KGW VI, 2, *Jenseits von Gut und Böse*, Aph. 36, S. 50. Vgl. dazu oben Kap. II, 3, S. 55 und Anm. 51.

51 KGW III,2, *Über Wahrheit und Lüge im aussermoralischen Sinne*, 1, S. 370.

52 KGW VIII, 1, 7 (9), S. 302.

53 KGW V, 2, 11 (162), S. 402. Vgl. dazu unten Kap. VIII, 5, S. 312ff.

54 KGW VII, 2, 26 (37), S. 155. Das organische Leben ist bereits eine „Spezialisirung"; die „dahinterstehende *unorganische Welt* ist die *größte Synthesis von Kräften* und deshalb das Höchste und Verehrungswürdigste. – Der Irrthum, die perspektivische Beschränktheit fehlt da" (KGW VIII, 1, 1 (105), S. 31f.). „*Wahrnehmen* auch für die unorganische Welt einräumen, und zwar absolut genau: da herrscht ‚Wahrheit'! – Mit der organischen Welt beginnt die *Unbestimmtheit* und der *Schein*" (KGW VII, 3, 35 (53), S. 258). Trotz des hier durchklingenden natur-nostalgischen Tons ist zu beachten, daß es sich nicht um Optionen für einen Atavismus oder Archaismus handelt. Die Aufforderung, die von Nietzsches Philosophie ausgeht, besteht vielmehr gerade darin, sich der Perspektivität zu Ende zu bedienen. Dies wird im folgenden Kap. VI besonders deutlich und ist später auch für ein Verständnis der Wiederkunftslehre zentral.

menschlicher Welt- und Selbst-Erkenntnis hervortreten läßt. Es ist „unwahrscheinlich", daß das Erkennen „weiter reichen sollte als es knapp zur Erhaltung des Lebens ausreicht".[55] Im Horizont dieser Problematik wird Nietzsches Gedanke der ewigen Wiederkehr des Gleichen als der Versuch zu lesen sein, über diese Erhaltungsgrenzen hinauszugehen und ein ‚Experiment' des Lebens mit sich selbst und seiner ‚letzten Wahrheit' zu wagen, in dem das Problem des *Werdens*, der Werdecharakter der werdenden Welt mit der Frage nach dem *Wert* des Daseins unter den Bedingungen einer ametaphysischen Welt und in Orientierung an der Erhöhung und Verstärkung des Typus, die jedoch für die Erhaltung der Spezies gefährlich sein könnte, ineinander gedacht werden.[56]

In Sachen Erhaltung sei schließlich noch angemerkt, daß auch in der Bestimmung der Erkenntnisorgane als Erhaltungsmittel, die dem ‚chaos sive natura' nach Maßgabe praktischer Bedürfnisse Regelmäßigkeiten auferlegen, ‚Erhaltung' bereits als ein in sich potenziertes Geschehen aufzufassen ist. Dies gilt für alle Erhaltungsvorgänge. Daß sich-selbst-erhaltende Zustände aus sich heraus über dieses Potenzierungsmoment verfügen, stellte ja die besondere Herausforderung an die alten Konzepte der Kontingenz, der metaphysischen Annihilation und der Fremderhaltung dar. Doch selbst wenn festgestellt werden muß, daß Nietzsche diesen mit dem Erhaltungsgedanken stets auch verbundenen Aspekt in seinen Angriffen auf das Selbsterhaltungsprinzip nicht hinreichend gewürdigt hat, so zeigt sich daran doch nur, daß Nietzsche nicht mehr, wie die frühe Neuzeit, in einer Problemsituation steht, in der Selbsterhaltung als Inbegriff von anti-teleologischer Ökonomie, Behauptung und Steigerung gelten mußte.[57] Hier radikalisiert und überbietet Nietzsche die frühneuzeitliche Rationalität. Es ist also gerade die Freisetzung des Aspektes, daß mit aller Selbst-Erhaltung immer schon ein gewisses Steigerungsmoment verbunden ist, die dazu führt, Selbst-Erhaltung nun entweder als restriktiv oder aber als derivativ aufzufassen. Erhaltungstendenzen sind Bestandteil des Vorgangs Leben. Aber sie dürfen nicht als dessen primäres Prinzip angesetzt werden. Denn damit wäre der ursprünglich-aktive Grundcharakter des Lebens, mithin jeden Geschehens bereits verkannt, wäre die dem Lebensvollzug als solchem eigentümliche „Aktivität" zugunsten einer bestimmten Version von Anpassung, die bloß eine Aktivität zweiten Ranges, eine „bloße Reaktivität"[58] ist, verkehrt.

Um die Frage, wie ebendiese ursprünglich-produktive Aktivität aufzufassen ist, dreht sich das Problem, und jeder Lösungsvorschlag impliziert zu-

---

[55] KGW VII, 3, 36 (19), S. 283.

[56] Vgl. Teil II, vor allem Kap. VIII, 5.

[57] Vgl. H. Blumenberg, *Selbsterhaltung und Beharrung*, in: H. Ebeling (Hg.), *Subjektivität*, S. 199.

[58] KGW VI, 2, *Zur Genealogie der Moral*, II, Aph. 12, S. 332.

gleich eine ganze Welt-Auslegung. Nach der vorangegangenen ersten Zurückweisung der Teleologie gilt es jetzt die Kritik am Kausal-Mechanismus über die bereits dargelegte These hinaus, daß die Kräfte-Organisationen nicht nach Art einer Machinenmäßigkeit vorzustellen sind, noch etwas weiter zu verfolgen.

5. *Kritik des Mechanismus und des Ursachebegriffs*

Nietzsche konstatiert, daß sich von allen bisher versuchten Weltauslegungen die mechanistische durchgesetzt hat. Dies sei durchaus zu begrüßen, insofern sich in dieser Denkweise eine anti-teleologische und auch eine weitgehend emotionsfreie Haltung zeige.[59] Wenn nun aber für die mechanistische Denkungsart zum einen das Modell der äußeren Verursachung und zum anderen der Erhaltungsgedanke (als intransitive Erhaltung von Zuständen; als Erhaltungskausalität; als Konstanz der Gesamt-Kraft; als Energiesatz) grundlegend ist, dann steht gleichwohl zu erwarten, daß Nietzsches Rückgang in den dem Prinzip der Selbst-Erhaltung vorgängigen Geschehenscharakter zwangsläufig zur Auflösung auch der mechanistischen Weltsicht führen muß. Zwar ist die Mechanistik durchaus als Ausdruck der menschlichen Machtsteigerung gegenüber der Natur anzusehen. Doch im Grunde reduziert sie das Geschehen auf die Oberfläche, bezeichnet dieses „zum Zwecke der *Verständigung*“[60], dringt jedoch nicht zum wirklichen Erklären und Verstehen vor.

So darf nicht vergessen werden, daß alle vom Mechanismus unterstellten Voraussetzungen (Stoff, Atom, Druck, Stoß, Schwere) keine an-sich-seienden Tatsachen, sondern Interpretationen mit Hilfe „psychischer Fiktionen“[61] sind. Die mechanistische Welt ist „imaginirt“ nach dem Muster des vermeintlich einheitlichen Ich-Begriffs, des „ältesten Glaubensartikels“. Der Mensch hat seinen „falschen“ Subjektbegriff übertragen auf die Begriffe von Zahl, Ding, Tätigkeit, Ursache und Bewegung, d. h. in der Konstruktion der mechanistischen Welt ist „unser *Auge*, unsere *Psychologie* immer noch darin“[62]. Wird nun weiter gefragt, in bezug worauf der Mechanismus bloß eine „Zeichensprache“, eine „bloße Semiotik der Folgen“[63] ist, so tritt die Ebene des ursprünglicheren Kräftegeschehens, die „innere Welt“[64], „die *interne* Thatsa-

---

[59] Vgl. dazu KGW VII, 3, 36 (34), S. 288; VII, 2, 26 (386), S. 250.

[60] KGW VIII, 1, 5 (16), S. 194. – „Die Naturwissenschaft will mit ihren Formeln die ‚Überwältigung‘ der Naturkräfte lehren: sie will nicht eine ‚wahrere‘ Auffassung an die Stelle der empirisch-sinnlichen setzen (wie die Metaphysik)“ (KGW VII, 2, 27 (36), S. 284).

[61] KGW VIII, 3, 14 (82), S. 54. Vgl. im Zusammenhang der Mechanismus-Kritik auch Nietzsches Kritik der Atomistik, oben Kap. III, 2.

[62] KGW VIII, 3, 14 (79), S. 50f.

[63] a. a. O., 14 (82), S. 54.

[64] KGW VII, 3, 36 (31), S. 287.

chen-Welt"[65] kämpfender und einander überwindender Willen-zur-Macht-Quanta in den Blick. An diese Welt reicht die Kausal-Mechanik nicht heran, wenngleich sie ihrerseits aus dem Gesichtspunkt des vereinfachenden Übermächtigens zu verstehen ist. Dieses Innere haben die Physiker zwar unterschlagen, aber sie können die Fernwirkung, die abstoßende bzw. die anziehende Kraft, Phänomene also, die weder durch den Atomismus noch im Rahmen des Druck-und-Stoß-Schemas sich berührender starrer Körper und äußerer Verursachungen zu erklären sind, nicht leugnen. So müsse man schließlich alle Bewegungen, alle Erscheinungen, alle Gesetze „als Symptome eines innerlichen Geschehens fassen und sich der Analogie des Menschen zu Ende bedienen"[66]. Nietzsche hat diese innere Welt, dasjenige, was übrig bleibt, wenn die psychologisch-fingierenden Übertragungen und Projektionen so weit wie möglich eliminiert werden, als die Geschehensvollzüge der dynamischen Willen-zur-Macht-Quanta konzipiert, die zu allen anderen dynamischen Quanta, vornehmlich zu denen der näheren Umgebung, in einem Spannungsverhältnis stehen, und deren Wesen in ihrem Wirken auf diese besteht. Wille-zur-Macht ist essentiell „nicht ein Sein, nicht ein Werden, sondern ein *Pathos*", und als dieses ist er die „elementarste Thatsache, aus der sich ein Werden, ein Wirken ergiebt"[67].

Von der dynamischen Auffassung des Willen-zur-Macht-Geschehens her muß auch der Begriff der Ursache, der äußeren Verursachung sowie das damit zusammenhängende Konzept der Kausalität kritisiert werden. Bewegung ist nicht etwas extern Verursachtes[68], und bei zwei aufeinander folgenden Zuständen handelt es sich nicht darum, daß der eine Ursache und der andere Wirkung ist. Über den Vorgang, der mit dem Begriff ‚Ursache' gemeint sein soll, hat der Mensch, wie Nietzsche betont, „absolut keine Erfahrung"[69]. Der Ursachebegriff entstammt einer psychologischen, subjektiven Überzeugung, die auf mangelnder Analyse der Vorgänge beruht. Der Mensch unterscheidet dabei zwischen sich als einem Täter, und dem, was er tut, dem Tun. Dieses Schema kommt dann überall zur Anwendung. Bei jedem Geschehen wird nach einem dahintersteckenden Täter gefahndet. Ist die Suche erfolgreich, so wird dies als die ‚Erklärung' des Geschehens ausgegeben. In Wirklichkeit ist bei der Unterscheidung nach Täter und Tun „ein Gefühl von Kraft, Anspannung, Widerstand, ein Muskelgefühl, das schon der Beginn der Handlung ist, als Ursache *mißverstanden*"[70] worden. Auf diese Weise wird ein für das Geschehen ver-

---

65 KGW VIII, 3, 14 (82), S. 54.
66 KGW VII, 3, 36 (31), S. 287.
67 KGW VIII, 3, 14 (79), S. 51.
68 Vgl. dazu auch Kap. I, 4.
69 KGW VIII, 3, 14 (98), S. 66; vgl. 14 (95), S. 65.
70 a.a.O., 14 (98), S. 66; vgl. VII, 3, 36 (26), S. 286.

antwortliches Subjekt erfunden. Der Begriff der Ursache ist also gleichsam durch Sedimentierung verschiedener subjektiver Machtgefühle (des Willens, der Freiheit, der Verantwortlichkeit, der Absicht) entstanden, und causa efficiens und causa finalis bedeuten letztlich dasselbe. Doch wie die begleitenden subjektiven Machtgefühle sich als Epiphänomene erwiesen[71], so ist auch mit Hilfe des Ursachebegriffs kein Verständnis der Geschehensvorgänge zu erreichen. Entsprechend ist eine notwendige Reihenfolge von Zuständen nicht als ein Kausalitäts-Verhältnis zu interpretieren.[72]

Gegen Kants These der apriorischen Gültigkeit des Kausalprinzips sieht Nietzsche Humes Rückführung des Kausalitäts-Glaubens auf Assoziation, Erwartung und vor allem auf Gewohnheit zunächst im Recht. Doch betont er darüber hinaus, daß der feste Glaube an Kausalität noch nicht durch einen Rekurs auf die Gewohnheit des beobachtbaren Aufeinanderfolgens von Vorgängen einsichtig ist. Entscheidend ist vielmehr die fest verwurzelte „*Unfähigkeit*, ein Geschehen anders *interpretiren* zu können denn als ein Geschehen aus *Absichten*“[73]. In Nietzsches Sicht lebt der Kausalitätsglaube, abgesehen davon, daß sich in ihm eine Furcht vor Unbekanntem sowie dessen quasi instinktive Rückführung auf schon Bekanntes dokumentiert[74], von der subjektiven Sperre, ‚Geschehen ohne Absicht‘ nicht oder nur sehr schwer vorstellen zu können. Daraus folgt, daß mit dem Glauben an die teleologische zugleich auch der an die kausale Erklärung entfällt. Auch an diesem Punkt ist Spinoza Nietzsche zufolge inkonsequent gewesen.[75] ‚Ursache‘ im Sinne eines ‚Vermögens zu wirken‘ ist etwas, das zum Geschehensvollzug selbst hinzuerfunden ist, ebenso wie die ‚Wirkung‘, wenn diese als etwas aufgefaßt wird, das vom Geschehen getrennt werden kann. Wird hier aufgetrennt, so ist das Geschehen damit selbst negiert. *Geschehen* ist weder bewirkt noch bewirkend, oder umgekehrt: es gibt weder Ursachen noch Wirkungen im Sinne der Kausalitäts-Vorstellung.

Auch in Gestalt der Bestimmung der Willen-zur-Macht als Pathos des Werdens bringt Nietzsche Aspekte der Herakliteischen Lehre wieder zu Ansehen und unterscheidet sich darin ebenfalls von der mechanistischen Weltauslegung. Die internen Kräfteprozesse können nicht durch die Begriffe ‚kausal-mechanische Notwendigkeit‘ bzw. ‚Gesetz‘ charakterisiert werden. Es handelt sich in den Willen-zur-Macht-*Vollzügen* weder um den Zwang einer Notwendigkeit noch um die Freiheit einer Wahl der Regelbefolgung, sondern hier,

---

[71] Vgl. oben Kap. IV, 1; 2 und 4.

[72] KGW VIII, 3, 14 (98), S. 67: „das hieße deren *wirkende Vermögen* von 1 auf 2, auf 3, auf 4, auf 5 springen zu machen“.

[73] KGW VIII, 1, 2 (83), 100. Vgl. I. Kant, *KrV*, B 232ff. (Zweite Analogie); vgl. D. Hume, *A treatise of human nature*, I, 3, 2ff.

[74] Vgl. KGW VIII, 3, 14 (98), S. 68.

[75] Vgl. KGW VIII, 1, 2 (83), S. 101.

und mithin in allem Geschehen, ist der „Grad von Widerstand und der Grad von Übermacht"[76] das Wesentliche. Wenn es dem Menschen gelingt, dies für seinen „Hausgebrauch der Berechnung" in Gesetzesformeln auszudrücken, nun – „um so besser für uns!" Doch ist damit keineswegs bewiesen, daß solche Gesetze in der Natur herrschen. ‚Gesetze' können keine Vorschriften, sondern höchstens Deskriptionen faktisch-kontingenter Vorgänge sein. Doch heißt dies nicht, daß dem Geschehen die Notwendigkeit fehlt. Aber die den Kräftevollzügen innewohnende ‚Notwendigkeit' ist auf diese Weise nicht zu charakterisieren. Es gibt kein von irgendwoher verfügtes ‚Gesetz', dem sich dann ein ‚Material' in seinen Vollzügen unterzuordnen hätte. Die interne und absolute ‚Notwendigkeit' jeden Geschehens, daß es so und nicht anders geschieht, wie es geschieht, liegt vielmehr darin, daß „jede Macht . . . in jedem Augenblick ihre letzte Consequenz" zieht. Adiaphorie, Indifferenz, Kräftegleichgewicht und Unentschiedenheit sind für das wirkliche Geschehen ausgeschlossen. Gerade darauf, daß es „kein mezzo termine"[77] gibt, beruht die Berechenbarkeit der Vorgänge. Was gemeinhin Gesetzmäßigkeit der Natur genannt wird, ist eine „falsche humanitäre Auslegung". Es handelt sich vielmehr um eine „absolute Feststellung der Machtverhältnisse"[78]. Die Einsicht in *diese* Geschehens-Notwendigkeit, die weder etwas mit dem kausalen Determinismus noch etwas mit einem über den Dingen thronenden Fatalismus zu tun hat, wird auch für ein Verständnis des Ewigen-Wiederkunfts-Gedankens grundlegend sein.[79]

---

[76] KGW VIII, 3, 14 (79), S. 49.
[77] a.a.O., S. 49f.
[78] KGW VII, 3, 40 (55), S. 387.
[79] Vgl. Kap. VIII, 5; X; XII, 1 und 3.

VI. Interpretation als Fundamentalvorgang

1. *Kritik des teleologischen Denkens*

Der erörterte Übergang vom Organismus-Modell zum Vorgang der Kräfte-Organisation hat deutlich gemacht, daß die Uminterpretation und weitgehende Auflösung der Teleologie Nietzsche zufolge sogar auf der Ebene der funktional-regulativen Selbst-Erhaltungstendenzen von Macht-Organisationen, mithin selbst in dem Bereich durchzuführen ist, in dem die teleologische Erklärung von alters her nahezu unanfechtbar schien. Das Willen-zur-Macht-Geschehen vollzieht sich *a-teleologisch.* Werden nun ebendiese Vollzüge, d.h. die Austragungen der Spannungsverhältnisse der dynamischen Macht-Quanten untereinander, noch etwas näher betrachtet, so tritt hervor, daß es sich dabei wesentlich um Vorgänge des wechselseitigen Auf-seinen-Wert-hin-, des Auf-seine-Funktionalität-hin-Interpretierens, des Macht-Schätzens, des Kräfte-Taxierens, des perspektivischen Zurechtmachens und Vereinfachens als Modi des Übermächtigen- und Stärker-werden-wollens, um Ausdeutung, ausdichtendes Übergreifen, Aneignen und Einverleiben, um Auslegung handelt. In einem Wort: das Willen-zur-Macht-Geschehen vollzieht sich *als Interpretations-Geschehen.* Darin gründet der „interpretative Charakter"[1] jeden Geschehens.

Vor dem Hintergrund des gesamten bisher im Ersten Teil dieser Untersuchung zurückgelegten Überlegungsgangs und bezogen auf die Frage nach der neuzeitlichen Rationalität kann jetzt gesagt werden, daß nicht bereits die intransitive und reflexive Selbsterhaltung, sondern erst die immanente Überbietung bzw. Unterbietung, der Rückgang in den mit dem Willen-zur-Macht-Geschehen verbundenen Erweiterungs-, Steigerungs-, Auslassungs- und Interpretations-Charakter die teleologische Welt-Auslegung und in Konsequenz auch die kausal-mechanische Erklärung als überwunden hinter sich läßt. Der Weg führt also in systematischer wie in historischer Hinsicht von der aristotelisch-scholastischen Teleologie des Spätmittelalters über die neuzeitliche Selbsterhaltung zum interpretativen Charakter allen Geschehens bei Nietzsche. Darin erst erfüllt sich das Motiv der frühneuzeitlichen Rationalität, eine anti-teleologische und damit rein immanente und endogene, keines

[1] KGW VIII, 1, 1 (115), S. 34.

Dritten bedürftige Wirklichkeitsauffassung zu erreichen. Doch hebt in dieser Überhöhung der neuzeitlichen Rationalität zugleich auch deren Auflösung an, was sich nicht nur daran zeigt, daß neben dem teleologischen auch das kausal-mechanische Erklärungsmodell verabschiedet wird. Gerade der Interpretations-Gedanke scheint geeignet, jene Fremdbestimmung und Fremdheit der Welt erneut heraufzubeschwören, deren Überwindung und Ausschaltung die Anstrengungen der neuzeitlichen Rationalität galten. Doch ist Nietzsche mit der Charakterisierung jeden Geschehens als eines Interpretations-Vorgangs nicht nur Endpunkt dieser Entwicklung. Er ist zugleich möglicher Ausgangspunkt und Anfang eines nach-neuzeitlichen Philosophierens. Um die Reichweite des von jetzt an für alle weiteren Ausführungen fundamentalen Interpretationsgedankens markieren zu können, ist zuvor die Ateleologie der Nietzscheschen Weltauffassung in vier Hinsichten zu skizzieren. Dies ist zugleich eine auf das vorangegangene Kapitel bezogene erweiterte, zweite Behandlung des Teleologieproblems.

Erstens (1) ist das hinsichtlich der Organisiertheit und Funktionalität einer jeden Wirklichkeits-Gestaltung oben[2] gewonnene Ergebnis herauszustellen, daß die anscheinende Zweckmäßigkeit lediglich eine Folgeerscheinung der sich an Seiendem abspielenden und zur Ausbildung, Entwicklung und Funktionalität führenden Prozesse des Stärkerwerdens, nur Ausdruck einer Ordnung des Zusammenspiels von Machtkomplexen ist. Insofern alles, was *ist* bzw. *wird*, vom Charakter der Organisation ist, stellt dies das mit der größten Reichweite versehene Argument Nietsches gegen die Teleologie dar. Alle anderen Formen der Teleologie sind von der Organisations-Frage immer schon überholt.

Zweitens (2) ist in Hinsicht auf die Individuen zu betonen, daß die in Nietzsches Philosophie ins Auge gefaßte Erhöhung und Stärkung des Typus wesentlich auch an ein Zum-Zuge-bringen des je Eigenen geknüpft ist. Eine solche Stärkung ist als Steigerung der Komplexität sowohl nach innen wie nach außen sowie als Pluralität und Erweiterung der Interpretations-Horizonte aufzufassen, in denen und als die sich Lebendiges vollzieht und Wirklichkeit zu bedeuten gibt. Dies ist nicht mit einem teleologischen Denken zu vereinen. Sobald ein ‚Zweck des Menschen' angesetzt wird, ist dem Individuum ein Begriff vom Menschen vorangesetzt, an dessen Allgemeinheit es sich anzupassen hätte. Einen Daseinszweck für den Menschen aufstellen hieße, die Individuen an ihrem Individuellwerden hindern und sie auffordern, allgemein zu werden. Das von innen her sich vollziehende Entfalten des unverwechsel- und unersetzbar Eigenen stellt einen Gegenpol zu jener Auffassung des Individuationsprinzips dar, der es um Besonderung eines Allgemeinen in und an Individuen geht. In immanenter Überwindung und Selbst-Überwindung der vom Gat-

---

[2] Vgl. Kap. V, 3.

tungscharakter bestimmten Allgemeinheits-Strukturen (etwa der Grammatik, der Sozialität, der Institutionalität) Individuum zu werden, das ist die äußerste Aufgabe. In diesen Zusammenhang gehört auch die Bejahung der Möglichkeit, daß es in jedem Individuum eine noch verborgene Vielheit unterschiedlicher Personen gibt, die mit der perspektivischen Pluralität des sich innerhalb der Leib-Organisation und gleichsam unter dem Tisch des Bewußtseins der einen, zur Zeit regierenden Ich-Struktur vollziehenden Kampfes verschiedener und gegensätzlicher Triebkomplexe verbunden sind.

Freilich darf hier nicht der andere Aspekt von Nietzsches Denken unterschlagen werden, dem zufolge eine der Zukunft ihre Gesetze vorschreibende Lebens- und Denkungsart gefordert ist, welche sich auch darin zeigt, daß der ‚Übermensch' neue Werte-Tafeln schafft, die den vom ‚Herdeninstinkt' bestimmten Mittelmäßigen vorgesetzt werden. Doch dies ändert nichts daran, daß die Aufforderung zum Individuell-Werden das sich durch Nietzsches Schriften ziehende Motiv ist. Erst die schließlich am Ende, ganz zuletzt hervortretende Individualität, die sich auf ihrer Spitze ineins gleichen Wesens mit der Grundstruktur alles Seienden weiß, ist volle, zu sich selbst gekommene und bei sich bleibende Verkörperung des Wirklichen. In solchem Vollbegriff des Individuums liegt auch die Möglichkeit zur Überwindung des Nihilismus. Die damit verbundenen Probleme z. B. des Werte-Schaffens sowie der wichtige Gesichtspunkt, daß das Individuum nicht als ein isoliertes Vererbungsresultat, sondern als etwas aufzufassen ist, das die ganze Kette des in ihm wirkenden und es bedingenden Organischen und Anorganischen in sich trägt und diese selbst *ist*, werden im Zusammenhang der Wiederkunftslehre von Bedeutung sein.[3]

In der *Götzen-Dämmerung* ist zu lesen, daß niemand dem Menschen seine Eigenschaften gibt, „weder Gott noch die Gesellschaft, noch seine Eltern und Vorfahren, noch *er selbst*". Der letztgenannte Aspekt richtet sich gegen Kants Konzept der intelligiblen Freiheit. Der Mensch ist also in Nietzsches Sicht nicht als die Folge einer Absicht, eines Willens oder Zweckes aufzufassen, mit ihm „wird *nicht* der Versuch gemacht, ein ‚Ideal von Mensch' oder ein ‚Ideal von Glück' oder ein ‚Ideal von Moralität' zu erreichen". Es ist für Nietzsche „absurd", sein Wesen „in irgendeinen Zweck hin *abwälzen* zu wollen". Der Mensch selbst ist es, der den Begriff ‚Zweck' erfunden hat. In der Realität „fehlt" der Zweck. „Man ist nothwendig, man ist ein Stück Verhängniss, man gehört zum Ganzen, man *ist* im Ganzen".[4] Mit dieser konsequenten Immanentisierung des Moira-Gedankens wird der Blick auch auf das damit zugleich vorhandene und nicht mehr überbietbare Ausmaß an *Verantwortlich-*

---

[3] Vgl. unten auch schon Kap. VI, 4, S. 159; vgl. später Kap. VIII, 5, S. 318 und XIII, 4, S. 455.

[4] KGW VI, 3, *Götzen-Dämmerung*, (*Die vier grossen Irrthümer*), Aph. 8, S. 90.

keit gelenkt. Diese gründet in einem neuen Freiheitsgefühl, welches exakt darin besteht, daß die Menschen „*nicht* in ein System von ‚Zwecken' eingespannt sind!"[5]

Drittens (3) ist die Ateleologie auch in Hinsicht auf die Weltgeschichte zu betonen. Es gibt keinen Zweck und kein Ziel der Geschichte oder der Menschheit, auf die hin oder von denen her die Bewegungen der Geschichte sich vollziehen und zu erklären wären. Nietzsche lehnt damit auch den Fortschrittsglauben ab. Das Vorwärtslaufen der Zeit bringt die Täuschung mit sich, es handle sich dabei auch um einen Fortschritt. Doch stellt in Nietzsches Sicht z. B. das neunzehnte Jahrhundert durchaus keinen Fortschritt gegenüber dem sechzehnten dar. Weiterhin war bereits zu hören, daß letztlich nur die Individuen zählen. Von daher ist sowohl gegen die darwinistische Idee der Menschheit als auch gegen die progressistische Geschichtsphilosophie des Deutschen Idealismus einschließlich des Marxismus herauszustellen: *die* Menschheit „avancirt nicht, sie existirt nicht einmal". Und in bezug auf die Teleologie ist zu betonen, daß der „Gesamtaspekt" der Geschichte derjenige einer „ungeheuren Experimentir-Werkstätte" ist, „wo Einiges gelingt, zerstreut durch alle Zeiten, und Unsägliches mißräth, wo alle Ordnung, Logik, Verbindung und Verbindlichkeit fehlt".[6] Die Geschichte erscheint als eine „große *Versuchs-Anstalt*"[7], und der Mensch ist aufgefordert, ihren zukünftigen Gang, „ohne übernatürlicher Beistände zu bedürfen"[8] und ohne irgendjemandem Rechenschaft ablegen zu müssen, in die Hand zu nehmen.

Diese Situation ist nicht zuletzt eine Folge des sich durchsetzenden *historischen Sinns*. Dieser gibt zunächst den Blick auf das Gewordensein, d. h. auf den Umstand frei, daß es keine ewigen Tatsachen, Werte und Wahrheiten gibt. Er führt sodann dazu, daß von jetzt an in jedem Zeitalter „die verschiedenen Weltbetrachtungen, Sitten, Culturen verglichen und neben einander durchlebt werden können." Der historische Sinn hat das „Zeitalter der Vergleichung" ermöglicht. Vergleichung ist „sein Stolz – aber billigerweise auch sein Leiden"[9]. Mangel an historischem Sinn ist der „Erbfehler aller Philosophen". Denn diese wollen nicht anerkennen, daß sowohl der Mensch als auch das Erkenntnisvermögen etwas Gewordenes ist. Freilich hat sich nach Nietzsches Ansicht das Wesentliche der menschlichen Entwicklung „in Urzeiten" vollzogen, jedenfalls lange vor jenen „vier tausend Jahren", die bekannt sind, und in denen sich der Mensch kaum verändert hat. Doch darf diese bloß scheinbare

---

[5] KGW VIII, 1, 2 (206), S. 165.

[6] KGW VIII, 3, 15 (8), S. 202f. Zur Abwehr des Fortschrittsglaubens vgl. auch Kap. II, 1, S. 40f., Anm. 6.

[7] KGW VII, 2, 26 (90), S. 171.

[8] KGW IV, 3, *Menschliches, Allzumenschliches*, II, 1, Aph. 179, S. 93.

[9] KGW IV, 2, *Menschliches, Allzumenschliches*, I, Aph. 23, S. 40.

Unveränderlichkeit nicht als etwas dem Werden enthoben Gleichbleibendes mißverstanden und der Mensch auf diese Weise nicht als der Ziel- und Mittelpunkt der Weltentwicklung ausgegeben werden. Die ganze Teleologie sei darauf gebaut, daß man „vom Menschen der letzten vier Jahrtausende als von einem *ewigen* redet, zu welchem hin alle Dinge in der Welt von ihrem Anbeginne eine natürliche Richtung haben".[10] Mit der auch von hier aus gebotenen Relativierung aller scheinbar absoluten Werte und Wahrheiten wächst, aufs Ganze der Geschichte gesehen, zunächst die Einsicht, daß es dahinter keinen Gott und keine Vernunft gibt, die „die Schicksale der Welt im Grossen" leiten, ja, daß Zwecke und Ziele in der Geschichte fehlen. Dies führt schließlich dazu, daß die Menschen sich selbst „ökumenische, die ganze Erde umspannende Ziele"[11] setzen müssen. In einem späteren Nachlaß-Fragment heißt es, daß die Menschen, da „kein Ziel in der ganzen Geschichte der menschlichen Geschicke liegt", selbst ein solches Ziel in die Geschichte „hineinstecken" müssen, gesetzt, daß ihnen einerseits ein Ziel „nöthig", andererseits „die Illusion eines immanenten Zieles und Zweckes durchsichtig geworden"[12] ist. Die Radikalität dieses Gedankens tritt vor allem dann hervor, wenn sein Zusammenhang mit dem Wahrheitsverständnis gesehen wird.

Den ‚Willen *zur Wahrheit*' faßt Nietzsche als ein „Fest-*machen*", ein „Wahr-Dauerhaft-*Machen*", ein „Aus-dem-Auge-schaffen" der der Welt zugesprochenen „Falschheit" auf, die in deren Charakter des Werdens, der Veränderung, des Wechsels, der Vielheit und Widersprüchlichkeit gesehen wird. ‚Wahrheit' ist eine „Umdeutung" dieses Charakters „ins *Seiende*"[13]. Wahrheit ist mithin nicht etwas, das an sich da ist und das es im Sinne einer kontemplativen Wesensschau reiner Theoria, einer wissenschaftlichen Erkenntnis oder einer Bewußtseinsreflexion zu entdecken gilt. Wahrheit ist nicht etwas an sich Festes und Bestimmtes. Sie ist vielmehr „etwas, *das zu schaffen ist* und das den Namen für einen *Prozeß* abgiebt, mehr noch für einen Willen der Überwältigung, der an sich kein Ende hat". Wahrheit ist ein „aktives Bestimmen", sie ist „ein Wort für den ‚Willen zur Macht'"[14]. Und vor dem Hintergrund des angesprochenen Experimentier-Charakters der Geschichte kann gesagt

---

[10] KGW IV, 2, *Menschliches, Allzumenschliches*, I, Aph. 2, S. 21. – Freilich darf neben dieser positiven Seite des ‚historischen Sinns' nicht die damit zugleich verbundene Gefahr unterschlagen werden, wie Nietzsche diese insbesondere in *Vom Nutzen und Nachtheil der Historie für das Leben* (1874) zum Thema gemacht hat. Es gibt „einen Grad (...) von historischem Sinne, bei dem das Lebendige zu Schaden kommt, und zuletzt zu Grunde geht, sei es nun ein Mensch oder ein Volk oder eine Cultur" (KGW III, 1, Aph. 1, S. 246).

[11] KGW IV, 2, *Menschliches, Allzumenschliches*, I, Aph. 25, S. 42.

[12] KGW VIII, 1, 6 (9), S. 242.

[13] KGW VIII, 2, 9 (91), S. 48. Zur Rolle der Verstandeskategorien und des formellen Denkens in diesem Prozeß, vgl. Kap. IX, 2.

[14] KGW, a.a.O., S. 49.

werden, daß die Geschichte als ganze die sinnlos-chaotische, nicht durch irgend eine teleologische Vernunft in der Sache ausgezeichnete und freilich eben dadurch auch die Möglichkeit eines gezielten Zurechtmachens seitens des Menschen allererst freigebende Versuchsanstalt dieses sich in jeweiligen Perioden einen relativ einheitlichen Ausdruck verschaffenden, grundsätzlich aber unabschließbaren Prozesses fortwährenden Hineinsteckens und Herstellens von ‚Wahrheit' ist. In dieser Auffassung zeigt sich die entschlossene Wende Nietzsches gegen jedes ontologisch inspirierte und/oder korrespondenztheoretische Wahrheitsverständnis[15] sowie gegen jede teleologische Erklärung.

Nietzsche ist darin radikaler als etwa Marx und die marxistische Lehre, mit der er den Gedanken des Herstellens der Geschichte teilt. Bis in Merleau-Pontys Konzept einer experimentellen Geschichtsphilosophie, eines illusionslosen Marxismus ohne metaphysische Garantie und der Idee einer „vérité à faire", ja bis in das Denken von Jürgen Habermas hinein, ist für die marxistische Lehre durchaus kennzeichnend, daß sie sich zwar von theologischen Auffassungen der Geschichte gelöst hat, daß aber ein bislang unaufgelöster teleologischer Rest nach wie vor von motivierender Bedeutung ist, und sei dies in der abgeschwächten Form, daß der Sinn der Geschichte zwar nicht durch ein übergeschichtliches Subjekt bestimmt ist, daß es aber für den Menschen darauf ankomme, einen latenten Sinn zu ergreifen, explizit zu machen und zu verwirklichen.[16] Nietzsche geht auch über diesen verborgenen Dispositions-Sinn noch hinaus. Entsprechend ist die Stellung gegen die Teleologie von so grundsätzlicher Art, daß die Wende des gesamten Philosophierens im Kern mit der Auflösung der Teleologie verbunden ist. In bezug auf die Geschichte bedeutet dies, daß die Menschheit „von nun an durchaus mit sich anfangen (kann), was sie will"[17]. Der Mensch, ja die Menschheit darf mit sich selbst „experimentiren!"[18]

Viertens (4) ist vor solchem Hintergrund natürlich auch in kosmologischer Hinsicht, in bezug auf das Weltall im ganzen nicht von Teleologie zu sprechen. Das Universum ist weder von der Art einer Maschine noch von der eines Organismus. Beide Charakterisierungen sind zurückzuweisen. Das Weltganze ist nicht auf ein Ziel hin konstruiert. Und das All mit einem Organismus zu vergleichen (– man denke etwa an Platons *Timaios* und an die

---

[15] Vgl. dazu im einzelnen Kap. VI, 3, S. 153–157.

[16] Vgl. M. Merleau-Ponty, *Humanisme et terreur*, Paris [12]1951, S. 139; vgl. Ders.: *Les aventures de la dialectique*, Paris [16]1955, S. 31. Vgl. J. Habermas, *Über das Subjekt in der Geschichte*, (1972), in: Ders.: *Kultur und Kritik*, S. 389–398; unter evolutions- und kommunikationstheoretischem Vorzeichen vgl. J. Habermas, *Zur Rekonstruktion des Historischen Materialismus*, Frankfurt/M. 1976, S. 9–48 und 144–199.

[17] KGW IV, 3, *Menschliches, Allzumenschliches*, II, 1, Aph. 179, S. 92.

[18] KGW V, 1, *Morgenröthe*, V, Aph. 501, S. 298.

Tradition der Stoa, für die der Kosmos ein dynamischer Organismus, das Welttier, war –), ist sowohl in bezug auf das Verhältnis von Teil und Ganzem, als auch hinsichtlich der damit verbundenen Teleologie und überhaupt des Gedankens eines Selbsterhaltungs- bzw. Wachstumstriebes von Nietzsches Denken her unmöglich. In solchen Charakterisierungen zeigt sich vielmehr eine auf Besänftigung bedachte „Vermenschung“[19] der Natur. Man sollte sich nicht durch die „astrale Ordnung“, in der der Mensch lebt, und durch deren formvolle Bewegungen täuschen lassen. Für Nietzsche läßt bereits ein Blick in die Milchstraße „Zweifel auftauchen“, ob es dort nicht „viel rohere und widersprechendere Bewegung“ gibt. Die Welt im ganzen ist nicht ein harmonisch-geformtes Gebilde der Ordnung und Gliederung. Ihr „Gesammt-Charakter“ ist vielmehr „in alle Ewigkeit Chaos“.[20] Und in Anklang an das von J. R. Mayer im Rahmen der Auslösungslehre ins Spiel gebrachte sensorium commune betont Nietzsche: „also: *es giebt kein All, es fehlt* das große Sensorium oder Inventarium oder Kraft-Magazin“.[21]

Auf diese das Universum im ganzen betreffenden Aspekte und die damit verbundene Version des Teleologieproblems ist im Rahmen der Erörterungen zur Wiederkunftslehre noch näher einzugehen.[22] So ist hier lediglich und im voraus anzumerken, daß auch Nietzsches Lehre von der ewigen Wiederkehr des Gleichen ohne Zweck und Ziel, ja erklärtermaßen gegen jede teleologische Auffassung der Wirklichkeit gerichtet ist. Der Weltprozeß wird weder von einer Zweck-, Ziel- oder Endursächlichkeit noch im Sinne eines kausal-mechanischen Maschinenwerks bewegt, und er ist auch nicht auf einen Endzustand hin angelegt. Jede Zwecktätigkeit des Alls ist auszuschließen. Freilich bedeutet dies gerade *nicht*, daß im Geschehen, daß in den internen Vollzügen des Kräftegeschehens die ‚Notwendigkeit‘ fehlt. Die Teleologie ist nicht mit der Notwendigkeit zu verwechseln.

2. *Um-Interpretation als Grundgeschehen*

Kräfte interpretieren andere Kräfte nicht nach Maßgabe von Zwecken, sondern unter dem Gesichtspunkt der Macht-Bezeugung und Kräfte-Taxierung. Von hier aus gibt es für den jetzt näher ins Auge zu fassenden negativen Zusammenhang von Teleologie und Interpretation keinen geeigneteren Anknüpfungspunkt in Nietzsches Schriften als den zwölften Aphorismus der

---

[19] KGW V, 2, 11 (201), S. 420.
[20] KGW V, 2, *Die fröhliche Wissenschaft,* III, Aph. 109, S. 145f.
[21] KGW VIII, 1, 7 (62), S. 325.
[22] Vgl. Kap. X, 1 und 3–4 sowie XIII, 1–2.

zweiten Abhandlung *Zur Genealogie der Moral.* Nietzsche führt dort vor dem Hintergrund der Frage nach dem Verhältnis von Ursprung und Zweck der Strafe Gedanken aus, die von grundlegender Bedeutung sind.

Für „alle Art Historie" ist zentral, daß es die Ursache und die schließliche zweck-funktionale Nützlichkeit eines Etwas deutlich voneinander zu unterscheiden gilt. Ursprung und Zweck-Nützlichkeit liegen „toto coelo"[23] auseinander. Hinzuzufügen ist sogleich die weitere Unterscheidung, daß genaue Kenntnis der Entstehungsbedingungen von etwas keineswegs bedeutet, daß man damit auch das Entstandene kennt. Rekonstruktion stellt noch keine Erklärung dar. Dies gilt Nietzsche zufolge bereits für die anorganische, deutlicher dann vor allem für die organische Welt.[24] Der Grund für diese scharfe Trennung besteht darin, daß Entwicklung ein Prozeßgeschehen ist, in dem etwas Vorhandenes und auf irgendeine Weise Entstandenes „immer wieder von einer ihm überlegenen Macht auf neue Absichten ausgelegt, neu in Beschlag genommen, zu einem neuen Nutzen umgebildet und umgerichtet wird". Alles Geschehen in einer organischen Welt ist ein „*Überwältigen, Herrwerden*", und dieses Übermächtigen wiederum ist „ein Neu-Interpretieren, ein Zurechtmachen", bei dem „der bisherige ‚Sinn' und ‚Zweck' notwendig verdunkelt oder ganz ausgelöscht werden muß".[25] Das Grundgeschehen des Übermächtigens, auf dem alle Veränderungen in, an und von Seiendem, vom Bereich des Anorganischen über das Organische bis hin zur Bewußtheit und zu den Gebilden des bewußten Denkens beruhen, wird also als ein zurüstendes Um- und Neu-Interpretieren aufgefaßt. Bedenkt man, daß Organisationen und Funktionalitäten überhaupt nur in und als Vollzüge der Willen-zur-Macht-Quanten *sind,* dann ist nicht mehr überraschend zu hören, daß jeder Wille-zur-Macht „interpretiert"[26].

---

[23] KGW VI, 2, *Zur Genealogie der Moral,* II, Aph. 12, S. 329.

[24] Vgl. KGW VII, 2, 27 (61), S. 290.

[25] KGW VI, 2, *Zur Genealogie der Moral,* II, Aph. 12, S. 329f.

[26] KGW VIII, 1, 2 (148), S. 137. Die Bedeutung des Interpretationsgedankens bei Nietzsche wurde bereits von K. Jaspers gesehen (vgl. *Nietzsche,* S. 290–330 zum Problem der ‚Auslegung') und dann von W. Müller-Lauter, *Nietzsches Lehre vom Willen zur Macht,* S. 41–60, weitergeführt. Vgl. jetzt die ganz unter dem Vorzeichen der Hermeneutik stehende und auf den späten Nachlaß begrenzte Studie von J. Figl, *Interpretation als philosophisches Prinzip. Friedrich Nietzsches universale hermeneutische Theorie in den Fragmenten des späten Nachlasses,* (Diss. Wien 1980), Berlin/New York 1982. Zu einigen der gegenüber Figls Verständnis von Nietzsches Lehre der Interpretation vorzubringenden Kritikpunkten vgl. unten Anm. 83. Auch H. P. Balmer: *Freiheit statt Teleologie* (Diss. Tübingen 1972), Stuttgart 1977, ist auf die Bedeutung des Interpretationsbegriffs gestoßen. Was die Teleologie angeht, so hat er aber allein die anthropozentrische Frage, ob die Welt auf den Menschen hingeordnet ist, sowie die der Moral und der Vernunft angestammte interessierte Betrachtungsweise im Blick. Das eigentliche Problem, die Frage nach der Teleologie auf der Ebene der Willen-zur-Macht-Organisationen, und zwar von den kleinsten bis hin zu den größten, zur Welt im ganzen, wird dabei nicht thematisch. Und die Stellung der Interpretationsproblematik wird nur gestreift;

Erweiterung und Steigerung des Machtgefühls aufgrund des funktionalen Einverleibens von Anderem sowie des Zusammenschlusses mit Gleichartigem setzen bereits ein Wahrnehmen, ein perspektivisches Fest-stellen, ein auf seine Widerständigkeit, macht-schätzend auf seine mögliche Funktionalisierung hin Interpretieren des seinerseits durch ein Machtwollen charakterisierten anderen Seienden voraus. Bereits die Genesis von Macht-Organisationen, z. B. die Ausbildung von Organen, ist ein solches übermächtigendes Interpretations-Geschehen. Jeder Wille-zur-Macht „grenzt ab, bestimmt Grade, Machtverschiedenheiten". Zu betonen ist, daß bloße Machtverschiedenheiten „sich noch nicht als solche empfinden" könnten. Es muß „ein wachsen-wollendes Etwas da sein, das jedes andere wachsen-wollende Etwas auf seinen Werth hin interpretiert".

Interpretation wird so von Nietzsche in den Grundvorgang der Übermächtigung und Selbst-Überwindung vollständig hineingenommen. Interpretation gehört, und das ist der entscheidende Punkt, unauftrennbar und analytisch zum Charakter und Vollzug jeden Geschehens. Es gibt da nicht zunächst ein Etwas, das handelt und dabei auch interpretierend verfährt, sondern jedes Erkennen, Handeln und Geschehen *ist* essentiell ein Interpretieren, und jedes Interpretieren ist ein Übermächtigen. „In Wahrheit ist *Interpretation ein Mittel selbst, um Herr über etwas zu werden*". Da Bewegung, Veränderung und Wechsel, Geschehen also, prinzipiell nicht ohne den Rückgriff auf den Vorgang des Machtwollens im Sinne der Feststellung der Kräfteverhältnisse und deren Verschiebungen zu erklären ist, setzt nicht erst der Bereich des menschlichen Bewußtseins, sondern bereits der organische Prozeß ein „*fortwährendes Interpretieren*"[27] voraus. Alles, was darin wie ein Zweck und ein Progressus aussieht, ist nur Anzeichen davon, daß ein interpretierender Wille-zur-Macht „über etwas weniger Mächtiges Herr geworden ist und ihm von sich aus den Sinn einer Funktion aufgeprägt hat".[28] Dies gilt von der organischen Welt aus nach der einen Seite bis hin zu rechtlichen, politischen, künstlerischen oder religiösen Kultur-Institutionen und aufgrund des Kontinuitätsprinzips nach der anderen Seite bis hinein in die gradmäßig weniger spezifizierten chemischen und physikalischen Reaktionen im Bereich des Anorganischen, wo die organischen Funktionen noch synthetisch ineinander liegen. Die Geschichte solcher und mithin aller Wirklichkeits-Gebilde kann dann als eine „fortgesetzte Zeichen-Kette" immer neuer Interpretationen und funktionsaufprägender

---

vgl. S. 70–73 (Nietzsche-Zitat), 90, 93f.. Um ‚Interpretation' als die von Nietzsche konzipierte Überwindung sowohl der Teleologie als auch der Kausal-Mechanik zu verstehen, muß in systematischer Hinsicht vom Geschehens- und Organisationscharakter der Willen-zur-Macht-Gefüge ausgegangen werden.

[27] KGW VIII, 1, a.a.O., S. 137.

[28] KGW VI, 2, *Zur Genealogie der Moral*, II, Aph. 12, S. 330. Vgl. dazu oben auch Kap. V, 3.

Zurechtmachungen aufgefaßt werden, deren Ursachen untereinander *nicht* in einem Zusammenhang zu stehen brauchen. Das, was die Entwicklung dieser Gebilde genannt wird, ist mithin gerade kein „progressus auf ein Ziel hin", sondern die „Aufeinanderfolge von mehr oder minder tiefgehenden, mehr oder minder voneinander unabhängigen, an ihm sich abspielenden Überwältigungsprozessen, hinzugerechnet die dagegen jedes Mal aufgewendeten Widerstände, die versuchten Form-Verwandlungen zum Zwecke der Vertheidigung und Reaktion, auch die Resultate gelungener Gegenaktionen".[29]

Über den grundsätzlichen Aspekt hinaus, daß die Internität des Mächtigseins der Kräftevollzüge ipso facto ateleologischen Charakters ist, handelt es sich in allen Geschehensprozessen um Vorgänge, denen näherhin in mehrfacher Hinsicht kein teleologisches Prinzip mehr eigen ist. Weder die Entstehung und Bildung von Organisations-Gefügen noch deren innere Funktionen sowie das Tätigsein nach außen, noch deren innere wie äußere Entwicklung und Geschichte, noch auch die Ursachen der verschiedenen Interpretationen und Neu-Interpretationen (je einzeln sowie in Hinsicht auf mögliche Zusammenhänge untereinander betrachtet) lassen sich mit Hilfe einer teleologischen Denkweise erklären und verstehen. Das Maß und das Motiv der funktional übermächtigenden Neu- und Uminterpretationen hängt allein von dem Grad des verfügbaren Kraftpotentials, das sich von innen her auszugeben vermag, sowie von dem Grad der möglichen Widerständigkeit des Einzuverleibenden ab. So ist das Interpretieren Medium der Machtsteigerung, und diese vollzieht sich *als* Interpretation.

3. Die destruierende Kraft des Interpretationsgedankens

Wenn bereits Entwicklung, Gestalt und Geordnetheit nichts anderes als Ausdruck des in und an Seiendem sich abspielenden Macht-und-Interpretations-Geschehens sind, dann muß der ‚Sinn', die Gegebenheitsweise und die Bedeutung der einzelnen Organisationsgebilde in einem noch höheren Maße „flüssig" sein als dies die ‚Form' ist. Darüber hinaus macht der interpretative Charakter aller Geschehensprozesse deutlich, daß es so etwas wie ein Ding-an-sich, ein Ereignis-an-sich, eine Bedeutung-an-sich und einen Sinn-an-sich nicht gibt und unter den unaufhebbaren Bedingungen der Interpretativität jeden Welt- und Selbst-Verständnisses auch gar nicht geben *kann*. Ein ‚Sinn' muß immer erst „hineingelegt" werden, damit es überhaupt eine ‚Tatsache', einen ‚Tatbestand' geben kann.[30] Dies verweist auf das Problem der Zirkelhaf-

[29] KGW, a.a.O., S. 330f.
[30] KGW VIII, 1, 2 (149), S. 138.

tigkeit jeden Interpretierens. In einem ersten Schritt und anhand dreier Aspekte ist zunächst dessen destruierende Wirkung herauszustellen. Der Interpretationsgedanke führt zu einer grundsätzlichen Infragestellung des Objektivitätsideals der neuzeitlichen Wissenschaft, das heißt der methodischen Rationalität, wie diese sich in den wertneutralen, empirisch-analytischen und/oder formalapriorischen Wissenschaften ausgebildet hat. Und grundsätzlich zerstört er die für die Tradition des metaphysischen Denkens charakteristische Idee der Erkenntnis objektiver Wahrheit, eines *an sich* Wahren, Guten und Schönen.

Erstens (1) ist auf den fiktionierenden Charakter allen Weltauslegens hinzuweisen. Dieser vollzieht sich nach Maßgabe des Erhaltungsgrundsatzes in der Regel so, daß der Mensch die Merkmale und die vermeintliche Einheit seines Ich-Begriffs in das Wirkliche als dort zugrundeliegende Bestimmungen projiziert, etwa als Ding, Substanz, Zahl, Einheit bis hin zu Zweck und Ziel. Auf diese Weise wird der fortwährende Fluß des Geschehens fest-gestellt, um so die Wachstums-Erhaltungs-, die Existenz-Bedingungen zu gewährleisten.[31] Auf der Einsicht in diesen Zirkel von Hineinprojizieren und Wiederfinden beruht dann Nietzsches Wende gegen den Positivismus und dessen Tatsachen-Gläubigkeit. Den Positivismus kennzeichnet ein „Stehenbleiben-*Wollen* vor dem Thatsächlichen, dem factum *brutum*", und ein „Verzichtleisten auf Interpretation überhaupt", d.h. auf das „Vergewaltigen, Zurechtschieben, Abkürzen, Weglassen, Ausstopfen, Ausdichten, Umfälschen und was sonst zum *Wesen* alles Interpretierens gehört"[32]. Das Tatsächliche und das Zweifelsfreie im Sinne des älteren Positivismus gibt es nicht nur nicht, sondern ‚Tatsachen' sind ihrerseits bereits Folgen, Derivate von Auslegungsvorgängen, in deren Vollzug sich der Mensch ineins zu sich selbst und zu dem verhält, was ihm darin als ein Etwas, als Welt und Wirklichkeit gilt. Nietzsche entgegnet dem Positivismus: „nein, gerade Thatsachen giebt es nicht, nur Interpretationen".[33] Bedenkt man darüber hinaus, daß der Mythos vom rein Gegebenen und vom interpretations-freien Erkennen und Wiedergeben nicht nur für den Positivismus, sondern auch für das metaphysische Denken charakteristisch ist, dann kann dieser Satz zugleich auf den Positivismus *und* auf die Metaphysik des Unbedingten angewandt werden.

Dem entspricht auf der Ebene der prädikativen Urteile, daß deren Gewißheit bereits die gesamte interpretative Genealogie von der Ungewißheit des Fürwahrhaltens oder Unwahrhaltens zur Gewißheit des Behauptens oder

---

[31] Vgl. oben Kap. V, 4.

[32] KGW VI, 2, *Zur Genealogie der Moral,* III, Aph. 24, S. 417f.

[33] KGW VIII, 1, 7 (60), S. 323. Schon in der *Zweiten Unzeitgemäßen* (1874) wendet Nietzsche sich gegen den Götzen ‚Faktum'. Das Faktum ist „immer dumm" und hat „zu allen Zeiten einem Kalbe ähnlicher gesehen ... als einem Gotte" (KGW III, 1, Kap. 8, S. 306).

Leugnens hinter sich hat.[34] Ein Urteil ist von daher gerade durch die in ihm vorgenommene Unterscheidung nach dem, was seinen analytischen und dem, was seinen synthetischen Gehalt ausmacht, interpretativen, wertschätzenden Charakters. Was darin als analytisch gilt, ist eine bereits sedimentierte, vertraute und bis auf weiteres aus einer bestimmten, *nicht* für jede überhaupt nur mögliche Perspektive als herrschendes und fragloses Vorurteil akzeptierte Form von Interpretativität. Der sich damit zugleich festsetzende Anschein objektiver Wahrheit möchte seine eigene Interpretations-Genealogie vergessen machen. Das gelingt ihm auch für eine bestimmte Zeit, nicht aber für ewig. Solange hier kräftig ‚geglaubt' wird, herrscht im Urteil in der Tat Wahrheit. Sobald der Glaube jedoch nachläßt und eine andere Perspektive zur Dominanz gelangt, nimmt auch die Wahrheit an Kraft ab. Um-Interpretation, Um-Wertung ist die Folge. Der Interpretations-Gedanke führt vor das, was man die Sterblichkeit der Wahrheit nennen könnte. Auch die Analytizität der Urteile ist davon nicht ausgenommen, denn diese selbst ist letztlich auch nichts anderes als die fest- und herrschend gewordene Manifestation *einer* Interpretation.

Diese interpretative Ordnungskraft ist bereits auf der Ebene der Sinneswahrnehmungen bestimmend. Wahrnehmungen der Außenwelt sind das Ergebnis einer vereinfachenden Rückführung auf Vertrautes, einer „Anähnlichung" und „Gleichsetzung" in bezug auf „*alle* Vergangenheit in uns"[35]. Und diese im Menschen wirksame und in alle Formen seines Tätigseins bedingend eingehende Vergangenheit ist auch ihrerseits vom Charakter des Interpretierens. Sonst wäre der Mensch nicht das interpretierende Wesen, das er ist. *Alles* Geschehen, das Tätigsein von einem jeden Kraftzentrum und nicht nur vom Menschen aus, ist ein Interpretations-Geschehen. Wollte jemand den Versuch machen, aus dieser Welt der Interpretativität herauszuspringen, so ginge er zugrunde.[36] Er hätte damit die Wirklichkeit und sich selbst negiert.

Es gibt einen für den Lebensvollzug als solchen unverzichtbaren, fundamentalen „Trieb zur Metaphernbildung"[37]. Diese Metaphorizität hintergehen zu wollen, ist lebensverneinend. Und auch der Versuch, die „großen bereits einverleibten Täuschungen"[38] rückgängig zu machen, würde die Menschheit

---

[34] Vgl. etwa KGW VIII, 1, 2 (84), S. 101. – Vgl. in diesem Zusammenhang auch die Einschätzung von E. Husserl, der im Rahmen der Frage nach dem Ursprung der Modalitäten des Urteils betont, „daß der Durchgang durch die Modalisierung und das Streben, aus ihr heraus zur Gewißheit des Glaubens und der Feststellung zu gelangen, Phänomene sind, von denen her überhaupt erst der Sinn des Urteilsstrebens in seinen letzten Wurzeln verständlich werden wird" (E. Husserl, *Erfahrung und Urteil. Untersuchungen zur Genealogie der Logik*, hg. von L. Landgrebe, Hamburg [5]1976, S. 329).

[35] KGW VIII, 1, 2 (92), S. 105.

[36] Vgl. KGW VII, 2, 27 (41), S. 285.

[37] KGW III, 2, *Über Wahrheit und Lüge im aussermoralischen Sinne*, 2, S. 381.

[38] KGW VII, 2, 27 (41), S. 285.

zerstören. So gehört zum Ja-sagen zur Realität gerade auch das Gutheißen des ,Falschen'. Denn Realität *ist* Interpretation. Im Interpretationsgedanken geht es mithin nicht nur darum, daß Perspektiven einander ersetzen und es keinen absoluten Standpunkt gibt. Vielmehr werden die dogmatischen Dualismen von Wahrheit und Falschheit, Erkenntnis und Irrtum, Gut und Böse, Schön und Häßlich ihrerseits in den holistischen Interpretationscharakter der Weisen der Welt- und Sinn-Erzeugung zurückübersetzt und eben darin überwunden. So kann z. B. das Denken als eine Art Fiktion und Irrtum angesprochen werden, von der der Mensch nicht ablassen *kann*. Im Frühjahr 1888 notiert Nietzsche einmal: „Parmenides hat gesagt ,man denkt das nicht, was nicht ist' – wir sind am anderen Ende und sagen ,was gedacht werden kann, muß sicherlich eine Fiktion sein'".[39] Darin liegt nichts Beklagenswertes. Vielmehr handelt es sich um ein Stück notwendiger Selbst-Aufklärung. Das Vernunftdenken befreit sich von der von ihm selbst produzierten und so verlockenden Illusion, Méthexis oder doch zumindest erfolgversprechende Stategie zur Entdeckung eines metaphysischen An-sich-Seins zu sein. Das vernünftige Denken findet gerade in der Einsicht, daß ein solches schema-unabhängiges Sein gar nicht sinnvoll *gedacht* und nicht *gesagt* werden kann, zu sich selbst. Oder andersherum: Ohne das Interpretations-Schema läßt sich gar nicht denken. Denken ist eine Funktion des Schemas. Und natürlich ist auch dieser Satz seinerseits kein Schritt, gar ein Fortschritt in Richtung auf eine so erneut für möglich gehaltene objektive Wahrheit. Es ist ein Schritt in die Interpretativität als solche. Das ist hier die Pointe.

Die Interpretations-Prozesse können nicht im Ding-, sondern müssen im Ereignis-Schema formuliert werden. Interpretationen haben den kategorialen Status von Ereignissen. Sie sind vom Charakter des *Geschehens,* dürfen also nicht nach Urheber, Tun und Wirkung aufgetrennt werden.[40] Um an diesen Charakter näher heranzukommen, muß das System, mit dessen Hilfe der Mensch, den Erfordernissen seiner bisherigen Existenzbedingungen entsprechend, ein bereits vorausgesetztes Verhältnis von Außenwelt und Erfahrung im Inneren verarbeitet und intellektuell ausdeutet, seinerseits noch einmal durchbrochen werden. In der Regel verläuft die empirische Erfahrung wie folgt. Eine Wirkung wird ins Gehirn „telegraphiert, dort zurechtgelegt, ausgestaltet" und auf ihre Ursache zurückgeführt. Dann wird die Ursache „*projicirt*" und „*nun erst kommt uns das Factum zum Bewußtsein*". Die Erscheinungswelt ,erscheint' folglich erst als Ursache, „nachdem ,sie' gewirkt hat und die Wirkung verarbeitet worden ist". Das aber heißt: die Menschen „*kehren beständig* die *Ordnung des Geschehenden um*". Es handelt sich, gemessen am

---

[39] KGW VIII, 3, 14 (148), S. 124.
[40] Vgl. auch die Kausalitäts-Kritik Kap. V, 5, S. 130ff.

Geschehensvorgang selbst, um eine „umgekehrte Zeitordnung“[41]. Auf diese Weise hat Nietzsche die Überlegung aus dem subjektiven und durch einen allmählich generell gewordenen Glauben an die Ursächlichkeit gekennzeichneten Erfahrungsschema des Menschen selbst heraus bis vor den Punkt geführt, daß das Verhältnis von ‚Tatsache‘ und ‚Bewußtheit/Ich‘ bereits Abkömmling ursprünglicherer Kräfteprozesse vorbewußter Art ist, von denen das Ich betroffen, die es aber nicht steuert und deren Urheber es nicht ist. „Während ‚*ich*‘ sehe, sieht *es* bereits etwas Anderes“.[42] Darin steckt zunächst eine Relativierung, dann aber und grundsätzlich die Unmöglichkeit einer Auftrennung nach Ich und Außenwelt, nach Innen und Außen.

Die gleiche Struktur wie hier für das Tatsachen-Bewußtsein gilt auch für das Verhältnis von ‚Ich‘ und ‚denke‘. Wurde vormals davon ausgegangen, daß das Ich Bedingung und das Denken dazu Prädikat und bedingt ist, so glaubt Nietzsche in der neueren Philosophie als Reaktion auf Descartes und den Cartesianismus eine Umkehrung zu beobachten: ‚Denken‘ ist Bedingung, ‚Ich‘ ist bedingt. Das Ich ist nicht das Denkende, vielmehr wird es gedacht. Das Ich ist „erst eine Synthese, welche durch das Denken selbst *gemacht* wird“.[43] Statt ‚*ich* denke‘ sollte also präziser gesagt werden ‚*es* denkt‘.[44] Damit ist ein wichti-

---

[41] KGW VII, 3, 34 (54), S. 157.

[42] Ebenda.

[43] KGW VI, 2, *Jenseits von Gut und Böse,* Aph. 54, S. 71.

[44] a. a. O., Aph. 17, S. 25; vgl. dazu KGW VII, 3, 40 (24), S. 372 f. Dies ist mit ebenfalls anti-cartesianischem Akzent auch schon von G. Chr. Lichtenberg betont worden. Vgl. Lichtenberg, *Gedanken. Eine Auslese,* Weimar 1950, S. 30. Dieser Punkt spielt unter sprachphilosophischem Vorzeichen eine Rolle etwa in Wittgensteins Vorlesungen der dreißiger Jahre. Darüber berichtet G. E. Moore, *Wittgenstein's Lectures in 1930–33,* in: *Mind,* 64 (1955), S. 13f.
Die konkreten ‚Tatsachen‘ und das konkrete ‚Ich‘ werden als die zu einer relativen Einheit gelangten Ausdrücke vielheitlicher Prozesse des Interpretierens aufgefaßt. Sie sind konkreszierte Interpretationen. Nietzsche verweist lapidar an das Phänomen des ‚Schmerzes‘ (KGW VII, 3, 34 (54), S. 157), der als intellektuelle Ausdeutung im Verhältnis zum Geschehensvorgang selbst nachträglich ist.
Das Schmerz-Beispiel ist auch geeignet, den Punkt zu markieren, an dem Nietzsches Interpretationsgedanke hinter die Cartesianische Lehre von der ‚Klarheit‘ und ‚Distinktheit‘ der menschlichen Erkenntnis zurückgreift. Das Empfinden eines Schmerzes ist für Descartes eine „clarissima“ perceptio (d. h. eine mit dem Auftreten des Schmerzes unmittelbar, ohne einen logischen Schluß und quasi performativ gegebene Vorstellung), wenngleich nicht immer auch eine „distincta“ perceptio (d. h. nicht auch schon eine von anderen, sich beimischenden Vorstellungen so gereinigte, daß sie nur die ihr selbst zukommenden Merkmale und diese ‚klar‘ enthält). Vgl. R. Descartes, *Principia Philosophiae,* dt. als *Die Prinzipien der Philosophie,* übers. von H. Buchenau, Hamburg [7]1965, I, §§ 45 und 46, S. 15f. Nietzsches Sichtweise und Analyse geht noch hinter die mit scheinbarer ‚Klarheit‘ auftretende Unmittelbarkeit der Empfindungs-Vorstellung zurück. Wenn das Schmerzgefühl ‚klar‘ ist, dann ist bereits ein vielfältiger und essentiell interpretativer Geschehensprozeß abgelaufen, vorbewußt verarbeitet und intellektuell ausgedeutet. Klarheit und Distinktheit, auf die sich Descartes zufolge ein sicheres und unzweifelhaftes Urteil stützen kann, sind so gesehen bereits auf Vereinfachungen und Feststellungen beruhende und derivative Resultate höchst komplexer Prozesse. Vgl. in diesem Zusammenhang auch oben Anm. 34.

ger Schritt in Richtung auf den *Geschehens*charakter der Vorgänge getan. Dieser kann weder als ein Subjektivismus, aber eben aufgrund seines interpretativen Charakters auch nicht im Sinne eines metaphysischen Realismus aufgefaßt werden. Da das Interpretations-Geschehen vom Charakter *prozessualer Ereignisse* ist, greift es hinter die sich in seinen Elementen wechselseitig bedingende Trias des Ding-, Substanz- und Subjekt-Denkens zurück. Interpretation kann nicht als dessen Funktion formuliert werden. Die Argumente der Interpretationsfunktionen sind Ereignisse, nicht Dinge, Substanzen oder Subjekte. Das ist ein wesentlicher Punkt. Von hier aus muß auch die schließlich nur noch auf einer grammatikalischen Gewohnheit beruhende Rest-Idee einer durchgängig bestimmten Trägersubjektivität, wie diese selbst noch in Wendungen wie ‚es denkt' und ‚alles ist subjektiv' zum Ausdruck kommt, überwunden und in den Geschehensvorgang selbst zurückgedacht werden. Auch die Sätze ‚es denkt' und ‚alles ist subjektiv' sind bereits bzw. immer noch Auslegungen von Vorgängen, die nicht zu diesen selbst gehören. Das in solchen Formulierungen

---

Demgegenüber weist Nietzsches Sicht zunächst eine gewisse Ähnlichkeit mit derjenigen Wittgensteins auf, dem das Phänomen des ‚Schmerzes' in den *Philosophischen Untersuchungen* immer wieder dazu dient, die mit der Selbst- und Fremd-Zuschreibung von Zuständen verbundenen Probleme vorzuführen. Erlebnisse und Empfindungen zu benennen, zu äußern, mitzuteilen und anderen zuzusprechen sind für Wittgenstein Vorgänge, die nicht-hintergehbar an den tatsächlichen Gebrauch von Ausdrücken in Sprachspielen gebunden sind. Von diesen her wird sich auf Sachverhalte bezogen, nicht jedoch werden Sachverhalte darin repräsentiert, abgebildet. Vgl. L. Wittgenstein, a. a. O., Aphorismen 244, 253, 257, 261, 293, 384, u. ö. Der auslegende und interpretative Aspekt liegt hier im Sprach-*Gebrauch*. Zugleich ist es jedoch auch die Monopolstellung der Sprache bei Wittgenstein, die den Blick auf einen der Unterschiede zu Nietzsche lenkt.

Wittgenstein kommt es darauf an, daß für die Benennung einer Empfindung „schon viel in der Sprache vorbereitet sein muß, damit das bloße Benennen einen Sinn hat". Wenn dem Schmerz ein Name gegeben wird, nicht also nur bisheriges und gelerntes Schmerzbenehmen (z. B. ‚Zahnschmerz') zur Anwendung kommt, so ist die Grammatik des Wortes ‚Schmerz' schon vorbereitet, sie „zeigt den Posten an, an den das neue Wort gestellt wird" (Aph. 257). Nietzsches Philosophieren dagegen vollzieht sich nicht primär am Leitfaden der Sprache (Grammatik) als unhintergehbarer Grenze und Instanz von Sinn, sondern am Leitfaden der menschlichen *Leib*-Organisation als dem Ort desjenigen ursprünglichen Geschehens der dynamischen Willen-zur-Macht-Kräfte, die als vielfältige *Interpretations*-Vorgänge vieler lebendiger Intellekte bereits ihr Werk tun, noch bevor ein einziges Wort ergriffen, d. h. ein Sprachspiel und dessen Regel befolgt wird, und noch bevor sich dieser Interpretationscharakter dann auch in die Sprache und überhaupt in und als die Zeichensysteme genealogisch fortsetzt und transfiguriert, vermittels deren sich dann das Bewußtsein wiederum interpretierend auf die Gegenstände der Interpretation bezieht. Als Leitfaden der Betrachtung werden bei Nietzsche Grammatik und Symptomatologie des Leibes herausgestellt.

Auf diese Weise stellt Nietzsches Interpretationslehre eine Herausforderung sowohl gegenüber dem Ansatz der neuzeitlichen Rationalität beim Cartesianischen Selbstbewußtsein, bei der Klarheit und der Distinktheit der Erkenntnis und beim ‚Ich denke', als auch gegenüber einer (den methodischen Solipsismus sowie den Dualismus von Körper und Geist unter Rückgriff auf die Struktur von Sprache bereits unterlaufenden) rein sprachphilosophischen Bestimmung des Verhältnisses von Grammatik und Sachverhalt dar.

unter Anwendung des gleichen Vorurteils, mit dessen Hilfe in der Atomistik hinter die Krafttätigkeit noch das Atom als deren Träger imaginiert wird, unterstellte Subjekt ist nicht etwas Gegebenes, sondern „etwas Hinzu-Erdichtetes, Dahinter-Gestecktes"[45]. Hinter das Interpretationsgeschehen darf also nicht noch einmal ein Interpret, kein Interpretations-Subjekt gesetzt werden. Das Interpretieren selbst „hat Dasein". Aber, wie Nietzsche betont, „nicht als ein ‚*Sein*', sondern als ein *Prozeß*, ein *Werden*". Das Interpretieren *ist* „als ein Affekt".[46] Wichtig ist für den hier erörterten Zusammenhang, daß im Zuge der Antwort auf die Frage nach dem ursprünglichen Grundcharakter der Geschehensvollzüge mit dem Verzicht sowohl auf die Final- als auch auf die Kausal-Erklärung auch die Preisgabe des die philosophische Tradition weitgehend beherrschenden Ding/Subjekt/Substanz-Schemas verbunden ist. Interpretationen sind Ereignisse.

Zweitens (2) ist unter dem Gesichtspunkt der destruierenden Kapazität des Interpretationsgedankens zu betonen, daß auch die in den Wissenschaften vertretene ‚Gesetzmäßigkeit' der Natur keinen ‚Tatbestand' wiedergibt, sondern aus Nietzsches Sicht „nur eine naiv-humanitäre Zurechtmachung und Sinnverdrehung", nur eine „Interpretation"[47] ist. Darin drückt sich ein Stehen-bleiben-wollen vor den Naturgesetzen aus, denen Unantastbarkeit zugesprochen wird. In einer solchen für das neuzeitliche Weltbild kennzeichnenden Einstellung zu den Naturgesetzen manifestiert sich die moralische Ontologie, die wissenschaftliche Version des Sein-Sollens. Dies gilt vornehmlich in bezug auf die von Nietzsche in seinen Ausführungen zur Gesetzesproblematik allein bedachte Auffassung der Gesetze als Vorschriften, die in der Natur gelten. Aber es erstreckt sich auch noch auf den, wenngleich oftmals heruntergespielten, aber implizit vorhandenen transzendentallogischen Anspruch der modernen Auffassung der Gesetze als Beschreibungen faktisch-kontingenter Vorgänge. Doch folgt aus solchen Überlegungen nicht, daß Interpretation und Wissenschaft einander ausschließen.

Auch eine sich auf den Interpretationscharakter aller Prozesse, und das heißt eine sich auf ein Verständnis der Natur als interpretatives Willen-zur-Macht-Geschehen besinnende „Interpretationskunst" würde damit enden, von der Welt, wie die Physiker, zu behaupten, daß sie einen „notwendigen" und „berechenbaren" Verlauf hat. Doch der entscheidende Unterschied ist der, daß sie diesen eben gerade nicht hat, weil ‚Gesetze' in ihr herrschen, sondern weil jedes Machtquantum in die Geschehensvollzüge, und das heißt in die

---

[45] KGW VIII, 1, 7 (60), S. 323; vgl. KGW VI, 2, *Jenseits von Gut und Böse*, Aph. 17, S. 24f.

[46] KGW VIII, 1, 2 (151), S. 138.

[47] KGW VI, 2, *Jenseits von Gut und Böse*, Aph. 22, S. 31. Zu der Frage, welcher Grad an Notwendigkeit den Naturgesetzen im Unterschied zu mathematischen Sätzen zukommt, vgl. unten Kap. VIII, 1, S. 258.

Prozesse der Kräfterealisationen jeweils die ganze ihm zu Gebote stehende Kraft einbringt.[48] Darüber hinaus wird von hier aus deutlich, daß, da die Vollzüge der Machtquanten ein prinzipiell ‚flüssiges', kein fest-stehendes Geschehen sind und mithin das macht-interpretative Verhalten der Quanta strenggenommen auch nie identisch dasselbe ist, sogar die Naturgesetze einer zwar langsamen, kaum merklichen, aber nicht zu vermeidenden Veränderung unterliegen. Auch in dieser Perspektive ist das neuzeitliche Objektivitätsideal nicht aufrechtzuerhalten.

Wird von der mechanistischen Einerleiheit der Kräfte zu einer Auslegung derselben Kräfte als quasi-personale, interpretative Vollzüge von auslösendem Reiz, bereitliegendem Kraftquantum und aufgebrachter Widerständigkeit, mithin zu einer Lebendigkeit der Kräfte übergegangen, so zeigt sich gerade am Verhältnis von Reiz und Auslösung, daß es sich bei den eintretenden Reaktionen nicht um zahlenmäßig eindeutig und ein für alle Mal festlegbare Proportionalitäten des Verhältnisses der Anteile zueinander handeln kann und auch tatsächlich, selbst unter den kontrollierten Bedingungen des Experimentes, nicht handelt. Die abstrahierende Allgemeinheit der Naturgesetze kommt in der Wirklichkeit nie in lupenreiner Fassung vor. Das haben bereits die Aristoteliker der Frühen Neuzeit z. B. gegen die Fallgesetze Galileis eingewandt. Dies tut der Formulierung, der Nützlichkeit und der Gültigkeit der recht verstandenen Naturgesetze keinen Abbruch. Aber es spricht gegen die Ansicht, daß in diesen eine Erklärung der Naturerscheinungen formuliert sei. Die Naturgesetze sind Interpretationen der konstruierenden Vernunft. Selbst in den künstlich hergestellten Bedingungen eines Experiments sind sie nie vollständig zu realisieren. Hinzu tritt, daß selbst einfachste Systeme schnell ‚chaotisches' Verhalten zeigen.

Im Zusammenhang der Betonung des ewigen Flusses aller Dinge stellt Nietzsche heraus, daß sich auch die chemischen Qualitäten ändern, „mag der Zeitraum auch ungeheuer sein, daß die jetzige Formel einer Zusammensetzung durch den Erfolg ‚widerlegt' wird". Die Formeln sind einstweilen ‚wahr', denn sie sind hinreichend grob: „was ist denn 9 Theile Sauerstoff zu 11 Theilen Wasserstoff! Dies 9:11 ist vollends unmöglich genau zu machen, es ist immer ein Fehler bei der Verwirklichung, folglich eine gewisse Spannweite, innerhalb deren das Experiment gelingt".[49] Wird nun auch noch die bereits erörterte Kritik des Kausalitätsprinzips und der von dieser her gebotene Übergang in den Geschehenscharakter der Kräfte-Vollzüge als eines Um- und Neu-Interpretierens einbezogen, so ist verständlich, was Nietzsche meint, wenn es heißt, daß in dem genannten Sauerstoff-Wasserstoff-Beispiel beispielsweise

[48] Vgl. KGW, a.a.O.; vgl. auch schon oben Kap. V, 5, S. 132.
[49] KGW V, 2, 11 (149), S. 397.

der Sauerstoff in keinem Augenblick identisch derselbe ist wie im vorangegangenen, sondern „etwas Neues: wenn auch diese Neuheit zu fein für alle Messungen ist, ja die ganze Entwicklung aller der Neuheiten während der Dauer des Menschengeschlechts vielleicht noch nicht groß genug ist, um die Formel zu widerlegen“[50]. Genaugenommen gibt es also auch diejenige Wiederholung identischer Fälle sowie prognostizierter Reaktionen gar nicht, von denen her die Formeln und Naturgesetze ihre empirische Verifikation erhalten. Es gibt sie immer nur innerhalb einer Unbestimmtheitsspanne, die wegen der durch die mathematisierenden Formeln und Gesetze möglichen Handlichmachung der Naturvorgänge und einer relativen Prognostizierbarkeit von Ereignissen unter gegebenen Bedingungen vernachlässigt wird. Und noch abgesehen von dem Problem einer nicht erreichbaren vollständigen Genauigkeit handelt es sich bereits bei dem Etwas, das darin als Gegenstand erscheint, immer schon und grundsätzlich um das Produkt einer Zirkelstruktur von Hineinstecken und Wiedererkennen. Aus ihr kann der Mensch nicht heraus, selbst wenn er wollte. Er „findet zuletzt in den Dingen nichts wieder als was er selbst in sie hineingesteckt hat: das Wiederfinden heißt sich Wissenschaft, das Hineinstekken – Kunst, Religion, Liebe, Stolz“.[51]

Interpretation liegt dabei auf allen Ebenen vor: in der Ausgrenzung dessen, was überhaupt als Gegenstandsbereich gilt; im Ausblenden der die Annahme identischer Fälle destruierenden Einsicht in den prinzipiellen Fluß allen Geschehens; in der damit zugleich vorgenommenen Projektion identischer Einheiten, wiederholbarer und unter Verwendung der Begriffe ‚Ding‘ und ‚Zahl‘ mathematisierbarer Vorgänge; im Aufstellen von Formeln und Gesetzen selbst; in deren Anwendung; und schließlich darin, den Umstand, *daß* sich die Mathematik (Formeln; Naturgesetze) überhaupt auf Naturvorgänge erfolgreich anwenden läßt, als eine Art sekundäre Teleologie der Natur (‚die Natur richte sich zumindest sekundär nach diesen Gesetzen‘) auszulegen. Dies bedeutet, wird der vernunft-konstruierende Charakter der Naturgesetze hervorgekehrt, eine Steigerung des subjektiven Machtgefühls, insofern darin, um die Wendung Kants zu gebrauchen, der Verstand seine Gesetze nicht aus der Natur schöpft, sondern umgekehrt der Natur die seinigen vorschreibt.[52] Die ganze Konstruktion dessen, was dann als Wirklichkeit angesprochen wird, ist ein übermächtigendes und ausdeutendes Interpretieren.

Drittens (3) ist in diesem Zusammenhang zu betonen, daß keine noch so intensive Selbstprüfung des Intellekts umhin kann, sich stets nur in und unter

---

[50] Ebenda. Vgl. dazu Kap. V, 5, S. 129f. und 132.

[51] KGW VIII, 1, 2 (174), S. 152.

[52] Vgl. I. Kant, *Prolegomena zu einer jeden künftigen Metaphysik*, § 36, Ausg. W. Weischedel, Bd. 5, S. 188f. Vgl. *KrV*, Ausg. R. Schmidt, B XIII.

ihren eignen perspektivischen Formen zu sehen. Es ist nicht möglich, ‚um seine eigne Ecke'[53], hinter die Perspektive zu schauen, die man nicht erst wählt, sondern selbst immer schon *ist*. Damit entfällt die Möglichkeit einer für die Transzendentalphilosophie Kantischer Prägung kennzeichnenden formal-apriorischen Begründung der objektiven Gültigkeit des Wissens und der Erfahrung. Insofern die eigene Perspektive sich verändert und zugleich auch andere, sich ihrerseits wandelnde Perspektiven konstatiert werden können und müssen, gibt dieser Umstand auch den Blick dafür frei, daß sowohl nach der Seite des Interpretierenden als auch nach der des Interpretierten die Möglichkeit *vieler* unterschiedlicher und nicht eindeutig ineinander übersetzbarer Interpretationen des Gleichen besteht. Es gibt viele Interpretierende, viele Interpretationen und ein und derselbe Text, so Nietzsche der Philologe, „erlaubt unzählige Auslegungen: es giebt keine ‚richtige' Auslegung".[54] Gemeint sind damit nicht viele partielle Interpretationen, die sich am Ende schließlich doch wieder zu einer einheitlichen Gesamt-Interpretation fügen. Und der Umstand, daß es *die* richtige Auslegung nicht gibt, kann auch so reformuliert werden, daß es die Eine transzendentale Interpretation und Grammatik nicht gibt, innerhalb deren sich eine jede einzelne Interpretation notwendigerweise und immer schon bewegen müsse. Aufgrund der prinzipiellen Unabgeschlossenheit des Interpretierens erweist sich damit zugleich eine jede Interpretation wiederum als interpretationsbedürftig. Es gilt, daß die Welt „noch einmal ‚unendlich' geworden" ist, insofern die Möglichkeit nicht zurückgewiesen werden kann, daß sie „*unendliche Interpretationen in sich schliesst*".[55]

Nietzsche hat diesen Aphorismus mit *Unser neues ‚Unendliches'* überschrieben. Darin liegt zum einen eine Anspielung auf die mit Beginn der Neuzeit durch Nikolaus Cusanus und Giordano Bruno wiedergewonnene Unendlichkeit der Welt, zu der jetzt, und zwar nicht ohne noch einmal den „grosse(n) Schauder" über den Menschen zu bringen, die Unendlichkeit der Interpretationen tritt. Zum anderen kann darin die verborgene These gesehen werden, daß es *dieses* neue Unendliche ist, welches nach der mit der Erfahrung des Todes Gottes, der vormals alleiniger Sitz und Inbegriff des Unendlichen war, zugrunde gegangenen *Einen* Welt-Interpretation des Christentums die Funktionsstelle von Sinn einnimmt. Darüber hinaus kann dieses Interpretations-Unendliche in gewisser Weise auch als der ametaphysische Nachfolger jenes wahren Unendlichen gelesen werden, das in Hegels Philosophie von grundlegender Bedeutung ist. Ist für Hegel das wahrhafte Unendliche die absolute Idee, so könnte aus der Perspektive von Nietzsches Denken gesagt werden,

---

[53] Vgl. KGW V, 2, *Die fröhliche Wissenschaft*, V (1886), Aph. 374, S. 308.
[54] KGW VIII, 1, 1 (120), S. 35.
[55] *Die fröhliche Wissenschaft*, a. a. O., S. 309.

daß es das Interpretions-Unendliche ist, das die Stelle der absoluten Idee einnimmt. Eine solche Verbindung wird deutlich, sobald das Interpretieren auf den noch zu erörternden Interpretations-Zirkel und damit auf die Überwindung der Entgegensetzungen des endlichen Verstandesdenkens (Subjekt und Objekt; Mensch und Welt), auf das Ineinandergehen von Interpretierendem und Interpretiertem und in diesem Sinne auf die Rückläufigkeit-in-sich, auf den Kreis-Charakter hin bedacht und Interpretations-Unendlichkeit nicht als Beliebigkeit und Relativismus mißverstanden wird.[56] Jede einzelne endliche Interpretation gehört in die Zeichen- und Interpretations-Kette, die die Geschehensvollzüge als Konkatenationen der Kräftefelder *sind*, hinein und ist eben darin im Sinne der Internität absolut notwendig und unverzichtbar. Und die Rede vom Relativismus verliert ihren Sinn dadurch, daß sich die positive Leistung des Interpretierens von vornherein auf einem Boden jenseits des Dualismus von Schema *und* Realität bewegt. Das neue und nicht seinerseits einfach wieder zu vergöttlichende bzw. zu verabsolutierende Unendliche ist Konsequenz der Einsicht, daß den Dingen keine vom wertschätzenden Interpretieren unabhängige „Beschaffenheit an sich"[57] zukommt. „Als ob eine Welt noch übrig bliebe, wenn man das Perspektivische abrechnete! Damit hätte man ja die *Relativität* abgerechnet".[58] Wirklichkeit *ist* überhaupt nur als das sich macht-relational vollziehende Interpretations-Geschehen, oder umgekehrt: jedes wirkliche Dasein *interpretiert*. Es gibt keinen außerhalb des Interpretierens liegenden Fixpunkt und Maßstab der Interpretation. Das Interpretieren einer Interpretation ist keine metatheoretische Operation. Und was die Möglichkeit einer teleologischen Auffassung der Geschehensprozesse betrifft, so wird dieser auch von seiten des neuen Unendlichen der Interpretationen insofern die Basis entzogen[59], als Bestimmtheit, Gestalt, Sinn, Wert und Wahrheit des Geschehens nicht in einem Ziel, Zweck oder einer Zweckmäßigkeit, sondern in der Interpretation liegen, Interpretationen *sind*.

---

[56] Zum Interpretations-Zirkel vgl. unten Kap. VI, 5. Zur zentralen Stellung des Unendlichkeits-Begriffs bei Hegel vgl. dessen *Wissenschaft der Logik*, Ausg. G. Lasson, Bd. I, S. 125ff.

[57] KGW VIII, 2, 9 (40), S. 17.

[58] KGW VIII, 3, 14 (184), S. 163. Dies gilt vor allem natürlich auch für den Bereich der Moral. „Mein Hauptsatz: es giebt keine moralischen Phänomene, sondern nur moralische Interpretationen dieser Phänomene. Diese Interpretation selbst ist außermoralischen Ursprungs" (KGW VIII, 1, 2 (165), S. 147). Vgl. dazu KGW VII, 1, 1 (374), S. 98.
Im Rahmen einer Spinoza und den Spinozismus betreffenden Aufzeichnung heißt es: „Gut und böse sind nur Interpretationen, und durchaus kein Thatbestand, kein An sich. Man kann hinter den Ursprung dieser Art Interpretation kommen, man kann den Versuch machen, damit sich von der eingewurzelten Nöthigung, *moralisch* zu interpretieren, langsam zu befreien" (KGW VIII, 1, 2 (131), S. 129–130; Hervorhebung von Verf.). Freilich wird damit nicht der Interpretationscharakter selbst aufgehoben.

[59] Zu den anderen Aspekten der Teleologie-Kritik vgl. oben Kap. V, 3 und VI, 1.

Indem Interpretation als Grundgeschehen aufgefaßt wird, verliert der Großteil der bisher die okzidentale Weltauslegung bestimmenden Grundbegriffe, wie z. B. Subjekt, Ding, Substanz, Zahl, Objektivierbarkeit, durchgängige Bestimmtheit, Ursache, Wirkung, Ziel, Zweck, Gesetzmäßigkeit, Selbst-Erhaltung, Selbst-Reflexion sowie die als erkenntnis- und handlungs-treibende Motive eingestuften Auslegungen der Lust/Unlust, des Glücks und der Willensfreiheit, seine vormalige Zentralstellung. Doch werden diese Interpretamente damit, ebenso wenig wie die einzelnen Epochen, in denen sie mit unterschiedlichen Gewichtungen einzelner Merkmale dominant waren, nicht einfach ‚falsch' bzw. ‚unrichtig'. Einer solchen Einschätzung läge immer noch eine Metaphysik des Ansich zugrunde, die im Interpretationsgedanken gerade zurückgelassen wird. Es handelt sich vielmehr um Vorgänge der Depotenzierung. Die alten, vormals stark für-wahr-geglaubten Gehalte verlieren ihre Stellung als herrschende Vorstellungen, sie büßen ihre Interpretationskapazität ein und werden durch andere Interpretationen ersetzt, um-interpretiert, um-gewertet. Dem entspricht nach der anderen Seite, daß die Geltung von Urteilen, Aussagen, Normen, Einstellungen und Haltungen, daß ‚Wahrheit' nicht etwas ist, was auf einer referenz- oder repräsentationsartigen Verbindung mit einem Ansich beruht, sondern in der Richtung und Stärke des Glauben-Könnens, in der interpretativen Kraft wurzelt. Etwas kann als ‚bewiesen' angesehen werden, wenn es „den Besten seiner Zeit"[60] Genüge tut. Bewiesenheit und Wahrheit liegen dann vor, wenn der betreffende Gehalt zu der in seiner Epoche herrschenden, d.h. die Auslegung dessen, was als Seiendes und als Wahrheit gilt, festlegenden Grund-Perspektive in einem so unmittelbaren Verhältnis der Zugehörigkeit steht, daß er als etwas erscheint, das nur verdeutlicht und erläutert, mithin analytisch zu dem gehört, was als wirklich gilt. Die Brisanz einer solchen Betrachtung besteht darin, daß auf diese Weise sogar Analytizität[61] und Wahrheit als Interpretation aufgefaßt werden müssen. Die Spitze der destruierenden Kraft des Interpretations-Gedankens wird also erst dann vollends sichtbar, wenn dieser in eine Verbindung mit der Wahrheitsauffassung gebracht wird.

Zunächst ist grundsätzlich herauszustellen, daß es in Nietzsches Destruktion des korrespondenztheoretischen und metaphysischen Wahrheitsbegriffs (d.h. der Bestimmung der Wahrheit als Übereinstimmung von Aussage und Sachverhalt, von Handlung und Bonum sowie der Rückführung auf ‚Eine' Wahrheit, die dann ineins als ontologisch, gnoseologisch und axiologisch

---

[60] KGW III, 1, S. 7f. Das Verhältnis eines Gedankens oder einer Lehre zu ‚seiner bzw. ihrer Zeit' ist vor allem auch für ein Verständnis des Ewigen-Wiederkunft-Gedankens von Bedeutung. Vgl. dazu Kap. XI, 1, S. 379ff., auch VIII, 5, S. 308f.

[61] Vgl. dazu auch schon oben S. 143f. und Anm. 34.

Gründendes aufgefaßt wird) nicht mehr nur darum gehen kann, an die Stelle einer alten eine neue Wahrheitsvorstellung zu setzen. Das wäre ein erneuter Rückfall in Metaphysik und absolute Philosophie. Vielmehr wird die vormalige Funktionsstelle selbst, der ‚Sinn von Wahrheit' um-interpretiert, um-gewertet und darin aufgelöst. Dies erfolgt dadurch, daß Bedingungen angegeben werden, die zum einen und auf kontrastive Weise verständlich machen, wieso die Idee der metaphysischen Wahrheit überhaupt hat entstehen können, die zum anderen ebendiesem Wahrheitsverständnis jedoch die Bedingungen seiner Möglichkeit entziehen. Darin handelt es sich nicht einfach um eine von außen an die alte Wahrheitsauffassung herangetragene Überlegung. Hier werden nicht bloß die Gehalte gewechselt und eine Wahrheit gegen eine andere gestellt. Philosophische Kritik muß gerade auch an dieser Grundfrage interne Kritik sein. Deshalb ist zu zeigen, daß sich der Niedergang der alten Wahrheitsauffassung aus dieser selbst ergibt, daß sich gerade in Konsequenz des alten Verständnisses Bestimmungen einstellen, die weder untereinander noch mit dem Anspruch, metaphysische Wahrheit zu sein, vereinbar sind.

Das alte Wahrheitsverständnis ist selbst-destruktiv. Wenn die Idee der Wahrheit mit der im Christentum besonders betonten Wahrhaftigkeit sowie mit der Forderung der Erkenntnis dessen, was ist, verbunden wird, so ist gerade ‚um der Wahrheit willen' zu konstatieren, daß es viele Perspektiven, *viele* Wahrheiten gibt. Wenn es aber viele Wahrheiten (nicht viele *Teil*wahrheiten) gibt, dann gibt es gar keine.[62] Die alte Wahrheitsvorstellung müßte also in Konsequenz ihrer eigenen Bestimmung einen Schluß gegen sich selbst ziehen.[63] Dies wäre zugleich ihr Höhepunkt. Darin wäre sie im neuen Sinne ‚wahr'. Sie bezöge sich selbst in den Vorgang des Über-sich-hinaus-steigens und der notwendigen Selbst-Überwindung, wie diese für alles Leben grundcharakteristisch ist, ein.

Das gleiche Ergebnis stellt sich, wie hier von der Pluralität, so auch von der perspektivischen Relativität her ein. Wird ‚Wahrheit' als Freiheit von einer das Ansich verstellenden, trübenden perspektivischen Täuschung gefaßt und muß zugleich anerkannt werden, daß Wirkliches nur in und als relationale Perspektivität dasjenige Etwas ist, das es ist, dann wird die Wirklichkeit in genau dem Maße negiert wie die Interpretativität heraussubtrahiert wird.

---

[62] Vgl. KGW VII, 3, 34 (230), S. 218.

[63] Nietzsche wendet diese Denkfigur auf die Entwicklung des Christentums an. Die in der christlichen Moral immer stärker herausgestellte ‚Wahrhaftigkeit' des „christlichen Gewissens" führt in der säkularisierten Gestalt eines „wissenschaftlichen Gewissens" und weiter einer „intellektuellen Sauberkeit um jeden Preis" letztlich dazu, daß sich ebendieses Gewissen gegen das Christentum wendet. Am Ende zieht also die christliche Wahrhaftigkeit „ihren *stärksten Schluß*, ihren Schluß *gegen* sich selbst" (KGW VI, 2, *Zur Genealogie der Moral*, III, Aph. 27, S. 427f.). Vgl. KGW V, 2, *Die fröhliche Wissenschaft*, V, Aph. 357, S. 282.

Die Aufhebung der Relativität ‚um der Wahrheit willen' könnte geradezu als ein umgekehrt säkularisiertes Äquivalent zur vormaligen Möglichkeit metaphysischer Annihilation angesehen werden. Auf diese Weise wäre die Wirklichkeit vernichtet, und auch die ‚Wahrheit' wäre – nichts. Dem entspricht auf der Seite des Menschen als Handelndem, Erkennendem und Wissendem, daß der ‚Wille *zur Wahrheit*' in diesem Sinne ein verkappter ‚Wille *zum Nichts*' ist. Das aber widerstreitet der Bestimmung der ‚Wahrheit' als Grund des Seienden. ‚Wahrheit' kann dann nicht das *Wirklich*-Seiende sein. Die Wirklichkeit läge außerhalb der ‚Wahrheit', die jedoch ihrerseits gerade als Grund jedes Wirklichen gedacht wird. Als Ausweg bliebe nur noch, die ‚Wahrheit' so zu denken, daß sie das Nichtsein sich selbst, ihrem eignen Sein vorzieht. Das wäre gleichsam eine Wahrheit-ist-tot-Philosophie. Dann aber ist ‚Wahrheit' entweder nichts oder aber die Relativität des wirklichen Geschehens ist fortwährender Aufweis der Nichtigkeit der ‚Wahrheit'. Auch hier müßte das alte Wahrheitsverständnis einen Schluß gegen sich selbst ziehen. Entweder ist die ‚Wahrheit' nichts, dann ist sie für das wirkliche Geschehen irrelevant. Oder sie hat gründende Funktion für jedes Geschehen, dann kann sie nicht dessen Vernichtung sein. Diese Verstrickungen können nicht durch bloße Modifikationen des Begriffs, sondern allein durch eine Uminterpretation des darin zugrunde liegenden Schemas selbst überwunden werden.

Dies geschieht in der Auffassung der Wahrheit selbst sowie der Herbeiführung und Plausibilisierung des Wahrseins als Interpretationsgeschehen. *Wahrheit ist Interpretation.* Dieser Satz verkündet seinerseits keineswegs eine neue absolute Wahrheit. Denn in diesem Falle würde er hinter sich selbst und in metaphysisches Denken zurückfallen. Ein solcher Satz steht vielmehr bereits jenseits der alten Wahrheitsvorstellung. Er impliziert das Ende, nicht das erneute Auftauchen absoluter Philosophie. Diese Gefahr unterläuft er vor allem dadurch, daß er auch die als Absolutheiten und Analytizitäten für-wahrgeglaubten Gehalte in ihrem Charakter als *eine* unter anderen möglichen, nicht als *die* einzige überhaupt nur mögliche Perspektive aufweist und damit die Betrachtung auf die Perspektivität als solche lenkt. Der genannte Schlüsselsatz schließt also seine eigene Relativität, Perspektivität und Interpretationsbedürftigkeit ein. Dies ist nachdrücklich gegen Mißverständnisse sowie gegen das Vorurteil herauszustellen, Nietzsches Denken setze an die Stelle einer alten bloß eine neue Wahrheit, d.h. es gelänge ihm nicht, die Wahrheits-Metaphysik zu überwinden. Demgegenüber ist zu betonen, daß sich die Auffassung der Wahrheit *als* Interpretation konsequenterweise selbst unter das darin bereitgestellte und zur Artikulation dieser neuen Sichtweise bereits auch in Anspruch genommene, in der Interpretativität als solcher steckende Wahrheitskriterium der Erweiterung und Steigerung der Interpretations-Horizonte und damit des Mächtigseins stellt. Die Interpretations-Wahrheit fällt also explizit unter das von ihr selbst formulierte Kriterium. Sie steht zu sich selbst und ihren Implikationen. Wahrheit ist die jeweils am stärksten geglaubte Interpretation. Dies ist mit einem metaphysischen Wahrheitsverständnis unvereinbar. Die Interpretations-Wahrheit steht jenseits der Wahr-Falsch-Opposition. Und insofern hinter dieser Unterscheidung die interessierte Betrachtungsweise, die Teleologie der Vernunft und Moral sowie vor allem das moralisch-ontologische Interesse wirksam sind, steht Interpretation jenseits von Gut und Böse.

Muß auch der Sinn von Wahrheit in die interne Relationalität der Geschehensvorgänge selbst zurückübersetzt und von deren macht-interpretativem Grundcharakter her gedacht werden, dann liegt das Kriterium der Wahrheit in der Steigerung des Mächtigseins[64] und damit zugleich in der Interpretation, denn jedes Übergreifen von Machtordnungen über andere Machtordnungen, mithin Geschehen, ist ebenso essentiell interpretativer Natur wie umgekehrt jede Erweiterung und Intensivierung des Interpretations-Horizontes eine Steigerung des Machtgefühls bedeutet[65], vorausgesetzt freilich, daß die organisierende Kraft in diesen Horizont-Verschiebungen die Oberhand behält und nichts ins Konturlose diffundiert. Zu beachten ist weiterhin, daß auch in Sachen Wahrheitsauffassung nicht schon das Leben-*Erhaltende*, sondern erst das Macht-*Steigernde* als Wahrheitskriterium angesehen wird.[66] Wahrheit ist zur Geltung gebrachte Interpretation, ist nicht ein Auffinden und Wiedergeben, sondern ein Hervorbringen und Produzieren. Wahrheit ist interpretative, dem Geschehen selbst eigene Tat. So liegt im Vorgang Interpretation auch das sich darin selbst-konstituierende ‚Maß aller Dinge', d.h. das Maß all dessen, was und wie es als Realität ist, einschließlich dessen, was damit zugleich als nichtseiend angesehen wird. Und insofern dies menschlich, ja der Mensch für den Menschen dasjenige Wesen des Interpretierens ist, das nicht um alter Ontologie oder eines metaphysischen Realismus willen um- oder hintergangen werden kann, ist der Mensch das Maß der Interpretation und so der Wahrheit als Interpretation.

Zugleich wird deutlich, daß ‚Wahrheit' eine Art Glaube ist, der zur organischen und Erfahrung organisierenden Lebensbedingung geworden ist. Der Mensch ist bislang noch auf das Wahrheitsverständnis, wie dieses sich im Zuge der Entwicklung ausgebildet hat, angewiesen. Demgegenüber lenkt die Auflö-

---

[64] Vgl. GA, Bd. XVI, Nr. 543, S. 45. Dieses Manuskript schien verloren gegangen; vgl. die Konkordanz der Nachlaßkompilation *Der Wille zur Macht* (GA, Bd. XV und XVI) und der KGW, zusammengestellt von M.-L. Haase/J. Salaquarda, in: Nietzsche-Studien, 9 (1980), S. 465. Herr M. Montinari teilte jedoch mit, daß sich dieser Text inzwischen gefunden hat und im editorischen Nachbericht zur KGW veröffentlicht wird.

[65] Vgl. dazu KGW VIII, 1, 2 (108), S. 112; vgl. auch oben Kap. VI, 2.

[66] Vgl. in diesem Sinne etwa KGW VIII, 2, 9 (91), S. 50f., wo betont wird, daß die dem Intellekt „am meisten das Gefühl von Macht und Sicherheit gebende Hypothese am meisten *bevorzugt, geschätzt, und folglich* als *wahr* bezeichnet wird".

sung nicht nur einzelner Wahrheitsgehalte, sondern, radikaler, des in seinen Bedingungen der Verwendbarkeit als erfüllt bzw. als erfüllbar unterstellten Schemas des Sinns von Wahrheit den Blick zugleich auf darin sich ankündigende und unter den Bedingungen der Erfahrung, daß es Wahrheit-an-sich nicht gibt, auch erforderte Veränderungen der Existenzbedingungen des Typus. *Dies*, und nicht irgendein Unbehagen darüber, daß hier der ontologische und normative Anspruch sowie die Leistungsfähigkeit und Notwendigkeit der ‚Vernunft' in Mißkredit gezogen werden, ist die eigentliche Herausforderung, die mit Nietzsches Destruktion des metaphysischen Wahrheitsverständnisses verbunden ist.

4. Der positive Sinn des Interpretierens

Vor dem jetzt freigewordenen Hintergrund ist herauszustellen, daß ‚Interpretation' über ihre destruierende Kapazität hinaus für die Positivität jeden Geschehens konstituierend, daß Geschehen Interpretation ist. Interpretation hat ihren systematischen Ort in der unauftrennbaren Verschränkung von Welt-Auslegung und Sich-zu-sich-selbst-Verhalten. Beide Komponenten sind vom Charakter der Handlung, nicht bloß von der Art einer welt- und ich-distanzierenden theoretischen Einstellung. Diese Handlungen sind Interpretationsvorgänge, Interpretations-Handlungen, als die sich das wert-, d. h. macht-schätzende Bestimmen der Kräfteverhältnisse und Übergreifen der Willen-zur-Macht-Ordnungen vollzieht. Diese Prozesse sind *vor*-rational und, obwohl in ihnen ein Moment unhintergehbarer Selbstbezüglichkeit liegt, gerade *prä*-reflexiv. Ihr eigentlicher Sitz ist der Mensch als Leib-Organisation. Insofern handelt es sich also um eine anthropologische Fundierung, zumal es der Mensch ist, der den Interpretationsbegriff bildet. Und auch ist es so, daß der Mensch sogar in allen äußeren Erfahrungen letztlich stets nur etwas über sich selbst, über seine eigene „Strukturverschiebung" erfährt.[67] Aber gerade dieser Umstand gibt drei Gesichtspunkten Raum, die zusammengenommen über ein enges Verständnis von Nietzsches Lehren der Willen-zur-Macht, der Interpretation und der ewigen Wiederkehr als Anthropologie hinausführen, ohne damit jedoch in Bahnen alter Ontologie zu geraten.

Zunächst (a) ist zu betonen, daß der menschliche Leib nicht nur in einem heuristischen Sinne den Ausgangspunkt und Leitfaden der Betrachtung darzu-

---

[67] KGW V, 1, S. 635. Dies gilt auf verdeckte Weise etwa auch für die Kausalitäts-Vorstellung und die Prädikate des Urteils. Wenn z. B. gesagt wird ‚Der Blitz leuchtet' (vgl. KGW VIII, 1, 2 (84), S. 101 f.), so ist ‚Leuchten' im Grunde ein Zustand im und am Menschen, obwohl der Mensch dies nicht auf sich nimmt, sondern als ‚etwas Leuchtendes' von sich selbst unterscheidet und darin quasi als ein ‚An-sich-sein' setzt, zu dem er nun einen Urheber, einen Täter sucht: den Blitz. Zur Kritik des Kausalitätsprinzips vgl. oben Kap. V, 5, S. 130ff.

stellen hat, sondern daß er der Sache nach auch die Basis des ursprünglich-interpretativen und sich wechselseitig stützenden Verhältnisses von Welt-, Fremd- und Selbst-Auslegung bzw. der dieses ausmachenden Interpretations-Handlungen *ist*. Die als plurales System mit- und gegeneinander wirkender Willen-zur-Macht-Komplexe aufgefaßte Leib-Organisation *prä*formiert (nicht: determiniert) dasjenige, was beim Menschen dann als Bewußtsein oder, hinter den Bewußtseinsgegensatz sowie hinter die Unterscheidung von Theorie und Praxis, von Person und Sachen zurückgehend, als existenzielles Dasein das Sich-zur-Welt- und das Sich-zu-sich-selbst-Verhalten prägt. Oder umgekehrt: auch Bewußtheit, Denken und selbst das Existieren im Sinne der Existenzphilosophie ist verfeinertes Leib-Geschehen. Die Erzeugung und die Auslegung, mithin die Interpretation derjenigen Symbole, die in ihren konstitutiven Funktionen die gemeinsame Wurzel jeden Welt-und-Selbst-Verständnisses sowie des Sinnlichen, des Emotiven und des Kognitiven, der Kunst wie der Erkenntnis ausmachen, ist, obwohl nicht immer im Bewußtsein explizit erfaßt, ein Tätigsein, das jeweils die ganze Leib-Organisation, z. B. in sehr feinen Erregungszuständen und Reaktionen, berührt und erfordert.[68]

Darin ist die Leib-Organisation von einer Willen-zur-Macht-Genealogie her zu verstehen, die den Phänomenalismus auch noch der ‚inneren Welt und Erfahrung' aufrollt und die darin erfolgenden Verkehrungen der Zeitordnung, in denen das geschehensmäßig Nachträgliche als Urheber und Anfang kognosziert wird[69], sowie die Auftrennung nach Innenwelt *und* Außenwelt in den Zirkel der Geschehensstruktur zurückholt und von diesem her entfaltet. Der Leib ist in Nietzsches Sicht Willen-zur-Macht-Organisation, und es darf hier nicht irgendeine andere Leib-Vorstellung herangetragen werden. Es geht um das Tätigsein der dynamischen Kraftzentrierungen im Sinne der vielen lebendigen Intellekte, der vielfältigen Intelligenzen, der vielen kleinen Wesen und Welten, deren Relationalität sich *als* Interpretationsgeschehen vollzieht. Nachdrücklich ist auch hier wiederum zu betonen, daß dies nicht als eine Reduktion des Denkens, des Bewußtseins, des Selbstbewußtseins und des Existierens auf den Leib im Sinne eines dogmatischen Physikalismus oder Naturalismus mißverstanden werden darf. Dies ist nach der Bestimmung der Geschehensvorgänge als Interpretationsprozesse nicht mehr möglich. Vielmehr wird das in der Gegenüberstellung von Subjektivismus bzw. Mentalismus und Naturalismus bzw. Physikalismus benutzte Schema gerade unterlaufen. Das Verhältnis von Leib und Interpretation kann in diesem Zusammenhang in die Formulierung

---

[68] Vgl. in diesem Sinne oben Kap. II, 5 zur Erfahrung der Kunst und zum ästhetischen Zustand; vgl. unten Kap. VIII, 5, S. 310, 313ff. zur Frage der ‚Einverleibung' eines Wissens, dort vor allem des Ewigen-Wiederkunft-Gedankens.

[69] Vgl. KGW VIII, 3, 15 (90), S. 252ff. und oben S. 145f.

gebracht werden, daß jede Interpretation ein Leib-Geschehen, keine Interpretation jedoch physikalistisch und gesetzmäßig determiniert ist. Es geht also nicht um Ableitung des einen aus dem anderen oder um naturalistische Identitätstheorie, sondern um einen Holismus der Betrachtung, innerhalb dessen unterschiedliche Brechungen und Übersetzungsprobleme auftreten. Man denke z. B. an die Interpretations-Kette vom physiologischen Reiz zur Vorstellung, von dort zum Laut, weiter zum sprachlichen Zeichen, zur Darstellung und schließlich gar zu einem expliziten Notations-System, – und umgekehrt. Wird der Leib als vielfältiges Interpretations-Geschehen sich wechselseitig bedingender Willen-zur-Macht-Komplexe im Sinne vieler ‚geistiger', ‚intelligenter' Wesen aufgefaßt, dann hat z. B. auch die in der Materialismus-Idealismus-Debatte verbreitete Rede ‚Etwas vom Kopf auf die Füße stellen' ihren Sinn verloren. Darin würde die Fundamentalstellung des Interpretierens und Symbolisierens gründlich verkannt.

Sodann (b) ist herauszustellen, daß eben dieser Leib prinzipiell gleichen Wesens ist wie alles andere Seiende, da aufgrund der Kontinuität der Seinsbereiche (Anorganisches, Organisches, Bewußtheit, bewußtes Denken) in der Leib-Organisation auch all dasjenige gegenwärtig und tätig ist, was den Menschen aus *vor*-menschlichen, organischen und unorganischen Bereichen bedingt. Am menschlichen Leib wird „die ganze fernste und nächste Vergangenheit alles organischen Werdens wieder lebendig und leibhaft". Das Ego des menschlichen Leibes ist nicht bloß ein Glied in einer Kette. Es trägt die ganze Geschehens-Konkatenation in sich, es *ist* „die *Kette* selbst, ganz und gar". Der Mensch ist also nicht nur ‚Individuum', sondern „das Fortlebende Gesammt-Organische in Einer bestimmten Linie".[70] Die ganze Evolutionsgeschichte des organischen Lebens und die ganze ihn bedingende Welt des Vor-Organischen wirken in ihm fort. Zusammen mit dem Aspekt, daß damit auch die „Aufgaben aller Zukünfte der *Kette*"[71] im Individuum liegen, wird diese Denkfigur auch in Hinsicht auf die Frage der Überwindung des Nihilismus von grundlegender Bedeutung. Diese Bestimmung unterläuft die dualistische Auftrennung von Mensch und Welt sowie von Individuum und Geschichte, stellt die Möglichkeit einer Versöhnung des Individuums sowohl mit der Natur, die es ist, als auch mit dem Vergangenen, das in ihm wirkt, bereit und fordert in der bejahenden Übernahme eben dieser Beschaffenheit zugleich zur Gestaltung

---

[70] KGW VIII, 1, 7 (2), S. 259 und VIII, 2, 10 (136), S. 199. Vgl. weiterhin KGW VII, 3, 36 (35), S. 289 und VIII, 2, 11 (83), S. 281f.
Schon in der *Fröhlichen Wissenschaft* hat Nietzsche diesen Punkt herausgestellt. Er habe für sich entdeckt, „dass die alte Mensch- und Thierheit, ja die gesammte Urzeit und Vergangenheit alles empfindenden Seins" in ihm „fortdichtet, fortliebt, forthasst, fortschliesst" (KGW V, 2, *Fröhliche Wissenschaft*, I, Aph. 54, S. 90f.).

[71] KGW VIII, 2, 9 (7), S. 6.

der Zukunft auf. Doch vorerst geht es um einen begrenzteren Zusammenhang. Obwohl der dem Menschen aus der ungeheuren Vielheit des Leib-Geschehens bewußt werdende Teil nur sehr gering und Bewußtsein daran gemessen nur ein „kleines Zubehör"[72] ist, liegt gerade im Einholen der eigenen, in der Leib-Organisation sich vollziehenden Strukturverschiebungen zugleich die Erfahrung des Grundcharakters auch alles anderen, nicht-menschlichen Seienden, eben weil das ganze den Menschen bedingende Anorganische und Organische in ihm als das Kräfte-Geschehen, das er *ist*, leibhaft fortwirkt. In *diesem* und in keinem anderen Sinne *ist* der Mensch das ‚Ganze'. Damit wird über Anthropologie in einer Weise hinausgegangen, die gleichwohl weder die Bindung an den Menschen verläßt noch in ontologische Festlegungen führt.

Wird das Leib-Geschehen als eine Kräfte-Organisation vieler dynamisch-lebendiger Intellekte aufgefaßt und von innen betrachtet, dann kann der Cartesianische Dualismus von Mensch und Welt sowie auch das Leib-Seele-Problem gar nicht mehr wie bisher auftreten. Das sich als Leib vollziehende Geschehen der vielen Willen-zur-Macht-Organisationen ist auch derjenigen Konstellation und Einheit von Mensch und Welt noch vorgängig, die in der Subjektivität im Sinne der Kantischen Transzendentalphilosophie konzipiert wird, und es durchdringt auch noch das hinter den Bewußtseinsgegensatz zurückgehende und die transzendentale Verfassung des menschlichen Daseins als Existenz betreffende Heideggersche ‚In-der-Welt-sein'. Wenn man so will, ist der Leib die daseiende, vollzugs-interne Quasi-Transzendentalität des menschlichen Interpretierens und damit der menschlichen Welt-, Selbst- und Fremd-Auslegung. Aber als die Willen-zur-Macht-Organisation, die er *ist*, weist der Leib darin zugleich auf das ihn Bedingende und damit über sich selbst hinaus auf alles andere Seiende. In *diesem* Sinne ist der Mensch gerade nicht das ‚Ganze'. Außerdem ergibt sich aus dem Ausschluß der Teleologie und daraus, daß der Mensch *eine* bestimmte, nicht *die* Ausgestaltung des Willen-zur-Macht-Geschehens, nicht dessen Zweck, gar Endzweck ist, daß es letztlich nicht einmal in den sich als menschlicher Leib verzweigenden Willen-zur-Macht-Prozessen um den Menschen als Menschen im Sinne irgendeiner ihn aus der Natur heraushebenden metaphysischen Bestimmung geht. Es geht um die für alles Seiende charakteristischen, unerbittlichen Prozesse der Machtsteigerung und die sich machtsteigernd vollziehende Dynamik der Selbst-Überwindung. Der Mensch ist, obwohl es in Nietzsches Philosophie stets um ihn geht, Bestandteil, letztlich Durchgangsstadium dieses Prozesses, nicht dessen Zweck und Ziel.

Schließlich (c) ist vor diesem Hintergrund einsichtig, daß der Mensch nicht das interpretierende Wesen, das er ist, sein könnte, wenn nicht auch die

[72] KGW VIII, 2, 11 (83), S. 282.

ihn ausmachende Leib-Organisation, mithin das Organische und darüber hinaus auch das Anorganische, d. h. alles, was im und als Leib tätig ist, essentiell vom Charakter des Interpretierens wäre.[73] So kann, obwohl es dem Menschen nicht möglich ist, über die Grenze, die er selber ist, hinauszugehen, doch von diesem perspektivischen Winkel aus gesagt werden, daß alles Seiende, wenngleich gradmäßig und in puncto Eindeutigkeit, d. h. in der Genauigkeit, Alternativenhaltigkeit und Sicherheit seiner Perspektiven unterschieden, wesentlich Interpretierendes und Interpretiertes ist. Dies ist auch eine innere Konsequenz des Satzes der Interpretation, demzufolge es bestimmbare Realität für den Menschen nur in und als interne Funktion des Interpretations-Schemas, das er als Leib-Organisation *ist*, gibt. Welcher Art die Interpretationen näherhin sind bzw. sein könnten, überschreitet freilich den menschlichen und von den Existenzbedingungen und Bedürfnissen bestimmten Horizont der Auslegung. Die Feststellung, *daß* alles Seiende interpretiert bzw. *daß* alles Werden Interpretation ist, ist ihrerseits natürlich ein interpretativer, kein Satz einer objektiven Wahrheit. Doch geht er, und nur auf diesen Punkt kommt es im Augenblick an, über Anthropologie hinaus, ohne erneut in alte Ontologie verfallen und ohne die wesentliche Bindung an den Menschen aufgeben zu wollen oder zu müssen. Es ist wichtig zu sehen, daß gerade mit der zunehmenden Einsicht in das anthropologische Fundiertsein jeden Welt-, Selbst- und Fremd-Verständnisses auch eine Relativierung des Menschen einhergeht. Dies zeigt sich auch in anderen Bereichen. So ist z. B. der Atheismus die Folge einer „*Erhöhung des Menschen*", die zugleich dazu geführt hat, daß der Mensch „tiefer und vor der Fülle des Ganzen bescheidener geworden" ist und „seine Rangordnung *besser* begriffen" hat. „Je *weiter* unsere Kenntniß wächst, um so mehr empfindet sich der Mensch in seinem *Winkel*".[74] Alles Geschehen, alle Gestalten des Wirklichen, das Geschehen von *jedem* Kraftzentrum, nicht nur vom Menschen aus, ist ein Interpretationsgeschehen. Vor diesem Hintergrund

---

[73] Vgl. W. Müller-Lauter, *Nietzsches Lehre vom Willen zur Macht,* a.a.O., S. 58.

[74] KGW VII, 3, 39 (14), S. 355. Die damit drohenden Gefahren eines Nihilismus werden angesprochen, wenn es etwa heißt: „Seit Copernikus rollt der Mensch aus dem Centrum ins x" (KGW VIII, 1, 2 (127), S. 125). Vgl. dazu KGW VI, 2, *Zur Genealogie der Moral,* III, Aph. 25, S. 420ff. Der „*Wille* zur Selbstverkleinerung" des Menschen scheint seit Kopernikus unaufhaltsam. Der Mensch scheint „auf eine schiefe Ebene gerathen, – er rollt immer schneller nunmehr aus dem Mittelpunkte weg – wohin? in's Nichts? in's ‚*durchbohrende* Gefühl seines Nichts'? ... Wohlan! dies eben wäre der gerade Weg – in's *alte* Ideal?" (a.a.O., S. 422).
Von hier aus kann der Ewige-Wiederkunfts-Gedanke als der Versuch gelesen werden, den Menschen *in* seinem Winkel als Typus zu erhöhen, ihn also nicht in den nihilistischen Konsequenzen seiner Selbst-Relativierung steckenzulassen. In der ewigen Wiederkehr des Gleichen ist *jedes* einzelne Moment für den Gang der Dinge unverzichtbar und unüberbietbar wertvoll. Würde auch nur ein einziges fehlen, so wäre die Welt eine andere. Vgl. dazu Kap. VIII, 5.

ist nach der Eigenart des in diesen Überlegungen in Anspruch genommenen *Zirkels der Interpretation* zu fragen.

5. Der geschehens-logische Interpretations-Zirkel

Wenn die eigentümliche Stellung der als Interpretations-Geschehen bestimmbaren Willen-zur-Macht-Vollzüge weder auf einen Subjektivismus oder Mentalismus noch auf einen Naturalismus oder Physikalismus reduziert werden kann und zugleich dadurch ausgezeichnet ist, zwar anthropologisch fundiert, aber auch über Anthropologie in dem dargelegten Sinne hinauszugehen, dann muß dies Konsequenzen für die Bestimmung der darin vorliegenden Zirkelstruktur haben. Um dem auch terminologisch angemessen Rechnung zu tragen, und um die Eigenart des in Frage stehenden Zirkels von anderen Zirkelhaftigkeiten abzugrenzen, soll diese Struktur der *geschehens-logische Interpretations-Zirkel* heißen. Die Zusammenstellung derartiger Charakterisierungen scheint auf den ersten Blick geradezu paradox. Die Bestandteile bedürfen also der Erläuterung.

Durch die Kennzeichnung ‚geschehens-' wird zunächst unterstrichen, daß es die *wirklichen* Kräftevollzüge der relationalen Machtzentrierungen, und nicht ideal-*mögliche* und/oder moralisch-*gesollte* Welten sind, um die es geht. Sodann ist damit gesagt, daß es sich um Prozesse handelt, die wesentlich *ereignis*-artig, eben *Geschehens*-Prozesse sind und nicht mehr im überlieferten Ding-, Subjekt- und Substanz-Schema formuliert werden können. Und schließlich steckt in dieser Rede der Hinweis, daß es sich um diejenigen Vorgänge handelt, die sich von jeder Kräfte-Organisation, *nicht* nur vom Menschen aus vollziehen und von deren Tätigsein alle Gestalten des Wirklichen, vom Anorganischen bis zum Gedankengebilde, abhängig sind. Von diesem Geschehen stellt der menschliche Leib nur *eine* bestimmte, für das subjektive Empfinden des Menschen und sein diesem immer schon vorausliegendes Welt-und-Selbst-Verhältnis freilich grundlegende Ausprägung dar. Wirklichkeit ist darum aber gleichwohl gerade kein Ansich. Sie *ist* nur als interpretiertes und interpretierendes Geschehen. Damit sind zugleich zwei Aspekte ausgeschaltet, die in der Regel mit dem Begriff der ‚Realität' verbunden werden, zur Charakterisierung des Willen-zur-Macht-Geschehens aber gerade ungeeignet sind. Wird unter dem Realen etwas verstanden, das das, was und wie es ist, auch unabhängig davon ist, wie es interpretiert wird, so ist herauszustellen: Realitäten gibt es nicht, nur Interpretationen. Hinzu tritt der zweite Aspekt. Während mit dem Begriff der Realität verbunden wird, reale Möglichkeit und reale Notwendigkeit unterscheiden zu können, ist eine solche Unterscheidung für das *wirkliche* Geschehen selbst nicht relevant. Verläßt man dagegen dieses

Realitätsverständnis und faßt, wie in dieser Untersuchung, ‚Realität' ganz als interne Funktion des Interpretations-Schemas auf, dann ergibt sich nach der anderen Seite hin die Schwierigkeit, daß in der Rede von ‚Realität' zwar deren Abhängigkeit vom Schema, aber nur noch wenig derjenigen Komponenten sichtbar ist, die die Zirkelhaftigkeit der Schema-Funktionen selbst ausmachen. Aus diesen Gründen wird der Begriff der ‚Realität' nicht zur Kennzeichnung der hier gemeinten Struktur herangezogen. Es geht um den *geschehens*-logischen Interpretations-Zirkel. Diese Redeweise bezieht sich auf die im Verhältnis zum Realitätsbegriff grundlegendere, nicht mehr ding- und gegenstandstheoretisch, sondern prozessual aufzufassende Ebene der Welt-Erzeugung selbst. Erst innerhalb deren treten dann auch ‚Realitäten' auf. Dies verweist bereits auf den zweiten Aspekt.

In welchem Sinne ist diese Struktur ‚logischer' Natur? Mit einer solchen Charakterisierung scheint der ‚un-logische' Nietzsche in sein Gegenteil verkehrt. Was also ist, zumal die weitere Zusammenstellung von ‚logisch' und ‚Zirkel' offensichtlich nicht im Sinne des zu vermeidenden formallogischen Zirkelschlusses, sondern gerade in einem positiven Sinne verwendet wird, damit gemeint? Zunächst ist zu betonen, daß die Rede von ‚Logik' hier nicht im engen Sinne des formellen und am Satz des Widerspruchs orientierten Denkens verstanden werden darf. Deutlich ist der Unterschied zu beachten, der zwischen der ‚*philosophischen* Logik', in der es um die ursprüngliche Struktur der Welt- und Sinn-Erzeugung geht, und der ‚*formalen* Logik' im Sinne des prämissenfolgernden und regelgeleiteten Schließens besteht.[75] Näherhin sind drei Momente anzuführen, die den hier verwendeten Vollbegriff des Logischen auszeichnen und zugleich eine Charakterisierung fundamentaler Aspekte der in Nietzsches Denken thematischen Geschehensprozesse darstellen. Von hier aus eröffnet sich eine Beziehung zwischen der Philosophie Nietzsches und einigen Grundmerkmalen auch des Hegelschen Verständnisses der Struktur des Logischen.

Erstens (1) ist ausgrenzend zu betonen, daß es sich bei den Vollzügen des Interpretations-und-Willen-zur-Macht-Geschehens, das durch eine sich im Vollzug der Kräfte-Relationen als deren eigene Tat selbst-konstituierende, interne und absolute Notwendigkeit ausgezeichnet ist, weder um psychologische noch um naturgesetzliche Vorgänge handelt. Die nicht-ursprüngliche Unterscheidung nach psychologischer Innenwelt und stofflich-körperlicher Außenwelt reicht an die Fundamentalstellung der solchen Auftrennungen im-

[75] Nietzsche hat diesen Unterschied nicht beachtet. Seine Kritik der ‚Logik' bezieht sich vor allem auf das formelle Denken. Dieses wird immer dann kritisiert, wenn man darin irrtümlicherweise ein *Kriterium* der Wirklichkeit bzw. Wahrheit zu besitzen glaubt. Vgl. dazu im einzelnen Kap. IX, 2 und die einleitenden Bemerkungen im Vorwort, S. VIII.

mer schon vorausliegenden und sie erst ermöglichenden Prozesse nicht heran. Diese lassen sich weder auf Psychologie noch auf Wissenschaft verkürzen, die beide eine Auslegung dessen, was *als* Welt, Wirklichkeit, Selbst und Sinn gilt, bereits voraussetzen, nicht jedoch deren Grundlage bilden können. So ist es wichtig, Nietzsche den Psychologen nicht mit Nietzsche dem Philosophen zu verwechseln und von jedem der beiden wiederum den Umgang mit Problemen und Resultaten der Wissenschaft zu unterscheiden. Auch hier schärft erst der Unterschied den Blick für das jeweils Eigentümliche. In seinen diagnostischen Entlarvungen verfährt Nietzsche weitgehend psychologisch.[76] Doch die von ihm selbst positiv ins Feld geführten und an die Stelle der destruierten Auffassungen gesetzten Lehrstücke, insbesondere die Lehre der Willen-zur-Macht und der Ewige-Wiederkunfts- sowie der Interpretations-Gedanke, sind nicht psychologischen und auch nicht wissenschaftlich-gesetzlichen Charakters. Sie fallen mithin auch nicht unter die von philosophischer Seite zu Recht immer wieder herauszustellende Kritik sowohl am Psychologismus als auch am Szientismus. Vorgänge aber, die, obwohl weder psychologisch noch wissenschaftlich-gesetzlich, absolut notwendig sind, können als von *logischer* Natur qualifiziert werden.

In Nietzsches Philosophie findet eine *zweite* Überwindung der Entgegensetzungen des endlichen Sprach- und Verstandesdenkens statt. Anders aber als die erste, die Hegelsche, erfolgt sie nicht in die Bewegungen der reinen Denkbestimmungen und nicht in die Metaphysik des Einen Begriffs sowie ins System, sondern in die ‚große Vernunft des Leibes'. In solcher Rede wird die Leib-Organisation gleichsam als tatsächliche Vernunft, nicht nur als die des Selbstbewußtseins aufgefaßt. In ihrer Faktizität ist *diese* ‚Vernunft' ametaphysischer, ateleologischer und amoralischer Natur. Sie ist Verkörperung weder einer ‚wahren' noch einer ‚finalen' noch einer ‚gesollten' Welt. Die zweite Überwindung führt in den geschehens-logischen Interpretations-Zirkel. Dieser tritt an die Funktionsstelle spekulativen Vernunftdenkens und verändert darin diese Stelle selbst. Der letztlich entscheidende Punkt ist, daß ‚Wahrheit' nicht mehr vorausgesetzt wird. Und obwohl alle Realität innerhalb des Zirkels, außerhalb dessen nichts ist, liegt, ist dieser doch gerade nicht auf einen Abschluß im System aus. Die absolute Notwendigkeit der Geschehens-Relationen erlaubt nicht den Schluß auf eine dahinterstehende ‚Vernünftigkeit', auf eine Vernunft in der Sache.[77] Das wäre Teleologie und Rückfall ins metaphysi-

---

[76] Vgl. als Beispiel die Ausführungen zur ‚Psychologie der Metaphysik', KGW VIII, 1, 8 (2), S. 337f.

[77] Vgl. dazu später auch Kap. X: *Die ‚unvernünftige' Notwendigkeit der Welt.* Zu Hegels Verständnis der logischen Natur der Welt, vgl. Ders.: *Wissenschaft der Logik*, Ausg. G. Lasson, Bd. I, S. 16 und S. 34, wo Hegel das „tote Gebein" des bloß formellen Denkens von der Auffassung des Logischen ausdrücklich unterscheidet.

sche Denken. Die absolute Geschehens-Notwendigkeit widerstreitet nicht dem ametaphysischen Chaos-Charakter des Wirklichen. In dieser Perspektive ist Nietzsche von Hegel deutlich zu unterscheiden. Daneben gibt es natürlich eine Reihe weiterer Unterschiede, so etwa Nietzsches Vorbehalte gegen das Verfahren der seit Sokrates verbreiteten Dialektik, die dann in ihrer Hegelschen Version zwar einerseits die bedeutende Leistung vollbringt, die Einheit von Denken und Sein *als* Bewegung der Denkbestimmungen zu konzipieren und eben damit das alte metaphysisch-moralische Sein überwindet, andererseits aber immer noch emphatisch an der ‚Wahrheit' des Vernunftdenkens, an der ‚wahren Welt' des vernünftigen Denkens festhält. Doch die so gebotenen Abgrenzungen blockieren keineswegs die Möglichkeit, eine Verbindung zwischen Nietzsche und Hegel gerade auf derjenigen Ebene zu sehen, auf der die Struktur und die Funktion des Logischen anzusiedeln ist. Denn das für Hegels Absichten zwar zentrale Verständnis des Wirklichen, d. h. dessen, *was ist*, als Selbst-Bewegung des Einen metaphysischen Begriffs und der darin unverzichtbare Abschluß im System müssen in der Strukturkennzeichnung des Logischen noch nicht vorausgesetzt werden. Darüber hinaus ist unter diesem ersten der drei Punkte zur Stellung des Logischen auf zwei weitere Aspekte hinzuweisen, die mit dem Interpretations-Zirkel verbunden sind und ebenfalls eine gewisse Nähe zu Hegel aufweisen, ohne damit in spekulatives Denken zu führen.

Diejenige Verbindung zwischen Mensch und Welt, Subjekt und Objekt, die sich das philosophische Bewußtsein im subjektivitätstheoretischen Sinne qua Wahrnehmungs- und Verstandesfunktionen ganz und gar als seine, als die allein von ihm erbrachte Synthesis- oder doch zumindest als Spiegelungs-Leistung anrechnet und als Ausweis seiner Dignität betont, ist im und als Interpretations-Geschehen immer schon hergestellt. Dem entspricht, daß hinter die Subjekt-Objekt-Struktur der Grammatik des Urteils zurückzugehen ist. In der Grammatik des gewöhnlichen Satzes und des Urteils wird eine Unterscheidung nach Subjekt, Objekt und Kopula vorgenommen, und ebendies ist eine Sperre, den ursprünglich nicht-auftrennbaren und nicht-positivierbaren *Geschehens*charakter zu artikulieren und darzustellen. In dieser Struktur des Urteils und in der natürlichen Sprache haben sich Irrtümer des Verstandesdenkens sedimentiert. Diese treten jetzt mit dem Anspruch auf ontologische Priorität auf und wirken als Wahrheitskriterien. So wird gemeinhin von einem Vorrang z. B. der Einheit vor der Vielheit, der Universalia vor den Individualia, der Einzeldinge vor Ereignissen und Prozessen, der Identität vor dem Werden ausgegangen, und in der Sprache scheint dies, ebenso wie z. B. das Ursache-Wirkung- und das Subjekt-Objekt-Schema sowie die Teleologie, auf Schritt und Tritt bestätigt bzw. deren Zurückweisung schließlich doch wieder eingeholt zu werden. Die Form der ‚Wahrheit', deren sich das Sprach- und

Verstandessubjekt in diesem Horizont fundamentalistisch zu vergewissern trachtet, muß in Konsequenz von Nietzsches Denken destruiert bzw. in einen Prozeß immanenter Selbst-Überwindung überführt werden. Dies kann in einer gewissen Nähe zu Hegels Forderung gesehen werden, daß das Urteil und überhaupt der gewöhnliche Satz durch den spekulativen Satz „zerstört" werden müsse.[78]

Die folgenreiche Differenz zwischen Nietzsche und Hegel besteht freilich auch hier wiederum darin, daß die so geforderte Überwindung der Urteilsgrammatik bzw. der Rückgang in deren Grund in einer von Nietzsche her gewonnenen Perspektive nicht als Weg in spekulative Sätze und in ein spekulatives Vernunftdenken aufgefaßt werden kann. Vielmehr geht es um einen expliziten und den ursprünglichen Charakter des Interpretierens wiedergewinnenden Übergang in die Struktur des Interpretations-Zirkels, wie dieser für den Menschen vor allem als dasjenige Interpretations-Schema vorliegt, das er als Leib-Organisation *ist*. Die Grammatik des Leibes ist hier zentral. Doch unabhängig vom Rekurs auf die Leib-Matrix läßt sich zeigen, daß auch die Struktur des Urteils selbst in die Zirkularität des Interpretierens führt. Die Beantwortung der Frage, wie man denn bewußt denkend überhaupt hinter die Grammatik des Urteilens kommen und dies dann *sagen* könne, kann gerade beim Sprachcharakter des Urteilens ansetzen. Dessen vor allem in semantischer und pragmatischer Hinsicht wesentliche Unabgeschlossenheit und eo ipso interpretierende und interpretationsbedürftige Natur, die z. B. dazu führt, daß ein sprachlicher Ausdruck und mithin auch jeder von seinem sprachlichen Fundament nicht ablösbare Urteilsgehalt Bestimmtheit erst in seiner Interpretation erreicht, nötigt ebenfalls in die Interpretativität *als solche* und damit in den Interpretations-Zirkel.

Die in Hegels Logik auf der Ebene des Gedankens im Sinne des Denkens des Denkens anzutreffenden und dort charakteristischen Vorgänge der Selbst-Überwindung und Steigerung der Kategorien ‚an ihnen selbst' sind als Vorgänge mit kategorial-logischem Status auf die Ebene der ursprünglichen und alles Wirkliche ausmachenden Interpretations-und-Willen-zur-Macht-Prozesse zu verorten. Diese sind wesentlich vom Charakter des auslegenden Übergreifens und funktionalen Übermächtigens. Indem auch das Denken noch als etwas angesehen wird, das vom Leib-Geschehen nicht unabhängig ist, steht man von Nietzsche her nicht vor der Schwierigkeit des Übergangs von der Logik in die Realphilosophie, sondern eher umgekehrt vor dem Problem, vom Logos der Physis her nicht das Denken auf einen Naturalismus zu verkürzen. Doch das

---

[78] G. W. F. Hegel, *Phänomenologie*, Ausg. J. Hoffmeister, S. 51. Zur Sedimentierung der Verstandsirrtümer in der Sprache vgl. KGW VI, 2, *Zur Genealogie der Moral*, I, Aph. 13, S. 293. Vgl. auch oben Kap. V, 3, S. 125.

sich in einer solchen Überlegung erneut zu Wort meldende dualistische Schema ist auf der inzwischen erreichten Ebene des restlosen Ineinanders von Faktizität und Interpretativität bereits unterlaufen. Die Rede von der ‚logischen' Natur bezieht sich auf die interne und absolute Notwendigkeit *dieser* ursprünglichen Geschehens-Vollzüge.

Dieser Hintergrund ist in Nietzsches Rede von der ‚großen Vernunft des Leibes' einzubeziehen. Darin wird zum einen hinter die Grammatik des Urteils und hinter die ‚kleine' Vernunft des auf fundamentalistische Gewißheits-Begründung zielenden Selbstbewußtseins zurückgegangen. Zum anderen ist es der Leib-Zustand, der, als ästhetische Erfahrung, Entstehungsgrund jeder Art von Sprache und Zeichen ist[79] und als die in diesem Sinne umfassendere Organisation auch der Grammatik des Urteilens genealogisch vorausliegt. Die Leib-Organisation geht auch noch in die Vernunfttätigkeiten im engeren Sinne des bewußten Denkens mit ein. Dies ist nicht als ein Leib-Behaviourismus der Sprache und des Gedankens mißzuverstehen, und es schließt auch nicht aus, daß es Gedankenoperationen gibt, die ohne Begleitaktionen des Organismus stattfinden. Gedanken vollziehen sich notwendigerweise als in der Sprache zeichen-vermittelte und essentiell zeichen-interpretative Ereignisse. Aber die Hervorbringung, der Gebrauch und das Verständnis von Zeichen sind immer auch von der Leib-Organisation und von der Lebens-Welt abhängig. Zeichen sind ohne die Einbeziehung des Organismus kaum in ihren bedeutungstragenden Funktionen und Wirkungen zu erklären. Die Rede von der ‚großen Vernunft des Leibes' meint also auch hier keinen linearen oder irgend einen anderen Determinismus, keine monistische, sondern eine in sich gegliederte holistische Betrachtung. Hinzu tritt ein weiterer Aspekt.

Der dem Menschen von dem vielfältigen und fortwährenden Tätigsein der Leib-Organisation, die er ist, ins Bewußtsein tretende Ausschnitt, das *bewußt* werdende Denken, ist nur der „kleinste" Teil dieser Geschehensprozesse. Nietzsche geht hier, ganz wie etwa Leibniz, von der Kontinuität der Seinsbereiche und davon aus, daß diese bis in ihre entferntesten Regionen als Kräftetätigkeiten vieler ‚intelligenter' Wesen aufzufassen sind, die sich untereinander zwar gradmäßig, nicht jedoch prinzipiell unterscheiden. Bewußtheit ist daran gemessen eine späte und bereits voraussetzungsreiche Erscheinung. Der Mensch, wie jedes lebende Wesen, „denkt immerfort, aber weiss es nicht".[80] Anders formuliert heißt dies: die Interpretations-und-Willen-zur-Macht-Prozesse vollziehen sich fortwährend, aber das in Zeichen geschehende *bewußt*

---

[79] Vgl. KGW VIII, 3, 14 (119), S. 89; vgl. dazu oben Kap. II, 5, S. 77. Anm. 117. Zur Rede von der ‚großen Vernunft des Leibes' vgl. z. B. KGW VI, 1, *Zarathustra*, I (*Von den Verächtern des Leibes*), S. 35ff.; zur ‚kleinen' Vernunft vgl. auch unten Kap. VIII, 5, S. 315ff.

[80] KGW V, 2, *Die fröhliche Wissenschaft*, V, Aph. 354, S. 274. Vgl. dazu auch oben Kap. I, 4, S. 26ff.

werdende Denken ist nur ein begrenzter Ausschnitt, nur eine Oberfläche davon. Die Rede von ‚Vernunft' erstreckt sich auf diesen weiten Sinn des Interpretations-Geschehens. Der Interpretations-Zirkel tritt an die Stelle einer ‚Vernunft des Selbstbewußtseins' im Sinne des metaphysischen und des theoretischen Denkens. Diese Interpretations-‚Vernunft' ist freilich gerade keine, die als eine durchgängige und sich-gleich-bleibende Vernunft-in-der-Sache, als ein metaphysisch Gründendes hinter die Interpretationen gesetzt werden könnte. Sie ist bloß ein Wort für das faktisch-interpretative Willen-zur-Macht-Geschehen, in dessen Vollzügen es sich um Relationen absoluter Notwendigkeit handelt. Darin liegt eine gründliche Uminterpretation des alten Vernunftbegriffs. Vernunft wird *als* Interpretation gefaßt und *darin* in ihrem metaphysischen Sinne zerstört. Zugleich gehen die ihr vormals als spezifische Leistungen zuerkannten Komponenten jetzt an die Interpretations-Prozesse selbst über. Der Interpretations-Zirkel überwindet die Entgegensetzungen von Subjekt und Objekt, Mentalem und Physikalischem, Psychologie und Wissenschaft. Er hat seinen Ort auf der solchen Auftrennungen immer schon vorausliegenden Ebene und ist ebendarin, in Verbindung mit dem Gesichtspunkt der absoluten Geschehens-Notwendigkeit, vom Charakter des Logischen. Das leitet über zu den beiden weiteren Aspekten einer näheren Kennzeichnung des hier auf den Interpretations-Zirkel angewendeten Vollbegriffs des Logischen.

Zweitens (2) ist das Von-sich-aus, die Inwendigkeit des Vollzugs und die Internität der Relationen innerhalb sowie zwischen den Willen-zur-Macht-Organisationen herauszustellen. Die Notwendigkeit jeden Geschehens, daß es so geschieht, wie es geschieht, beruht darauf, daß sich das relationale Kräftegeschehen gänzlich endogen, als interner Vollzug und ohne einen Vermittler, ohne ein Drittes vollzieht. Diese Vorgänge sind ein Wollen *und zugleich* ein Müssen, d. h. die jeweilige Relation steht weder unter dem Zwang eines ‚Gesetzes' noch gibt es hier eine Freiheit des Nicht-Eingehen-Wollen/Könnens oder eine Adiaphorie. Letzteres als möglich denken hieße, das Geschehen selbst stillstellen. Diese Relationen können mithin nicht auch nicht sein. In der Rede vom Logischen sind Beziehungen genau solcher Art gemeint.

Drittens (3) ist zu betonen, daß die Interpretations-und-Willen-zur-Macht-Vorgänge insofern als Geschehens-*Logik* angesprochen werden können, als damit jene fundamentalen und nicht noch einmal hintergehbaren, auf keine Weise operational herstellbaren und nicht sollens-theoretisch aufzufassenden Vorgänge gemeint sind, in deren konstituierendem Vollzug sich *etwas* überhaupt erst *als* Etwas zu bedeuten gibt, Welt, Wirklichkeit und Sinn überhaupt erst zu dem werden, was und wie sie dann als scheinbar fest-stehende Tatsachen, Sachverhalte und Bedeutungen für das interpretierende und interpretierte Wesen Mensch sind. Von diesen Vollzügen gilt, daß in ihnen das Interpretierende die Grenze dessen, was ihm als Welt, Wirklichkeit und Sinn gilt, nicht im Sinne einer Sprach- und Verstandesleistung setzt, sondern selbst *ist*. Das ist der entscheidende Punkt. *Dies* vor allem anderen macht die ‚logische' Natur des Interpretations-Zirkels aus. Unabhängig von dessen nicht-hintergehbarem, nicht-distanzierbarem und in den letzten Wurzeln seiner Geltung verborgenem Rahmen und Vollzug könnte ‚Realität' gar nicht als solche aufgefaßt werden, wäre sie vielmehr nicht-seiend, – nichts. Die Interpretation ist *vor* jeder *So-und-so*-Erfahrung, und ebendies macht ihre ‚logische' Natur aus. In dieser *Vor*-Struktur der Erfahrung geht es um die Ebene dessen, was als *kategoriale* Logik zu qualifizieren ist. Diese zeichnet sich nicht nur durch formale Konsistenz, sondern auch dadurch aus, daß sie sich zugleich auf die empirische Gültigkeit, d. h. auf diejenigen Strukturen und Bedingungen erstreckt, die die Erfahrungswelt ihrerseits erfüllen muß, damit man von ihr überhaupt eine So-und-so-Erfahrung haben *kann*.

In dieser Struktur liegt auch der Grund dafür, daß eine Änderung der Interpretation und des in seiner Zeit als Interpretations-Norm herrschenden und darin den Epochencharakter bestimmenden Gedankens nicht nur die Veränderung einer inneren Perspektive, sondern eine – und hier unterscheiden sich Philosophie und Psychologie grundlegend – Änderung der Welt selbst ist. Diese *logische* Einheit des Selbst-und-Welt-Verständnisses kann auch so ausgedrückt werden, daß, nimmt man eine heuristische Unterscheidung der beiden Komponenten vor, diese unaufhebbar ko-relativ und ko-variant sind. Diese Ebene *kann* von der Psychologie nicht erreicht werden. Nietzsche hat ein Gespür für die hier gebotene Einschränkung des Anspruchs der Psychologie. Psychologie *kann* nicht Grundlage der Philosophie sein, da ihre Thematisierungen die ursprünglich-einheitliche Ebene des Welt-und-Selbst-Verständnisses/Verhältnisses nicht erreichen. Solcher Beschränkung der Psychologie korrespondiert nach der anderen Seite diejenige der wissenschaftlich-gesetzlichen Erklärung. Der hinter beide zurückgehende interpretations-logische Fundamentalsatz lautet: Die Grenzen der Interpretation *sind* die Grenzen der Welt. So ist von Nietzsche her das bekannte Diktum Wittgensteins[81] zu erweitern und zu reformulieren. Welt, Wirklichkeit und Sinn *sind* nur *in und als* Interpretation. Realität ist eine interne Funktion des Interpretations-Schemas, das, obwohl in den Weisen seines Gebrauchs seinerseits nichts zeitlos Unveränderliches, nichts Feststehendes und nichts Abgeschlossenes, nicht abgeworfen bzw. nicht im Sinne eines objektiven Standpunktes hintergangen werden *kann*. Es ist auch nicht möglich, die Bedeutungen der verwendeten Zeichen und Symbole von den Funktionsweisen des Schemas abzulösen. Eine Bedeutungslehre des Interpretations-Schemas wäre im einzelnen nicht nur ohne ein

---

[81] L. Wittgenstein, *Tractatus*, Nr. 5.6, in: *Schriften*, Bd. I, S. 64: „*Die Grenzen meiner Sprache* bedeuten die Grenzen meiner Welt."

objektives und metaphysisches Ansich, sondern konsequenterweise auch als eine Semantik ohne Referenz zu entwickeln.

Wichtig sind jedoch nicht nur die Unterschiede gegenüber Psychologie und Wissenschaft. Mit gleichem Nachdruck ist zu betonen, daß der geschehens-logische Interpretations-Zirkel nicht auf den Zirkel des hermeneutischen Bewußtseins, auch nicht auf den existenzphilosophischen Verstehens-Zirkel reduziert werden darf, und daß der Vollbegriff des Logischen keineswegs in der Hermeneutik seine Aufhebung findet. Die Entwicklung der philosophischen Hermeneutik sowie die Herausarbeitung der hermeneutischen Erfahrung am Leitfaden der Geschichtlichkeit des Verstehens, und damit die Befreiung des Verstehens aus dem Bannkreis des Objektivitätsbegriffs der Wissenschaft zu sich selbst, ist zweifelsohne von grundlegender Bedeutung für die gegenwärtige Situation des Philosophierens. Aber dies bedeutet keineswegs, daß damit auch das Logische, die philosophische Logik in Hermeneutik übergegangen ist.[82] Eine solche Reduktion des Logischen auf Hermeneutik wäre gleichsam das Gegenstück zu jenem anderen Kurzschluß, der darin besteht, Philosophie mit neuzeitlicher Wissenschaft, Methodologie und Wissenschaftstheorie gleichzusetzen, und die Notwendigkeit des Logischen, welches nicht

---

[82] Dieser Ansicht ist offensichtlich H.-G. Gadamer, und auch M. Heidegger. Vgl. H.-G. Gadamer, *Das Erbe Hegels,* in: H.-G. Gadamer/J. Habermas, *Das Erbe Hegels,* Frankfurt/M. 1979, S. 77: „Dialektik muß sich in Hermeneutik zurücknehmen". (Vgl. S. 35–84 zum Verhältnis der philosophischen Hermeneutik zu Hegel, mit durchgehender Bezugnahme auf Heidegger). Heidegger sieht darin einen produktiven Weg zur „Verwindung" der Dialektik (a. a. O., S. 90, Anm. 9, Brief an Gadamer vom 29. 2. 1972). Dies schließt Hegels dialektische Logik und die dieser zugrunde liegende Auffassung des Logischen ein. Gadamer betont (S. 77), daß sich das Verhältnis des zitierten Satzes nicht umkehren lasse. Auf dem als die „hermeneutische Grunderfahrung" gedachten Thema der „Konkretisierung des Allgemeinen" (S. 56) beruhe die „Universalität" (S. 57) der Hermeneutik, die damit von der Kunstlehre des Verstehens zur Philosophie überhaupt aufgestiegen sei.
Während dies bei Gadamer prinzipiell an die Dialogstruktur der Sprache gebunden ist, hatte Heidegger in *Sein und Zeit* ([1]1927) eine Hermeneutik der ‚Faktizität' des menschlichen Daseins vorgeschlagen, d. h. die Grundverfassung des menschlichen Daseins in seiner ‚Geworfenheit' (S. 181: „Das Dasein existiert faktisch") als hermeneutisch bestimmt. Wenngleich Heidegger nach seiner sogenannten ‚Kehre' den Begriff der Hermeneutik zu vermeiden sucht (da er darin noch transzendentalphilosophische Implikationen nach Art der Bewußtseinsphilosophie sieht), und wenngleich die Stellung der Heideggerschen Philosophie zu derjenigen Hegels ein vielschichtiges Problem ist (vgl. etwa auch den Brief Heideggers vom 2. 12. 1971 an Gadamer, in: Gadamer/Habermas, a. a. O., S. 89, Anm. 3), so ist doch deutlich herauszustellen, daß weder die Gadamersche und auch nicht die Heideggersche Hermeneutik als Aufhebung oder Überwindung weder des Logischen noch der Philosophie Hegels angesehen werden kann. – Zur Abgrenzung in Sachen Zirkelstruktur vgl. unten S. 174 und Anm. 85.
Angesichts der hohen Bedeutung, die Nietzsche für Heideggers eigene Entwicklung vor allem nach *Sein und Zeit* hat, verdient die Bemerkung des späten Heidegger (Brief an Gadamer, a. a. O.) Beachtung: „Immer wieder habe ich mich gegen die Rede vom ‚Zusammenbruch' des Hegelschen Systems gewendet. Zusammengebrochen, das heißt herabgesunken ist, was folgt – Nietzsche mit einbezogen."

als etwas Fest-Stehendes und Abgeschlossenes, sondern als eine essentiell ‚flüssige' Tätigkeit aufzufassen ist, mit der Objektivitätsvorstellung der Wissenschaft sowie einer bloß formellen Notwendigkeit im Sinne der logischen Urteilsfunktionen zu identifizieren. Darin besteht auch die Grenze sowohl einer begrifflich-objektiven als auch einer hermeneutischen Nietzsche-Interpretation.[83]

---

[83] Letzteres ist gegenüber der Studie von J. Figl, *Interpretation als philosophisches Prinzip*, 1982, deutlich herauszustellen. Figl möchte in Nietzsches Interpretationsgedanke eine universale hermeneutische Theorie sehen, in der von Nietzsche ein „hermeneutischer Entwurf der Ontologie" (S. 41; vgl. 79, 82) geliefert werde.
Demgegenüber ist zunächst darauf hinzuweisen, daß der für alle Hermeneutik kennzeichnende Vorrang des *Heraus*legens vor dem *Hinein*legen Nietzsche zufolge gerade weder für die interpretativen Geschehensvollzüge selbst noch für ein zukünftiges Philosophieren charakteristisch sein *kann*. Darüber hinaus tritt schlagartig zutage, daß es sich bei Nietzsche nicht um ‚philosophische Hermeneutik' handelt, sobald man die Konsequenz betrachtet, die Figl aus dem Umstand zieht, daß jedes auslegungsbedürftige Zeichen und Interpretieren seinerseits Symptom eines Auslegungsgeschehens ist. Daraus folge, so Figl, daß „die hermeneutische Theorie Nietzsches in einem äußerst starken Ausmaß problematisch erscheinen (muß)" (S. 173). Dies sei deshalb der Fall, weil damit die Möglichkeit verschwinde, daß sich das Verstandene „in seiner ihm eigenen Gestalt zeigen kann", eine „Autonomie des zu verstehenden Objekts verhindert" und eine „Gegenstandserkenntnis" ausgeschlossen werde (S. 173). Doch ganz entgegen der Ansicht Figls liegt darin gerade nicht das Problematische einer hermeneutischen Theorie Nietzsches, sondern vielmehr dies, daß es sich in Nietzsches Interpretations-Gedanke gar nicht um philosophische Hermeneutik und auch nicht um einen hermeneutischen Entwurf der Ontologie handelt. Es geht vielmehr um das weit grundlegendere Interpretations-*Geschehen*, wie dieses sich von *jedem* der vielen und vielheitlichen Willen-zur-Macht-Zentren, nicht nur vom auslegenden und verstehenden Menschen aus, als Prozesse fortwährenden Übergreifens von Machtkomplexen über andere Machtkomplexe vollzieht. Wenn Figl bei Nietzsche das Ausgelegtsein des Auslegens selbst und seines Mediums als problematisch ansehen möchte, so beraubt er Nietzsches Interpretationsgedanke seiner eigentlichen, gerade auch gegen die Möglichkeit von Ontologie überhaupt gerichteten Sprengkraft und führt ihn in das vergleichsweise ruhige Fahrwasser der philosophischen Hermeneutik zurück.
Neben einer Verkennung der interpretations-logischen Priorität der ursprünglichen Aktivität des Interpretierens vor jeder vernehmend-auslegenden Komponente liegt der Hauptmangel darin, daß ‚Interpretation' als ein bloß zwei-stelliges, unter Einschluß einer übergreifenden Zusammengehörigkeit von Subjekt und Objekt des Verstehens höchstens drei-stelliges Geschehen angesetzt wird. Demgegenüber kommt es darauf an, den Interpretations-Zirkel, in dem sich auch das interpretierende Wesen Mensch immer schon bewegt, in seiner Fünf-Stelligkeit (vgl. dazu die Ausführungen oben im Text S. 173f.) aufzuweisen und diese einzuholen. Der dem als Fundamentalvorgang (nicht nur als hermeneutische Erfahrung oder als hermeneutischer Entwurf) aufzufassenden Interpretieren eigentümliche *Geschehens*charakter, d. h. der Umstand, daß das Interpretieren selbst Dasein hat, sowie Intension und Umfänglichkeit des Interpretationsbegriffs (der sogar für die Analytizität der Urteilsgehalte und für das organische, selbst für das anorganische Seiende angenommen wird), seine destruierende Kraft sowie sein wirklichkeits-konstitutiver positiver Sinn sind noch gar nicht erreicht, wenn, in Orientierung an Gadamers Vorstellung eines Wirkungszusammenhangs zwischen Subjekt und Objekt des Verstehens, Nietzsches Interpretationsgedanke daran gemessen werden soll, ob er (vgl. Figl, S. 174f.), wie die traditionelle Hermeneutik und auch die Semiotik, einen Objekt-, Erkenntnis- und Wahrheitsbezug in dem Sinne aufweist, daß zwischen ‚signum et res' ein „Wahrheitszusammenhang" angenommen wird. Bereits eine solche Forderung bleibt, wenn auch hermeneutisch gewendet, ontologischen und bewußtseins-, erkenntnis- und korrespon-

Die Radikalität des Interpretationsgedankens bleibt solange verborgen, wie zwischen ‚Interpretation' und ‚Geschehen' eine wie subtil auch immer geartete Differenz angenommen bzw. gesetzt und mit unterschiedlichen Vorzeichen zum Ausgangspunkt der Wirklichkeitsbestimmung gemacht wird. Dies erfolgt dann entweder als metaphysischer Realismus/Naturalismus oder als Subjektivismus und subjektivitätstheoretisch-transzendentalphilosophische Einstellung, oder als Unterschied von Verstehens-Subjekt und Verstehens-Objekt, oder als Differenz zwischen Seiendem und Sein, sei diese nun auf der Ebene des Universalienproblems im Zusammenhang des Realitätsbegriffs oder als ontisch-ontologische Differenz im Sinne Heideggers aufgefaßt. ‚Interpretation' und ‚Geschehen' werden in all diesen Sichtweisen noch nicht in ihrem vollständigen Ineinanderstehen erfaßt, in welchem das eine nicht ohne das andere ist und auch nicht sein *kann*. ‚Interpretation' ist eine interne Eigenschaft jeden Geschehens selbst. Geschehen kann nicht nicht-interpretativ sein. Damit wäre es negiert. Jeder auf der Ebene der Grammatik des Satzes und Urteils, überhaupt auf der Ebene der sprach- und verstandesmäßigen Darstellung kaum zu vermeidende Eindruck der Dualität beider darf gerade nicht als ein Dualismus in der Sache, gar als eine an der linearen Zeitvorstellung des Verstandesdenkens orientierte Aufeinanderfolge oder nach dem Muster von Substanz und Akzidens, von Träger und Eigenschaft mißverstanden werden. Die Überwindung solcher, freilich fest im Denkschema selbst eingenisteter Vorstellungen führt vor die ursprüngliche Ebene der Interpretations-und-Willen-zur-Macht-Prozesse, die sich als das Mit- und Gegeneinander-Wirken der vielen Interpretations-und-Macht-Logoi vollziehen. Und diese Vorgänge können, da sie sich in dem dargelegten Sinne durch absolute Notwendigkeit, Internität und Grenze-sein auszeichnen, als von ‚logischer' Natur qualifiziert werden.

Dieses Logische ist jedoch nicht mehr im Sinne irgendeines Ansich und des metaphysischen Denkens aufzufassen. Es *ist* nur *als* Interpretation. Die Idee einer objektiven Wahrheit wird hier als für die tatsächlichen Vollzüge irrelevant zurückgelassen, und auch für das vernünftige Denken wird keine

denztheoretischen Einstellungen verhaftet, hinter die Nietzsches Interpretationsgedanke gerade zurückgeht. Und was das Verhältnis von ‚signum et res' selbst betrifft, so gehört Nietzsche ganz auf die Seite des modernen, vor allem vom späten Wittgenstein herausgearbeiteten Verständnisses des signum. Zeichen sind keine Stellvertreter von Sachen und sie repräsentieren nicht im Sinne einer Wiedergabe von Sachen, sondern die Bezugnahme ist wesentlich Denotation. *Darin* ist die alte Adäquatheits-Idee überwunden. Darüber hinaus zerstört der Interpretationsgedanke auch noch das ‚hermeneutische' Schema von Subjekt und Objekt des Verstehens bzw. von Träger des Verstehens und Verstandenem, und dies alles, *ohne* weder in eine objektive noch in eine subjekttheoretische bzw. mentalistische noch in eine hermeneutische Ontologie zu verfallen. Dieser Interpretationsgedanke ist *geschehens-logischer*, nicht hermeneutischer Natur.

‚Wahrheit' mehr vorausgesetzt. Was schließlich die aus den Grundvorgängen des Interpretierens hervorgehenden Fakten, Sachverhalte und Bedeutungen angeht, mit denen das naive Weltverständnis unmittelbar-gewissen Umgang zu haben scheint, so handelt es sich dabei nicht in einem positivistischen, wohl aber im wörtlichsten Sinne um *Tat*-sachen, um konkreszierte Ergebnisse von Interpretations-und-Übermächtigungs-Prozessen. Das Faktum ist spätes Derivat, und es kann auch nicht in irgendeinem Sinne als Beweisgrund für eine Vernunft im Wirklichen herangezogen werden. Daß es Fakten gibt, ist seinerseits kein Faktum, sondern *muß* Interpretation sein. Dieser Aspekt leitet von der Kennzeichnung des Interpretations-Zirkels als ‚geschehens-logisch' wieder in die Zirkelhaftigkeit selbst über bzw. zurück.

Es gibt kein Ansich der Dinge, sondern nur interpretierende und interpretierte Prozesse der Fest-stellung. Dies bedeutet nicht, daß es Wirklichkeit nicht gibt, Interpretieren also Phantasieren wäre. Aber das Etwas, das als Wirklichkeit erscheint und angesprochen wird, ist nicht etwas im ontologischen Sinne *Gegebenes* und nicht als sich-gleich-bleibender Bestand dessen, *was ist*, fixierbar. Wirklichkeiten sind immer ***konstruierte*** Wirklichkeiten. Es handelt sich um Produktion, nicht um Wiedergabe oder Spiegelung. In diesen konstruierenden Interpretationsprozessen werden die einzelnen Interpretierenden auch ihrerseits immer schon sowohl von derjenigen vielheitlichen Organisation, deren Regentschaft sie sind, als auch von dem, worauf und von dem Medium, worin sie sich beziehen, interpretiert. Die Interpretierenden sind in dem ihrem subjektiven Empfinden nach eher als absolute Initiativen mißverstandenen Interpretieren bereits durch dasjenige Geschehen, dessen relativ geeinigter Ausdruck sie sind, präformiert, allerdings nicht gesetzmäßig festgelegt.

Der Interpretations-Zirkel gilt von *jedem* Kraftzentrum aus, nicht nur vom Menschen. Der Mensch ist eine im Vergleich zu den Vorgängen im Bereich des Anorganischen und des Organischen stark spezifizierte, besonders ‚flüssige' Ausgestaltung solchen Interpretationsgeschehens. Von ihm her gehen in den Zirkel zugleich existenzielle und operationale Momente ein. Die ihrerseits Interpretierten richten sich interpretierend auf anderes Seiendes, welches seinerseits nicht bloß diffus gegebenes Rohmaterial, sondern vom Charakter des Willen-zur-Macht, mithin der Organisation und der Interpretation ist. Von daher ist der Interpretations-Zirkel nicht bloß zwei-, sondern in sich selbst zurück- und vor-laufend *fünf-stellig*. Es gibt ein Interpretationsgeschehen, von dem der Interpretierende bereits interpretiert ist, wenn und indem er sich interpretierend auf anderes Seiendes bezieht, welches, seinerseits Interpretierendes und Interpretiertes, auch ihn wiederum interpretiert. In diesem Sinne ist von dem *vollständigen Ineinanderstehen von Faktizität und Interpretation* auszugehen. Vom Interpretations-Zirkel gilt, daß aus ihm und in ihm alles, was ist, wird. Er selbst aber hat weder einen Anfang noch ein Ende, gar ein Endziel. Es gibt in ihm kein Erstes und kein Letztes, keine Teleologie oder Entelechie, die den Zirkel etwa zur Spirale im Sinne der Philosophie des Deutschen Idealismus, etwa in Hegels „Kreis von Kreisen“[84] überführen könnte. Was der Zirkel erzeugt, treibt den Zirkel wieder hervor. Dabei gilt durchgängig und von jedem Kraftzentrum aus der Vorrang des aktiven *Hineins*teckens vor dem ‚hermeneutischen‘ *Heraus*legen bzw. dem ‚wissenschaftlichen‘ *Wieder*finden. Zugleich geht das Verständnis dieses Zirkels als einer fünf-stelligen Struktur über andere, zumeist nur zwei-stellige Bestimmungen der Zirkelhaftigkeit des Auslegens hinaus.[85]

Doch ist der Zirkel des Interpretierens nicht einfach ein Zirkel, in dem Subjekte in ihren Objekten das wiederfinden, was sie zuvor hineingesteckt haben. Das Interpretieren darf auch nicht in einen Interpreten als Urheber bzw. Täter der Interpretation, in die Interpretation selbst, in das Interpretandum und in eine Wirkung des Interpretationsvorgangs gevierteilt werden. Damit wäre sein Ereignis-Charakter in gleicher Weise zerstört wie der Geschehenscharakter der Kräfte bei Anwendung der Atomistik und des Ursache-Wirkung-Modells. Entscheidend ist vielmehr, sich auch hier wiederum in die Perspektive nicht von Einzelsubjekten und Dingen im Sinne materieller Körper, sondern *intern* aufeinander, mit und gegeneinander wirkender *Geschehens-*

---

[84] G. W. F. Hegel, *Enzyklopädie der philosophischen Wissenschaften*, § 15; vgl. Ders.: *Wissenschaft der Logik*, Bd. II, S. 504.

[85] Dies ist zunächst gegenüber dem subjektivitäts- und prinzipientheoretischen, gegenstandskonstituierenden Zirkel im Sinne der *Transzendentalphilosophie* Kantischer Prägung der Fall. I. Kant, *Kritik der reinen Vernunft*, A 125f.: „Die Ordnung und Regelmäßigkeit also an den Erscheinungen, die wir *Natur* nennen, bringen wir selbst hinein, und würden sie auch nicht darin finden können, hätten wir sie nicht, oder die Natur unseres Gemüts ursprünglich hineingelegt (...) und wären diese subjektiven Bedingungen nicht zugleich objektiv gültig, indem sie die Gründe der Möglichkeit sind, überhaupt ein Objekt in der Erfahrung zu erkennen.“
Es gilt sodann auch in bezug auf den hermeneutischen Zirkel als *Sinnverstehen tradierter Gehalte* in den historisch-hermeneutischen Wissenschaften auf dem Wege einer Aufhellung des für das Verstehen konstitutiven ‚Vorverständnisses‘ und darin der Anwendung des zu erfassenden Tradierten auf die eigene Situation (Vgl. H.-G. Gadamer, *Wahrheit und Methode*, Tübingen ^{2}1965, S. 250–360).
Und es trifft schließlich auch auf den von Heidegger in *fundamental-ontologischer* Absicht aufgedeckten *Verstehens-Zirkel* zu, der „Ausdruck der existenzialen *Vor-struktur* des Daseins selbst“ ist (*Sein und Zeit*, S. 153). Verstehen wird von Heidegger aus der Struktur des Existierens bestimmt. ‚Existierend‘ entwirft das menschliche Dasein „als Verstehen sein Sein auf Möglichkeiten“ (a.a.O., S. 148), und in diesem ‚Entwurf‘ eigner Möglichkeiten versteht der Mensch nicht nur sich selbst, sondern darin ist zugleich Welt „mitverstanden und umgekehrt“ (S. 152). Alle Auslegung, in der sich das Verstehen sein Verstandenes aneignet, muß, soll sie Verständnis beibringen, „schon das Auszulegende verstanden haben“ (ebenda; vgl. §§ 31 und 32). – Zu Heideggers Verständnis von ‚Realität‘ und den damit verbundenen Grenzen einer Übertragung des Konzepts des ‚In-der-Welt-seins‘ in den Zusammenhang von Nietzsches Wiederkunftslehre vgl. unten Kap. VIII, 2, S. 264ff.

komplexe zu stellen. Das ist der entscheidende Wendepunkt. Gefordert ist der Übergang vom Ding-, Substanz- und Subjekt-Schema ins Ereignis-Schema. Dieser kann nicht als eine Transformation jeweils einzelner Perspektiven erfolgen. Der Übergang muß vielmehr holistischer Natur sein. Er betrifft nicht nur einzelne Interpretationen, sondern die Optik, das zugrunde liegende Schema selbst. Es geht um den Übergang von der Externität der Relationen zur vollständigen Internität der Betrachtungsweise der Geschehensvollzüge selbst. Wenn schließlich in der Perspektive von Nietzsches Philosophie auch jedes ‚Wissen' als ein wertschätzend-dafürhaltendes ‚Glauben' und darin als ‚Interpretation' aufzufassen ist, dann muß *Philosophie Inwendigkeit des Interpretierens* sein. Darin besteht Nietzsches Vermächtnis und seine philosophische Aktualität.

Auf der Ebene des Interpretations-Geschehens werden auch Verwandtschaft sowie Unterschied zwischen Nietzsche und dem *philosophischen Pragmatismus* Peircescher Provenienz deutlich. Für den Pragmatisten grundlegend, von Nietzsche her jedoch nicht nachvollziehbar sind vor allem zwei Aspekte. Der pragmatistische Begriff der ‚Realität' drückt in Anknüpfung an die diesbezügliche scholastische Bestimmung eine an-sich-seiende Beschaffenheit der Dinge aus. Sodann ist der Pragmatismus nicht als ein durchgehender Phänomenalismus, sondern vielmehr durch das Bemühen gekennzeichnet, den „rationalen Bedeutungsgehalt"[86] von Worten, Sätzen und Ideen zu definieren. Doch gibt es andererseits eine Reihe von Aspekten, die es erlauben, Nietzsches Auffassung mit der des Pragmatismus in Verbindung zu bringen. Zu nennen sind etwa die folgenden Gesichtspunkte.

In allen Vorgängen ist der relationale Vollzug das entscheidende Moment. Der Akzent liegt also von vornherein auf dem Handlungscharakter. Sinn und Bedeutung werden als Handlung und damit als Verhaltensweisen bestimmt. Jeder theoretische Sinn ist durch eine Praxis hergestellt. Und der Sinn einer Interpretation ist selbst eine Interpretation. Dieses Interpretieren ist nicht unabhängig von einem Phänomenalismus. Die Bedeutung einer Interpretation hat zukünftigen Charakter und ist daran gebunden, daß und wie sie auf das menschliche Verhalten anwendbar ist und einwirkt. Außerdem gibt es im wirklichen Geschehen keine Isolierung der einzelnen Interpretationsstellen. Vielmehr nötigt jedes Moment des oben aufgezeigten fünf-stelligen Interpretations-Zirkels in das unauftrennbare Ineinander der anderen Interpretations-Relationen. Diese Aspekte machen deutlich, daß für Nietzsches Denken die pragmatische Dimension wesentlich ist. Freilich darf sie, wie leicht ersichtlich,

---

[86] Ch. S. Peirce, *Was heißt Pragmatismus*, (1905), in: *Schriften*, hg. von K.-O. Apel, S. 443 und 446. Das in dieser Abhandlung (a. a. O., S. 427–453) formulierte Selbstverständnis des Peirceschen Pragmatismus belegt jeden der im folgenden Abschnitt angeführten Gesichtspunkte.

gerade auch im Blick auf Nietzsche *nicht* einfach auf eine vordergründige Lebens-Nützlichkeit reduziert und als Nutzen-Lehre mißverstanden werden.

Ist Interpretation Fundamentalvorgang, dann betrifft der Interpretations-Zirkel die gemeinsame Wurzel von Physik, Logik als logikē technē, Ästhetik und Ethik. Dies bedeutet auch, daß es auf der Ebene des Interpretations-Zirkels zwischen begrifflich-wissenschaftlicher Erkenntnis und ästhetischer Erfahrung keine prinzipiellen, sondern nur mehr noch solche Unterschiede gibt, die in grad- und richtungsmäßig voneinander abweichenden Gewichtungen bestimmter Komponenten bestehen. Es handelt sich um Unterschiede der Strategien des Interpretierens und der dazu verwendeten Mittel und Vokabulare der Darstellung, nicht aber um alternative, fundamental getrennte Interpretations-Systeme. Das Wesen des Interpretierens als solchen ist ungeteilt. Innerhalb des zugrunde liegenden Schemas kann zwischen unterschiedlichen Vokabularen gewählt werden. Aber das Schema selbst ist weder ein Gegenstand der Wahl noch kann man aus ihm herausspringen. Man kann einzelne Perspektiven verlassen und ebendadurch in neue eintreten, aber man kann nicht das Interpretieren verlassen. Der Wechsel der Perspektiven erfolgt immer schon innerhalb der Interpretativität als solcher. Einen interpretationsfreien transzendentalen Standpunkt *kann* es nicht geben. Auch er wäre ipso facto eine Perspektive. Auf diese Grundstruktur bezogen läßt sich die Idee einer prinzipiellen Kluft zwischen wissenschaftlicher Erkenntnis und Ästhetik nicht mehr aufrechterhalten.

Eine solche Konsequenz deutete sich bereits auch darin an, daß ‚Wissen' letztlich als ein ‚dafürhaltendes, wertschätzendes Glauben', als ‚Interpretation' aufgefaßt werden mußte.[87] Wie zwischen Wissen und Glauben, so besteht auch zwischen der kognitiven und der ästhetischen Erfahrung keine unüberbrückbare Lücke. Im Interpretations-Zirkel können Wissenschaft und Kunst nicht mehr als zwei grundsätzlich getrennte Sphären angesehen werden, von denen die eine, die Erkenntnis, als wahrheitsfähig, die andere dagegen, die Kunst, eher als ein subjektives Meinen und als existenzielle Expression aufgefaßt wird. Abgesehen davon, daß es im Interpretations-Zirkel eine objektive Wahrheit, eine absolute Instanz und ein zeitloses Wahrsein, in bezug auf das die beiden Verhaltens- und Verständnisweisen dann zu unterscheiden wären, gar nicht mehr geben *kann*, fällt dieser Unterschied, wird er auf dem Boden der zugrunde liegenden Interpretativität als solcher betrachtet, auch in sich selbst zusammen. Dies schließt natürlich nicht aus, daß der eine dieser, der andere jener Einstellung den Vorzug, daß es innerhalb des Zirkels unterschiedliche Relevanzen gibt, und daß in einem zweiten Schritt dann sehr wohl Unterschiede z. B. der Verfahrensweise gesetzt werden. Welche Komponente je-

[87] Vgl. oben Kap. VI, 3.

weils im Vordergrund steht, für das Welt-und-Selbst-Verständnis leitend wirkt und darin ihre Zeit hat, d. h. herrschende, gar epochenbestimmende Interpretation ist, hängt von Bedingungen, die ihrerseits alle innerhalb des Interpretations-Zirkels zuhause sind, mithin seinerseits von der Interpretation ab.

Wenn Nietzsches Diagnose zutrifft, daß seit den Griechen eine Dominanz des ‚theoretischen Menschen', des sich als interpretationsfrei ausgebenden Vernunftdenkens zu verzeichnen ist, dann kann nicht verwundern, daß sich die Vorstellung einer Kluft zwischen dem Erkenntnisdenken und dem Ästhetischen ausgebildet und auch festgesetzt hat. In dem gleichen Maße jedoch wie sich das Ideal der interpretationsfreien theoretischen Erkenntnis selbst-destruierend seines eigenen interpretativen Charakters innewird, mithin die Idee eines vorurteilsfreien und a-perspektivischen Standpunktes bzw. die Hoffnung, aus dem Zirkel heraustreten und einer objektiven Wahrheit ansichtig werden zu können, aufgegeben, und zwar gerade als die äußerste, wahrhaftige Schlußfolgerung des wahrheits-objektiven Erkenntnispathos selbst aufgegeben werden muß, verschwindet auch der Unterschied zwischen dem Kognitiven und dem Ästhetischen. Zugleich gewinnt letzteres an Gewicht. Theoretische Erkenntnis ist selbst eine Kunst, *eine*, nicht *die* Interpretation. Zunächst also ist festzuhalten, daß auf dem Boden des Interpretations-Zirkels Erkenntnis und Ästhetik nicht mehr gegeneinander ausgespielt werden können. In jedem sind Momente des anderen enthalten, und beide sind Weisen des Interpretierens *innerhalb* der Struktur des Interpretations-Zirkels. Gleichwohl ist sodann die besondere Bedeutung des Ästhetischen zu betonen. Dies wurde bereits in den Erörterungen zu Nietzsches Kunstauffassung deutlich, wo die ästhetische Erfahrung von einem bloß psychologischen Zustand abgegrenzt, auf die Verbindung von Ästhetik und Logik hingewiesen und die ‚große Vernunft des Leibes' als von ästheto-logischer Natur qualifiziert wurde.[88] Diese Aspekte sind jetzt auch im Hinblick auf den Interpretations-Zirkel zu unterstreichen.

Die künstlerische Aktivität, in jenem Vollbegriff verstanden, wie dieser sich für Nietzsche deutlich von der modernen Artistik, vom l'art pour l'art und von der Funktion des ‚schönen Scheins' unterscheidet, geht in diejenige Interpretations-*Grenze* ein, *als* deren Vollzug Wirklichkeit bzw. Sinn die *So-und-so*-Wirklichkeit bzw. der *So-und-So*-Sinn ist. Dies macht ihren ‚logischen' Charakter aus. Umgekehrt gewinnt darin auch die Struktur des Logischen eine ästhetische Dimension. Zudem handelt es sich in den einzelnen Vollzügen des Zirkels fortwährend um wechselseitige Interpretationen von Zeichen, und dies sind eo ipso Vorgänge ästhetischen Charakters im engeren Sinne. Im Grunde sind dies von Nietzsche her gedacht Prozesse einer *vor* dem begrifflichen Denken wirksamen Metaphernbildung. Metaphorizität gehört

---

88 Vgl. Kap. II, 5, S. 73f., 79 und S. 75, Anm. 106.

zum ursprünglichen Vollzug des Welt-und-Selbst-Verständnisses selbst. Sie ist nicht ausschmückendes Beiwerk, sondern konstitutiv, eben *vor* jedem begrifflichen Zugang. Metaphern haben in Nietzsches Sicht welt- und sinn-erzeugende Funktion. Zwar entgehen auch sie nicht der Gefahr der Positivierung und der verkehrenden Verfestigung. Aber dies tut ihrer grundsätzlichen Stellung keinen Abbruch. Fest-stehende Begriffe sind geronnene Metaphern, denen man ihre Herkunftsgeschichte nicht mehr ohne weiteres ansieht und wohl auch nicht mehr ansehen können soll. Das ist der Positivismus des begrifflichen Denkens. Doch kann dieser sich schon allein deshalb nicht auf Dauer behaupten, weil jedes Einführen, Verwenden und Verstehen von Begriffen und allgemein von sprachlichen Ausdrücken stets auf die prinzipielle Unabgeschlossenheit der semantischen und lebens-pragmatischen Hintergrundfolie verwiesen bleibt, auf der es überhaupt erst zur Organisation, Anordnung und Verteilung der Bedeutungsreferenzen kommt. So unausweichlich also auf der einen Seite auch für jede noch so gelungene Metapher die Positivierung im weiteren allgemeinen Gebrauch ist, so unmöglich ist es doch auch nach der anderen Seite, die Bestimmtheit von Ausdrücken von ihrer ko-relativen Bezogenheit auf Andersheit abtrennen zu können. Jede Bestimmtheit ist interpretationsabhängig, und sie lebt davon, daß sie auch anders sein könnte. Ebendies ist der innere Ruin eines jeden Positivismus. So paradox es auf den ersten Blick klingen mag: gerade das So-und-so-Faktum entzieht der Fakten-Gläubigkeit den Boden. Dies ist sowohl aus der Hegelschen Dialektik als auch aus Nietzsches Interpretationsgedanke zu lernen. Dem Positivismus im weitesten Sinne des Glaubens an fest-stehende Tatsachen liegt also eine ästhetische Dimension nicht nur bereits im Rücken, sondern auch vom Scheitern solchen Positivismus führt ein Weg in die *vor*-faktischen Funktionen des Ästhetischen. Hinzu kommt ein weiterer Aspekt.

Im zwanzigsten Jahrhundert hat vor allem Wittgenstein herausgearbeitet, daß dasjenige, wodurch und worin Zeichen und Symbole zu dem ‚passen', was sie als ihre Denotate repräsentieren, sich nicht seinerseits noch einmal *begrifflich*, nicht in Begriffen des endlichen Denkens und der Sprache *sagen* läßt. Diese Beziehung *zeigt sich* vielmehr an der *Form* der verwendeten Ausdrükke.[89] In einer solch pointierten und eine wesentlich ästhetische Dimension eröffnenden Auffassung artikulieren sich die auch in Nietzsches Philosophie immer wieder, wenn auch von einem ganz anderen Ausgangspunkt her, als nicht-überspringbar bzw. als ihrerseits nicht-distanzierbar herausgestellten Endlich-

[89] Vgl. L. Wittgenstein, *Tractatus*, Nr. 4.12 – 4.1212 und 4.126, in: Ders.: *Schriften*, Bd. I, S. 32f. und 35. Die Unterscheidung zwischen *Sagen* und *Sich-Zeigen* ist auch für die spätere Philosophie Wittgensteins grundlegend, in der die Verbindung zwischen dem Satz und dem von diesem dargestellten Sachverhalt im „Sprachspiel" gesehen wird. Diese innere Beziehung *zeigt sich*, sie kann nicht aus*gesagt* werden.

keitsbedingungen, unter denen der Gebrauch jeden sprach- und begrifflichen Denkens steht. Zugleich ergibt sich dieser Grenzpunkt auch in innerer Konsequenz einer Verbindung der beiden ebenfalls für Nietzsches Philosophie kennzeichnenden Aspekte, zum einen der Preisgabe der korrespondenztheoretischen Wahrheitslehre, zum anderen der Zerstörung einer Auffassung des Verhältnisses von ‚signum et res' als Adäquation oder Abbild.[90] Alle drei Gesichtspunkte sind für ein Verständnis der Zentralstellung der Kunst und näherhin des *Stil*begriffs bei Nietzsche heranzuziehen. Die Werke der Kunst sind deshalb von so aufschlußreicher Bedeutung, weil sich vornehmlich an ihnen die Struktur und der jeweilige Stand des Welt-und-Selbst-Verständnisses, die jeweils dominierende Form der welt- und selbst-auslegenden Interpretation *zeigt*. Von daher sind Kunstphilosophie und Kunstkritik eminent wichtig. An der Kunst einer Epoche zeigt sich die herrschende Form der Welt-und-Selbst-Auslegung. Weiterhin wird deutlich, welcher Art jeweils das Verhältnis zwischen der Intensität und Weite der Interpretations-Horizonte, der Komplexität der zu koordinierenden Elemente und der organisierenden Kraft ist. Dies wiederum ist in Nietzsches Sicht ein Gradmesser dafür, ob es sich um niedergehende, sich in sich selbst verkehrende und als Décadence zu bezeichnende oder aber um Formen des aufsteigenden Lebens handelt. Die Stärke des Typus bemißt sich an dem Grad, bis zu dem die organisierende Kraft Verschiebungen der Interpretations-Horizonte und eine Erweiterung der Komplexität vorzunehmen vermag, ohne in Diffundierung, Stillosigkeit und Disgregation, d. h. ohne in Décadence zu geraten.

Grundsätzlich ist das Ästhetische also in doppelter Hinsicht bedeutsam. Zunächst ist es vor allem die künstlerische Aktivität, die form- und sinn-erzeugend wirkt und darin mit dem Logischen zusammengebracht werden muß. Sodann ist es die Kunst, in deren Werken sich die begrifflich und deskriptiv nicht zu distanzierende, jeweils epochenspezifische Gestalt der Welt-und-Selbst-Interpretation zeigt. In Verbindung mit dem weiteren Gesichtspunkt, daß die Werke der Kunst ihren Grund und ihre Rechtfertigung ganz in sich selbst tragen bzw. keiner wie immer gearteten Rechtfertigung mehr bedürfen, machen diese Aspekte übrigens erst verständlich, warum insbesondere die Kunst als die Gegenbewegung zum Nihilismus angesehen werden kann. Sie ist es in erster Linie, die *vor*-theoretisch am Zustandekommen von Form und Sinn der Welt beteiligt ist. In ihr wird der Interpretationscharakter jeden Auslegens und jeden Zeichen- und Symbolgebrauchs nicht nur aufgenommen, sondern aus lebensbejahendem Motiv praktiziert. Wenn also der *eine* und vermeintlich als der *einzig* überhaupt nur mögliche Sinn geglaubte, der platonisch-christliche Sinn aus der Welt herausgezogen und alles Dasein damit ganz

[90] Zu ‚signum et res' vgl. auch oben Anm. 83, Schluß; allgemein vgl. Kap. VI, 3.

und gar sinnlos geworden scheint, dann vermag, wenn überhaupt, vor allem die Kunst diesen Nihilismus zu überwinden, sofern es ihr gelingt, an der leer gewordenen Sinnstelle schöpferisch tätig zu werden. Theoretische Erkenntnis und Wissenschaft sind hier eo ipso hilflos. Denn es geht nicht um ein Auffinden, sondern um ein Schaffen. Und sodann ist es wiederum die Kunst, die, als Stil, das Gelingen und den jeweiligen Stand der Daseinsbejahung und der Lebenssteigerung *zeigt*. In beiden Hinsichten geht Kunst über das endliche Sprach- und Verstandesdenken hinaus. Nach-nihilistische, d. h. nicht mehr metaphysisch und/oder moralisch motivierte bzw. abgestützte Sinn-Erzeugungen erfordern wesentlich Kunst, und deren Gelingen wird sich an der *Form* zeigen und an *ästhetischer* Akzeptanz bemessen. Freilich bedarf kaum eigens der Erwähnung, daß das, was sich da zeigt, natürlich Ausdruck des Gelingens der Operationen des Symbolisierens ist, nicht jedoch als ein magisches Ins-Licht-treten einer bislang verborgenen Hinterwelt und Seins-Wahrheit mißverstanden werden darf. Dies wäre ein erneuter Rückfall in metaphysisches Denken, jetzt in eine Metaphysik des Ästhetischen. Auf solche Weise wäre gerade auf der sublimen Spitze der Kunst der neue Sinn und die Funktion, die dem Ästhetischen im Interpretations-Zirkel zuwachsen, in sein Gegenteil verkehrt und ein weiteres, vielleicht das letzte Mal, um eines Essentialismus willen preisgegeben. Doch dies sind Kautelen, die vor erneut drohenden metaphysischen Verlockungen warnen, nicht jedoch die Bedeutung des Ästhetischen einschränken. Diese ist vielmehr so hoch anzusetzen, daß man sogar auf den Gedanken kommen muß, den Interpretations-Zirkel selbst als ‚ästhetisch' zu qualifizieren. Doch das umfassendere Grundwort heißt ‚Interpretation'. Innerhalb des weiten Sinns solcher Rede kommt dem Ästhetischen ein besonderes Gewicht zu. Aber das Ästhetische ist eine Weise der Interpretation, nicht umgekehrt.

Damit sind die wichtigsten Komponenten benannt, die in die hier vorgeschlagene Charakterisierung des Fundamentalvorgangs der Interpretation als ‚geschehens-logischer Interpretations-Zirkel' eingehen. Neben der Kennzeichnung der Struktur selbst, besteht ein wichtiger Vorteil dieser Version des Zirkels darin, daß nur in ihr das (auf der Internität der Kräfte-Relationen beruhende) Zugleich der absoluten Notwendigkeit, der unabschließbaren, unendlichen Ausdeutbarkeit, der Priorität des aktiven Hineinsteckens vor dem Wiederfinden, und dies alles ohne Rekurs auf Teleologie, Kausalprinzip oder Mechanik und unter Ausschluß der Dogmatik sowohl eines Subjektivismus als auch eines Naturalismus konzipiert werden kann. Die sich im Geschehensvollzug als Interpretations-*Tat* realisierende Zirkelstruktur und die sich darin selbst-konstituierende Notwendigkeit jeden Geschehens haben diesen eigentümlichen Charakter, weder willkürlich noch zwingend zu sein, sich weder festlegen noch abbilden und schon gar nicht aufheben oder suspendieren zu lassen.

Vor dem bisher ausgeführten Hintergrund ist zugleich deutlich, daß es sich in der Rede vom ‚geschehens-logischen Interpretations-Zirkel' nicht um ein ‚Vernünftig'-machen-wollen des Interpretierens etwa nach Art der idealistischen System-Philosophie und auch nicht um eine Logifizierung der Interpretationsvorgänge im Sinne einer Applikation der logikē technē auf das Interpretieren handelt. Beide Male wäre das Wesen des Interpretierens gründlich verkannt. Es hat sich vielmehr gezeigt, daß in dem Maße, in dem das Interpretations-Geschehen in die Stellung des Logischen rückt, der Interpretationscharakter auch *an und in* dieses selbst, mithin auch an den vormaligen Sinn der ‚Kategorialität' und des ‚Ontologischen' übergeht. So erweist sich das Logische im Sinne desjenigen fundamentalen Vollzugs, der die Grenze der Welt nicht erst setzt, sondern selbst *ist*, in seiner essentiell *interpretativen* Natur. Die erneute Annahme eines interpretationsfreien und dann absoluten Logischen außerhalb des Zirkels macht unter den internen Bedingungen der Interpretativität als solcher, aus denen nicht ausgebrochen werden *kann*, keinen Sinn mehr, ist Rückfall in Metaphysik. Und der sich als fortwährende Konkatenationen solcher Zirkel-Vorgänge vollziehende Weltprozeß darf weder als Ursprungsphilosophie noch als ein System-Finalismus mißverstanden werden. Der Interpretationscharakter führt also gerade auch zu einer veränderten Auffassung des Logischen und näherhin zu einer bestimmten Genealogie der Logik des Urteilens und des Schließens, des Satzes überhaupt, aus dem *vor*-prädikativen Erfahrungsbereich. Das Logische *ist* Interpretation. Dieser Satz grenzt sich gegen das formelle Denken ebenso wie gegen eine Überführung des Logischen in Hermeneutik und eben auch gegen eine spekulative Logik Hegelscher Provenienz, die immer noch auf der Voraussetzung der ‚Wahrheit' des vernünftigen Denkens ruht, ab.[91]

Erst mit der Figur des fünf-stelligen geschehens-logischen Interpretations-Zirkels ist die Ebene erreicht, auf der *der Gedanke der ewigen Wiederkehr des Gleichen* seinen systematischen Ort hat und seine sinn-logische Funktion entfalten kann. Die Charakterisierungen und unterschiedlichen Gesichtspunkte, die der Interpretations-Zirkel in sich als kompatibel vereinigt, sind auch für ein Verständnis der Wiederkunftslehre grundlegend. Wie in dem folgenden Zweiten Teil zu zeigen sein wird, ist der Wiederkunftsgedanke weder als metaphysisches Prinzip noch als übersteigerte Anthropodizee noch auch allein vom existenziellen In-der-Welt-sein des Übermenschen, sondern von den *Geschehensvollzügen* der diese Welt ausmachenden faktisch-interpretativen Willen-zur-Macht-Organisationen her zu interpretieren. Dies ist nicht mit einer ‚Ableitung' aus dem Willen-zur-Macht oder einem Naturalismus zu verwechseln.

---

[91] Zu der von hier aus an Hegel vorzunehmenden immanenten Korrektur, vgl. Verf., *Skeptizismus als Provokation der Philosophie*, (erscheint 1985), Kap. VII.

Im Interpretations-Zirkel kommen ‚Ableitungen' gar nicht vor, und die Willen-zur-Macht können ja ihrerseits gerade nicht mehr als etwas von der Interpretation Unabhängiges aufgefaßt werden. Entscheidend ist, daß in jedem Willen-zur-Macht-Geschehen *Faktizität* und *Interpretativität* unauftrennbar immer schon ineinander übergegangen sind. Alles, was ist, interpretiert, und Interpretation ist alles, was ist.

Die Faktizität des Geschehens ist mithin nicht positivistisch, überhaupt nicht im Sinne irgendeines fest-stehenden Seins und nicht als objektive Natur, nicht als metaphysischer Realismus aufzufassen. Und von ihr aus kann auch in keiner Weise auf eine dahinterstehende Vernünftigkeit, auf eine moralische Vernunft, die es eben bis zu *dieser* Faktizität hat kommen lassen, geschlossen werden. Faktizität ist kein Beweisgrund für eine sich darin manifestierende Vernunft. Sie ist in diesem Sinne weder *Datum* noch *Grund*. Sie besteht im Vollzug der relativen Einheit, Dauer und Stabilität der vielheitlichen und form- sowie vor allem sinn-flüssigen Kräfte-Organisationen. Umgekehrt sind die Interpretationen keine reinen Erfindungen oder Wunschphantasien. In der Denkfigur der unauftrennbaren Verschränktheit von Faktizität und Interpretation wird nicht nur die Idee der alten Wesen-Ontologie, sondern auch noch deren kritische Einschränkung auf die Welt der Erscheinungsdinge und auf die subjektiven Bedingungen der Möglichkeit objektiver Erfahrungserkenntnis, wie diese in der Kantischen Vernunftkritik durchgeführt wird, unterminiert. Wenn in bezug auf Nietzsches Denken überhaupt noch sinnvoll von Transzendentalität gesprochen werden soll, dann müßte diese in den tatsächlich-interpretativen Geschehens*vollzügen* selbst gesehen werden. Damit aber ist genau diejenige Differenz zwischen empirischem und intelligiblem Charakter aufgehoben, die nicht nur für den strikten Apriorismus Kantischer Prägung, sondern auch noch für alle abgeschwächten Versionen der Transzendentalphilosophie unverzichtbar ist. Die von Nietzsche ausgehende Herausforderung besteht an diesem Punkte darin, daß in der dargelegten Zirkularität die Unterscheidung zwischen ‚Text' und ‚Interpretation' letztlich aufgehoben wird. Damit entfällt der Unterschied zwischen ‚Natur' und ‚Schein' und entsprechend auch die Möglichkeit, die schematisierende ‚Wissenschaft' mit einer transzendental-logischen und geltungskritischen ‚Reflexion' vereinen zu können, sei diese nun auf eine subjektivitäts- und prinzipientheoretisch strenge Transzendentalität bezogen, wie bei Kant, oder im Blick auf den quasi-transzendentalen Rahmen einer Rekonstruktion des Bildungsprozesses der Menschengattung gedacht, wie bei Jürgen Habermas[92].

[92] Vgl. J. Habermas, *Zu Nietzsches Erkenntnistheorie*, Nachwort zu *Nietzsche: Erkenntnistheoretische Schriften*, (1968), in: J. Habermas, *Kultur und Kritik*, Frankfurt/M. 1973, S. 260ff. Wenn Habermas (a. a. O., S. 260) zur Rettung des Konzepts eines quasitranszendental-logi-

Den Gipfel der Betrachtung erreicht die Einheit von Faktizität und Interpretativität aber erst in ihrer Anwendung auf den Weltprozeß im ganzen und jedes seiner Momente, auf die Struktur des ursprünglichen Welt-und-Selbst-Verständnisses. Dies erfolgt im Ewigen-Wiederkunfts-Gedanken, der in mehrfacher Hinsicht als die äußerste Konsequenz von Nietzsches Philosophieren angesehen werden muß. Vor allem sind es die drei Interpretations-Horizonte (a) des Werdecharakters der werdenden Welt, (b) der prinzipiellen Unabwertbarkeit allen Daseins und (c) einer Ewigkeit, die nicht im Sinne des Ausschlusses der Zeit, sondern gerade *im* Fluß der Dinge selbst zu gewinnen ist, kurz: es sind *Werden, Wert* und *Aeternität,* die im Gedanken der ewigen Wiederkehr des Gleichen auf ein diese Horizonte in sich vereinigendes, welt-, selbst- und lebens-*bejahendes* Optimum hin zusammengeschlossen werden. Als das sich aus Nietzsches *neuer* Auslegung der Wirklichkeit als Willen-zur-Macht-und-Interpretations-Prozesse ergebende *neue* Welt-und-Selbst-Verständnis geht der Wiederkunfts-Gedanke darin über die vielen an sich möglichen anderen Weltauffassungen hinaus.

Zugleich ist darin der Versuch zu sehen, einer nach-neuzeitlich erneut drohenden Metaphysik der Gnosis den Einlaß dadurch zu versperren, daß die Bedingungen angegeben werden, unter denen die Gnostizismen erst gar nicht mehr auftreten *können.* Dies bedarf einer besonderen Anstrengung auch deshalb, weil sich das gnostische Syndrom, als dessen „zweite Überwindung" Hans Blumenberg[93] die neuzeitliche Rationalität gekennzeichnet hat, gerade im Zuge einiger für Nietzsches Philosophie grundlegender Interpretamente abermals einzustellen scheint. Zu nennen sind hier die von Nietzsche diagnostizierten Erfahrungen des ‚Todes Gottes' und der ‚Heraufkunft des Nihilismus', sodann der von jeder metaphysischen Ordo-Vernünftigkeit gereinigte und ebendarum positiv beurteilte Chaos-Charakter der Welt, weiterhin der

schen Rahmens a) Nietzsche einen ontologischen Wahrheitsbegriff unterstellt, dem subjektive Bedingungen möglicher Objektivität störend seien, b) den Perspektivismus als Übergang in die Universalität des ‚Scheins' als solchen und c) in dem Interpretationsgedanken eine „Abwehrreaktion" gegen den drohenden Naturalismus sieht, so hat er a) nicht die destruierende Wirkung gerade des Interpretationsgedankens in bezug auf das Wahrheitsverständnis (vgl. oben Kap. VI, 3, S. 153–157) bedacht, b) nicht gesehen, daß in Nietzsches Perspektivismus nicht nur die ‚Natur' in ‚Schein', sondern auch dieser selbst noch und damit das der Unterscheidung von ‚Natur' und ‚Schein' zugrunde liegende Schema zerstört wird, und c) die eigentliche Herausforderung Nietzsches, die prinzipielle Unauftrennbarkeit von Faktizität und Interpretativität, die nicht einfach nur *gegen* das Dogma des Naturalismus gestellt wird, sondern *hinter* die darin verwendete Denkfigur zurückgeht, nicht wirklich aufgenommen. Dies zeigt z. B. auch die dualistische Rede von einem Verhältnis zwischen dem „Gattungssubjekt" und der „Faktizität der Natur" (S. 262). Dem widerspricht nicht, daß Habermas sich anderenorts auf Nietzsches Perspektivismus beruft, um Fragezeichen an dem universalienrealistischen und forschungslogisch entfalteten Begriff der ‚Realität' im Peirceschen Pragmatismus anzubringen. Vgl. J. Habermas, *Erkenntnis und Interesse,* Frankfurt/M. 1968, S. 151.

[93] Vgl. H. Blumenberg, *Säkularisierung und Selbstbehauptung,* S. 144.

Übergang vom fest-stehenden Subjekt-, Ding- und Substanz-Schema in eine Auffassung der Welt als das sich in seinen Konstellationen fortwährend verschiebende Mit- und Gegeneinander von Prozeß- und Ereignis-Komplexen und schließlich gerade auch der zu Ende gedachte Interpretationsgedanke. Mit all diesen Komponenten könnte, als Reflex auf den Verlust eines tief verwurzelten Welt- und Sinn-Verständnisses, eine neue Fremdheit der Welt heraufziehen. So bedarf es insbesondere nach der Destruktion überlieferter Deutungen, vor allem des metaphysisch-moralischen Wahrheitsoptimismus, einer expliziten Anstrengung, um das Motiv dieses Philosophierens, die Welt nämlich gerade nicht fremd, sondern umgekehrt so vertraut wie nur irgend möglich zu machen, sichern und ausbauen zu können. Im Scheitelpunkt des Übergangs von einer Gesamtdeutung, die ihre Zeit bereits hinter sich hat, in eine neue Interpretation der Welt- und Wahrheitsauffassung ist die Gefahr der Regression und des Atavismus am größten.

Auf diese Problemlagen bezogen kann Nietzsches Wiederkunftslehre als die *dritte* und vollständige Überwindung der Gnosis gelesen werden. Der Wiederkunftsgedanke verunmöglicht jeden metaphysischen und jeden weltverneinenden Dualismus, jedwede Selbst-Preisgabe, jedwedes Opfern-Müssen der Welt um irgendeiner Erlösung, eines Ideals und/oder eines metaphysisch-moralischen Imperativs willen. Darin erweist er sich zugleich als die Quintessenz des Interpretations-Zirkels, als die Interpretation der Interpretationen.

Die Durchführung dieser Thesen steht freilich vor erheblichen Schwierigkeiten. Der Bogen der Einschätzungen des Wiederkunftsgedankens reicht von entschiedener Ablehnung und einem Nichtberücksichtigen einerseits bis zu mythisch-verklärenden und eine rätselhafte Dunkelheit mutmaßenden Deutungen andererseits. Nietzsche selbst hat zu dieser Situation nicht unwesentlich beigetragen. Er hat Zarathustras „abgründlichen"[94] Gedanken nicht in eine in sich stimmige Darstellung bringen können oder wollen. Neben metaphorischen Passagen im publizierten Werk hat er eine Fülle verstreuter und sich oft scheinbar bis ins Mark widersprechender Nachlaß-Aufzeichungen zurückgelassen. Rekonstruktion ist hier also in besonderem Maße Interpretation.

---

[94] KGW VI, 1, *Zarathustra,* III (*Vom Gesicht und Rätsel,* 2), S. 195.

Zweiter Teil

Der Gedanke der ewigen Wiederkehr des Gleichen

Daß *Alles wiederkehrt, ... Gipfel der Betrachtung*".
(Nietzsche, KGW VIII, 1, 7 (54), S. 320)

„Daß der *Werth der Welt* in unserer Interpretation liegt ... – dies geht durch meine Schriften".
(Nietzsche, KGW VIII, 1, 2 (108), S. 112)

„Non alia sed haec vita sempiterna!"
(Nietzsche, KGW V, 2, 15 (54), S. 550)

VII. Die Probleme einer theoretischen Begründung der Wiederkunftslehre

1. Das Interesse am Wiederkunftsgedanken

Aus zwei unterschiedlichen Richtungen und mit zwei nicht ohne weiteres zu vereinenden Problemlasten führen die bisherigen Erörterungen vor Nietzsches Gedanke der ewigen Wiederkehr des Gleichen. Zum einen (a) verweist die Erhaltungsproblematik auf die Wiederkunftslehre. Nietzsche zufolge „fordert" der Erhaltungssatz der Kraft/Energie die ewige Wiederkehr.[1] Und auch der im Wiederkunftsgedanken an das Individuum ergehende Imperativ, zu seinem Leben eine Haltung so uneingeschränkter und vorbehaltloser Bejahung einzunehmen, daß es schließlich die ewige identische Wiederkehr genau dieses seines Lebens und aller seiner Umstände wird wollen müssen, scheint zu belegen, daß der Erhaltungsgedanke erneut eine starke Stellung beansprucht. Denn augenscheinlich geht es hier um einen Versuch, sich Dauer, gar ewige Erhaltung zu verschaffen. Wie aber steht es dann um die im Ersten Teil entwickelte Auffassung, daß nicht Erhaltung, sondern Erweiterung, Selbst-Überwindung, Steigerung und Auslassung von Kraft den Grundcharakter aller wirklichen Geschehensprozesse ausmachen? Erweist sich hier die Erhaltung nicht schließlich doch als das wichtigere und letztlich tragende Prinzip? Denn die ewige Wiederkehr ist immerhin Nietzsches grundlegendster Gedanke. Zum anderen (b) führen die Erörterungen zur Ateleologie und zur Interpretation vor die Frage nach der unter den damit entstandenen *neuen* Bedingungen möglichen Weltkonzeption, mithin vor die in der Ewigen-Wiederkunfts-Lehre verhandelten und das ursprüngliche Welt-und-Selbst-Verständnis betreffenden Probleme. So scheint die Wiederkunftslehre einerseits die ‚Erhaltung' erneut zu rehabilitieren, während sie sich andererseits gerade als die äußerste Konsequenz der das fundamentalistische Erhaltungsprinzip überwindenden und vollständig ateleologischen Steigerungs- und Interpretationsproblematik ergibt. Wie ist dies miteinander vereinbar? Und wie ist näherhin zu verstehen,

[1] KGW VIII, 1, 5 (54), S. 209. Vgl. dazu im einzelnen Kap. XI, auch XII, 3. Die formal-logischen Probleme des Zusammenhangs zwischen der Endlichkeit eines Gesamtquantums, der endlichen Anzahl seiner Elemente und der von daher möglichen Wiederkehr seiner Zustände werden unten bereits in Kap. VII, 2 erörtert.

daß gerade der Wiederkunftsgedanke die entschiedenste Anstrengung gegen die Teleologie darstellen soll, wo es doch kaum etwas Teleologischeres zu geben scheint als eine kreisförmig identische Wiederkehr aller Ereignisse der diese Welt ausmachenden Geschehensreihe? Hebt nicht gerade die Wiederkunftslehre den Interpretationsgedanken auf? Bedeutet nicht gerade sie schlichtweg das Gegenteil von Ateleologie und Interpretation? Und in welchem Sinne kann der Ewige-Wiederkunfts-Gedanke vor dem Hintergrund solchen Fragens als der Gegengedanke zum Nihilismus, ja bereits als dessen Überwindung angesehen werden?

Darüber hinaus ist im Anschluß an das vorige Kapitel zu fragen, inwiefern die Wiederkunftslehre das erfolgversprechende Bollwerk gegen eine erneut drohende Metaphysik der Gnosis und der mit dieser verbundenen Aspekte der Welt-Fremdheit, der Welt-Abwertung und der schließlichen Welt-Verneinung darzustellen vermag? Die Gnosis benötigte keine Theodizee, d. h. keine Klärung der Frage nach der Existenz der Übel und deren Vereinbarkeit mit dem Gottesgedanken, weil sie zwischen dem Schöpfergott und dem Heilsgott deutlich trennte. Doch diese Problementlastung war eben nur um den Preis einer dualismus-nahen Weltablehnung zu erreichen. Was dagegen kann es heißen, daß Nietzsches Wiederkunftslehre als die letztlich ausschlaggebende Anstrengung gelesen werden soll, *nach* der epochalen Erfahrung des Todes des Schöpfer- wie des Heilsgottes eine uneingeschränkte und vorbehaltlose Bejahung *allen* Daseins zu erreichen, so daß von ihr her etwa auch dem Problem der Theodizee, hauptsächlich aber dem Nihilismus die Bedingungen seiner Möglichkeit entzogen werden? Und vor allem: Wie soll es zu verstehen sein, daß diese schon stärker auf die Seite der Frage nach dem *Wert des Daseins* gehörenden Aspekte mit dem *Problem des Werdens,* und das heißt mit dem Vollzugscharakter des Willen-zur-Macht-Geschehens, nicht nur zusammengejocht, sondern in ursprünglicher Einheit mit diesem zu entfalten sind? Diese Fragen signalisieren das Interesse und den Horizont der weiteren Erörterungen.

Die Wiederkunftslehre ist Nietzsches undurchsichtigstes Lehrstück. Bis heute ist, trotz gewichtiger jüngerer Forschungen, eine zufriedenstellende Deutung dieses Gedankens nicht in Sicht. Gefordert ist eine Interpretation, die in der Lage wäre, die unterschiedlichen und scheinbar auseinanderstrebenden, ja sich widersprechenden Argumentations- und Textstücke einer integralen Deutung zuzuführen. Deren Prinzipien müssen ihrerseits aus dem Grundcharakter von Nietzsches Philosophieren gewonnen, und die Erörterungen dürfen weder auf unangebrachte Harmonisierungen noch auf eilfertiges Hervorkehren von Widersprüchlichkeiten fixiert sein. Zugleich kann davon ausgegangen werden, daß der *volle* Gehalt des Ewigen-Wiederkunfts-Gedankens weder allein in der Optik des ethisch motivierten Ideals des Übermenschentums noch in einer Auffassung als wissenschaftliche und empirisch verifizierbare Theorie einzuholen und zugänglich zu machen ist. Angesichts solchen Befundes möchte die hier vorgeschlagene Rekonstruktion die Wiederkunftslehre von vornherein auf das Willen-zur-Macht-und-Interpretations-Geschehen, wie dieses im letzten Kapitel des Ersten Teiles entwickelt wurde, beziehen. Möglicherweise hat man damit einen Boden betreten, der dem scheinbaren Auseinanderfallen der unterschiedlichen Text- und Argumentationsgruppen (Zarathustra-Texte vs. Nachlaß-Aufzeichnungen; Übermenschentum vs. wissenschaftlich/theoretisch/empirische Argumentation) vorausliegt und in seinem Verhältnis von Einheit und Differenz durchsichtig macht. Erst auf einer solchen Basis ist kohärent zu entfalten, daß und warum sich der Gedanke der ewigen Wiederkehr auf *alles* Dasein erstreckt und zugleich *unterschiedlicher* Darstellungsformen fähig ist. Dabei sind auch im folgenden die vier Leitprobleme des Ersten Teiles (Erhaltung, Teleologie, Steigerung/Auslassung, Interpretation) wichtig. Sie werden dann vor allem im Dritten Teil erneut als organisierende Gesichtspunkte eingesetzt.

Die einschneidende Bedeutung des Zeitraums zwischen Frühjahr und Herbst 1881 für Nietzsches Denken der achtziger Jahre wurde bereits betont. Erinnert sei an Nietzsches Kritik des Darwinismus, an die Aufnahme des Konzepts der Erhaltungs- und Auslösungskausalität im Sinne Julius Robert Mayers und an die Auseinandersetzung mit Spinoza. Alle drei Aspekte sind grundlegend für die Ausbildung der Lehre vom Willen zur Macht. Jetzt ist eine weitere, ja die folgenreichste Komponente hinzuzufügen. Im August 1881 tritt der Gedanke der ewigen Wiederkehr des Gleichen zum ersten Mal auf[2], und im Nachlaß dieses Jahres findet sich von da an der weitaus größte Teil der Aufzeichnungen zu diesem Thema. Im Unterschied zu der späteren literarisch-metaphorischen Darstellung im *Zarathustra* beziehen sich diese Fragmente durchweg auf die Welt der Kräfte, wie diese auch Gegenstand der physikalischen Wissenschaften sind und in einem physikalischen Vokabular beschrieben werden. Von der Philologie der Texte her ist nicht zu verkennen, daß die Wiederkunftslehre von Anfang an auch im Rahmen physikalischer und erkenntnistheoretischer Probleme steht. Dies hat die Nietzsche-Forschung eher verwirrt als beflügelt. Durchgängig wird eine Aufspaltung der Texte und Argumente in zwei sich, so wird behauptet, einander verdunkelnde und letztlich ausschließende Lager vorgenommen. Bis heute wird formal und inhaltlich getrennt nach solchen Texten und Argumenten, die einen wissenschaftlich-theoretisch-empirischen, mithin einen eher kosmologischen Charakter zu haben scheinen, und solchen, die auf das menschliche Dasein und auf das Existenzielle des Übermenschen bezogener normativ-imperativischer, also eher

---

[2] Vgl. KGW V, 2, 11 (141), S. 392. Zu den anderen Aspekten des Jahres 1881 vgl. oben Kap. II, 1–3.

anthropologischer und ethischer Art sind.[3] Diese beiden Gruppen werden dann als zwei unterschiedliche Versionen des Wiederkunftsgedankens ausgegeben, wobei die eine zugunsten bzw. zuungunsten der jeweils anderen ausgeblendet wird. Eine solche Auftrennung stimmt in gewisser Weise mit derjenigen von Nietzsches Schriften nach publiziertem Werk einerseits und Nachlaß andererseits überein. In diesem Falle werden die Texte des *Zarathustra* und die erste öffentliche Nennung des Wiederkunftsgedankens im Aphorismus 341 der *Fröhlichen Wissenschaft* als die auf das Ideal des Übermenschen bezogene Form dieser Lehre aufgefaßt, während die Nachlaßtexte als der wissenschaftlich/theoretisch/empirische Versuch erscheinen. Doch zeigt eine nähere Prüfung, daß sich sogar die betreffenden Zarathustra-Texte stets nur im Zusammenhang eines freilich auf verschlüsselte Weise unterlegten *Welt*begriffs, einer bestimmten Vorstellung von der als Prozeßgeschehen aufzufassenden Welt der Kräfte und erst über diese vermittelt auf den Übermenschen beziehen. Was demgegenüber die Argumentation in den Nachlaßfragmenten angeht, so sind zunächst zwei Aspekte zu betonen.

Zum einen müssen die entsprechenden Stücke nicht primär als ein deduktives *Beweis*-, sondern sie können als ein *Überzeugungs*argument, als ein persuasives Argument gelesen werden. Zum anderen ist nachdrücklich an Nietzsches Auffassung zu erinnern, daß auch die wissenschaftlich-theoretische Welt-Einstellung sowie die in dieser formulierten Gesetzmäßigkeiten und deren Darstellungs- und Argumentationsformen wesentlich vom Charakter des Interpretierens sind, mithin durch Wertschätzungen vorbestimmt und latent gestützt werden. Auch die Wissenschaft ist, wie jede theoretische Erkenntnis, eine Interpretations-Kunst. Dies gilt sowohl im Hinblick auf die Physik als auch für das formelle Denken, dessen Instanz, der Satz vom zu vermeidenden Widerspruch, in Nietzsches Sicht nicht ein Kriterium der Wahrheit, sondern einen „Imperativ" darüber enthält, was als ‚wahr' gelten *soll*.[4] Diese Aspekte hat Nietzsche auch und gerade im Zusammenhang der Wiederkunftslehre nicht vergessen. Es ist allerdings nicht immer einfach, sie auch dann noch mitzudenken, wenn Nietzsche selbst sich einer wissenschaftlich-theoretischen Ausdrucksweise bedient. In solchen Fällen ist mit Nietzsche zum Teil gegen Nietzsche zu lesen. Auch dies gehört zu Nietzsche selbst noch hinzu. Es handelt sich in den wissenschaftlich-theoretischen Texten und Argumenten zur Wiederkunftslehre nicht um eine Verwissenschaftlichung einer an sich *vor*-theoretischen und *vor*-wissenschaftlichen Struktur. Vielmehr geht es um einen

---

[3] Vgl. zuletzt B. Magnus, *Nietzsche's Existential Imperative*, Bloomington/London 1978, Kap. III–V. Die ältere Literatur ist kritisch besprochen im Anhang von K. Löwith, *Nietzsches Philosophie der ewigen Wiederkehr des Gleichen*, Hamburg ³1978, S. 198–225.

[4] Vgl. KGW VIII, 2, 9 (97); vgl. dazu KGW VII, 3, 38 (2). Zur Physik vgl. KGW VI, 2, *Jenseits von Gut und Böse*, Aph. 14 und 22, S. 22f. und S. 31.

Gedanken, der *auch* unter bestimmten Rahmenbedingungen neuzeitlicher Wissenschaft konzipiert werden kann. Nietzsche benutzt die Wissenschaften, ohne ihnen oder gar einem Szientismus zu verfallen.

Nun soll keineswegs geleugnet werden, daß es erhebliche Probleme in Nietzsches Lehre der ewigen Wiederkehr gibt, ganz abgesehen von der Frage nach deren Vereinbarkeit mit anderen zentralen Interpretamenten dieses Denkens. Eine der grundsätzlichen Schwierigkeiten läßt sich an der Spannung zweier nicht nur zeitlich, sondern zunächst auch sachlich weit auseinanderliegender Textstellen und Argumente schlagartig verdeutlichen. Zum einen gilt der eingangs erwähnte Zusammenhang: „Der Satz vom Bestehen der Energie fordert die *ewige Wiederkehr*".[5] Zum anderen besagt der Wiederkunftsgedanke: „*so* leben, daß du *wünschen* mußt, wieder zu leben ist die Aufgabe – du wirst es *jedenfalls*!"[6] Die erste Aussage klingt wissenschaftlich, schlußfolgernd und ist auf den Weltprozeß im ganzen bezogen. Dahinter steckt, abgekürzt, die Überlegung, daß bei einem endlichen Gesamtquantum an Energie, einer endlichen Anzahl von Elementen und möglicher Kräfte-Kombinationen in Verbindung mit einer unbegrenzten, aber nicht-unendlichen Gesamtgestalt des Raumes sowie einer Zeit-Unendlichkeit der Welt der Gedanke einer Wiederholung der Zustände des Universums, einer ewigen kreisförmigen identischen Wiederkehr aller Dinge unausweichlich wird. Das zweite Zitat dagegen klingt, zumindest bis zum Gedankenstrich, norm-imperativisch und ist auf die

---

[5] KGW VIII, 1, 5 (54), S. 209 (Sommer 1886–Herbst 1887).

[6] KGW V, 2, 11 (163), S. 403. (Frühjahr–Herbst 1881). Es ist zu beachten, daß der zeitlich spätere Text (Anm. 5) der wissenschaftlich-theoretische ist. Auch daran zeigt sich, daß Nietzsche bis in die Spätzeit *dieser* Darstellungsform seines Gedankens grundlegende Bedeutung beimißt.
Die These von B. Magnus, *Imperative*, S. 72ff., daß Nietzsche in den Nachlaßfragmenten die Überzeugung zum Ausdruck bringe, für seine Lehre keine wissenschaftlich-theoretische Begründung liefern zu können, ist nicht aufrechtzuerhalten. Nietzsche stellt zwar seinen eigenen Gedanken gelegentlich auch selbst in Frage; vgl. KGW V, 2, 11 (311) und 11 (313), S. 458–460. Doch diese Texte können auch so gelesen werden, daß darin die Möglichkeit eines rein mechanistischen Verständnisses der Wiederkunftslehre abgewehrt wird. Darüber hinaus zeigen sie, daß Nietzsche sich über die Probleme einer wissenschaftlichen Begründung seines Gedankens für ein nicht-mechanistisches Universum im klaren gewesen ist. Vgl. in diesem Sinne auch die Einschätzung bei J. Stambaugh, *Nietzsche's Thought*, 1972, S. 51.
Doch unabhängig davon zeigen die für die Wiederkunftslehre grundlegenden Texte des Nachlasses, daß Nietzsche diesen Gedanken *auch* für wissenschaftlich begründbar, gar für beweisbar gehalten hat. Vgl. dazu etwa KGW VII, 3, 36 (15) vom Juni–Juli 1885, und besonders VIII, 3, 14 (188) aus dem Frühjahr 1888. Letzteres Fragment ist im Zusammenhang der diesem voranstehenden Aufzeichnungen 14 (184) – 14 (187) zu lesen. In KGW VII, 1, 24 (4), S. 687 (Winter 1883–84, also zur Zeit der Abfassung des für die existenzielle Komponente des Wiederkunftsgedankens zentral herangezogenen Dritten Teiles des *Zarathustra*) findet sich unter der Überschrift „Die ewige Wiederkunft: Ein Buch der Prophezeiung" eine Gliederung, deren erste Punkte lauten: „1. Darstellung der Lehre und ihrer *theoretischen* Voraussetzungen und Folgen. 2. Beweis der Lehre."

menschlich-übermenschliche Lebensführung gerichtet. Die ganze mit dem Wiederkunftsgedanken verbundene Herausforderung tritt in Gestalt des Zusatzes nach dem Gedankenstrich hervor: – „du wirst es jedenfalls!" Wird, so ist zu fragen, mit diesem Zusatz, der in gewisser Weise auch den Anschluß an den die Welt im ganzen betreffenden wissenschaftlich-theoretischen Satz darstellen kann, nicht dem Imperativ vor dem Gedankenstrich der Boden wieder entzogen? Oder wächst diesem vielleicht gerade durch den Zusatz seine volle Dignität überhaupt erst zu? *Muß* nicht am Ende dieser bohrende Zusatz gelten, damit der Imperativ nicht eine bloß existenziell-regulative, sondern eine welt- und sinn-verändernde Funktion haben *kann*? Ist der Gedankenstrich nicht gerade als der Übergang in die Erfüllung der ihm voranstehenden Aufforderung zu lesen? Dann aber spricht der Zusatz bereits aus der Haltung der im Imperativ geforderten Ja-Stellung zur Realität. Der uneingeschränkt Bejahende würde die Wiederkehr freudig begrüßen, während derjenige, der gleichsam noch vor dem Gedankenstrich steht und noch am Leben, an der Welt und an sich selbst nach Maßgabe tief verwurzelter moralisch-metaphysischer Dualismen (von gut und böse, wahr und falsch, schön und häßlich) leidet, an diesem Gedanken zugrunde gehen könnte.

Bedingung dafür, daß eine menschlich-übermenschliche Existenz eine neue, eine nach-nihilistische Gravität gewinnt, ist zunächst, daß sie sich nicht mehr als etwas von allem anderen Seienden irreduzibel Verschiedenes, gar Höheres mißversteht, sondern sich mit diesem in seinem Grundcharakter gleichen Wesens weiß. In dieser einander wechselseitig bedingenden und näherhin im Sinne des geschehens-logischen Interpretations-Zirkels[7] zu entfaltenden Zugehörigkeit liegt, daß eine solche menschlich-übermenschliche Individualität von der Welt der Kräfte, diese aber zugleich auch von jener abhängig ist. Wäre auch nur ein einziges Moment anders als es ist, so wäre, strenggenommen, auch die Welt im ganzen eine andere. Von hier aus können dann die weiteren Schritte erfolgen. Es geht darum, die interne, sich selbst-konstituierende absolute Notwendigkeit des diese Welt ausmachenden Willen-zur-Macht-und-Interpretations-Geschehens auch für einen selbst, für all sein Handeln und Erleben zu übernehmen, darin zugleich *alle* Momente des Geschehensprozesses vorbehaltlos zu bejahen und als prinzipiell nicht-abwertbar ihrerseits zu wollen. Die Geschehens-Notwendigkeit ist nicht etwas, was ein solches Individuum von außen betrifft und zwingt. Es selbst *ist* vielmehr die ganze Moira und wird *so*, d. h. qua einstimmend-aktiver Übernahme dieser Notwendigkeit, über ebendiese Beschaffenheit der Welt intern auch triumphieren. Vor diesem Hintergrund ist zu überlegen, ob es nicht gerade der Gedanke der ewigen Wiederkehr des Gleichen ist, der diesen Zusammenhängen, werden sie konse-

---

[7] Vgl. oben Kap. VI, 2–5, vor allem 5.

quent zu Ende gedacht, ihre höchste überhaupt nur mögliche Besiegelung und Nobilitierung verschafft? Doch die so aufgeworfenen Fragen können bei dem jetzigen Stand der Erörterung noch nicht hinreichend beantwortet werden. Dazu bedarf es detaillierter Argumentation.

Zunächst ist zu fragen, ob es einen gemeinsamen Nenner gibt, in dem beide, der wissenschaftlich-theoretische und der existenzbezogen-imperativische Aspekt des Wiederkunftsgedankens zu vereinen sind. Hält man Ausschau nach einem geeigneten Kandidaten, so stellt sich über kurz oder lang die Einsicht ein, daß dies allein der Begriff der *Kraft* sein kann. Unter dem Dach des Titels ‚Kraft' sind bei Nietzsche jedoch zumindest vier Varianten zu unterscheiden. Es ist darauf zu achten, ob es sich um Kraft im Sinne der kausalen Mechanik, um Kraft im reinen Sinne der dynamischen Willen-zur-Macht-Quanta, um Kraft im Sinne der Gesamtenergie eines Systems, hier des Gesamtquantums der potentiellen und kinetischen Kraft/Energie der Welt oder um Kraft im Sinne der Organisation, Intensivierung und Erweiterung der Interpretations-Horizonte handelt. Zugleich aber ist hinsichtlich der unterschiedlichen Ausgestaltungen und Erscheinungsweisen der Kraft zu betonen, daß es in *jedem* Kräftegeschehen, auch in demjenigen, wie dieses Gegenstand der Physik ist und im kausal-mechanischen Kraftbegriff formuliert wird, im Kern stets um ein Tätigsein von Willen-zur-Macht-Quanten geht. Dabei sind zwei Momente herauszustellen, die sowohl für die Wiederkunftslehre selbst als auch für deren Verhältnis zur Wissenschaft grundlegend sind. Die Willen-zur-Macht-Lehre führt *keine neue Art von Kräften* ein. Sie gibt vielmehr von dem gleichen Verlauf und von eben denjenigen Kräfte, die auch Gegenstand der physikalischen Wissenschaften sind, eine andere, eine „höhere", und das heißt vor allem eine auf die Steigerung des Machtgefühls bezogene *Ausdeutung*.[8] Darüber hinaus ist für die Geschehensvollzüge der Willen-zur-Macht-Kräfte das dargelegte Ineinander von Faktizität und Interpretativität wesentlich. Das Willen-zur-Macht-und-Interpretations-Geschehen ist Fundamentalvorgang. Darin liegt zugleich die gemeinsame Wurzel der prima facie kaum miteinander zu vereinenden Argumentationsstücke der Wiederkunftslehre. In früheren Zusammenhängen war zu sehen, daß kein wirklicher Zugang zu Nietzsches Behandlung der Probleme etwa der Willensfreiheit, des Glücks, der Lust und der Unlust erreicht wird, wenn als Parameter bestimmte klassische Gegensatzpaare (z. B. Freiheit vs. Notwendigkeit) gewählt werden.[9] Ähnliches gilt in Sachen Wiederkunftsgedanke. Die Alternativen ‚kosmologisch' vs. ‚ethisch', bzw. ‚wissenschaftlich/theoretisch' vs. ‚normativ/existenziell' sind nicht geeignet, den integralen Sinn und die Funktion des Wie-

[8] Vgl. dazu KGW VIII, 1, 1 (119), S. 34.
[9] Vgl. oben Kap. IV.

derkunftsgedankens zu erschließen. Vielmehr sind sie ihrerseits bereits nachträgliche Aufspaltungen. Jedesmal eröffnet erst die Sicht auf den allen Geschehensvorgängen grundeigentümlichen Kräftecharakter, der als der seinerseits nicht noch einmal herleitbare und auch nicht auf dem Wege irgendeiner Operation herstellbare Vollzugscharakter der faktisch-interpretativen Willen-zur-Macht-Organisationen aufzufassen ist, einen angemessenen Zugang.

In der jüngeren Nietzsche-Forschung (so z. B. bei Wolfgang Müller-Lauter, zuletzt bei Bernd Magnus) ist die Tendenz dominant geworden, die theoretisch-wissenschaftlichen Argumentationen Nietzsches zur Wiederkunftslehre mit der Behauptung zurückzuweisen, daß diese sich nicht nur nicht von seiten der Wissenschaft verteidigen lassen, sondern daß sie auch, und dies ist der philosophisch gravierendere Punkt, den eigentlichen Sinn dieses Gedankens verfehlen. Nach ansatzweisen Versuchen des Nietzsche-Interpreten Charles Andler und des Wissenschaftsphilosophen Abel Rey ist Oskar Beckers nach wie vor eindrucksvolle Abhandlung aus dem Jahre 1936 das, sieht man von einigen wenigen Bemerkungen bei Rose Pfeffer ab, letzte Bemühen geblieben, aus den Argumentationen Nietzsches diejenigen Elemente herauszupräparieren, die das Wiederkunftsargument vollständig machen, und es in einer wissenschaftlich-logischen Gestalt zu rechtfertigen erlauben.[10] Überhaupt gegen das Bestreben, einen solchen Beweis führen zu wollen, hat dann Heidegger[11] polemisiert, und Müller-Lauter gelangt zu dem Ergebnis, daß Nietzsche, indem er den Wiederkunftsgedanken als Theorie vortrage, „den *wahren* Sinn der Lehre nicht nur verkürzt, sondern verkehrt".[12] Darüber hinaus findet sich in der für die Problematik der Wiederkunftslehre gewichtigen Studie von Bernd Magnus[13] eine Argumentation, die den Nachweis für den endgültigen Ausschluß der theoretisch-wissenschaftlich durchsetzten Texte und Argumente aus dem legitimen Deutungshorizont dieses Gedankens zu liefern behauptet.

Geht man jedoch davon aus – und für Nietzsche hat man davon auszugehen –, daß dem Nachlaß im Verhältnis zum veröffentlichten Werk eine eminente Bedeutung zukommt, ja daß, wie Heidegger zu Recht betont hat, bei Nietzsche die „eigentliche Philosophie ... als Nachlaß zurück(bleibt)"[14],

---

[10] O. Becker, *Nietzsches Beweise für seine Lehre von der ewigen Wiederkunft*, (1936), in: Ders.: *Dasein und Dawesen*, Pfullingen 1963, S. 41–66. Vgl. Ch. Andler, *Nietzsche*, Bd. VI, S. 60–76; A. Rey, *Le retour éternel et la philosophie de la physique*, 1927, S. 307–311. Vgl. R. Pfeffer, *Nietzsche: Disciple of Dionysus*, 1972, S. 135–144. Zu Pfeffers Position vgl. unten Kap. XII, 1, S. 414f., Anm. 15. Zur Auseinandersetzung mit A. Rey vgl. unten Kap. VIII, 5.

[11] M. Heidegger, *Nietzsche*, Bd. I, S. 368.

[12] W. Müller-Lauter, *Nietzsche*, S. 186.

[13] B. Magnus, *Nietzsche's Existential Imperative*, 1978, Kap. III–V; vgl. Ders.: *Eternal Recurrence*, in: *Nietzsche-Studien* , 8 (1979), S. 362–377.

[14] M. Heidegger, *Nietzsche*, Bd. I, S. 17; zur Nachlaß-Problematik vgl. W. Müller-Lauter, in: *Nietzsche-Studien*, 3 (1974), S. 4–7; vgl. M. Montinari, *Nietzsches Nachlaß von 1885 bis 1888*

dann ist es freilich unmöglich, die wissenschaftlich durchsetzten Aufzeichnungen zur Wiederkunftslehre aus dem Kreis der sinnlegitimen Texte und Argumente ausschließen zu wollen. Das würde überdies bedeuten, daß der weitaus größte Teil der den Wiederkunftsgedanken betreffenden Ausführungen Nietzsches ausgeklammert bzw. als unerheblich für den eigentlichen Sinn dieser Lehre beiseite geschoben wird oder zumindest nicht integriert werden kann. Daß dies nicht nur nicht möglich und nicht erforderlich ist, sondern auch eine schwerwiegende Verkürzung des Funktions- und Sinngehaltes dieses Gedankens bedeutet, wird in den weiteren Erörterungen zu zeigen sein. Komplementär dazu wird sich ergeben, daß auch eine gegen die sich auf die Welt der Kräfte, auf das relationale Kräfte-Geschehen beziehenden und wissenschaftlich-theoretisch inspirierten Argumentationsstücke ins Feld geführte Deutung des Wiederkunftsgedankens als das existenzielle In-der-Welt-sein des Übermenschen (Müller-Lauter; Magnus) noch zu kurz greift.[15] Eine solche Auffassung denkt den Wiederkunftsgedanken allein aus der vorwiegend ethisch bestimmten Perspektive des Übermenschen und nicht aus dem Horizont der für Nietzsche letztlich entscheidenden Welt der durch das Zugleich von Faktizität und Interpretativität gekennzeichneten Willen-zur-Macht-Kräfte. Nach der anderen Seite jedoch ist zu betonen, daß, wird die Wiederkunftslehre vom Willen-zur-Macht-*Geschehen*, von den Willen-zur-Macht-und-*Interpretations*-Prozessen her entfaltet, dies keineswegs zu einer Kosmologie oder Ontologie im alten Sinne führt.

Im folgenden geht es natürlich um *Nietzsches* Wiederkunfts-Gedanken, weniger um das Wiederkunftsargument überhaupt, wie dieses in unterschiedlicher Gestalt und Abzweckung nicht nur in der Antike im Sinne etwa des Großen Platonischen Jahres oder seit Origines in der christlichen Tradition als Apokatastasis panton vertreten, sondern auch im 19. Jahrhundert z. B. von Ch. S. Peirce und anderen für plausibel gehalten wurde. Auf mögliche Verbindungen zu Nietzsches Wiederkunftsgedanke wird in den entsprechenden Zusammenhängen einzugehen sein. Zunächst aber ist die Aufmerksamkeit auf einige in der Literatur vorgetragene Gegenargumentationen zu lenken, die sich als Demonstrationen der prinzipiellen Unmöglichkeit des Wiederkunftsarguments verstehen. Neben Georg Simmels bekanntem Gegenbeweis sind hier aus dem Bereich der Analytischen Philosophie die Argumentation von Arthur Danto und die in ihrer Zielsetzung zwar anders gelagerte, in ihren kritischen Partien aber deutlich analytisch orientierte Untersuchung von Bernd Magnus zu nennen. Die Triftigkeit solcher Gegenargumentationen ist zu überprüfen.

---

oder Textkritik und Wille zur Macht, (1975), in: Ders.: *Nietzsche lesen,* Berlin/New York 1982, S. 92–119. Zu Problemen des Umgangs mit Nietzsches nachgelassenen Fragmenten vgl. J. Figl, *Interpretation,* S. 17–28.

[15] Vgl. dazu im einzelnen unten Kap. VIII, 2.

Für den Rest dieses Kapitels geht es um die Frage, ob die Wiederkunftslehre in ihrer theoretischen Version auf dem Wege formal-analytischer Einwände zu Fall gebracht werden kann oder nicht. Darin handelt es sich indirekt zugleich um die Frage, ob sich diese Lehre auch im Rahmen des Verstandesdenkens entfalten, ob sie sich ‚verstandesmäßig' denken läßt oder nicht. Dies wird später (in den Kapiteln VIII,3 und dann vor allem in XI und XII) um die Klärung der weiteren Frage ergänzt, ob der Wiederkunftsgedanke auch ‚wissenschaftlich', und zwar unter den Bedingungen sowohl der klassischen, d. h. der kausal-atomistischen Mechanik und korpuskular-kinetischen Theorie des materiellen Universums im Sinne des späten 19. Jahrhunderts, als auch der modernen Wissenschaft, d. h. des auf die Mechanik folgenden dynamischen Energetismus und der modernen Physik ausweisbar ist. Man höre genau hin. Es geht darum, daß der Wiederkunftsgedanke *auch* verstandesmäßig und wissenschaftlich-theoretisch entfaltet werden kann. Dieses ‚auch' hat eine dreifache Bedeutung.

Zunächst wird auf diese Weise signalisiert, daß der *philosophische* Sinn des Wiederkunftsgedankens weder darin besteht, prämissen-folgerndes *Beweis*argument zu sein, noch darin liegt, *als Theorie* im Sinne hypothesen-orientierter, prinzipien-geordneter und empirisch-verifizierbarer Wissenschaft entfaltet werden zu können. Beides *kann* nicht mehr der Fall sein, wenn, wie gegen Ende des Ersten Teiles bereits ansatzweise entwickelt, der Wiederkunftsgedanke als interner Gipfel des fünf-stelligen Interpretations-Zirkels aufgefaßt werden muß und mit eben diesem Zirkel der interpretative Charakter auch dessen, was als Beweis, als Theorie oder als Faktum gilt, verbunden ist. Sodann jedoch steckt in diesem ‚auch' zugleich die Verpflichtung, die Wiederkunftslehre nicht vom Verstandesdenken und der Wissenschaft einfach abtrennen zu können und zu dürfen. Wie wollte man einen ‚Gedanken' gegen theoretische Kritik immunisieren? Ein Gedanke, der nicht kritisiert werden kann, *kann* kein sinnvoller Gedanke sein. Nietzsches Wiederkunfts-Gedanke soll, obwohl er seinem Wesen nach vor-theoretischen Charakters ist, auch für ein im Rahmen der neuzeitlichen Rationalität und Wissenschaft großgewordenes Bewußtsein zugänglich und, in gewissen Grenzen, nachvollziehbar sein. Dies führt zu der dritten Bedeutung des ‚auch'. Die neuzeitliche Naturwissenschaft stößt auch aus ihren eigenen Fragestellungen auf die Probleme der Wiederkunftslehre. Dies erfolgt in Gestalt der Fragen z. B. der Irreversibilität oder der Reversibilität und Periodizität von Prozessen, auf das Universum übertragen entweder des Endes der Entwicklung im sogenannten Wärme- bzw. Kältetod oder der unendlich vielen Zyklen. Nietzsche hat *auch* eine wissenschaftlich-theoretische Begründung seiner Lehre für möglich gehalten.[16] Eine solche

[16] Vgl. oben Anmerkung 6. Zur Unterscheidung von Wiederkunfts*gedanke* und Wiederkunfts*lehre* vgl. unten Kap. XI, 1. Daß die neuzeitliche Physik von sich aus auf die Probleme einer

ist zwar keine notwendige Bedingung für den philosophischen Sinn dieses Gedankens. Aber umgekehrt wäre ohne diese Möglichkeit eine Eingrenzung der Reichweite des Wiederkunftsgedankens auf Psychologie und auf existenzielles Verstehen letztlich wohl nur um den Preis vermeintlich mythischer Unfaßbarkeiten zu überwinden. Obwohl das Symbolsystem Wissenschaft nur *eine*, nicht *die* Darstellungsform des Wiederkunftsgedankens ist, muß dieser doch auch an ihr festgemacht und, zumindest teilweise, in ihr Vokabular übersetzt werden können. Und obwohl dieser Gedanke keine Theorie, sondern wesentlich auf der Ebene der philosophischen Logik, d. h. der Struktur und Grenze des ursprünglichen Welt-und-Selbst-Verständnisses anzusiedeln ist, muß er sich doch der Kritik von seiten der Theorie und des formellen Denkens aussetzen sowie sich seinerseits um eine theoretische Ausweisbarkeit bemühen. Deshalb ist die Auseinandersetzung zunächst (Kap. VII,2 und 3) mit einigen formal-analytischen Einwänden von erheblicher Bedeutung. Danach kann dann in Kapitel VIII der sinn-logische Ort des Wiederkunfts-Gedankens bestimmt und in den Kapiteln IX und X weiter ausgebaut werden.

2. *Endlichkeit des Quantums und Unendlichkeit seiner Zustände*

Simmels Gegenbeweis besteht in einer erdachten Versuchsanordnung. Um eine gemeinsame Achse rotieren drei gleichgroße Räder mit drei unterschiedlichen Geschwindigkeiten. Das zweite Rad hat die doppelte Geschwindigkeit des ersten und das dritte habe die Umdrehungsgeschwindigkeit $^1/_\pi$ des ersten. Die Natur der Zahl π bringe es nun mit sich, daß das dritte Rad nie eine ganze Zahl von Umdrehungen vollendet hat, wenn dies bei dem ersten der Fall ist. Für Simmel folgt daraus, daß die Anfangslage der drei Räder „in alle Ewigkeit" nicht wiederkehren kann, daß also der von Nietzsche herausgestellte Gesichtspunkt der endlichen Anzahl der überhaupt zur Verfügung stehenden Elemente durchaus nicht dazu führe, daß sich eine bestimmte Ausgangslage unverändert wiederhole.[17] Während Simmel die Endlichkeit der Elemente voraussetzt, bestreitet Danto demgegenüber und unter rein logischem Vorzeichen, daß von einer endlichen Gesamtsumme (wobei an das endliche und konstante Gesamtvolumen der Energie gedacht wird) auf eine endliche Anzahl der Teile, aus der dann Wiederholungen abgeleitet werden könnten, geschlossen werden kann. Danto nennt als Beispiel die unendliche Reihe $1 + {}^1/_2 + {}^1/_4 + {}^1/_8 + \ldots$, die in der endlichen Zahl 2 zusammengefaßt ist.[18]

Wiederkunftslehre stößt, wird später erörtert, vgl. unten Kap. VIII, 3, S. 268ff. und XII, 2, S. 429ff.

[17] Vgl. G. Simmel, *Schopenhauer und Nietzsche*, Leipzig 1907, S. 250f.

[18] A. Danto, *Nietzsche as Philosopher*, New York/London 1965, S. 206.

Bei näherem Hinsehen zeigt sich freilich, daß diese beiden Gegenbeweise, neben der grundsätzlichen und zumindest im Falle Simmels völlig ungeklärten Frage, was hier eigentlich wem in Nietzsches Wiederkunftslehre entsprechen soll und überhaupt entsprechen kann, auf Voraussetzungen beruhen, die, sofern sie auf Nietzsches Weltlehre übertrag- und anwendbar sein wollen, von eben dieser her der Kritik unterliegen. So stellt Simmels Versuchsanordnung eine Konstruktion dar, die fortwährend der äußeren, erhaltenden Kraftzufuhr bedürfte, um in Gang zu bleiben. Das würde eine unendliche Erhalter-Kraft voraussetzen, was dem Endlichkeitscharakter jeder Kraft widerstreitet. Weiterhin ist zu beachten, daß diese Anordnung nur zukünftige Zustände betreffen, nicht aber die für Nietzsches Argumentation wichtigen Aspekte berücksichtigen kann, daß es eine kontinuierliche Verschränkung von vergangenen, gegenwärtigen und zukünftigen Zuständen gibt, und daß die Welt keinen endlichen Anfang in der Zeit hat, mithin bereits auch schon von Zeit-Unendlichkeit her ist.

Darüber hinaus bezieht sich Simmels Gegenbeweis auf einen theoretisch konstruierten Vorgang *in* der Welt, ganz und gar nicht auf die Grenze dessen, was als Welt gilt, nicht auf den Weltprozeß im ganzen, nicht auf die Totalität der Sachverhalte, mithin nicht auf die *Logik* des Weltprozesses, deren Gegenstände alle möglichen Sachverhalte sind. Simmels Konstruktion kann in keinem Fall als ein Modell für den Weltprozeß angesehen werden. Das ist eo ipso nicht möglich. Denn die Welt kann nicht als eine starre, auf nur eine Kombination ihrer Elemente festgelegte und in *diesem* Sinne bewegungslose Anordnung rotierender Räder um eine gemeinsame Achse konzipiert werden. Andererseits jedoch *müßte* diese Versuchsanordnung als ein Weltmodell verstanden werden, wenn sie überhaupt ernsthaft als ein Gegenbeweis zu einem Universum der Wiederkehr in Betracht kommen soll. Auch dies ist ohne weiteres einsichtig. Denn alles andere wären Vorgänge in der Welt, nicht der Welt selbst. Es reicht also nicht aus zu behaupten, daß das Argument gegen die Wiederkunftslehre erfolgreich ist, sobald irgendwo *in* der Welt eine Rotationsanordnung der skizzierten Art anzutreffen ist. Solche Vorgänge *können* die Frage einer kreisförmig identischen Wiederkehr *der Welt selbst* nicht berühren. Im Anschluß an die Ausführungen zum geschehens-logischen Interpretations-Zirkel liegt die Auffassung nahe, daß der Wiederkunftsgedanke sich, und zwar gerade *als* Weltkonzeption, nicht auf etwas *in* der Welt bezieht, sondern seinen sinnlogischen Ort an der *Grenze* der Welt hat.[19] Auf die gegenwärtige Fragestellung gemünzt heißt dies: da der Wiederkunftsgedanke in diesem Sinne nichts *in* der Welt ist, kann er auch nicht durch konstruierte Gegenbeispiele, die auf möglicherweise in der Welt vorkommende Abläufe rekurrieren, *aus* der Welt

[19] Zum Begriff der logischen Grenze und des Zirkels vgl. Kap. VI, 5, S. 168–175.

geschaffen werden. In einem solchen Ansinnen manifestiert sich innerweltlicher Positivismus. Darin wird der Wiederkunftsgedanke einer sinnwidrigen Positivierung unterworfen und verkannt, daß er wesentlich geschehens-*logischer* Natur ist. Ein ‚Gedanke' *kann* nicht durch den Hinweis auf ein Faktum ausgetrieben werden.

Außerdem findet in Simmels Konstruktion Nietzsches Weltbegriff überhaupt keine Berücksichtigung. Auch wird in keiner Weise auf die besondere Beschaffenheit der zu den reellen algebraischen Zahlen hinzukonstruierten transzendenten Zahl π reflektiert. Und auch die eingeschränktere Beweisabsicht, daß ein System mit einer endlichen Anzahl von Elementen nicht zu einer Wiederholung seiner Zustände führe, läßt sich, etwa im Rückgriff auf entsprechende Argumentationen bei Henri Poincaré, in denen die Hamilton-Gleichungen der Bewegung auf abgeschlossene mechanische Systeme mit endlicher Anzahl bewegter, d. h. nicht in starrer Kombination befindlicher Elemente angewandt werden, nicht aufrechterhalten.[20] So bleibt, daß Simmels Konstruktion einen erdachten Vorgang innerhalb der Welt betrifft, der unter zugleich willkürlichen und fixen Bedingungen steht (– denn es handelt sich um die Rotation von Rädern in nur *einer* festen Kombination entlang *einer* gemeinsamen Achse –) und solange nicht zu einer Wiederkehr der Anfangslage führt, wie eine der Anordnung externe und prinzipiell unendliche Kraftzufuhr gewährleistet ist. Dies würde einen unbestimmten Kraftbegriff erfordern, der, noch abgesehen davon, daß die Welt keine Maschine ist und in ihrem Prozeßcharakter nicht maschinenmäßig vorgestellt werden darf, für die *wirklichen* Geschehensvollzüge nicht angenommen werden kann. Jede Kraft, nicht nur das Gesamtquantum, ist endlicher Natur. Alles andere würde auch die Hoffnung auf ein perpetuum mobile, was ausgeschlossen ist, wieder ins Spiel bringen müssen. Simmels Versuchsanordnung gehört, sollte sie sich realiter irgendwo in der Welt finden, selbst zu demjenigen Geschehen, dessen ewige identische Wiederkehr Nietzsches Gedanke lehrt. Sie *kann* nicht Instanz weder der wissenschaftlichen noch der formal-logischen Ausweisbarkeit und schon gar nicht des *philosophischen* Sinns des Wiederkunftsgedankens sein.[21] Wie aber steht es um Arthur Dantos Gegenargumentation?

---

[20] Vgl. dazu unten Kap. XII, 2, S. 417ff.

[21] Der von Simmel publizierte Gegenbeweis ist recht bekannt und von manchem als stichhaltiger Einwand angesehen worden. Um so erstaunlicher ist zu erfahren, daß Simmel selbst und in einer privaten Tagebuchaufzeichnung den Weltprozeß durchaus in einer die Wiederkunftslehre Nietzsches abwandelnden Version gedacht hat. So erscheint Simmel „der Weltprozeß als die Drehung eines ungeheuren Rades, allerdings wie es die Voraussetzung der ewigen Wiederkunft ist. Aber doch nicht mit dem gleichen Erfolge, daß nun wirklich irgendwann das Identische sich wiederholte – denn das Rad hat einen unendlich großen Radius; erst wenn eine unendliche Zeit abgelaufen ist, also niemals, kann dasselbe wieder an dieselbe Stelle kommen – und doch ist es ein Rad, das sich dreht, das seiner Idee nach auf die Erschöpfung der

Danto möchte den Nachweis führen, daß aus der Endlichkeit der Gesamtkraft/energie der Welt nicht eine endliche Anzahl der Elemente gefolgert werden kann. Dies demonstriert er an der unendlichen Reihe $1 + 1/2 + 1/4 + 1/8 + \ldots$, die ihre Summe in der Zahl 2 hat. Die Frage der Übertragbarkeit ist hier zunächst nicht so ungeklärt wie bei Simmel. Die Summe 2 entspricht dem Gesamtquantum der Kraft/Energie und gefragt wird nach den Elementen und Element-Kombinationen. Aber damit werden die Probleme, in die auch Dantos Argumentation verwickelt werden kann, nicht geringer.

Zunächst ist zu beachten, daß es sich bei der zur Illustration herangezogenen Reihe um ein Gebilde aus dem Gebiet der reinen Mathematik handelt. Dessen Anwendung auf Vorgänge in der Wirklichkeit ist stets auch mit der grundsätzlichen Frage der Beziehung zwischen Mathematik und Wirklichkeit verknüpft. Dies darf speziell im Falle Nietzsches nicht außer acht gelassen werden. Bei der näheren Erörterung der die Wirklichkeit Nietzsche zufolge ausmachenden Kräfte-, und das heißt der Willen-zur-Macht-Relationen, war zu sehen, daß diese nicht nur ihrem qualitativen Charakter nach, sondern in weiten Bereichen sogar auch in quantitativer Hinsicht nicht mehr in mathematischen, fest-stehenden Zahlenverhältnissen zu fassen und auszudrücken sind.[22] Jedoch heißt dies, wie betont wurde, gerade nicht, daß den Geschehens-Prozessen die Notwendigkeit fehlt. Diese ist vielmehr in dem dargelegten internen Sinne absolut. Wenn sich die Geschehens-Notwendigkeit auch in Zahlenverhältnissen ausdrücken läßt und Vorgänge damit der Berechenbarkeit zugänglich sind, so ist dies für den Menschen in gewisser Weise von Vorteil. Sein Versuch, den Geschehensfluß mit Hilfe der Zahl zu fixieren und in diesem Sinne Herr über ihn zu werden, ist dann in den solchen Operationen zugänglichen Bereichen erfolgreich. Aber diese Anwendbarkeit bedeutet keineswegs, daß Zahl und Zählbarkeit den Charakter der Willen-zur-Macht-Prozesse bestimmen. Und es sind diese ursprünglichen Kräfte-Relationen, deren Gesamtheit die Welt im ganzen ist, auf die bezogen Nietzsche seine Wiederkunftslehre entfaltet. Nietzsches Wiederkunftslehre bezieht sich auf die interne, sich

---

qualitativen Mannigfaltigkeit geht, ohne sie in Wirklichkeit je zu erschöpfen" (hier zitiert nach H. Blumenberg, *Schiffbruch mit Zuschauer. Paradigma einer Daseinsmetapher*, Frankfurt/M. 1979, S. 84f.).

Blumenberg führt diese Stelle als einen späten Beleg für die von ihm beschriebene und etwa bei Nikolaus Cusanus wichtige „Sprengmetaphorik" an, in der der ‚Kreis' in der Weise ‚gesprengt' wird, daß sein Radius unendlich, mithin die Peripherie-Krümmung unendlich klein wird und so die gekrümmte Bogenlinie und die Gerade ineinsfallen. Diese Denkfigur ist von Nietzsches Wiederkunftslehre insofern zu unterscheiden, als es in dieser nicht um die Sprengung des Kreises, sondern umgekehrt gerade um den Übergang von der Reihe/Linie in den Kreis geht.

[22] Vgl. oben Kap. II, 2.

im Vollzug der Kräfterelationen als deren eigene Tat selbst-konstituierende und darin absolute Notwendigkeit des diese Welt durchgängig und in allen ihren raum-zeitlichen Gestaltungen und Symbolisierungen ausmachenden dynamischen Willen-zur-Macht-und-Interpretations-Geschehens, wie dieses im Ersten Teil entwickelt wurde. Wenn die Welt als ganze einem Vergleich mit der Zahl unterworfen und daraus am Ende gar ein Kreislaufargument gewonnen werden könnte, so wäre dies seiner Natur nach doch nicht mit einem Mathematizismus zu verwechseln. Der Unterschied zwischen dem Formalen und den Vorgängen und Beziehungen in der Wirklichkeit darf nicht eingeebnet werden. Dies würde das Eigentümliche gerade auch des Formalen zerstören und steht zudem in der Gefahr, das formelle Denken als einen Stellvertreter der Wirklichkeit und schließlich als ein, ja als *das* Realitäts- und Wahrheits*kriterium* mißzuverstehen. Solcher Kautelen muß sich bewußt sein, wer Nietzsches Weltlehre einem Vergleich mit Zahlverhältnissen und Zahlenreihen unterwirft.

Näher betrachtet ist der Weltprozeß, wie Nietzsche ihn denkt, nicht nach Art des Reihenmodells so vorzustellen, daß sich die Gesamtsumme aus der Aufeinanderfolge der wie Perlen auf einer Schnur anzuordnenden Einzelzustände ergibt. Vielmehr handelt es sich in *jedem* Zustand der Welt um einen bestimmten Zustand der *ganzen* Kraftmenge. Jede Welt-Konstellation *ist* eine Ausgestaltung des gesamten Quantums.[23] Dem entspricht auf der Mikroebene, daß das Individuum sich weder sukzessive aus der Reihe seiner Zustände zusammensetzt noch als ein isoliertes Glied, als ein Vererbungsresultat, sondern als die Realisation der ganzen es bedingenden Kette seiner Vergangenheit, des Organischen und auch des Anorganischen aufzufassen ist. Das Individuum *ist* in jedem seiner Vollzüge vollständig diese ganze Kette selbst. Gleiches gilt für die Welt im ganzen.

Wichtiger jedoch ist zu betonen, daß das Reihenbeispiel mit einer bestimmten Version logischer Unendlichkeit operiert, die mit der Zeit-Unendlichkeit der Welt, wie diese für die Wiederkunftslehre wichtig ist, nichts zu tun hat. Wird Dantos Beispiel ernst genommen, so kann es seiner Intention und seiner Struktur nach als eine Variante des berühmten Trugschlusses des Eleaten Zenon gelesen werden. Zenon wollte auf diese Weise demonstrieren, daß es keine wirkliche Bewegung gibt. Bekannt sind die Paradoxien des Wettlaufs des Achill mit der Schildkröte und des stehenden Pfeils. Der Rückgriff auf die unendliche Reihe bestreitet zwar nicht, daß diese die endliche Summe 2 hat. Doch scheint die Unendlichkeit der Reihe die Vermutung nahezulegen, daß die Bewegung nie in dieser Gesamtsumme ankommt. Übertragen folge daraus,

---

[23] Vgl. in diesem Sinne auch B. Magnus, *Imperative,* S. 94, der Dantos Argument ansonsten aber für überzeugend hält.

daß von einer endlichen Gesamtsumme nicht auf die Endlichkeit der Elemente geschlossen werden könne. Darin ist wohl die vermeintliche logische Lücke zu sehen, die Danto bei Nietzsche feststellen zu müssen glaubt. Das klingt zunächst plausibel. Doch unterliegt diese Folgerung dem gleichen Fehler wie auch die Zenonschen Paradoxien. Die theoretisch mögliche unendliche Teilbarkeit eines Reihen- bzw. Zeitabschnittes besagt, wie heute allgemein akzeptiert wird, nichts gegen dessen Endlichkeit und auch nichts gegen die Wiederholbarkeit.[24]

Dieser Punkt ist mit Blick auf Nietzsche von grundsätzlicher Bedeutung. Auf diese Weise wird auch deutlich, daß der Hinweis auf die unbegrenzte Teilbarkeit der Kräfte bis ins Kleinste keinen Widerspruch zur Endlichkeit der Kräfte-, d. h. der Willen-zur-Macht-Organisationen darstellt. Aus der unbegrenzten Teilbarkeit kann kein Argument gegen die Wiederkunftslehre, die mit der Endlichkeit, nicht jedoch mit einer Nicht-Teilbarkeit der Kräfte-Konfigurationen operiert, gewonnen werden.[25] Die in einem solchen Einwand nahegelegte Vorstellung, es könnte mithin auch realiter unendlich verschiedene Kräftekonstellationen geben, ist eine theoretische Vorstellung, die weder etwas gegen die Endlichkeit der Kräfte-Organisationen noch etwas gegen die interne absolute Notwendigkeit der Vollzüge und damit der Verkettungen der Kräfte-Konstellationen des *wirklichen* Willen-zur-Macht-Geschehens besagt. Dieses Unendliche kann darüber hinaus nicht einfach gleichgesetzt werden mit einem in seinen wirklichen Gestaltungen Unerschöpflichen und Nie-Gleichen. Ein solcher Aufweis wäre aber erforderlich, soll die Wiederkunftslehre unter diesem Gesichtspunkt zu Fall gebracht werden.

Wichtig ist in diesem Zusammenhang die etwa auch bei Leibniz herausgestellte Unterscheidung zwischen dem *potentiell* Unendlichen als der Möglichkeit eines unbegrenzten Fortschreitens und dem *aktuell* Unendlichen als bestimmter Größe. Diese Unterscheidung soll das Unendliche nicht zur Fiktion herabsetzen, denn es bleibt immer ein *synkategorematisches* Unendliches bestehen. Leibniz führt genau das Beispiel an, welches auch von A. Danto herangezogen wird, die unendliche Reihe $1 + {}^1/_2 + {}^1/_4 + {}^1/_8 + \ldots = 2$. Obwohl die Nenner dieser Reihe in geometrischer Progression fortschreiten, kommen in den Brüchen doch immer nur gewöhnliche Zahlen, niemals aber ein unend-

[24] Beispiel: Die unendliche Teilbarkeit sowohl eines Steines als auch einer Wurfbewegung hindert nicht, daß derselbe Stein wieder und wieder in die Luft geworfen und aufgefangen wird. Zu jedem Zeitpunkt t_1, t_2, t_3, . . . ist die ganze jeweils vorausliegende unendliche Folge abgelaufen und vergangen.

[25] Einen solchen Widerspruch sieht W. Müller-Lauter, *Nietzsche*, S. 180f., und Ders.: *Wille zur Macht*, S. 30f. – Dieses Problem spielt auch in der von Leibniz vertretenen Version der Wiederkunftslehre eine Rolle, vgl. unten Kap. VIII, 4, S. 294. Vgl. in diesem Zusammenhang auch Kap. VII, 3, S. 243.

lich kleiner Bruch mit unendlich kleiner Nennerzahl vor.[26] Das potentiell Unendliche ist eben ein Synkategorema, d. h. stets nur in Verbindung mit anderen Ausdrücken sinnvoll. Es ist im Hinblick auf die Wiederkunftslehre außerordentlich wichtig, den Unterschied zu beachten, der zwischen Problemen und Aussagen, die synkategorematischer Natur, und solchen, die dies nicht sind, besteht. Die Unterscheidung zwischen dem potentiell und dem aktuell Unendlichen ist im Hinblick auf Nietzsches Wiederkunftslehre aus zwei Gründen von Bedeutung.

Zunächst (a) zeigt sich, daß diese Differenz bereits auf der rein logischen Ebene und gerade bei Aufrechterhaltung der Unterscheidung von Potentia und Actus zu beachten, folgenreich und zur Auflösung von Paradoxien des Achill-Schildkröte-Typus hilfreich ist. Ein Widerspruch zu der von Nietzsche behaupteten Wiederkehr der Ereignis-Kette könnte aus dem Hinweis auf die Teilbarkeit bis ins Unendliche nur dann gezogen werden, wenn das damit anvisierte Unendlichkleine eine aktuelle Größe wäre und zugleich nicht nur zu einem in sich Unbegrenzt-Unendlichen würde, sondern auch mit dem Aktuell-Unerschöpflichen, das zudem nie eine seiner Gestaltungen wiederholt, gleichgesetzt werden könnte. Die Argumentation *muß* hier bis zu der Frage des aktuell Unendlichkleinen vorangetrieben werden. Sie kann nicht bei dem Hinweis stehenbleiben, daß man jeder einmal erreichten Nenner- bzw. Teilbarkeits-Zahl stets noch eine weitere folgen lassen kann. Denn alle Werte, die entlang der fortschreitenden Teilbarkeits-Progression *vor* dem Unendlichkleinen anzutreffen sind, liegen innerhalb der gewöhnlichen Zahlen. Mithin könnte auch die Endlichkeitsüberlegung immer wieder neu durchgeführt werden. Nur das aktuell Unendlichkleine bzw. nach der anderen Seite das aktuell Unendlichgroße könnte die Endlichkeitsschranke effektiv durchbrechen. Mit der Zurückweisung des Unendlichkleinen bzw. des Unendlichgroßen als aktueller Größen entfällt auch die Möglichkeit, auf diesem Wege zu einer Sicherung der beiden anderen Aspekte, des Aktuell-Unerschöpflichen und des Nie-Gleichen, zu gelangen. Sodann (b) schwindet die Widerlegungskraft dieses Gegenargumentes in dem Maße, wie die Differenz zwischen Potentia und Actus verringert und schließlich ganz aufgehoben wird. Letzteres ist bei Nietzsche der Fall. Es kann nichts geschehen als das, was wirklich geschieht. Es gilt Priorität der Wirklichkeit vor der Möglichkeit. Von daher ergibt sich die Vereinbarkeit von unendlicher Teilbarkeit und absoluter Notwendigkeit der wirklichen Geschehens-Konkatenation, von Unendlichkeit-in-sich und voranschreitender Ereignis-Reihe (series rerum). Die Unterschiede in der Richtung

---

[26] Brief an Varignon 1702, in: G. W. Leibniz, *Hauptschriften*, hg. von E. Cassirer, Hamburg [3]1966, Bd. I, S. 99.

und in der Weise der Betrachtung blockieren einander nicht. Hinzu treten weitere Aspekte der Kritik.

Es gibt nicht ‚*die* Eine Welt', die im Sinne einer Substanz, welche sich durch die Strecke ihrer Entwicklungen (die dann als unendliche Reihe vorgestellt würde) entfaltet, sich dabei als der Träger der ihre zeitlichen Akzidenzien darstellenden Entwicklungen identisch durchhält, und nun vor dem Problem steht, zuerst die Hälfte ihres Weges, dann das nächste Viertel, dann das darauf folgende Achtel etc. zu durchlaufen, mithin nicht nur nicht am Ende der Reihe angelangen, sondern vorher bereits in die Zenonische Paradoxie des Nichtseins der Bewegung, des notwendigen Stillstandes verwickelt werden zu können. Da in Nietzsches Weltbegriff, wie betont, der jeweilige Zustand der Welt zugleich auch die ganze Welt selbst *ist*, und da dem die Weltbewegung ausmachenden Spiel der Kräfte-Konstellationen nicht ein substantieller Träger unterstellt werden darf, *kann* die Problematik, die Dantos Gegenbeispiel suggeriert, und die auch im Hinweis auf die unendliche Teilbarkeit wirksam ist, gar nicht auftreten.

Dieser Befund gilt für alle Kräfteorganisationen. Die in sich vielheitlichen Systeme sind nicht in jedem Sinne unendlich teilbar. Es ist zu beachten, daß die Frage der Teilbarkeit, einschließlich der Abspaltung von Teilen, nicht dieselbe ist, wie diejenige des Verhältnisses von Vielheit und Einheit. Der für Nietzsche kennzeichnende Vorrang der Vielheit vor der Einheit bedeutet nicht, daß die Teilbarkeit für die Faktizität und Endlichkeit der tatsächlichen Geschehensvollzüge ausschlaggebend ist. Die in der Rede von der unendlichen Teilbarkeit mitgedachte Möglichkeit, Teile eines zusammenhängenden Komplexes abtrennen zu können, ist für die ‚faktische' Gestalt der Kräfte-Organisationen entweder nicht von wirklichkeits-bestimmendem Belang (denn jedes Kräftegebilde ist eben dasjenige, eine Vielheit in sich *organisierende* Funktionsgefüge relativer Einheit, Dauer und Stabilität, das es ist) oder aber Ausgangspunkt einer neuen, sich abspaltenden Kräfteorganisation. Ungebundene und gleichsam freischwebende reine Possibilia-Kräfte gibt es hier wie auch sonst nicht. Kommt es zu einer neuen Kräfte-Organisation, dann handelt es sich von da an um *zwei*, nicht mehr um das *eine* vormalige Funktionsgebilde, und das Problem ist auf diese Weise eines der *Verknüpfungs*relation und der Ereignis-Folge geworden. Deshalb sagt die unendliche Teilbarkeit auch nichts über die Kongregationen und Disgregationen der ihrer inneren Beschaffenheit nach vielheitlichen Kräftekomplexe aus.

Alles Wirklichsein ist immer wohlbestimmt (im Sinne der absoluten Geschehens-Notwendigkeit, nicht im Sinne der für die klassische Physik kennzeichnenden durchgängigen Bestimmtheit der Vorgänge und nicht im Sinne eines kausalen Determinismus). Aus Nietzsches Auffassung der Kräfte und ihrer Relationen folgt, daß Geschehen immer *bestimmtes* Geschehen ist. Wären die Ereignisse nicht durch die Kräfterelationen, die sie sind, bestimmt, so würde es auf der ‚objektiven' Seite nicht zu konkreten raum-zeitlichen Gestalten kommen, und es bestünde auf der ‚subjektiven' Seite nicht die Möglichkeit, das Denkschema auf die Natur anzuwenden und in zumindest einigen Fällen sagen zu können, was und wie etwas unter gegebenen Bedingungen geschieht. Eine Indifferenz, die Situation des Buridanschen Esels, auf die hin dann die unendliche Teilbarkeit als unendlich verschiedene Möglichkeiten, zwischen denen es zu wählen gilt, mißverstanden werden könnte, gibt es bei Nietzsche nicht, ebensowenig wie bei Leibniz. Teile sind immer nur in Funktionsgebilden diejenigen Teile, die sie sind. Die von ihren Relationen isolierten Teile gibt es nicht. Teile treten überhaupt nur in einem Zusammenhang auf. Und dieser ist Nietzsches Auffassung zufolge durch die Grade der Machtverhältnisse bestimmt. Diese kräfte-quantitative Bestimmtheit der Funktionsgefüge geht auch präformierend in das Was und Wie der Teile ein. Dies ist zu unterscheiden von der Vorstellung, daß die jeweils organisierende Kraft, die Regentschaft, vom Zusammenspiel der vielen kleinen Welten, die sie organisiert, zugleich auch selbst abhängig ist. *Beide* Sätze gehören in einer holistischen Betrachtungsweise zusammen.

Dem entspricht, daß der Vollzug, dessen Funktionäre die vielen kleinen Welten sind, *als solcher* betrachtet, gerade nicht so zu verstehen ist, als baue er sich aus Einzelstücken auf, als sei er das unendlich zerlegbare Resultat solchen Aufbauens. Zergliederung und Dekomposition sind keine Begriffe, die zu einem Verständnis des Kräftevollzugs als solchen führen. Im Vollzug selbst spielt die unendliche Teilbarkeit keine Rolle. In diesem Sinne ist er ungeteilt.[27] Hier die unendliche Teilbarkeit ins Feld zu führen hieße die Bewegung in genau dem Sinne zu vernichten, wie dies in den bekannten Paradoxien von Achill und der Schildkröte und im Pfeil-Beispiel der Fall ist. Die Schwierigkeit besteht darin, die unendliche Teilbarkeit, sogar in einem aktualen Sinne, *und* die absolute Notwendigkeit der Geschehensvollzüge selbst zusammenzudenken. Erstere stellt zunächst ein Argument dar, das sich auf die von den Ereignissen eingenommenen Raum- und Zeitstellen bezieht, während die absolute Geschehens-Notwendigkeit quer durch die unendlich vielen kleinen Welten sowie quer durch die Problematik von Einheit und Vielheit hindurchgeht. Sie hat ihren Sitz ja nicht in der Behauptung notwendiger Existenz von Dingen und Ereignissen an raum-zeitlichen Örtern, sondern in dem Wie der Verknüpfungsrelationen, durch die die Kräfte-Organisationen in ihrem Mit- und Ge-

---

[27] Dieses Verhältnis von ‚unendlich teilbar' und doch seiner Natur nach ‚ungeteilt' wird von H. Bergson, *Die Wahrnehmung der Veränderung*, in: Ders.: *Denken und schöpferisches Werden*, Meisenheim am Glan 1948, S. 162ff. vertreten. Bergsons Auffassung der Veränderung und Bewegung als trägerlose Prozesse kann mit derjenigen Nietzsches in Verbindung gebracht werden.

geneinander definiert sind. Vielheit ist nicht mit Freiheit, die es im Sinne von Wahl und Unbestimmtheit Nietzsche zufolge gar nicht gibt, zu verwechseln. Unendliche Teilbarkeit wäre nur dann ein Argument gegen die Möglichkeit der Wiederholung, wenn sie gleichbedeutend wäre mit jener unendlichen zeitlichen Erstreckung, wie diese z. B. von Leibniz den Monaden zugesprochen wird. Die Monaden können sich nicht wiederholen, weil sie nie an ein Ende ihrer Perzeptions-Folge gelangen. In jeder Monade läuft gleichsam ein unerschöpflicher, sich nie wiederholen müssender Film ab. Aber das ist eine hochgradig metaphysische, eine göttliche Bestimmung der Monaden-Kraft, die mit dem Hinweis auf die unendliche Teilbarkeit nicht gemeint sein kann. Unendliche Teilbarkeit und unendliche zeitliche Erstreckung sind nicht aufeinander abbildbar.

Was Nietzsches Weltauffassung betrifft, so ist auf einen weiteren Gesichtspunkt hinzuweisen, der von den Kritikern nicht berücksichtigt wird. Nietzsches Problem besteht, wie jetzt auch nach den Überlegungen zur Vereinbarkeit von unbegrenzter Teilbarkeit und Endlichkeitscharakter deutlicher ist, gar nicht darin, von einem Ganzen auf die endliche Anzahl der Elemente zu schließen. Die Rede von ‚Welt im ganzen' ist in Nietzsches Verständnis bloß ein Wort für das Gesamt der spezifischen Aktionen und Reaktionen von den einzelnen Kräfte-Zentrierungen aus. Obwohl die Anzahl der konkreszierten Willen-zur-Macht-Organisationen selbst im Fluß, nichts Feststehendes ist (da es fortwährend zu Kongregationen und Disgregationen kommt), ist sie dennoch nicht aktuell-unendlich. Wenn der Gesamtbetrag an Kraft weder vermindert noch vermehrt werden kann, dann kann auch nicht die Anzahl der kraft-realisierenden Zentren beliebig bis ins Unendliche vergrößert werden. Das käme einer Vermehrung der Gesamtkraft gleich, was ausgeschlossen ist. Oder umgekehrt: es kann nicht aktuell-unendlich viele Kraftzentren geben, wenn deren jedes durch ein bestimmtes Quantum, das es verkörpert, definiert, und wenn die Gesamtmenge zu der auch jedes einzelne Quantum gehört, endlich ist. Sind die Willen-zur-Macht-Organisationen kräfte-*quantitative* Gebilde, dann würde eine aktuell-unendliche Anzahl solcher Zentren die Annahme einer aktuell-unendlichen Gesamtkraft erfordern, die auf jene verteilt bzw. *als* die Vollzüge jener real wäre. Solange also die Kräfteorganisationen als quantitative Gebilde und nicht als metaphysische Qualitäten verstanden werden, ist eine endliche Gesamtmenge an Kraft/Energie nicht mit aktuell-unendlich vielen Kräfte-Quanta vereinbar. In *diesem* Sinne sind Endlichkeit des Gesamtquantums und Nicht-Unendlichkeit der dieses verkörpernden Kraftzentren korrelativ. Dies hindert freilich nicht, daß die Gebilde unbegrenzt teilbar sind. Man gelangt nie zu festen Letzteinheiten, sondern höchstens zu Disgregationen und zur Auflösung von Kräfte-Organisationen. Nach der anderen Seite ist jedem konkreszierten Kraftzentrum, da es sich eben nicht um ausdehnungslose und entelechetisch selbst-genügsame metaphysische Punkte handelt, eine natürliche Grenze durch die anderen Kraftzentrierungen sowie durch die Endlichkeit des überhaupt in Lebensformen umwandelbaren Gesamtquantums an Kraft/Energie gezogen. Doch dies besagt, wie zu beachten ist, nichts dagegen, daß die Zahl der Willen-zur-Macht-Organisationen und in *diesem* Sinne die Zahl der von jeder dieser Kraftzentrierungen aus konstruierten vielen kleinen Welten selbst im Flusse ist. Diese Zahl kann sich, kovariant zum Stand der Gesamtverteilung der Kräfte, verschieben, aber sie kann nie aktuell-unendlich sein.

Die Welt ist von daher als eine bestimmte endliche Gesamtmenge an Kraft/Energie *und zugleich* als eine jeweils bestimmte Anzahl von Kraftzentren, von Willen-zur-Macht-Organisationen, die in sich dann prinzipiell vielheitlich und gleichsam auf organisations-synkategorematische Weise unbegrenzt-unendlich sind, zu denken. Jede andere Vorstellung bleibt in Nietzsches Sicht „unbestimmt und folglich *unbrauchbar*". Aus der Verschränkung *beider* Komponenten folgt für Nietzsche, daß die Welt „eine berechenbare Zahl von Combinationen, im großen Würfelspiel ihres Daseins, durchzumachen hat"[28]. Dabei geht der Geschehensvektor von den Kraftzentren, nicht vom ‚Ganzen', das es im Sinne irgendeines a tergo wirksamen Gesamt- oder Über-Subjekts nicht gibt, aus. Jedes Kraftzentrum strebt danach, seine Macht über den ganzen Raum auszubreiten und stößt bei diesem Vorhaben fortwährend auf andere Kraftzentren gleicher Bestrebung. Indem diese Kräfteverhältnisse ausgetragen werden, kommt es zur Ausbildung von Funktionalitäten, zu den vielen Um- und Außenwelten und zu den sich als Kräftevollzüge selbstkonstituierenden Ereignis-Ketten, deren Totalität ‚die Welt im ganzen' genannt wird. Vor diesem Hintergrund ist jetzt ein weiteres von Arthur Danto vorgebrachtes Gegenargument zu prüfen.

Danto hat, außer der Zerfällung der Summe 2 in die unendliche Reihe $1 + {}^1/_2 + {}^1/_4 + {}^1/_8 + \ldots$, zur Illustration seines Einwandes noch ein anderes Modell herangezogen. Man stelle sich ein System mit konstantem Gesamtbetrag an Energie vor. Dieser Betrag sei äquivalent einer endlichen Zahl, z. B. der Zahl 6. Die kinetische Energie nehme nun ständig zu, während die potentielle Energie abnimmt. Letztere nähert sich dem Zahlenwert 0, während erstere auf 6 zugeht. Aus dieser Anordnung glaubt Danto nun zwei Thesen zur Widerlegung des Wiederkunftsarguments ziehen zu können. Beide jedoch sind wenig überzeugend.

Zunächst sitzt Danto auch hier der Achilles-Schildkröten-Paradoxie auf, wenn er darauf abstellt, daß die Grenzen 0 und 6 „could be approached in-

---

[28] KGW VIII, 3, 14 (188), S. 168.

definitely without being reached"[29]. Daß aus einer solchen Überlegung kein Argument gegen die Möglichkeit der Wiederkunftslehre folgt, wurde oben dargelegt. Sodann hat M. C. Sterling gezeigt, daß Dantos Bestimmung von ‚*Lage* der Kraft' als „the amount of kinetic energy plus the amount of potential energy at any given instant" gerade nicht zu der von Danto gewünschten Schlußfolgerung führt, aus der endlichen Gesamtsumme könne nicht auf eine endliche Anzahl der Lagen geschlossen werden. Aus dieser Bestimmung von ‚Lage' folgt nicht eine unendliche Anzahl von ‚Lagen' und nicht, daß „no *Lage* need recur"[30]. Vielmehr gibt es aus der so angesetzten Definition von ‚Lage' strenggenommen nur *eine* Lage, insofern es sich immer um die gleiche Äquivalenz der endlichen Gesamtsumme handelt. ‚Lage' müßte, so Sterling, anders definiert werden, um das Ziel zu erreichen, entweder als ‚Betrag der kinetischen Energie zu einem bestimmten Zeitpunkt' oder als ‚Betrag der potentiellen Energie zu einem bestimmten Zeitpunkt'. Der jeweilige Betrag würde dann irgendwo zwischen 0 und 6 liegen. Da es dazwischen aber unendlich viele Zahlenwerte gibt, „there would be an infinite number of *Lagen* and no *Lage* would have to recur".[31] Dies gelte ebenso im Falle der Definition von ‚Lage' als Betrag der potentiellen Energie. Zu dieser Argumentation ist zweierlei zu bemerken. Zunächst muß mit Sterling betont werden, daß Danto unter den von ihm selbst angegebenen Bedingungen sein Beweisziel nicht erreicht. Sodann ist über Sterling hinaus jedoch herauszustellen, daß die oben verwendete Unterscheidung zwischen aktueller und synkategorematischer Unendlichkeit auch noch diejenige Lösung in Frage stellt, die Sterling, unabhängig von dem, was Nietzsche unter ‚Lage' versteht, für möglich hält.

Um das Wiederkunftsargument plausibel erscheinen zu lassen, hält Sterling es für erforderlich, von einer bestimmten Ontologie auszugehen, die er auch als diejenige Nietzsches ansieht. Das Universum bestehe aus einer endlichen Zahl ontologischer Entitäten, fester Einheiten, die durch eine „alles-oder-nichts-Interaktion"[32] gekennzeichnet sind, d. h. entweder in Interaktion stehen oder nicht. Andere Zustände sind auszuschließen. Sterling betont nun zu Recht, daß auf dieser Basis Dantos Argument als nicht triftig erwiesen werden kann. Wenn ‚Gesamtkraft' dasselbe meint wie ‚Anzahl der ontologischen Einheiten', und wenn ‚Lage der Kraft' dasselbe meint wie ‚Interaktions-Lage dieser ontologischen Einheiten', dann folgt daraus, daß die endliche Gesamtkraft die endliche Anzahl von Kraft-Lagen impliziert. Denn bei einer Alles-oder-nichts-Interaktion folgt aus einer endlichen Anzahl von Entitäten eine endliche Anzahl der La-

[29] A. Danto, *Nietzsche*, S. 206.
[30] A. Danto, a.a.O.
[31] M. C. Sterling, *Recent Discussions of Eternal Recurrence*, in: *Nietzsche-Studien*, 6 (1977), S. 264.
[32] M. C. Sterling, a.a.O., S. 265; vgl. dazu S. 266f.

gen. Indem Nietzsche die Vorstellung eines unendlichen Raumes zurückweist, wird ausgeschlossen, daß es eine unendliche Zahl möglicher Lagen der Entitäten gibt, die in der Rubrik der ‚nicht-interaktiven Lagen' zu verzeichnen wäre. Wenn n für die Zahl der ontologischen Einheiten steht, dann ergibt sich die Anzahl der möglichen Kombinationen aus n Einheiten zur k-ten Klasse nach der Formel: $\binom{n}{k} = \frac{n(n-1)\cdots(n-k+1)}{k!} = \frac{n!}{k!(n-k)!}$. Dies ist immer eine endliche Zahl, wenn n endlich ist. Auch damit ist Dantos Einwand zurückgewiesen.

In Hinsicht auf *Nietzsches* Lehre verkompliziert sich freilich die Situation dadurch, daß die Kraftzentren nicht, wie Sterling voraussetzt, als feste ontologische Elemente, sondern als Kräfte-Komplexionen, deren Machtsphäre sich vergrößern oder verringern kann, als in sich vielheitliche, fließende, teilbare und wesentlich als *relationale* Willen-zur-Macht-*Organisationen* aufzufassen sind. Die von Nietzsche konzipierten Willen-zur-Macht sind keine ontologischen Letzt-Einheiten oder festen Elemente, aus denen sich das Universum aufbaut oder zusammensetzt. Eine solche, noch im Bannkreis der Atomistik stehende Vorstellung ist aufgrund der Natur des dynamisch-relationalen Kraftbegriffs auszuschließen. Es gibt Nietzsche zufolge keine festen Entitäten, die sich im leeren Raume bewegen und dann zu Kombinationen zusammentreten oder nicht. Die Welt besteht nicht aus vielen konstanten ontologischen Einheiten. Sie ‚besteht' überhaupt nicht aus irgend etwas. Vielmehr ist sie das Gesamt der relationalen Willen-zur-Macht-*Vollzüge*. An den Geschehensprozessen ist der Macht-und-Relationen-Charakter das Wesentliche. Alle raumzeitlichen und sinn-symbolischen Gebilde sind konkreszierte Kräfte-, und das heißt Willen-zur-Macht-Organisationen. Und von den Kräften gilt, daß sie überhaupt nur *in und als* Relation *sind*. Die Kraftzentren als isolierte primäre Einheiten zu denken, die dann sekundär in Relationen eintreten oder nicht, würde den Geschehens- und Ereignischarakter der Willen-zur-Macht-Komplexe und damit einen ihrer wesentlichsten Aspekte zunichte machen. Woher aber dann die für das theoretische Wiederkunftsargument erforderliche Endlichkeit der Kräfte-Organisationen, wenn diese nicht als einfache Entitäten gedacht und die Endlichkeit andererseits auch nicht in einer bloß empirischen Unendlichkeit des fortschreitenden Teilenkönnens verschwinden darf?

Die Antwort ist in den voranstehenden Erörterungen bereits enthalten. Hier hilft allein die Unterscheidung von aktueller und synkategorematischer Unendlichkeit in Verbindung mit der absoluten Notwendigkeit des wirklichen Willen-zur-Macht-Geschehens weiter. Die Endlichkeit meint also nicht eine ein für alle Mal feststehende Stückzahl stabiler Letzt-Bausteine, die in Juxtapositionen treten oder nicht, sondern die wirklichen Willen-zur-Macht-Komplexe in ihrer unauftrennbaren Bezogenheit auf das endliche Gesamtquantum an Kraft/Energie, die, auf welcher Ebene auch immer man zählen würde, zwar unermeßlich groß, in dem oben ausgeführten Sinne jedoch nie aktuell-unendlich wären. In diesem Sinne konnte gesagt werden, daß zwar die Zahl der Kräfte-Organisationen selbst fortwährend im Fluß ist, daß dies aber keineswegs die Endlichkeitsschranke, wie diese für das Wiederkunftsargument von Bedeutung ist, durchbricht. Es geht also weder um eine fixe Zahl fester ontologischer Entitäten noch um die Zerlegung einer Summe in Teile im Sinne der auf sie zulaufenden, aber nie ihr Ziel erreichenden unendlichen Reihe, die alle Brüche in sich begreift, deren Zähler 1 und deren Nenner in geometrischer Progression fortschreitet. Soll überhaupt eine mathematische Vorstellung zur Verdeutlichung herangezogen werden, so könnte man höchstens sagen, daß es sich um die unauftrennbare und nicht gegeneinander ausspielbare Verschränkung handelt, die zwischen der Endlichkeit einer Gesamtmenge und der Endlichkeit ihrer echten Teilmengen, d. h. derjenigen Mengen, die zusammengenommen stets die Gesamtmenge ergeben, besteht. Darin tritt das Problem der unendlichen Approximation gar nicht auf. Auf die Welt der wirklichen Kräfte-Kombinationen übertragen kommt hinzu, daß die Anordnung, Gestalt, Richtung und Verknüpfung der Kräftemengen von der sich *im* Vollzug der Kräfte selbst-konstituierenden absoluten Geschehens-Notwendigkeit bestimmt wird, also keine Angelegenheit eines theoretischen Konstruktionsverfahrens ist. Kräftemengen sind stets definit.

Vor dem Hintergrund der bisherigen Erörterungen zur Endlichkeits-Unendlichkeits-Frage erreicht auch ein von Bernd Magnus herausgestellter Einwand nicht sein Ziel. Magnus schließt sich Dantos Argumentation gegen eine endliche Anzahl der Lagen an und hält es darüber hinaus für ein „interesting and subtle" Merkmal von Nietzsches Argumentation, daß der Begriff des endlichen Quantums der Energie „is silently dropped subsequently in favor of a *Gesamtlage*"[33] dieser Energie. Diese Einschätzung stützt sich auf eine längere Aufzeichnung Nietzsches, in der dieser im Ausgang von der Feststellung, daß die Gesamtkraft der Welt eine endliche Größe ist, über die von daher anzusetzende nicht-unendliche Zahl der „Lagen" (sowie die Einsicht, daß bis zu diesem jetzigen Augenblick eine Zeit-Unendlichkeit schon abgelaufen, mithin jede mögliche Lage und Kombination auch schon dagewesen sein muß) schließlich zu der Formulierung gelangt: „Alles ist unzählige Male dagewesen, insofern die Gesamtlage aller Kräfte immer wiederkehrt".[34] Darin sieht Magnus die Einführung einer neuen materialen Voraussetzung. Hier werde die Endlichkeit der Lagen bereits von der ewigen Wiederkehr der Gesamtlage abhängig gemacht. Die Unterscheidung von ‚Lagen', ‚Gesamtlage' und ‚Gesamtlagen' stelle von daher bestenfalls eine petitio principii dar. Denn in der For-

[33] B. Magnus, *Imperative*, S. 83 f.
[34] KGW V, 2, 11 (202), S. 421.

mulierung des genannten Satzes sei die Zahl der Lagen nicht deshalb endlich begrenzt, weil der Gesamtbetrag, das Quantum der Energie endlich ist, sondern weil das Ensemble der ‚Lagen' von endlicher Anzahl ist. Dann aber handle es sich um ein Zirkelargument. „It merely asserts that there are a finite number of members in the class *Gesamtlage*, because the set consists of a finite number of members".[35]

Diese Rede vom Zirkelargument verliert ihren Sinn, sobald man über einzelne und zugegebenermaßen irreführende Formulierungen in Nachlaßaufzeichnungen vor allem des Jahres 1881 hinaus den weiter gefaßten Begründungsrahmen der Wiederkunftslehre zur Anwendung bringt. Darin geht es um die Zusammengehörigkeit der Endlichkeit des Gesamtquantums *und* der nicht-unendlichen Anzahl der Lagen. Magnus bemerkt sehr richtig, daß in der zitierten Formulierung die endliche Zahl der Lagen nicht aus dem Gesamtquantum gefolgert wird. Aber dies kann nicht gegen Nietzsches Argument gewendet werden. Denn die endliche Anzahl der Lagen soll gar nicht direkt aus dem Gesamtquantum deduziert werden. Es ist immer mitzudenken und entsprechend zu interpolieren, daß die Lagen und deren Endlichkeit eine Konsequenz nicht direkt des Gesamtquantums, sondern zunächst der partikularen Aktionen und Reaktionen der nicht aktuell-unendlichen Kraftzentren sind. Wie diese wiederum mit der Endlichkeit des Gesamtquantums zusammenhängen, wurde oben dargelegt. Eine Eigenart des Verhältnisses zwischen Gesamtquantum, Kraftzentren, Kraft-Lagen und Kraft-Gesamtlage besteht darin, daß diese Aspekte weder voneinander logisch unabhängig sind noch monolinear aus dem Gesamtquantum deduziert werden müssen. Vor dem Hintergrund der Konstanz der Gesamtkraft der Welt, d. h. der Geltung des Energiesatzes, handelt es sich um Begründungsverhältnisse weniger deduktiver als vielmehr rekursiv-kohärenter und holistischer Art. In diesem Sinne wird auch die zunächst von der Nicht-Unendlichkeit der Kraftzentren her konzipierte endliche Anzahl der Kraft-Lagen durch eine Verschränkung mit der Gesamtmenge von ebendieser her zugleich garantiert.

Der Gesamtheit der energie-quantitativen Aktionen und Reaktionen der Willen-zur-Macht-Kräfte ist mit der Endlichkeit des Quantums eine obere Grenze gesetzt. Die Gesamtenergie kann nicht vermehrt werden. Das Kräftegeschehen kann mithin auch nicht über das Gesamtquantum hinauswachsen. Dies ist weder zu einem gegebenen Zeitpunkt und in räumlicher Ausdehnung noch in der zeitlichen Erstreckung des Weltprozesses möglich. Auf die Natur der Kräfte, d. h. auf ihr Wirkenmüssen und Machtwollen bezogen bedeutet dies in Nietzsches Sicht, daß die Verwandlung von Energie in Leben und dessen Steigerung, technisch gesprochen die Umwandlung von potentieller in ki-

---

[35] B. Magnus, a.a.O., S. 84.

netische Energie, einen Prozeß darstellt, der, da sowohl Stillstand als auch Verflüchtigung auszuschließen sind, schließlich eine Neuverteilung der Kräfte erfordert. Es handelt sich um maximal-ökonomische Prozesse der Um- und Neu-Organisation von Kraft/Energie. Die Verwandlung der Gesamtkraft steigt, so Nietzsches Auffassung, bis zu einem „Höhepunkt" und „sinkt von ihm wieder herab in einem ewigen Kreislauf".[36] Dies liefert kein schlußfolgerndes Argument für die Wiederkunftslehre. Jedoch wird sich später zeigen, daß diese Denkfigur in einem weiter gefaßten energie-theoretischen Rahmen sehr wohl zu deren Begründung beizutragen vermag.[37] Im Augenblick ist lediglich herauszustellen, daß der Kreislauf der ewigen Wiederkehr *nicht* aus der Konstanz der Gesamtmenge direkt abgeleitet wird. Zwischen Kraftmenge und Kreislauf besteht *kein* Deduktionsverhältnis. *Beide* sind für Nietzsche „Urgesetz"[38]. Daß sie schließlich in der Weise zusammengebracht werden, daß, vom ewigen Tätigseinmüssen und vom Steigerungscharakter der Willen-zur-Macht-Kräfte her gedacht, das Bestehen der Energie die Wiederkunftslehre erfordert, ist nur zu verstehen, wenn gerade nicht davon ausgegangen wird, Nietzsche wolle aus der Kraftmenge den Kreislauf direkt deduzieren. Es heißt ja auch, daß der Energiesatz die ewige Wiederkehr *fordert*, nicht, daß diese aus ihm *folgt*. Auf diese Zusammenhänge bezogen ist der Magnussche Vorwurf des Zirkelarguments gegenstandslos.

Der Problempunkt hat sich damit (a) auf das Verhältnis von Kraftzentren und Lagen sowie darauf, was dann unter der Rede von ‚möglichen' Konfigurationen zu verstehen ist, und (b) auf die Frage der Identität des ‚letzten' Zustandes der Kraft mit dem ‚ersten' verlagert. Was den zweiten dieser beiden Punkte betrifft, so muß Nietzsche zufolge der ‚letzte' physikalische Zustand der Kraftmenge, den man „erschließen" kann, „auch notwendig der ‚erste' sein". Die vorhandene Welt von Kräften „leitet *zurück* auf einen einfachsten Zustand dieser Kräfte: und ebenso *vorwärts* auf einen einfachsten Zustand, – könnten und müßten *beide* Zustände nicht *identisch* sein?"[39] Die Unterschiede in der Richtung, die diese Denkfigur von der in der Kritik vorherrschenden Fixierung auf die Deduktion des Kreislaufs aus dem Gesamtquantum trennt, ist nicht zu übersehen. Die Kritik geht zudem nur in eine Richtung, von dem Quantum auf dessen unbegrenzte Teilbarkeit nach innen. Hier dagegen werden Beziehungen leitend, die grundsätzlich in beide Richtungen gleichzeitig verlaufen, von der Gesamtmenge auf die Endlichkeit ihrer echten Teilmengen und von diesen wiederum, als wirken- und sich-steigern-müssende Kraft-, und

---

[36] KGW VIII, 2, 10 (138), S. 201.
[37] Vgl. dazu unten Kap. XII, 3.
[38] KGW V, 2, 11 (157), S. 400.
[39] KGW VII, 1, 1 (27), S. 11 und 1 (3), S. 5.

das heißt Willen-zur-Macht-Zentren aufgefaßt, zur Endlichkeit der Gesamtenergie der Welt. Es handelt sich also, und dieses Strukturmoment ist nachdrücklich herauszustellen, um Bezugnahmen zwischen den zwei Aspekten in beiden Richtungen. Erst in diesem Rahmen kann es um die *wirklichen* Bewegungsvorgänge gehen.

Möglicherweise ist hinter einer ausschließlich von der Gesamtmenge her argumentierenden Kritik auch noch die alte Vorstellung wirksam, in Nietzsches Wiederkunftslehre handle es sich um eine Kosmologie in dem Sinne, daß sich die kreisförmige Wiederkehr als eine Wirkung und Bestimmung der Teile ‚vom Ganzen her' ergibt. Doch der Weltbegriff, der Nietzsches Wiederkunftslehre zugrunde liegt, ist gerade nicht mehr im Sinne des alten Kosmos zu verstehen. In Hinsicht auf den Kosmos, das All, die Welt, das Seiende im ganzen ist für Nietzsche die Destruktion des Gedankens einer vorgegebenen, in sich normativen und den Vollzug ihrer Teile bestimmenden Ganzheit und Wirklichkeit kennzeichnend. Nietzsche besteht darauf, daß es das All als eine aus sich heraus verbindliche und tätige, etwa im Sinne eines Lebewesens oder einer Maschine aufzufassenden Wirklichkeit nicht gibt.[40] Dies ist auch im Rahmen der Wiederkunftslehre zu beachten. Die Welt der ewigen Wiederkehr ist das Gesamt der mit- und gegeneinander wirkenden und sich in ihren Konstellationen fortwährend verschiebenden, weder kausal-mechanisch noch teleologisch aufzufassenden und nicht von irgendeiner hintergründigen Vernunft in der Sache bestimmten Willen-zur-Macht-Organisationen. Doch interessiert im Augenblick stärker der erste der beiden oben genannten Problempunkte.

Der Grund, warum der Kritiker der Wiederkunftslehre gegen die Möglichkeit einer endlichen Anzahl von Kräfte-Lagen so entschieden Front macht, ist offensichtlich. Denn bei deren Akzeptierung „something like recurrence might be deduced"[41]. Hat man nun aber in dem dargelegten Sinne in der Tat von einer Nicht-Unendlichkeit der Kräfte-Organisationen auszugehen, so bleibt als systematische Sperre zur Abwehr von Nietzsches Folgerung allein noch die Behauptung, daß eine endliche Anzahl von Kraftzentren nicht dasselbe ist wie eine endliche Anzahl von Konfigurationen.[42] Dagegen ist jedoch folgendes einzuwenden.

Zwar ist es richtig, daß aus einer endlichen Anzahl von Elementen unendlich *viele* Konfigurationen gebildet werden können. Die endlichen Ressourcen stehen also der Unendlichkeit möglicher Kombinationen nicht im Wege. Aber, und das ist der entscheidende Punkt, bei einer finiten Ausgangsmenge

---

[40] Vgl. dazu KGW V, 2, *Die fröhliche Wissenschaft,* III, Aph. 109, S. 135; vgl. auch unten Kap. X, 1 und 3. Zur Abwehr des alten und teleologisch bestimmten Organismus-Modells vgl. oben Kap. V, 1–3.

[41] B. Magnus, *Nietzsche,* S. 96.

[42] Vgl. B. Magnus, a.a.O., S. 97.

sind nicht unendlich *verschiedene* Konfigurationen möglich.[43] Man denke zum Vergleich an die Zeichen einer Schrift. Aus ihrer begrenzten Anzahl können unbegrenzt viele, aber eben nicht unendlich verschiedene Sätze und Konkatenationen gebildet werden. Irgendwann einmal muß notwendig eine Wiederholung eintreten. Dies ist auch unter wahrscheinlichkeitstheoretischen Überlegungen der Fall, insofern die Wahrscheinlichkeit größer Null ist. In bezug auf das wirkliche Kräfte-Geschehen gewinnt die Wiederholung insofern noch an Plausibilität, als Bedingungen hinzutreten, die die Selbsterschöpfung des Spielraums untereinander verschiedener Kombinationen beschleunigen. Dies ergibt sich, sobald die dynamischen Kräftezentrierungen als Organisations-Komplexe endlicher und in ihren Vollzügen und Verknüpfungen absolut notwendiger Kräfte-Relationen, die zugleich eine Irreversibilität der Ereignis-Konkatenationen festlegen, aufgefaßt werden müssen.[44]

Die Kraftzentren, die nicht als mathematische und nicht als metaphysische Punkte, überhaupt nicht als feste Entitäten, sondern als Zentrierungen, als Konkreszierungen von Kräftefeldern, eben als Kräfte-Organisationen[45] aufzufassen sind, stellen in ihren Relationen, die sie *sind*, jeweils bereits eine Konfiguration dar. Zwischen den Kraft-Zentren und den Kraft-Lagen besteht also keine logische Lücke. Ein Zustand der Zentrierungen *ist* eine Lage. Zugleich lenkt dieser Aspekt, ohne die unbegrenzte Teilbarkeit nach innen leugnen zu müssen, den Blick erneut auf das *wirkliche* In-Konfiguration-sein der Willen-zur-Macht-Zentren. Diese *sind* nur, insofern sie sich in und als Relationengefüge, als Kräfte-Konfigurationen vollziehen. Darin liegt, daß hier weder ein substanztheoretisches noch ein mit starren Elementen operierendes Modell unterstellt werden darf. Ersteres führt in eine Metaphysik unendlicher Kraft, was mit einem sinnvollen Gebrauch des Kraftbegriffs nicht zu vereinbaren ist und schließlich in der Theologie enden müßte. Wird dagegen das zweite Modell angesetzt, dann rückt die erhoffte unendliche Verschiedenheit, die zur Widerlegung des Wiederkunftsargumentes benötigt wird, in noch größere Ferne. Denn dann würde man, selbst unter Ausschaltung des Grundsatzes, daß nur geschehen *kann*, was *wirklich* geschieht, die Schranke der Nicht-Unendlichkeit nicht durchbrechen können. Man lasse sich nicht beeindrucken von der rasanten Progression der unter Verwendung der Kombinatorik ins Spiel kommenden Zahlen. So riesig sie auch sein mögen, sie sind nie nicht-endlich bzw. nie aktuell-unendlich. Dabei steht diese Überlegung noch unter dem Zugeständnis, daß das wirkliche Kräftegeschehen überhaupt ein Anwendungsfall

---

[43] Vgl. in diesem Zusammenhang auch Kap. XII, 1.

[44] Zu den damit im einzelnen verbundenen Problemen vgl. unten Kap. XI, 2–4 und XII, 2 und 3.

[45] Vgl. dazu Kap. I, 4, S. 20ff.; III, 2, S. 88 und V, 2, S. 113ff.

der Kombinatorik ist. Diese Voraussetzung kann jedoch angesichts der internen absoluten Notwendigkeit der Vollzüge des Willen-zur-Macht-Geschehens und der damit verbundenen Konsequenz, daß nicht zu jedem Zeitpunkt immer wieder alle Möglichkeiten zur Disposition stehen, nur mit Einschränkungen übernommen werden. Sollte es sich dagegen jedoch tatsächlich um ein kombinationstheoretisches Problem handeln, dann ist zu betonen, daß man, wird die Kombinatorik nicht bloß halbherzig, sondern konsequent auf den Weltprozeß angewandt, dahin gelangt, wo auch Leibniz hingelangt ist, zu einer Lehre von der notwendigen Wiederkehr aller Dinge.[46]

Damit die Wiederkunftslehre theoretisch ausgewiesen werden kann, bedarf es nicht nur des Endlichkeits-Arguments. Weitere Bedingungen müssen erfüllt sein. Mit Oskar Becker ist zu betonen, daß Nietzsche in seinen Texten alle erforderlichen Aspekte anführt, die das Argument vollständig und gültig machen. Arthur Danto nennt in seiner Kritik am Wiederkunftsargument sieben Voraussetzungen, die gemeinsam erfüllt sein müssen, um daraus eine Wiederkehr der Ereignisse ableiten zu können: (1) die Gesamtsumme an Energie im Universum ist endlich; (2) die Anzahl der Kraft/Energie-Lagen ist endlich; (3) die Energie erhält sich; (4) die Zeit ist unendlich; (5) die Energie ist von unendlicher Dauer; (6) der Wechsel der Dinge ist ewig; (7) es gilt das Prinzip des zureichenden Grundes.[47] Über Dantos Auflistung hinaus wäre das Prinzip des zureichenden Grundes auf der Ebene der wirklichen Kräftevollzüge in (7′) den Notwendigkeitscharakter jeden Geschehens zu transformieren. Weiterhin fehlt in Dantos Zusammenstellung eine Voraussetzung, deren entscheidende Bedeutung Nietzsche offensichtlich klar erkannt hat, die Gesamtgestalt des Raumes. Es ist also noch zu ergänzen (8) die Nicht-Unendlichkeit, aber Unbegrenztheit des Raumes. Wichtig ist nun, daß diese Bedingungen, was Danto nicht beachtet, untereinander *nicht* logisch unabhängig, sondern im Sinne von Erfordernissen, Verweisungen und Implikationen miteinander verschränkt sind.

So ist (8) notwendige Bedingung dafür, daß (1) und (3) konzipiert werden können[48], wobei zur Begründung von (3) auf (7) zurückzugreifen ist. Auf diese Weise haben Leibniz und später Mayer den Erhaltungssatz gefunden. Gilt (1) als äquivalent $\binom{n}{k}$, d.h. (1) ≡ (2), dann ist (8) in diesem Sinne auch Bedingung für (2). (8) ist zugleich Bedingung ewiger Bewegung, d.h. von (6), im Sinne des Ausschlusses einer Verflüchtigung der Welt ins Nichts bzw. ihrer

[46] Zur kombinations- und buchstaben-theoretischen Apokatastasis-Lehre von Leibniz und deren Bezug zu Nietzsche vgl. unten Kap. VIII, 4.

[47] Vgl. A. Danto, *Nietzsche*, S. 206ff.; O. Beckers Arbeit a.a.O. (siehe oben Anm. 10).

[48] Vgl. dazu näher Kap. XI, 3.

Erstarrung. Dieser Aspekt muß zu der Einsicht hinzutreten, daß das Werden die dem Wesen der Dinge einzig angemessene Bestimmung ist. Ohne (8) kann also auch (6) nicht vollständig konzipiert werden. (6) wiederum erfordert (4), wobei (4) seinerseits unter Rückgriff auf (7) zu begründen ist. Es gibt keinen zureichenden Grund, die Zeit an einer endlichen Stelle beginnen und entsprechend an einem endlichen Punkt aufhören zu lassen. Das erstreckt sich, wird metaphysische Annihilation ausgeschlossen, auch auf (5), welches sich zugleich aus der Verbindung von (3) und (4) ergibt. Als Basisannahmen lassen sich mithin extrapolieren: (8), (1), (6), (7), wobei (7) im Sinne von (7′) verstanden werden muß, sobald es um den internen Notwendigkeitscharakter der Geschehens-Relationen und damit ineins der Lagen-*Ketten* geht, welche Verhältnisse nicht als kausale Grund-Folge-Beziehungen zu denken sind.

Entgegen der Absicht ihres Autors ist die obige Liste der Bedingungen also vorzüglich geeignet, das Wiederkunftsargument auch in seiner theoretischen Plausibilität vor Augen zu führen. Obwohl in dieser Zusammenstellung noch nicht dem spezifischen Vollzugs- und internen Notwendigkeitscharakter der dynamischen Willen-zur-Macht-Kräfte Rechnung getragen wird, und obwohl die für das Argument zentrale Bedingung (8) ganz fehlt, ergibt sich ein Wiederkunftsargument, sobald erkannt wird, daß Nietzsche alle erforderlichen Bedingungen anführt, und daß die einzelnen Bedingungen nicht voneinander logisch unabhängig sind, ihre Beziehung mithin keine des bloß äußerlichen Nebeneinanders ist. Darüber hinaus läßt sich innerhalb der Reihe der Voraussetzungen noch unterteilen nach unverzichtbaren Grundbedingungen und nach den mit diesen implizit zugleich erfüllten Nebenbedingungen. Es ist also nicht so, wie Danto behauptet, daß erst die Gesamtheit aller genannten Bedingungen die Möglichkeit des Wiederkunftsarguments eröffnet. Dazu reicht bereits die extrapolierte Minimalgruppierung.[49] Wollte man diese Zusammenhänge zwischen der Gesamtenergie und dem Wiederkunftsargument auf der Grundlage der durchgeführten Endlichkeitsüberlegungen und der Kombinatorik formalisieren, so ließe sich (bei G für ‚endliche Gesamtkraft' und UW für ‚Universum der ewigen Wiederkehr') schreiben: $G \equiv \binom{n}{k} = \frac{n!}{(n-k)!\,k!} \xrightarrow{(6),\,(7'),\,(8)} UW$. Insofern allein die Wiederkunftslehre den Weltprozeß im ganzen und in jedem sei-

[49] Vgl. auch M. C. Sterling, a. a. O., S. 267f., der Dantos Bedingungen (1), (6) und (7) für ausreichend hält, um zu Nietzsches Universum der Wiederkehr zu gelangen, und dabei (7) zwar nicht im Sinne der absoluten Geschehens-Notwendigkeit, aber doch schon als dasjenige Moment versteht, das die Abfolge-Ordnung der Lagen festlegt. Allerdings wird auch bei Sterling die für das Wiederkunftsargument zentrale Bedingung (8), wie bei Danto, nicht einbezogen. Aus (1), (6) und (7) allein ergibt sich noch nicht ein zwingender Übergang in den Kreislauf-Gedanken der ewigen Wiederkehr. Die Bewegung der Kräfte-Lagen könnte sich immer noch ins Nichts verflüchtigen oder im Sinne der Wärmetodhypothese erstarren.

ner Momente von jedweder Rechtfertigungsbedürftigkeit befreit, wäre die Abkürzung *UW* zugleich als „*Unschuld* des Werdens“[50] zu lesen.

Es ist jedoch daran zu erinnern, daß mit dem Hinweis auf die mögliche theoretische Triftigkeit der Wiederkunftslehre noch nichts über deren *philosophischen* Sinn entschieden ist. Aus der theoretischen Ausweisbarkeit läßt sich nicht der Schluß ziehen, daß das ganze Argument als ein wissenschaftlich-theoretisch-logisches bzw. als ein empirisch-physikalisches Argument aufzufassen ist. Ein solcher Schluß wäre seinerseits noch als ein formallogischer Fehler anzusehen, ebenso wie die dazugehörige umgekehrte Folgerung, von einer Nicht-*Beweis*barkeit darauf schließen zu wollen, daß sich auch keine guten Gründe anführen lassen.

3. *Identität und Wiederkehr des Gleichen*

Den Sinn der Wiederkunftslehre möchte Bernd Magnus, in Anknüpfung an einen Heideggerschen Terminus sowie in Aufnahme und Weiterführung einer These von Wolfgang Müller-Lauter, am existenziellen In-der-Welt-sein des Übermenschen festmachen. Um dies zu profilieren, bringt Magnus zunächst Überlegungen ein, die den endgültigen Ausschluß der wissenschaftlich-theoretischen Texte, und das heißt der Nachlaß-Texte, aus dem Sinnhorizont der Wiederkunftslehre zur Folge haben sollen.[51] In gut analytischer Manier stützt sich seine Argumentation auf einen Überlegungsgang, der schließlich darauf hinauslaufen soll, daß jede Version des Wiederkunftsarguments etwas in sich Selbstwidersprüchliches behaupte und auch behaupten müsse, nämlich dies: daß ‚Ereignis‘ und ‚Wiederkehr eines Ereignisses‘ indiszernibel-identisch und doch zugleich auch numerisch-distinkt sind. ‚Wiederkehr‘ stellt, so das Fazit dieses Einwandes, nur einen anderen Namen für ‚Ereignis‘ dar, nicht aber ein anderes numerisch-distinktes Ereignis neben diesem. Wiederkehr ist „a seductive grammatical construct“[52]. Zu dem gleichen Ergebnis gelangt Magnus, indem er auf Zeit-Unterscheidungen als Basis dafür rekurriert, ‚Wiederkehr‘ von ‚Ereignis‘ unterscheiden zu können. Für den Fall, daß die Zeit nicht zur Basis der Unterscheidung von Ereignis und Wiederkehr gemacht wird, folge, daß ein und demselben Ereignis zwei Namen gegeben werden. Wird dagegen die Zeit explizit als die numerische Differentia herangezogen, dann

---

[50] Diesen Ausdruck verwendet Nietzsche etwa in KGW VI, 3, *Götzen-Dämmerung*, (*Die vier grossen Irrthümer*, Aph. 7 und 8), S. 90f.

[51] B. Magnus setzt sich jedoch nicht mit den Beweisgängen O. Beckers (siehe oben Anm. 10) auseinander. Anders dagegen W. Müller-Lauter, *Nietzsche*, S. 164ff., der in der Nietzsche-Forschung zu den wenigen gehört, die Beckers Anstrengungen ernst nehmen, obwohl er sie im Zuge seiner eigenen Zurückweisung einer theoretischen Begründung des Wiederkunftsgedankens nicht für erfolgreich hält.

[52] B. Magnus, *Imperative*, S. 107.

ergebe sich ein „unresolvable paradox". Dasselbe Ereignis „both occurs at ‚the same' time and does not occur at ‚the same' time"[53].

Die Unvereinbarkeit der beiden Aspekte (d.h. das Zugleich von ‚indiszernibel-identisch' und ‚numerisch-distinkt'; und das Zugleich von ‚Zur-selben-Zeit-Geschehen' und ‚Nicht-zur-selben-Zeit-Geschehen') will Magnus als Argumente gegen jedwede Wiederkunftslehre, also nicht nur gegen diejenige Nietzsches gerichtet wissen.[54] Er beendet seine Argumentation gegen den Geltungsanspruch einer wissenschaftlich-theoretischen bzw. empirischen Auffassung der Wiederkunftslehre, indem er die Alternative von periodischer Zeit oder nichtperiodischer Zeit kontradiktorische Widersprüche produzieren läßt, die schließlich die Einmaligkeit von Ereignissen als einzig möglichen Bezugsrahmen hervortreten lassen sollen. „If time is cyclical, we cannot in any meaningful way distinguish events, world-states, and their recurrences. We cannot mark their befores and afters. If time is not cyclical, we have one event bearing two names. *Ergo, either occurrence or noncircular time.* ‚This identical life' can occur but once, it would appear".[55]

Das sind gewichtige Argumente. Sie beruhen auf einer bestimmten Interpretation des auf Leibniz[56] zurückgehenden Prinzips der Identität der Indiszernibilien (im folgenden als Pii abgekürzt), demzufolge Zweierlei Ununterscheidbares als Einunddasselbe anzusehen ist. Die Herausforderung kann in der Frage zusammengefaßt werden: Läßt sich die Wiederkunftslehre überhaupt denken oder zerstört sie sich nicht notwendigerweise selbst? Letzteres erfolgreich zu demonstrieren, käme dem Aufweis gleich, daß der Wiederkunftsgedanke, wenn überhaupt einen, dann keinen über ein bloß psychologisches oder über ein existenzielles Verständnis hinausgehenden Sinn haben kann. Die Herausforderung ist also grundsätzlicher Natur. Wie ist ihr zu begegnen?

Zunächst muß auch hier wiederum an die bereits betonte Differenz zwischen der formalen Verstandeslogik und den Vorgängen und Beziehungen in der Wirklichkeit erinnert werden. Das Pii ist ein Grundsatz des reinen Verstandes, für dessen Anwendung auf die wirklichen Vollzüge der Willen-zur-Macht-Prozesse und *deren* Notwendigkeit, Voraussetzungen und Implikationen ein zusätzlicher Aufweis verlangt werden kann.[57] Sodann ist zu beachten,

---

53 a.a.O., S. 109.

54 Vgl. a.a.O., S. 116.

55 a.a.O., S. 110.

56 Vgl. *Discours de métaphysique*, § 9; *Monadologie*, § 9; *Nouveaux essais* II, 27, §§ 1,3.

57 Dies ist zu unterscheiden von der Kritik, die Kant am Leibnizschen Pii übt. Kant sieht dieses Prinzip als ein Beispiel für die „Trüglichkeit" der Versuche an, den reinen Verstandesbegriffen auch ohne apriorische Anschauung, d. h. auch ohne Sinnlichkeit, objektive Realität zuzusprechen. Vgl. I. Kant, *Welches sind die wirklichen Fortschritte* . . ., in: *Werke*, Ausg. W. Weischedel, Bd. V, S. 614f.

daß Nietzsche die Geltung des Pii innerhalb eines Weltenlaufs, und zwar um der Sicherung der Einzigkeit dieser Welt willen, nachdrücklich betont. Innerhalb einer series rerum gibt es auch für Nietzsche keine zwei völlig gleiche, d.h. in allen ihren Merkmalen, Funktionen und Relationen vollständig übereinstimmende Dinge. Und was schließlich die Lehre der ewigen Wiederkehr des Gleichen betrifft, so ist von vornherein ein grundsätzlicher Aspekt herauszustellen.

Die Wiederkunftslehre wird nicht von außerhalb, nicht vom Standpunkt eines externen und fixen Beobachters, sondern von innen her, von innerhalb der Ereignis-Kette konzipiert. Aufgrund der Zugehörigkeit zu ebendem Geschehen, um dessen Verlaufsform es geht, und aufgrund der damit verbundenen und nicht-hintergehbaren Selbstreferenz des Weltprozesses ist für den Ewigen-Wiederkunfts-Gedanken kennzeichnend, daß der externe Beobachter systematisch ausgeschlossen ist. Entscheidend wird vielmehr der bereits hervorgehobene Gesichtspunkt, daß der ‚letzte' erschließbare Zustand des Weltprozesses mit dem ‚ersten' identisch ist, oder anders formuliert, daß der letzte Zustand in der Ereigniskette stets derselbe sein muß.[58] Erst also am ‚Schluß' der Prozeß-Kette, der ineins ‚Anfang' ist, tritt zum ersten Mal ein möglicher Konflikt mit dem Pii auf. Allerdings ist hier schon zu beachten, daß diese Identität von ‚Ende' und ‚Anfang' nicht eine Duplikation darstellt. Es geht in diesem Falle also nicht um Duplikate, sondern um das zeitlich unterschiedene Wiederauftreten einunddesselben Gesamtzustandes. Denn wären *diese* beiden Zustände verschieden, so könnte aus ihnen nichts Gleiches, d.h. kein identischer Geschehenslauf entspringen. Es könnte sich dann nicht um eine kreisförmig in sich selbst zurücklaufende Form der Weltbewegung handeln. Geht von hier aus der Gedanke nun noch bis zu der Vorstellung weiter, daß es dann viele numerisch-distinkte und doch zugleich indiszernibel-identische Geschehens-*Ringe* geben muß, so scheint der Verstoß gegen das Pii offensichtlich. Aber es ist nachdrücklich zu betonen, daß dieses Vorlaufen des Gedankens, das für die existenzielle Dimension des Wiederkunftsgedankens durchaus wichtig sein kann, für die ganz aus der Immanenz des Weltprozesses implikativ entfaltete Wiederkunftslehre, die kein Objektivismus, d.h. als Erfahrungs- und Denkinhalt nicht etwas objektiv Gegebenes ist, nicht mehr konstitutiv ist. Die Wiederkunftslehre ist Konsequenz mehrerer Endlichkeitsbedingungen. Und zu dieser Endlichkeit gehört auch, daß der externe Beobachter ausgeschlossen, und daß alle Kraftzentren, nicht nur der Mensch, notwendig perspektive-gebunden, daß sie in ihrer Perspektivität gefangen sind. Die Wiederkunftslehre ist keine auf einen außer-weltlichen Standpunkt angewiesene Theorie. Sie ist *intern* mit dem Weltprozeß verknüpft.

---

[58] Vgl. oben S. 212f.

Die Frage nach der Vereinbarkeit der indiszerniblen Identität mit der von der Wiederkunftslehre zunächst, würde man sie als einen Objektivismus verkürzen, nahegelegten Möglichkeit einer Bestimmung der numerischen Distinktheit der Ereignisse zu ihrer eigenen Wiederkehr, zu sich selbst, und der Kreisringe im ganzen zueinander, würde neben dem externen Beobachtungsstandpunkt, den es für den endlichen Menschen nicht gibt, ein Wesen von der bereits bei Leibniz beschriebenen und später unter dem Titel der Laplaceschen Intelligenz berühmt gewordenen Art erfordern. Die Sinnhaftigkeit einer solchen Annahme einmal unterstellt, würde ein Wesen dieser Fähigkeit nicht nur in jedem gegenwärtigen Moment alle Vergangenheit und alle Zukunft in ihrer notwendigen Verkettung, die vollständige interne Bestimmung jedes einzelnen Momentes, sondern auch die Weltenläufe als ganze noch einmal in ihrer identischen Kreisförmigkeit klar vor sich sehen. Freilich ist dies weder bei Leibniz noch wäre es bei Nietzsche im Sinne eines physikalistischen Determinismus Laplacescher Prägung zu verstehen. Diese Über-Intelligenz würde, um mit Leibniz zu sprechen, „ein Prophet sein und in dem Gegenwärtigen das Zukünftige sehen, gleichsam als in einem Spiegel“[59]. Wenn es ein Wesen gäbe, daß in dieser Weise in das Wie der internen Notwendigkeit des diese Welt und damit die ganze series rerum ausmachenden Willen-zur-Macht-Geschehens ein- und vor-blicken könnte, so würde es, analog zu der bei Leibniz dann zu erwartenden Einsicht in das vollkommene System der prästabilierten Harmonie, bei Nietzsche zur Einsicht in die kreisförmige ewige Wiederkehr aller Dinge gelangen. Auch dies ist ein möglicher Sinn der Kennzeichnung des Wiederkunfts-Gedankens als eine Prophezeiung, als eine „Wahrsagung“[60]. Jedoch muß, und dies ist in bezug auf eine sich vom Pii herleitende Kritik an der Wiederkunftslehre zu beachten, ein solcher unendlicher, göttlicher Verstand im Falle des Wiederkunftsgedankens *nicht* bereits vorausgesetzt werden. Freilich ist auch deutlich geworden, daß das Pii zur Demonstration der denk-logischen Unmöglichkeit des Wiederkunftsarguments (im folgenden als W- Argument abgekürzt) besonders erfolgversprechend scheint. Denn wenn zwischen einem Ereignis und der Wiederkehr desselben Ereignisses Ununterschiedenheit herrscht, dann handelt es sich, dem Pii zufolge von Anfang an und tatsächlich um Einunddasselbe. Dann aber scheint es einzig sinnvoll, von *einem*

---

[59] G. W. Leibniz, *Hauptschriften*, Bd. II, S. 130; vgl. dort auch die Einleitung von E. Cassirer, S. 13. Vgl. *Disc. de métaphysique*, § 14.

[60] Vgl. KGW VII, 2, 25 (1), S. 5 (Titel-Skizze); vgl. 25 (6) und 25 (7). Der andere und gewichtigere Sinn der Rede von ‚Prophezeiung‘ ist wohl darin zu sehen, daß der Wiederkunftsgedanke schließlich, *nachdem* die vielen an sich möglichen Interpretationen des Welt-und-Selbst-Verhältnisses durchlaufen sind, unausweichlich wird. Die Wiederkunftslehre tritt erst *zuletzt*, als die *Interpretation der Interpretationen* hervor. Vgl. dazu unten Kap. VIII, 5, S. 310–320. Dem entspricht, daß Zarathustra erst der Verkünder, noch nicht die Verkörperung dieses Gedankens ist, dessen Schicksal durch eine recht komplizierte Selbst-Mäeutik bestimmt ist.

Ereignis, nicht aber von der Wiederkehr eines Ereignisses zu sprechen. Doch ist zu fragen, ob das Pii diesem Einwand wirklich zu Gebote steht.

Eine solche Prüfung hat, will sie nicht bloß äußerliche, sondern interne Kritik sein, zunächst davon auszugehen, daß das Pii ein sinnvolles Prinzip des Verstandesdenkens ist. Allerdings ist vorab auf einen umfassenderen und auch im Hinblick auf die philosophische Begründung des Wiederkunftsgedankens wichtigen Aspekt aufmerksam zu machen. Ein Denken, dem die Identität der Indiszernibilien Prinzip ist, stellt eine bestimmte Art interessierten Denkens dar. Das Pii ist selbst bereits eine Perspektive. Es fällt keineswegs aus der Perspektivität als solcher heraus. Dies zeigt sich vor allem bei seinem Begründer Leibniz in aller Klarheit. Die metaphysisch-theologischen Vorentscheidungen des Leibnizschen Systems legen einen Rahmen fest, der das Pii erfordert. Dieses Prinzip ist für Leibniz unverzichtbar, weil anderenfalls Schwierigkeiten für den Begriff Gottes, für das Prinzip des Besten (dem dieser Gott in seiner vor-weltlichen Kalkulatorik, aus der diese Welt als die beste aller möglichen hervorgegangen ist, untersteht) und für die Metaphysik der individuellen Monaden entstehen würden. Das Pii ist mithin keine interpretations-freie Instanz, sondern seinerseits eine bestimmte Strategie der Welt-Auslegung. Dies bleibt es auch dann, wenn es nicht mehr an metaphysische Systeme gebunden, sondern als ein wesentlicher Bestandteil des endlichen Denkens aufgefaßt wird. Auf die Wiederkunftslehre bezogen bedeutet dies, daß selbst wenn diese im Rekurs auf das Pii in Frage gestellt werden könnte, davon die für den philosophischen Sinn dieses Gedankens entscheidende Begründungsebene, die des geschehens-logischen Interpretations-Zirkels, nicht betroffen wäre. Denn die Interpretativität liegt dem Pii voraus, und nicht ist dieses Maßstab für jene. Doch diese Aspekte sind erst im nächsten Kapitel zu verfolgen. Zunächst geht es um die vom Pii selbst ausgehende Widerlegungskapazität.

Die Rede von zwei ununterscheidbaren Gegenständen/Ereignissen/Personen, die tatsächlich einunddasselbe sind, scheint auf den ersten Blick selbstwidersprüchlich. Mit Leibniz ist daher zunächst auf einen wichtigen Unterschied zu achten. Die Leugnung des realen Vorhandenseins zweier völlig gleicher ununterscheidbarer Gegenstände beinhaltet nicht die Unmöglichkeit ihrer begrifflichen Setzung. Bestritten wird von Leibniz vielmehr nur ihre Existenz, weil diese „der göttlichen Weisheit widersprechen würde". Wenn wirklich zwei ununterscheidbare Dinge existierten, so wären sie zwei, nicht eins. Leibniz betont, daß bereits die in eine solche Feststellung eingehende Voraussetzung falsch ist und dem Prinzip des zureichenden Grundes widerspricht.[61]

[61] Denn gäbe es zwei reelle, absolut ununterscheidbare Wesen, „so würden Gott und Natur, wenn sie das eine anders als das andere behandelten, etwas ohne Grund tun" (Leibniz' fünftes Schreiben an Clarke, zu den §§ 3 und 4, in: *Hauptschriften*, Bd. I, S. 172). Folglich, so Leibni-

Nun kann man aber fragen, ob es nicht einen möglichen Sinn der Rede vom ‚Zweierlei Ununterschiedenen' gibt, in dem die Zweierleiheit weder auf die durch das Pii nicht ausgeschlossene Möglichkeit der begrifflichen Setzung reduziert noch in die Konsequenz der Annahme mehrerer reeller, aber absolut ununterscheidbarer Welten getrieben wird, und darüber hinaus die Zweierleiheit weder unter Berufung auf das Prinzip des zureichenden Grundes noch durch Bezugnahme auf die göttliche Weisheit von vornherein ausgeschlossen ist. Komplementär dazu ist nach der Möglichkeit zu fragen, die Einerleiheit nicht einfach aus der selbst-identifizierenden Feststellung $a \equiv a$ und $a \not\equiv b$ herzuleiten. Diese Bedingungen sind, ohne das Pii zu sprengen, allein im Falle eines *zeitlichen Wieder*auftretens Desselben erfüllt. Aus der Perspektive eines so gewendeten Pii erweist sich auch der Gedanke einer kreisförmig identischen Wiederkehr als ein Konzept, das dem kongruenten Ineinanderstehen von Zweierleiheit und Indiszernibilität nicht unbedingt widersprechen muß. Man könnte hier sogar eine Art apagogische Verbindung zwischen Pii und Wiederkunftslehre sehen. Es ist also keineswegs von vornherein ausgemacht, daß das Pii zur Destruktion der Wiederkunftslehre führt.

Das Pii bezieht sich nicht nur auf den Aspekt der Einmaligkeit an einem bestimmten Ort und zu einer bestimmten Zeit. Es erstreckt sich auch auf die Identität von Gegenständen, wenn diese, obwohl nicht kontinuierlich beobachtet, an einem anderen Ort und zu einer verschiedenen Zeit wieder auftreten und als einunddieselben identifiziert und wiedererkannt werden.[62] Aus dem Pii kann mithin nicht der Schluß gezogen werden, daß das Wiederauftreten innerhalb einer Serie zu verschiedenen Zeiten hinreichend ist „to defeat the identity".[63] Auf eine solche Folgerung kann nur verfallen, wer unbemerkt die

zens Überlegung, bringt Gott erst gar nicht zwei ununterscheidbare Wesen hervor. Weil die Schulphilosophie den Fehler gemacht habe, anzunehmen, es gäbe Dinge, die sich nur dadurch unterscheiden, daß sie zweierlei sind, also „solo numero" unterschieden sind, sei sie gegenüber dem principium individuationis ratlos gewesen (a. a. O., S. 174).

[62] Beispiel: ‚Ist der Regenschirm, den Peter in der Hand hält, ein und derselbe Regenschirm, den Paul gestern in Hamburg gekauft hat?' Antwort: ‚Ja, es ist ein und derselbe' bzw. ‚Nein, es ist nicht ein und derselbe'.

[63] B. Magnus, *Nietzsche's eternalistic counter-myth*, in: *The Review of Metaphysics*, 26 (1973), S. 615. – Auch M. C. Sterling setzt ein Fragezeichen an diese These und verweist auf eine andere, jedoch nicht am identischen Wiederauftreten, sondern an dem berühmten Wachs-Beispiel der *Zweiten Meditation* Descartes' orientierte Komponente der Identitätsfrage. Ist ein zu einem Knäuel geformtes Blatt Papier identisch mit dem vormaligen Blatt in einem Notizbuch? *Diese* gegenstands-theoretische Identität, selbst bei Veränderungen der Eigenschaften etwas als dasselbe aufzufassen, setzt Sterling darüber hinaus mit der personalen Identität einer Ich-Geschichte gleich und kann dann etwa fragen, ob der Autor M von heute identisch ist mit dem M von vor fünf Jahren? Wird dies bejaht, dann sei nicht zu sehen, wie die Behauptung aufrechtzuerhalten ist, daß „occurring at different times ‚defeats' identity" (M. C. Sterling, *Recent Discussions*, S. 291).
Sterlings Einwand übersieht allerdings, daß es sich in der Wiederkunftslehre um das Problem des identischen *Wieder*auftretens in den nächsten bzw. in den vormaligen Zyklen, nicht aber

Indiszernibilität auf eine absolute raum-zeitliche Einmaligkeit einengt und mit dieser gleichsetzt. Dies jedoch folgt nicht aus dem Pii selbst.

Um die Schwierigkeit zu verdeutlichen, die ein Ich hat, sich mit derjenigen Person zu identifizieren, die genau diejenigen Aktionen, die das Ich jetzt ausführt, schon unzählige Male zuvor ausgeführt hat und auch in Zukunft unzählige Male ausführen wird, greift Magnus auf eine Analogie zurück. Das ist aufschlußreich. Denn es zeigt sich, daß in der darin verwendeten Denkfigur weder dem Pii noch dem Weltbegriff, der dem Pii zuzuordnen und auch für die Wiederkunftslehre kennzeichnend ist, angemessen Rechnung getragen wird. Angenommen es gibt irgendwo im Universum einen Planeten, der genau so ist wie die Erde, und dort sitzt eine Person A', die denselben Vortragstext für dasselbe Publikum niederschreibt wie die Person A auf dieser Erde, in diesem Augenblick. Einer der Gedanken, den A' jetzt ebenso hat wie A, ist, daß er, A', nicht A ist, obwohl zwischen beiden eine Identität der Indiszernibilien besteht. A, der diese Überlegung anstellt, glaubt, daß A' mit dieser Überlegung Recht hat. Denn beide seien „at least numerically (and perhaps spatially) distinct“[64].

Betrachtet man dieses Beispiel näher, so zeigt sich jedoch, daß es gar kein wirklicher Fall des Pii ist. Denn es stellt nicht nur von Anfang an zweierlei Ununterschiedenes als tatsächlich unterschieden fest (was es, dem Pii zufolge, in Wirklichkeit gerade nicht gibt), sondern es hält diese Zweiheit auch bis zum Ende durch. Die Zweiheit wird durch den Hinweis auf die numerische Distinktheit noch hervorgekehrt, mündet also nicht, wie das Pii fordert, darin, daß das Zweierlei-Scheinende tatsächlich und von Anfang an Einunddasselbe ist. Darüber hinaus verletzt dieses Beispiel den dem Pii zugehörigen Weltbegriff an einem zentralen Punkt. Vorausgesetzt wird, daß an verschiedenen Orten völlig gleiche Welten existieren. Dies widerspricht sowohl Leibnizens wie auch Nietzsches Auffassung von ‚Welt‘. Für Leibniz ist Welt in zeitlicher Di-

---

um Identität im Sinne des in allem Wechsel (des Ortes, der Zeit, der Eigenschaften) Sich-Durchhaltenden handelt. Es geht nicht darum, daß sich etwas durch alle der Welt als ganzer überhaupt nur möglichen Ereignis-Ketten durchhält, sondern darum, daß alles und jedes erneut wiederkehrt und auch schon dagewesen ist. Dies sind zwei zu unterscheidende Identitätsprobleme.

Daß verschiedene bzw. wechselnde Eigenschaften eines Gegenstandes oder einer Person nicht notwendig auf verschieden Entitäten schließen lassen, zeigt sich an den Funktionen des menschlichen Begriffsschemas selbst. Dieses spricht Identität gerade auch dann zu, wenn sich kennzeichnende Merkmale geändert haben (z. B. wenn eine Person nach längerer Zeit und nach sichtlichen physischen und sonstigen Veränderungen als dieselbe Person wiedererkannt und angesprochen wird). Deshalb kann das Pii nicht einfach in die Form gebracht werden: ‚wenn a genau dieselben Merkmale hat wie b, dann sind a und b numerisch identisch, einunddasselbe‘. Es ist nicht so, daß jeder Wechsel der Merkmale die Annahme einer neuen Entität und einen neuen Namen bzw. ein neues Begriffsschema erfordert. – Vgl. in diesem Zusammenhang auch B. Magnus, *Imperative*, S. 99f.

mension die ganze Folge der miteinander verknüpften Dinge und Ereignisse, und sie bedeutet in räumlicher Dimension das Gesamt, das ganze Beieinander aller überhaupt nur existierenden Dinge. Warum legt Leibniz so großen Wert auf diese Bestimmung? Antwort: „damit man nicht sagen kann, mehrere Welten könnten zu verschiedener Zeit und an verschiedenen Orten bestehen".[65] Auf welche Weise Weltbegriff und Pii hier zusammengehören, wird daran deutlich, daß im Falle eines Ausschlusses des Pii nicht nur ‚mehrere Welten', sondern sogar ‚mehrere *völlig gleiche* Welten' angenommen werden könnten. Die Welt aber ist, insgesamt gesehen, *eine* Welt, *ein* Universum. Für sie gilt das Kontinuitätsprinzip, d.h. sie ist, wie Leibniz sich ausdrückt, „aus einem Stück, gleich dem Ozean"[66]. Und in dieser *Einen* Welt kann es, dem Pii zufolge, nicht etwas geben, das tatsächlich zweierlei und doch ununterschieden ist. Daß die Welt *Eine* Welt, und daß sie vom Charakter des sich als Kräfte-Relationen vollziehenden Kontinuums ist, ist auch für den in der Wiederkunftslehre verwendeten Weltbegriff grundlegend. Dies hat nichts damit zu tun, daß *diese* Eine Welt für Nietzsche bloß als das Zusammenspiel der *vielen* kleinen Welten *ist*, und daß sie, ganz im Unterschied zur Leibnizschen Auffassung, keine wohl-geordnete Welt ist, für die der von Leibniz vertretene metaphysische Optimismus angebracht wäre.

Wird die Zweierleiheit nicht nur durch die Betonung einer numerischen, sondern auch durch Hinweis auf eine räumliche Distinktheit hervorgehoben, dann ist mit der Frage nach dem ‚Ort' ein Aspekt berührt, der in den Diskussionen um das Pii eine wichtige Rolle spielt. Allein es ist zu vermerken, daß gerade dieser Gesichtspunkt destruierend auf die Beweisabsicht des obigen Beispiels zurückschlägt. Wird der *örtliche* Unterschied als Grund der Möglichkeit mehrerer völlig gleicher Welten angenommen, so muß der ‚Ort' als ein essentielles Bestimmungsmoment, als eine Eigentümlichkeit des Einzeldings selbst aufgefaßt werden.[67] Denn er wird darin als der Grund der numerischen Distinktheit aufgefaßt. Ist dies aber der Fall, dann kann es überhaupt keine völlig gleichen, identischen Welten und Dinge mehr geben. Zumindest im Ort würden sie nie völlig übereinstimmen. Dies läßt sich auf das angeführte Beispiel anwenden. Wenn es tatsächlich eine sich durchhaltende spezifische Distinktheit zwischen A und A' gibt, so ist eben damit der Aufweis geliefert, daß es sich nicht um einunddasselbe A handelt. Dann aber geht es um einen Fall, der weder gegen das Pii noch gegen das Wiederkunftsargument gemünzt werden kann. Und entsprechend ist umgekehrt herauszustellen: Wenn das Zwei-

---

64 B. Magnus, *Counter-Myth*, S. 615.
65 G. W. Leibniz, *Théodicée* I, § 8.
66 Ebenda.
67 Vgl. J. E. Heyde, *Indiscernibilien*, in: *Histor. Wörterbuch der Philosophie*, hg. von J. Ritter und K. Gründer, Bd. IV, 1976, Sp. 285.

erlei Einunddasselbe ist, so folgt daraus weder die *zeitliche* Einmaligkeit noch die Unmöglichkeit einer Wiederkehr als Dasselbe. Daß es zu derselben Zeit irgendwo eine Person A' gibt, die mit A indiszernibel-identisch ist, ist unter der Geltung des Pii für A nicht zu ‚denken', während das Pii für A selber die Möglichkeit, daß A, so wie er ist, in der Zeit wiederkehren kann bzw. schon einmal dagewesen ist, nicht ausschließt. Freilich stellt die logische Unmöglichkeit der Exklusion ihrerseits noch keinen positiven Grund für das W-Argument dar. Festzuhalten aber ist, daß das Pii das W-Argument nicht systematisch ausschließt. Mehr ist zunächst nicht erfordert, da das Argument nach seiner positiven Seite hin nicht im Rekurs auf das Pii begründet werden soll.

Darüber hinaus ist anzumerken, daß die ausnahmslose Gültigkeit des Pii in der *Einen* Welt nichts gegen die Möglichkeit besagt, daß diese Welt im ganzen, die ganze series rerum ihrerseits wiederkehrt. Der Kreislauf der Welt im Sinne des Ereignis-Rings der Wiederkehr ist nicht einfach dasselbe wie die Geschehens-Kette der Einen Welt. Für die Übertragbarkeit des Pii als eines reinen Verstandesgrundsatzes auf diese Figur könnte, wie in der Frage seiner Anwendbarkeit auf die Beziehungen und Vorgänge in der Wirklichkeit[68], durchaus ein eigener Nachweis verlangt werden. Diesen einmal vorausgesetzt ergeben sich jedoch keine Argumente, die zur Destruktion der Wiederkunftslehre eingesetzt werden könnten, sobald die *zeitliche* Zweierleiheit im Sinne eines *Wieder*auftretens von ansonsten Ununterscheidbarem als wichtiger Anwendungsfall des Pii angesehen, dieses also nicht bloß in *allgemeiner* Hinsicht, d.h. nicht nur bezogen auf die ontologischen Entitäten, genommen und Indiszernibilität nicht auf temporale Singularität verkürzt wird.

Das Pii wird nicht zerstört, wenn ohne Selbstwidersprüchlichkeit von indiszernibel identischen Dingen, Ereignissen oder Personen gesprochen werden kann und diese dabei gleichwohl noch in einem bestimmten, die begriffliche Setzung und das zeitliche Wiederauftreten betreffenden Sinne als zweierlei gedacht werden bzw. auch sein können.[69] Gäbe es diese Möglichkeit begrifflicher Setzung nicht, dann gäbe es (läßt man einmal die metaphysischen Hypotheken und die mögliche Verletzung des Prinzips des zureichenden Grundes beiseite, die sich für den Fall ergeben, daß es zwei reelle, aber absolut ununterscheidbare Dinge und Welten gibt) das Problem des Pii gar nicht. Dasselbe wäre analytisch selbst-identifizierend dasselbe. Zur Formulierung des Pii bestünde kein Anlaß, wenn das darin verhandelte Problem nicht existiert. Darüber hinaus ist zu beachten, daß sogar noch in den selbst-identifizierenden Ausdrücken $a \equiv a$ und $a \not\equiv b$ die Ausgangsschwierigkeit jeder Rede von Identi-

---

[68] Siehe oben S. 218.

[69] Demgegenüber scheint B. Magnus eine solche Möglichkeit bereits als Destruktion des Pii anzusehen, vgl. *Imperative*, S. 103.

tät steckt. Diese muß bereits von einer Zweiheit, von einem zumindest zweimaligen Dasein Desselben in dem Sinne ausgehen, daß dasjenige, was sich auf sich selbst bezieht, von demjenigen, worauf sich darin bezogen wird, unterschieden ist. Identität ist eine Reflexionsbestimmung des Verstandes und des Redens. Zu ihr gehören immer mindestens zwei. Ohne Unterschiedenheit keine Identität. Das ist die Crux dieses Problems. Nach der anderen Seite folgt aus diesen drei Möglichkeiten sinnvoller Rede von ununterschiedener Zweierleiheit innerhalb des Pii (begriffliche Setzung; zeitliches Wiederauftreten; Selbst-Bezug) jedoch nicht, daß eine numerische Distinktheit auch im Sinne eines externen Beobachters muß beschrieben werden können. Auch in dieser Perspektive wird deutlich, daß sich das Pii und der Gedanke eines kreisförmig wiederkehrenden Universums nicht apriori ausschließen.

In einer bekannten Abhandlung zum Pii hat Max Black auf ein nach Art der Mathematiker vorgestelltes „radially symmetrical" Universum (in dem „everything that happened at any place would be exactly duplicated on the opposite of the centre of symmetry") zurückgegriffen und aus der Vorstellbarkeit eines solchen Universums, in dem jeder Gegenstand sein numerisch distinktes und doch auch indiszernibel-identisches Gegenstück hat, den Schluß gezogen, daß das Pii falsch ist.[70] Ist diese Überlegung plausibel, dann, und Black kann überzeugende Argumente vorbringen, ist damit auf der Ebene der reinen Verstandesoperationen der Nachweis geliefert, daß das Zugleich von indiszernibler Identität und numerischer Distinktheit denkbar ist. Auf die Frage der Wiederkunftslehre bezogen hat dies zur Folge, daß der sich auf die maximalistische Version des Pii stützenden Kritik am Gedanken der Wiederkehr des Gleichen damit der Boden entzogen ist. Denn ist das Pii unzutreffend, dann kann aus ihm auch kein Funke mehr gegen die Wiederkunftslehre geschlagen werden. Diese Möglichkeit ist festzuhalten.

Da jedoch das Pii in Nietzsches Weltbegriff in dem dargelegten Sinne eine durchaus positive Funktion hat, ist hier der bisher eingeschlagene Weg der aufschlußreichere. Die Sinnhaftigkeit des Pii einmal vorausgesetzt ist zu fragen, ob sich das W-Argument bei Geltung dieses Grundsatzes denken läßt, oder ob es von diesem systematisch zerstört wird. In diesem Zusammenhang ist eine Überlegung Alfred Jules Ayers bemerkenswert. Ayer gelangt, und zwar noch innerhalb des Horizontes des Pii, zu der Feststellung, daß das Konzept eines vollständig kreisförmigen Universums nicht selbst-widersprüchlich oder bedeutungslos ist.[71] Über Ayer hinaus ist zu betonen, daß weder ein als

---

[70] M. Black, *The Identity of Indiscernibles,* in: *Mind,* 61 (1952), S. 153–164, hier vor allem S. 161–163; das Zitat S. 161.

[71] A. J. Ayer, *The Identity of Indiscernibles,* (1953), in: Ders.: *Philosophical Essays,* London [2]1959, S. 34.

kreisförmig identische Wiederkehr konzipiertes Universum das Pii zerstört noch dieses jenes systematisch ausschließt. Zwar ist nicht zu verkennen, daß das Verhältnis von indiszernibler Identität und numerischer Distinktheit nicht nur auf der Ebene des reinen Verstandesdenkens, sondern auch für die bisherige Lebens-, Überlebens- und Entwicklungsgeschichte des Typus insgesamt unter einer Präponderanz der Indiszernibilität steht.[72] Dennoch besagt dies sowie der Umstand, daß die einzelnen Kreisläufe eines Universums der Wiederkehr nicht extern beobachtet werden können, nichts gegen die Möglichkeit oder Wirklichkeit solcher Kreisläufe. Deshalb ist Ayer zuzustimmen, wenn er schreibt, daß die natürliche Unmöglichkeit, einzelne Drehungen des Kreislaufs deskriptiv unterscheiden zu können, „is no objection to their actually being, or even to their thought to be, distinct".[73] Im Hinblick auf die Wiederkunftslehre sind hier vier Aspekte herauszustellen.

Zunächst (a) ist, wie schon bei Leibniz selbst, die logische Denkbarkeit zweier ununterscheidbarer Inhalte im Sinne begrifflicher Setzung nicht auszuschließen. Sodann (b) ist, und dies ist ein über Leibniz hinausgehendes und gegen eine maximalistische Version des Pii kritisches Moment, darin nicht nur die Möglichkeit abstrakter Setzung gefaßt, sondern auch die Existenz ununterscheidbarer Zweierleiheit, hier mehrerer identischer Kreisläufe, in der Wirklichkeit nicht ausgeschlossen. Doch darf dies schließlich (c) nicht nach Maßgabe des ‚Ortes' als Unterscheidungsgrund räumlich-symmetrischer Gegenstän-

[72] Zum Überlebenkönnen gehört die Fähigkeit der schematisierenden Subsumption des Unterschiedenen unter Gleiches und Bekanntes, das Gleichmachen. Und es gehört zu den elementaren Funktionen des sprach- und grundbegrifflichen Systems, etwas als ein So-und-so-Etwas zu identifizieren, fest-zustellen und als dasselbe wiedererkennen zu können. Ein Wesen, das selbst noch in Fällen der Indiszernibilität gleichwohl numerische Distinktheit zu unterscheiden wüßte, wäre entweder eine Über-Intelligenz im oben (vgl. S. 220) skizzierten Sinne oder eben dadurch in seiner Überlebensfähigkeit geschwächt. Ein grundsätzlicher Vorrang der *Differenz* vor der *Identität* wäre gefährlich für die Existenz der Spezies, der bisher die umgekehrte Priorität Prinzip war. Zu der Form, die das Identitätsproblem von hier aus annimmt, sobald der Werdecharakter der werdenden Welt, d. h. der Fluß aller Dinge, zum Bezugsrahmen der Betrachtung wird, vgl. unten Kap. VIII, 5, S. 315. Dann geht es nicht um die Frage identischer, ununterscheidbarer Duplikationen, sondern umgekehrt um die Gefahr einer Diffundierung der Identität in die Prozessualität des Werdens. Beide Male droht Zerstörung der Identität, im ersten Falle gleichsam durch Über-, im zweiten durch Unter-Determinierung. Der Wiederkunftsgedanke scheint beiden Vorschub zu leisten, denn er lehrt die ununterscheidbare Wiederkehr der Ereignisse und versteht sich selbst als die einzige dem ewigen Fluß des Werdens angemessene Weltkonzeption, ja als dessen Konsequenz. Die Wiederkunftslehre trägt auf diese Weise zur Zerstörung *alter* Identitätsvorstellungen bei. Aber es wird sich zeigen, daß sie zugleich in einem *neuen*, d. h. in einem das Werden *und* die Identität in sich zusammenschließenden Sinne gerade auch ‚Identitätsprinzip' sein kann (vgl. Kap. VIII, a. a. O.). *Im* identitätszerstörenden Fluß aller Dinge besteht Identität *als* Wiederkehr des Prozesses im ganzen und darin eines jeden seiner Momente. Doch ist ersichtlich, daß *dieser* Teil des mit der Wiederkunftslehre verbundenen Identitätsproblems von den gegenwärtigen Erörterungen abzutrennen und zunächst noch zurückzustellen ist.

[73] A. J. Ayer, a.a.O., S. 34.

de/Ereignisse/Personen verstanden werden. Es handelt sich nicht um *örtliche* spiegel-kongruente Symmetrien, sondern um *zeitlich* kreisförmiges *Wieder*auftreten, um Wiederkehr. Und wenn endlich (d) das Pii das Moment der distinkten Zweierleiheit nicht apriori ausschließen kann und will, mithin auch nicht schon durch den Hinweis sei es auf die begriffliche Möglichkeit der Zweierleiheit im Ununterschiedenen, sei es auf die versteckte Zweierleiheit selbst noch in selbst-identifizierenden und rein selbst-bezüglichen Ausdrücken als falsch erwiesen ist, und wenn das zeitliche Wiederauftreten einen Sinn für die Möglichkeit auch tatsächlich existierender numerischer Distinktheit darstellt (ohne damit die Indiszernibilität und deren Vorrang zu zerstören), dann schließt umgekehrt der Appell an das Pii nicht die Möglichkeit des W-Arguments aus.

Diese Folgerung muß von denen, die die logisch-theoretische Unmöglichkeit der Wiederkunftslehre unter Bezugnahme auf das Identitätsproblem demonstrieren möchten, bestritten werden. Bei Bernd Magnus erfolgt dies auf die Weise, daß Überlegungen wie etwa diejenige Ayers als argumentum ad ignorantiam eingestuft werden.[74] Doch der bisher entwickelte Gedankengang ist keineswegs von dieser Art. Hier wird nicht aus der Unmöglichkeit, etwas als ungültig erweisen zu können, auf dessen Bewiesenheit geschlossen. Man darf nicht den Fehler machen, die bisherigen Überlegungen als positive Beweisgründe mißzuverstehen. Ein solcher Vorwurf geht ins Leere. Es wird weder behauptet noch impliziert, daß aus dem Nicht-Ausgeschlossensein des Wiederkunftsarguments in irgendeinem Sinne eine positive Begründung desselben folgt. Entscheidend ist vielmehr, daß eine kreisförmige Wiederkehr vom Pii nicht ausgeschlossen werden *kann*. Das ist alles, was der Wiederkunftslehre in bezug auf das Pii abverlangt werden muß. Die positive Begründung dieser Lehre selbst hat dann im Rückgriff auf andere Aspekte und deren Implikationen zu erfolgen. Von einer Nicht-Exklusion auf Begründung zu schließen wäre nicht weniger subreptiv als der Schluß von der Nicht-Bewiesenheit auf eine Unbegründbarkeit.

Weiterhin ist zu betonen, daß einem solchen Einwand eine illegitime Vertauschung von Externität und Internität sowie eine Verschiebung der Beweislast zugrunde liegt. Aus der logischen Unmöglichkeit der Exklusion folgt weder, daß, etwa aufgrund der Grenzen der menschlichen Fähigkeit, zwischen einem ‚Ereignis' und der ‚Wiederkehr dieses Ereignisses' unterscheiden zu können, die Beweislast nun demjenigen zugewiesen wird, der solche Reduplikationen bestreitet[75], noch daß die Nicht-Exklusion die numerische Distinktheit identisch wiederkehrender Ereignisse zu beweisen hätte. Daneben ist zu

---

[74] Vgl. B. Magnus, *Imperative*, S. 103.
[75] Dies unterstellt offensichtlich B. Magnus in seiner Argumentation, vgl. a. a. O., S. 103.

beachten, daß die Internität sowie die nicht-hintergehbare Selbstreferenz der Geschehens-Prozesse, wie diese die Basis der Wiederkunftslehre bilden, bereits verlassen sind, sobald die Forderung erhoben wird, vom Standpunkt strenger Indiszernibilität einen verifikatorischen und objektiven Beweis für die numerische Distinktheit von ‚Ereignis' und ‚Wiederkehr' liefern zu müssen. Bereits diese Forderung kann nur unter Voraussetzung eines externen, weltdistanzierenden Beobachters sinnvoll aufgestellt werden. Sie ergibt sich aber nicht als Folgelast aus der logischen Unmöglichkeit einer Exklusion der Wiederkunftslehre.

Die Probleme der Identität und der Internität geben zugleich den Rahmen zur Klärung eines weiteren und im Hinblick auf den Gedanken der ewigen Wiederkehr des Gleichen fundamentalen Aspektes ab. Wenn Dinge/Ereignisse/Personen als ewig wiederkehrend gedacht werden, muß gefragt werden, in welchem Sinne und aus welcher Perspektive es sich dabei um einen *Aeternalismus* handelt. Dies berührt zugleich die Stellung zum Platonismus, genauer zum Platonischen Realismus. Wenn man das Pii in dem vorgeschlagenen Sinne als einen Grundsatz betrachtet, für dessen Formulierung diejenige innere Aufspaltung (sc. das Zugleich von indiszernibler Identität und numerischer Distinktheit), deren Überwindung der Grundsatz dann anstrebt, charakteristisch ist, und wenn Pii und Wiederkunftslehre sich nicht notwendig wechselseitig ausschließen, dann scheint die Rede von der Wiederkehr gleicher Dinge/Ereignisse/Personen *innerhalb* einer auf diese Weise sogar für möglich gehaltenen positiven Verbindung von Pii und Wiederkunftslehre zwei sehr unterschiedliche Deutungen zuzulassen.

Die eine bestünde in einem Platonischen Realismus: die ewige Wiederkehr gleicher Dinge/Ereignisse/Personen ist zu verstehen als das zwei- und mehrmalige Auftreten untereinander indiszernibel identischer und numerisch distinkter Exemplare, Abbildungen der jeweils zugehörigen Einen metaphysischen Entität, der jeweils sich-selbst-gleichen und an-sich-seienden ‚Idee'. Beispiel: Die Wiederkehr dieses Tisches, dieses Sonnenaufgangs, dieser Person ist als das numerisch-distinkte Auftreten der untereinander indiszerniblen Exemplare der Ideen ‚Tisch', ‚Sonnenaufgang', Person' zu verstehen. Die andere Deutung versucht demgegenüber, so weit nur irgend möglich, ametaphysisch und rein geschehens-immanent zu bleiben. Die ewige Wiederkehr gleicher Dinge/Ereignisse/Personen ist als das (allein zeitlich unterschiedene) zwei- und mehrmalige Wiederauftreten einundderselben Dinge/Ereignisse/Personen aufzufassen. Beide Male handelt es sich um einen Aeternalismus.[76] Aber der Unterschied macht auch hier erst den Sinn. Das eine Mal würde sich das Siegel der Ewigkeit dem Sich-gleich-Bleiben der jeweiligen metaphysischen Idee ver-

[76] Zur Frage der ‚Ewigkeit' vgl. auch unten S. 245f.

danken. Das andere Mal dagegen ist es gerade das nicht-substituierbar Eigentümliche jeweils *dieser* Dinge/Ereignisse/Personen selbst, das in dem, was es einzeln und als Glied der Geschehens-Kette ist, wiederkehrt und eben darin diejenige Ewigkeit, der es zugehört, zugleich auch erst ganz aus sich selbst heraus entläßt, mitkonstituiert und in diesem Sinne selber *ist*.

Es kann keinem Zweifel unterliegen, daß in bezug auf Nietzsches Wiederkunftslehre allein diese zweite Deutungsmöglichkeit in Betracht kommt. Sie ließe sich in sachlicher Hinsicht auch durch den im einzelnen freilich komplizierten Aufweis rechtfertigen, daß zur Sinnhaftigkeit des Sprechens und Denkens über Dinge/Ereignisse/Personen der Platonische Ideen-Realismus weder vorausgesetzt werden muß noch daraus folgt. Im Hinblick auf die Wiederkunftslehre ist hier jedoch lediglich die Feststellung wichtig, daß sich also gerade auch dann, wenn der Wiederkunftsgedanke in die Identitätsproblematik hinein verfolgt wird, die aplatonische und ametaphysische Intention und Struktur dieser Lehre verdeutlichen und präzisieren läßt. Die Aeternität gebührt hier den Individualia, nicht den platonisierenden Universalia. Die Lehre der ewigen Wiederkehr des Gleichen kann auf diese Weise auch als die Spitze einer nominalistischen Weltkonzeption angesprochen werden. Dieser Bezug zum Nominalismus wird später noch um einen wichtigen und von Leibniz her zu entfaltenden Gesichtspunkt erweitert. Der Wiederkunftsgedanke ergibt sich auch aus einer zeichen-theoretischen, buchstaben-kombinatorischen und die Grenzen des Erkenntnisfortschritts betreffenden Überlegung.[77] In einem endlichen Zeichenarsenal sind irgendwann einmal alle überhaupt nur möglichen Kombinationen durchgespielt, ist irgendwann einmal alles gesagt, was überhaupt gesagt werden *kann*, und es *muß* Wiederholungen geben. Aufgrund des sprachlichen Fundaments ontologischer Argumente kommt dies schließlich einer Wiederkehr ‚in der Sache' gleich. In Nietzsches Wiederkunftslehre geht es um mehr als um einen bloß umgekehrten Platonismus.

Was das Wiederkunftsargument in dem engeren bisher erörterten Sinne betrifft, so steht sein apagogischer Zugewinn an formeller Plausibilität vor einer doppelten Schwierigkeit. Die logische Unmöglichkeit einer Exklusion der Wiederkunftslehre kann nicht als deren positive Begründung ausgegeben werden. Da für den endlichen Menschen der externe Beobachtungsstandpunkt nicht zu haben ist, gibt es in bezug auf die wirklichen Ereignisse keinen direkten und empirisch verifizierbaren Nachweis dafür, daß diese Ereignisse bei Indiszernibilität gleichwohl bzw. nur im Sinne des Wiederauftretens numerisch distinkt sind. Auf der anderen Seite lassen sich zwar innerhalb des endlichen Verstandesdenkens Beispiele zyklisch erneuten Eintretens von Ereignissen konstruieren, in denen das Zugleich von indiszernibler Identität und nu-

[77] Vgl. dazu unten Kap. VIII, 4.

merischer Differenz unter anschauliche und begriffliche Kontrolle gebracht werden kann. Jedoch ist, wie schon A. J. Ayer gesehen hat, in solchen Fällen die fragliche Differenz im Ununterschiedenen nur unter bewußter oder unbewußter zusätzlicher Annahme einer weiteren und nicht ihrerseits wiederum völlig zyklisch aufzufassenden Ereignis-Sequenz konzipierbar. Dies aber würde in gewissem Sinne einem Beobachtungsstandpunkt entsprechen. Die Beobachtung scheint also zugleich ausgeschlossen und doch, zumindest im Sinne der hier mit einer Kontrastfolie operierenden Wahrnehmungs- und Verstandesfunktionen, erfordert zu sein.

Für die konstruierbaren Fälle findet sich bei Ayer ein Beispiel. Er nennt die Abfolge von Tönen . . .ABCDABCDA. . ., deren Serie ohne Anfang und ohne Ende ist. Keiner der Töne unterscheidet sich qualitativ von seinem nächsten bzw. vorangehenden Auftreten oder in seiner Relation zu den ihm vorausgehenden und folgenden Tönen.[78] Es handle sich um die gleiche physikalische Beschaffenheit, um dieselben Zeitintervalle und Ordnungen des Auftretens. Der Ton A trete immer dann auf, wenn auf dem kreisförmigen Zifferblatt einer Uhr, die nur Sekunden anzeigt, der Zeiger 60 zeigt, also eine volle Umdrehung hat. Jedes A würde simultan sein mit dem Zeiger auf der Ziffer 60. Wenn es nun überhaupt sinnvoll ist, von einer Pluralität von As zu sprechen, dann käme dies der Überlegung gleich, daß diese As indiszernibel identisch und doch bzw. nur numerisch distinkt sind. Um dies jedoch denken zu können, wird die Voraussetzung in Anspruch genommen, daß die As in der Zeit unterschieden sind, was seinerseits auf eine vorgestellte, nicht vollständig zyklische, aber korrelative Ereignis-Sequenz zu beziehen bzw. von dieser her erst möglich ist.

Nun kann und will aber die Wiederkunftslehre, die sich nicht auf einzelne repetierbare Vorgänge *in* der Welt, sondern auf den Weltprozeß im ganzen und darin auf jedes seiner Momente bezieht, nicht auf einen Beobachtungspunkt externer Art zurückgreifen. Die unaufhebbare selbstreferentielle Zugehörigkeit zu dem Geschehen, dessen Ausgestaltung man selbst und auf dessen Verlaufsform das Interesse gerichtet ist, schließt den Beobachter systematisch aus. Das ist für diese Lehre wesentlich. Anderenfalls wäre ein außer-weltlicher, absoluter Verstand oder ein absolutes Koordinatensystem erforderlich, die jedoch beide unter den Bedingungen der Endlichkeit des Menschen und der Relativität der Weltprozesse nicht mehr zur Verfügung stehen. Gleichwohl aber ist der Hinweis darauf, daß die Verständlichkeit, Anschaulichkeit und Denkbarkeit konstruierter Beispiele der angeführten Art auf der Hinzunahme einer kontrastiv-korrelativen Sequenz beruht, nicht ohne Belang für das W-Argument. Denn immerhin ist festzuhalten, daß diese Verfahrensweise eine

[78] Vgl. A. J. Ayer, a.a.O., S. 32f.

Eigentümlichkeit der Funktion des konzeptuellen Sprach- und Begriffssystems sowie des Denkens selbst anzeigt. Zwar ist der in einem solchen Gebrauch des Verstandesschemas miterhobene quasi ontologische Anspruch damit noch keineswegs gerechtfertigt. Aber andererseits kann man diese Eigenart, die sich auch im Rahmen des im folgenden zu erörternden Zeitproblems als wichtig erweist, nicht einfach als eine Fehlfunktion einstufen. Zum einen würde dies am sprach- und grundbegrifflichen System verkennen, daß dieses eben so funktioniert, wie es funktioniert. Zum anderen würde die konstitutive Rolle gerade solcher Schematisierungsfunktionen für das Welt-, Fremd- und Selbst-Verständnis/Verhältnis, für alles Erkennen, Wissen, Argumentieren, Denken und Sprechen über die Welt gründlich unterschätzt. Wenn es sich aber so verhält, warum sollte sich nicht auch das W-Argument, geht es um die Frage seiner formell-theoretischen Triftigkeit, dieser den Verstandesfunktionen selbst eigentümlichen Schematisierung bedienen? In diesem Falle brauchte nicht mehr nur der freilich nach wie vor fundamentale Gesichtspunkt betont zu werden, daß es in der Grundlegung der Wiederkunftslehre gar nicht um Beobachtung und Deskription der Duplikationen und Reduplikationen von ‚Ereignis‘ und ‚Wiederkehr des Ereignisses‘, sondern vielmehr um Implikationen geht, die sich aus der Internität der unter bestimmten Bedingungen stehenden Geschehensprozesse selbst ergeben, daß Weltprozeß und Wiederkehr also *intern* miteinander verknüpft sind. Man könnte hier sogar einen Schritt in die relative Externität des Verstandesdenkens versuchen.

Zu fragen ist, ob es etwas Unterscheidendes gibt, wodurch das Zugleich von indiszernibler Identität und numerischer Distinktheit, von Ereignis und Wiederkehr, sinnvoll konzipierbar wird, *ohne* aus der Internität herausspringen zu müssen. Die bisherigen Ausführungen zum Pii haben bereits deutlich gemacht, daß dies vor allem die Frage nach der Struktur der *Zeit* betrifft. Dies führt erneut in die Auseinandersetzung mit Bernd Magnus, dessen oben zitierte These zur theoretischen Unmöglichkeit des W-Arguments auf die Behauptung einer selbst-destruierenden Widersprüchlichkeit hinausläuft. Deren Kern besteht in der Alternative zwischen *zyklischer* Zeit (die eine Unterscheidung zwischen ‚Ereignis‘ und ‚Wiederkehr des Ereignisses‘ nicht zulasse) und *nicht-zyklischer* Zeit (aus der folgen würde, daß es sich um *ein* Ereignis handelt, dem fälschlicherweise *zwei* Namen gegeben werden, ‚Ereignis‘ und ‚Wiederkehr‘). Es scheint nur die Wahl zu bleiben zwischen entweder ‚Ereignis‘ oder ‚nicht-zyklischer Zeit‘. Beide Male, so die Folgerung, schlage das Wiederkunftsargument fehl.[79] Die Kritik macht sich an Zarathustras Äußerung fest: „Ich komme wieder, – nicht zu einem neuen Leben oder besseren Leben oder ähnlichen Leben: ich komme ewig wieder zu diesem gleichen und selbigen Leben“.[80]

[79] Vgl. B. Magnus, a.a.O., S. 105, 107f.
[80] KGW VI, 1, *Zarathustra*, III, (*Der Genesende*, 2), S. 272.

Dies wird von Magnus in den Ausdruck gebracht: „this identical life recurs". Und in bezug auf diese Formulierung gelangt Magnus dann zu der für das W-Argument scheinbar unheilvollen Konsequenz. Wie steht es um die Widerlegungskapazität dieses Einwandes?

Zunächst ist darauf zu achten, wie der Sinn von ‚identisch' in „this identical life recurs" bestimmt wird. ‚Identisch' „names the indiscernible identity which characterizes the two events"[81], d.h. ‚das Ereignis' und ‚seine Wiederkehr'. Im Vordergrund steht also das Problem der Identität *zweier* Ereignisse im Sinne einer Auftrennung nach Ereignis *und* Wiederkehr, nicht die Frage des zwei- und mehrmalig gedachten bzw. wiederauftretenden *einen* Ereignisses, welches in diesem Sinne ineins seine Wiederkehr *ist.* Abgesehen davon, daß die Kritik hier in der Gefahr steht, denjenigen Dualismus, den sie bestreitet, in Anspruch nehmen zu müssen, um die Sinnhaftigkeit ihres Einwandes zu garantieren, ist es vor allem diese Festlegung der Identitätsbestimmung, die der Formulierung Zarathustras nicht in ihrem ganzen Umfang gerecht wird. Soll die Wendung ‚dieses gleiche und selbige Leben' in den Ausdruck ‚identisches Leben' ohne Bedeutungsverlust übersetzt werden, dann ist eine Differenzierung im Identitätsbegriff erforderlich. So muß ‚identisch' darin zunächst (und noch unabhängig von der sich auf ‚Ereignis' und ‚Wiederkehr des Ereignisses' beziehenden indiszerniblen Identität) *dieses* Leben bedeuten, so wie es ist, mit *allen* seinen es bestimmenden Eigentümlichkeiten, ohne Abänderung, Verbesserung, Vorbehalt oder Korrektur, *dieses* selbst-referentielle Leben als Ereignis in dem und als das, was und wie es ist, und in dem und als das, was und wie es nicht ist. Es geht demonstrativ um *dieses* Leben als ein Ereignis innerhalb der diese Welt ausmachenden Geschehens-Kette, das durch kein anderes Ereignis substituiert werden, für das es keinen Stellvertreter geben kann.

Für diesen zunächst primären Sinne von ‚identisch' als Faktizität der Selbigkeit ist es nicht selbst-widersprüchlich, die Wiederkehr seiner selbst in eben *dieser* Selbigkeit und aus ihr heraus zu denken. Dies kann nur dann in eine Widersprüchlichkeit führen, wenn (a) der Unterschied zwischen ‚identisch' im Sinne von Faktizität der Selbigkeit und ‚identisch' im Sinne von indiszernibler Ununterschiedenheit (d.h. zwischen ‚Ereignis' und ‚Wiederkehr des Ereignisses') nicht beachtet und (b) das Moment der Selbst-Referenz bei der Bestimmung von Identität außer acht gelassen wird. Wenn Dasselbe in zeitlich-sukzessiver (und nicht in örtlich-nebeneinander liegender) Hinsicht erneut, zwei- und mehrmals wieder auftritt, so zerstört dies, von diesem Leben selbst aus gesehen, weder die Identität im ersten Sinne noch wird damit ein Keil in die indiszernible Identität des zweiten Sinnes getrieben und das Pii zu Fall gebracht. Zwei- und mehrmaliges *Wieder*auftreten des Gleichen darf nicht mit

[81] B. Magnus, a.a.O., S. 105f.

zwei und mehreren synonymen oder symmetrie-konkruenten Ereignissen verwechselt werden. Die beiden in einem Zuge genannten Bestandteile der oben zitierten Feststellung Zarathustras in ‚dieses *gleiche* und *selbige* Leben' könnten als Ausdruck dieses Verhältnisses von Differenz und Einheit gelesen werden. Dasgleiche wäre dann die Wiederkehr Desselben. In ersterem steckt das Verhältnis von indiszernibler Identität und zeitlich-numerischer Distinktheit. Zweiteres betrifft die Faktizität der Selbigkeit. Diese Unterscheidung ist deshalb wichtig, weil an ihr deutlich wird, daß die möglichen Spannungen, wie sie im Rahmen des Pii zwischen indiszernibler Identität und numerischer Distinktheit auftreten, nicht direkt und nicht zerstörend auf die Identität im Sinne der Selbigkeit durchschlagen.[82]

Bei der Suche nach einer möglichen Instanz, durch die eine Verschiedenheit von ‚Ereignis' und ‚Wiederkehr des Ereignisses' markiert werden könnte, kommt temporalen *Wann*-Fragen eine besondere Stellung zu. Magnus allerdings scheint es so, daß im Rekurs auf die Struktur gerade solcher Fragen die einzige Möglichkeit, Ereignis und Wiederkehr voneinander zu unterscheiden, die *zeitliche* Differenz nämlich, zum Einsturz zu bringen ist. Zwar werde eine numerische Distinktheit zwischen Ereignissen und ihrer Wiederkehr kraft der zeitlichen Sukzession behauptet. Aber es sei herauszustellen, daß „if an identity of indiscernibles really exists, then the event and ‚its' recurrence must be simultaneous"[83]. Ereignis und Wiederkehr müssen ‚zu *derselben* Zeit' geschehen, z. B. das Niederschreiben dieses Satzes heute, Samstag, den 20. März 1982, Frühlingsanfang, 16 Uhr 53. Damit scheint jeder Grund zu entfallen, hier von ‚zwei' Vorkommnissen zu sprechen. Das klingt prima facie plausibel. Es ist jedoch zu fragen, ob nicht auch hier wiederum eine solche Folgerung überhaupt erst durch Kontamination von Aspekten, die es auseinander zu halten gilt, möglich wird.

Zunächst ist anzumerken, daß auch diesem Einwand erneut die maximalistische Version des Pii zugrunde liegt, in der die für dessen Formulierung

---

[82] Damit ist auch Magnus' Argument für den Ausschluß selbst-referentieller Feststellungen (wie z. B.: ‹Ereignis ist Ereignis und unterschieden von Wiederkehr› bzw. ‹Wiederkehr ist Wiederkehr und unterschieden von Ereignis›), daß damit nämlich „by definition ‚this identical life' could not recur", weil Identität und Differenz „would rule out indiscernibility a priori" (a. a. O., S. 106), nicht mehr triftig. Das darin unterstellte Problem sowie der daraus gezogene Schluß bestehen überhaupt nur, wenn die dargelegte Kontamination der beiden Identitätsbegriffe vorliegt.
Daneben ist anzumerken, daß Selbstreferenz im Sinne von $a = a$ und $a \neq b$ zwar nicht genuin prädikativ ist, daß dies jedoch keinen hinreichenden Grund darstellt, sie in einer logischen Analyse ganz auszuschließen. $A = A$ gilt apriori, und seit Kant werden Sätze dieser Art *analytisch* genannt. Daß gerade auch die darin behauptete Gleichheit-mit-sich-selbst eine Reflexionsbestimmung ist, macht Schwierigkeit und Pointe solcher Sätze in einem aus. Vgl. auch oben S. 226.

[83] B. Magnus, a. a. O., S. 107.

durchaus konstitutive Spannung zwischen indiszernibler Identität und Zweierleiheit verschwunden ist. Demgegenüber ist jedoch zu beachten, daß zwar alles, was numerisch identisch ist, auch notwendig indiszernibel identisch ist, daß aber nicht alles, was indiszernibel identisch ist, auch notwendig nichtzweierlei ist. Dies steht freilich unter der Bedingung, daß ‚Identität' nicht von vornherein und unter Ausschluß jeden Beziehungscharakters (sei es zwischen Gegenständen/Ereignissen, sei es zwischen Namen/Zeichen für Gegenstände/Ereignisse) als eine in räumlicher und zeitlicher Hinsicht absolute Singularität *vorausgesetzt*, sondern die Möglichkeit begrifflicher Setzung der Unterschiedenheit sowie der Charakter der Reflexionsbestimmung und vor allem das zeitliche Wiederauftreten einbezogen werden.

Sodann ist festzustellen, daß hier der Unterschied zwischen ‚simultan' und ‚sukzessiv' im Blick auf Identität im Sinne der Indiszernibilität nicht durchgehalten wird. *Räume* können simultan sein.[84] Es können also verschiedene Räume zugleich, mithin auch an zwei verschiedenen Raumpunkten zweierlei Ununterscheidbares zeitlich zugleich, gleichzeitig sein. Von dieser Seite kommt die eigentliche Herausforderung an das Pii. Ist solche räumlich-simultane Zweierleiheit tatsächlich, reell der Fall, dann wäre das Pii falsch. Denn die unterschiedliche Raumstelle würde dann nicht nur numerische Distinktheit bedeuten, sondern auch die Indiszernibilität zerstören.[85] Für die *Zeit* jedoch ist solche Simultaneität nicht anzunehmen. Es gibt nicht zwei verschiedene Zeiten, die zugleich sind. Charakter der Zeit selbst ist die Sukzession. Das Nebeneinander räumlicher Simultaneität von zweierlei Ununterscheidbarem ist von der zeitlichen Sukzession des Wiederauftretens des Gleichen nicht nur zu unterscheiden, sondern dieser Unterschied ist in bezug auf die beiden Komponenten des Identitätsbegriffs (Selbigkeit; Ununterscheidbarkeit) auch durchzuhalten. Damit aber ist das zentrale Argument gegen die Wiederkunftslehre (die deduktive Folgerung: wenn indiszernible Identität vorliegt, dann muß Simultaneität von ‚Ereignis' und ‚Wiederkehr' gegeben sein) nicht mehr schlüssig. Denn weder aus der Indiszernibilität noch aus der Denkfigur ‚Ereignis'-‚Wiederkehr' und auch nicht aus der Eigentümlichkeit der ‚Zeit' im Unterschied zum ‚Raum' folgt, daß die Indiszernibilität sowie die Wiederkehr auch hinsichtlich der ‚Zeit' Simultaneität erfordert. Erst von diesem Boden aus ist dann die weitere Frage zu stellen, welcher Struktur denn die ‚Zeit' gedacht werden muß, die von der Wiederkunftslehre in Anspruch genommen wird.

---

[84] Vgl. auch B. Magnus, a. a. O. – Dies wird auch in Kants Kritik am Pii unterstellt, wenn er betont, daß A und B, die hinsichtlich aller ihrer Bestimmungen völlig einerlei sind, doch durch die Raumstellen unterschieden und damit als zwei Dinge, nicht bloß als das zweimal gedachte *eine* Ding vorgestellt werden können. Vgl. Kant, *Welches sind die wirklichen Fortschritte ...*, in: *Werke*, Bd. V, S. 614–616. Vgl. oben Anm. 57.

[85] Vgl. oben S. 224.

Werden diese Differenzierungen in die eine absolute Einmaligkeit zum einen suggerierende, zum anderen bereits auch voraussetzende und als Instrument der Kritik eingesetzte Rede von ‚zu *derselben* Zeit' aufgenommen, dann verliert auch diese Schranke ihre Undurchdringlichkeit. Das Zifferblatt und die Anzeige einer Uhr sowie der Kalender sind nicht mit der Zeit selbst zu verwechseln. Darin zeigt sich unangemessene Externität und Positivierung.

Die temporalen Wann-Fragen stellen für den Kritiker des Wiederkunftsarguments auch dann den kardinalen Einwand dar, wenn explizit auf die ‚Zeit' als differentia numerica zwischen dem Ereignis und seiner Wiederkehr zurückgegriffen wird. Die Schwierigkeit wird auch in diesem Falle darin gesehen, bei fehlender Simultaneität zwischen Ereignis und Wiederkehr die Frage nach der Identität der Zeit zu beantworten. Dies führe zu dem unauflösbaren Widerspruch, daß dasselbe Ereignis zugleich zu derselben und doch wiederum auch nicht zu derselben Zeit geschehe. Von hier aus kann, so scheint es, ein für die Wiederkunftslehre selbst-zerstörerischer Zwickmühleneffekt aufgebaut werden. Einerseits kann ein zum Zeitpunkt t_1 stattfindendes Ereignis nur dann als dasselbe Ereignis wie seine Wiederkehr angesehen werden, wenn sich die Wiederkehr ebenfalls zum Zeitpunkt t_1 ereignet. Andererseits steht man gerade bei einer Identität zwischen ‚Zeit des Ereignisses' und ‚Zeit der Wiederkehr dieses Ereignisses' vor der Frage, was das eigentlich für eine Zeit sein soll, die als diszernible Differenz beansprucht wird.

Die Kritik an der Wiederkunftslehre besteht nun darin, es als illegitim zu erachten, zwischen einer ‚erlebten/erfahrenen' und einer ‚realen' Zeit zu unterscheiden und aufgrund dieser Unterscheidung ‚Ereignisse' und ihre ‚Wiederkehr' dann einerseits als zu derselben Zeit erfahren, andererseits aber und in Hinsicht auf ihre „ontologischen Uhren" gleichwohl als unterschieden glauben zu können. Die ‚erlebte/erfahrene' Zeit bezeichnet Magnus als „irdische" (mundane) Zeit, im Gegensatz zur „außer-irdischen" (extramundane), kosmischen Zeit. Auf letztere müsse jede Wiederkunftslehre zurückgreifen. Dies jedoch führe, angesichts der scheinbaren Unmöglichkeit, die außer-weltliche Zeit durch inner-weltliche Distinktionen (wie z. B. Vergangenheit, Gegenwart, Zukunft) kennzeichnen zu können, zu der Kernschwierigkeit auch von Nietzsches Version des Wiederkunftsargumentes, daß „*it too, no less than mundane time, requires a fixed standpoint* to distinguish extramundane time", während ein solcher Beobachtungsstandpunkt von dieser Lehre selbst gerade ausgeschlossen wird. Es gibt, so das Fazit, „no absolute time within which occurrences may be said to recur".[86] – Ist dieser Einwand überzeugend?

Dieses Argument gegen die Wiederkunftslehre zieht seine scheinbare Plausibilität aus der massiven Entgegensetzung von ‚erlebter/erfahrener' und

[86] B. Magnus, a.a.O., S. 110.

‚realer absoluter Zeit'. Zu fragen ist jedoch, ob darin nicht einige seit Kant und in gewisser Weise schon seit Leibniz grundlegende Unterscheidungen, die im Hinblick auf die hier behandelten Themen wichtig sind, zum Verschwinden gebracht werden. Zu erinnern ist vor allem an vier Gesichtspunkte, die auch das Wiederkunftsargument in einem günstigeren Lichte erscheinen lassen.

Erstens (1) wird nicht bedacht, daß die Zeit als solche kein empirischer Begriff ist.[87] Sie ist vielmehr eine in aller Erfahrung immer schon und notwendig beanspruchte Form, die, seit Leibniz und Kant, kein Ding, nicht vom Charakter der Realität, sondern dem der Idealität ist. Zweitens (2) wird nicht unterschieden zwischen der ‚Zeit selbst' und der Anordnung der Gegenstände und Ereignisse ‚in der Zeit', den Zeitverhältnissen. Drittens (3) wird nicht mit der Möglichkeit gerechnet, daß ‚die Zeit selbst' sowie das Anordnen von Gegenständen/Ereignissen ‚in der Zeit' in einer Subjektivität begründet oder, weniger transzendentalphilosophisch ausgedrückt, in den welt-orientierenden Funktionen des grundbegrifflichen Schemas in einer Weise fundiert gedacht werden können, die zu einer Unterscheidung zwischen ‚subjektiv-erlebter/erfahrener' und ‚objektiver' (d.h. die Anordnung von Gegenständen/Ereignissen betreffender) Zeit führt. Und viertens (4) wird nicht gesehen, daß diese ‚objektive' Zeit deutlich vom Konzept einer ‚realen absoluten' Zeit im Sinne der vorkantischen Tradition, insbesondere der Newtonschen Auffassung, zu unterscheiden ist. Werden diese, im wesentlichen Kantischen Unterscheidungen in das grobe Schema von ‚erlebter Zeit' versus ‚reale absolute Zeit' eingetragen, dann verliert die auf solcher Konstruktion basierende Kritik der Wiederkunftslehre ihre Widerlegungskapazität.

Wichtig ist vor allem, daß hier die Anordnung von Gegenständen/Ereignissen als Nacheinander oder, im Unterschied dazu, als instantanes Zugleich nicht unter Rekurs auf eine reale absolute Zeit, d.h. nicht unter Rückgriff auf ein absolutes Bezugs- und Koordinatensystem, innerhalb dessen dann Bewegungen zu beobachten und zu beschreiben wären, erfolgt und begründet wird. Unterscheidungen wie etwa die für Kant wichtigen zwischen ‚innerer' und ‚äußerer' Erfahrung, ‚innerem' und ‚äußerem' Sinn, ‚subjektiver' und ‚objektiver' Zeit, Anordnung ‚in der Zeit' und ‚Zeit selbst', werden nicht deshalb konzipierbar, weil ein externer Beobachtungsstandpunkt oder eine reale absolute Zeit als invariantes Koordinatensystem vorausgesetzt wird. Der Grund ihrer Möglichkeit liegt vielmehr in den immanenten Eigentümlichkeiten des schematisierenden Sprach- und Begriffsystems, mithin in den Funktionen des Bewußtseins und Denkens selbst, bei Kant vor allem der Kategorien der Relation. Die Unterscheidungen, die bei der Anordnung von Gegenständen/Ereignissen als Zeitverhältnisse vorgenommen werden, sind keine außer-weltlichen

[87] Vgl. I. Kant, *Kritik der reinen Vernunft*, B 46ff.

Beobachtungsvorgänge und bedürfen nicht einer realen absoluten Zeit. In der Zeitauffassung der relativistischen Physik des zwanzigsten Jahrhunderts hat die Idee einer absoluten Zeit dann ihre nachhaltigste Kritik erfahren.

Die Frage, woher die Zeitbestimmungen ihren objektiven, d.h. vom subjektiv-wahrnehmbaren Erleben noch zu unterscheidenden Charakter erhalten, kann also nicht unter Rekurs auf ein absolutes Koordinatensystem, ja nicht einmal unter Bezugnahme auf ‚die Zeit selbst' beantwortet werden. Denn da die Zeit selbst kein empirischer Begriff ist, ist sie ihrerseits auch nicht wahrnehm- und nicht beobachtbar. Obwohl die Zeit selbst und ihre Modi ‚Beharrlichkeit', ‚Folge' und ‚Zugleichsein'[88] notwendigerweise konzipiert werden müssen, um überhaupt Veränderung, Wechsel und Bewegung als solche identifizieren zu können, ist doch die Anordnung der Gegenstände/Ereignisse als Zeitverhältnisse, das zeitliche Nacheinander, nicht auf ‚die Zeit selbst' zurückzuführen. Für Kant ist dies vielmehr das Werk der Kategorien der Relation und der diesen zugehörigen Schemate. Auf ihnen, und für Kant vor allem auf der Kausalität, beruht die notwendige Folge der Gegenstände/Ereignisse. Dabei ist als Strukturmoment wichtig, daß ‚innere' Erfahrung ‚äußere' Erfahrung bereits voraussetzt, und diese nicht erst von jener hervorgebracht wird. Das Reale muß schon im Raume, d.h. im ‚äußeren Sinn' (der freilich seinen Sitz, wie der ‚innere Sinn', dessen Form die Zeit ist, *im* Subjekt hat) gegeben sein. Hier sind sowohl methodischer Solipsismus als auch metaphysischer Realismus überwunden. Es besteht eine Art kontrastiv-korrelative Komplementarität zwischen Subjektivität und Realität, sobald innere und äußere Erfahrung sich überhaupt einander und als solche identifizieren können. So bedarf z. B. die innere Erfahrung des Beharrlichen in der äußeren Wahrnehmung, um den Wechsel der eigenen Vorstellungen konstatieren zu können.

‚Objektivität' wird also durch die notwendige Verschränkung kontrastiver Strukturen gewonnen. Vor allem auf diesen Punkt kommt es im Augenblick an, und der Form nach kann hier auch an das oben zitierte Beispiel einer Tonfolge erinnert werden. Um eine Sequenz von Tönen . . .ABCDABCDA. . . als wiederkehrend und darin z.B. sich wiederholende As identifizieren zu können, wird im Vorstellen und Denken gleichsam ein Kontrastmittel eingeführt. Auch in diesem Sinne sind Kreisförmigkeit und Linearität, sind ‚Kreis' und ‚Linie/Reihe' keine sich einander ausschließenden Gegensätze. Zyklische und nicht-zyklische Verlaufsform beanspruchen einander immer schon wechselseitig, wenn es um Identifikation und Reidentifikation von

---

[88] Nicht also ‚Vergangenheit', ‚Gegenwart' und ‚Zukunft', auf die B. Magnus (a.a.O., S. 109f.) seine Kritik stützt, die der Kantischen Analyse zufolge aber gerade *nicht* unter die Bestimmungen der Zeit als solcher gehören, da sie sich auf die Ereignisse ‚in der Zeit' beziehen und vom subjektiven Erleben abhängen.

Vorgängen als kreisförmig oder als linear geht. Ein Absolutismus ist sowohl für die reine Kreisförmigkeit als auch für die reine Linearität ausgeschlossen. Ohne eine sich hinreichend abhebende Differenz zwischen zyklischer und nicht-zyklischer bzw. zwischen linearer und nicht-linearer Form gäbe es weder die eine noch die andere. Wäre tatsächlich alles entweder nur Kreis- oder nur Linearform, so könnte eben dies, d. h. *daß* alles nur Kreis bzw. nur Linie ist, gar nicht gesagt werden. Denn es würde die Perspektive fehlen, aus der heraus dies feststellbar wäre.

Aber umgekehrt darf diese Differenz nicht als eine logische Lücke, nicht als Alternative zweier beziehungsloser Gesichtspunkte mißverstanden werden. Es geht um Verhältnisse der Korrelation und Kovarianz. Darüber hinaus ist zu betonen, daß zur Bestimmung solcher Objektivitätsverhältnisse eben keineswegs ein absolutes Koordinatensystem erforderlich ist. Es reicht eine Strukturdifferenz zwischen unterschiedlichen Bezugsrahmen. In die sich auf diese Weise ergebende Beziehung von ‚Kreis' und ‚Reihe' gilt es einzutreten und sie von innen zu durchlaufen. Wird dagegen versucht, aus ihr nach Art eines externen Beobachters herauszutreten, so führt dies lediglich zu einer wenig ertragreichen Konfrontation von zyklischer und nicht-zyklischer Form. Hinsichtlich des hier erörterten Problems tritt das Verhältnis identifikatorischer und reidentifikatorischer Zusammengehörigkeit von Kreis und Reihe neben die Überlegung, daß die wirkliche und diese Welt ausmachende Ereignis-*Reihe* unter angebbaren Bedingungen in den Geschehens-*Ring*, daß die Linie als in den Kreis übergehend gedacht werden kann. Die sich auf das Verhältnis von Kreisförmigkeit und Nicht-Kreisförmigkeit bzw. Sequenzialität beziehenden und schema-*internen* Kontrastfunktionen können dabei weder auf psychologisch-subjektives Erleben verkürzt noch auf die Unterstellung eines absoluten Koordinatensystems (absoluter Zeit; absoluten Raums) festgelegt werden. Beides wäre ein von vornherein unangemessener Rahmen der Thematisierung. Diese Funktionen sind wesentlich phänomenologischer und logischer Natur.

Wenn bereits die Anordnung von Gegenständen/Ereignissen/Personen in der Zeit, wie im Raume, nicht Resultat einer äußeren Beobachtung, nichts objektiv Gegebenes, sondern wesentlich Produkt der Eigentümlichkeit des schematisierenden grundbegrifflichen Systems, mithin der internen Funktionen des Vorstellens, Denkens und Sprechens ist, dann ist schwerlich einzusehen, wieso die Ereignis-Kette als Zeitreihe nicht auch so prolongiert gedacht werden kann, daß, unter Heranziehung weiterer Bedingungen (vor allem der endlichen Gesamtenergie, der Gesamtgestalt des Raumes, der Zeit-Unendlichkeit, der Geschehens-Notwendigkeit), die diese Welt ausmachende Ereignis-Konkatenation notwendig in eine als Welten*ring* zu symbolisierende, in sich selbst zurücklaufende Periodizität führt. Die Schwierigkeiten, *dies* denken zu können, sind nicht größer als im Falle der Vorstellung mehrerer völlig gleicher, räumlich-symmetrischer Welten. Ist aber der Kreislauf der Welt erst einmal als die aus den zu Ende gedachten, von innen her extrapolativen Gründen erforderliche Konsequenz verstanden, dann stellt die weitere Überlegung, daß jeder Zustand der Welt und jedes Ereignis auch *immer schon* in eben dieser Kreisförmigkeit steht, keinen formal-logischen Schluß, auch keine äußere Reflexion, sondern eine interne Implikation, eine Art analytisch erläuternde Fortschreibung dar. Freilich darf dies nicht als ein hinter dem Rücken der Geschehensvollzüge wirksamer bzw. von außen auferlegter Determinismus mißverstanden werden. Bei dem ‚immer-schon' handelt es sich ineins um die sich im und als Vollzug auch *immer erst* selbst-konstituierenden Geschehensprozesse. In diesem Sinne ist das Gewesene etwas, das nur *ist,* insofern Gegenwärtiges sich vollzieht. Dies gilt auch für das Zukünftige. Und umgekehrt sind dann sowohl Vergangenes als auch Zukünftiges mitbedingend und mitbestimmend für die Struktur dessen, was als Ereignis gilt. So verstanden sind Vergangenheit und Zukunft ereignis-symmetrisch. Doch wichtig ist momentan vor allem, daß dieser Gedankengang ohne einen externen Beobachter konzipierbar ist. Ein solcher ist nicht nur nicht impliziert. Er ist auch nicht erforderlich. Mithin sollte er auch nicht in die Wiederkunftslehre hineingelesen und nicht als Kryptoinstanz der Kritik beschworen werden.

In der Auffassung, daß bereits die Anordnung von Gegenständen/Ereignissen/Personen in Zeit und Raum nichts Gegebenes, sondern etwas Hergestelltes ist, steckt ein weiterer und auch im Hinblick auf die Wiederkunftslehre grundlegender Aspekt. Wer diese Struktur erfaßt, der sieht zugleich, daß veränderte Funktionen des sprach- und grundbegrifflichen Schemas nicht nur veränderte intensionale Bedeutungen, sondern eine veränderte, eine andere Welt, eine andere Erfahrung zur Folge haben. Dies ist ein systematisch zentraler Verbindungspunkt zwischen der Zurückweisung der formellen logisch-theoretischen Kritik an der Wiederkunftslehre und der positiven Begründung des Gedankens der ewigen Wiederkehr im Rekurs auf den geschehens-logischen Interpretations-Zirkel.[89] Denn es wird von hier aus deutlich, daß die Welt und die Organisation der Erfahrung in diesem Sinne von den internen Schema-Funktionen und, da diese essentiell interpretativer Natur sind, darin von der *Interpretation* abhängen. Sollte sich der Wiederkunftsgedanke als die unter den an sich vielen möglichen Welt-und-Selbst-Interpretationen einzige erweisen, die dem Problem des Werdens und ineins der Frage nach dem Wert des Daseins gerecht zu werden vermag, und sollte er sich in eben diesem Sinne einverleiben lassen, dann ‚*ist*' die Welt in *diesem* Sinne eine Welt der ewigen Wiederkehr des Gleichen. Diese Zusammenhänge werden in dem folgenden Kapitel zu erörtern sein.

---

[89] Vgl. dazu Kap. VI, 5 und VIII, 5.

Vor diesem Hintergrund ist es geboten, die Problematik der Wiederkunftslehre aus ihrer wenig ertragreichen Engführung ausschließlich auf die Frage nach dem Ineinanderfallen bzw. der Diszernibilität von ‚Ereignis' und ‚Wiederkehr dieses Ereignisses' (welche Frage zu der Behauptung einer so vollständig irreduziblen Singularität von Ereignissen führt, daß bereits deren eigenes zeitliches Wiederauftreten als Destruktion der Identität erscheint) zu befreien. Auch hinsichtlich der Rede von ‚zu *derselben* Zeit' ist die Optik zu erweitern. So ist denkbar, daß die willkürlichen Eingrenzungen von Phasen der Zeit nach Sekunden, Stunden, Tagen etc. innerhalb einer Welt-Serie einmal abgeändert, durch einen anderen, nicht mehr nur an der Linearität der Zeitauffassung in der Grammatik des Urteils orientierten Umgang mit der Zeit und auch durch andere quanta continua sowie veränderte Erlebensweisen von Zeit ersetzt werden. Diese Möglichkeit wäre nur im Falle eines absoluten Koordinatensystems, das jedoch nicht zu haben ist, auszuschließen. Da die gegenwärtig anerkannten Eingrenzungen auch einmal entstanden, nicht also über-historisch, nicht über-zeitlich, sondern *in* der Zeit sind, ist durchaus denkbar, daß sie auch einmal wieder verschwinden werden. Und in der Perspektive einer gänzlich internen und vollständigen Fortschreibung der Geschehens-Konkatenationen ist ohne Selbst-Widersprüchlichkeit denkbar, daß im nächsten Geschehens-Ring dieser ganzen series rerum auf dem Zifferblatt und dem Kalender beim Niederschreiben obigen Satzes wieder abzulesen ist: Samstag, den 20. März 1982, Frühlingsanfang, 16 Uhr 53. Die Kreisförmigkeit, um dies es in der Wiederkunftslehre geht, bezieht sich nicht auf Wiederholungen *in* der Welt, sondern auf die Grenze sowie auf die Verlaufsform der Welt selbst. Kalender- und Uhrenanzeigen aber sind Vorgänge *in* der Welt. Wenn diese Welt also selbst wiederkehrt, dann weisen Kalender und Uhren beim Wiedereintritt desselben Ereignisses notwendigerweise auch dieselbe Anzeige auf.[90] Dies ist natürlich nicht so zu verstehen, als sei die Uhr inzwischen ungeheuer alt geworden und beginne, wie etwa ein Kilometeranzeiger in einem Auto, nun seine Zählung von vorn, wobei es dann zu einer Synchronisierung der erneuten Anzeige und des wiedereintretenden Ereignisses komme. Es geht vielmehr darum, daß die Genesis und Geschichte dieses Anzeigeinstruments selbst (sei es nun eine Uhr, ein Kalender oder irgendeine andere analogische oder digitale Vorrichtung) als sich wiederholend gedacht wird. Es geht um Wiederholungen der autographischen Ereignisse selbst, nicht um Duplikate.

Zur positiven Illustration der Wiederkunftslehre hilft es aber auch nicht weiter, auf eine gegen Zeit-Dilatation gefeite Meta-Uhr oder auf eine Super-Zählmaschine abzustellen, deren Aufgabe es wäre, die einzelnen Zyklen an-

---

[90] Dies ließe sich auch mit der physikalischen Expansions-Kontraktions-Lehre der kosmischen Entwicklung vereinen, aus der folgt, daß es die Raum-Zeit-Stellen selbst sind, die wiederkehren. Vgl. dazu unten Kap. XII, 2, S. 430.

zuzeigen, zu zählen. Wenn schon eine Veranschaulichung bemüht werden soll, dann käme eher die eines Rades, eines kreisförmigen Zifferblattes in Frage, das nach ganzer Umdrehung, ohne linear-digitale Auflistung der Zyklen, wieder seinen im Sinne einer analogischen Anzeige zu verstehenden Kreisgang (dessen Anfang mithin auch an jedem anderen Punkt auf dem Rad angesetzt werden kann) beginnt und koinzident mit derselben Anzeige auch, auf das obige Beispiel bezogen, dieselben Sätze niedergeschrieben werden. Dagegen würde die Vorstellung einer Meta-Uhr das Problem nicht lösen, sondern nur verschieben. Da es für einen endlichen Anfang in der Zeit keinen zureichenden Grund gibt und jeder Punkt des Kreises Ausgangsbasis der Kreisbetrachtung sein kann (mithin kein Punkt vor irgendeinem anderen ausgezeichnet, die Mitte also überall ist), können die einzelnen Kreisgänge nicht, wie die Glieder einer natürlichen Zahlenreihe, gegeneinander unterschieden und ziffernmäßig aufgelistet werden. Allenfalls könnte von einem willkürlich als Bezugspunkt herausgegriffenen Ereignis aus von dem nächsten, über-nächsten, über-übernächsten ... bzw. vorigen, vor-vorigen ... Auftreten gesprochen werden. Doch auch die Meta-Uhr wäre eine Version des auszuschließenden Beobachters. Für die Sinnhaftigkeit der Wiederkunftslehre ist sie nicht erforderlich.

Eine Kritik der Wiederkunftslehre, die in dem dargelegten Sinne auf der Unterschiedenheit von ‚Ereignis' und ‚Wiederkehr des Ereignisses' als Geltungsinstanz beharrt, nimmt unausgesprochen eine weitere Voraussetzung in Anspruch. Es muß unterstellt werden, daß das beste Kriterium für die Bestimmung der Identität zweier Ereignisse darin besteht zu sagen, daß sie denselben Ort und dieselbe Zeitstelle einnehmen. Das ist eine zunächst naheliegende Bestimmung. Doch ist zu bezweifeln, ob diese Forderung überhaupt ein zufriedenstellendes Identitätskriterium abzugeben vermag. Dies ist zumal dann fraglich, wenn, wie bei Nietzsche, von einer am Paradigma ‚materieller Körper' orientierten Betrachtung auf die Ebene der ‚Ereignisse', vom *Ding*- in das *Ereignis*-Schema übergegangen werden muß. Denn die Welt ist nicht das Gesamt raum-zeitlich identifizierbarer Objekte, sondern der Inbegriff, die Konkatenation aller Ereignisse, die ihrerseits als Verzweigungen, als Konkreszierungen von Kräftefeldern aufzufassen sind. Das hat erhebliche methodische Konsequenzen. Um die Identität zweier Ereignisse hinreichend und notwendig bestimmen zu können, ist es angebrachter zu sagen, daß Ereignisse dann und nur dann identisch sind, wenn sie dieselben Ursachen und Wirkungen haben.[91] Das ist ein wichtiger Aspekt. Wenn erst in der Bezugnahme auf die kausale Relation (die jedoch hinsichtlich der ‚Ereignisse' nicht einfach mehr im Sinne

---

[91] Speziell zu diesem Punkt vgl. D. Davidson, *The individuation of events*, (1969), in Ders.: *Essays on Actions and Events*, Oxford 1980, S. 179, und T. Nagel, *Physicalism*, in: *Philosophical Review*, 74 (1965), S. 346.

der Mechanistik zu verstehen und, als Deskription, *nicht* als Vorschrift aufgefaßt, mit Nietzsches Kritik des Kausalitätsgesetzes durchaus vereinbar ist) und nicht bereits in der Identität des Ortes und der Zeit das zureichende Kriterium für die Identität zweier Ereignisse zu sehen ist, dann ist dies eine Perspektive, die, anders als das Fixiertsein auf die unergiebige Frage der Selbst-Duplikationen der Orts- und Zeitstellen, wieder näher an Probleme auch der Nietzscheschen Lehre heranführt. Denn es wird von der Identitätsproblematik her der Blick freigegeben auf die Fragen z. B. des Aufeinanderfolgens, der Verknüpfungsrelationen und des Wie des Vollzugscharakters als solchen. Zugleich läßt sich dieses neue Identitätskriterium ohne nennenswerte Schwierigkeiten mit der Wiederkunftslehre vereinen. Denn es handelt sich darin deshalb um identische Ereignisse, weil sich die diesen jeweils vorausliegenden Bedingungen und zukünftigen Wirkungen wiederholen, oder anders gesagt: weil die Ereignisse dieselben Vergangenheiten und Zukünfte haben.

Das Pochen auf der Singularität der Raum- und Zeitstellen ist der Betonung der unbegrenzten Teilbarkeit[92] in seiner Konsequenz verwandt. Beide Überlegungen führen letztlich, ließen sich die Bestimmungen der wirklichen Bewegung tatsächlich auf sie zurückführen, zu einem Stillstand der Bewegung. Beide Male liegt das Interesse nicht mehr auf der Bewegtheit selbst, nicht auf den Geschehensvollzügen als solchen, nicht auf der kontinuierlichen Verschränktheit von Vorangegangenem, Gegenwärtigem und Zukünftigem sowie von dort dann auf der Ereignis-Reihe, deren Beschaffenheit unter bestimmten Bedingungen in den Gedanken der kreisförmigen Wiederkehr nötigen könnte. Denkt man den Einwand zu Ende, so wird vielmehr die singuläre Punktualität der Stellen eines raum-zeitlichen Koordinatensystems hervorgekehrt. Die Betonung dieses Aspektes aber vermag nicht nur keine Erklärung und auch keine Beschreibung für die als Ereignis-Series aufzufassende Bewegung zu geben, sondern sie läuft schließlich sogar auf deren Destruktion hinaus. Paradoxien von der Art des stehenden Pfeils und des Wettlaufs des Achill mit der Schildkröte sind die Konsequenz.

Werden die in diesem ganzen Abschnitt vorgetragenen Argumente sowie die Verortung der Problemlasten beachtet, dann verliert auch die Alternative zwischen kreisförmiger und nicht-kreisförmiger Zeit ihre Bedrohlichkeit. Es ist zutreffend, daß, wenn die Zeit in einer mit der Geschehens-Kette selbst kongruenten Weise kreisförmig gedacht wird, eine Unterscheidung zwischen Ereignissen und deren Wiederkehr nicht verifizierbar ist. Aber daraus folgt nicht nur nicht, daß Wiederkehr ausgeschlossen ist. Vielmehr macht die Kreisförmigkeit ‚der Zeit selbst' den Kreisgang der Ereignis-Konkatenation ‚in der Zeit' geradezu unausweichlich. Denn diese kann dann unmöglich unendlich

[92] Vgl. oben Kap. VII, 2, S. 201–207.

linear sein. Wird dagegen die Zeit nicht-kreisförmig gedacht, so folgt daraus nicht, daß es sich um *ein* Ereignis mit *zwei* Namen handelt. Vielmehr geht es in diesem Falle unter Heranziehung der Unterscheidung zwischen ‚der Zeit selbst' (nicht: reale absolute Zeit) und dem ‚in der Zeit' (nicht: psychologisch-subjektives Erleben) um die Vorstellung, daß die Ereignis-Kette ‚in der Zeit' in einen Kreisgang führt bzw. sich als dieser in sich selbst zurücklaufende Ring vollzieht. In diesem Falle sind es die Unbegrenztheit und das Selber-nicht-Vergehen der Zeit selbst[93], die, in Verbindung mit weiteren Rahmenbedingungen, vor den Gedanken der Wiederkehr des Gleichen führen. Und sollte schließlich die Zeit, sowohl als solche als auch im Sinne der Zeitverhältnisse betrachtet, ganz als eine Eigenschaft des Raumes aufgefaßt werden, so käme die später noch zu erörternde Vorstellung des nicht-unendlichen, aber unbegrenzten und in sich selbst zurücklaufenden Riemannschen Raumes zum Zuge. Diese Vorstellung spielt in Nietzsches Argumentation für die Wiederkunftslehre eine gewichtige Rolle[94], freilich so, daß aus der Bestimmung der Zeit als Eigenschaft des Raumes nicht eine neue Statik, nicht eine Eliminierung der Zeit qua Verräumlichung entsteht. Gerade von der Gesamtgestalt des Raumes her sind Argumente für den Wiederkunftsgedanken möglich. Wie man die Dinge auch wendet, ein Ausschluß der Lehre von der ewigen Wiederkehr des Gleichen ist nicht in Sicht.

Was die Seite möglicher positiver Begründung der Wiederkunftslehre betrifft, so wurde bereits angemerkt, daß der Hinweis auf die anscheinende Unvereinbarkeit der indiszerniblen Identität mit der numerischen Distinktheit nichts mit der Frage zu tun hat, ob das diese Welt ausmachende Kräfte-Geschehen an einem bestimmten Punkte seiner Entwicklung in die Notwendigkeit einer Neuverteilung der Kräfte und eines Eintritts der Geschehensreihe in den periodischen Kreislauf der Wiederkehr gelangt oder nicht. Es wird sich zeigen, daß diese Überlegung für Nietzsches Argumentation zentral ist. Darüber hinaus ist auf einen weiteren Aspekt aufmerksam zu machen. Angenommen man ist aufgrund der internen Notwendigkeit des Kräfte-Geschehens unter bestimmten Rahmenbedingungen genötigt, einen periodischen Kreislauf ins Auge zu fassen. Dann wächst, und dies mag zunächst überraschen, gerade der für ein endliches Wesen gegebenen Unmöglichkeit, die Ereignisse zugleich

[93] Diese beiden Aspekte sind gleichzusetzen mit dem ewig werdenden Werden. Denn es gibt keine Zeit-*an-sich*, und auch ‚die Zeit selbst' existiert nicht unabhängig vom Werden. Selbst die Zeit, wie das Werden, *ist* nicht, sie *wird*. In diesem Sinne ist weder die Zeit noch das Werden ein Sein. Deshalb ist es auch nicht tautologisch, vom Werdecharakter der werdenden Welt zu sprechen. Vielmehr wird in solcher Rede der Rückgang hinter den für die okzidentale Tradition grundlegend gewordenen Parmenideischen Seinsbegriff sowie das Ineinanderstehen von Werdecharakter und Zeitlichkeit angezeigt.

[94] Vgl. unten Kap. XI, 3.

als Wiederkehr-Ereignisse voneinander distinkt scheiden zu können, eine Funktion der Intensivierung und Motivierung jeden Handelns, Erlebens und Denkens zu. Alles ist von innen her in jedem seiner Momente außerordentlich bedenkenswert. Denn jedes einzelne Moment ist für das gesamte Zukünftige und damit auch für die erneute Bereitstellung der Bedingungen der Wiederkehr genau *dieses* gegenwärtigen Momentes, seiner selbst entscheidend. Wird auch nur ein einziges Moment anders, so wird, strenggenommen, die Welt im ganzen eine andere. In jedem Ereignis-Moment steht die ganze Ewigkeit nach vorwärts wie nach rückwärts auf dem Spiel. Diese Aspekte enthalten zugleich auch eine Verbindung zwischen der Internität des Kräftegeschehens und dem existenziellen Ideal des Übermenschen, der die Welt in eben dieser Eigentümlichkeit uneingeschränkt und vorbehaltlos bejaht. Jeder Augenblick zieht alle anderen, die zukünftigen und auch die schon vergangenen Ereignisse, einschließlich seiner selbst, nach sich. Jedes Tätigsein und jedes Erleben verschafft sich *in* seinem Vollzug zugleich das Siegel der Ewigkeit. Andersherum und ganz auf die dem Augenblick eigentümliche Gegenwärtigkeit hin formuliert werden von hier aus zwei aufeinander verweisende und ineinander scheinende Formen der *Ewigkeit* deutlich.

Zunächst ist diejenige Ewigkeit zu nennen, die für jeden Augenblick des Geschehensvollzugs aus der Perspektive vollständiger Internität gegeben ist, sofern dieser Vollzug ganz in der Gegenwärtigkeit seiner selbst als Vollzug innesteht und in *diesem* Sinne *zeitlos* ist. Dies gilt auch für den Zusammenhang von ‚Lust' und ‚Ewigkeit', wenn es im *Zarathustra* als Gipfel der Lebensbejahung heißt: „Lust will *aller* Dinge Ewigkeit, *will tiefe, tiefe Ewigkeit!*".[95] Bereits die rein äußerlich ins Auge fallende Hervorhebung des ‚*aller* Dinge' zeigt, daß dies weder auf eine Apotheose des sich selbst wollenden Augenblicks noch auf einen hedonistischen Momentanismus verkürzt werden darf. In beiden Fällen wäre noch keine wahre Mächtigkeit über die Zeit, noch keine wirkliche Ewigkeit erreicht. Der Aspekt des augenblicklichen Innestehens bedarf also seiner eigenen Ausweitung auf alles Seiende, genauer auf alles Werdende. Da Geschehen gerade keine Aneinanderfädelung von gegeneinander isolierbaren Jetztpunkten, sondern umgekehrt jedes Jetzt und mithin auch der Augenblick Grenzwert des Geschehenskontinuums, das unendlich kleine Kontinuum ist und von daher die ganze Vergangenheit und Zukunft nicht nur in sich trägt, sondern auch benötigt und in Anspruch nimmt, um derjenige ‚zeitlose' Augenblick zu sein, der er als Gegenwärtigkeit ist, verweist diese erste Gestalt der Ewigkeit auf die dazu notwendig komplementäre, auf die kreisförmige identische Wiederkehr der Geschehensketten im ganzen, und vi-

[95] KGW VI, 1, *Zarathustra,* IV, (*Das Nachtwandler-Lied,* 11), S. 399; vgl. III, (*Das andere Tanzlied,* 3), S. 282.

ce versa. Erst das Ineinander dieser *beiden* Komponenten führt zu einer vollen und gleichwohl a-metaphysischen und a-mystischen Aeternität des Weltprozesses insgesamt und eines jeden seiner Momente.

Die Gegenwärtigkeit des Augenblicks ist in dem, was sie ist, zugleich von Gewesenem *und* Zukünftigem bedingt. Darin liegt eine Symmetrie der Zeitstruktur selbst. Wenn aber Gewesenes *und* Zukünftiges in diesem Sinne für jeden Augenblick gleich-bedingend und gleich-wertig sind, dann sind sie in dem Sinne eins, daß die Zeit selbst nicht mehr einfach nur als lineare Erstreckung, nicht als Gerade, sondern als in sich zurücklaufende Kreisförmigkeit, als Kreis aufgefaßt werden kann. Es ist dann nicht mehr widersinnig zu sagen, daß die Zukunft des Augenblicks zugleich schon hinter ihm liegt bzw. daß seine eigene Vergangenheit noch bevorsteht. Diese Zusammenhänge werden besonders deutlich, wenn der ‚Augenblick' in einem emphatischen Sinne als derjenige Ort ausgezeichnet wird, an dem temporale Strukturen allererst generiert werden. Das vollständige Innestehen bringt es dann mit sich, daß die in sich zurücklaufende und sich mit sich selbst zusammenschließende und *darin* das Seiende *im ganzen* betreffende Kreisförmigkeit diejenige Zeitstruktur ist, die, *im und als* Augenblick, einen Vorzug vor der Linearität der Zeitvorstellung im Sinne der Grammatik des Urteils, d. h. des endlichen Sprach- und Verstandesdenkens, genießt. Erst die unauftrennbare Verschränkung beider Formen der Ewigkeit, der Zeitlosigkeit des Augenblicks und der kreisförmigen Wiederkehr der ganzen Ereignis-Kette, trifft die in beiden Hinsichten in der Inwendigkeit der Geschehensvollzüge wurzelnde *Aeternität*[96] im Sinne der Wiederkunftslehre.

---

[96] Vgl. dazu auch die Ausführungen oben S. 229f. zum a-platonischen Charakter dieses Verständnisses von Ewigkeit.

VIII. Die sinn-logische Funktion des Wiederkunfts-Gedankens

1. Das Kräfte-Geschehen als Basis

Die Wiederkunftslehre hält einer theoretischen Kritik nicht nur stand, sie wird ihrerseits durch triftige Gründe gestützt. Gleichwohl kann es nicht darum gehen, ihren philosophischen Sinn als ein *Beweis*argument und als *Theorie* zu entfalten. Dies würde hinter der Möglichkeit, sie auf den geschehens-logischen Zirkel der Willen-zur-Macht-und-Interpretations-Kräfte[1] zu beziehen, würde hinter dem *logischen,* d.h. dem sich auf die *Grenze* der Welt und den *Wert* des Daseins beziehenden Charakter dieses Gedankens zurückbleiben. Die Auseinandersetzungen um die Probleme einer theoretischen Begründung der Wiederkunftslehre im vorigen Kapitel verfolgten vor allem zwei Ziele.

Zunächst wurde deutlich, daß die wissenschaftlich-theoretischen Texte und Argumente Nietzsches nicht aus dem sinn-legitimen Horizont der Wiederkunftslehre ausgeschlossen werden können. Damit würde man sich von vornherein der Möglichkeit berauben, diesen Gedanken von der Welt der Kräfte her, auf die er sich im Kern bezieht, zu entfalten. Parallel dazu nähme die Möglichkeit ab, den Wiederkunftsgedanken als die Überwindung der sterilen Entgegensetzung von Sein und Sollen konzipieren zu können. Außerdem wird in einer solchen Sicht die von Nietzsche in der Wiederkunftslehre durchaus *auch* angestrebte Verbindung von Philosophie und Wissenschaft leichtfertig beiseite geschoben. Eine solche Einstellung aber ist der Wiederkunftslehre keineswegs zuträglich. Dies verweist auf den zweiten wichtigen Aspekt. Der Aufweis, daß die Wiederkunftslehre auch theoretisch begründbar und denklogisch durchführbar erscheint, ist von hoher Bedeutung. Denn es gilt der bereits betonte Zusammenhang, daß der philosophische Sinn dieses Gedankens zwar nicht an der Frage wissenschaftlicher und verstandeslogischer Theoriefähigkeit entschieden werden *kann,* daß er sich einem neuzeitlichen Bewußtsein aber gleichwohl am endlichen Verstandesdenken auszuweisen hat. Zugleich jedoch ist vor dem Hintergrund der Erörterungen vor allem zum Interpretations-Zirkel die Feststellung nicht mehr verwunderlich, daß es sich

[1] Vgl. dazu oben Kap. VI, 5.

bei der Wiederkunftslehre *nicht* um einen Objektivismus oder gar um einen Szientismus handelt.[2]

Es kommt zunächst darauf an, den Wiederkunftsgedanken auf die ursprüngliche Ebene der Willen-zur-Macht-Kräfte und des geschehens-logischen Interpretierens zu beziehen. Diese Ebene hebt sich nicht nur gegen den Ausschluß der wissenschaftlich-theoretischen Argumente, sondern auch gegenüber einer Deutung der ewigen Wiederkehr als einer ethischen Lehre oder als das existenzielle In-der-Welt-sein des Übermenschen ab. Zugleich ist damit die auch in bezug auf die Sinnstelle der Wiederkunftslehre grundlegende Einsicht verbunden, daß, geht es um die philosophische Betrachtung, die Einheit von Sein und Sollen, genauer von Werden und Wert, ebensowenig aufgetrennt werden kann und darf wie die ursprüngliche Einheit von Mensch und Welt. Mithin muß der Wiederkunftsgedanke aus seinen psychologischen, anthropologischen, ethischen und existenzphilosophischen Engführungen herausgeführt und auf die Welt der Willen-zur-Macht-und-Interpretations-Kräfte bezogen werden, *ohne* damit in eine kosmologische Lehre im alten Sinne und *ohne* als eine wissenschaftliche Theorie aufgefaßt werden zu müssen. Das ist die Aufgabe. Der Wiederkunfts-Gedanke ist wesentlich *sinn- und interpretations-logischer Natur*.

Es ist offensichtlich, daß der Übergang auf die Ebene des Kräfte-Geschehens die Deutung der Wiederkunftslehre nicht erleichtert, sondern eher erschwert. Wird die ewige Wiederkehr als das existenzielle In-der-Welt-sein des Übermenschen aufgefaßt, so läuft dies letztlich, obwohl hinter eine Charakterisierung als Ethik, überhaupt hinter die wenig fruchtbare Gegenüberstellung ‚kosmologisch'-‚ethisch' zurückgehend, auf einen „Existenzimperativ" (Magnus) hinaus, zum Leben so zu stehen, daß die ewige Wiederkehr jeden Handelns und Erlebens und darin allen Daseins gewollt wird. Auf diese Weise verschafft sich ein existenzielles Übermenschentum durch sich selbst die äußerste Rechtfertigung. In solcher Selbst-Segnung liegt die eigene Verewigung. Dagegen verkomplizieren sich die Auslegungsprobleme erheblich, wenn über die existenzielle Dimension hinaus auf die faktisch-interpretative Machtwillen-Welt, auf Welt selbst, und nicht bloß auf eine Haltung ihr und dem Leben gegenüber, Bezug genommen werden soll. Eine der Schwierigkeiten besteht darin, daß dies eben auf eine Weise zu erfolgen hat, die nicht zu der kosmologischen Annahme einer *gegebenen* und *objektiven* Welt außerhalb des Interpretationsschemas führen darf. Denn die Welt ist für den Menschen das, was und wie sie ist, ist mithin eine *So-und-so*-Welt immer erst *in und als* Vollzug des Interpretations-Zirkels, außerhalb dessen es keine Realität gibt. Eine ‚ob-

---

[2] Diese Abgrenzung wird unten in Kap. VIII, 3 im einzelnen erörtert.

jektive' kosmologische Welt ist mit Nietzsches Denken schon deshalb nicht zu vereinen, weil es keine Instanz außerhalb des Zirkels gibt, die feststellen könnte, wann in der Erkenntnis oder im Handeln eine Übereinstimmung mit der ‚objektiven Welt' vorliegt und wann nicht. Bereits ein solches Vorhaben wäre sinnlos.

Auf die Einheit des Welt-und-Selbst-Verständnisses bezogen liegt der psychologischen, ethischen und existenziellen Betrachtungsweise auf der einen, und der wissenschaftlichen Theoriebildung objektiver Erkenntnis auf der anderen Seite der geschehens-logische Interpretations-Zirkel immer schon voraus. Diese Ebene ist jedoch keine des metaphysischen ‚Geistes', sondern im Sinne der quantitativ-faktischen und ineins interpretativen Willen-zur-Macht-Kräfte zu verstehen. Von ihnen her ist nicht nur die Bewußtheit und das bewußt werdende Denken, sondern auch noch die Struktur des menschlich-übermenschlichen In-der-Welt-seins als Ausgestaltung und Verzweigung bestimmter *leibhafter* Zustände, als verfeinerter Leib, das aber heißt als Expression, Symptom und Symbolik bestimmter Willen-zur-Macht-und-Interpretations-Konstellationen aufzufassen. Vor diesem Hintergrund sind zwei Gesichtspunkte zu betonen.

Zunächst ist zu beachten, daß eine allein vom Ideal des Übermenschen herkommende und weitgehend ethisch motivierte Interpretation der Wiederkunftslehre zu einseitig ist und keine integrale, d.h. keine auf die Machtwillen-Welt im ganzen und darin ineins auf das Problem des Werdens *und* die Frage nach dem Wert des Daseins bezogene Deutung zu geben vermag. Sowohl der *Zarathustra* als auch der Nachlaß der achtziger Jahre zeigen, daß nicht zunächst das Konzept des Übermenschen entsteht, dem dann die Wiederkunftslehre als dessen angemessenstes Welt- und Selbst-Verständnis beigegeben wird. Umgekehrt: Zuerst ist die Wiederkunftslehre als der bedrohlichste Gedanke da, und dieser macht dann den Übermenschen erforderlich als denjenigen Typus, der diesen Gedanken nicht nur zu ertragen, sondern, aus einem hohen Machtgefühl, freudig zu begrüßen vermag. Und später, nachdem die Verbindung zwischen Wiederkunftslehre und Übermensch hergestellt ist, ist es weder im Verlauf des *Zarathustra* noch in den Nachlaß-Aufzeichnungen der Übermensch, sondern die Wiederkunftslehre, die, zusammen mit der Lehre der Willen-zur-Macht, das Denken Nietzsches bestimmt. Die Idee des Übermenschen tritt zurück. Die Wiederkunftslehre ist der bei weitem wichtigere Gedanke.

Sodann ist zu beachten, daß selbst in den einschlägigen Passagen des *Zarathustra* die Welt der Kräfte die Basis der Betrachtung bildet. Liest man darüber hinaus die Nachlaß-Texte zur Wiederkunftslehre in ihrer chronologischen Reihenfolge und im Zusammenhang derjenigen Themen, an denen Nietzsche gleichzeitig gearbeitet hat, dann ergibt sich auch von dieser Seite die grundlegende Bedeutung der Kräfte-Welt.[3] So überrascht es nicht, daß sich die naturphilosophischen Texte und Argumente Nietzsches neben die diesbezüglichen Abschnitte im *Zarathustra* stellen lassen. Die Nachlaß-Aufzeichnungen sind geeignet, die für Zarathustra kennzeichnende bilderreiche, metaphorische und gleichnishafte Sprache bestimmter zu fassen und der Argumentation zu öffnen. Die Zusammengehörigkeit der beiden unterschiedlichen Darstellungsformen ist in philologischer und in sachlicher Hinsicht unverkennbar. Als Beispiel sei in der folgenden Text-Anordnung der Abschnitt gewählt, in dem Zarathustra dem Zwerg seinen „abgründlichen Gedanken" mitteilt und erläutert.

Zarathustra:[4]	*Nachlaß:*
„‚Siehe diesen Thorweg! Zwerg! sprach ich weiter: der hat zwei Gesichter. Zwei Wege kommen hier zusammen: die gieng noch Niemand zu Ende.	
Diese lange Gasse zurück: die währt eine Ewigkeit. Und jene lange Gasse hinaus – das ist eine andre Ewigkeit.	„und ob ich von jetzt an rückwärts zähle oder vorwärts: ich halte den Streifen der Unendlichkeit in der Hand".[5]
	„Nichts kann mich hindern, von diesem Augenblick an rückwärts rechnend zu sagen ‚ich werde nie dabei an ein Ende kommen'; wie ich vom gleichen Augenblick vorwärts rechnen kann, in's Unendliche hinaus."[6]
Sie widersprechen sich, diese Wege; sie stossen sich gerade vor den Kopf: – und hier, an diesem Thorwege, ist es, wo sie zusammenkommen. Der Name des Thorwegs steht oben geschrieben: ‚Augenblick'.	
Aber wer Einen von ihnen weiter gienge – und immer weiter und immer ferner: glaubst du, Zwerg, dass diese Wege sich ewig widersprechen?' –	

[3] Im *Zarathustra* vgl. vor allem III, die Abschnitte *Vom Gesicht und Rätsel* und *Der Genesende*. Die jetzt vorliegende *KGW* (hg. von G. Colli und M. Montinari) ermöglicht erstmals eine chronologische und vollständige Lektüre der Aufzeichnungen zur Wiederkunftslehre. Für den Kontext, in dem diese im Jahre 1881 (in dem sie erstmals auftritt und in das der bei weitem größte Teil der sie betreffenden Fragmente fällt) steht, ist KGW V, 2, S. 339–473 heranzuziehen. Als Beispiel aus der späten Zeit (Frühjahr 1888) vgl. das Umfeld des wichtigen Fragments KGW VIII, 3, 14 (188), vor allem 14 (184)–(187).

[4] KGW VI, 1, *Zarathustra,* III (*Vom Gesicht und Rätsel,* 2), S. 195f.

[5] KGW VII, 1, 16 (63), S. 547.

[6] KGW VIII, 3, 14 (188), S. 167.

‚Alles Gerade lügt, murmelte verächtlich der Zwerg. Alle Wahrheit ist krumm, die Zeit selber ist ein Kreis.‘

‚Du Geist der Schwere! sprach ich zürnend, mach dir es nicht zu leicht! Oder ich lasse dich hocken, wo du hockst, Lahmfuss, – und ich trug dich *hoch*! Siehe, sprach ich weiter, diesen Augenblick! Von diesem Thorwege Augenblick läuft eine lange ewige Gasse *rückwärts*: hinter uns liegt eine Ewigkeit.

Muss nicht, was laufen *kann* von allen Dingen, schon einmal diese Gasse gelaufen sein? Muss nicht, was geschehn *kann* von allen Dingen, schon einmal geschehn, gethan, vorübergelaufen sein?

Und wenn Alles schon dagewesen ist: was hältst zu Zwerg von diesem Augenblick? Muss

„Wohl aber ist die Zeit, in der das All seine Kraft übt, unendlich ... – bis diesen Augenblick ist schon eine Unendlichkeit abgelaufen, d.h. alle möglichen Entwicklungen müssen schon *dagewesen sein*. *Folglich* muß die augenblickliche Entwicklung eine Wiederholung sein und so die, welche sie gebar und die, welche aus ihr entsteht und so vorwärts und rückwärts weiter!“[7]

„Wenn nicht *alle* Möglichkeiten in der Ordnung und Relation der Kräfte bereits erschöpft wären, so wäre noch keine Unendlichkeit verflossen. Weil dies aber sein *muß*, so giebt es keine neue Möglichkeit mehr und alles muß schon dagewesen sein, unzählige Male.“[8]

„Wenn die Welt als bestimmte Größe von Kraft und als bestimmte Zahl von Kraftzentren gedacht werden *darf* – und jede andere Vorstellung bleibt unbestimmt und folglich *unbrauchbar* – so folgt daraus, daß sie eine berechenbare Zahl von Combinationen, im großen Würfelspiel ihres Daseins, durchzumachen hat. In einer unendlichen Zeit würde jede mögliche Combination irgendwann einmal erreicht sein; mehr noch, sie würde unendliche Male erreicht sein. Und da zwischen jeder ‚Combination‘ und ihrer nächsten ‚Wiederkehr‘ alle überhaupt noch möglichen Combinationen abgelaufen sein müßten und jede dieser Combinationen die ganze Folge der Combinationen in derselben Reihe bedingt, so wäre damit ein Kreislauf von absolut identischen Reihen bewiesen: die Welt als Kreislauf der sich unendlich oft bereits wiederholt hat und der sein Spiel in infinitum spielt.“[9]

„Welchen Zustand diese Welt auch nur erreichen *kann*, sie muß ihn erreicht haben, und

[7] KGW V, 2, 11 (202), S. 421; ebenso V, 2, 11 (245), S. 432.
[8] KGW V, 2, 11 (152), S. 398.
[9] KGW VIII, 3, 14 (188), S. 168.

auch dieser Thorweg nicht schon – dagewesen sein?

Und sind nicht solchermaassen fest alle Dinge verknotet, dass dieser Augenblick *alle* kommenden Dinge nach sich zieht? *Also* – – sich selber noch?

Denn, was laufen *kann* von allen Dingen: auch in dieser langen Gasse *hinaus* – *muss* es einmal noch laufen! –

Und diese langsame Spinne, die im Mondscheine kriecht, und dieser Mondschein selber, und ich und du im Thorwege, zusammen flüsternd, von ewigen Dingen flüsternd – müssen wir nicht Alle schon dagewesen sein?

– und wiederkommen und in jener anderen Gasse laufen, hinaus, vor uns, in dieser langen schaurigen Gasse – müssen wir nicht ewig wiederkommen? –‘.“

nicht einmal, sondern unzählige Male. So diesen Augenblick: er war schon einmal da und viele Male und wird ebenso wiederkehren, alle Kräfte genau so vertheilt wie jetzt: und ebenso steht es mit dem Augenblick, der diesen gebar und mit dem, welcher das Kind des jetzigen ist.“[10]

„Es ist Alles wiedergekommen: der Sirius und die Spinne und deine Gedanken in dieser Stunde und dieser dein Gedanke, daß Alles wiederkommt.“[11]

Was Zarathustra hier in hypothetischer Form vorträgt, gilt es, entsprechend einer von Nietzsche oft geübten Praxis, ins Positive zu lesen. Auf diese Weise, wie überhaupt durch den aphoristischen, den fragmentarischen und den metaphorischen Stil, entgeht Nietzsche nicht nur einer unangemessenen Positivierung und einem System-Philosophieren, sondern auch den mit dem Wiederkunftsgedanken verbundenen Problemen der *Darstellung*. Da die Zurückweisung des ‚System‘-Gedankens jedoch nicht mit einer Ablehnung der ‚systematisierenden Strenge‘ des Gedankens verwechselt werden darf, stehen die Interpreten vor erheblichen Schwierigkeiten. Das Problem ist doppelter Natur.

Zum einen besteht es darin, einen Gedanken, der sich wesentlich auf die *vor*-begriffliche und *vor*-theoretische Struktur der Welt-und-Selbst-Auslegung bezieht, in und mit den Mitteln des endlichen begrifflichen Denkens fassen und darstellen zu sollen. Zum anderen ist es aussichtslos, diesem Gedanken dadurch Sinn zu verleihen, daß er ins Ungenaue oder ins Unsagbare eines sich selbst genügenden rein metaphorischen und assoziativen Sprachgebrauchs entrückt wird. Gerade wenn Nietzsche mit dem Gedanken der ewigen Wiederkehr des Gleichen eine Entdeckung besonderer Art gelungen sein sollte, kommt es darauf an, sie in einer zugänglichen Form zu bewahren. Die dichte-

[10] KGW V, 2, 11 (148), S. 396.
[11] KGW V, 2, 11 (206), S. 422.

rische Sprache und die Metapher haben darin ihre überaus positive Funktion. Die Metapher setzt an den Grenzen und im vor-begrifflichen Bereich des Verstandesdenkens ein. Dies ist für Nietzsche von hoher Bedeutung[12] und keineswegs als eine Vagheit des Ausdrucks mißzuverstehen. Eine gelungene Metapher ist stets präzise. Sie ist also kein Alibi für schlechte Unbestimmtheit. Dies gilt auch für die den Experimentalcharakter unterstreichende konjunktivische oder fragend-hypothetische Form der Darstellung. Was letzteren Aspekt betrifft, so hat er in dem zitierten Passus zugleich einen direkten sachlichen Bezug. Zarathustra ist der Verkünder der Lehre der ewigen Wiederkehr und des Ideals des Übermenschen. Aber er selbst ist noch nicht dieser Übermensch. Er vermag die möglichen Herausforderungen, die mit dem Wiederkunftsgedanken verbunden sind, noch kaum zu ertragen. Es heißt, daß Zarathustra immer leiser redete, denn er fürchtete sich vor seinen „eigenen Gedanken und Hintergedanken“[13].

Die in der obigen Zusammenstellung auf der rechten Seite zitierten Abschnitte aus den sich direkt auf die Welt der Kräfte beziehenden Nachlaß-Fragmenten stammen entweder aus dem Zeitraum Frühjahr-Herbst 1881, liegen also *vor* dem *Zarathustra* und sind als Gedankengut in diesen eingegangen, oder aus dem Frühjahr 1888, zeigen also, daß diese Argumentationsweise für Nietzsche bis in die Spätzeit charakteristisch ist. Die Nachlaß-Texte stehen nicht im Widerspruch zu den Ausführungen Zarathustras. Es zeigt sich vielmehr, daß sie sich wie eine Folie unter die Zarathustra-Passagen legen lassen und für deren Verständnis aufschlußreich sind. Dies ist freilich nicht als ein Naturalismus zu verstehen. Aber es geht um den Nachweis, daß es sich in beiden Darstellungsformen um die gleiche Sache handelt. Der hier vorgeschlagene Rekurs auf das Kräfte-Geschehen als Basis der Betrachtung *kann* gar nicht mehr naturalistisch oder, nach der anderen Seite, subjektivistisch bzw. psychologisch und auch nicht mehr existenziell verkürzt werden, da es sich ja um die Willen-zur-Macht-und-Interpretations-Kräfte handelt, die essentiell geschehens-*logischen* Charakters sind. Von daher ist zum einen zu beachten, daß auch die Wissenschaft eine Kunst, eine Interpretation ist, und daß auch hinter dem Kraftbegriff der physikalischen Wissenschaften der dynamische Kraftbegriff im Sinne der Willen-zur-Macht-Organisationen steht. Zum anderen ist zu bedenken, daß selbst für den in hohem Maße appellativen *Zarathustra* die Welt der Kräfte Grundlage der Überlegungen ist. Es geht dort um das Verhältnis der niedergehenden, dekadenten und dissoziativen zu den aufsteigenden, organisierenden und uneingeschränkt realitäts-bejahenden Kräften. Die Rede vom ‚Übermenschen‘ ist Chiffre für letzteren Typus.

[12] Vgl. oben Kap. VI, 5, S. 177f.

[13] KGW VI, 1, *Zarathustra*, III, (*Vom Gesicht und Rätsel*, 2), S. 197.

Vor diesem Hintergrund scheint es nicht mehr verwegen zu behaupten, daß auch die auf die Existenz des Übermenschen bezogenen Aspekte der Wiederkunftslehre nur dann hinreichend verstanden werden können, wenn die Machtwillen-Welt Basis der Betrachtung wird. Entsprechend gehören die naturphilosophischen Texte unverzichtbar zur Grundlage des Wiederkunftsgedankens. Dessen voller Sinn kann nicht ohne sie entfaltet werden. Dazu gehört auch, daß die zitierten Nachlaßstücke in den Kontext des Streites um die mit den Sätzen der Thermodynamik (Erhaltungssatz und Wärmesatz) verbundenen Probleme z. B. der Irreversibilität, der Wärmetodhypothese bzw. eines Stillstands des Werdens und der in solchen Theoremen wirksamen Weltkonzeption gehören. So zeigt sich, daß die Wiederkunftslehre sogar noch in ihrem Bezug auf das Existenzielle des Übermenschen von physikalischen Weltauslegungen bzw. von Gedankengängen, die in bewußtem Gegenzug zu solchen Theorien konzipiert sind, mitbestimmt ist und ohne Einbeziehung dieser Aspekte nicht in ihrem ganzen Umfang verständlich ist. Zarathustra ist Phýsis-Philosoph.

Wenn Zarathustra im weiteren Fortgang der komplizierten Mäeutik des Wiederkunftsgedankens von „Ekel" ergriffen und niedergeschmettert wird, weil ihn der „grosse Überdruss am Menschen ... würgte", und dieser Ekel darin besteht, daß nicht nur der ‚Übermensch', sondern eben auch „der kleine Mensch"[14] ewig wiederkehrt, so wird auch an diesem Vorgang deutlich, daß die Wiederkunftslehre nicht nur die Selbstrechtfertigung und Selbstverewigung des Übermenschen, sondern uneingeschränkt *alles* Seiende, den Weltprozeß im ganzen und in *jedem* seiner Momente betrifft. In der späten Schrift *Ecce homo* findet sich der entscheidende, über die Forderung einer vollständigen und vorbehaltlosen Bejahung aller Realität zu heftende, mithin die Wiederkunftslehre im Kern kennzeichnende Satz: „Es ist Nichts, was ist, abzurechnen, es ist Nichts entbehrlich".[15] Dies ist für Nietzsches Denken fundamental.

---

[14] Vgl. KGW VI, 1, *Zarathustra,* III, (*Der Genesende,* 2), S. 270.

[15] KGW VI, 3, *Ecce homo,* (*Die Geburt der Tragödie,* Aph. 2), S. 309. Lou Andreas-Salomé, *Friedrich Nietzsche in seinen Werken,* Wien 1894, berichtet (S. 222–224) von Gesprächen mit Nietzsche, in denen sich zeigte, daß er Furcht vor dem Gedanken gehabt habe, die Wiederkunftslehre könnte wahr sein und sich wissenschaftlich begründen lassen.
Die neue Fassung von *Ecce homo,* (*Warum ich so weise bin,* Aph. 3), enthält den Satz: „Aber ich bekenne, dass der tiefste Einwand gegen die ‚ewige Wiederkunft', mein eigentlich *abgründlicher* Gedanke, immer Mutter und Schwester sind" (KGW VI, 3, S. 266). Auch an einer solchen Äußerung zeigt sich, daß Nietzsche den Wiederkunftsgedanken für mehr als eine bloß subjektive, psychologische, ethische oder existenzielle Haltung gegenüber dem Leben angesehen hat.
Zu den text- und editionskritischen Problemen des Ecce-homo-Aphorismus im Horizont des Verhältnisses Nietzsches zu Mutter und Schwester, vgl. M. Montinari, *Ein neuer Abschnitt in Nietzsches ‚Ecce homo',* in: Ders.: *Nietzsche lesen,* Berlin/New York 1982, S. 120–168.

Freilich bedeutet dies nicht, daß ,Übermensch' und ,Welt' nun als zwei getrennte Momente aufgefaßt werden dürften. Denn der Übermensch ist als Typus nichts anderes als die intensivierteste und zugespitzteste Ausprägung der Willen-zur-Macht-Wirklichkeit, der er sich selbst zugehörig weiß, und die er in dieser Zugehörigkeit nicht nur übernimmt, sondern ohne Abstriche als überaus wertvoll bejaht. Eben darin besteht ja das *interne* Mächtigsein über *diese* Weltbeschaffenheit. Insofern wäre es von Grund auf verfehlt, dieses Verhältnis von Übermensch und Welt wieder in zwei Teile auseinanderzureißen. Doch kommt es darauf an, Nietzsches Vorstellung ernst zu nehmen, daß der Mensch zunächst in den seinerseits erst wiederzugewinnenden Grundcharakter der Wirklichkeit zurückübersetzt werden muß, um von dort aus dann das Ideal des ,Übermenschen', der im Grunde der Vollbegriff des Menschen ist, sinnvoll ins Auge fassen zu können. So erst wird eine menschlich-übermenschliche Perspektive eröffnet, die Gegenzug zu der anderenfalls bei den „letzten Menschen" endenden und im Nihilismus steckenbleibenden Entwicklung zu sein vermag. Dies ist jedoch nicht als die Aufforderung einer Rückkehr zur Natur im Rousseauschen Sinne zu verstehen. Bereits im Sommerhalbjahr 1881 notiert Nietzsche inmitten verschiedener Ausführungen zur Wiederkunftslehre: „Meine Aufgabe: die Entmenschung der Natur und dann die Vernatürlichung des Menschen, nachdem er den reinen Begriff ,Natur' gewonnen hat".[16] Dieser Satz könnte programmatisch über Nietzsches Schriften der achtziger Jahre stehen. ,Natur' ist darin als das Willen-zur-Macht-und-Interpretations-Geschehen aufzufassen. Freilich ist sogleich einem Mißverständnis vorzubeugen. Die ,Vernatürlichung' des Menschen ist nicht so zu verstehen, als solle damit der ,Humanität' entgegengewirkt werden. Eine solche Fehleinschätzung kann nur aus der irrigen Vorstellung entstehen, als Humanität könne nur gelten, was den Menschen „von der Natur *abscheidet* und auszeichnet". Eine solche Auftrennung aber gibt es in Wirklichkeit gar nicht. Der Mensch „in seinen höchsten und edelsten Kräften, ist ganz Natur und trägt ihren unheimlichen Doppelcharakter an sich". Nietzsche betont, wie unangebracht und oberflächlich es ist, „,Mensch *und* Welt' nebeneinander" zu stellen.[17] Das ist auch in bezug auf die Wiederkunftslehre grundlegend.

Die Bedeutung des *Zarathustra* für ein umfassendes Verständnis der Wiederkunftslehre sollte nicht überschätzt werden. Nietzsche selbst schreibt im März 1884 an Franz Overbeck: „. . . es ist möglich, daß mir *zum ersten Male* der Gedanke gekommen ist, der die Geschichte der Menschheit in zwei Hälften spaltet. Dieser Zarathustra ist nichts als eine Vorrede, Vorhalle – ich habe mir selber Muth machen müssen, da mir von überall her nur die Entmuthigung kam: Muth zum *Tragen* jenes Gedankens! Denn ich bin noch *weit* davon entfernt, ihn aussprechen und darstellen zu können" (KGB III, 1, S. 485).

[16] KGW V, 2, 11 (211), S. 423.

[17] KGW III, 2, *Homer's Wettkampf*, S. 277 und KGW V, 2, *Fröhliche Wissenschaft*, V, Aph. 346, S. 263.

Fragt man sich nach dem Motiv des Widerstandes gegen eine über ein bloß psychologisches oder ein existenzielles Verständnis von Nietzsches Wiederkunftslehre hinausgehende Deutung, so lassen sich zunächst zwei Aspekte vermuten. Zum einen scheint die Wiederkunftslehre als wissenschaftliche Theorie heute nur schwer verteidigbar. Zum anderen sieht es so aus, als bedeute ihre Auffassung als empirische Theorie und als Naturgesetz einen Determinismus, der den normativen und imperativischen Sinn dieses Gedankens und darin vor allem das Moment möglicher Wahl zunichte macht. Hinter einer solchen Einstellung sind, bewußt oder unbewußt, zumindest drei weiter reichende und für die moderne Weltanschauung kennzeichnende Vorurteile und Mißverständnisse wirksam, die einer reduktionistischen Interpretation der Wiederkunftslehre Vorschub leisten konnten. Die Wissenschaft und ihre Methode erscheinen als alleinige Verkörperung und Garanten einer ‚Erklärung' des Naturgeschehens und einer ‚Objektivität' der Erfahrungserkenntnis. Die Naturgesetze werden essentialistisch aufgefaßt, scheinen von absoluter Notwendigkeit zu sein und stellen einen Determinismus des Geschehens dar. Und grundsätzlich wird die vor allem seit Hume prominente Trennung von Sein und Sollen, von Faktum und Wert, und die daraus resultierende Gebiets- und Aufgabenverteilung immer noch beibehalten. Das faktische physische Sein ist Thema und Feld der Wissenschaft. Einzig in ihrem Bereich könne von Objektivität und Rationalität gesprochen werden. Das Sollen dagegen und die Frage der Werte sind prinzipiell nicht-objektiv und nicht-rational, unterliegen einem unüberwindlichen Dezisionismus und haben, da sie die Lebensführung, nicht das Naturgeschehen betreffen, im Bereich der Existenzphilosophie ihren Platz. Diese Schranken spielen für das Verhältnis von Philosophie und Wissenschaft vor allem seit Mitte des 19. Jahrhunderts eine wichtige Rolle. Bevor sie jedoch nicht überwunden sind, ist es unmöglich, den integralen Sinn der Wiederkunftslehre zu entfalten, d.h. deutlich zu machen, daß darin nicht nur die Alternative ‚kosmologische' versus ‚ethische' Deutung unterlaufen, sondern auch über die Nachfolgeversion der ethischen Auffassung, d.h. über die und vorrangig auf die eher psychologischen Konsequenzen abstellende Deutung der ewigen Wiederkehr als das existenzielle In-der-Welt-sein des Übermenschen hinausgegangen wird.

Im Rahmen der Ausführungen zur Interpretationsproblematik wurde bereits gezeigt, daß es diesen drei Vorurteilen nicht gelingt, sich als ‚objektive' Instanzen festzusetzen.[18] Auf diesen Befund ist hier zurückzugreifen. *Wissenschaft* stellt keine ‚objektive Erklärung' der Naturvorgänge dar, sondern ist selbst eine Interpretation, eine Kunst und von der Ästhetik nicht prinzipiell unterschieden. Die *Naturgesetze* sind nicht als Vorschriften, sondern als De-

[18] Vgl. oben Kap. VI, 3 und 5.

skriptionen faktisch-kontingenter Vorgänge aufzufassen, sind nicht von absoluter, sondern von bloß hypothetischer Notwendigkeit und in ihren Beschreibungen selber interpretativen Charakters. Ludwig Wittgensteins spätere Kritik der modernen Weltanschauung, diese bleibe „bei den Naturgesetzen als bei etwas Unantastbarem stehen, wie die älteren bei Gott und dem Schicksal"[19], könnte Wort für Wort und in der Pointe so auch bei Nietzsche stehen. Und was die *Sein-Sollen-Auftrennung* angeht, so ist diese nicht-ursprünglich, läßt sich nicht aufrechterhalten und wird durch den fünf-stelligen geschehens-logischen Interpretations-Zirkel, in dem Faktizität und Interpretativität vollständig ineinander übergegangen sind, aufgehoben.

Die volle Tragweite der Perspektivität tritt also erst hervor, sobald man die Einsicht ernst nimmt, daß sie sich tatsächlich nicht nur auf den *moralisch-metaphysischen* Bereich so auswirkt, daß dieser nicht mehr als ein ‚Ansich' qualifiziert werden kann, sondern daß er konsequenterweise eben auch vor der vermeintlich objektiven *physikalischen* Wirklichkeit nicht haltmachen kann. Das Stehen-bleiben-wollen beim factum brutum bzw. beim objektiven Datum ist nicht nur Ausdruck einer anti-spekulativen Haltung. Es erweist sich, darin der Moral verwandt, zugleich als ein Palliativ gegen den drohenden Nihilismus. Da es jedoch keine überzeugenden Argumente gibt, Sein und Sollen, Faktizität und wertschätzende Interpretativität als irreduzibel verschieden auszugeben, mithin der Einsicht in das Fehlen einer an-sich-seienden, objektiven *moralischen* Wahrheit eine Absage an die Idee einer objektiven *physikalischen* Realität entsprechen müßte, erstreckt sich die zu Ende gedachte Nihilismusproblematik auch in *diesem* Sinne auf die wissenschaftlich-physikalische Welt.[20] Wenn schon die moralischen Werte in einen Strudel der Selbstauflösung geraten, dann möchte das natürliche Bewußtsein doch wenigstens die physikalische Welt als Positivität festhalten. Das ist verständlich, aber nicht konsequent. Denn bereits die Feststellung, daß es Fakten gibt, kann kein Faktum, sondern *muß* Interpretation sein. Und die beiden Sätze, *daß der Wert der Welt in der Interpretation liegt*, und *daß es Fakten gerade nicht, sondern nur Interpretationen gibt*, sind die zwei Seiten ein und desselben Problems. Es besteht also ein nicht aufzulösender Zusammenhang sowohl, nach der positi-

---

[19] L. Wittgenstein, *Tractatus*, Nr. 6.372, in: *Schriften*, Bd. I, S. 79.

[20] Dies ist zu unterscheiden von den nihilistischen *Konsequenzen* der neuzeitlichen Wissenschaft selbst.
Vgl. in diesem Zusammenhang auch R. Rorty, der in seinem Buch *Philosophy and the Mirror of Nature*, Princeton 1979, dt. *Der Spiegel der Natur*, 1981, S. 405f., unter anderen Voraussetzungen und Abzweckungen sowie ohne Bezug auf den Nihilismus zu der Feststellung gelangt, daß die Begriffe ‚objektive Werte' und ‚objektive physikalische Wirklichkeit' formal gleicher Art sind. „Die Gründe für oder wider die Annahme einer ‚*Korrespondenztheorie*' für den Fall moralischer Wahrheiten und für den Fall von Wahrheiten über die physikalische Welt sind dieselben" (S. 406).

ven Seite, zwischen der Interpretativität und der Tatsachen-Welt der Physik als auch, nach der destruierenden Seite, zwischen dem Nihilismus und der Auflösung eines physikalischen Objektivismus. Die Erfahrung des Todes Gottes und der Nihilismus haben Konsequenzen nicht nur für die Moral im engeren Sinne, sondern auch für die Auffassung der Gesetze und Prinzipien der physikalischen Welt. Dies läßt sich kontrastiv durch einen Blick auf Leibniz verdeutlichen.

Die Gültigkeit der bei Leibniz als Regeln aufgefaßten Naturgesetze kann nicht auf die geometrische, d. h. nicht auf die metaphysische Notwendigkeit, sondern nur auf eine hypothetische, nur auf eine *moralische* Notwendigkeit zurückgeführt werden. Naturgesetzliche Vorgänge schließen nicht aus, daß sie auch anders verlaufen könnten. Es sind also gerade die nicht-absolut notwendigen Naturgesetze, die das Naturgeschehen einem mathematisch-mechanischen Determinismus entziehen. Doch ist dies nur um den Preis zu haben, daß ihre Gültigkeit auf Moral angewiesen ist. Für Leibniz sind die Naturgesetze nur so zu begründen, daß sie als das Ergebnis einer dem Prinzip des Besten unterworfenen freien Wahl seitens der göttlichen Weisheit aufgefaßt werden.[21] Sie besitzen also einen geringeren Notwendigkeitsgrad als z. B. die Geometrie, werden jedoch in ihrer Geltung durch die Bezugnahme auf die Vollkommenheit Gottes garantiert. Obwohl sie vom Willen Gottes abhängig sind und ein Verstoß in den Naturphänomenen nur paradox, nicht aber paralogisch wäre, herrscht doch die Zuversicht, daß der göttliche Wille in allem Ordnung und Vernunft wahrt. Diese moralische Notwendigkeit lenkt bereits bei Leibniz die Aufmerksamkeit auf die konstitutive Verbindung von *Moral und Physik*, darauf, daß die *So-und-so*-Vorgänge der Natur von einer Axiologie, von Wertschätzung abhängig sind. Werden nun auf diese Leibniz-Welt der dynamischen Kräfte die für Nietzsches Philosophie zentralen Erfahrungen des Todes Gottes und des Nihilismus appliziert, dann entfällt jenes ens perfectissimum, dem vormals die Wahl des Besten zugeschrieben werden konnte, und der selbst-destruktive Zerfall der höchsten Werte erstreckt sich auch auf die moralische Notwendigkeit, auf das Prinzip des Besten. Die Naturgesetze können nicht mehr als Vorschriften, sondern nur mehr noch als Deskriptionen aufgefaßt werden. Alles andere wäre *moralische Ontologie*. In diesem Sinne geben der Tod Gottes und der Nihilismus den Weg frei für eine Konzeption des Universums der ganz aus sich selbst heraus wirkenden Kräfte, deren So-und-so-Konstellationen schließlich als interne Funktionen des Zirkels von Interpretativität und Faktizität aufzufassen sind.

Umgekehrt und auf die Wiederkunftslehre bezogen wird auch auf diese Weise deutlich, daß die ewige Wiederkehr, soll sie als die Überwindung des

---

[21] Vgl. dazu G. W. Leibniz, *Théodicée*, §§ 349, 345 und 124.

Nihilismus angesehen werden, weit mehr als eine bloß ethische, psychologische oder existenzielle Fragestellung betreffen muß. Sie muß sich auf die Ebene der ursprünglichen Einheit von Sein und Sollen, genauer von Werden und Wert, mithin auf die Welt der Kräfte beziehen. Eine neue Konzeption dieser Kräfte-Welt steht jetzt unter veränderten Bedingungen. Zu ihnen gehört die Erfahrung, daß Gott tot ist, daß es ein über den Dingen waltendes Schicksal oder einen mathematisch-mechanischen Determinismus nicht gibt, daß weder von einem moralisch-metaphysischen noch von einem physikalischen Ansichsein auszugehen ist, daß die Naturgesetze keine Erklärung der Geschehensvorgänge sind, daß, wie in früheren Zusammenhängen gezeigt wurde, eine Teleologie auszuschließen, und daß auch die Subjektivität des Menschen kein fundamentum inconcussum objektiver Welterkenntnis ist. Die so in mehrfacher Hinsicht freigesetzte Welt ist von Nietzsche her als die Willen-zur-Macht-und-Interpretations-Welt zu bestimmen. *Sie* ist das Universum der ewigen Wiederkehr.

2. *Die Grenzen einer existenziellen Deutung*

Wie steht es vor diesem Hintergrund um die Deutungskapazität des Heideggerschen Begriffs des existenziellen In-der-Welt-seins für Nietzsches Wiederkunftslehre? Bei Wolfgang Müller-Lauter heißt es: „Das Ja zur ewigen Wiederkehr konstituiert das In-der-Welt-sein des Übermenschen".[22] Bernd Magnus vertritt die gleiche Auffassung und hat sie zur Grundlage seines Buches *Nietzsche's Existential Imperative* gemacht. Die Wiederkunftslehre ist „emblematic of the attitude of *Übermenschlichkeit* and is the being-in-the-world of *Übermenschen*".[23] In einem weniger präzisen und nicht so grundlegenden Sinne wird die Bedeutung des Wiederkunftsgedankens auch von anderen Autoren in seiner existenziellen Wirkung gesehen.[24] Doch erst der Begriff des ‚In-der-Welt-seins' hat die Diskussion auf ein neues Niveau gestellt.

Der Rekurs auf diesen von Heidegger geprägten Begriff hat zunächst den hoch zu veranschlagenden Vorteil, eine Einheit zu kennzeichnen, die vor jeder Trennung von Subjekt und Objekt, von Mensch und Welt liegt. Doch gilt es nicht die Grenzen zu übersehen, die seiner Anwendung auf Sachverhalte in

---

[22] W. Müller-Lauter, *Nietzsche*, S. 159.

[23] B. Magnus, *Imperative*, S. 142; vgl. S. XIII, 140, 143, 156, 181, u. ö.

[24] Vgl. z. B. K. Jaspers, *Nietzsche*, ⁴1974, S. 355–358; G. Deleuze, *Nietzsche und die Philosophie*, 1976, S. 75–80; R. Pfeffer, *Nietzsche: Disciple of Dionysus*, 1972, S. 132, 174–198. Die existenzielle Komponente wird bei diesen Autoren immer dann berührt, wenn es um die ethische Bedeutung der ewigen Wiederkehr im Unterschied zu einer Auffassung nach Art der traditionellen Moralphilosophie und eines kategorischen Imperativs geht.

Nietzsches Philosophie und näherhin auf den Wiederkunftsgedanken gezogen sind. Müller-Lauter ist sich der Probleme solcher Übertragung bewußt. Er sieht den Sinn der im Blick auf Nietzsche zu verwendenden Rede vom In-der-Welt-sein in Ausgrenzung der existenzial-ontologischen Bedeutung dieses Begriffs.[25] Es geht also um dessen *existenzielle* Seite. Ihr gibt auch Heidegger schon in *Sein und Zeit* Raum, wenn er die ihn dort vorrangig interessierende Existenzialität, die denjenigen Strukturzusammenhang bezeichnet, durch den die Existenz des menschlichen Daseins konstituiert ist, sowie das dieser Struktur zugeordnete ‚existenziale' von dem ‚existenziellen' Verständnis der jeweils eigenen faktischen Existenz des Menschen, worin dieser sich verstehend zu sich selbst verhält, unterscheidet.[26] Auch der These von Magnus unterliegt diese ‚existenzielle' Bestimmung des Begriffs des In-der-Welt-seins. Müller-Lauter macht darüber hinaus den wichtigen Versuch, die existenzielle Struktur mit dem faktischen Gegeneinander der Willen zur Macht, dem sich der Übermensch ausgesetzt und zugehörig weiß, im Begriff des In-der-Welt-seins miteinander zu verbinden. Dieser Begriff gestatte es, den Zusammenhang des Übermenschen „mit dem *Wie* des Begegnenlassens von Seienden im *Ganzen* von Welt zu bezeichnen".[27] Doch an genau dem Punkt, wo das Existenzielle mit der Machtwillen-Welt zu verschränken wäre, treten auch die Schwierigkeiten und Grenzen einer existenziellen Deutung der Wiederkunftslehre hervor. Gibt es, so ist zu fragen, ein internes systematisches Gelenkstück, worin das existenzielle In-der-Welt-sein *und* die Prozesse der *alle* Realität ausmachenden Willen-zur-Macht nicht nur miteinander in eine Verbindung gesetzt, sondern so vollständig ineinander übergegangen sind, daß darin zugleich in die gemeinsame Wurzel von Ethik, Physik, Logik als logikē technē und Ästhetik zurückgegangen und auch der naturphilosophischen Dimension angemessen Rechnung getragen werden kann? Dies ist in der existenziellen Bestimmung des In-der-Welt-seins noch nicht von sich aus der Fall. Die hier auftretenden Schwierigkeiten lassen sich unter vier Gesichtspunkten zusammenfassen.

Erstens (1) ist zu beachten, daß die existenzielle Auffassung der Wiederkunftslehre ausschließlich vom Ideal des Übermenschen her gedacht ist. Das ist eine legitime, aber nicht die einzige und noch nicht die eine integrale Deutung dieses Gedankens eröffnende Perspektive. Vielmehr ist herauszustellen, daß das relationale Kräfte-Geschehen selbst, und zwar im Sinne des dargelegten fünfstelligen geschehens-logischen Interpretations-Zirkels, Basis und Leitfaden der Betrachtung auch des Wiederkunftsgedankens zu sein hat. Dies geht über den aus der Optik des Begrifs des existenziellen In-der-Welt-seins ge-

---

[25] Vgl. W. Müller-Lauter, *Nietzsche*, S. 158.
[26] Vgl. M. Heidegger, *Sein und Zeit*, S. 12.
[27] W. Müller-Lauter, a.a.O.

dachten Zusammenhang von faktischen Machtwillen und existenzieller Struktur hinaus. Die Differenz zu Müller-Lauters Auffassung beginnt also bereits dort, wo dieser das In-der-Welt-sein des Übermenschen durch dessen ‚Ja zur ewigen Wiederkunft‘ „konstituiert“ sein läßt, während hier das In-der-Welt-sein, einschließlich des Existenziellen, worin sich der Mensch von sich selbst betroffen und zur Übernahme seiner selbst als Existierendem aufgefordert erfährt, immer schon *im und als* das Kräfte-Geschehen, das der Übermensch als Machtwillen-Organisation auch selber ist, hergestellt ist. Es ist darauf zu achten, daß dem Übermenschen nicht in einem starken Sinne als *seine* Leistung zugerechnet wird, was immer schon und anfänglich durch das Kräfte-Geschehen selbst bewerkstelligt ist. Darüber hinaus ist erneut daran zu erinnern, daß die Wiederkunftslehre den Übermenschen erfordert, – nicht umgekehrt.[28] Die Wiederkunftslehre ist Nietzsches grundlegendster Gedanke, nicht das Ideal des Übermenschen.

Nach der anderen Seite jedoch ist es nicht mehr möglich, die von der Welt der Kräfte ausgehende Betrachtung als einen Naturalismus oder gar als Ontologie alten Stils zu qualifizieren. Denn für die Vollzüge des Kräfte-Geschehens selbst ist das unauftrennbare Ineinanderstehen von Faktizität und Interpretation in dem ausgeführten Sinne charakteristisch. Die *geschehens-logische Deutung*[29] der Wiederkunftslehre unterscheidet sich von der existenziellen dadurch, daß sie nicht nur einen ‚Zusammenhang‘ zwischen dem Übermenschen und dem Wie des ‚Begegnenlassens‘ einer als Machtwillen aufgefaßten Welt bezeichnet, sondern von einem vollständigen In-einander-übergegangen-sein von Welt und Mensch her denkt. Dabei bezieht sich die Rede der ‚Einheit‘ von Faktizität und Interpretation nicht mehr nur auf das Verhältnis von Welt *und* Mensch. Sie ist vielmehr für *alle* relationalen Kräfte-Vollzüge selbst, vom Anorganischen über das Organische bis hin zum bewußt werdenden Denken charakteristisch. Es kommt darauf an, vom *In*-der-Welt-sein, vom Sein *in* bzw. *mit* einer Welt, zum *Welt-sein* selbst, und zwar in dem dargelegten Sinne des logischen Grenze-seins[30] von jedem perspektivisch-interpretativen Kräftezentrum, nicht nur vom Menschen aus, überzugehen. Das ist der Übergang in die geschehens-logische Ebene, die nichts mit alter Ontologie zu tun hat. *Diese* Einheit ist in der existenziellen Bestimmung noch nicht erreicht.

Freilich darf solches In-einander-übergegangen-sein nicht als differenzlose Gleichförmigkeit mißverstanden werden. Entscheidend ist vielmehr, daß schließlich jeder *externe* Unterschied, jeder Unterschied zu äußeren Gegenständen sowie deren Beziehungen untereinander, als *interne* Differenz, als in-

---

[28] Vgl. oben S. 249.
[29] Vgl. im einzelnen unten Kap. VIII, 5.
[30] Vgl. oben Kap. VI, 5, S. 169 und 177.

terne Funktion des Machtwillen-und-Interpretations-Schemas gefaßt und entfaltet werden muß, und daß es keine Residuen mehr gibt, in denen noch das umgekehrte Verhältnis herrscht. Eine solche ‚wahre' Naturphilosophie, d. h. eine die phýsis-logisch gewendete Einheit von Faktizität und Interpretativität einschließende Inwendigkeit der Betrachtung ist erst in der Figur des fünfstelligen geschehens-logischen Zirkels erreicht. Das ist ein entscheidender Punkt. Die existenzielle und existenzphilosophische Deutung ist zwar weder Psychologie noch Wissenschaft und unterläuft beide. Aber sie ist, darin der philosophischen Hermeneutik vergleichbar, ihrerseits noch kein Äquivalent oder Substitut für den Vollbegriff einer philosophischen Logik, wie diese in Nietzsches Denken in einer freilich nicht an den reinen Denkbestimmungen orientierten, sondern auf die Vollzüge der Willen-zur-Macht-und-Interpretations-Kräfte und hier vor allem auf die Leib-Organisation als die ‚große Vernunft' transformierten Gestalt in dem ausgeführten Sinne[31] wichtig ist.

Zweitens (2) ist zu beachten, daß die Deutung der Wiederkunftslehre als das existenzielle In-der-Welt-sein des Übermenschen einseitig aus der Tradition des *ethischen* Verständnisses kommt. Freilich wird jetzt eine Auffassung dieses Gedankens als Moralphilosophie oder als kategorischer Imperativ im traditionellen Sinne, überhaupt die Alternative ‚ethisch' versus ‚kosmologisch' unterlaufen. Gleichwohl steckt darin noch ein Rest-Dualismus zwischen der existenziellen Struktur und demjenigen Kräftegeschehen, welches das menschliche Dasein nicht selbst zu sein braucht. Diese Scheidung gilt für existenzphilosophisches Denken überhaupt. Sie verbaut eine holistische Einbeziehung der Naturphilosophie. Darüber hinaus führt sie schließlich zu der bereits erwähnten[32] Trennung zwischen einer rein auf die existenzielle Struktur bezogenen und eher appellativen ‚Wahrheit' auf der einen und einem sich auf die physische Welt, die der Mensch im Existieren zwar mitverstanden hat, nicht aber selbst ist, bezogenen ‚Wissen' auf der anderen Seite. Dagegen ist für die auf die Machtwillen-und-Interpretations-Welt zurückgreifende geschehens-logische Deutung entscheidend, daß die Internität von Faktizität und Interpretation keinen Spalt geöffnet wird.

Drittens (3) ist darauf hinzuweisen, daß das Ja-Sagen zur ewigen Wiederkehr zwar den Übermenschen in seinem Weltverhältnis treffend kennzeichnet, daß damit aber nicht auch schon die Wiederkunftslehre als solche hinreichend charakterisiert ist. Daß die Bejahung der ewigen Wiederkunft das In-der-Welt-sein des Übermenschen konstituiert, ist noch keine zureichende Antwort darauf, wie diese selbst zu verstehen ist. Denn sie ist offensichtlich gerade in einer solchen Formulierung mehr als der existenzielle Wunsch des Übermenschen.

---

[31] Vgl. dazu im einzelnen oben Kap. VI, 5, S. 162–174 und 181; dort auch die Abgrenzung gegen eine *hermeneutische* Deutung Nietzsches, S. 170ff.

[32] Oben S. 256f.

Viertens (4) und grundsätzlich ist zu beachten, daß die ursprüngliche Einheit von Mensch und Machtwillen-Welt, in und als deren Vollzug Wirklichkeit *als* Wirklichkeit *ist*, nicht *existenziell*, sondern *geschehens-logisch* zu fassen ist. Es ist nicht zu sehen, daß und wie das existenzielle In-der-Welt-sein diese Einheit sowie die in der geschehens-logischen Zirkelstruktur gedachte Fünfstelligkeit des Machtwillen-Geschehens vollständig einholen *und* entfalten können soll. Dies ist zumal dann nicht möglich, wenn es sich darin erklärtermaßen nicht im Sinne einer ‚existenzialen Analytik' um den Vorrang vor der Möglichkeit aller Ontologien handeln soll. In den allein vom Übermenschen ausgehenden und auf dessen existenzielles In-der-Welt-sein bezogenen Deutungen kommt der dem Wiederkunftsgedanken zugrunde liegende Weltbegriff zu kurz und kann nicht als Basis der Betrachtung leitend werden. Dies aber ist für ein umfassendes Verständnis der Wiederkunftslehre selbst, und nicht nur einer Charakterisierung der Stellung des Übermenschen zu ihr, unverzichtbar.

Der Begriff des existenziellen In-der-Welt-seins ist zwar deutlich von Kierkegaards Bestimmung des Existierens als weltloser Innerlichkeit zu unterscheiden. Aber er dringt nicht so weit vor, den Menschen über eine rein formale Kennzeichnung seines Weltbezuges hinaus von eben demjenigen relationalen Kräfte-Geschehen her zu verstehen, dem er selbst nicht nur zugehört, sondern das er im Sinne des geschehens-logischen Grenze-seins selber *ist*. Eine solche Forderung aufstellen, heißt nicht, einem metaphysischen Realismus, den es doch gerade zu überwinden gilt, erneut das Wort reden. Es geht vielmehr um eine Kohärenz-Auffassung des zirkulären und rekursiv ineinander stehenden und sich selbst-garantierenden Verhältnisses von Welt und Mensch. Dieses Verhältnis kann mit Hilfe des fünf-stelligen Interpretations-Zirkels gefaßt werden. ‚Realität' ist darin stets eine interne Funktion. Das Zirkelgeschehen selbst ist ohne Referenz. Aber in ihm ist Existenz nicht auf das Existenzielle eingeengt. Es ist nicht zu sehen, wie sich das existenzielle In-der-Welt-sein in einer für Nietzsches Denken zufriedenstellenden Weise zugleich auch als ‚wahre' Naturphilosophie darstellen und wirklich entfalten könnte.

Da eine Deutung der Wiederkunftslehre mit Hilfe des Begriffs des *existenziellen* In-der-Welt-seins nicht zu den gewünschten Resultaten führt, könnte man versucht sein zu fragen, ob denn diese dann nicht doch in dessen *existenzial-analytischer* Bedeutung erreicht werden können. Dies ist, wie betont, erklärtermaßen nicht die Position von Müller-Lauter oder von Magnus. Die folgenden Ausführungen beziehen sich also nicht mehr auf die existenzielle Nietzsche-Interpretation. Doch ist auf diese Frage kurz einzugehen, um auch nach dieser Seite mögliche Mißverständnisse, die bereits durch den bloßen Bezug des Wortes ‚In-der-Welt-sein' zu Heideggers Daseinsanalytik ausgelöst werden könnten, zu vermeiden.

Zunächst ist zu betonen, daß Heideggers Vorhaben einer fundamentalontologisch interessierten Analytik des menschlichen Daseins weder im Motiv noch in Fragestellung und Methodik etwas mit Nietzsches Philosophie zu tun hat.[33] Ganz und gar auszuschließen ist in bezug auf Nietzsche der für den späteren Heidegger im Begriff des In-der-Welt-seins entscheidende Punkt, daß ‚Welt' darin „die Offenheit des Seins", die "Lichtung des Seins" bedeutet, insofern das In-der-Welt-sein als „das Wesen der Ek-sistenz im Hinblick auf die gelichtete Dimension, aus der das ‚Ek-' der Ek-sistenz weist", aufgefaßt wird.[34] Eher schon ist umgekehrt Nietzsches Denken gegen dieses seinsgeschichtliche Konzept zu stellen. Doch ist hier, sollte jemand von *Sein und Zeit* eine Brücke zu Nietzsche und zur Wiederkunftslehre schlagen wollen, ein anderer Aspekt herauszustellen.

In dem Heideggerschen Begriff des In-der-Welt-seins kommt ‚Welt' als die Weltlichkeit des menschlichen Daseins vor, insofern zum Sein dieses Daseins wesenhaft die Angewiesenheit auf eine begegnende Welt, auf das Begegnenlassen von Seiendem gehört. Heidegger dient diese Interpretation des Weltbezuges, in der das menschliche Dasein als In-der-Welt-sein immer schon eine Welt entdeckt hat, dazu, die Konzepte sowohl eines weltlosen Subjekts

---

[33] Vgl. in diesem Sinne W. Müller-Lauter, a. a. O.

[34] M. Heidegger, *Brief über den ‚Humanismus'*, (1946), in: Ders.: *Wegmarken*, Frankfurt/M. 1967, S. 180.
Nietzsches Wiederkunftslehre ist deutlich vom Gedanken der *Wiederholung* im Kierkegaardschen Sinne einer in der Innerlichkeit sich gegenwärtig vollziehenden Wiederholung eines Vergangenen als Möglichkeit im Sinne der Wiederherstellung vormaliger Freiheit (vgl. S. Kierkegaard, *Die Wiederholung*, 1843) und entsprechend auch von Heideggers ‚Wiederholung' im Sinne der Übernahme einer „gewesenen Existenzmöglichkeit" (*Sein und Zeit*, § 74, S. 385) zu unterscheiden. Dieser Aspekt, den Heidegger in die Formulierung gebracht hat, „daß das Dasein sich seinen Helden wählt" (ebenda), gehört in bezug auf Nietzsche in den Zusammenhang der Fragen der Angewiesenheit auf Geschichte und darauf, sich einen „Erzieher" suchen zu müssen, in Relation und Konfrontation zu dem die eigenen Möglichkeiten und Ideale profiliert und entfaltet werden können. Vgl. von Nietzsche z. B. *Schopenhauer als Erzieher*, 1874; *Götzen-Dämmerung*, (*Was den Deutschen abgeht*, 6). Cäsar gehört als Typus zu den Erziehern. Das Ideal: „der römische Cäsar mit Christi Seele" (KGW VII, 2, 27 (60), S. 289; vgl. W. Kaufmann, *Nietzsche*, dt., S. 369f.).
Die Wiederkunftslehre kann auch nicht, wie W. Kaufmann, *Nietzsche*, dt., S. 373, 375, 380, nahelegt, auf eine Mischung aus einer Existenzbejahung und dem Standpunkt des Überhistorischen (im Sinne der *Zweiten Unzeitgemäßen*) begrenzt werden. Zu diesem Aspekt vgl. unten Kap. X, 2, S. 354f. Zugleich ist zu betonen, daß Interpretation als Grundgeschehen, in und aus deren Struktur der Wiederkunftsgedanke seinen sinn-logischen Ort erhält, nicht nur von der philosophischen Hermeneutik abzugrenzen ist (vgl. oben Kap. VI, 5, S. 170ff.). Das Interpretationsgeschehen ist auch von der dem In-der-Welt-sein bei Heidegger zugeordneten „Stimmung" zu unterscheiden, die Heidegger existenzial-ontologisch unter dem Titel der „Befindlichkeit" als das Konstituens des Erkennens und des primären Entdeckens von Welt ansetzt. Vgl. *Sein und Zeit*, § 29, S. 134 und 138. Vom Menschen her gehen zwar existenzielle und stimmungsmäßige Aspekte in den geschehens-logischen Interpretations-Zirkel ein. Doch dieser hat weder in jenen seinen Ausgangspunkt noch kann er auf sie reduziert werden.

als auch einer erkenntnistheoretischen Stellung des Menschen zur Welt zu hintergehen. Hier liegt seine fundamentale Bedeutung. Aber ,Welt' kommt darin mit Blick auf den Weltbegriff der Wiederkunftslehre lediglich im Sinne der zum Sein des menschlichen Daseins wesenhaft gehörenden Angewiesenheit auf das Begegnenlassen von Welt vor. Nietzsches Weltbegriff des fortwährenden Mit- und Gegeneinander-Wirkens der Willen-zur-Macht-Kräfte ist deutlich von der Auffassung von ,Welt' zu unterscheiden, die im daseinsanalytischen In-der-*Welt*-sein vorkommt, und deren extremste Formulierung bei Heidegger lautet: „Welt *ist* nur in der Weise des *existierenden* Daseins"[35]. Der Vorbehalt gegen eine Übertragung dieser Denkfigur auf Nietzsches Philosophie läßt sich auch an der Grenze in Heideggers Bestimmung von Realität und Realem, wie diese sich in *Sein und Zeit* aus dem Programm einer Analytik des menschlichen Daseins und aus der Methodik phänomenologischer Konstruktion ergibt, verdeutlichen.

Heideggers Daseinsanalytik stößt, nachdem sie bis zum Phänomen der ,Sorge' als dem Sein desjenigen Seienden, welches das menschliche Dasein ist, vorgedrungen ist, unausweichlich auf das Problem der ,Realität'. Auch diese Frage wird, für *Sein und Zeit* konsequent, von der Struktur des menschlichen Daseins her entfaltet und dient der Vorbereitung der fundamentalontologischen Frage nach dem „Sinn von Sein überhaupt". Die Rede von ,Realität' bezieht sich ihrem ontologischen Sinn nach auf innerweltlich begegnendes Seiendes, von dem Heidegger sagt, daß „alle" seine Seinsmodi ontologisch im Phänomen des In-der-Welt-seins „fundiert"[36] sind. ,Welt' gehört so als „Strukturmoment"[37] des In-der-Welt-seins zum menschlichen Dasein und ist von diesem her erschlossen, entdeckt und bestimmt. Da nun das Sein des menschlichen Daseins von Heidegger als „Sorge" bestimmt wird, ist die Realität abhängig von der Sorge. Dies aber heißt: Realität ist bloß im Seinsverständnis möglich, im Verstehen desjenigen Seienden also, „zu dessen Sein so etwas wie Seinsverständnis gehört"[38], d. h. im menschlichen Dasein. Daneben gibt es auch für Heidegger nicht-daseinsmäßiges Seiendes, Reales, welches nicht vom Seinsverständnis, nicht von der Sorge abhängig, sondern auch unabhängig von diesen ist. Solches Reale ist aber nicht Thema einer Analytik des Daseins. Darüber hinaus nimmt Heidegger die Unterscheidung zwischen Realität, die vom Seinsverständnis und der Sorge abhängig ist, und Realem, welches dies nicht ist, vor, um die Analytik des menschlichen Daseins von einer „immer wieder sich eindrängenden Interpretation des Daseins am Leitfaden der Idee

[35] M. Heidegger, *Sein und Zeit*, § 73, S. 380. Hervorhebungen *nicht* von Verf.
[36] *Sein und Zeit*, S. 211.
[37] a.a.O., S. 209.
[38] a.a.O., S. 183.

von Realität"[39] freizuhalten. Eine Übertragung der in *diesem* Horizont stehenden Bedeutung des Begriffs des In-der-Welt-seins auf Sachverhalte in Nietzsches Philosophie ist nicht möglich. Für den hier erörterten Zusammenhang sind vor allem vier Aspekte kritisch anzumerken.

Erstens liegt es außerhalb des Rahmens einer Daseinsanalytik und folglich auch außerhalb von deren Begriff des In-der-Welt-seins, Welt, Realität und Reales noch einmal eigens nach der Seite ihres Grundcharakters thematisch zu machen. Mithin gerät zweitens auch nicht die Möglichkeit in den Blick, aus der Perspektive der anders gearteten Wirklichkeitsauffassung Nietzsches (welche ‚Realität' weder bloß im Sinne von Vorhandenheit noch im Sinne der Abhängigkeit von einer existenzialen Struktur, sondern als interne Funktion des Interpretations-Zirkels begreift) nicht nur das Bewußtsein, sondern selbst noch Form und Eigentümlichkeit des In-der-Welt-seins als Verzweigung und Zeichen-Symptomatik des Willen-zur-Macht-und-Interpretations-Geschehens aufzufassen. Drittens ist die Bestimmung der ‚Welt' als Strukturmoment des In-der-Welt-seins und die diesem zugeordnete Unterscheidung von Realität und Realem nicht in der Lage, die durch den geschehens-logischen Zirkel bezeichnete Fünfstelligkeit und die als explizites Eintreten, Übernehmen und Fortsetzen dieser Zirkelstruktur zu verstehende Vernatürlichung des Menschen, wie Nietzsche sie denkt, einzuholen. Viertens ist das rest-transzendentale Moment, das für das daseinsanalytische In-der-Welt-sein etwa an der Abhängigkeit der Realität von der Sorge deutlich wird und auch ansonsten in *Sein und Zeit* im Sinne einer existenzialen Apriorität noch bestimmend ist, vollständig, d. h. ohne Rest, in den internen Vollzug des Willen-zur-Macht-Geschehens selbst zurückzunehmen. Das In-der-Welt-sein ist im Kräftegeschehen verwurzelt, nicht umgekehrt.

3. Abgrenzung gegen ein rein szientifisches Verständnis

Daß über eine existenzielle Deutung des Wiederkunftsgedankens hinausgegangen werden muß, schließt ein, daß dieser auch nicht auf Psychologie reduzierbar ist. In einer solchen Feststellung wird das existenzielle In-der-Welt-sein nicht auf Psychologie verkürzt. Doch wenn sogar über jenes hinauszugehen ist, dann erst recht über diese. Dies wiederum bedeutet nicht, daß die Wiederkunftslehre nicht auch psychologische Konsequenzen hat. Doch liegt darin weder ihre Begründung noch ihr philosophischer Sinn. Nach der anderen Seite jedoch darf der Übergang in die Ebene des Kräfte-Geschehens nun umgekehrt nicht zu einem objektivistischen und szientistischen Mißverständ-

[39] a.a.O., S. 212.

nis führen. Dies ist zwar der Sache nach schon deshalb unmöglich, weil die Wirklichkeit des Kräfte-Geschehens in dem dargelegten Sinne als geschehens-logischer Interpretations-Zirkel bestimmt und bereits betont wurde, daß auch der Wiederkunftsgedanke in bezug auf diese Struktur verstanden werden muß. Der Weg zu einem szientistischen Objektivismus ist also im Grunde bereits versperrt. Gleichwohl ist eine solche Auffassung eigens zu erörtern. Dann erst ist die doppelte Abgrenzung des philosophischen Verständnisses der Wiederkunftslehre sowohl gegenüber einer psychologischen sowie der darüber hinausgehenden existenziellen als auch gegenüber einer naturgesetzlich-wissenschaftlichen sowie der diese noch überbietenden szientifisch-objektivistischen Auffassung erreicht. Danach erst ist der Horizont frei, den Wiederkunfts-Gedanken als den internen Gipfel des geschehens-logischen Interpretations-Zirkels und damit seine wesentlich *logische* Natur denken zu können.

Die gebotene Abgrenzung gegen einen szientistischen Objektivismus läßt sich in Auseinandersetzung mit der von dem Wissenschaftsphilosophen Abel Rey vorgetragenen Auffassung der Wiederkunftslehre verdeutlichen. Rey ist kein Nietzsche-Interpret. Aber er versteht das Wiederkunftsargument, wie dieses sich seiner Analyse zufolge aus der Physikgeschichte des späten neunzehnten und des ersten Viertels des zwanzigsten Jahrhunderts ergibt, als Einlösung dessen, was Nietzsche 1881 durch eine „intuition de génie"[40] erfaßt und zum Ausdruck gebracht habe. Gegen Ende seines Buches zitiert Rey diesbezüglich einschlägige Passagen aus Nietzsches Schriften.[41] Der Nietzsche-Interpret Charles Andler schließt sich den Ergebnissen Reys explizit an.[42] Die Auseinandersetzung mit Reys Versuch, eine wissenschaftlich zwingende Theorie der ewigen Wiederkehr aus der Wissenschaftsgeschichte selbst zu folgern, soll unter drei, voneinander zu unterscheidenden Gesichtspunkten erfolgen. Worin liegt der positive Ertrag einer rein szientifischen Argumentation? Welcher Kritik muß ein solches Verständnis unterzogen werden? Welches sind die Unterschiede zu Nietzsches wissenschaftlich-theoretisch durchsetzten Argumenten?

Erstens (1) ist es nachdrücklich zu begrüßen, daß den Verbindungen zwischen neuerer Wissenschaftsgeschichte und Wiederkunftslehre nachgegangen wird. Es ist bekannt, daß dies auch Nietzsche sehr wichtig war. Den abschließenden Befund Reys, daß die Geschichte der Physik, jede Erkenntnis der Materie, überhaupt jede Physik „tend à s'ordonner à la loi du retour éternel"[43],

---

[40] A. Rey, *Le retour éternel et la philosophie de la physique*, Paris 1927, S. 309.

[41] Vgl. a.a.O., S. 309ff. Die Zitate stammen aus *Die fröhliche Wissenschaft*, Aph. 341; KGW V, 2, 11 (148), S. 396 (Nachlaß 1881); *Zarathustra*, III, (*Das andere Tanzlied*, 3).

[42] Vgl. Ch. Andler, *Nietzsche, sa vie et sa pensée*, Bd. 6, S. 73f. Andler bemerkt: „Je devrais reproduire d'un bout à l'autre le raisonnement de ce livre vigoureux."

[43] A. Rey, a.a.O., S. 315.

hätte Nietzsche, unabhängig von der Frage, aufgrund welcher Voraussetzungen sich dieses Resultat bei Rey ergibt, sicherlich mit großem Interesse aufgenommen.

Darüber hinaus ist positiv zu vermerken, daß ein solcher Versuch notwendig über die Bestimmung der Wiederkunftslehre allein durch ihren Bezug auf das Subjektive des Individuums hinausgehen muß. Es zeigt sich, daß der Wiederkunftsgedanke Thema *auch*[44] der Wissenschaft, vor allem der Physik ist. Die Naturwissenschaft stößt auch heute von selbst auf diese Frage, sobald das Problem des Aufbaus der Materie mit der Astrophysik, mit der Entwicklung des Universums in einem inneren Zusammenhang gesehen werden muß. Es wird so der Wissenschaft selbst unmöglich, den Wiederkunftsgedanken in eine vom wissenschaftlichen Methodenideal abgetrennte Sphäre eines der Rationalität nicht zugänglichen Wahl- und Entscheidungsbereichs individueller Existenz abzuschieben. Es ist nicht möglich, den Gedanken der ewigen Wiederkehr aus dem Bereich der Rationalitätsstandards der Naturwissenschaft zu verbannen. Vielmehr ist er mit dem Objektverständnis der Wissenschaft selbst verknüpft. Die Naturwissenschaft ist aus ihren eigenen Problemstellungen heraus genötigt, sich mit den Fragen auseinanderzusetzen, ob die Weltbewegung irgendwann einmal ein Ende haben wird, ob das Universum stirbt oder ob es möglicherweise unendlich viele Zyklen hat. Diese Fragestellung verwundert nicht, sobald man sich auf einige zentrale Aspekte der Wissenschaftsgeschichte besinnt.

Zunächst ist zu bedenken, daß bereits in der Entstehungsphase der neuzeitlichen Wissenschaft, vor allem in der Galilei-Newtonschen Physik die Frage des perpetuum mobile und die Auffassung der Welt als vollkommener (oder von Zeit zu Zeit des reparierenden Eingriffs seitens Gottes bedürftiger) Maschine von Bedeutung war. Die im Unterschied zu allen menschlichen Artefakten vollkommene Maschine Welt muß schließlich, wird sie auf der Basis der Mechanik und der Atomistik, und nicht im Sinne der Monadenmetaphysik eines Leibniz vorgestellt, zum Gedanken einer periodischen Wiederholung ihrer Zustände führen. Das ergibt sich zwangsläufig aus dem Begriff einer mechanischen Maschine. Jede periodisch arbeitende Maschine vollführt einen Kreisprozeß, in dem die Zustandsänderungen immer wieder in den Anfangszustand zurückführen. Ist die Maschine vollkommen, so muß es sich um eine ewige Wiederkehr handeln.

Sodann ist an die mechanische Begründung der Erhaltungssätze zu erinnern. Im späten 19. Jahrhundert entspricht der Einsicht schon der frühen Neuzeit in die Unmöglichkeit des perpetuum mobile die These von der fortwäh-

[44] Zu der mehrfachen Bedeutung solcher Rede von ‚auch' im Zusammenhang von *Nietzsches* Wiederkunftslehre vgl. oben Kap. VII, 1, S. 196.

renden Abnahme der Temperaturdifferenz bzw. der Zunahme der Entropie in arbeitsverrichtenden Wärmekraftmaschinen. Dem Ersten Hauptsatz der Wärmelehre (Energiesatz) wurde folglich in Gestalt des Zweiten Hauptsatzes eine Einschränkung zur Seite gestellt. Es gibt keine periodische Wärmekraftmaschine, die ausschließlich mechanische Arbeit erzeugt. Das wäre ein perpetuum mobile zweiter Art. Clausius hat auf diesen Befund seine bekannte These der Irreversibilität und des notwendigen Entropiewachstums innerhalb eines abgeschlossenen Systems aufgebaut. Diese These legt zugleich die Richtung der Prozesse fest und führt schließlich in die Wärmetodhypothese, d. h. in die Vorstellung eines Temperaturgleichgewichts und der Erstarrung. Dies scheint den Gedanken einer periodischen Wiederkehr der Zustände zu verunmöglichen.

Was schließlich die heutige Physik betrifft, so ist diese hinsichtlich der hier in Frage stehenden Probleme zunächst dadurch gekennzeichnet, daß die Auffassung des Universums, mithin der Welt der größten Dimensionen, von der der Elementarteilchen, also von der Welt des Allerkleinsten, abhängig ist. Das Universum hat, so die weithin akzeptierte Auffassung, seinen Anfang im sogenannten „Urknall", d. h. in einem vor einem endlichen Zeitraum liegenden Zustand ungeheurer Massendichte. Die von dort ausgehende Expansion des Weltalls wird als eine Konsequenz der Entwicklung dessen aufgefaßt, woraus es besteht. Gut einhundert Jahre nach Nietzsches Wiederkunftslehre entscheiden sich in der für die gegenwärtige Physik charakteristischen Perspektive die Fragen, ob die Weltbewegung ein Ende hat, ob sie einen kosmischen Wärme- bzw. Kältetod stirbt, oder ob das Universum unendlich viele Zyklen hat, vor allem daran, ob die Protonen (die zusammen mit den Neutronen die Atomkerne bilden) zerfallen, Materie also absterben kann, und ob die Neutrinos (jene Teilchen also, die mit normaler Materie kaum in Wechselwirkung stehen, im Universum aber in einer weit über die Protonen, Neutronen und Elektronen hinausgehenden Anzahl vorhanden sind) Masse besitzen oder nicht.[45] Davon hängt ab, ob die Expansion des Universums an ein Ende gelangt oder nicht, ob der Kosmos unendlich oder endlich groß ist. Diese Abhängigkeit besteht deshalb, weil die Massendichte des Universums darüber entscheidet, ob dessen Bestandteile unbegrenzt auseinanderfliehen, oder ob es von der Expansion zu einem Übergang in eine Kontraktion des Universums kommt.[46]

Gegen die klassische Thermodynamik der Carnot-Clausius-Tradition stellt Abel Rey die in der Linie einer weiterentwickelten Mechanik und Atomi-

---

[45] Vgl. dazu die Darstellung bei H. Fritzsch, *Vom Urknall zum Zerfall. Die Welt zwischen Anfang und Ende*, München 1983, S. 203f., 211 und 286–296.

[46] Vgl. dazu auch unten Kap. XII, 2, S. 428ff.

stik stehende kinetische Gastheorie. Darin liege eine Negation der Irreversibilitätsthese sowie deren Rückführung auf das Konzept der Reversibilität.[47] Dies sei deshalb der Fall, weil in der korpuskular-kinetischen Theorie nicht die Makroperspektive auf arbeitsverrichtende Systeme als ganze, sondern die Betrachtung der Molekularbewegung, für die die Reversibilität charakteristisch und primär scheint, leitend ist.[48] Weitet man die kinetische Gastheorie zu einer kinetischen Theorie des gesamten materiellen Universums aus, so wird, hinreichend lange Zeiträume vorausgesetzt, der Kreisprozeß im Sinne von Zustandsänderungen, die periodisch den Anfangszustand und alle überhaupt möglichen Zustände wiederkehren lassen, unausweichlich. Man kann Reys Buch als den Versuch lesen, das, was Ludwig Boltzmann gegen Ende seiner *Vorlesungen über Gastheorie* als eine mögliche Überlegung anführt[49], für bare Münze zu nehmen und zu Ende zu denken. In der Einleitung erwähnt Rey den von Henri Poincaré vorgetragenen Beweis, daß die Elemente eines geschlossenen mechanischen Systems unendlich oft ihre Ausgangspunkte wieder durchlaufen.[50] Diese Arbeit Poincarés ist im Blick auf das Wiederkunftsargument deshalb von Bedeutung, weil sie, anders als Rey, nicht auf die Atomistik, sondern auf die mathematischen Bewegungsgleichungen zurückgreift und mit deren Hilfe die Reversibilität mechanisch geschlossener Systeme beweist. Es ist also festzuhalten, daß eine unter *diesen* Bedingungen erfolgende wissenschaftlich-theoretische Argumentation zugunsten der Wiederkunftslehre möglich und in sich schlüssig ist. Damit ist nicht gesagt, daß dies auch im Lichte heutiger Kenntnisse der Physik über die Beschaffenheit der Welt der Fall ist.[51] Zugleich ist auch hier wieder anzumerken, daß aus dem Umstand, die Wiederkunftslehre *auch* als wissenschaftliche Theorie entfalten zu können, nicht folgt, daß darin letztlich auch ihr philosophischer Sinn liegt.

Zweitens (2) also ist Nietzsches Wiederkunftsgedanke von einer objektivistischen und szientistischen Verkürzung freizuhalten. Im Objektivitätsideal der Wissenschaft setzt sich der metaphysische Gedanke, daß es ein Universum an-sich-seiender Tatsachen gibt, in gewandelter Gestalt fort. Hier ist eine Übereinstimmung zwischen der alten und der neuzeitlichen, der epistemologischen Metaphysik, zwischen der Vorstellung eines intelligiblen Reichs idealer Muster und der Welt positivistischer Fakten festzustellen. Weder jedoch aus

---

[47] Vgl. A. Rey, a.a.O., S. 169; S. 91.

[48] Vgl. dazu später auch Kap. XI, 2, S. 384f.

[49] Vgl. L. Boltzmann, *Vorlesungen über Gastheorie*, Bd. II, Leipzig 1898, S. 256f. Vgl. dazu unten Kap. X, 2, S. 358, Anm. 27 und XII, 2, S. 418, Anm. 22.

[50] A. Rey, a.a.O., S. 10. Das muß sich beziehen auf H. Poincaré, *Sur le problème des trois corps et les équations de la dynamique*, in: *Acta Mathematica*, 13 (1890), S. 1–271, besonders § 8. Vgl. dazu unten Kap. XII, 2, S. 417f.

[51] Vgl. unten Kap. XII, 2, wo dieser Punkt erörtert wird.

der einen noch aus der anderen Perspektive ist ein angemessenes Verständnis der Wiederkunftslehre möglich. Vielmehr tritt diese überhaupt erst nach der Selbst-Destruktion jener in ihrem vollen Gehalt hervor.[52] Ineins mit dem objektivistischen Mißverständnis ist die szientistische Verkürzung der gesamten der Wiederkunftslehre zugrunde liegenden Problemstellung zurückzuweisen. Wohlgemerkt: diese Abgrenzung bedeutet nicht, daß die Wiederkunftslehre gegen die Wissenschaft immunisiert werden soll. Es geht lediglich darum, ihren sinn-logischen Ort und ihren genuin philosophischen Charakter gegen bestimmte Verkürzungen und Mißverständnisse abzugrenzen. Die szientifische Reduktion ist in drei Hinsichten zurückzuweisen.

Zunächst ist zu beachten, daß der Szientismus den Methodegedanken der analytisch-rationalen und der empirischen Wissenschaften in einem so ausschließlichen Sinne in eine Monopolstellung bringt, daß die für die Wiederkunftslehre zentrale, ja geradezu ur-axiomatische *Wert*-Problematik entweder überhaupt nicht in den Horizont der Thematisierung treten kann oder aber einzig mit Hilfe szientifischer Methoden und Instrumentarien zu behandeln wäre. Die in allem Geschehen grundlegenden und durch ihre Priorität vor gnoseologischen und ontologischen Aspekten gekennzeichneten *Wertschätzungen* kommen also entweder gar nicht vor oder sie werden als irrational der Mystik überantwortet. Beides ist im Hinblick auf Nietzsches Wiederkunftslehre unmöglich.

Sodann ist zu betonen, daß die eigentümliche Struktur des ursprünglich-einheitlichen Welt-und-Selbst-Verhältnisses/Verständnisses, *in und als* dessen Vollzug Wirklichkeit *als* Wirklichkeit hervorgeht, einer szientifischen Objektivierung grundsätzlich nicht zugänglich ist. Dies aber ist genau die Struktur, in der der Wiederkunftsgedanke seinen sinn-logischen Ort hat. Und schließlich ist es vor dem Hintergrund des aufgezeigten Ineinanders von Faktizität und Interpretation nicht mehr möglich, die szientifische Objektivität von der lebens- und das heißt der interpretations-pragmatischen Rechtfertigungspraxis abzukoppeln. Anders formuliert: nicht nur kann der pragmatische Sinn des geschehens-logischen Interpretations-Zirkels nicht aus einer rein szientifischen Betrachtung hergeleitet werden und diesen nicht orientieren, sondern die szientistische Deutung des Wiederkunftsgedankens ist sich auch nicht darüber im klaren, daß sie selbst bereits, zumal dann, wenn sie normativ auftritt, eo ipso den Interpretationscharakter jeden Weltauslegens in Anspruch nehmen muß. Und der Wiederkunftsgedanke kann als der interne Gipfel dieses Interpretations-Zirkels verstanden werden. Das ist die Pointe.

Betrachtet man unter dieser Optik die Argumentation Reys, so stellt sich ein doppelter Effekt ein. Zum einen wird deutlich, daß sich gerade auch auf

---

[52] Vgl. dazu im einzelnen Kap. VIII, 5, S. 310ff.; und Kap. X, 3.

der Spitze eines bestimmten subjektivitätsfreien, szientifischen Objektivismus die Vorstellung der kreisförmigen Wiederkehr als das den reinen wissenschaftlichen Objekten angemessenste Prinzip einstellt. Dies ist Rey zufolge deshalb der Fall, weil die Figur des in sich geschlossenen Kreislaufs diejenige Form ist, die den in der wissenschaftlichen Erkenntnis zur Debatte stehenden vollkommen autarken Objekten, welche erst dadurch zu ‚wissenschaftlichen' Objekten werden, daß sie von allen subjektiven Zutaten und Beimischungen gereinigt sind, einzig zu entsprechen vermag. Sollen die Objekte vollkommen sich selbst genügen, dann müssen sie als kreisförmig wiederkehrende gedacht werden. Wissenschaftliche Objektivität heißt hier, daß „rien ne doit y subsister de tout ce qui porte la marque de l'organisation humaine, tout ce qui est fonction des conditions de l'existence humaine".[53] Und diese „indépendance absolue" des Objekts „n'est jamais affirmée aussi précisement, aussi clairement et distinctement, que dans le concept de retour éternel".[54] Die Wiederkunftslehre entspricht so gesehen sowohl dem reinen wissenschaftlichen Objekt als auch der ratio cognoscendi.

So aufschlußreich es jedoch ist festzuhalten, daß in *dieser* szientifisch-objektivistischen Linie die Erkenntnis der Materie schließlich in die Vorstellung einer kreisförmigen Wiederkehr mündet, so muß sich, und dies ist der zweite Effekt, gerade auf dieser Spitze auch die Einsicht einstellen, daß darin weder der logische Ort noch der Sinn von *Nietzsches* Wiederkunftsgedanke getroffen sein kann. Dies heißt nicht, daß die voranstehende Überlegung einfach ins Abseits zu treten hat. Sie bleibt als Konsequenz eben eines szientistischen Objektivismus wertvoll und erhalten. Aber sie vermag nicht die Funktions- und Sinnstelle des Wiederkunftsgedankens, wie dieser von Nietzsche konzipiert wird, einzunehmen. Zudem findet das Verhältnis von Wiederkunftslehre und Wissenschaft in einer solchen Sichtweise auch deshalb keinen Abschluß, weil die neueren Entwicklungen der Physik den Weg eines streng szientistischen Objektivismus verlassen haben. Abgesehen davon, daß Nietzsches Universum der ewigen Wiederkehr kein Universum reiner Objekte bzw. positivistischer Tatsachen ist, wird der Welt der Kräfte bei Nietzsche der Maschinencharakter entschieden abgesprochen.

Darüber hinaus sind eine Reihe weiterer Kritikpunkte anzuführen. So besteht ein äußerst folgenreicher Mangel der rein szientifischen Argumentation darin, daß mit einem Dualismus der Erkenntnis, mit der strengen Entgegensetzung von Subjektivem und Objektivem operiert wird. Sobald jedoch ein erkenntnistheoretischer Dualismus zugelassen, d. h. die ursprüngliche Einheit von Welt und Mensch auch nur ein Stück weit geöffnet und darin die Vorstel-

---

[53] A. Rey, a.a.O., S. 292.
[54] A. Rey, a.a.O., S. 293; vgl. S. 294, 314.

lung einer Irreduzibilität zwischen Subjektivem und Objektivem Platz greifen kann, ist das Charakteristische des Wiederkunftsgedankens bereits verloren und nicht mehr verlustlos einzuholen.

Dem entspricht die Illusion, den geschehens-logischen Interpretations-Zirkel szientifisch und objektivistisch hintergehen zu können. Ein solcher Versuch bemerkt nicht, daß er durch eben dieses Bestreben die Wirklichkeit, deren Objektivität er fassen möchte, zunichte macht. Denn Wirklichkeit geht *als* Wirklichkeit überhaupt erst aus dem funktionierenden Vollzug des Zirkels hervor, auf dessen Vermeidung der Szientismus gerade seine Prämie setzt. *Diesen* Zirkel hintergehen zu wollen, um dadurch der vermeintlichen Objektivität ansichtig zu werden, führt nicht vor eine vollere Realität, sondern vor deren Nichts. Der Interpretations-Zirkel ist wirklichkeits-logischen Charakters. Er greift auch hinter die physikalische Weltauffassung zurück. Auch Physik ist eine Interpretation. Zudem ist es nicht möglich, eine aus der Geschichte dieser Wissenschaft gezogene Lehre als philosophisches Prinzip zu universalieren, ohne sich den darin sachlich betroffenen Problemen wie z. B. der Frage des Idealismus oder Realismus bzw. der Alternative einer Internität oder Externität der Betrachtung eigens zu stellen.

Darüber hinaus ist anzumerken, daß die mit jedem Objektivismus verbundene Rede vom ‚Gegebenen' nicht aufrechtzuerhalten ist. Dies ist nicht nur nicht auf der Ebene des Verstandesdenkens, sondern bereits in dem der Wahrnehmung noch vorausliegenden Bereich sinnlicher Unmittelbarkeit nicht der Fall. Die kritische Transzendentalphilosophie Kants und die sprach-analytische Philosophie dieses Jahrhunderts haben überzeugende Argumente geliefert, daß es ein ‚objektiv Gegebenes', welches nicht unter subjektiven, in die Strukturen des grundbegrifflichen Sprach- und Denkschemas selbst eingelassenen Bedingungen steht, nicht bzw. nur als nicht-notwendige metaphysische Setzung geben kann. Über Kant hinaus ist der allein noch mögliche Sinn einer Rede vom ‚Gegebenen' schließlich ganz in den der ‚Gegebenheits*weise*' zurückzunehmen.[55] Das bedeutet nicht etwa einen konstruktivistischen Subjek-

[55] In der gegenwärtigen Philosophie ist es vor allem Wilfrid Sellars, dessen Angriff auf „the Myth of the Given" folgenreich gewesen ist. Vgl. W. Sellars, *Science, Perception and Reality*, London/New York 1963, S. 140–196. Diese Position hat breite Aufnahme gefunden bei R. Rorty, *Der Spiegel der Natur*, dt. 1981, S. 185–235.
Daß es ein unmittelbar Gegebenes auch nicht auf der Ebene der sinnlichen Gewißheit geben kann, hat Hegel in der *Phänomenologie des Geistes* dargelegt. Sobald solches Unmittelbare sich auf dem Wege des Sprachgebrauchs artikuliert und ausspricht, eine identifizierende Beziehung zu seinem Inhalt zu haben und konkret zu sein beansprucht, ist es notwendig bereits „*Wissen* des *Unmittelbaren* oder *Seienden*" (*Phänomenologie*, Ausg. J. Hoffmeister, S. 79). Zugespitzt formuliert: ein unmittelbar Gegebenes, falls es so etwas überhaupt gibt, *kann* kein Gegenstand des Wissens sein. Eine rein *gegebene* Vorstellung, ohne jedwedes interpretierendes Zutun, wäre gar keine *wirkliche* Vorstellung, sondern vielmehr nichts.

tivismus. Vielmehr wird der Rahmen der Betrachtung selbst verändert. Denn Basis ist nicht mehr der alte Subjektbegriff, sondern der geschehens-logische Interpretations-Zirkel, der selbst Dasein hat, hinter den mithin nicht noch irgendein ‚Subjekt' plaziert werden darf.

Die Scheu des objektivistischen Standpunktes, nicht in den Interpretations-Zirkel einzutreten, vielmehr alle Anstrengung aufzubieten, vor ihm einerseits stehenbleiben, sich andererseits aber gleichwohl den ganzen Ertrag und die Dignität dessen sichern zu wollen, was überhaupt erst nach inwendigem Durchlaufen des Zirkels zu haben ist, führt zu weiteren Unvereinbarkeiten mit der Wiederkunftslehre. So ist die interne und ursprüngliche Einheit von Wiederkunftsgedanke und Wert-Problematik von vornherein aus dem Horizont dessen, was überhaupt thematisch werden kann, ausgeschlossen. Der szientifische Objektivismus schlägt die ‚Werte' auf die Seite der um der wissenschaftlichen Rationalität willen vermeintlich auszuschaltenden Subjektivität des Individuums. So unterscheidet z. B. Rey zwischen einem geometrischen und einem psychischen Bereich, zwischen einer „intellektuellen und rationalen" und einer „inneren" Intuition, letztere in Nähe zu Bergson verstanden.[56] Der ersten Art der Intuition wird die rational-analytische Wissenschaft zugeordnet, während die zweite die Welt der Werte und der Persönlichkeit ist. Ein solcher Dualismus zwischen einer objektiven und einer existenziellen Seite findet sich auch in Charles Andlers Auffassung der Wiederkunftslehre.[57] Das

[56] Vgl. A. Rey, a.a.O., S. 315f.

[57] Ch. Andler unterscheidet (*Nietzsche*, Bd. 6, S. 62ff.) zwei Wiederkehren: (a) diejenige der materiellen Welt, der physischen Formen, wie sie (fußend auf mechanistischer Lehre, Diskontinuität, Zufall und Wahrscheinlichkeitskalkül) durch die Physik demonstriert werde; und (b) diejenige, die im *Zarathustra*, III (*Vom Gesicht und Rätsel*, 2) als der kreisförmig in sich zurücklaufende und nach Art der Planetenbahnen vorzustellende Weg beschrieben wird. Diese zweite Art der Wiederkehr deutet Andler als das vom Bewußtsein bewerkstelligte Wieder-Auferstehen-lassen der vergangenen, der verstorbenen Seelen (vgl. S. 66–68). Andler hält diesen Dualismus für die Pointe: „Il ne faut pas confondre les deux résurrections" (S. 62). Beide sollen jedoch simultan erfolgen. Eine solche Auffassung geht an Nietzsche in mehrfacher Hinsicht vorbei.
Zunächst bleibt die Simultaneität unbegründet und ungeklärt. Sodann bemerkt Andler, ebensowenig wie Rey, nicht, daß die wissenschaftlich durchsetzten Argumentationsstücke Nietzsches nicht eine mechanistische und wahrscheinlichkeitstheoretische, sondern eine dynamisch-energetische und auf der Geschehens-Notwendigkeit beruhende Begründung geben wollen. Schließlich bleibt der Gesichtspunkt dieser absoluten Notwendigkeit *allen* Geschehens, Erlebens, Fühlens, Handelns und Denkens, welche Notwendigkeit der Idee des ‚Zufalls' den Boden entzieht, völlig unberücksichtigt. Endlich und vor allem aber wird auch hier nicht die Ebene der ursprünglichen Einheit von Welt und Mensch betreten, die als die Leib-Organisation, die der Mensch ist, immer schon hergestellt ist und nicht erst durch das philosophierende Bewußtsein produziert wird.
Wenn Andler in der im Bewußtsein erfolgenden Wiederauferstehung der verstorbenen Personen die Lösung für „le mystère incompris" (S. 67) von Nietzsches Rede der ‚Erlösung des Vergangenen' sieht, so ist gegen diese Deutung nachdrücklich herauszustellen, daß der Vor-

ist genau diejenige Aufgabenverteilung zwischen objektiver Wissenschaft und individueller Existenz, der es hinsichtlich des Wiederkunftsgedankens nur noch möglich ist, diesen entweder als objektive Theorie oder als psychologisches und existenzielles Motiv zu konzipieren. Beides sind Verkürzungen. Sie laufen dem Motiv des Wiederkunftsgedankens nicht nur zuwider, sie sind ihm auch gefährlich. Denn darin vollzieht sich a tergo eine Komplementarität zwischen Szientismus und Irrationalität sowie Mystik. Von beiden ist der Wiederkunftsgedanke freizuhalten.[58]

Beide Versionen, die szientifisch-objektivistische wie die psychologisch-existenzielle, gehen an der integralen Kohärenz und an der Pointe des Wiederkunftsgedankens, das ursprüngliche Ineinanderstehen von *Werden und Wert* zu erfassen und auf seinen internen Gipfel hin zu denken, vorbei. Entsprechend kann auch weder die Einheit von Theorie und Praxis, die darin besteht, daß jeder Vollzug eines Gedankens ein Handeln und jede soziokulturelle, lebensweltliche Praxis theoriegeleitet ist, noch die praxisorientierende, normative Kraft des Wiederkunftsgedankens bedacht werden. Ein objektivistisches Verständnis hat darüber hinaus, erstreckt es sich auf den Bereich des Objektiven *und* Subjektiven, den von Nietzsche gerade *nicht* intendierten, sondern bekämpften Effekt, das Individuum in der ‚Objektivität' verschwinden, bedeutungslos werden zu lassen und seine Schaffenskraft sowie Verantwortlichkeit zu paralysieren. Zugleich aber hält sich das Bewußtsein eine Hintertür der Irreduzibilität und des Transzendierens offen. Diese Möglichkeit soll eine Folge gerade des Umstandes sein, daß es sich um einen reinen, d. h. von allem Subjektiven befreiten Objektivismus der Wiederkunftslehre, die sich damit auf das *materielle* Universum bezieht, handelt. „L'acte spirituel se dresse en face du retour éternel et le transcende".[59] Das ist, bezogen auf die Umfänglichkeit und Radikalität, die der Wiederkunftsgedanke in Nietzsches Denken hat, eine Scheinlösung. Sie ist zudem überhaupt nur möglich, weil die geistigen Akte dem notwendigen Kreislauf *allen* Geschehens entzogen werden, die Irreduzibilität zwischen Subjekt und Objekt angesetzt, eine Abkopplung der Erkenntnis und ihrer Begründung von der Lebenspragmatik für möglich gehalten und zudem die lineare Ewigkeit, an der das Bewußtsein qua eigener und der in ihm konzipierbaren Dauer teilhat, schließlich doch wieder über die Kreisfigur gesetzt wird. Keiner dieser Aspekte jedoch ist im Horizont sei es der destruierenden

gang des Erlösens, den Nietzsche hier im Blick hat, nicht auf verstorbene Personen reduziert werden kann. Vgl. zur Frage der ‚Erlösung' unten Kap. IX, 4, S. 341–345 und X, 4, S. 370, 373f.

[58] So erscheint z. B. bei Andler die existenzielle Seite der Wiederkunftslehre als „mystère" und als „extase mystique" (a. a. O., S. 75; 67). Zur Abwehr des ‚Mythos'-Begriffs vgl. unten Kap. VIII, 5, S. 320ff.

[59] A. Rey, a. a. O., S. 311.

Kraft, sei es des positiven Sinns des Interpretations-Zirkels[60] weiterhin möglich. Ohne den internen Bezug auf diesen Zirkel ist die Lehre von der ewigen Wiederkehr des Gleichen nicht zu verstehen. Schließlich ist auf einen weiteren Aspekt aufmerksam zu machen.

Der Objektivismus möchte die Anthropomorphismen und alle subjektiven Projektionen aus der Weltbetrachtung herausziehen, um so seine reinen Objekte zu erhalten. Nun hat auch Nietzsches Übergang auf die Ebene der Kräfte-*Komplexe* und in den *Geschehens*charakter allen Interpretierens zur Folge, daß die Idee des Subjekts und der Subjektivismus verabschiedet werden müssen. Außerdem zählt die Zerstörung der vielfältigen ästhetischen, moralischen oder juridischen Vermenschlichungen der Natur zu Nietzsches erklärtem Programm.[61] Was also unterscheidet Nietzsche noch vom Objektivismus? Die Frage so stellen, heißt die Pointe übersehen: Die Entmenschlichung der Natur darf gerade nicht als deren Verobjektivierung mißverstanden werden, und der mit einer Auflösung des Subjektbegriffs verbundene Übergang vom Ding- in das Ereignis-Schema und auf die Ebene der Kräfte-Prozesse ist ein Übergang in das *Interpretations*-Geschehen, in den fünfstelligen geschehenslogischen Interpretations-Zirkel. Dies leitet zum nächsten Punkt über.

Drittens (3) lassen sich von hier aus die Unterschiede markieren, die zwischen einer szientifisch-objektivistischen Fassung des Wiederkunftsarguments einerseits und der Struktur sowie dem Hintergrund der wissenschaftlich-theoretisch durchsetzten Argumente Nietzsches andererseits bestehen. Dies ist aus einem doppelten Grund herauszustellen. Zum einen sind solche Unterschiede in den Auseinandersetzungen um Nietzsches Lehre nicht hinreichend bedacht worden. Die entsprechenden Texte werden gemeinhin so gelesen, als versuche Nietzsche, die Wiederkunftslehre im Rahmen einer korpuskular-kinetischen Theorie, einer mechanistischen und atomistischen Wissenschaft zu begründen. Dies jedoch ist nicht der Fall. Zum anderen ergeben sich daraus für das Verhältnis von Wiederkunftslehre und moderner Wissenschaft bislang in der Nietzsche-Forschung nicht beachtete Konsequenzen. Wenn die Versuche, die Wiederkunftslehre auf dem Boden einer korpuskular-kinetischen Mechanistik wissenschaftlich zu begründen, nicht mit den Kenntnissen der heutigen Physik über die Beschaffenheit der Welt vereinbar sind, so folgt daraus nicht automatisch, daß auch Nietzsches Lehre in ihrer auf das Kräfte-Geschehen als Basis bezogenen Version obsolet geworden ist.

Festzuhalten ist zunächst, daß aus einer Auffassung des Universums als eines geschlossenen mechanischen Systems fester Elemente die Reversibilität und damit die Wiederkehr aller möglichen Zustände notwendig folgt. Wäre

---

60 Vgl. oben Kap. VI, 2–5.

61 Vgl. Kap. VIII, 1, S. 255 und X, 3, S. 361f.

Nietzsches Weltbegriff mechanistisch-atomistischer Natur und mit Hilfe der kinetischen Theorie beschreibbar, so wäre die Wiederkunftslehre in bezug auf ihre eigenen Voraussetzungen konsequent. Freilich wäre dann mit dem Niedergang der mechanistisch-atomistischen Weltauslegung auch die Deutungskapazität der Wiederkunftslehre weitgehend erschöpft bzw. von nur mehr noch historischem Interesse. Sie wäre zwar im Rahmen ihrer Voraussetzungen konsequent. Aber die Voraussetzungen sind nicht mehr erfüllt, mithin sie selbst nicht mehr gültig. Die *wissenschaftliche* Wiederkunftslehre wäre uninteressant. Dies ist jedoch deshalb nicht ohne weiteres der Fall, weil Nietzsche, will man ihn überhaupt einer Wissenschaftsrichtung zuordnen, in die Tradition nicht der Mechanistik und der Atomistik, sondern in die des dynamischen Energetismus gehört.[62] Doch damit, so scheint es, handelt man sich eher noch weitere Probleme ein.

Zwar läßt die Abgrenzung von der mechanistischen Atomistik Nietzsches naturphilosophisches Denken zunächst weniger veraltet erscheinen. Doch gerät die Wiederkunftslehre in neue Schwierigkeiten. Auf dem Boden einer korpuskular-kinetischen Atomistik läßt sich die Wiederkehr immerhin begründen. Der Verzicht auf diese Möglichkeit bedeutet also einiges, sobald man bedenkt, daß es zudem die Tradition des Energetismus ist, der der Zweite Hauptsatz der Wärmelehre und die von Clausius daraus gezogene Folgerung der Irreversibilität, die eine Wiederkehr unmöglich zu machen scheinen, entspringen. Andererseits aber ist es nicht zuletzt die Verbindung zu eben dieser Tradition, die dazu führt, auch die wissenschaftlich-theoretischen Argumente zur Wiederkunftslehre von der Weltauslegung der klassischen Physik unterscheiden zu müssen. Neben dem grundlegenden und letztlich über Status, Stellung und Sinn des Wiederkunftsgedankens allein entscheidenden Gesichtspunkt, daß sich die ewige Wiederkehr *als Gedanke* auf den geschehens-logischen Interpretations-Zirkel bezieht, lassen sich die Unterschiede zwischen Nietzsches wissenschaftlich-theoretischen Ausführungen zu derjenigen Version der Wiederkunftslehre, wie sie sich aus der als kinetische Theorie erneut auftretenden mechanischen Atomistik ergibt, wie folgt präzisieren.

Zentral ist, daß es in Nietzsches Auffassung um den *Kraft*begriff als solchen, um die Natur der Kräfte geht. Das ist die Basis auch der Wiederkunftslehre. Näherhin werden die Kräfte als Willen-zur-Macht-Kräfte qualifiziert. Diese Bestimmung trifft ihre innerste Natur, ihre interne Beschaffenheit, ihren sich von innen her vollziehenden Grundcharakter. Sie ist quasi geschehens-*analytischer* Art. Diese Kräfte sind nicht als Einzelelemente im Sinne fester Bausteine, nicht als Objekte im Sinne materieller Körper, sondern als Kräfte-*Komplexe*, als Kräfte-*Organisationen*, als Ereignisse, Prozesse und Zustände

[62] Vgl. oben z. B. Kap. I, 4; II, 2; III, 2 und V, 5.

aufzufassen. Körper sind Konkreszierungen der Kräfte, nicht umgekehrt, nicht deren Träger. Die Zurückweisung der Atomistik[63] ist so gründlich, daß sie auch die kinetische Theorie noch trifft. Der Kraftbegriff wird so weit ausgedehnt, daß der Weltbegriff ohne die Hypothese der Materie entfaltet werden können soll. Dies ist für Nietzsche immer verlockend geblieben. Die Zahl der Kräfte-Organisationen ist selbst im Fluß. Zugleich wird durch die Betonung des *interpretativen* Charakters jeden Kräftevollzugs die mechanistische und atomistische Einerleiheit der Kräfte überwunden. Es handelt sich also nicht um korpuskular-kinetische Kräfte im Felde der Atomistik, sondern um dynamisch-energetische Kräfte, die als Willen-zur-Macht-Organisationen zu bestimmen sind. Das hat Konsequenzen auch für das Verständnis der Wiederkunftslehre.

Die Welt der Kräfte ist nicht nach dem Modell einer Maschine vorzustellen. Kräfte-Vollzüge sind auch nicht mit Hilfe des Ursache-Wirkung-Schemas und nicht im Sinne eines mathematisch-mechanischen Determinismus bestimmbar. Ihre Natur ist Nietzsche zufolge wesentlich durch eine Maximalökonomie, durch ein Wollen-Müssen der Steigerung, der Mehrung und der Intensivierung ihres eigenen Mächtigseins charakterisiert.[64] Wird die Wiederkunftslehre vor dem Hintergrund des dynamischen Energetismus gedacht, *ohne* im Entropiegedanken der Carnot-Clausius-Tradition verenden zu dürfen, dann muß sie in die Nähe von Vorstellungen rücken, in denen es um Energie-Transformationen im Sinne des Wechselverhältnisses von Expansion und Kontraktion, von Dissolution und Kondensierung geht.[65] Insofern die Kräfte von vornherein als mit- und gegeneinander relationale Kräfte gefaßt werden, die überhaupt nur in und als diese Relation *sind*, ergibt sich aus ihrem intern damit verknüpften perspektivisch-interpretativen Charakter, daß es kein absolutes Koordinatensystem mehr geben *kann*, daß das Universum der ewigen Wiederkehr eine essentiell relativistische Welt ist.[66] Die Idee eines relativistischen Universums ändert nun aber nichts an der Bestimmung des Grundcharakters der Kräfte und wirkt nicht destruierend auf die Möglichkeit, eine Welt der

---

[63] Vgl. oben Kap. III, 2.

[64] Zur grundlegenden Bedeutung des Gesichtspunktes der ‚Maximalökonomie' vgl. auch unten Kap. XII, 3.

[65] Ch. Andler, *Nietzsche*, Bd. 4, S. 257, sieht darin eine Verbindung Nietzsches zu J. G. Vogt, *Die Kraft. Eine real-monistische Weltanschauung*, 1878. Zu Vogt vgl. auch unten Kap. XI, 2, S. 391.
Hinzuweisen ist auch auf die Auflösung der Atomistik im Rückgriff auf Bošković. Überträgt man Boškovićs Lehre der *attraktiven* und der *repulsiven* Kräfte auf das Universum und geht dabei von den ausdehnungslosen, nebeneinander liegenden Punkten Boškovićs auf die Vorstellung des Kräfte-Feldes etwa im Faradayschen Sinne (vgl. Ch. Andler, a. a. O., S. 406f.) über, dann ergibt sich die Vorstellung von abwechselnd ineinander übergehender Attraktion und Repulsion der Kräfte des Universums.

[66] Vgl. dazu Kap. XII, 2, S. 421f.

Wiederkehr zu konzipieren. Vor allem setzt sie nicht die absolute Geschehens-Notwendigkeit außer Kraft. Relativität hat nichts mit Aufhebung der Notwendigkeit zu tun. Beide Komponenten gehören vielmehr *im* faktisch-relativen Kräftevollzug unauftrennbar zusammen. Oder anders herum: eine Aufhebung der Relativität der Geschehens-Prozesse kommt einer Vernichtung der Welt gleich. Darüber hinaus und im Unterschied zum Objektivitätsideal der klassischen Physik und Naturphilosophie gestattet es das Konzept eines relativistischen Universums sogar, Perspektivität und Interpretativität ***konstitutiv*** in die Bestimmung dessen, was als Welt und Wirklichkeit gilt, einzubeziehen. Der Vollzug dieser von Nietzsche her als Willen-zur-Macht-Interpretativität aufzufassenden Relativitäten erzeugt überhaupt erst Um- und Außenwelten. Das ist die Konsequenz ihrer geschehens-*logischen* Natur.

Insofern diese Welt zugleich weder eine der klassischen noch eine der kinetisch erneuerten Atomistik ist, kann die Reversibilität des Weltprozesses auch nicht mehr in Abhängigkeit von festen, gegeneinander isolierbaren Bausteinen sowie der damit verbundenen Vorstellung der Diskretheit des Wirklichen gedacht werden. Die periodische Wiederkehr muß vielmehr, soll dem Wiederkunfts*gedanken* auch eine ‚wissenschaftliche' Darstellung gegeben werden, aus einer unter bestimmten Rahmenbedingungen stehenden und an der Natur der Kräfte orientierten dynamisch-energetischen Betrachtungsweise gewonnen werden. Stehen aber der Wiederkunftslehre weder feste Einzelbausteine noch die Diskontinuität des Wirklichen zur Verfügung, dann kann die ihr eigentümliche Begründung auch nicht über den Wahrscheinlichkeitskalkül und nicht über die Vorstellung des Zufalls erfolgen. Auf beide müßte rekurriert werden, wenn diejenige vollkommene Autarkie der Objekte gedacht werden soll, der dann die kreisförmige Wiederkehr, der in sich geschlossene Kreislauf, als die einzig angemessene Verlaufsform zugeordnet werden müßte. Der Zufall erschiene dann als ein Korollar des Postulats der Diskontinuität. Demgegenüber wird jedoch das Charakteristische von Nietzsches Wiederkunftslehre überhaupt erst mit der Einsicht deutlich, daß sie nicht über den Wahrscheinlichkeitskalkül begründet wird, daß es den ‚Zufall' in dem hier beanspruchten Sinne gar nicht gibt[67], und daß alles Kräfte-Geschehen von einer absoluten internen Notwendigkeit ist.

Zugleich zeigt sich, daß die Wiederkunftslehre nicht im Sinne einer bequemen, weil denkökonomisch einfachen Hypothese zu verstehen ist, die den maschinenmäßigen Kreislauf als diejenige Verlaufsform ansieht, durch die eine Stabilisierung der Vorgänge und damit eine Sicherung auch der Naturgesetze gewährleistet wird. So könnte die Einsicht, daß die Physiker kein Experiment absolut identisch wiederholen, gesetzliche Aussagen also ihre letzte Garantie

[67] Vgl. dazu Kap. XII, 1 und X, 1 und 4.

nicht von der Wiederholbarkeit des Experiments erhalten können, am Ende dazu führen, gerade die Wiederkehr als diejenige Figur zu bemühen, die auch den empirisch-wissenschaftlichen Gesetzmäßigkeiten, Begründung und Überzeugungskapazität sichert. In diesem Sinne wäre auch die Geltung empirischer Wahrheiten letztlich nur im Horizont und unter dem notwendigen Vorrang eines Holismus zu gewährleisten. Damit wäre freilich auch die Wissenschaft ihrerseits in die wesentlich *interpretativen* Fragen der Struktur des Welt-und-Selbst-Verständnisses *als solchen* genötigt. *Diese* Entwicklung hätte Nietzsche sicherlich begrüßt. Dagegen hat er die ewige Wiederkehr nicht als denkökonomische Maschinerie verstanden.

Der Wiederkunftslehre muß also Nietzsches dynamistischer und relativistischer Weltbegriff im Sinne der die Welt ausmachenden Willen-zur-Macht-Organisationen und zugleich die Einsicht zugrunde gelegt werden, daß Wirklichkeit *als* Wirklichkeit *interpretations-logischer* Natur ist. Um dies herauszuarbeiten, war es im Anschluß an die Ausführungen zum Interpretations-Zirkel zunächst erforderlich, das Kräfte-Geschehen als die Basis der Betrachtung zu etablieren und sodann über eine am existenziellen In-der-Welt-sein orientierte Deutung hinauszugehen. Doch führte dies auf der anderen Seite gerade nicht dazu, erneut in einen szientifischen Objektivismus zu verfallen. Vor diesem Hintergrund soll der Horizont der Fragestellung jetzt um einen Bezug auf Leibniz erweitert werden. Leibniz hat in späten Fragmenten eine Lehre von der notwendigen Wiederkehr des Gleichen entwickelt, die im Hinblick auf Nietzsche unter mehreren Gesichtspunkten fruchtbar gemacht werden kann. Sie betrifft die Grenze des Erkenntnisfortschritts, eine zeichen-theoretische Herleitung des Wiederkunftsgedankens, die philosophische und die theologische Apokatastasis-Lehre, eine Übertragung der Kombinatorik auf die Geschichte und das Verhältnis von Vernunftswahrheiten, empirischen Wahrheiten und Wiederkunftsgedanke. Anhand der Leibnizschen Auffassung läßt sich auch von seiten der Erkenntnisfähigkeit und der Aussagenkombinatorik die Einsicht gewinnen, daß die ewige Wiederkehr eine, ja *die* Konsequenz der Endlichkeit von Mensch und Welt ist. Das Verhältnis der Leibniz-Welt der Apokatastasis zur Nietzsche-Welt der Wiederkunft des Gleichen führt erneut in den Interpretations-Zirkel, als dessen interner Gipfel die Wiederkunftslehre zu verstehen ist. Dies wird dann in dem darauffolgenden Abschnitt (VIII,5) im einzelnen ausgeführt.

4. Leibniz' Apokatastasis-Lehre und ihr Bezug zu Nietzsche

Das Wiederkunftsargument tritt bei Leibniz im Zusammenhang der Überlegung auf, daß es mit Hilfe der Kombinatorik möglich sei, alle für den Menschen überhaupt aussagbaren Wahrheiten zu ermitteln. Deren Anzahl ist endlich. Nach einer zwar unermeßlich großen, aber angebbaren Zeitspanne muß notwendig eine Situation eintreten, daß alles, was gesagt wird, zuvor schon einmal gesagt worden ist. Das Voranschreiten der Erkenntnis hat eine notwendige Grenze. Danach sind Wiederholungen unausweichlich. Diese Problematik wird auch in Gestalt der Frage behandelt, welchen Umfang ein Buch haben würde, in dem alle durch die Menschen aussagbaren Wahrheiten und Falschheiten, und auch all das, was keine Bedeutung hat, enthalten wären. Dazu sind im Blick auf die Wiederkunftslehre vor allem die späten Fragmente *De l'Horizon de la doctrine humaine* und *Apokatastasis (panton)* aufschlußreich.[68]

Der Leibnizsche Gedanke einer Wiederkehr des Gleichen als Konsequenz der notwendigen Grenze des Fortschreitens menschlicher Erkenntnis setzt damit ein, daß sich alle sprachlich aussagbaren und niederschreibbaren Erkenntnisse aus den Buchstaben des Alphabets darstellen lassen müssen. Diese Vorstellung kann auch modern expliziert werden. Alle überhaupt nur mögliche Erkenntnis ist im Alphabet bereits da, obwohl noch nicht explizit dargestellt und vielleicht auch nie vollständig erreichbar. Der Akzent ist darauf zu legen, daß alle in einer Schrift sagbaren Inhalte auf den Bestand der Charaktere dieser Schrift abgebildet und nur durch diese mitgeteilt werden können. In diesem Sinne haben die Buchstaben des Alphabets apriorischen Charakter für alles mit ihrer Hilfe Aussagbare. Die Zahl der Sätze aus einer finiten Anzahl von Buchstaben ist unendlich. Aber jeder Satz ist eine Konkatenation von Wörtern und jedes Wort eine Konkatenation von Buchstaben. Dies eröffnet die Möglichkeit, die Unendlichkeit möglicher (sinnvoller und unsinniger) Sätze im Rekurs auf endliche Ressourcen und Kapazitäten zu behandeln. Auf diese Weise läßt sich die Gesamtheit aller Sätze der Sprache eines Sprechers/Lesers bei Angabe von oberen Zeit- und Volumengrenzen aus den Buchstaben des Alphabets auf dieses selbst abbilden. Derjenige, der „entend parfaitement l'usage de l'alphabet"[69], weiß gewissermaßen alles, was überhaupt zu wissen ist. Das ist eine

[68] Der Apokatastasis-Text wird im folgenden zitiert nach der Ausgabe im Anhang von M. Ettlinger, *Leibniz als Geschichtsphilosoph*, München 1921, S. 27–34, jeweils mit Seitenzahl und Abschnitt. Die Fragmente in der Niedersächsischen Landesbibliothek Hannover, Leibniz-Archiv: LH IV, vol. V, 9, Bl. 2–5 (*De l'Horizon*); LBr 705, Bl. 73–74 und Bl. 72 als erster Entwurf (*Apokatastasis*). Der bei L. Couturat, *Opuscules et fragments inédits de Leibniz*, Nachdruck Hildesheim 1961, S. 530–533 wiedergegebene Text entspricht der Argumentation von *De l'Horizon*, bietet darüber hinaus aber noch Ausführungen über die Stellung der ars combinatoria, die Leibniz in der späten Zeit anders gesehen hat als in der Dissertatio von 1666, zu den und innerhalb der Wissenschaften. Zu dem Fragment *De l'Horizon* vgl. auch W. Hübener, *Die notwendige Grenze des Erkenntnisfortschritts als Konsequenz der Aussagenkombinatorik nach Leibniz' unveröffentlichtem Traktat ‚De l'Horizon de la doctrine humaine'*, in: *Studia Leibnitiana*, Suppl. Bd. XV, 1975, S. 55–71.

[69] *Opuscules*, S. 532. – Leibniz' Herausarbeitung der Begrenztheit menschlicher Erkenntnis läßt, zumindest für einen heutigen Leser, zwei Akzentsetzungen unentschieden. Einerseits

Formulierung, die, wenn sie auf die Verwendung sprachlicher Ausdrücke überhaupt ausgedehnt wird, in die Nähe der in diesem Jahrhundert besonders seit Wittgenstein prominent gewordenen Fassung des Bedeutungs- und Wahrheitsproblems weist, welches letztlich in der Klärung der Frage besteht, was es heißt, einen sprachlichen Ausdruck regelentsprechend, d. h. sinnvoll zu verwenden.

Werden die Buchstaben des Alphabets zugrunde gelegt, so folgt, daß die Zahl der Wahrheiten, der Falschheiten und auch der nichtssagenden, bedeutungslosen Ausdrücke, deren die Menschen fähig sind, berechnet werden kann und nicht unendlich ist. Entsprechend ist die Größe eines Buches angebbar, in dem alle überhaupt nur möglichen Erkenntnisse, „tout ce qui pourroit jamais estre sçû, ecrit, ou inventé", enthalten wären. Die sich so ergebende Zahl ist zwar riesig, und im Verhältnis zu ihr nimmt sich die Zahl der von Archimedes für den Erdkreis errechneten Sandkörner äußerst klein aus. Aber es handelt sich um eine endliche Zahl. Dabei ist wichtig zu sehen, daß das Buch, das alle für den Menschen überhaupt nur möglichen Erkenntnisse enthält, nicht einfach ein aus einer Defiziterfahrung motiviertes Wunschgebilde ist. Obwohl noch nicht geschrieben, existiert es im mathematischen Sinne schon längst, da es ja aus einer Anordnung der Buchstaben des Alphabets bestehen muß. Das ist die eine der beiden Pointen.

Die andere liegt nicht in dem Anspruch auf Vollständigkeit, sondern in der Betonung der Endlichkeitsschranke der menschlichen Erkenntnis und der Wissensgeschichte als solcher. Von hier aus ergibt sich eine Verbindung zu Nietzsches Wiederkunftslehre. Auch diese tritt in einem bestimmten Sinne erst hervor, *nachdem* man der Grenzen des Sprach- und Verstandesdenkens innegeworden ist. Doch führt dies bei Nietzsche nicht, wie bei Leibniz, in eine Kombinatorik endlicher Buchstabenmengen, sondern in die Ebene des notwendigen Interpretationscharakters allen Wissens und Erkennens und von dort in den geschehens-logischen Interpretations-Zirkel. Beide Male jedoch kommt es zu einer Lehre von der ewigen Wiederkehr des Gleichen. Die Leibnizsche Philosophie erweist sich mithin in bezug auf Nietzsches Denken als eine produktive Hintergrundfolie nicht nur in Sachen Bewegung, Kraftbegriff, Auffassung der Naturgesetze, Verschränkung von Physik und Moral, Verein-

wird die Endlichkeit des Menschen gegenüber der Unendlichkeit Gottes sichtbar („combien peu est l'homme au prix de la substance infinie", a.a.O.). Andererseits aber ist mit dem Einholen dieser Endlichkeit insofern auch eine deutliche Wertschätzung für den Menschen verbunden, eben weil damit die Welt des *Menschen* die *Welt* des Menschen ist. Die Sprengkraft des zweiten Aspektes tritt jedoch erst hervor, sobald mit dem Fortfall des metaphysischen Systems, mit der Unmöglichkeit, den Standpunkt eines unendlichen Verstandes einnehmen zu können und schließlich gar mit der für Nietzsche grundlegenden Erfahrung des Todes Gottes gerechnet werden muß.

barkeit der Identität der Indiszernibilien mit dem Wiederkunftsargument, sondern jetzt auch in bezug auf die Wiederkunftslehre selbst.[70] Freilich ist zu beachten, daß Nietzsche seinen Wiederkunftsgedanken nicht kombinationstheoretisch gewinnt. Aber es ist festzuhalten, daß er, wie sich auch in einem früheren Zusammenhang ergeben hat[71], eben *auch* als Kombinatorik Plausibilität erlangt. Daran zeigt sich einmal mehr, daß der Gedanke der ewigen Wiederkehr unterschiedliche *Darstellungsformen* hat und auch, daß er *gelehrt* werden kann.

Das Leibnizsche Argument unterstellt eine zeitliche Dauer der Welt und des Menschengeschlechts, die, der Zahl nach, noch über die obere Grenze möglicher Buchstabenkombinationen hinausgeht. Dann muß notwendig einmal eine Zeit kommen, wo alle Möglichkeiten erschöpft sind, wo man „ne puisse pas même faire de Roman, qu'un autre n'ait déjà fait; ny former de chimere nouvelle". Dann gilt, „au pied de la lettre", daß man nichts wird sagen können, „qui n'ait deja esté dit, nihil dici, quod non dictum sit prius".[72] Denn entweder sagt man, was bereits einmal gesagt worden ist, oder man sagt etwas Neues und trägt damit zur weiteren Erschöpfung der Möglichkeiten bei. Beides führt zu einer Wiederkehr des Gleichen. Diese wird notwendig, sobald eine Zahl denkbar ist, die größer ist als die endliche Zahl der den Menschen buchstabenkombinatorisch überhaupt möglichen Aussagen.

Die Anzahl der Wörter, die aus einer endlichen Gesamtmenge von Buchstaben gebildet werden kann, hängt ab von der Länge der zu bildenden Wörter. Die Länge tritt als Exponent der endlichen Basis auf. Bei 24 Buchstaben des Alphabets und der von Leibniz gemachten Voraussetzung, daß Wörter mit 32 Buchstaben die längsten Wörter sind, ergibt sich die Zahl 24^{32}. Die Gesamtzahl aller Wörter von einem bis hin zu 32 Buchstaben ist dann als Summe der endlichen geometrischen Reihe $\frac{a^n - a^e}{a-1} = a^e + a^{e+1} + \ldots + a^{n-1}$ zu ermitteln.[73] Bei $e=1$ ergeben sich im genannten Beispiel, den Exponenten von 24 um Eins erhöht, $(24^{33}-24):23$ Wörter. Entscheidend ist, daß diese Zahl immer endlich ist. Dieser Aspekt tritt noch deutlicher hervor, wenn Leibniz im Gedankenexperiment annimmt, ein Mensch lese jeden Tag 100 Doppelblätter von

[70] Die Verbindungen zu Leibniz hinsichtlich der genannten Aspekte wurden gezeigt im Rahmen der Kapitel I, 2 und 4; VIII, 1 und VII, 3. Daß die Wiederkunftslehre erst ‚*nach*' einer Reihe von Entwicklungen in ihrem vollen Gehalt hervortreten *kann*, wird unten Kap. VIII, 5, S. 310–319 im einzelnen erörtert.

[71] Vgl. Kap. VII, 2, S. 208f. und 216f.

[72] *Opuscules*, S. 533.

[73] Vgl. dazu E. Knobloch, *Die mathematischen Studien von G. W. Leibniz zur Kombinatorik*, Wiesbaden 1973, S. 80–82.

je 10^5 Buchstaben, also 36500 Doppelblätter im Jahr, und er lebe 10000 Jahre. Dann ergibt sich für eine solche aussagbare Periode, und entsprechend auch für alle formulier- und lesbaren Wahrheiten, Falschheiten und bedeutungslosen Buchstabenkombinationen, eine Zahl von einer Größenordnung, die das Fassungsvermögen des Menschen, so wie dieser bisher bekannt ist, weit übersteigt. Leibniz geht noch einen Schritt weiter, legt 100 statt 24 Buchstaben zugrunde, läßt Subtraktion und Division entfallen und erhält die riesige Zahl: $100^{36500000000000} = 10^{73000000000000}$. Diese Zahl übersteigt die Anzahl aller im Alphabet möglichen Bücher. Wie groß jedoch die Basis auch immer gewählt würde, stets würde es sich um eine endliche Zahl handeln.[74] Diese auf das Fortschreiten und die Grenze der menschlichen Erkenntnis bezogene Überlegung wird in der Apokatastasis-Abhandlung auf die Geschichtsbetrachtung ausgeweitet. Sie führt zu einer Lehre von der Wiederkehr der gleichen Geschichtsereignisse im Großen wie im Kleinen.

Die Überlegung, daß sich aus einer endlichen Anzahl von Basiselementen stets eine endliche Gesamtzahl möglicher Kombinationen ergibt, ist gleichbedeutend mit der Feststellung, daß die Anzahl aller möglichen Bücher, die nicht über eine bestimmte Größe hinausgehen, angegeben werden kann und begrenzt ist. Die gesetzte Begrenztheit des Gesamtvolumens und die endliche Anzahl der Elemente sind einander komplementär. Die Anzahl aller möglichen Bücher, die nicht über eine bestimmte Größe hinausgehen und innerhalb der begrenzten Gesamtbuchstabenmenge, d. h. innerhalb des gesetzten Umfangs bleiben, dort jedoch die geringfügigste Abweichung als Differenz, als ein anderes Buch berücksichtigen, ist nicht nur endlich, sie kann auch aus dem Kombinationskalkül (ex calculo combinatorum) bestimmt werden.[75] Gesetzt nun weiterhin, daß die „historia publica" annalistisch in einem solchen Buch[76], das die obere Grenze von z. B. hundert Millionen Buchstaben nicht überschreitet, „sufficienter" dargestellt werden kann, dann ergibt sich: wenn N die Anzahl und obere Grenze aller möglichen Bücher (die untereinander verschieden sind, und sei dies lediglich in der Anordnung der Buchstaben in

---

[74] L. Couturat, *La Logique de Leibniz,* Nachdruck Hildesheim 1961, S. 49f., Anm. 2, hat eingewandt, daß die in *De l'Horizon* dargelegte Begrenztheit aller für den Menschen in Aussagen möglichen Wahrheiten und Falschheiten in einem Gegensatz stehe zu einer anderen Stelle (*Opuscules,* S. 186f.), wo Leibniz die Unendlichkeit der Zahl der „premieres propositions" betont, insofern diese entweder Definitionen oder Axiome sind. Vgl. dazu aber den Hinweis von W. Hübener, a.a.O., S. 67, Anm. 30, daß in dem fraglichen Fragment die Aussagbarkeit und der Buchstabenkalkül gar nicht vorkommen und die Zahl der ersten und identischen Propositionen von der Art wie z. B. „quodlibet sibi ipsi simile est" (*Opuscules,* S. 187) in der Perspektive von *De l'Horizon* leicht zu berechnen ist.

[75] Vgl. *Apokatastasis,* S. 27, 4.

[76] Zur Stellung des Apokatastasis-Fragments in der Geschichte der Metapher vom ‚Buch der Natur' vgl. H. Blumenberg, *Die Lesbarkeit der Welt,* Frankfurt/M. 1981, S. 129ff.

einem einzigen Wort) ist, dann gibt N zugleich die obere Grenze der in diesen Büchern beschreibbaren und voneinander unterschiedenen Geschichtsereignisse an. Deren Zahl ist dann ebenfalls endlich. Denn, so Leibnizens Überlegung, jedes mögliche historia-Ereignis würde ein neues Buch ergeben.[77] Da deren Maximalzahl N aber endlich ist, sind es auch die historiae, die Geschichtsereignisse selbst.

Eine von Leibniz nicht erörterte Schwierigkeit besteht darin, daß hier die mögliche Enonziabilität, wie sie durch den Gebrauch der Buchstaben des Alphabets bestimmt ist, mit den historia-Ereignissen selbst, mithin die aussagendeskriptiv erfaßbaren geschichtlichen Sachverhalte mit der geschichtlichen Wirklichkeit selbst gleichgesetzt werden. Für Leibniz gilt dies auch deshalb, weil die sinnvollen Enonziationen nicht beliebig sind und nicht von außen herangetragen werden, sondern ihren Stoff in den wirklichen geschichtlichen Sachverhalten haben. Eine veränderte Deskription bedeutet so in der Tat eine andere Geschichte, gleiche Beschreibung dagegen gleiche Geschichte.

Anders als Leibniz könnte man dies modern auch so auflösen, daß hier zu Recht das, was als ‚historische Tatsache' gelten soll, nicht nur nicht ohne Bezug auf das zuvor gesetzte und verwendete Sprachsystem geklärt werden kann, sondern, weitergehend, *im* Zeichengebrauch auch überhaupt erst *als* historia identifizierbar ist. Ontologische Argumente sind sprachlich fundiert. Man kann noch einen Schritt darüber hinausgehen. Alles Denken und Sprechen über die Welt vollzieht sich im sprach-logischen Rahmen, d. h. als Verwendung sprachlicher Ausdrücke. Mithin vollzieht sich alles sprachliche und begriffliche Erfassen, Aussprechen und Niederschreiben trivialerweise in der Sprache und in begrifflichen Schemata. Das ist zu unterscheiden von der Unmittelbarkeit sinnlicher Erfahrung, als deren Paradigma die Wahrnehmung gilt. Entscheidend ist, um ein Beispiel zu geben, der Übergang vom Erlebnis eines blauen Himmels zur Artikulation der Erfahrung, *daß* der Himmel blau ist. Durch diesen Schritt wird der blaue Himmel zum Denotat der Zeichenkonkatenation ‚der blaue Himmel' und damit auch erst zu dem blauen Himmel, auf den die Referenz geht. Jede Sinneserfahrung ist ihrerseits in die sprachlogische und zeichenkombinatorische Aussagbarkeit verstrickt, sobald sie sich artikulieren, aussprechen und ihren Inhalt als konkret mitteilen will. Ist es überhaupt sinnvoll, von ‚historischen Tatsachen' zu *sprechen*, die auch unabhängig von ihrem Erfaßtwerden und ihrer zeichen-vermittelten Enonziabilität existieren? Überspitzt ist zu sagen, daß es die Geschichte in genau so vielen Weisen gibt, wie sie mit Hilfe eines Arsenals sprach-logischer Zeichen sinnvoll, und das heißt kohärent beschrieben werden kann. Alle Inhalte aber, die mit diesem Arsenal sagbar sind, können auf seinen finiten Bestand abgebil-

[77] *Apokatastasis,* S. 27, 6.

det werden. Gibt es darüber hinaus für die aus diesem Bestand möglichen Kombinationen eine obere Grenze der möglichen voneinander unterschiedenen Anordnungen (innerhalb deren dann auch alle sinnvollen Bücher liegen müssen), dann ist mit der höchstmöglichen syntaktischen und semantischen Kombinationszahl auch die Zahl möglicher Ereignisse selbst nicht-unendlich. Fazit: Aus dem Umstand, daß man es überall und zu allen Zeiten nur mit ‚Zeichen', nicht mit ontologischen ‚Sachen selbst' zu tun hat, folgt, bei Finitheit des Zeichenarsenals, daß, eine hinreichend lange Zeitspanne vorausgesetzt, die Wiederkehr des Gleichen unausweichlich wird. Dies ist eine rein zeichen-theoretische Version derjenigen Struktur, die oben[78] als die Frage nach der Endlichkeit des Quantums und der Nicht-Unendlichkeit seiner Zustände behandelt wurde.

Bei Leibniz ist es die notwendige Grenze des Erkenntnisfortschritts, die schließlich zum Gedanken der Wiederkehr des Gleichen führt. Darin liegt sowohl für den rationalen Fortschrittsglauben als auch für dessen abgeschwächte Version, die allmähliche Meliorisation der Dinge eine Bedrohlichkeit. Diese kann Leibniz, wie noch zu sehen sein wird, nur mit einigen Mühen und nur unter Rückgriff auf starke metaphysische Vorentscheidungen unter Kontrolle halten. Auch bei Nietzsche ist die Wiederkunftslehre Ausdruck eines Grenz-Vorgangs, und zwar in einem doppelten Sinne. Zum einen hat sie ihren sinnlogischen Ort an der Grenze der Welt im Sinne des geschehens-logischen Interpretations-Zirkels. Zum anderen erweist sie sich als die äußerste Konsequenz sowohl der Endlichkeit und Geschichtlichkeit der Kräfte-Welt und des Menschen als auch der post-nihilistischen Unabwertbarkeit des Daseins. Sie ergibt sich an der Grenze einer Betrachtung sowohl des *Werdens* als auch des *Wertes* und *als* gemeinsame Grenze der Verschränkung dieser beiden Gesichtspunkte. Bei Nietzsche also wie bei Leibniz erweist sich die kreisförmige Wiederkehr als Konsequenz einer Grenz-erfahrung. Bei Leibniz aber wird sie schließlich doch wieder zugunsten der metaphysischen Voraussetzungen seines Systems relativiert. Bei Nietzsche dagegen erscheint die ewige Wiederkehr als der Gipfel der Internität des Welt-und-Selbst-Verständnisses und einer uneingeschränkten Bejahung aller Realität. Es ist allein der Gedanke einer identischen ewigen Wiederkehr eines jeden einzelnen Momentes des Weltprozesses, der ein erneutes Anheimfallen an letztlich welt-verneinende Metaphysmen und Gnostizismen verhindern *kann*. Nietzsches Wiederkunftslehre läßt sich als kontrastive Überbietung der Leibnizschen Apokatastasis-Welt profilieren.

Für Leibniz wird die Wiederkehr des Gleichen unausweichlich, sobald die Zeitspanne, in der die Enonziations-Tatsachen auftreten, eine Erstreckung hat, die der Zahl nach größer ist als die oben konzipierte Maximalzahl N.

---

[78] Vgl. Kap. VII, 2.

Voraussetzung ist, daß die Menschheit eine hinreichend lange Zeit existiert, um den Stoff der historia-Ereignisse zu liefern. Dies führt notwendig zu einer exakten Wiederkehr der Ereignisse. Es ist zu beachten, daß dies ein *Beweis*argument ist. Ist die Anzahl der Jahre größer als N, dann sind in der Reihe bis zu N alle überhaupt nur möglichen Ereignisse durchlaufen, und „sequitur annis post numerum N sequentibus redire exacte Historias priores. Q.E.D.".[79] Herauszustellen ist, daß dieses Argument auch auf der Basis stärker individualisierter Einheiten, nicht nur für die ‚historia publica', sondern auch für die ‚historia privata', d.h. für Einzelpersonen gilt. Der einzige Unterschied: Das entsprechende Buch wäre erheblich umfangreicher. Leibniz spielt dies an folgendem Beispiel durch.

Es mögen tausend Millionen (10^9), d.h. eine Milliarde Menschen leben. Zur genauen (minutatim) Darstellung eines Lebensjahres eines jeden dieser Menschen soll ein Buch von hundert Millionen Buchstaben (10^8) ausreichend sein. Die Buchstabenmenge für ein Lebensjahr eines Menschen wäre also genauso groß angesetzt wie diejenige der ganzen historia publica eines Jahres (10^8). Daraus ergibt sich, daß ein Buch, das die gesamte Geschichte der Menschheit eines Jahres enthält, nicht die obere Grenze einer Periode von 10^{25} Buchstaben[80] überschreitet. Zugleich ist damit auch die mögliche Zahl derjenigen Bücher, die untereinander verschieden sind, zwar erheblich größer als 10^{25}, aber eben auch endlich. Das ergibt sich aus dem Kombinationskalkül. Diese Zahl sei L genannt. Ist nun in bezug auf die Zeit eine Spanne anzunehmen, die größer ist als L-Jahre, so ergibt sich für L jetzt die gleiche Konsequenz wie zuvor für das weniger individualisierte N: „es muß eine Zeit kommen, in der das Leben der Einzelmenschen über ein ganzes Jahr hin minutiös und unter denselben Umständen wiederkehren muß".[81]

In einem ersten Entwurf zur Apokatastasis-Abhandlung steht an dieser Stelle ein Passus, worin Leibniz das Argument konsequent auf seine eigene Person und Situation anwendet. Damit gerät er in die Nähe dessen, was Nietzsche in der ersten öffentlichen Nennung des Wiederkunftsgedankens dem „Dämon" in den Mund legt. Für Leibniz lautet die Konsequenz seiner Überlegungen: „Ich selbst z. B., der ich in der Stadt Hannover sitze, die an der Leine liegt, und damit beschäftigt bin, die Geschichte des Welfenhauses niederzuschreiben, und Briefe an dieselben Freunde schreibe, ich muß, mit denselben Empfindungen, genau so wiederkehren. Und dies würde nicht nur einmal, sondern öfters, sogar in einer Anzahl von Folgen, die größer ist als die,

---

[79] *Apokatastasis*, S. 28, 2.

[80] Leibniz kommt in seiner Rechnung, *Apokatastasis*, S. 29, 2, versehentlich auf 10^{23}.

[81] „necesse est affore tempus quo singulorum vita per annum integrum minutatim per easdem circumstantias redeat", a.a.O., S. 29, 5.

die angegeben werden kann, geschehen, wenn die Menschengattung lange genug fortbestehen würde".[82] Die Wiederkehr von Einzelpersonen bedeutet zugleich, daß auch der Kreislauf der großen Einheiten unvermeidlich ist. Mit Notwendigkeit müssen ein Jahr, auch ein ganzes Jahrhundert, auch ein Jahrtausend oder eine Jahrmillion etc. unverändert (integer) wiederkehren.[83] Die notwendige Wiederkehr gilt also im Großen wie im Kleinen. Das ist festzuhalten. Freilich ergeben sich Schwierigkeiten, sobald Leibniz dieses Argument mit seinem metaphysischen System vereinbaren will.

An anderer Stelle zieht Leibniz hinsichtlich der Verlaufsform des Weltprozesses vier Möglichkeiten in Erwägung: die Gerade, die immer fortschreitet; den Kreis, der ohne Fort- und ohne Rückschritt in sich selbst zurückläuft; die Spirale, die sich dreht und darin zugleich vorangeht; und die Ovale, die Zurück- und Voranbewegung in sich vereinigt.[84] Das dargelegte Wiederkunftsargument müßte Leibniz nun eigentlich dazu führen, ohne Zögern die zweite Möglichkeit, den in sich selbst zurücklaufenden Kreis zu ergreifen. Aber er entscheidet sich zwischen diesen Möglichkeiten nicht. Die in diesem Falle lähmend wirkenden metaphysischen Vorentscheidungen seines Systems verhindern eine solche Stellungnahme.[85] Sie sind auch der Grund, warum Leibniz die Apokatastasis schließlich doch als eine, wenngleich unerkannte Spiralbewegung progredienter Art denken möchte.

Doch es entsteht sogleich die Frage, welche Überzeugungskraft eine solche Position für einen *endlichen* Geist, der nicht unendlicher Geist Gottes ist, überhaupt noch haben kann. Der endliche Geist ist gerade im Zuge seiner eigenen Endlichkeitsbedingungen vor die Wiederkehr des Gleichen geführt worden. Selbst wenn er den Sprung in den metaphysischen Standpunkt eines unendlichen Verstandes vollziehen *wollte*, so *könnte* er schließlich doch strenggenommen nicht umhin, seine eigene Erkenntnis des Absoluten und den Weg zu diesem als einen naturalistischen Fehlschluß zu brandmarken und sich erneut auf seine endlichen Bedingungen zu besinnen. Damit aber stünde er wieder unter denjenigen Bedingungen, aus denen die Wiederkunftslehre her-

---

[82] *Apokatastasis*, S. 29f., Anm. 1: „Ego ipse verbi gratia sedens in urbi Hanovera dicta, ad Leinam fluvium sita, occupatus in Brunsvicensi Historia, scribens literas ad amicos eosdem, sensibus iisdem. Atque hoc non semel tantum, sed saepius imo numero vicium majore quam assignari potest, fierent, si genus humanum satis duraret." Die Lesart ‚sensibus iisdem' erfolgt nach der unveröffentlichten Transkription von H.-G. Schmitz (K. Müller, *Leibniz-Bibliographie*, Frankfurt/M. 1967, Nr. 1756) gegenüber Ettlingers ‚statibus iisdem'.
Der „Dämon" bei Nietzsche sagt: „Dieses Leben, wie du es jetzt lebst und gelebt hast, wirst du noch einmal und noch unzählige Male leben müssen." (KGW V, 2, *Die fröhliche Wissenschaft*, V, Aph. 341, S. 250).

[83] Vgl. *Apokatastasis*, S. 30, 2.

[84] Brief an die Kurfürstin Sophie, 3. Sept. 1694, in: G. W. Leibniz, *Sämtl. Schr. u. Briefe, Erste Reihe. Allg. polit. u. histor. Briefwechsel*, Bd. 10, Berlin 1979, S. 64f. Vgl. W. Hübener, a.a.O., S. 63.

[85] Vgl. in diesem Sinne auch W. Hübener, a.a.O., S. 64.

vorgeht. Vom Charakter einer Sisyphosarbeit ist also nicht die ewige Wiederkehr, sondern der Versuch, ihr metaphysisch zu entkommen.

Ist man darüber hinaus und im Vorblick auf Nietzsche zu dem weiteren Schritt genötigt, die Leibniz noch mögliche Metaphysik aufgeben zu müssen, dann stellt sich die Situation noch etwas anders dar. Der in sich selbst zurücklaufende Kreisgang der Wiederkehr erweist sich dann als diejenige Verlaufsform, die als einzige dem Werdecharakter der (als ein endlicher Kosmos in Zeit-Unendlichkeit) werdenden Welt *und ineins* der prinzipiellen Unabwertbarkeit bzw. höchsten überhaupt nur möglichen Werthaltigkeit des Weltprozesses im ganzen und eines jeden seiner Momente angemessen ist. Die Begrenztheit des Erkenntnisfortschritts führt keineswegs zu einer Geringschätzung des Menschen gegenüber einem unendlichen Verstand. Da letzterer aus der Perspektive eines endlichen Geistes ohne metaphysisch-theologische Vorentscheidungen nicht sinnvoll konzipiert werden kann, zeigt sich zunächst, daß Endlichkeit wesentlich und sodann, daß auch alles Erkennen als ein perspektivisches Interpretieren, daß Wissen als dafürhaltendes Glauben aufzufassen ist. Endlichkeit ist gleichbedeutend mit Perspektivität. Und dies wiederum führt in den geschehens-logischen Interpretations-Zirkel. Zugleich erfaßt sich der Mensch als Leib-Organisation (worin er gleichen Wesens mit dem ihn bedingenden und mit allem anderen Seienden ist) selbst als diejenige Grenze der Welt, die er nicht erst ‚setzt', sondern in dem erörterten Sinne selbst *ist.*[86] Von hier aus führt der Weg schließlich zu der Einsicht, daß die Verlaufsform, das Wie und der Wert der Welt von der Interpretations-Logik abhängen. Und das Optimum in beiden Hinsichten ist der Gedanke der ewigen Wiederkehr des Gleichen.

Daß das Wissen erst an seine Grenze stoßen muß, damit der Gedanke der Wiederkehr Platz greifen kann, unterscheidet sowohl Leibniz als auch vor allem Nietzsche von den antiken Kreislauflehren, in denen die Kreisförmigkeit als vorgängig gesetzt und als Kennzeichen der allem Seienden zugrunde liegenden Weltvernunft angesehen wurde. Bei Leibniz dagegen stellt die Figur des in sich zurücklaufenden Kreises schließlich eine Herabminderung der Vernünftigkeit der besten aller möglichen Welten dar. Dahinter steht einerseits der drohende Konflikt mit theologischen Lehren. So müßten z. B. Schöpfung, Auferstehung, Jüngstes Gericht periodisch wiederkehren, und jede Sünde würde erneut getan, die Frommgewordenen müßten wieder böse werden, und die Strafe wäre ewig.[87] Andererseits zeigt sich hier bereits das aus einem ratio-

[86] Diese Zusammenhänge wurden oben Kap. VI, 2–5 entwickelt.

[87] Vgl. in dieser Perspektive Leibniz' ausführliche Besprechung von J. W. Petersen, Μυστήριον ἀποκαταστάσεως . . ., Offenbach 1701, teilweise in G. E. Guhrauer (Hg.), *Leibnitz's Deutsche Schriften*, Bd. II, Berlin 1840, S. 342–347, vgl. insbesondere S. 344, wo Leibniz die theologisch unangenehmen Folgen einer vollständig kreisförmigen Wiederkehr anspricht. Neben

nalen Fortschrittsglauben motivierte Vorurteil, eine kreisförmige identische Wiederkehr nicht als höchste Wertschätzung, sondern als eine Statusminderung auszulegen. Anders bei Nietzsche, für den gerade die Wiederkehr den Gipfel der Unabwertbarkeit und die faktisch-höchste Vollkommenheit der Welt darstellt. In der Wiederkunftslehre sind Werden und Vollkommenheit eins. Hier wird der Wiederkunftsgedanke weder im Sinne eines metaphysisch Gründenden vorausgesetzt noch als eine Abwertung der Welt gesehen, und er steht jenseits der Fragestellung theologisch-moralischer Rechtfertigung.

Der Leibnizschen Philosophie zufolge müßten vernunftbegabte Wesen, die über den Menschen der bislang bekannten Art hinausgehen würden, Intelligenzen höherer Stufe (mentes capaciores[88]), die *nach* dem Menschen auftreten, die bisherigen Grenzen des Erkenntnisfortschritts überschreiten und schließlich Einsicht in die progrediente Ordnung und Verlaufsform der Welt der prästabilierten Harmonie gewinnen. Bei Nietzsche dagegen würde der auf den jetzigen Typus Mensch als dessen Verstärkung und Erhöhung folgende ‚Übermensch' die Kreisförmigkeit der ewigen Wiederkehr als das Wie des vollständig immanenten Weltprozesses, der ihn hervorgebracht hat, dem er zugehört, in den er auch vergehen und mit dem er schließlich wiederkehren wird, erfassen und vorbehaltlos begrüßen. Leibniz' *Nach*-Mensch tendiert zur progredienten Linearität, während Nietzsches *Über*-Mensch nichts so sehr wie den ewigen Kreislauf aller Dinge will.

Auch in Nietzsches Perspektive ist diese Welt die beste aller möglichen. Sie ist dies aber nicht, weil Gott in einem vor-weltlichen Akt der Kalkulation vieler Möglichkeiten ein Maximum notwendig hat wählen müssen. Die Auszeichnung, ein Optimum zu sein, wird ihr vielmehr deshalb zuteil, weil sie, im ganzen betrachtet, die überhaupt einzige ist, und weil die Kräfte-Relationen, in und als deren Vollzüge sie *ist* bzw. *wird*, in ihrer Internität faktisch-analytisch das sind, was und wie sie sind. Darin liegt die sich selbst-konstituierende absolute Notwendigkeit der Geschehensprozesse, die von Nietzsche als Willen-zur-Macht-und-Interpretations-Vorgänge aufgefaßt werden. *Diese* Notwendigkeit ist, bezogen auf die Leibniz-Welt, sowohl a-metaphysischer Natur, d.h. sie bezieht sich nicht auf die geometrische Notwendigkeit, welcher der Verstand Gottes unterworfen ist, und sie ist auch a-moralischen Charakters, d.h. sie ist nicht mehr an dem Prinzip des Besten orientiert, dem der

---

dem Argument *Deum omnes amare*, sind es vor allem diese Aspekte, die zur Zurückweisung eines identischen Kreislaufs aller Dinge führen. Petersens Buch dokumentiert eindringlich, wie heftig das Apokatastasis-Problem zu Leibniz' Zeiten diskutiert wurde.
Zur theologischen Seite des Problems, vgl. die *Bibliographie zur Apokatastasis-Frage* von G. Müller im Anhang zu Ders., *Identität und Immanenz. Zur Genese der Theologie von David Friedrich Strauß*, Darmstadt 1968, S. 321–338.

[88] *Apokatastasis*, S. 32, 4.

Wille Gottes verpflichtet ist und dem sich z. B. die Gültigkeit der Naturgesetze und Naturprinzipien verdankt. Vor diesem Hintergrund steht zu erwarten, daß Leibniz den Gedanken völlig identischer Ereignis-Kreisläufe nicht wirklich wird durchhalten können. Der Versuch, Wiederholungsgedanke und Metaphysik zu vereinen, führt zugleich vor Augen, wie weitreichend die mit Nietzsches Wiederkunftslehre verbundenen Herausforderungen sind.

Der durch den Gesichtspunkt der Finitheit bestimmte Kombinationskalkül treibt in den Gedanken notwendiger Wiederkehr ineins der dicta und facta. Der Konflikt mit den metaphysischen Systembedingungen tritt ein, sobald diese Konsequenz auch auf empirische Wahrheiten (veritates sensibiles[89]) ausgedehnt und zugleich die Gesichtspunkte der göttlichen Harmonie, der Zweckmäßigkeit, der für Gott notwendigen Wahl des Besten und des notwendigen Fortschreitens zum Besseren als die Instanzen angesehen werden, die über die Triftigkeit des Arguments letztlich entscheiden. Aus solcher Perspektive scheint das Urteil vorab bereits festzustehen. Der Gedanke der in sich selbst zurücklaufenden kreisförmigen Wiederkehr des Gleichen kann im metaphysischen Sinne nicht ‚wahr' sein. Zum einen vermag er die Unendlichkeitsschranke der veritates sensibiles nicht zu überwinden. Zum anderen und vor allem aber würde er die metaphysischen Vorentscheidungen zerstören bzw. als nicht erfüllt erweisen. Aus Nietzsches Sicht wäre genau dieser Einschätzung der Situation zuzustimmen. Die Geltungs- und Sinnbedingungen des Wiederkunftsgedankens wirken nicht nur destruierend auf metaphysische Voraussetzungen, sie entziehen der Metaphysik die Bedingungen, unter denen sie überhaupt entstehen und wachsen kann. Die zweite Hälfte der Apokatastasis-Schrift läßt erkennen, daß Leibniz diese Herausforderung an die Metaphysik gesehen hat. Um so bemerkenswerter ist, daß auch nach der durch Bezugnahme auf das metaphysische System erfolgenden Einordnung des Arguments dieses selbst keineswegs an Gewicht verliert. Die bei endlicher Fassungskraft des Menschen von seiten des buchstabentheoretischen Ars-combinatoria-Kalküls ernötigte Wiederkehr der Ereignisse ist nach wie vor gültig, auch wenn Leibniz eine Kapazitätserweiterung der menschlichen Vernunft nicht ausschließt. Und auch in Hinsicht auf das metaphysische System selbst bleibt der Wiederkunftsgedanke bedeutungsvoll, freilich weniger als kreisförmig identische Wiederkehr, sondern eher im Sinne einer sich drehend und unmerklich zur Besserung voranbewegenden Spirale.

Es ist zu beachten, daß eine solche Auffassung deutlich von der *christlichen* Tradition der Apokatastasis zu unterscheiden ist. Letztere geht vor allem auf Origines zurück, leugnet aus Gründen der Gerechtigkeit die eschatologische Verdammnis und führt im Zuge ihrer Idee der Wiederbringung aller Din-

[89] Vgl. a.a.O., S. 33, 2.

ge auch das Böse, letztlich sogar den Teufel selbst in das Gute, in Gott zurück. Leibniz war mit der theologischen Seite der Wiederkunftslehre bestens vertraut.[90] Daß seine eigene Version jedoch nicht zur Tradition der christlichen Gerechtigkeits-Apokatastasis gehört, zeigt sich etwa auch daran, daß er den Wiederkunftsgedanken entwickelt, obwohl er das Böse nicht als selbständige Eigenaktivität, sondern als Privatio faßt.[91] Leibniz hätte den theologischen Apokatastasis-Gedanken mit ähnlichen Gründen zurückweisen können wie später Schelling. Weil das Böse in den Stand des Nichtseins, in den Potenz- und nicht in den Actus-Stand reduziert ist, bedarf es keiner Wiederherstellung des Bösen.[92] Die Unentschiedenheit, in die Leibniz infolge der Voraussetzungen seines Systems in Sachen Verlaufsform der Weltbewegung und Wiederkunftslehre gerät, läßt sich an dem Verhältnis von Zahl, Universum, Individualität und Kontinuitätsprinzip aufzeigen.

In der *Théodicée* wird herausgestellt, daß die vollkommene Weisheit Gottes bei der Erschaffung dieser Welt als der besten aller möglichen Welten den gleichen Regeln unterstand wie die Mathematik. Gott hat, mathematisch gesprochen, mit dieser Welt notwendig ein Maximum erschaffen.[93] Zugleich gilt in dieser, wie in jeder möglichen Welt, das Kontinuitätsprinzip. Alles steht in räumlicher und zeitlicher Dimension miteinander in Verbindung. Daraus ergibt sich, daß das Universum seinem Wesen nach mit der Mathematik, mit den Zahlen zu vergleichen und kontinuierlich ist. Wird auch die göttliche Voraussicht einbezogen, so kann in der Welt in genau dem Sinne nichts geschehen, was ihrer Wesensart widerspräche oder schaden würde, wie bei einer Zahl nichts an deren „numerischer Individualität"[94] verändert werden kann. Die Zahl bzw. die Welt wäre dann nicht mehr diese Zahl bzw. diese Welt, die sie ist. Das Universum unterliegt so dem Vergleich mit den Zahlen, ohne mit der Individualmetaphysik in Kollision zu geraten. Darin liegt die Möglichkeit der Anwendung der universalen Mathematik und näherhin auch der Kombinatorik auf Geschichte und Natur. Dieser Aspekt läßt sich mit dem der Begrenztheit der menschlichen Fassungskraft verbinden. Ginge man nun zum einen von der Endlichkeit der Welt (ihrer Gesamtenergie sowie der jeweils endlichen Anzahl der diese Welt ausmachenden konkreten Kräfte-Organisationen) und zum anderen von der notwendigen Begrenztheit des Erkenntnisfortschritts aus, so würde, eine hinreichend lange Zeitspanne vorausgesetzt, aus dem

---

[90] Vgl. Anm. 87; vgl. auch *Théod.* I, § 17.

[91] Vgl. *Théod.* I, §§ 29 und 30, wo die naturphilosophische Relevanz dieser Bestimmung besonders deutlich hervortritt.

[92] Vgl. F. W. J. Schelling, *Wesen der menschlichen Freiheit*, in: *Werke*, Bd. IV, S. 297.

[93] *Théod.* I, § 8.

[94] *Théod.* I, § 9.

Kombinationskalkül in beiden Hinsichten der Wiederkunftsgedanke unausweichlich.

In der Apokatastasis-Abhandlung wird diese Konsequenz zunächst durch die Überlegung aufgefangen, „ex solo calculo" könne nicht demonstriert werden, daß sich *alle* Einzeldinge wiederholen müssen. Doch gerät dies sogleich in eine Spannung zum Kontinuitätsprinzip und dem für Leibniz wichtigen metaphysischen Grundsatz, daß das Gegenwärtige seine gesamte Zukunft in sich trägt (praesens esse gravidum futuro[95]). Wenn *ein* Ereignis, *ein* Jahrhundert „exacte satis" wiederkehrt, dann müssen auch mehrere wiederkehren. Mit den gleichen Bedingungen und Ursachen kehren auch die gleichen Wirkungen wieder. Strenggenommen gilt, daß bereits die Wiederkehr eines einzigen Ereignisses die Wiederkehr der gesamten series rerum nach sich zieht. Damit aber, so wäre aus der Perspektive Nietzsches zu betonen, zieht jede Individualität die ganze Geschichte nach sich. Das Kontinuitätsprinzip sowie der Grundsatz der vollständigen Verschränktheit von Gegenwärtigem, Vergangenem und Zukünftigem sind geeignet, das Wiederkunftsargument zu stützen. Dessen Einschränkung ist Leibniz letztlich allein unter Rekurs auf den Gedanken möglich, daß eine Wirklichkeit, die vom Charakter metaphysischer Monaden ist, weder in der sinnlichen Wahrnehmung noch in den Aussagen und Lehrsätzen der reinen Wissenschaft vollständig erfaßt werden kann. Es ist jedoch zu beachten, daß hier, bloß, die Vollständigkeit, nicht aber die Zureichendheit des Erfassens, wie sie in den Zusammenhang des Principium rationis sufficientis gehört, ins Feld geführt wird. Wiederkehr ist kein Verstoß gegen den Satz vom zureichenden Grund.

Unter Voraussetzung einer monadisch verfaßten Wirklichkeit ist in den Wiederholungen doch immer noch mit Unterschieden zu rechnen, auch wenn diese „nicht erkennbar und nicht beschreibbar" sind.[96] Doch dies heißt keineswegs, daß das Wiederkunftsargument damit seine Bedeutung verliert. Allerdings führt die Metaphysik der Monadenlehre dazu, Wiederkehr weniger nach der Figur des in sich zurücklaufenden Kreises, sondern eher als Spirale zu denken. Damit handelt es sich, an Nietzsches Lehre gemessen, um uneigentliche Wiederkehr. Durch diesen Schachzug vermag Leibniz die Universalität des buchstabentheoretischen Kombinationskalküls, die Metaphysik der monadischen Individualitäten und den der theologischen Apokatastasis-Lehre zugrunde liegenden Gedanken der allmählichen Vervollkommnung miteinander zu vereinen. Die Argumentation, die dies leisten soll, läßt sich in sechs Gesichtspunkte auffächern. Dabei treten Aspekte hervor, die für eine Erörterung

[95] *Apokatastasis*, S. 30, 5; vgl. 4; vgl. *Monadologie*, § 22; *Théod.* III, § 360.
[96] *Apokatastasis*, S. 30, 6: „etsi imperceptibilia et quae nullis satis libris describi possint".

auch der Nietzscheschen Wiederkunftslehre von grundsätzlicher Bedeutung sind.

Erstens (1) verweist Leibniz auf die unendliche Teilbarkeit des Kontinuums und darauf, daß in jedem Materieteil „eine Welt unendlicher Geschöpfe“[97] enthalten ist. Diese ist in keinem noch so großen Buch vollständig zu beschreiben. Es gibt stets einen Rest, der sich der Aussagenkombinatorik entzieht. Das berührt jenen oben ausführlich erörterten Einwand, der sich auf die unendliche Teilbarkeit stützen möchte.[98] Auch gegen Leibniz sind die dort vorgetragenen Argumente erfolgreich. Zu ergänzen ist, daß Leibniz die angeführten möglichen Verlaufsformen der Weltbewegung (Gerade, Kreis, Spirale, Ovale) durchaus in unmittelbarem Anschluß an die Betonung der aktualen Unendlichkeit der Materie behandelt und sich, wie zu sehen war, auf keine der Verlaufslinien festlegt.[99] Auch dies zeigt, daß aus der aktualen Unendlichkeit der Kreaturen in jedem Materieteil kein Argument gegen die mögliche Kreisförmigkeit des Weltprozesses selbst gewonnen werden kann. Leibniz hätte sonst den Kreis erst gar nicht in Erwägung ziehen und in keinem Falle unentschieden bleiben können. Unendliche Teilbarkeit und mögliche Wiederkehr sind logisch voneinander unabhängig. Für Leibniz ist diese aktuale Unendlichkeit vor allem deshalb von Belang, weil die Natur darin überall den Charakter ihres Schöpfers zeige.

So ist es nicht verwunderlich, wenn auch in der Apokatastasis-Schrift aus der unendlichen Teilbarkeit des Kontinuums kein direktes Argument gegen den Wiederkunftsgedanken als solchen gezogen wird. Der Problempunkt ist auch hier wiederum einer der Kapazität, des Fassungsvermögens und der Fähigkeit, die bereits bekannten Lehrsätze der reinen Wissenschaft wesentlich zu erweitern sowie physikalische und empirische Wahrheiten auf mathematische zurückführen zu können. Dies wäre für eine tiefere Kenntnis der Natur erforderlich. Als Beispiele nennt Leibniz den Aufbau eines Lebewesens, die Wahrscheinlichkeitsprognose und die Zurückdrängung der Grenze dessen, was bislang noch als Wunder figuriert.[100] Die dazu erforderlichen Theoreme werden notwendig immer ausgedehnter. Eine einzelne Fliege, z. B. *diese eine*, vollständig individuierte Fliege, ist mit keiner noch so langen Aussagenperiode zu beschreiben. In genau dem Maße jedoch, so könnte man gegen die Leibnizsche Konsequenz einwenden, in dem sich die kleinsten Individualitäten der Enonziabilität entziehen, tritt eben diejenige notwendige Grenze erneut hervor, die auch für Leibniz die Wiederkehr der dicta et facta unausweichlich macht.

---

[97] a.a.O., S. 30, 7: „mundus est infinitarum Creaturarum“. Vgl. *Monadologie*, §§ 65 und 66.
[98] Vgl. Kap. VII, 2, S. 201–206.
[99] Brief an Kurfürstin Sophie, 1694, siehe oben Anm. 84.
[100] Vgl. *Apokatastasis*, S. 32, 5.

Selbst wenn sich der Horizont der menschlichen Erkenntnis nicht nur quantitativ, sondern auch qualitativ erweitern sollte, werden damit die Bedingungen, unter denen das Wiederkunftsargument Plausibilität erlangt, nicht außer Kraft gesetzt. Die Grenzen werden verschoben, aber nicht aufgehoben. Darüber hinaus ist die Ineffabilität des Individuums notwendig der Verstrickung mit dem bloß Gemeinten ausgesetzt. Dies hat Hegel eindringlich an dem Verhältnis von *Zeigen* und *Sagen* vor Augen geführt. Ein sprachliches und aussagenmäßiges Erfassen *dieses* durch eine Zeigehandlung beteuerten Ereignisses oder Gegenstandes, z. B. *dieses* Stücks Papier, *kann* nicht gelingen.[101] Schließlich kann man in diesem Zusammenhang auf einen weiteren Aspekt aufmerksam machen. Mit dem Anwachsen individualisierender und mithin umfänglicherer Kennzeichnungen wird der Aspekt der Zureichendheit, des zureichenden Grundes und der Notwendigkeit nicht nur nicht klarer, sondern zunehmend unschärfer.[102] Dieser Umstand hat nichts Beklagenswertes. Er ruft lediglich in Erinnerung, daß man sich immer auch zu fragen hat, in welcher Hinsicht die Genauigkeits- und Vollständigkeitsforderung überhaupt sinnvoll ist und in welcher nicht.

Anzumerken ist, daß es eine Verbindung zwischen mathematischer Kombinatorik und Metaphysik gibt. In der Kombinatorik geht es um die Ermittlung aller möglichen Kombinationen und Variationen aus n Elementen zur k-ten Klasse. Leibniz bezeichnet nun die Kombinationen zur ersten Klasse, d.h. zu derjenigen, die aus den einfachsten, nicht weiter zerlegbaren Letzteinheiten besteht, als Monaden.[103] Auf diese Weise ist im Prinzip die Verbindung zwischen der monadisch strukturierten Wirklichkeit und dem Ars-combinatoria-Kalkül hergestellt. Sollte damit allerdings mehr als der Grenzfall ins Kleinste gemeint sein, so würde auch dies wiederum zu einem Konflikt mit anderen Voraussetzungen der Leibnizschen Lehre führen. So könnte sich daraus, daß die Monaden hier einer kombinationstheoretischen Betrachtung zugänglich scheinen, schließlich der Gedanke einer Wiederkehr des Gleichen sogar auch in bezug auf sie ergeben. Erfordert wäre noch die Gesamtzahl der das Universum ausmachenden Monaden. Dann würde auf der Basis des Kombinationskalküls bei hinreichend langer Zeit die Wiederkehr unausweichlich. Damit wä-

---

[101] Vgl. G. W. F. Hegel, *Phänomenologie des Geistes*, Ausg. J. Hoffmeister, S. 86–89, vor allem S. 88.

[102] Das ist ähnlich wie beim Verhältnis von notwendigen und hinreichenden Bedingungen in kausalen Relationen. Vgl. dazu D. Davidson, *Kausale Beziehungen*, (1967), in: G. Posch (Hg.), *Kausalität. Neue Texte*, Stuttgart 1981, S. 91. Je ausführlicher die Ursache gekennzeichnet wird, desto klarer tritt hervor, daß sie *hinreichend* für die Wirkung war, desto schwieriger aber wird es, sie als *notwendig* auszuzeichnen. Entsprechendes gilt auf der Seite der Wirkung. Je ausführlicher ihre Kennzeichnung, desto deutlicher, daß die Ursache notwendig, desto schwieriger der Aufweis, daß sie hinreichend war.

[103] Vgl. E. Knobloch, a.a.O., S. 90.

re die Sperrfunktion der Monaden gegenüber einer kreisförmigen Wiederholung der Zustände unterminiert. Diese besteht in der unendlichen zeitlichen Erstreckung, in der die Monaden ihre Geschichte, ihre Prädikate als interne Übergänge von einer Perzeption zur nächsten vollziehen. Eine solche Vorstellung lebt von der Annahme einer unerschöpflichen, nicht nur zu unendlich vielen, sondern auch zu unendlich verschiedenen Gestalten fähigen *metaphysischen* Kraft. Muß jedoch, wie bei Nietzsche, dieses Konzept einer unendlichen Kraft aufgegeben, als unbestimmt und damit nicht zur Hypothese tauglich zurückgewiesen werden, dann ist es nicht zuletzt die Zeit-Unendlichkeit, die, in Verbindung mit anderen Bedingungen, dem Wiederkunftsargument Anerkennung verschafft.

Zweitens (2) sieht Leibniz, daß im Falle nicht einer monadischen, sondern einer atomistischen Struktur der Wirklichkeit das Wiederkunftsargument unausweichlich wird. Bestünden die Körper aus Atomen, dann, die Schaffung neuer Atome ausgeschlossen, „würden alle in derselben Anordnung unbedingt wiederkehren".[104] Dies sei z. B. auch der Fall, wenn die Weltordnung Epikurs zugrunde gelegt wird. Eine solche Welt wäre eine mechanistische Welt, eine „Maschine". Als solche müßte sie, in unüberbrückbarem Unterschied zu den Erzeugnissen der göttlichen Weisheit, von einem begrenzten Geschöpf vollständig eingesehen werden können. Dies aber kommt, so Leibniz, in der wirklichen Welt nicht vor. Abgesehen davon, daß die Welt mithin keine Maschine ist, ist hier festzuhalten, daß Leibniz die Atomistik, die Mechanistik und den Epikureismus vor allem also auch deshalb ablehnt, weil deren Auffassungen notwendig in eine kreisförmige Wiederkehr aller Dinge münden.

Leibniz hat auch gesehen, daß, eine hinreichende Dauer der Geschichte vorausgesetzt, solche Wiederholungen (revolutiones) nicht nur einmal, sondern öfters, ja in einer Größenordnung eintreten müssen, die gar nicht genau bestimmt werden könne.[105] Damit bewegt er sich nahe am Gedanken der *ewigen* Wiederkehr, und er erwähnt die Lehre vom ‚Großen Platonischen Jahr', der, obwohl von den Alten nicht deutlich vorgetragen, eine solche Vorstellung zugrunde liegen müsse. Es scheint, als verstehe Leibniz seine Überlegungen auch als einen Beitrag zur Klärung des Sinns dieser antiken Lehre. Indem Leibniz sieht, daß sowohl die atomistisch-mechanistische Weltauffassung als auch die Lehre vom Großen Jahr zu einer kreisförmigen ewigen Wiederkehr führen, liefert er bereits einen Schlüssel zum Verständnis von Nietzsches späterem Satz: „Die beiden extremsten Denkweisen – die mechanistische und die platonische – kommen überein in der *ewigen Wiederkunft*: beide als Ideale".[106]

---

[104] *Apokatastasis,* S. 31, 1: „omnia redirent praecise in eadem collectione Atomorum".
[105] a.a.O., S. 31, 5; vgl. oben Anm. 82.
[106] GA, Bd. XVI, Nr. 1061, S. 396. Das Manuskript dieses Aphorismus schien verloren gegangen, vgl. die Konkordanz der Nachlaßkompilation *Der Wille zur Macht* (GA, Bd. XV und

Doch heißt dies keineswegs, daß Nietzsches Gedanke atomistisch, mechanistisch oder platonistisch begründet und zu verstehen ist.

Drittens (3) verweist Leibniz auf die Möglichkeit einer unmerklichen Verbesserung der Dinge im Zuge ihrer Wiederholungen. Zu beachten ist, daß es sich auch hier wiederum nicht um ein direktes Argument, sondern um eine mögliche Konsequenz handelt, die nur dann gilt, wenn man die metaphysischen Vorentscheidungen akzeptiert.[107]

Viertens (4) spricht Leibniz ein Problem an, das in den bereits behandelten Zusammenhang von Identität und Wiederkunftslehre gehört.[108] Sind diejenigen, deren Geschichte sich mehrmals wiederholt, in Zukunft dieselben, sind sie „mit numerisch derselben (sich allmählich vielleicht entwickelnden) Seele versehen, oder sind sie in Wirklichkeit verschieden, wenngleich sehr ähnlich".[109] Das vorsichtige Abwägen dieser Formulierung ist zu beachten. Allerdings geht Leibniz auf dieses Problem nicht näher ein. Es müßte sich dann wohl eine Erörterung der oben angeführten Art ergeben. Das Resultat wäre auch hier, daß die Wiederkunftslehre durch das Identitätsprinzip nicht als unmöglich erwiesen werden kann, und daß der Wiederkunftsgedanke Identität nicht zerstört. Erneut ist hervorzuheben, daß weder der von Leibniz eingeräumte Wandel Einunddesselben in der Zeit, in seiner Entwicklung, noch die kreisförmig identische Wiederkehr der ganzen series rerum die Identität und die Individualität zerstören. Der Gedanke kreisförmiger Wiederkehr verletzt

---

XVI) und der *KGW*, zusammengestellt von M. L. Haase/J. Salaquarda, in: *Nietzsche-Studien*, 9 (1980), S. 465. Nach Auskunft von Herrn M. Montinari hat sich das Manuskript inzwischen jedoch gefunden und wird im editorischen Nachbericht zur KGW veröffentlicht.
Die mechanistische Welterklärung ist ein „Ideal", insofern sie „mit so wenig als möglich möglichst viel zu erklären, d. h. in Formeln zu bringen" sucht (KGW VII, 3, 34 (56), S. 158). Platon erklärt alles in Rückführung auf die Eine Idee.
Zu der Platonischen Auffassung, daß die Zeit Kreisläufe nach Zahlenverhältnissen beschreibt, und daß nach einer großen, aber nicht unendlichen Zeitspanne die Planetenumläufe ihre Ausgangsstellung wieder erreichen, vgl. *Timaios*, 37c–39e. Dazu, daß alles Werden im Kreise geht, da der Gedanke eines sich linear voranbewegenden Werdens in einen Zustand völliger Gleichförmigkeit, mithin zum Ende des Werdens führen würde, vgl. *Phaidon*, 72b.

107 Wenn sich die monadisch strukturierte Welt nicht bis ins Allerkleinste hinein durch Aussagen erfassen läßt, dann „*könnte* es geschehen, daß die Dinge sich seit ihren Wiederholungen allmählich, *obschon unerkannt*, zum Besseren weiterentwickeln" (fieri *posset*, ut res paulatim *etsi imperceptibiliter* in melius proficerent post revolutiones), *Apokatastasis*, S. 31, 2, Hervorhebungen von Verf.

108 Vgl. dazu oben Kap. VII, 3.

109 *Apokatastasis*, S. 31,3: „eadem numero anima (paulatim fortasse proficiente) praediti; an revera diversi, etsi valde similes".
Die Identitätsfrage ist schon früh einer der entscheidenden Streitpunkte. Vgl. bereits Aristoteles, *Problemata Physica*, Buch XVII, 916a, der im Rahmen des für seinen Zeitbegriff zentralen Begriffspaars „früher" und „später" zwar einen Kreislauf aller Dinge, allen Werdens und Vergehens annimmt (vgl. dazu auch *Physica*, Buch IV, 223b), dabei aber nicht an eine numerische Identität, sondern an eine Identität der Art nach denkt.

das Leibnizsche System an einer anderen Stelle. Leibniz betont zunächst nur, daß derartige Fragen nicht aus dem Kombinationskalkül entschieden werden können.

Sie betreffen vielmehr fünftens (5) die metaphysischen Lehren der Harmonie aller Dinge, der Optimalität der Weltordnung, das Prinzip des Besten, die Teleologie und die Frage, was der göttlichen Weisheit am angemessensten ist.[110] Entscheidend ist, daß eine identische Wiederkehr dessen, was früher schon einmal gewesen ist, die Würde der Natur und der Weltharmonie herabsetzt. Die Natur wiederholt nicht einfach bloß das Frühere. Da die Welt nicht die beste aller möglichen wäre, wenn sie ihre eigene Fortentwicklung zum Besseren ausschlösse, würde ein Kreislauf der Ereignisse die Momente der noch nicht voll entfalteten Optimalität über Gebühr aufwerten und die Tendenz zur Vervollkommnung aufheben. Gleichwohl besteht auch hier noch eine deutliche Verbindung zwischen der Leibnizschen Lehre und Nietzsches Kreisgedanke. Für Leibniz ist wichtig, daß, trotz des notwendigen Voranschreitens zum Besseren, jeder konkrete Weltzustand uneingeschränkt der überhaupt bestmögliche ist. Gerade dies aber radikal herauszustellen, ist auch eine Absicht Nietzsches. Freilich erfolgt dies bei Nietzsche ganz und gar nicht im Rekurs auf ein vor-weltliches Kalkulations-Maximum seitens Gottes, sondern, am anderen Ende angelangt, gerade als Konsequenz der Erfahrung des Todes Gottes und der damit freigesetzten prinzipiellen Gleich-Wertigkeit bzw. Unabwertbarkeit aller Momente des Weltprozesses.

Indem Leibniz es weder mit der Dignität der Natur noch mit der Weltharmonie für vereinbar hält, daß Früheres identisch wiederkehrt, gerät er jedoch in einen doppelten Zugzwang. Er muß in ein wenn auch verhaltenes Fortschrittsdenken übergehen. Und dieses darf nicht nur die allmähliche Vervollkommnung der an sich von Anfang an dem Realitätsgradus und der Ordnung nach, d.h. der metaphysischen und der moralischen Notwendigkeit nach, optimalen Welt, sondern muß auch eine qualitative Erweiterung der menschlichen Erkenntniskapazität beinhalten. Diese Veränderung ist von den unmerklichen Verbesserungen, wie sie im Zuge der Wiederholungen stattfinden könnten, deutlich zu unterscheiden. Leibniz erreicht sein Ziel, indem er die beiden fraglichen Argumente so zueinander stellt, daß sie sich wechselseitig stützen. Zur Erläuterung benutzt er das Bild des Saitenspiels. Daraus, daß es der göttlichen Harmonie „nicht entspricht, auf derselben Saite immer wieder fehlzugreifen", folgt, daß das Menschengeschlecht „nicht für immer in seiner jetzigen Verfassung bleiben wird".[111] Die göttliche Harmonie ist also Grund sowohl für die

[110] Vgl. *Apokatastasis*, S. 31, 3; 6f.

[111] a.a.O., S. 31, 6: „genus humanum in hoc statu non esse mansurum". Ebenda: „consentaneum non est eadem semper chorda oberrare". Vgl. S. 32, 2, erster Satz.

unmerkliche Vervollkommnung im Laufe der Wiederholungen als auch der zu erwartenden qualitativen Kapazitätserweiterung des Menschen. Letztere würde die Grenze der Erkenntnis und der Wissensgeschichte weiter zurückdrängen. Doch ist zu beachten, daß auch damit das Wiederkunftsargument selbst seine Gültigkeit nicht einbüßt und bei Leibniz auch nicht einbüßen soll. Dazu müßte die Differenz zwischen den endlichen Geistern und dem unbegrenzten, unendlichen Verstand aufgehoben werden. Dies aber ist ausgeschlossen. Auch wenn das Menschengeschlecht nicht immer von der Art sein wird wie bisher, so bleibt doch nach wie vor gültig, daß „irgendeinmal die Geister dort angelangt sein werden, wo sich die vom Zeugnis der Sinne unabhängigen Wahrheiten oder die Theoreme der reinen Wissenschaft ... notwendig wiederholen müssen".[112]

Demgegenüber ist sechstens (6) aber zu beachten, daß die ganz oder teilweise auf der Sinneswahrnehmung beruhenden empirischen Wahrheiten (veritates sensibiles) „unendlich mannigfaltig, wenngleich dabei nicht umfänglicher, sein können".[113] Die veritates sensibiles liefern so der Wissenschaft immer neuen Stoff. Grund dafür ist, daß die Sinneswahrnehmungen (sensiones) auf „verworrener Perzeption" (in perceptione confusa) beruhen, die unendlich variiert werden kann. Dies betrifft jedoch nicht die auf Vernunft beruhenden Wahrheiten, deren Menge nach wie vor endlich ist, da diese Wahrheiten mit Hilfe von Worten auszusagen und zu explizieren sind.[114] Und sobald, so ist hinzuzufügen, sich die zunächst unmittelbare Sinneswahrnehmung als ein Wissen, als eine aussagbare Erfahrung versteht, gerät auch sie, wie alle sprachliche und begriffliche Konzeptualisierung, in die Verstrickung genau derjenigen Bedingungen, aus denen die notwendige Wiederkehr des Gleichen hervorgeht. Die veritates sensibiles enthalten keine wirklich resistenten Einwände gegen die Möglichkeit der Wiederkunftslehre. Es ergibt sich mithin folgende Situation.

Was die Vernunftwahrheiten betrifft, so nötigt deren Auffassung, handelt es sich um begrenzte und nicht um unbegrenzte göttliche Geister, in eine Bahn, an deren notwendiger Grenze die Wiederkehr des Gleichen als Konsequenz der Endlichkeit der Wissensgeschichte steht. Dagegen zeichnen sich die Tatsachenwahrheiten von vornherein durch einen geringeren Notwendigkeitsgrad aus. Ihr Gegenteil ist möglich. Alles, was ein ‚Faktum' im Sinne empirischer Erfahrung ist, ist geradezu dadurch definiert, daß es auch anders sein können muß.[115] Von daher gibt es einerseits zwar eine große Variabilität. An-

---

[112] *Apokatastasis*, S. 32, 2: „sequitur aliquando mentes eo perventuras, ut veritates a sensuum testimonio independentes seu Theoremata purae scientiae ... redire necesse sit".

[113] a.a.O., S. 33, 2: „variari possunt in infinitum, etsi non fiant prolixiores".

[114] a.a.O., S. 33, 3: „quae cum verbis explicari possint".

[115] Vgl. dazu auch Kap. VIII, 1, S. 257f.

dererseits jedoch wird vornehmlich an den empirischen Wahrheiten, an den Gegenständen sinnlicher Wahrnehmung die Perspektivität und der Interpretationscharakter jeden Welt-und-Selbst-Verständnisses deutlich. Daß etwas ein *So-und-so*-Etwas ist, kann keine Tatsache, sondern *muß* Interpretation sein. Dies ist auch hier wiederum herauszustellen. Und *Nietzsches* Wiederkunftslehre kann als die äußerste interne Konsequenz eben dieser Interpretativität aufgefaßt werden.

5. *Der Wiederkunftsgedanke als Urlogik des Interpretations-Zirkels*

Ebene der Betrachtung ist die ursprüngliche Einheit des Verhältnisses von Mensch und Welt. Sie liegt den Entgegensetzungen des endlichen Sprach- und Verstandesdenkens und den Dualismen von Idealismus und Realismus, von Subjektivismus bzw. Mentalismus und Naturalismus bzw. Physikalismus immer schon voraus und führt in die gemeinsame Wurzel von Ethik, Physik, Logik als logikē technē und Ästhetik zurück. Nur *in und als* Vollzug dieser Struktur *sind* Wirklichkeit und Sinn *als* Wirklichkeit und Sinn. Es handelt sich also um das Logische in seinem philosophischen Verständnis als Grenze der Welt.[116] Diese Ebene ist von Nietzsche her als das Willen-zur-Macht-und-Interpretations-Geschehen aufzufassen. Sie ist durch den fünf-stelligen Zirkel des vollständigen Ineinanders von Faktizität und Interpretativität bestimmt. Und es ist diese Struktur, auf die sich der Wiederkunfts-Gedanke bezieht. Er ist die zugleich handlungs-, einstellungs- und haltungs-motivierende Interpretation der Verlaufsform und der Urgeschichte des Wie der internen absoluten Notwendigkeit alles dessen, was ist, der werdenden Welt, wie sie wird, der nicht-werdenden, wie sie nicht wird. Die Welt ist darin nicht als die Gesamtheit der Dinge, sondern als Inbegriff aller kräfte-relationalen und konkatenativen Sachverhalte zu begreifen, und die Wiederkunftslehre ist Quintessenz des für diese kennzeichnenden geschehens-logischen Interpretations-Zirkels. Sie ist dies unter den Bedingungen des Endes der Metaphysik, der weit reichenden, Moral und Physik gleichermaßen betreffenden und sich auf die Ebene der Auslegung dessen, was überhaupt als Welt, Wirklichkeit und Sinn gelten soll, beziehenden Erfahrung des Todes Gottes und des Nihilismus.

Hintergrundmotiv ist die Frage, ob, und wenn ja, in welchem Sinne, der Weltprozeß als ganzer und in jedem seiner Momente uneingeschränkt bejaht werden kann, obwohl er, im Großen wie im Kleinen, seinem Gesamtcharakter nach in alle Ewigkeit Chaos, ohne eine hinter den Ereignissen wirkende Ver-

[116] Die Lektüre von Kap. VI, vor allem von VI, 5, wird im folgenden vorausgesetzt.

nünftigkeit, ohne prinzipielle Ordnung und ohne jedweden Finalismus ist. Dies scheint überhaupt nur dann möglich, wenn etwas innerhalb des Prozesses in jedem seiner Momente erreicht ist, und zwar jedes Mal das Gleiche. Dem anderenfalls erneut entstehenden Problem der Rechtfertigung sowie der metaphysischen Tendenz zur Abwertung des Daseins werden so die Bedingungen, unter denen sie überhaupt auftreten können, entzogen. Dies ist allein im Gedanken einer Welt ewiger Wiederkehr vollständig der Fall. Zugleich ist damit *jedes* einzelne Moment ewig. Auf diese Weise wird eine interne Einheit von Werden, Wert und Aeternität gedacht.

Sowohl im Hinblick auf ‚Ewigkeit' als auch in Sachen ‚das Gleiche' gehören im Wiederkunftsgedanken zwei Komponenten zusammen. Der Aspekt des gänzlichen Innestehens (– ‚ewig' im Sinne der Zeitlosigkeit, wie diese von innen her mit dem jeweiligen Vollzug selbst verknüpft ist; ‚das Gleiche' im Sinne des in jedem und für jedes Moment Erreichten –) ist mit dem Gedanken der kreisförmig identischen Wiederkehr der ganzen Kette der Sachverhalte (– ‚ewig' im Sinne der unzähligen Male; ‚das Gleiche' im Sinne der identischen Wiederkehr Desselben –) verbunden.[117] Beides sind Weisen der Überwindung der Zeit. Die zweite Komponente ist darin die weitergehendere und mit einem größeren Mächtigsein, mit einem höheren Machtgefühl verbunden. In ihr besteht die Ewigkeit nicht in der Unzeitlichkeit, d. h. nicht gewissermaßen im Ausschluß der Zeit qua gegenwärtiges, augenblickliches Erleben, sondern in einer in den Fluß des Werdens einstimmenden und eben *darin* auch zugleich über diesen triumphierenden Stellung. Dies ist ein immanentes Mächtigsein über die Zeit in der Zeit selbst.

Bei der absoluten Notwendigkeit, deren Wie der Wiederkunftsgedanke zugleich handlungsmotivierend symbolisiert, handelt es sich nicht um einen von der mathematischen und naturgesetzlichen Denkungsart bestimmten kausalen Determinismus etwa im Sinne Spinozas. Vielmehr geht es um die interne, sich in und als Kräfte-Praxis immer erst selbst-konstituierende Geschehens-Notwendigkeit. Im und als Vollzug ihrer selbst sind die Geschehensprozesse, und das heißt die Willen-zur-Macht-und-Interpretations-Prozesse, absolut notwendig. Allerdings hat Nietzsche durchaus gesehen, daß auch Spinoza auf seinem Wege zu einer die Wirklichkeit bejahenden und darüber hinaus zu einer über die darin unterstellte Weltbeschaffenheit triumphierenden Haltung gelangte.[118] Dieses Verhältnis von sich selbst-konstituierender *Notwendigkeit* und internem *Triumph* im Sinne der bejahenden Übernahme eben dieser Notwendigkeit ist für ein Verständnis der Wiederkunftslehre von grundlegender

---

[117] Vgl. dazu die Erörterungen zum Verhältnis von Identitätsproblem und Wiederkunftslehre oben Kap. VII, 3; zum Aeternalismus S. 229f. und 245f.

[118] Vgl. KGW VIII, 1, 5 (71), S. 218.

Bedeutung. Es hat an die Stelle des vormaligen Problems der Vereinbarkeit von Notwendigkeit und Freiheit zu treten, von dem Schelling sagte, daß ohne die Arbeit an seiner Auflösung die Philosophie „völlig ohne Wert sein würde“[119]. Doch kann für Nietzsche, wie sich noch zeigen wird, die Lösung keine pantheistische im Sinne Spinozas sein.[120]

Es ist wichtig zu sehen, daß es sich in der Wiederkunftslehre weder um einen Determinismus noch um einen Quietismus handelt. Vielmehr haben die Kräfte, und damit auch der Mensch, gerade in ihrem Horizont gut schaffen. Da für das wirkliche Kräftegeschehen der rein theoretische und an der formalen Widerspruchsfreiheit orientierte Möglichkeitsbegriff auszuschließen ist, vollzieht sich im und als Tätigsein der Kräfte die Realisierung dessen, was möglich ist. Das Reich der Möglichkeiten hängt von den Kräften ab, nicht umgekehrt. Indem sich der Mensch als die Leib-Organisation, mithin als der Machtwillen-und-Interpretations-Komplex, der er ist, selbst übernimmt und bejaht, sich also explizit intern wird, gewinnt er sich als Moment derjenigen Wirklichkeit, die er selbst ist und die nicht mehr auf eine der beiden Seiten der Entgegensetzung von Subjektivität und Objektivität, von Geist und Natur, von Mentalem und Materialem verbucht werden kann. So wie das Individuum von der Wirklichkeit, so ist auch diese von jenem abhängig. Dies kann als das Einholen und die gestaltend-handelnde Übernahme des eigenen und nicht-suspendierbaren Grundcharakters sowie Grenze-seins aufgefaßt werden. Eine solche Bejahung kommt der Bejahung *allen* Daseins gleich. Doch kann sie nicht mehr quietistisch und bar jeden kritischen Potentials, nicht so verstanden werden, daß eben alles so kommen mußte und kommen muß, wie es gekommen ist bzw. kommen wird. Der Akzent der recht verstandenen Wiederkunftslehre liegt vielmehr darauf, daß die Notwendigkeit des Geschehens stets und unvermeidlicherweise die eigene Tat der Kräfte selbst ist. Ohne das Immer-erst der Tat würde die Ereignis-Konkatenation, der Geschehens-Ring gleichsam in sich kollabieren. Ohne das Immer-schon wäre sowohl eine Ontologie des Anfangs und der absoluten Initiative als auch beider Folgelasten (z. B. eine Schöpfungslehre und ein Finalismus) unausweichlich. Die ewige Wiederkehr beschreibt ein sich im Kräfte-Vollzug selbst-konstituierendes Perfekt. Auf *keine* Handlung und auf *kein* Erleben kann verzichtet werden, und *jede* Handlung und *jedes* Erleben erlangt durch sich selbst höchste Dignität und Aeternität. Daß beide Perspektiven ein und derselben Struktur zugehören, ist hier die Pointe.

[119] F. W. J. Schelling, *Wesen der menschlichen Freiheit*, in: *Werke*, Bd. IV, S. 230. Zur Kritik des Freiheitsbegriffs bei Nietzsche vgl. oben Kap. IV, 2 und 3.
[120] Vgl. später auch Kap. XIII, 4, S. 454.

Entsprechend der für *alle* Geschehensvollzüge charakteristischen Einheit von Faktizität und Interpretation, von Tatsache und Wertschätzung, geht es in der Wiederkunftslehre darum, das Problem des *Werdens*, des *ewigen* Werdecharakters der werdenden Welt, in seinem unauftrennbaren Zusammenhang mit der Frage nach dem *Wert des Daseins* zu sehen und beide einer *gemeinsamen* Lösung zuzuführen. Entscheidend ist, daß es nicht um eine nachträglich hergestellte Vereinbarkeit, sondern um die vorgängige und nicht gegeneinander isolierbare Zusammengehörigkeit von Werden, Wert und Aeternität geht. Dies hat keine der älteren Deutungen der Wiederkunftslehre zu ihrem Leitfaden erhoben. Wäre dies geschehen, dann hätten die seit dem Auftreten des Wiederkunftsgedankens vor jetzt gut einem Jahrhundert immer wieder betonten traditionellen Entgegensetzungen (‚kosmologisch' versus ‚anthropologisch/ethisch' sowie deren Nachfolgeversion ‚theoretisch/wissenschaftlich' versus ‚existenziell/normativ') erst gar nicht dominant werden können. Es ist also zu beachten, daß die hier vorgeschlagene Rekonstruktion und Deutung der Wiederkunftslehre nicht eine Zwischenstellung unter den alten Kontroversen einnimmt. Vielmehr wird von vornherein ein Boden betreten, der solche Entgegensetzungen unmöglich macht bzw. einem nicht-ursprünglichen Verstandesdenken sowie naturalistischen oder existenzphilosophischen Reduktionen zurechnet.

Vor diesem Hintergrund kann die Wiederkunftslehre als die äußerste Anstrengung und Konsequenz von Nietzsches Philosophieren gelesen werden, nicht schließlich doch wieder aus der Auslegung der Wirklichkeit als vollständiger Immanenz heraus- und erneut drohenden Metaphysmen dualismus-naher Welt-Fremdheit, Welt-Ablehnung, Welt-Erlösung und Welt-Verneinung anheimfallen zu müssen. Sie ist mithin *Formel* in einem Doppelsinn: symbolisierende Weltformel und höchster überhaupt nur möglicher Ausdruck uneingeschränkter und vorbehaltloser Bejahung *aller*, auch noch der mediokresten und schmerzhaftesten Realität. Eben darin stellt sie die Überwindung des Nihilismus dar.

In genau dieser Bejahung der adeterministischen, aber absoluten Geschehens-Notwendigkeit liegt das angesprochene Moment internen Triumphs über eben diese Weltbeschaffenheit. Und ähnlich wie sich für den erwähnten Schelling die Vereinbarkeit von Notwendigkeit und Freiheit nur auf der Grundlage einer wahren Naturphilosophie entwickeln läßt[121], so muß auch Nietzsches Wiederkunftslehre, die eine Lösung des Problems von Notwendigkeit und Triumph, von Werden, Wert und Aeternität darstellt, Phýsis-Philosophie sein. Darin hat die traditionelle Unterscheidung von Natur und Geist keinen Sinn mehr. Faktizität und Interpretativität sind vollständig ineinander überge-

[121] Vgl. F. W. J. Schelling, a.a.O., S. 249.

gangen. Gegen die damit verbundene Flüssigkeit allen Geschehens vermag sich keine Positivierung fest-zusetzen. Der Wiederkunftsgedanke ist nicht Resultat einer Positivierung des Wirklichen. Er steht vielmehr am anderen Ende. Deshalb ist er für den bisherigen Typus Mensch so gefährlich. Er fordert eine ‚Lust, das Werden selbst zu sein'.

Der Mensch ist *als* Leib-Organisation die Grenze seiner Welt. Dies kann in einem doppelten Sinne expliziert werden. Zum einen ist er die entwicklungsgeschichtlich späteste bisher bekannte Verzweigung des Willen-zur-Macht-und-Interpretations-Geschehens. Zum anderen *ist* er in dem dargelegten interpretations-*logischen* Sinne seine Welt.[122] In diesem in sich verdoppelten Grenze-sein bezieht sich der Wiederkunfts-Gedanke auf das Wie der dort generierten Wirklichkeits- und Sinn-Strukturen. Er kann darin weder psychologischer noch wissenschaftlich-theoretischer, sondern muß geschehens-logischer Natur sein. Das Machtwillen-und-Interpretations-Geschehen bildet in einer Weise die Basis der Betrachtung, die zugleich dem Homo-mensura-Satz, jetzt freilich auf der Ebene des Menschen als Leib-Organisation gefaßt, angemessen Raum läßt. Beide Grenzmomente sind Ingredienzien der einen Struktur. Innerhalb ihrer Einheit konterkarieren sie sich zugleich positiv. Denn es wird dadurch in einem Zuge sowohl der Tendenz zur fortschreitenden Verkleinerung und Abwertung des Menschen als auch seiner Hypostasierung als Subjekt und philosophisches Bewußtsein entgegenwirkt.

Mit diesem Grenze-sein hängt zusammen, daß die Welt als solche und im ganzen nicht in einem distanzierenden und extern beobachtenden Sinne beschrieben werden *kann*. Der Beobachter ist im Wiederkunfts-Gedanken systematisch ausgeschlossen.[123] Auch jeder Versuch, hier in einem repräsentations-, korrespondenz- oder referenztheoretischen oder in einem transzendentalphilosophischen Sinne weiterzukommen, ist zum Scheitern verurteilt. Denn dazu wäre vorauszusetzen, man könne die ursprüngliche Verschränkung des Welt-, Fremd- und Selbst-Verhältnisses gegeneinander entweder ganz oder doch zumindest teilweise isolieren und objektivieren. Ein solches Ansinnen übersieht, daß der Interpretations-Zirkel sein Werk bereits getan haben muß, damit eine solche Vorstellung überhaupt sinnvoll sein kann. Alle konkret möglichen Distanzierungen vollziehen sich bereits *innerhalb* des nicht-hintergehbaren und nicht auf irgendeine Weise operational herstellbaren Grenze-seins, *in* der Welt und unter Inanspruchnahme des sprach- und grundbegrifflichen Interpretations-Schemas. Die Vorstellung eines Standortes außerhalb der Welt und außerhalb des Schemas ist unsinnig.

---

122 Vgl. oben Kap. VI, 5, S. 166, 168f., 177.
123 Vgl. dazu auch Kap. VII, 3, S. 219, 230f., 240.

Das, *was*, und die Weise, *wie* es als Welt, Wirklichkeit und Sinn gilt, sind kräfte- und schema-interne Symbolisierungen. Symbolisierung, die zeichenvermittelt ihre ganze Realität selber ist, nicht also in irgendeinem Sinne als Repräsentation mißverstanden werden darf, ist eine Version zur Darstellung gelangter Interpretativität. Beide gehören in das Willen-zur-Macht-Geschehen selbst hinein. Symbolisierungen wirken darin horizont-bildend. Und die ewige Wiederkehr ist dasjenige sinn- und wahrheit-produzierende, handlungsmotivierende Symbol, das zugleich jedem Versuch den Boden entzieht, in bezug auf das Grenze-sein sowie von diesem aus erneut sei's am Menschen den ‚kleinen Menschen' vergessen zu machen und etwas irreduzibel Höheres zu entdecken, sei's mit einer neuen Jenseitigkeit zu rechnen. Im Lichte der Diagnose, daß die Welt weder eine *metaphysische* noch eine *moralische*, sondern allein eine *physische* und eine *ästhetische*, mithin eine faktisch-interpretative Bedeutung hat[124], und es darauf ankommt, nicht nur das Leben im engeren organischen und bewußten Sinne (welches bloß ein „Einzelfall"[125] des Willen-zur-Macht-Geschehens, nur „Ausdruck" von „Wachstumsformen" der Macht ist[126]), sondern *alles* Dasein als gerechtfertigt bzw. als unabwertbar, d.h. als unüberbietbar wertvoll anzusehen, ist der Ewige-Wiederkunfts-Gedanke das einzige Konzept, in dem die mit der *neuen Auslegung* des Wirklichen als Willen-zur-Macht-und-Interpretations-Geschehen verbundenen Erfordernisse vollständig erfüllt sind.

Alle Akte des Welt-, Fremd- und Selbst-Verhaltens, mithin Erfahrungen, haben den Charakter organisch gewordener und Erfahrung organisierender, inkorporierter und symbolisierender Handlungen. In diesen Prozessen sorgt die Symbolisierung für sich selbst, d.h. sie kann nicht als Wiedergabe oder als Stellvertreter von etwas anderem angesehen werden. Das Sich-Verhalten ist in keiner Weise ein Abbild der Wirklichkeit. Es handelt sich um Verhältnisse der interpretations-logischen Welt-Erzeugung und der Zugepaßtheit. Selbst noch die rein reaktive Anpassung an äußere Umstände ist als eine interne Funktion des Interpretierens, das eo ipso eine Aktivität ist, aufzufassen. Die Wirklichkeit, zu der einzelne Interpretations-Handlungen ‚passen', ist, in guter Zirkularität, genau diejenige, die sich zuvor im Vollzug des Interpretations-Zirkels selbst erst *als* die *So-und-so*-Wirklichkeit ergeben hat. Diese geschehens-*logische* Struktur ist auch der Grund dafür, daß sich Interpretationen auf die Natur anwenden lassen, und daß sie ‚funktionieren'. In diesem fundamentalen Sinne ist ‚Wahrheit' notwendig stets hergestellte Wahrheit. Wahrheit ist logische Praxis des Interpretierens. Dabei kommt es unvermeidlich zu Kämpfen zwi-

---

124 Schopenhauer sah genau darin den Antichristen, vgl. oben Kap. II, 4, S. 69f., Anm. 90 und S. 73.
125 KGW VIII, 3, 14 (121), S. 93.
126 KGW VIII, 2, 9 (13), S. 9.

schen der bereits sedimentierten, organisch gewordenen und erinnerten Lebenspraxis (ohne die der Erfahrungs- und Interpretations-Horizont nicht der wäre, der er faktisch jeweils ist) einerseits, und den neuen, aus der Sicht der tiefsitzenden alten Wahrheiten bedrohlichen, ja sogar existenzgefährdenden Interpretationen andererseits. Darin liegt, daß die Praxis des Interpretierens ihrerseits auch erst die Maßstäbe und Instanzen der Interpretation hervorbringt. So erst ergibt sich die Möglichkeit, daß die als Willen-zur-Macht-und-Interpretations-Prozesse auftretende Praxis ein Handeln ist, das zugleich zur Orientierung von Handlungen dient. Und der Wiederkunfts-Gedanke kann als der Versuch betrachtet werden, auf der Ebene der *vor* der *So-und-so*-Erfahrung der Wirklichkeit und des Sinns wirksamen geschehens-logischen Struktur eine bestimmte Interpretation der Verlaufsform und des Wertes allen Daseins, eben die der ewigen Wiederkehr des Gleichen, zu etablieren. Wenn dieser Gedanke auf der geschehens-logischen Ebene als das die Erfahrung organisierende Interpretations-Schema einverleibt werden kann, dann ‚*ist*' die Welt eine Welt der ewigen Wiederkehr des Gleichen. Jede Forderung nach zusätzlicher externer Verifikation käme notwendig zu spät.

Veränderungen der Gegebenheitsweise der Welt sind Verschiebungen der Interpretations-Horizonte innerhalb der Leib-Organisation und *deren* Typus der Interpretation. Der Wiederkunfts-Gedanke bezieht sich auf *diese* Struktur, die *vor* jedem Erfahrungs*datum* liegt. Die Rede von der ‚Gegebenheitsweise' ist nicht als Repräsentation, sondern als schema-interne Welt-*Erzeugung* aufzufassen, und das Interpretations-Schema ist darin nicht auf die Strategien des bewußt werdenden Denkens begrenzt, sondern hat Sitz und Funktion auf der Ebene der Leib-Organisation, als deren Vollzüge der Mensch seine Welt *ist.*[127] In *diesem* Sinne sind Welt, Wirklichkeit und Sinn in ihrer So-und-so-Gestalt nicht nur dem Begriffe nach im Menschen fundiert. Dies schließt in bezug auf die Wiederkunftslehre zwei Aspekte ein. Zum einen ist damit dem Homo-mensura-Satz in einer Weise Rechnung getragen, die, da es sich darin wesentlich um eine Zurückübersetzung des Menschen in die Natur handelt, nicht mit einer Selbst-Ermächtigung und Autonomie des Subjekts verwechselt werden kann. So darf die Wiederkunftslehre nicht als prometheischer Gipfel der neuzeitlichen Philosophie der Subjektivität mißverstanden werden. Zum anderen, und dies ist der gewichtigere Punkt, ergibt sich die Konsequenz, daß auch der Wiederkunfts-Gedanke, wie jeder Gedanke, vom Wesen des Interpretierens, daß er nur *als* Interpretation *ist.* Doch kann er darüber hinaus als die *Interpretation der Interpretationen* und in diesem Sinne als Urlogik des Interpretations-Zirkels ausgezeichnet werden.

---

[127] Daß dies nicht mit einem Naturalismus verwechselt werden kann, wurde oben Kap. VI, 4, S. 158ff. und VI, 5, S. 166ff. dargelegt. Vgl. auch Kap. II, 3, S. 55f., Anm. 51.

Dies ist freilich nicht in einem transzendentalphilosophischen oder in einem metatheoretischen Sinne zu verstehen. Der geschehens-logische Interpretations-Zirkel läßt eine solche Fragestellung nicht mehr zu. Zwar gibt es metatheoretische Interpretationen. Aber es gibt keine Meta-Interpretationen, da das Interpretieren als solches nicht verlassen werden *kann*. Vielmehr handelt es sich im Wiederkunfts-Gedanken darum, daß *innerhalb* des Zirkels unterschiedliche Komponenten, die notwendigerweise sämtlich interpretativen Charakters sind, miteinander zusammengeschlossen werden. Zugleich geht der Wiederkunfts-Gedanke an Umfänglichkeit, an Intensivierungskapazität und in puncto Ausdeutung über die vielen an sich möglichen Welt-Auslegungen hinaus.

Der Umfänglichkeit nach betrifft die Wiederkunftslehre den Weltprozeß im ganzen und jedes seiner Momente. Die Weltbewegung wird darin als Inbegriff aller sich in raum-zeitlicher Extension vollziehenden Willen-zur-Macht-und-Interpretations-Ereignisse, mithin als Interpretations-Kette aufgefaßt. Der Intensivierung nach stellt der Wiederkunftsgedanke diejenige Interpretation der Lebens- und Sinn*praxis* dar, die (a) die uneingeschränkteste und äußerste Bejahung aller Realität, (b) die prinzipielle Unabwertbarkeit und Unverzichtbarkeit eines jeden einzelnen Momentes sowie des Prozesses selbst und (c) die höchste überhaupt nur mögliche Verantwortlichkeit jeder einzelnen und auf den ersten Blick belanglos scheinenden Tat, Einstellung, Haltung und jeden Erlebens, für alle Zukünfte nämlich verbindlich und präformierend zu sein, beinhaltet. Und in puncto Ausdeutung geht Nietzsches Lehre über die anderen Weltauslegungen und über die Wissenschaft dadurch hinaus, daß er nicht von einer Einförmigkeit der Kräfte ausgeht, sondern die Steigerung bzw. Minderung des Machtgefühls, welches mit den Vollzügen von Kräften verbunden ist, zum Leitfaden der Betrachtung erhebt. Es handelt sich also nicht um andere als die auch in den Wissenschaften thematischen Prozesse, sondern um eine andere, um eine „höhere"[128] Ausdeutung der gleichen Verläufe. Dabei gilt der Zusammenhang, daß jede Machtsteigerung eine Erweiterung des Interpretations-Horizontes und jede intensivere und umfänglichere Interpretation eine höhere Mächtigkeit bedeutet. Das ist eine Konsequenz der im Rahmen der Interpretationsproblematik ausführlich erörterten Verschränkung der beiden Bestimmungen, daß jeder Wille-zur-Macht interpretiert, und daß jedes Interpretieren ein Herr-werden-wollen, ein Wille-zur-Macht ist.

Doch der Wiederkunftsgedanke geht nicht nur unter diesen Aspekten über die anderen Weltkonzeptionen hinaus. Umgekehrt liefert auch deren Scheitern ein apagogisches Argument zugunsten dieses Gedankens. Zu erinnern wäre etwa daran, daß der Versuch, die Welt der Kräfte als einen mathe-

---

[128] KGW VIII, 1, 1 (119), S. 34.

matischen Determinismus oder als eine kausal-mechanische Maschine zu erklären, mißlingt. Am Ende bleibt als neue, post-nihilistische Gesamtdeutung der Welt nur der Gedanke der ewigen Wiederkehr des Gleichen übrig. Allein er erfüllt die mit der neuen Auslegung des Wirklichen entstandenen Bedingungen des Welt-und-Selbst-Verständnisses. Diese sind, nach der Verlustseite hin, die Erfahrung des Todes Gottes, der Nihilismus und das Nichtgegebensein eines transzendenten Wahren, Guten und Schönen, nach der positiven Seite hin, der ewige Werdecharakter der werdenden Welt und die Einsicht, daß das Wie und der Wert der Welt von der Interpretation abhängen, – nicht umgekehrt. Der Wiederkunftsgedanke kann unausweichlich werden, nachdem in den Interpretations-Zirkel eingetreten und dieser *von innen her* auf seine maximale Macht-Kompossibilität hin durchlaufen wird. Nur der Wiederkunftsgedanke schließt darin *Werden, Wert* und *Aeternität* als inneres Optimum in sich zusammen. Zugleich ergibt er sich aus jedem dieser Aspekte. Das ewige Werden muß schließlich als in sich selbst zurücklaufende Kreisförmigkeit gedacht werden, und auch das ‚Alles und Jedes ist unüberbietbar wertvoll und vollkommen' nötigt in den Gedanken ewiger identischer Wiederkehr. Darin ist jedwede metaphysische Differenz zwischen Realität und Vollkommenheit aufgehoben und zugleich deutlich, daß der Wiederkunftsgedanke eine Interpretation darstellt, die den Nihilismus bereits überwunden hat. Der Gedanke der ewigen Wiederkehr ist also entschieden auch von einer Karma- oder sonstigen Ameliorations-Gerechtigkeit freizuhalten. Das *da capo* der Wiederkehr erfolgt gerade nicht, weil das Dasein hinter seinem Sollen zurückgeblieben, sondern weil es jenseits von Gut und Böse, keiner Rechtfertigung mehr bedürftig, ganz aus sich selbst heraus und ohne irgendeine Möglichkeit der Herabminderung äußerst wertvoll, unverzichtbar und vollkommen ist.

Der Gedanke der ewigen Wiederkehr des Gleichen gibt die Bedingungen an, unter denen die bislang als kardinal angesehenen Probleme der moralischen und der metaphysischen Rechtfertigung, des Schöpfer- und des Heils-Gottes, des Dualismus von Immanenz und Transzendenz, von unvollkommener Realität und vollkommener Welt-an-sich, des Ansichseins des Wahren, Guten und Schönen sowie der Teleologie und des Finalismus gar nicht mehr entstehen *können*. Oder andersherum formuliert: Wer sich nicht auf den Kreislauf der ewigen Wiederkehr des Gleichen einläßt, findet sich unweigerlich in einer dieser Konsequenzen und Verstrickungen wieder. Wenn er nun aber an deren Triftigkeit nicht mehr – selbst wenn er wollte – glauben kann, dann führt eben dieser Umstand apagogisch zur Auffassung der Welt als eines Universums der ewigen Wiederkehr. Die genannten Interpretamente werden damit nicht einfach ‚falsch' bzw. ‚unrichtig'. Sie haben *ihre Zeit* gehabt, in der sie die Auslegung dessen, was als Seiendes und was als Wahrheit galt, bestimmten. In dieser Hinsicht sind sie auch jetzt noch ‚wahr', und man darf nicht auf der

Ebene der Interpretativität als solcher den Fehler der Abwertung wiederholen, den der Interpretationsgedanke gerade zu überwinden trachtet. Jetzt aber haben diese Interpretamente der Überlieferung an Deutungs- und Orientierungskapazität, an Interpretationskraft und damit an Interesse verloren. Ein solcher Verlust ist in seiner Wirkung radikaler als eine direkte Beweis-Widerlegung.

In bezug auf die Erhöhung des internen Mächtigseins im Sinne der Verschränkung von Notwendigkeit und Triumph ist die ewige Wiederkehr die äußerste der möglichen Interpretationen. Aufgrund der ihr wesentlichen Verbindung mit dem freilich ebenfalls nicht quietistisch zu verstehenden *Amor fati,* d.h. der Übernahme der Geschehens-Notwendigkeit *als* das Schöne, kann sie nicht als ein gigantisches ‚Vogliamo tutto!' mißverstanden werden. Dem entspricht, daß im höchsten Willen zur Macht die „Stärksten" die „Mäßigsten"[129] sind, diejenigen, die es, darin Verkörperung von Stil, nicht mehr nötig haben, ihre Kraft hervorzukehren oder sie gar als nihilistische Destruktion, als aktives Verschwinden-machen-wollen einzusetzen. Der Stärkste ist ganz das, was er ist, nicht mehr und nicht weniger. Dieser Typus wird den Wiederkunftsgedanken nicht nur ertragen, sondern freudig begrüßen.

Wenn ein metaphysisch an sich seiendes Wahres und Gutes nicht zu haben ist, dann gibt es auch keine Letztinstanz der Begründung theoretischer Wahrheiten, lebenspraktischer, soziokultureller Normen und ästhetischer Einstellungen außerhalb der fundamentalen Interpretations-Praxis. Die Maßstäbe und Instanzen von Aussagen, Normen und Bewertungen sind selbst Eigentümlichkeit und Aufgabe der Praxis innerhalb des interpretationslogischen Zirkels. Ihre Geltung ist *intern* und *holistisch* mit der im Machtwollen verankerten pragmatischen Interpretations-Logik verknüpft, die darin zugleich selbst Lebens*praxis* ist. Jede Metaphysik versucht vergeblich, diesem interpretations-logischen Rahmen zu entspringen. Vor diesem Hintergrund wird deutlich, wie sehr der Gedanke der ewigen Wiederkehr des Gleichen eine *Lebensform* ist. Denn er bezieht sich auf genau diese Hintergrundstruktur. In diesem Horizont kann von einer erfolgreichen Überwindung des Nihilismus erst dann gesprochen werden, wenn das Individuum den Grundcharakter, der *jedem* Geschehen zugrunde liegt, d.h. den Willen-zur-Macht-und-Interpretations-Charakter, auch als seinen eigenen übernimmt, als überaus wertvoll und unverzichtbar ansieht und vorbehaltlos bejaht. Solche Bejahung hat im Gedanken der ewigen Wiederkehr von uneingeschränkt *allem* und *jedem* ihren äußersten Prüfstand und Gipfel.[130] An ihrem Grad bemißt sich zugleich der Grad des

---

129 KGW VIII, 1, 5 (71), S. 221.

130 Zur Funktion als Prüfstein vgl. unten Kap. IX, 4; zur Überwindung des Nihilismus vgl. auch Kap. XIII, 4, S. 450–455.

Mächtigseins über die Weltbeschaffenheit, die Machtsteigerung, die korrelativ und kovariant ist zur Umfänglichkeit und Intensität der Interpretation.

Die hier erforderliche Bejahung kann freilich nicht bloß Zustimmung im Sinne der Ja-Stellung des Verstandesurteils und der Redestruktur und auch nicht bloß psychologisches Einverständnis sein. Vielmehr geht es um die Übernahme des Grundcharakters allen Geschehens auf der Ebene der internen, welt-und-selbst-auslegenden Interpretations-Funktionen der Leib-Organisation selbst, mithin auf der fundamentaleren Ebene der ursprünglichen, der geschehens-logischen Einheit von Mensch und Welt. Bejahung und Verneinung betrifft den *dort* wirksamen Typus des Interpretierens selbst. Hier geht es nicht um nachträgliche Ja- oder Nein-Stellung, sondern um das freilich nicht mehr ontologisch-moralisch zu verstehende Sein- oder Nichtsein-Sollen der Welt. Dem entspricht, daß ‚Nihilismus', ebenso wie ‚Sinn', nicht eine Angelegenheit einfach des Lebensgefühls, sondern, grundsätzlicher, des Gedankens, des geschehens-logischen, organisch gewordenen und Erfahrung sowie Sinn organisierenden Interpretations-Systems ist. Nicht ist der Nihilismus Ausdruck eines Lebensgefühls, sondern umgekehrt: dieses ist Ausdruck von jenem. Die Welt, die *ist, soll* nicht sein, und diejenige, die sein *soll, ist* nicht. Dies ist die Charakteristik des Nihilismus, der sich darin zugleich als Spitze der *Sollens*-Moralität erweist. Der Nihilismus ist mithin nicht etwas *in* der Welt. Er tritt an deren Grenze auf und ist folglich nicht psychologischer, sondern logischer Natur. Deshalb kann er auch nicht einfach *aus* der Welt geschaffen werden, ohne diese selbst zu verändern und das heißt: umzuinterpretieren. Entsprechend ist dies auch die Ebene, auf der der post-nihilistische Wiederkunftsgedanke seinen Ort und seine Funktion hat. Auch für ihn ist wesentlich, daß er nicht etwas *in* der Welt, sondern deren Grenze ist.[131] Mit seiner ‚Einverleibung' wird die Interpretationsweise und damit die Welt eine andere. Weder Psychologie noch Wissenschaft *können* diese Ebene betreten.

Interpretation der Interpretationen ist die Wiederkunftslehre schließlich auch in dem Sinne, daß sie in mehrfacher Hinsicht *erst zuletzt*, erst nach einer langen Geschichte unterschiedlicher Welt-und-Selbst-Interpretationen sowie auch des Wiederkunftsgedankens selbst in ihrem vollen Gehalt hervortritt. Dazu lassen sich neun Aspekte anführen.

Erstens (1) zeigt sich die motivierende Kraft des Wiederkunfts-Gedankens erst, *nachdem* die Interpretation des Welt-und-Selbst-Verhältnisses als Religion (sei dies nun einer Natur-, einer Gesetzes- oder einer Erlösungsreligion, eines Poly- oder eines Monotheismus) und/oder als Metaphysik (d.h. eines metaphysisch Letzt-Gründenden im Sinne Erster Philosophie) sowie die für beide kennzeichnenden Dualismen moralischer Ontologie, vor allem von

---

[131] Vgl. auch oben Kap. VII, 2, S. 198.

Transzendenz und Immanenz sowie von Gut und Böse, zurückgelassen worden sind. Zweitens (2) muß der Nihilismus erst vollständig durchmessen sein, bevor der positive Sinn dieses Gedankens als dessen Überwindung überhaupt hervortreten *kann*. Die Wiederkunftslehre wird zunächst destruierend gegen die religiöse, metaphysische und moralische Gesamtinterpretation der Welt eingesetzt. Danach erst kann sich ihre a-nihilistische Kapazität und die von ihr ausgehende Freisetzung neuer interpretativer Kräfte entfalten.[132]

Drittens (3) ist die *Vor*-Geschichte der Wiederkunftslehre zu nennen. Seit den Anfängen der Philosophie, überhaupt des Weltdeutens, sind immer wieder Vorstellungen aufgetreten, die in eine Verbindung mit dem Wiederkunfts-Gedanken Nietzsches gebracht werden können, ohne jedoch Vorläufer im strengen Sinne zu sein. Zu erinnern ist an Aspekte der babylonischen Astralmythologie, der Weltalterlehren, des Großen Weltenjahres, der Vollkommenen Zahl, der Zerstörungs- und Palingenesie-Lehren, der indischen Wiederkehrvorstellungen, der Weltkreislehren, der Apokatastasis-Tradition und an wissenschaftlich-kosmologische Kreislauftheorien. Zwar kommt man dem Eigentümlichen von *Nietzsches* Wiederkunftslehre nur aus der Struktur und dem inneren Duktus dessen, was dieses Denken selbst auszeichnet, näher. Der Hinweis auf historische Vorbilder, etwa auf antike Kreislauflehren, erklärt also nichts und bietet keinen Schlüssel zum Verständnis. Aber zugleich wird in Nietzsches Gedanke auch semantisches Potential freigesetzt, das in den überlieferten Vorstellungen gespeichert lag. Allerdings sind diese erst von ihren mythischen, metaphysisch-kosmologischen, erlösungsreligiösen, teleologischen, moralisch-ontologischen, maschinenmäßigen und quietistischen Implikationen zu reinigen bevor sie mit Nietzsches Anliegen verbindungsfähig werden. Nur in diesem eingeschränkten Sinne ist die Geschichte der unterschiedlichen Wiederkehr-Interpretamente im Ewigen-Wiederkunfts-Gedanken gegenwärtig. Dies ist zu unterscheiden von der diesem Gedanken selbst noch *bevorstehenden* Geschichte.[133]

Viertens (4) ist zwar die Darstellung des Wiederkunftsgedankens als ‚wissenschaftliche' Lehre für ein in der modernen Weltanschauung großgewordenes Bewußtsein unverzichtbar. Doch erlangt dieser Gedanke seinen Vollbegriff erst als interner Gipfel des geschehens-logischen Interpretations-Zirkels. Darin erst wird er zum „Gedanken der Gedanken"[134]. Dies bedeutet keinen

---

132 Vgl. dazu auch Kap. XIII, 4.

133 In einem Diskussionsbeitrag zu Verf., *Nietzsche contra ‚Selbsterhaltung'* bemerkt W. Müller-Lauter (*Nietzsche-Studien*, 10/11 (1981/82), S. 403), daß in die der Wiederkunftslehre noch bevorstehende lange Geschichte auch die theoretischen Begründungen gehören. Müller-Lauter verläßt damit die in seinem Nietzsche-Buch vertretene Position, daß die theoretischen Begründungen den Sinn dieser Lehre verkehren; vgl. auch seine Bemerkung a. a. O., S. 160, Anm. 38.

134 KGW V, 2, 11 (143), S. 394.

Gegensatz zwischen Gedanke und Wissenschaft. Ein solcher ist im Interpretations-Zirkel, in dem es keinen prinzipiellen Unterschied, keine logische Kluft zwischen begrifflich-kognitiver Erkenntnis und z. B. ästhetischer Erfahrung gibt[135], nicht mehr möglich. Dies hindert jedoch nicht, daß sich vor diesem wesentlich holistischen Hintergrund unterschiedliche Strategien des Erkennens und Darstellens, unterschiedliche Vokabulare und Notationen herausbilden. In diesem Sinne ist das Verhältnis der wissenschaftlich-theoretischen und der existenziell-normativen Darstellung dieser Lehre eines der Einheit und der Differenz. Auch bereits jede wissenschaftliche und theoretische Begründung der Wiederkunftslehre ist essentiell interpretativer Natur. Auch als Theorie ist diese Lehre Interpretation. Und es kommt nun darauf an, in diese Interpretativität als solche überzugehen. Dann erst gelangt der philosophische Sinn des Gedankens der ewigen Wiederkehr zu sich selbst und tritt in seinem logischen Charakter *als Gedanke* hervor. Darin kann er seinem Gehalt nach weder auf die Bewußtseins- und Leib-Zustände derer, die sich diese Lehre zu eigen machen, noch auf den subjektiven Vorgang des Denkens und auch nicht auf unmittelbare, subjektive Gewißheitserlebnisse reduziert werden. Wichtig ist jedoch zu sehen, daß dies nicht in einen Widerspruch zu der Überlegung gerät, daß der Entstehungs-, genauer der Erregungsgrund von Bildern, Vorstellungen und Gedanken der komplexe ästhetische Zustand der Willen-zur-Macht-und-Interpretations-Organisation Leib ist. Logik und Ästhetik stehen nicht in einem Widerspruch, sondern in der erörterten positiven Beziehung zueinander.[136]

Fünftens (5) tritt die Wiederkunftslehre deshalb erst zuletzt auf, weil sie sich auf die „letzte Wahrheit"[137], d. h. auf den ewigen Fluß aller Dinge, und auf deren identitätszerstörende und damit lebensgefährliche Einverleibung bezieht. Weder das Erkennen noch das organische System sind auf ein direktes Erfassen des Werdecharakters als solchen eingerichtet, um dessen „Urgesetz"[138] es im Wiederkunftsgedanken geht. Sie funktionieren vielmehr als fortwährendes Fest-Stellen des Werdens. In diesem Sinne scheint nicht erst ein explizit metaphysisches Denken, sondern bereits jeder Lebensvollzug selbst das Seiende, nicht aber das Werdende als ‚wahr' zu bestätigen. Erst spät wird dieses Verhältnis in einer Weise umkehrbar, die nicht automatisch den Niedergang der Art und des Typus zur Folge hat. Die ‚Erkenntnis', an deren Vollendung die Einverleibung des Werdens als solchen steht, konnte überhaupt erst auf die Bahn kommen, nachdem eine „imaginäre Gegenwelt im Widerspruch

---

[135] Vgl. Kap. VI, 5, S. 176ff.
[136] Vgl. Kap. II, 5, S. 75, Anm. 106 und Kap. VI, 5, S. 177ff.
[137] KGW V, 2, 11 (162), S. 402.
[138] KGW V, 2, 11 (157), S. 400.

zum absoluten Flusse"[139] gesetzt worden war. Dazu gehörte z. B. der Glaube an Beharrendes, an Dinge, Körper, Identität oder Stoff. Auch die formale Logik setzt sich-gleich-bleibende Dinge bereits voraus. Dieser Glaube ist unter dem Druck praktischer Erfordernisse entstanden. Wer in der Subsumption des Ähnlichen unter das Gleiche zu langsam und zu vorsichtig war, der schmälerte damit seine Chancen des Fortlebens. Die „nicht genau sehenden Wesen hatten einen Vorzug vor denen, welche Alles ‚im Flusse' sahen".[140] Einer Einverleibung des Werdens steht so zugleich die anscheinend unaufhebbare Verstrikkung von ‚Erkenntnis' und ‚Irrtum' entgegen. Ist das Leben Bedingung für das Erkennen, so ist der Irrtum Bedingung des Lebens, und ein Wissen um den Irrtum hebt diesen noch nicht auf.[141]

Nietzsches Philosophie faßt nun aber zwei Experimente mit der ‚Wahrheit' ins Auge. Beide werden entwicklungsgeschichtlich überhaupt erst spät möglich. Zum einen und gegen die Tradition gewandt geht es um die Erfahrung, daß man von der ‚Wahrheit' nicht nur getrennt, sondern daß diese in einem an-sich-seienden Sinne prinzipiell nicht zu haben ist. Die Experimentalfrage lautet hier: Gibt es Wesen, die ohne objektive Wahrheit nicht nur lebensfähig, sondern gerade aufgrund dieser freisetzenden Erfahrung zur Gestaltung der Zukunft und zur Erzeugung von Wahrheiten motiviert sind? Zum anderen, und dies ist das für die Erhaltung der Spezies weitaus gefährlichere Experiment, geht es um die Einverleibung des absoluten Flusses allen Geschehens. Als Versuchsanordnung beider Wahrheitsexperimente ist die zukünftige Geschichte anzusehen. Die Frage ist, ob ein Zustand erreicht werden kann, in dem die Einverleibung dieser ‚letzten Wahrheit' nicht mehr zum Untergang des Lebens führt. Damit ist die Frage nach dem Stand des Verhältnisses von Erkenntnis und Existenzbedingung des Typus gestellt.

Ungeheuere Zeiträume hindurch hat der Intellekt nur Irrtümer erzeugt, von denen einige lebensnützlich und arterhaltend waren. Diese „uralt einverleibten Grundirrthümer"[142], die organisch geworden sind und die Organisation von Erfahrung bestimmen, wurden erst sehr spät angezweifelt oder gar geleugnet. Die Kraft einer Erkenntnis liegt mithin „nicht in dem Grade von Wahrheit, sondern in ihrem Alter, ihrer Einverleibtheit, ihrem Charakter als Lebensbedingung". Dies kann auch so ausgedrückt werden, daß Realismus eine Sache des jeweils herrschenden Systems der Organisation und Repräsentation der Erfahrung ist. Erfolg oder Mißerfolg entscheiden über Wahrheit und

---

139 KGW V, 2, 11 (162), S. 401f.

140 KGW V, 2, *Fröhliche Wissenschaft*, III, Aph. 111, S. 150. Vgl. dazu auch oben Kap. VII, 3, S. 227, Anm. 72.

141 „Erkennen-wollen und Irren-wollen sind Ebbe und Fluth. Herrscht *eines* absolut, so geht der Mensch zu Grunde" (KGW V, 2, 11 (162), S. 402).

142 KGW V, 2, *Fröhliche Wissenschaft*, III, Aph. 110, S. 147.

Realität. Skepsis und die aus dem Pathos des Erkennens erwachsende intellektuelle Redlichkeit waren erst nach langer Zeit und zunächst nur dort erlaubt, wo sie zu keinem Konflikt mit den Grundirrtümern des Lebens führten. Neu auftretende und noch nicht als nützlich, noch nicht als arterhaltend bewiesene Weisen des Organisierens werden als gefährlich eingestuft, bekämpft und ausgeschieden. Doch allmählich entstand gleichwohl ein Zustand, in dem jede Form von Trieben, nicht nur die auf Nützlichkeit und Lust bedachten, in dem „Kampfe um die ‚Wahrheiten'" Partei ergriff. Als mächtig galten von da an nicht mehr nur die irrtümlichen Glaubenssätze, sondern auch deren Kritik. Unter dem Pathos der Erkenntnis können ‚gut' und ‚böse', ‚wahr' und ‚falsch' umgestellt werden. Das Erkennen gehört so zum Leben und damit zur Macht selbst. Dieser Prozeß steuert nun unausweichlich auf den entscheidenden Punkt zu, wo die Erkenntnis und jene Grundirrtümer aufeinanderstoßen, und zwar jetzt „beide als Leben, beide als Macht, beide in dem selben Menschen". Gemessen an der fundamentalen Bedeutung dieses Kampfes ist alles andere "gleichgültig". Denn hier ist die „letzte Frage um die Bedingung des Lebens" gestellt, und es wird der „erste Versuch" unternommen, „mit dem Experiment auf diese Frage zu antworten". Das *neue* Grundproblem lautet jetzt: „Inwieweit verträgt die Wahrheit die Einverleibung?"[143] Und da der Wiederkunfts-Gedanke als die Urgeschichte des Werdens aufzufassen ist, ist *seine* Einverleibung mit der hier in Frage stehenden gleichbedeutend. Die *neue* Wahrheitsfrage lautet mithin nicht mehr ‚Wieviel Wahrheit kann der Mensch erkennen?', sondern ‚Wieviel Wahrheit kann er ertragen und ist er zu wagen in der Lage?'.

Vor diesem Hintergrund kann die Rede von der ‚Einverleibung des Wiederkunftsgedankens' so aufgefaßt werden, daß die alten und dem Werden entgegengesetzten Glaubenssätze durch ein verändertes, die Erfahrung zukünftig organisierendes Interpretations-Schema abgelöst werden. Dies bedeutet eine interne Modifikation des Typus der Interpretation auf der Ebene der ‚großen Vernunft' des Leibes. Darin wird der Wiederkunfts-*Gedanke* zur sinn- und geschehens-*logischen* Grenze der Welt. Er verändert das bisherige Interpretations-Schema und in *diesem* Sinne auch die Welt, d. h. er gibt ihr eine höhere Ausdeutung. Aber er tritt damit nicht aus der Interpretativität als solcher heraus. Auch die „letzte Wahrheit" ist keine ‚objektive' Wahrheit. Denn der Fluß aller Dinge, mithin das fortwährende Übergehen von einem Zustand in einen nächsten, ist als der Prozeß der Willen-zur-Macht-und-*Interpretations*-Vorgänge aufzufassen. Aber die Einverleibung des Wiederkunftsgedankens festigt die mit diesem verknüpfte neue Welt-Auslegung, macht sie organisch und zu dem die Erfahrung organisierenden Grundgedanken. Die ewige Wiederkehr

[143] a.a.O., S. 148f.

wird so gewissermaßen instinktiv. Man könnte auch sagen, daß sie analytisch wird. Sie *ist* von da an Grund*form* der Lebensvollzüge. Der Gedanke ewiger Wiederkehr wird also erst mit seiner Einverleibung realiter und im vollen Sinne zu der neuen Form des Welt-und-Selbst-Verständnisses sowie zum neuen nach-nihilistischen perpendikulären Schwergewicht des Lebens.

In Sachen Identität ist mit der Einverleibung des Werdens nicht nur ein Verlust, sondern auch ein neuer Gewinn zu verzeichnen. Mit der Wiederkunftslehre ist die Betonung des sachlichen Vorrangs des Werdens vor fest-gestellter Identität verbunden. Zugleich jedoch erweist sie sich als ein Identitätsprinzip höherer Ordnung, höherer Interpretation. Gleichheit-mit-sich wird nicht mehr durch ein Fixieren des Werdens erreicht bzw. gegen dieses durchgesetzt. Sie wird vielmehr durch das kreisförmige Wiederauftreten eines jeden Momentes gewährleistet.[144] Bezugsrahmen der Identität ist hier nicht die Linearität, sondern die Periodizität. Die für die Urteilsgrammatik des endlichen Verstandesdenkens kennzeichnende Auffassung des Werdens und der Zeit als Linearität verunmöglicht, strenggenommen, vollständige Identität. Denn es gibt nicht zwei Momente oder Situationen innerhalb der Linearität, die realiter absolut identisch wären. Demgegenüber ist die kreisförmige Wiederkehr eines jeden Momentes für ebendessen Identität Garantie. Denn es kehrt als dasselbe wieder. Der Wiederkunftsgedanke gelangt darin über die Identität hinaus sogar zu einer Aeternität, und dies *ohne* die einzelnen Momente zu Substanzen, d.h. zu sich entlang der Zeit gleich-bleibenden ontologischen Entitäten erklären zu müssen. Damit wird jene „umgekehrte Art Mensch“[145] möglich, die den Wechsel und die Vergänglichkeit nicht mehr fürchten, sondern vielmehr zum „Reiz“ rechnen würde. Dies wären Wesen, die nicht mehr unter dem Zwang einer Chronophobia stehen. Für sie ist charakteristisch, „die ewige Lust des Werdens *selbst zu sein*“.[146] Darin liegt zugleich die dionysisch-tragische Bejahung aller Realität. Und der Wiederkunftsgedanke gibt dieser Möglichkeit Raum, ohne bloß in eine Diffundierung der alten Identitätsvorstellung zu führen. Denn er erreicht in dem neuen Sinne Identität *im* Werden ebenso wie Aeternität *im* Fluß der Zeit. Das ist eine seiner Pointen. Auch sie tritt erst zuletzt hervor. Der Wiederkunftsgedanke ist *letzter* Gedanke.

Sechstens (6) ist zu beachten, daß sich die ursprüngliche Einheit von Mensch und Welt, auf deren *alles* Dasein betreffender Ebene der Wieder-

---

[144] Zum Verhältnis von Identität und Wiederkehr vgl. oben Kap. VII, 3.

[145] KGW VIII, 3, 18 (16), S. 337.

[146] KGW VI, 3, *Götzen-Dämmerung*, (*Was ich den Alten verdanke*, Aph. 5), und *Ecce homo*, (*Die Geburt der Tragödie*, Aph. 3), S. 154 und S. 310.
Die von B. Magnus, *Imperative*, S. 190ff. vertretene Auffassung, die Wiederkunftslehre sei auf eine Chronophobia, auf eine Angst also vor dem mit der Zeit verknüpften Aspekt der Vergänglichkeit zurückzuführen, läßt sich von Nietzsche her nicht aufrechterhalten.

kunfts-Gedanke seinen sinn-logischen Ort hat, nicht einfach und direkt an sinnlichen Gewißheitserlebnissen, an Verstandesbestimmungen und nicht am oberflächengrammatischen Sprechen und Denken über die Welt deskriptiv abgreifen läßt. Erst auf dem Wege über den Auslegungscharakter z. B. der Sprache und der Leib-Expressionen und über die Interpretationsbedürftigkeit jeder Interpretation kann sich der Mensch des Interpretations-Geschehens, das er selbst *ist*, und *darin* der Unauftrennbarkeit des Welt-und-Selbst-Verständnisses innewerden. *Dieser* Zirkel rückt erst spät ins Thema. Er ist zugleich eine innere Grenze. Denn die Interpretativität selbst kann nicht im Sinne einer beobachtbaren Tatsache distanziert und nicht in ihrer Geltung suspendiert werden. Darüber hinaus vermag solches Einholen nicht zu verhindern, daß die Kraft dieser die Erfahrung organisierenden Interpretativität bis in die Methodik der Forschung, der formalen Logik des prämissenfolgernden Schließens und in die Logik der reinen Denkbestimmungen reicht. Der Mensch ist mit all seinen Tätigkeiten, Einstellungen, Haltungen und Erlebensweisen derjenigen interpretierten und interpretierenden Wirklichkeit zugehörig, die sich im Zuge der Interpretationsvollzüge als interne Funktion des geschehens-logischen Zirkels selbst erst ergibt. Deshalb liegt in seinem Welt-Verständnis/Verhältnis ineins die Struktur des Sich-zu-sich-selbst-Verhaltens. Weiterhin ist anzumerken, daß der Mensch dem Zustand und der Beschaffenheit, die er als interpretierende und interpretierte Leib-Organisation nicht erst setzt, sondern selbst *ist*, auch in der selbst-bewußten Reflexion nicht entspringen kann. Das bewußt werdende Denken und das Selbstbewußtsein können den Willen-zur-Macht-und-Interpretations-Charakter jeden Geschehens einholen, ihn aber weder konstituieren noch aufheben. Am Ende ist die Reflexion genötigt, einen Schluß gegen ihre eigene Selbstüberschätzung zu ziehen. Dies ist letztlich eine Konsequenz des Insichgehens der Reflexion selbst. Die darin erreichte innere Grenze ist nicht mit einer Leugnung der Reflexion zu verwechseln. Dieser Unterschied ist deutlich herauszustellen.[147] Nietzsche leugnet die Reflexion keineswegs. Vielmehr setzt er ihre destruierende Kraft meisterlich ein. Aber er erliegt nicht der Versuchung, die nicht-holistische Gewißheitsbegründung des

[147] Er ist nicht bedacht, wenn J. Habermas, *Nietzsches Erkenntnistheorie,* (1968). in: Ders., *Kultur und Kritik,* S. 262 als Fazit seiner Nietzsche-Kritik schreibt, Nietzsche dürfe die Kraft der Reflexion „nicht wahrhaben", er bediene sich ihrer „nur zur Mobilmachung aller Argumente gegen das Recht der Reflexion selber". Vgl. dazu auch *Erkenntnis und Interesse,* Frankfurt/M. 1968, wo Habermas Nietzsche als „Virtuose einer sich selbst verleugnenden Reflexion" (S. 364) bezeichnet und in die unmittelbare Vorgeschichte des neueren Positivismus stellt. Muß jedoch die immanente Selbst-Überwindung der Reflexion als Übergang in den Interpretationsbegriff sowie dieser selbst gerade als Destruktion des positivistischen ‚Tatsachen'-Glaubens betrachtet werden, dann brechen beide Kritikpunkte von Habermas, die Selbstverleugnung der Reflexion und die Vorläuferschaft für den Positivismus, in sich zusammen. Vgl. in diesem Zusammenhang auch den Diskussionsbeitrag von Verf. in: *Nietzsche-Studien,* 10/11 (1981/82), S. 64ff.

neuzeitlichen Selbstbewußtseins zur Grundlage des Philosophierens und der Wirklichkeitsauffassung zu erheben. Bewußt werdendes Denken und Selbst-Bewußtsein sind späte, sehr begrenzte und wenig zuverlässige Ausdruckformen der umfassenderen Geschehensprozesse, sie stehen im Horizont des für *alles* Dasein, vom Anorganischen bis hin zu sinn-symbolischen Gebilden charakteristischen Willen-zur-Macht-und-Interpretations-Geschehens, – und nicht umgekehrt. Jedes Selbstbewußtsein ist notwendig Interpretation, aber nicht jede Interpretation ist vom Charakter des Selbstbewußtseins.[148] Von daher wird deutlich, daß die Wiederkunftslehre auch nicht als Konsequenz einer Metaphysik des Selbstbewußtseins mißverstanden werden darf. Sie ist dies weder im Sinne des für die neuzeitliche Rationalität kennzeichnenden Cartesianischen Ansatzes noch in der Gestalt, wie das Selbstbewußtsein auf dem Wege seiner inneren Verdoppelung und der Dialektik zwischen dem wissenden und dem darin gewußten Selbstbewußtsein Grundlage für die System-Philosophie des Deutschen Idealismus geworden ist.

Doch entscheidend ist hier nicht der Streit um die Stellung von Bewußtheit und Selbstbewußtsein. Wichtig ist, daß die Ebene des ursprünglichen Welt-und-Selbst-Verständnisses, auf deren Struktur sich der Wiederkunftsgedanke bezieht, auf keine Weise hintergangen, distanziert, suspendiert oder operational hergestellt werden kann. Obzwar es sich darin um die ‚naheliegendste‘ und sich selbst-garantierende Dimension handelt, kommt sie doch onto- wie phylogenetisch erst spät, erst *zuletzt* in den Blick und kann auch dann nur indirekt, d.h. nicht-ostensiv eingeholt werden. Darin manifestiert sich Endlichkeit. Diese besteht also nicht nur in bezug auf die Geschichte zwischen Entstehen und Vergehen, mithin nicht nur in der Begrenztheit der raumzeitlichen Erstreckung. Sie zeigt sich wesentlich auch daran, daß der Mensch nicht Subjekt, nicht Urheber, sondern selbst eine der Ausdrucksformen und eher Zuschauer des Geschehens ist, und daß die ursprünglich-produktive Struktur der Welt-und-Selbst-Ausgelegtheit, mithin diejenige Perspektive, die man nicht erst ‚wählt‘, sondern immer schon *ist*, nicht noch einmal distanzierend vor einen hingestellt werden *kann*. Die Erfahrung der nicht-überspringbaren Endlichkeit nötigt in die Internität des Interpretations-Zirkels, außerhalb dessen es keine Realität und keinen Sinn gibt. Und am anderen Ende, nachdem dieser Zirkel intern auf seine ‚höchste Ausdeutung‘, und das heißt auf sein Macht- und Wert-Optimum hin durchlaufen ist, steht der Gedanke der ewigen Wiederkehr. Er symbolisiert die höchste überhaupt nur mögliche Bejahung und Sicherung der Endlichkeit. Er gibt die Bedingungen an, unter denen den vornehmlich auf der Spitze einer sich selbst innegewordenen Endlichkeit erneut drohenden moralisch-ontologischen und dualismus-nahen Me-

[148] Vgl. in diesem Zusammenhang auch Kap. VI, 5, S. 165ff.; vgl. auch Kap. I, 4, S. 26f.

taphysmen der Boden entzogen wird. Insofern die internen Funktionen des Willen-zur-Macht-und-Interpretations-Zirkels alle Realität und aller Sinn *sind*, Wirklichkeit darin also erst *als* Wirklichkeit wird, kann der Ewige-Wiederkunfts-Gedanke, *indem* er sich als der Gipfel des geschehens-logischen Zirkels erweist, zugleich als dessen Urlogik angesprochen werden. Denn Fortgang in die ‚höchste Ausdeutung' ist hier ineins erzeugender Rückgang in deren Grund.

Siebtens (7) tritt die Wiederkunftslehre in ihrem vollen Gehalt auch deshalb erst *zuletzt* hervor, weil es zuvor der höchstmöglichen Individuierung bedarf. Das Individuum aber steht nicht am Anfang, sondern am Ende der Entwicklung. Das ursprüngliche Ineinander von Selbst und Welt *kann* post-nihilistisch und ohne eines Vermittlers, ohne eines Dritten zu bedürfen überhaupt erst eingeholt werden, *nachdem* ein Höchstmaß an Individualität erreicht worden ist. Der Wiederkunftsgedanke *kann* mithin kein Kollektiv-Gedanke sein. Das voll entfaltete Individuum versteht sich nicht mehr als Gattung, aber eben auch nicht mehr in Entgegensetzung zu einer Welt der Objektivität und nicht mehr als das isolierte, abgetrennte und eben dadurch nihilistische Resultat der es bedingenden Entwicklungskette. Es erfährt und weiß sich vielmehr als die ganze es bedingende und auch alle Zukunft in sich schließende Interpretations-Kette selbst. Es hat in ein und demselben Willen-zur-Macht-und-Interpretations-Gefüge, das es als Leib-Organisation *ist*, das Selbst und die Welt untrennbar ineinander und findet diese in jenem und jenes in dieser. Ein solches Individuum *ist* seine Welt. Ihm erst erschließt sich der Wiederkunftsgedanke in seinem vollen Sinn.

Achtens (8) ist die dem Wiederkunftsgedanken selbst noch bevorstehende Geschichte zu nennen. Diese wird sich in unterschiedlichen Symbolsystemen und Vokabularen und gegen natur- und kulturgeschichtlich gewachsene und inzwischen organisch gewordene Widerstände vollziehen. Gleichwohl ist der Wiederkunftsgedanke gerade nicht etwas, das *durchgesetzt* werden müßte. Er ist kein Sollen und seinem Wesen nach kein Imperativ, weder im Sinne des abstrakt vernünftigen, auf den Menschen als Vernunftwesen, nicht aber auf ihn als wirklich individuierte Person bezogenen kategorischen Imperativs der reflektierenden Moralität noch im Sinne eines existenziellen Imperativs. Zu allem Verdruß untersagt er sich darüber hinaus jeden objektivistischen Schein reiner Seinslehre. Er ist auch keine Heils- oder Glückslehre und darf weder als ein anti-platonischer noch gar als ein neuer Mythos mißverstanden werden.[149] Die Wiederkunftslehre ist keine absolute Philosophie. Sie springt an keiner Stelle aus dem Zirkel der Interpretation hinaus.

Neuntens (9) geht es hier nicht um die Lösung irgendeiner Rätselhaftigkeit der Welt. Eine solche Lösung gibt es nicht, weil es ein solches Rätsel nicht

---

[149] Dieser Punkt wird unten S. 320ff. näher erläutert.

gibt. Die Welt ist nicht rätselhafter Ausdruck einer verborgenen Ordnung. Es gibt da keine ,Wahrheit', die es zu enträtseln oder zu ent-decken gilt. Will man von einem Rätsel der Welt sprechen, so ist in umgekehrtem Sinne darunter gerade das zu verstehen, was *zuletzt, nachdem* die metaphysisch-theologisch-moralische Gesamtdeutung der Welt ihre motivierende Kraft eingebüßt und parallel dazu die Immanentisierung der Wirklichkeitsauffassung immer weiter zugenommen hat, hervortritt. Doch *diese* Rätselhaftigkeit gilt es der Welt ausdrücklich zu bewahren. Sie besteht darin, *daß* die diese Welt ausmachenden Kräfte-Relationen und Interpretationen in ihren Vollzügen unerbittlich das sind, was und wie sie sind. Wer der Welt die quasi analytische Rätselhaftigkeit, *daß* sie ist, nehmen möchte, der ist drauf und dran, die Welt im Denken zu vernichten. Dieses Geheimnis des Daseins wird im Wiederkunftsgedanken nicht nur nicht zum Verschwinden gebracht, sondern gegen jedwede Tendenz zur erneut metaphysischen und/oder moralischen Abwertung und Welt-Verneinung gesichert. Hinter das Daß des Daseins zurückzufragen, *kann* unter den Bedingungen der Endlichkeit und der Internität keine sinnvolle Frage und *muß* Rückfall in metaphysisches Denken sein. Ein solches Ansinnen liefe, auch in einer seinsgeschichtlichen Version, letztlich stets darauf hinaus, einen Standpunkt außerhalb der Interpretativität zu beziehen, was eo ipso ausgeschlossen ist. Das Verlassen einer Perspektive ist zwingend mit dem Eintritt in eine andere verknüpft.

Entsprechend gehört die Wiederkunftslehre nicht zu irgendwelchen Arcana. Vielmehr gewinnt sie ihre Sinnstelle erst, *nachdem* Endlichkeit, Werdecharakter, Geschichtlichkeit und Interpretativität *als solche* hervorgetreten und intern zu Ende gedacht und erfahren worden sind. Dies ist, in der Sprache Zarathustras, derjenige Zenit, an dem die Sonne so hoch steht, daß die Dinge keinen Schatten mehr werfen, die Erde gar nicht anders kann als sich selbst treu zu sein, mithin alles, was wird, ganz aus sich selbst heraus das ist, was und wie es wird und ist. Die Frage nach der Bejahung der Realität hat hier quasi analytisch das Wieder-Wollen-Müssen dieses und damit aller Momente, der ganzen ,un-vernünftigen' Geschehens-Kette zur Antwort. Der Ewige-Wiederkunfts-Gedanke ist also nicht Nietzsches ,dunkelster', sondern sein ,hellster', sein aufgeklärtester Gedanke. Seine selektive Wirkung besteht darin, daß er diejenige Grenze des ursprünglichen Welt-und-Selbst-Verständnisses ist, an der sich Bejahung und Verneinung der ametaphysischen Willen-zur-Macht-und-Interpretations-Welt, *dieser* Welt und *dieses* Lebens scheiden. Das ist „der große Mittag"[150], dessen Heraufziehen Zarathustra ankündigt. Solche

[150] Vgl. KGW VI, 1, *Zarathustra* I, (*Von der schenkenden Tugend,* 3), S. 98; III, (*Von der verkleinernden Tugend,* 3), S. 213; III (*Von den drei Bösen,* 2), S. 236; IV, (*Vom höheren Menschen,* 2), S. 353; IV, (*Das Zeichen*), S. 404.

Rede ist Trinitäts-Metapher der Willen-zur-Macht-Prozesse, des Interpretations-Geschehens und des Wiederkunfts-Gedankens.

Zarathustra gibt dem Gehalt des Wiederkunfts-Gedankens eine sich in Bildern statt in Begriffen artikulierende Darstellung. Wird diese Möglichkeit an den Grenzen begrifflicher Explikation eingesetzt, so kann sie geeignet sein, die in Frage stehende Struktur eindringlich vor Augen zu führen. Dies heißt jedoch nicht, daß die Bildersprache ohne Zutun des Gedankens diesen Effekt erreicht und für sich allein genommen den vollen Sinn der Wiederkunftslehre zu entfalten vermag. Und es heißt weiterhin nicht, daß diese Lehre als ein Mythos, auch nicht als ein anti-platonischer sowie anti-christlicher „Gegenmythos"[151] oder gar als ein neuer post-neuzeitlicher Mythos aufzufassen ist. Der Gedanke der ewigen Wiederkehr des Gleichen ist in dem dargelegten geschehens-logischen Sinne als die *Interpretation der Interpretationen,* nicht jedoch als Mythos zu qualifizieren. Diese Abgrenzung ist aus mehreren Gründen zu beachten.

In bezug auf das Verhältnis von Religion und Wiederkunftsgedanke betont Nietzsche, daß man sich hüten solle, „eine solche Lehre wie eine plötzliche Religion zu lehren".[152] Analog ist herauszustellen: Man hüte sich, diesen Gedanken wie einen plötzlichen Mythos zu lehren! Zunächst ist nicht zu vergessen, daß Nietzsches Stellung zum Mythos in den achtziger Jahren ganz und gar nicht mehr so positiv wie in der Tragödienschrift ist.[153] Das Mythische spielt für den reifen Nietzsche keine wichtige Rolle mehr, und dieser auch selbstkritische Wandel in der Auffassung hat sachliche Gründe. Sodann darf man nicht außer acht lassen, daß es vorzugsweise Götzen und Mythen sind, gegen die Nietzsche zu Felde zieht, daß seine Philosophie eine Kampfansage an neu-auftretende ebenso wie an alt-eingesessene Götzen, daß „*Götzen aushorchen*"[154] sein Programm ist. Daß der Wiederkunftsgedanke sich gegen Platon, den Platonismus und das Christentum und damit auch gegen die von diesen ausgebildeten Mythen wendet, ist offensichtlich. Doch heißt dies weder, daß er sich in dieser Opposition erschöpft, noch, daß er seinerseits als Mythos zu bestimmen ist. Eine solche Vorstellung könnte auch überhaupt nur dann Plausibilität erlangen, wenn die Nachlaß-Fragmente aus der Betrachtung ausgeschlossen und allein die *Zarathustra*-Texte herangezogen würden. Doch damit wäre, wie gezeigt, der Vollbegriff der Wiederkunftslehre zerstört. Da der Nachlaß einbezogen werden muß, ist die Überlegung, auf die sich die Rede

---

151 Als einen solchen „counter-myth" charakterisiert B. Magnus die Wiederkunftslehre, vgl. *Imperative,* S. XIV, 155, 159 und 191.

152 KGW V, 2, 11 (158), S. 401.

153 Vgl. dazu näher Kap. X, 2, S. 351f.

154 Vgl. KGW VI, 3, *Götzen-Dämmerung,* Vorwort, S. 51.

von ‚Mythos' und ‚Gegenmythos' stützt, daß nämlich die Wiederkunftslehre in Nietzsches veröffentlichtem Werk stets in „allegorical disguise" und, wie Platons Höhengleichnis, als eine „ontology in allegory"[155] präsentiert werde, von nur mehr eingeschränktem Gewicht. Dies ist sie zumal dann, wenn, wie zu sehen war[156], sogar in die Darstellung im *Zarathustra* die Welt der Kräfte, wie diese auch Thema der theoretischen Wissenschaften sind, miteingegangen ist. Darüber hinaus ist der Wiederkunftsgedanke nicht als Allegorie, und zwar weder als stellvertretende oder gleichnishafte Repräsentation von etwas noch als ein Allgemeines, dem Exemplifikation verschafft wird, sondern als Symbolisierung zu verstehen, die selbst ihre Realität ist und in jedem Besonderen zugleich das, was allem gemeinsam ist, mit zur Erfahrung bringt. Und schließlich handelt es sich nicht um Ontologie in irgendeinem auf Platon Bezug nehmenden Sinne, sondern um Willen-zur-Macht-und-Interpretations-*Logik*. Es ist dem Wiederkunfts-Gedanken kein guter Dienst erwiesen, wenn man ihn ins Mythische glaubt retten zu müssen. Er ist *Gedanke*, nicht Mythos. Dies ist auch in Hinsicht auf die Überwindung des Nihilismus zu betonen.

Der Nihilismus ist nicht durch die Produktion neuer Mythen oder durch eine Renaissance alter zu überwinden. Das wäre ein sich selbst nicht durchschauender Atavismus, der die Herausforderungen der Modernität nicht austrägt und den Nihilismus nicht intern zur Selbst-Überwindung vollendet, sondern bloß umgeht, bestenfalls abbricht. Einen nach-nihilistischen Mythos *kann* es nicht geben. Das wäre nicht nur ein hölzernes Eisen, sondern Regreß, Umschlag der Erfahrung, daß eine aus sich heraus verbindliche Ordnung und Sinnhaftigkeit nicht gegeben ist, ins naiv Mythische. Angesichts der Einsicht, daß eine an sich seiende Wahrheit nicht zu haben ist, stellt der Rückgriff auf den Mythos ein Surrogat dar. Dieses kann nicht die Stelle der Authentizität einnehmen, auf die Nietzsches Philosophie und insonderheit der Ewige-Wiederkunfts-Gedanke hinauswill. Nietzsches Ideal besteht darin, nicht mehr an höchste, fest-stehende Wahrheiten glauben zu *müssen*, sondern in Bezugnahme auf interpretativ hergestellte und dann ‚herrschende' Gedanken, die nicht über-zeitlich sind, sondern ‚ihre Zeit' haben, leben zu *können*. Dies ist eine Frage der Existenzbedingungen des Typus. Höhepunkt der Betrachtung: Ohne ‚Wahrheit-*an-sich*' leben, dies aber nicht als Verlust oder Abwesenheit beklagen, sondern als Befreiung begrüßen und der Interpretation die ganze Wahrheit, das Schaffen von neuen Sinn-Texturen zutrauen können. Solche Wesen können sich von der Moira, die sie selbst *sind*, nicht erneut in Mythen wegstehlen, – selbst wenn sie wollten. Die nach-nihilistischen Lebensformen sind wesentlich *ästhetischen*, nicht *mythischen* Charakters.

---

[155] B. Magnus, a.a.O., S. 162; vgl. S. 179.
[156] Vgl. oben Kap. VIII, 1, S. 249ff.

Die Wiederkunftslehre ist aber nicht nur vom Mythos im Sinne einer allegorischen Ontologie, sondern vor allem auch hinsichtlich der Momente des denkerisch Unerfahrbaren, des Unbegreiflichen und des ehrfürchtig Hinzunehmenden freizuhalten. Sie löst weder ein Geheimnis der Welt noch dekretiert sie einen deterministischen Zwang, und sie ist auch kein Quietiv. Darüber hinaus, und dies ist ein systematisch zentraler Punkt, verhindert der Mythos Geschichte. Er offeriert ein dem Ich- und Gruppen-Bewußtsein Identität versprechendes Heraustreten aus der Geschichte, aus dem Fluß der Zeit. Genau dies jedoch versagt sich die Wiederkunftslehre entschieden. Sie ist Konsequenz des ewigen Werdens und erfordert die ‚Lust, das Werden selbst zu sein', nicht dessen Stillegung. Darin gehören Vergeschichtlichung und Verendlichung zusammen. Kräfte können nicht stillstehen, sondern müssen fortwährend tätig sein, und in jedem ihrer relationalen Vollzüge sind sie notwendig endlicher, nicht unendlicher Natur. Die Wiederkunftslehre ergibt sich als eine innere Optimierung der Verschränkung beider Gesichtspunkte. Sie darf nicht als ein Rückstieg von der Spitze der Historizität und der Endlichkeit, sondern muß als Konsequenz einer Radikalisierung und Fortschreibung beider angesehen werden. Dagegen teilt der Mythos sowohl mit der reinen Seinslehre als auch mit der objektivistischen Wissenschaft den Schein einer unabhängigen, an sich seienden und über-zeitlichen Struktur von Welt und Sinn. Genau dies aber ist unter den Bedingungen, unter denen der Wiederkunftsgedanke überhaupt erst Raum gewinnt, von vornherein nicht mehr möglich. Die ewige Wiederkehr ist kein über die Endlichkeit hinausgreifender, sondern der die Urgeschichte eben dieser Endlichkeit als Ineinander von Faktizität und Interpretation symbolisierende Gedanke. Er stellt weder einen aeternalistischen noch einen augenblicksekstatischen Austritt aus der Endlichkeit und aus der Geschichtlichkeit dar. Vielmehr ist er deren interne interpretative Vollendung.

Schließlich ist hier noch ein letztes Mißverständnis auszuräumen. Ein noch im alten Ideal einer möglichst genauen Wiedergabe der Welt in der Erkenntnis befangenes Denken sieht ein Problem darin, daß bei einer Vielfalt von Perspektiven und Interpretationen keine die ‚wahre' sein kann. Dies verführt leicht zu mythischen und/oder mystischen Auffassungen und zu Scheinlösungen, in denen die bereits mangelhafte Voraussetzung der Fragestellung (immer noch nämlich an einer korrespondenztheoretischen Wahrheitsauffassung glauben festhalten zu können[157]) nicht nur mittransportiert, sondern sogar noch potenziert wird. Hinter den vielen und bloß partiellen Interpretationen dessen, was die Welt ist, gibt es, so werden Mythos und Mystik nicht müde zu behaupten, eine einheitliche und eigentliche Welt, die mit Hilfe derjenigen denkerischen Möglichkeiten, mit denen der Mensch ausgestattet ist, nicht er-

[157] Dazu, daß dies nicht möglich ist, vgl. oben Kap. VI, 3, S. 153–157.

reichbar ist. Eine solche Überlegung muß jedoch insbesondere für die Wiederkunftslehre nachdrücklich zurückgewiesen werden. Das Mißverständnis würde darin bestehen, den Wiederkunftsgedanken als mythischen und/oder mystischen Ausdruck einer solchen, hinter den vielen Interpretationen stehenden transzendenten Welt aufzufassen. Gründlicher könnte man den Sinn dieses Gedankens nicht verkehren. Denn auf diese Weise wird mißachtet, daß er am anderen Ende der Idee einer metaphysischen und einer mythischen Hinterwelt steht, und daß er ‚wahr' nicht mehr im Sinne des alten, d.h. des repräsentations- und korrespondenztheoretischen Wahrheitsverständnisses, sondern nur noch im Sinne der *neuen Auslegung* der Wirklichkeit, mithin im Sinne des geschehens-logischen Interpretations-Zirkels ist, als dessen interner Höhepunkt er sich erwiesen hat.

Die voranstehenden Ausführungen haben die grundlegenden Koordinaten und die sinn-logischen Funktionen des Gedankens der ewigen Wiederkehr des Gleichen benannt. Doch gehen in dessen vollständige Kennzeichnung noch andere Aspekte ein. Die beiden folgenden Kapitel befassen sich mit der Selbst-Destruktion der ‚wahren' und der Wiedergewinnung der wirklichen Welt (IX) und mit der ‚unvernünftigen' Notwendigkeit der vom Joch der Teleologie befreiten Kräfte-Welt (X). In ihnen werden die beiden Gesichtspunkte weiter verfolgt, daß und in welchem Sinne es sich in der Wiederkunftslehre weder um die Idee eines metaphysischen An-sich-Seins noch um die Annahme einer Vernünftigkeit in der Sache handeln *kann*. Auf diese Weise gewinnt das Universum der ewigen Wiederkehr weiter an Profil.

IX. Destruktion der ‚wahren' und Selbstfindung der wirklichen Welt

1. *Moral und Vernunft als Stimuli zum Nihilismus*

Zu den Existenzbedingungen des bisherigen Typus gehörte auch die Moral, die Nietzsche zufolge als ein „*Erhaltungsmittel*", als das „große *Gegenmittel* gegen den praktischen und theoretischen *Nihilismus*"[1] fungierte. Existenzbedingungen, von deren Beschaffenheit auch die Möglichkeit einer erfolgreichen, das ursprüngliche Welt-und-Selbst-Verständnis neu orientierenden Einverleibung des Wiederkunfts-Gedankens in dem dargelegten Sinne abhängig ist[2], zeichnen sich durch drei Eigentümlichkeiten aus. Erstens *sind* sie nur, insofern sie *gelten*. Sie sind tief verwurzelte, organisch gewordene und die Erfahrung organisierende Wertschätzungen, haben eine naturgeschichtliche Basis und setzen ihre Wirkung jeweils bis in die Logik des Erkennens fort. Zweitens sind *immer* irgendwelche typus-spezifischen Existenzbedingungen in Geltung. Denn jeder Geschehens-Prozeß vollzieht sich ipso facto unter ihm zugehörigen teils erworbenen, teils hervorgebrachten Voraussetzungen. Obwohl selbst der Veränderung unterworfen, lassen sich Existenzbedingungen als solche aber kaum auf eine willentliche Weise abändern. Man kann sie auch nicht, gleich welcher Ausprägung sie sein mögen, auf dem Wege der Argumentation widerlegen. Man kann sie, wie Nietzsche dies ausdrückt, „nur – *nicht haben*!"[3] Drittens gilt, daß die einmal verankerten und bislang verwendeten Schematisierungen des Welt-Verhältnisses selbst dann, wenn sie sich jetzt als Irrtümer erweisen, nicht rückgängig gemacht werden können. Denn

---

[1] KGW VIII, 1, 5 (71), S. 215.

[2] Neben der *Moral* gehört auch die metaphysische *Wahrheitsauffassung* in den Kreis der Existenzbedingungen des bislang bekannten Typus Mensch. Vgl. oben Kap. VI, 3, S. 156f. Insofern Nietzsches *neue* Welt-Auslegung jenseits der alten Optik von ‚Gut' und ‚Böse' sowie von ‚Wahr' und ‚Falsch', jenseits von Moral und Metaphysik steht, ist ihre Übernahme mit veränderten Existenzbedingungen verknüpft. Darin liegt die eigentliche Herausforderung dieses Denkens. Sie erreicht ihren äußersten Punkt dort, wo, wie gezeigt wurde, die Einverleibung des Wiederkunftsgedankens, der die höchste überhaupt nur mögliche Bejahung einer von jedweder ‚moralischen' und/oder ‚metaphysischen' Rechtfertigung freigesetzten Welt ausdrückt, mit der Einverleibung der ‚letzten Wahrheit', d. h. des Flusses aller Dinge, verflochten ist. Vgl. dazu oben Kap. VIII, 5, S. 312ff.

[3] KGW VII, 1, 1 (2), S. 5.

auch daran ginge der Mensch zugrunde. Ein Wesen, dem die sein Welt-und-Selbst-Verständnis bedingenden Perspektiven wieder heraussubtrahiert würden, wäre nicht lebensfähig. Es wäre überhaupt nicht das spezifische Wesen, das es ist, sondern, samt seiner Welt, vielmehr nichts.

Aber Existenzbedingungen sind keine Konstanten und nicht der Zeit enthoben. Auch sie haben eine Geschichte, in deren Verlauf schließlich ein Punkt erreicht wird, an dem mit der Einsicht in ihre lebensermöglichende Funktion ihr zugleich fiktionaler Charakter hervortritt, und der Schein der Objektivität nicht mehr weiter aufrechterhalten werden kann. Das ist kein Vorgang, der das Leben von außen befällt. Er bricht vielmehr von innen hervor. Im Bereich der Moral stellt sich dieser Effekt interner Selbst-Überwindung im Gefolge der von der Moral selbst großgezogenen Wahrhaftigkeit ein. Diese *muß* sich schließlich gegen die Moral, mithin gegen ihre eigene Herkunft wenden, sobald sie die Teleologie, die „interessierte" Betrachtung der Moral entdeckt. Von diesem Augenblick an erscheint der einverleibte und vormals durchaus lebensdienliche Irrtum als eine „lange eingefleischte Verlogenheit"[4], die man verzweifelt von sich abzuwerfen bestrebt ist. Die ‚wahrhaftige' Einsicht in den teleologischen Charakter der Moral wirkt als Stimulus zum Nihilismus.

Der gleiche Vorgang innerer Selbst-Korrosion tritt auch im Bereich der Erkenntnis und der Vernunft auf. Hier verrichtet die Wahrhaftigkeit ihr Werk in ihrer geläuterten Version als ‚intellektuelle Redlichkeit'. Auch an der Vernunft und näherhin an den Verstandeskategorien und der formalen Logik wird die hinter diesen steckende interessierte Betrachtungsweise, ihre Moral und Teleologie deutlich. Schließlich wird klar, daß die Kategorien des Sprach- und Verstandesdenkens und das in und mit diesen aus dem fortwährenden Fluß des Geschehens Fest-Gestellte gar nicht von jener ‚wahrheits'- und ‚objektivitäts'-verbürgenden Art ist, wie nicht nur der gesunde Menschenverstand, sondern auch Wissenschaft und Philosophie gemeinhin glauben. Zu nennen sind vor allem die Begriffe Zweck, Einheit, Sein, Substanz, Subjekt, Kausalität, Objekt und die alte Wahrheitsauffassung im Sinne der Korrespondenz und Repräsentation. Sie alle erweisen sich schließlich als fiktionierende Instrumentarien zur Sicherung der Erhaltungs-Wachstums-Bedingungen eines bestimmten Typus, nicht jedoch als Kriterien der Realität und Wahrheit. Dies zu sagen heißt nicht, einen versteckten Begriff objektiver Realität und Wahrheit in Anspruch nehmen zu müssen. Es geht solcher Kritik zunächst lediglich um den Nachweis, daß der ursprüngliche Prozeßcharakter des als Mit- und Gegeneinander der vielen Willen-zur-Macht-und-Interpretations-Komplexe aufzufassenden ewigen Flusses aller Dinge in den genannten Kategorien nicht erfaßt wird.

---

[4] KGW VIII, 1, 5 (71), S. 215.

Die mit Hilfe der Verstandeskategorien konstruierte, jedoch als real geglaubte ‚wahre‘ und ‚objektive‘ Welt einheitlicher, fester und an-sich-seiender Strukturen erweist sich in Nietzsches Sicht letztlich als eine aus „Rache“ an der Wirklichkeit, mithin an der Realität des auch Leiden verursachenden Werdens, Wechselns, Sich-Veränderns, des Scheins, der Vielheit, des Widerspruchs und des Kampfes erdichtete und erlogene Welt und Wahrheit. Die Rache[5] wird in Nietzsches Schriften immer wieder als eine zentrale Triebfeder dualistischer Metaphysik diagnostiziert, in den achtziger Jahren von der *Fröhlichen Wissenschaft* über den *Zarathustra* bis in die Spätzeit. Hinter der Abwertung und Verleumdung des Daseins und der Annahme einer metaphysischen und objektiven Welt, die dieser einzig wirklichen Welt widerspricht, stand für die Metaphysiker immer die „*Circe der Philosophen*“, – die Moral. Diesen Befund sieht Nietzsche im Zusammenhang des von ihm in den späten achtziger Jahren immer stärker herausgestellten Problems der Décadence. Darunter falle auch die gesamte bisherige Philosophie. Ihre Geschichte sei „ein *heimliches Wüthen* gegen die Voraussetzungen des Lebens, gegen die Werthgefühle des Lebens, gegen das Parteinehmen zugunsten des Lebens“.[6] Allerdings gelingt es der ‚wahren‘ Welt nicht, sich erfolgreich auf Dauer zu stellen. Die intellektuelle Redlichkeit wirkt auch hier als Antrieb zum Nihilismus, zur Destruktion der Idee eines metaphysisch Wahren, Guten und Schönen.

Der Verdacht und das Gefühl der Wertlosigkeit der Welt, mithin die Erfahrung des Nihilismus, wird in diesem Falle durch die Einsicht ausgelöst, daß der Gesamtcharakter des Daseins mit den Begriffen ‚Zweck‘, ‚Einheit‘ und ‚Wahrheit‘ nicht interpretiert werden kann. Mit dem Dasein wird kein Ziel verfolgt oder erreicht. Es fehlt die „übergreifende Einheit in der Vielheit“ der Prozesse. Gemessen am alten metaphysischen Wahrheitsbegriff ist der Charakter des Daseins nicht ‚wahr‘, sondern ‚falsch‘, und es besteht von jetzt an kein Grund mehr, sich eine wahre Welt „einzureden“. Mit anderen Worten: die überlieferten Grundbegriffe ‚Zweck‘, ‚Einheit‘ und ‚Sein‘, mit denen der Mensch der Welt „einen Werth eingelegt“ hatte, werden jetzt vom Menschen selbst wieder „herausgezogen“, und das Ergebnis ist, daß die Welt nun „werthlos“ aussieht.[7] Ursachen des Nihilismus sind also die negativen Erfahrungen, daß (a) es weder einen Zweck noch ein Ziel des Werdens gibt, daß (b) in, unter, über oder hinter den Geschehensprozessen nicht irgendeine Ganzheit, nicht irgendein sensorium commune, keine große Einheit waltet, in der das Indivduum „völlig untertauchen darf, wie in einem Element höchsten Werthes“, und daß (c) auch die Ausflucht in eine die Welt des Werdens verur-

[5] Vgl. dazu im einzelnen unten Kap. IX, 4.
[6] KGW VIII, 3, 14 (134), S. 110f.; vgl. 14 (135).
[7] KGW VIII, 2, 11 (99), S. 290.

teilende ‚*wahre* Welt' von dem Augenblick an in einen Unglauben an ein solches metaphysisches Ansich umschlägt, wo deutlich wird, daß dieses stets aus „psychologischen" Bedürfnissen „gezimmert" ist.

Es ist zu beachten, daß der Nihilismus zwar als „psychologischer Zustand"[8] eintritt, daß das darin auftretende Sachproblem aber nicht einfach im Sinne eines bewußten oder unbewußten inneren Erlebens, nicht nur auf die subjektive Innenwelt bezogen aufzufassen ist. Grundsätzlich ist auch hier wie schon in früherem Zusammenhang zu betonen, daß ‚Sinn' und entsprechend auch ‚Sinn-losigkeit', daß Nihilismus eine Angelegenheit des *Gedankens,* nicht der Psychologie ist. Der Nihilismus ist ein sinn-*logisches* Problem.[9] Sodann ist herauszustellen, daß die Rede von Psychologie hier im Sinne einer Physio-Psychologie aufzufassen ist. Auch der Nihilismus stellt eine bestimmte morphologische und entwicklungsgeschichtliche Gestalt des Willen-zur-Macht-Geschehens dar. Nihilismus ist nicht ein Phänomen bloß der Inner-Bewußtheit. Er betrifft zum einen den Werdecharakter der werdenden Welt, insofern es um die Stellung zur Realität des Werdens geht, und er ist zum anderen seinerseits Ausdruck eines bestimmten Zustandes eben dieses Werdeprozesses, vor allem des Verhältnisses von Individuum und Welt. In diesem Sinne geht es im Nihilismus nicht nur um den Menschen, sondern um alles Dasein und um die Einzigkeit der Realität des Werdens selbst, d.h. um Welt im umfänglichen Sinne des vollständig diesseitigen, immanenten und durch keinerlei vorgegebene Sinn-, Ziel- oder Zweckstrukturen bestimmten Willen-zur-Macht-und-Interpretations-Geschehens und um eine mögliche Ja- oder Nein-Stellung zu dem so ausgelegten Weltprozeß.

Auch von hier aus läßt sich die Funktionsstelle des Wiederkunfts-Gedankens als Überwindung des Nihilismus angeben. Jene Form des Nihilismus, die sich den Glauben an eine ‚*wahre* Welt' verbietet, hat bereits eine Perspektive gewonnen, die das Werden als die *einzige* Realität zugibt und sich „jede Art Schleichwege zu Hinterwelten und falschen Göttlichkeiten" verbietet. Aber ein solcher Nihilismus erträgt diese Welt des Werdens noch nicht, obwohl er sie „schon nicht leugnen will"[10]. Der entscheidende Schritt steht noch aus. Er besteht darin, die Realität des Werdens vorbehaltlos und uneingeschränkt zu bejahen. Damit erst wäre der Punkt erreicht, an dem eine Weltkonzeption, die dem Werdecharakter der werdenden Welt gerecht zu werden und ineins die prinzipielle Unabwertbarkeit des Daseins herauszustellen sowie dessen Endlichkeit gegen erneut drohende metaphysische Verlockungen zu sichern vermag, zugleich auch dasjenige Welt-und-Selbst-Verständnis sein muß, das dem

[8] a.a.O., S. 288.
[9] Vgl. Kap. VIII, 5, S. 310.
[10] KGW VIII, 2, 11 (99), S. 290.

Weltprozeß im ganzen und in jedem seiner Momente, jedem einzelnen Erleben und Handeln nach-nihilistisch eine neue innere Gravität verleiht. Dies ist im Ewigen-Wiederkunfts-Gedanken in dem im vorangegangenen Kapitel ausgeführten Sinne unüberbietbar der Fall.

Der Zunahme des Nihilismus entspricht eine Abnahme des religiösen und metaphysischen Glaubens, entlang der sich der Mensch als „flüchtig“ und als „unwesentlich“ begreifen lernt. Darauf bezogen stellt der Gedanke der ewigen Wiederkehr *die* Antwort Nietzsches auf die seit Anfang der achtziger Jahre wichtige Frage „Wie geben wir dem inneren Leben Schwere?“[11] dar. Der springende Punkt und die eigentliche Schranke einer Überwindung des Nihilismus läßt sich im Hinblick auf die drei genannten Grundbegriffe des traditionellen Weltverständnisses (Zweck; Einheit; Sein) näher markieren. Wenn die Welt nicht mehr mit Hilfe dieser Begriffe ausgelegt werden kann, dann scheint dies die Welt selbst und auf immer zu entwerten. Doch dies ist ein Kurzschluß, der keineswegs aus dem Nachweis folgt, daß die überlieferten Kategorien nicht auf die Welt im ganzen und nicht auf das Werden anwendbar sind. In einer solchen Auffassung manifestiert sich neben dem Zurückschrecken vor neuen Welt-Interpretationen immer noch der Bann, der von dem „Glaube an die Vernunft-Kategorien“ ausgeht, obwohl diese sich gerade als die eigentliche Ursache des Nihilismus erwiesen haben. Der Mensch hat den *Wert der Welt* „an Kategorien gemessen, *welche sich auf eine rein fingierte Welt beziehen*.“[12] In diesem Sinne hat er die Welt verkehrt. Indem er sie durch Rekurs auf einen Zweck-, Einheits- und Seinsbegriff wertvoll zu machen glaubte, hat er ihre Entwertung betrieben. Nihilismus ist Dialektik der selbst-widersprüchlich hoch angesetzten Werte. Doch gehört auch dieser Vorgang zu dieser Welt selbst. Man darf hier nicht das Kind mit dem Bade ausschütten und nun die vor-nihilistische Phase als ‚uneigentliche‘ oder ‚falsche‘ anprangern wollen. Das wäre zu kurz gegriffen, und der Metaphysiker hätte erneut guten Grund zu blinzeln. Eine uneingeschränkte Bejahung des Werdens erfordert eo ipso das Ja-Sagen zu *aller* Realität. Darüber hinaus ist zu beachten, daß jedes Wertschätzen, einschließlich der im Nihilismus endenden Verkehrungen, Ausdrucksform eines Willens-zur-Macht ist, Resultat bestimmter „Perspektiven der Nützlichkeit zur Aufrechterhaltung und Steigerung menschlicher Herrschafts-Gebilde“. Doch man ist dem Trugschluß erlegen, diese lebens-pragmatisch bedingten Wertschätzungen nicht nur in das Dasein hineinzuprojizieren, sondern sie auch als dessen Wesen auszugeben. Darin ist die Tendenz zur Vermenschlichung der Natur sowie die „hyperbolische Naivität“ des Menschen wirksam, „sich selbst als Sinn und Werthmaß der Dinge“[13] anzusetzen.

[11] KGW V, 2, 11 (172), S. 405.
[12] KGW VIII, 2, 11 (99), S. 291.
[13] Ebenda.

2. *Die Wirkung des formellen Denkens und der Verstandeskategorien als Wahrheit*

Formelles Denken und Verstandesfunktionen sind Nietzsche zufolge vom Menschen als Mittel und Werkzeuge in der Absicht entwickelt worden, „sich auf eine nützliche Weise zu täuschen". Sie dienen dazu, Macht über die Realität zu gewinnen, diese auf eine kluge Weise „mißzuverstehen". Sie ermöglichen ein Zurüsten und Verfügbarmachen der Welt unter Gesichtspunkten der Nützlichkeit, d. h. der Erweiterung und Intensivierung der Mächtigkeit gegenüber der Natur. Eine folgenreiche Verirrung jedoch setzte ein, als man in diesen Mitteln und Werkzeugen das *Kriterium* der Wahrheit bzw. der Realität zu besitzen glaubte. Die Beurteilung dieses Umschlags wird zunächst freilich dadurch verkompliziert, daß die pragmatisch verwurzelte und lebensdienliche Nützlichkeit eines solchen „Systems principieller Fälschung"[14] in der Tat für lange Zeit und in dem Sinne ‚wahr' gewesen ist, daß es den Erhaltungs-Steigerungs-Bedingungen förderlich war. An anderer Stelle notiert Nietzsche, daß ‚Wahrheit' die „Art von Irrthum" ist, „ohne welche eine bestimmte Art von lebendigen Wesen nicht leben könnte. Der Werth für das Leben entscheidet zuletzt".[15] Der naive Fehler bestand nun aber darin, die „anthropocentrische Idiosynkrasie" als das Maß der Dinge, als „Richtschnur" für ‚real' und ‚unreal' aufzufassen, mithin „eine Bedingtheit zu verabsolutieren".[16] Von dem Augenblick an fiel die Welt in eine ‚wahre' und in eine ‚scheinbare' auseinander, und „genau die Welt, in der der Mensch zu wohnen und sich einzurichten seine Vernunft erfunden hatte, genau dieselbe wurde ihm diskreditirt". Diese Transformation der Vernunftformen von einem Mittel, sich der Realität zu bemächtigen, zum Kriterium der Realität ist in Nietzsches Sicht der „größte Irrthum", der in der Geschichte des Menschen begangen worden ist. War man bestrebt, die Realität durch die Vernunftmittel unter ein Schema zu bringen, so wurde jetzt die Welt ‚falsch', und zwar „exakt der Eigenschaften wegen, *die ihre Realität ausmachen*"[17], nämlich Wechsel, Werden, Vielheit, Gegensatz, Widerspruch, Kampf und Krieg. Man glaubte nun, daß der Begriff der ‚wahren' Welt in den Vernunftformen *gegeben* sei.

Diese Kritik trifft nicht nur die alte, sondern auch die subjektivitäts- und prinzipientheoretisch restringierte neuzeitliche Metaphysik. Man denke an die Anstrengungen der neuzeitlichen Vernunft, sich dadurch zu sichern und ihrer selbst zu vergewissern, daß sie sich rein auf sich selbst konzentriert, um sich

---

[14] KGW VIII, 3, 14 (153), S. 129.
[15] KGW VII, 3, 34 (253), S. 226.
[16] KGW VIII, 3, 14 (153), S. 128.
[17] a.a.O., S. 129.

auf diese Weise, ohne Beimischung von Empirischem, in keinem Falle an die drohende Unendlichkeit des zunächst in der Anschauung nur diffus gegebenen Mannigfaltigen zu verlieren. Der Cartesianische Ansatz der neuzeitlichen Rationalität beim Selbstbewußtsein und dann die kritische Transzendentalphilosophie Kants sind die herausragenden Zeugnisse solchen Bemühens. Der Zusammenhang mit der Metaphysik ist offensichtlich. Für Kant ist allein auf diesem Wege eine Lösung der eigentlichen Aufgabe einer Kritik der reinen Vernunft, d.h. eine Antwort auf die Frage, wie synthetische Urteile apriori möglich sind, zu erreichen. Da die Metaphysik für Kant, wenigstens „ihrem Zweck nach", aus lauter synthetischen Sätzen apriori besteht, hängt von der Lösung dieser Grundfrage das „Stehen und Fallen der Metaphysik"[18] ab.

Es ist zu beachten, daß die folgenschwere Wende vom Werkzeug zum Kriterium, in dessen Gefolge es schließlich zur Abwertung und Verleumdung der Welt und des Lebens kam, *in* den Vernunft*mitteln* selbst, im Instrumentarium des Zurechtmachens der Welt erfolgt. Das in der Herausbildung des formellen Denkens und der Verstandesfunktionen maßgebende Bedürfnis war nicht auf Erkenntnis dessen, was ist, sondern auf Subsumption und Schematisierung gerichtet[19], um auf diese Weise eine Verständigung über die Welt und deren Berechenbarkeit zu ermöglichen. Dies führte dazu, daß sich das wesentlich imperativische Moment, die interessierte und in diesem Sinne moralische Vorschrift dessen, was als ‚wahr' und ‚real' bzw. als ‚falsch' und ‚unreal' gelten *soll,* von seinem Mittelcharakter ablöste und verselbständigte. Anhand des Schemas vor allem des als Wahrheitskriterium mißverstandenen Satzes vom zu vermeidenden Widerspruch wurde so schließlich eine ‚wahre' Welt konzipiert. Das formelle Denken, das als „Erleichterung", als „Ausdrucksmittel"[20], *nicht* aber als Wahrheit gemeint war, konnte dann als Wahrheit *wirken*.

Das formelle Verstandesdenken, das Nietzsche hier kritisiert, darf freilich nicht mit dem Logischen, nicht mit der *philosophischen* Logik verwechselt werden, in der es um jenen ursprünglichen Vorgang geht, in und als dessen Vollzug sich Wirklichkeit *als* Wirklichkeit überhaupt erst zu bedeuten gibt. Der Klärung dieser Struktur gilt, auf der Ebene der ‚großen Vernunft des Leibes' angesetzt, auch Nietzsches Interesse in dem früher ausgiebig erörterten Sinne.[21] Leider hat Nietzsche den Unterschied zwischen dem formellen Denken und der philosophischen Logik nicht beachtet. Auch hat er nur die Logiktradition vor Augen, wie sie historisch von Aristoteles, Descartes und Kant verkörpert und sachlich als die auf das Bewußtsein und die Selbstreflexion

[18] I. Kant, *Kritik der reinen Vernunft,* B 18f.
[19] Vgl. KGW VIII, 2, 14 (152), S. 126.
[20] KGW VIII, 3, 18 (13), S. 336.
[21] Vgl. oben Kap. VI,5; vgl. auch die Ausführungen im Vorwort, S. VIII.

zurückgreifende Idee der fundamentalistischen Selbstvergewisserung vertreten wird. Dieses Selbstbewußtsein dann als die ,kleine Vernunft' in seinem Status herabzustufen, ist der Profilierung von Nietzsches Gedanke der ,großen Vernunft' und das heißt des Leibes als der *realen* ,Vernunft' hilfreich, zumal dann, wenn sich die Vernunft des Selbstbewußtseins als ein überaus begrenzter, entwicklungsgeschichtlich erst spät auftretender und dann noch in sich verkehrter Ausschnitt aus der höchst komplexen Struktur der die Wirklichkeit ausmachenden Willen-zur-Macht-und-Interpretations-Prozesse erweist. Doch die Überakzentuierung ausschließlich dieses Gesichtspunktes verdeckt, daß der Vorgang des Zustandekommens von Wirklichkeit *als* Wirklichkeit für den Menschen in dem erörterten Sinne als von *logischer* Natur qualifiziert werden kann. Darüber hinaus ist die Unterscheidung zwischen formellem Denken und Logischem geeignet, Nietzsches Kritik der Logik von Fehleinschätzungen und unrechtmäßigen Pauschalisierungen, zu denen Nietzsche offensichtlich neigt, freizuhalten.

In der formalen Logik wird nicht etwas dem Wirklichen Adäquates behauptet. Denn in einem solchen Falle müßte bereits von anderswoher eine Kenntnis des Wirklichen vorliegen. Die Logik wirkt vielmehr als ein Instrument, den Begriff ,Wirklichkeit' für den Menschen erst hervorzubringen. Sie ist ein „Imperativ", eine Vorschrift, „*nicht* zur Erkenntniß des Wahren", sondern „zur Setzung und Zurechtmachung einer Welt"[22], die dann als wahr gelten soll. Das Substrat des für jeden Satz der formalen Logik vorauszusetzenden mit sich selbst identischen ,A' bildet, Nietzsche zufolge, der in der Empirie und durch die Struktur des sprach- und grundbegrifflichen Systems gut bestätigte Glaube an ,Dinge'. Er ist die Voraussetzung für den Glauben an die formale Logik. Nietzsche deutet das ,A' der Logiker, ebenso wie das ,Atom' der Physiker, als eine „Nachconstruktion des ,Dings'". Sobald diese Abhängigkeit nicht mehr begriffen und aus der formalen Logik ein Kriterium des „wahren Seins" gemacht werde, sei man bereits dabei, jene „Hypothesen", wie z. B. die Begriffe Substanz, Subjekt, Objekt und Prädikat als Realia anzusetzen, mithin „eine metaphysische Welt zu concipieren". Doch diese ,wahre Welt', so fügt Nietzsche ironisch hinzu, ist nichts anderes als „die scheinbare Welt noch einmal".[23]

In der Metaphysik kommt die Verdopplung bzw. das Auseinanderbrechen der Welt in eine ,wahre' und eine ,scheinbare' sowie die Abwertung letzterer zugunsten ersterer durch ein „blindes Vertrauen" in die Vernunft zustande. Diese glaubt aus der einem bestimmten Begriff entsprechenden Realität darauf schließen zu müssen, daß auch dem gegenteiligen Begriff Realität zu-

[22] KGW VIII, 2, 9 (97), S. 53.
[23] a.a.O., S. 54.

kommen müsse, da es ja sonst ersteren ebenfalls nicht gäbe. In bezug auf den Weltbegriff führt dies zu Schlüssen etwa folgender Art. „Diese Welt ist scheinbar – *folglich* giebt es eine wahre Welt. Diese Welt ist bedingt – *folglich* giebt es eine unbedingte Welt. Diese Welt ist widerspruchsvoll – *folglich* giebt es eine widerspruchslose Welt. Diese Welt ist werdend – *folglich* giebt es eine seiende Welt.“ Sehr plastisch kann Nietzsche dann sagen, die Vernunft sei somit eine „Offenbarungs-Quelle über An-sich-Seiendes“[24]. Zu solchen Folgerungen, und hier treibt Nietzsche Genealogie des motivationalen Antriebs der Metaphysik, „inspiriert“ das Leiden an der Welt, das Leiden am Werden. Die wahre, unbedingte, widerspruchslose, bleibende und seiende Welt der Metaphysik basiert auf dem Wunsch, daß es eine solche Welt geben *möge* und zugleich auch auf dem „Haß“ gegen eine Welt, die Leiden verursacht. Auf diese Weise ist das „Ressentiment“ der Metaphysiker gegen das Wirkliche seinerseits „schöpferisch“[25] geworden. Doch auch hier wiederum zeigt sich, daß die so imaginierte und gesollte Welt und Wahrheit, daß die moralisch-metaphysische Ontologie nicht erfolgreich auf Dauer gestellt werden kann. Die nihilistischen Konsequenzen sind unausweichlich.

Um überhaupt denken und schließen zu können, sind zwei Voraussetzungen vonnöten. Erstens, daß es Seiendes und zweitens, daß es identische Fälle gibt. Für die formale Logik ist kennzeichnend, daß sie „nur Formen für Gleichbleibendes“[26] handhabt. Dies bedeutet, daß sich der Wille zur formal logischen Wahrheit erst vollziehen kann, „nachdem eine grundsätzliche *Fälschung* alles Geschehens“ vorgenommen wurde. Denn dieses ist weder vom Charakter des Seienden im Sinne eines irgendwie festen Seins noch kommen in ihm realiter identische, sich-gleich-bleibende Fälle vor. Realität ist vom Charakter des Prozesses, des Werdens und des Flusses der Ereignis-Konkatenationen. Im formellen Denken ist somit ein „Trieb“ wirksam, der zweier aufeinander folgender Strategien fähig ist, zunächst „der Fälschung“ und sodann „der Durchführung Eines Gesichtspunktes“.[27]

Wird nun aber die so konstruierte Struktur auf die Wirklichkeit angewandt, dann stellt sich der unbeabsichtigte Effekt ein, daß kontrastiv dazu etwas vom ursprünglichen Werdecharakter der werdenden Welt hervortritt. Das auf Fest-Stellung des Werdens bedachte Schema bringt kontra-indiziert das Werden in den Blick. Darüber hinaus ist das Schema selbst, als Vollzug, vom Charakter des Werdens, es unterliegt seinerseits der Veränderung, seine Anwendung bewirkt Anordnung und Organisation der Erfahrung, und selbst

[24] KGW VIII, 1, 8 (2), S. 337.
[25] Ebenda.
[26] KGW VIII, 2, 9 (89), S. 46.
[27] KGW VII, 3, 40 (13), S. 365f.

der zweimalige Gebrauch des Schemas oder einer seiner Bestandteile, eines Begriffs und eines Wortes kurz nacheinander durch ein und denselben Sprecher bzw. ein und dasselbe Bewußtsein ist in Hinsicht auf die Semantik der verwendeten Ausdrücke nicht absolut identisch, da die Bedeutung von Zeichen und Symbolen prinzipiell nichts Fest-Gestelltes, sondern etwas Unabgeschlossenes ist. Und schließlich tritt gerade im Zuge der Anwendung einer am Ding- und nicht am Ereignis-Schema orientierten Theorie auf die in ihr thematisierbare Wirklichkeit deren Prozeßcharakter hervor. Man denke z. B. an das wissenschaftliche Experiment, das im strengen Sinne niemals exakt wiederholt werden kann. Das Experiment wiederholt keine numerisch identischen Fälle. Wiederholt werden nicht die Vorgänge, sondern die formalen Bedingungen, die der verwendeten Theorie zufolge maßgebend sind. In bezug auf das im Augenblick erörterte Problem tragen auch solche Überlegungen zu der Folgerung bei, daß sich die „Annahme des Seienden" gerade im Gefolge ihrer eigenen Applikation als die „Täuschung des Seienden" erweist. Diese ist ihrerseits freilich sowohl vom Wesen des Werdens als auch aus dem Werden hervorgegangen, eben als die auf Fixierung und Gleichmachung des Werdens gerichtete Strategie der Macht-Steigerung. Nach der anderen Seite bedeutet dies, daß in der formalen Logik und in der Mathematik als der angewandten Logik „die Wirklichkeit gar nicht vor(kommt), nicht einmal als Problem". Und in ihnen selbst wird auch nicht die Frage gestellt, „welchen Werth überhaupt eine solche Zeichen-Convention, wie die Logik ist, hat".[28] Solche Kritik darf jedoch nicht, selbst wenn Nietzsche sie so verstanden haben sollte, als eine Abwertung der formalen Logik als solcher verstanden werden, die als Lehre des prämissenfolgernden und methodisch geregelten Schließens aufzufassen ist. Die Kritik setzt vielmehr dort ein, wo das formal-logische Denken, das von den tatsächlichen Vorgängen in der Wirklichkeit deutlich zu unterscheiden ist, dem Trugschluß erliegt, sich selbst als das Kriterium der Realität und Wahrheit ausgeben zu müssen. Was die ‚Wahrheit' des formellen Denkens betrifft, so ist also zu unterscheiden.

Wird die formale Logik ausschließlich in ihrem Bereich des Schließens betrachtet, so ist die Rede von ‚Wahrheit' wesentlich an die formale Konsistenz geknüpft. In früheren Zusammenhängen wurde bereits betont, daß darin die Bestimmung der *philosophischen* Logik, des Logischen *nicht* aufgeht.[29] Die philosophische Logik erstreckt sich darüber hinaus auf diejenigen Bedingungen, die die Wirklichkeit erfüllen muß, damit man von ihr die Erfahrung einer *So-und-so*-Wirklichkeit haben *kann*. Wird die formale Logik illegitimerweise

[28] KGW VI, 3, *Götzen-Dämmerung*, (*Die „Vernunft" in der Philosophie*, 3), S. 70. Vgl. KGW VIII, a.a.O.

[29] Vgl. vor allem Kap. VI, 5, S. 163–172.

in diese Dimension ausgeweitet, dann unterliegt sie der skizzierten Kritik von seiten eines zugleich erweiterten Wahrheitsverständnisses. Doch gilt es auf der dann betretenen Ebene der philosophischen Logik erneut auf Unterschiede zu achten, jetzt vor allem auf diejenigen zwischen der *alten* und der *neuen* Auffassung dessen, was als ‚Wahrheit‘ gilt. In einer bestimmten Weise kommt es in beiden Hinsichten zu einem Konflikt zwischen Logik und Wahrheit. Legt man das alte Wahrheitsideal im Sinne der metaphysischen Wesen-Ontologie als Offenlegung des Ansich der Dinge und als Korrespondenz- bzw. Repräsentationsverhältnis von Satz und Sachverhalt zugrunde, dann kann aufgrund des Fälschungscharakters der formalen Logik gesagt werden, daß diese Logik ihr Motiv nicht in einem solchen Wahrheitswillen hat. Dieser Aspekt ist in einer freilich uminterpretierten Version auch im Rahmen von Nietzsches neuem Wahrheitsverständnis zu betonen. Doch über den grundsätzlichen Unterschied hinaus, daß sich ein metaphysischer bzw. korrespondenztheoretischer Wahrheitsbegriff unter den Bedingungen des endlichen Verstandes sinn-logisch gar nicht durchführen läßt[30], und die Wahrheitsauffassung prinzipiell nicht mehr unter Rekurs auf ein ens metaphysicum entfaltet werden kann, ist hier eine innere Differenzierung zu beachten. Auf einer ersten Ebene ist die formale Logik im Sinne von Nietzsches *neuem*, d.h. an der Erweiterung und Steigerung des internen Mächtigseins orientierten Wahrheitsverständnisses durchaus ‚wahr‘, insofern sie durch die beiden Aspekte zunächst der verkürzenden und mit Hilfe von Zeichen und Formeln abkürzenden Fälschung und sodann der Durchführung Eines Gesichtspunktes zur Stärkung des Machtgefühls gegenüber der Realität beiträgt. Dies wird etwa auch daran offenkundig, daß die naturbeherrschende Technik in ihrer entwickelten Form weitgehend Ergebnis angewandter Mathematisierung ist. Gleichwohl ist das formal-logische Verstandesdenken auf einer zweiten Ebene auch im Rahmen des neuen Wahrheitsverständnisses nicht ‚wahr‘. Denn es hält an den Strukturen von Subjekt, Prädikat, Ding, Identität, Einheit und Sein fest, tritt also nicht in den Charakter des Werdens, des Prozesses, der Vielheit, der Relativität und der Interpretativität ein. Gemessen an den Idealisierungen sowohl einer Metaphysik des Ansichseins als auch der formalen Logik ist das wirkliche Geschehen ein Reich der Unlogik.

3. Die Selbst-Auflösung der ‚wahren‘ Welt und des ‚wahren‘ Wesens

Es ist deutlich geworden, in welchem Sinne die moral- bzw. vernunftgläubigen Metaphysiker sich Nietzsche zufolge aus der Welt und aus dem Leben

[30] Vgl. dazu Kap. VI, 3, S. 153–157.

nicht nur zurückziehen, sondern diese einzige Welt aus der Perspektive einer aus Wünschbarkeiten, aus dem Geist der Rache und des Ressentiment imaginierten und sollens-theoretisch konzipierten ‚*wahren* Welt‘ auch implizit oder explizit abwerten, verurteilen und verneinen. Gegen genau diese Tendenz macht Nietzsches Denken erklärtermaßen Front. Es geht darum, die dualistisch konstruierte ‚wahre Welt‘ in die Immanenz der wirklichen, d.h. der faktisch-interpretativen Machtwillen-Welt zurückzuholen. Gelingt dies, dann löst sich mit der ‚wahren‘ schließlich auch der Sinn der Rede von der ‚scheinbaren‘ Welt auf. Darin erst vollendet sich die Überwindung dieses metaphysischen Dualismus.

Einen ersten Schritt in diese Richtung stellt der Aufweis dar, daß jene Gegensätze (z. B. scheinbar vs. wahr; bedingt vs. unbedingt) ihrer Herkunft nach nicht notwendig auf eine „übernatürliche Quelle der Vernunft“ zurückzuführen sind. Die „wahre Genesis“ der darin verwendeten Begriffe (wie z. B.: wahr, unbedingt, widerspruchsfrei, seiend, bleibend, einheitlich) liegt in der „praktischen Sphäre“, im Bereich lebensdienlicher, den Erhaltungs-Wachstums-Bedingungen förderlicher Nützlichkeit. Gerade weil diese Begriffe aus der praktischen Dimension stammen, gelingt es ihnen, einen so „starken Glauben“[31] auf sich zu vereinigen, sich gleichsam unantastbar zu machen. Doch obzwar der Mensch wohl zugrunde gehen würde, wenn er sich nicht nach Maßgabe solcher Vernunft verhielte, darf dies nicht als ein ‚Beweis‘ dessen mißverstanden werden, was darin behauptet wird.[32] Mit anderen Worten: auch jede noch so fest geglaubte Perspektive ist eine Perspektive und keine objektive Wahrheit. Auch die lebens-pragmatische Verankerung der ‚Wahrheit‘ darf nicht erneut in Metaphysik zurückfallen.

Die konstruierten und fiktionierten Welten können ihren im Kern nihilistischen Charakter nicht verbergen. Es ist die ‚Logik‘ der höchsten Werte selbst, die zu deren schließlichem Zerfall führt. Dies ist die geschichtliche Diagnose, die Nietzsche der abendländischen Tradition stellt. Der Mensch steht jetzt in historischer wie systematischer Hinsicht in einer Situation, die von ihm eine neue Grund-Stellung zur Welt und zu sich selbst, ein neues Welt-und-Selbst-Verständnis fordert. Die Alternative ist, sich entweder zu neuen Götzen, d. h. zu konstruierten und das Dasein erneut verleugnenden Welten und Wahrheiten wegzustehlen oder den Durchbruch zur dionysisch-tragischen Bejahung uneingeschränkt und vorbehaltlos *aller* Realität zu finden. Die erste dieser beiden Möglichkeiten wird sich entweder aus sich selbst heraus wieder aufheben oder aber in einem dem aktiven Nihilismus vergleichbaren blinden Aktionismus bzw. in erneut erlösungs- und heilsmythischer Rache an der

---

[31] KGW VIII, 1, 8 (2), S. 338.
[32] Vgl. a. a. O.

Wirklichkeit entladen. Der zweite und von Nietzsche ins Auge gefaßte Weg einer Überwindung des Nihilismus erfordert, daß das Individuum an dem nun erreichten Punkt den Grundcharakter allen Daseins zugleich als seinen eigenen übernimmt und ohne Abzug und ohne Ausnahme bejaht. Ein solches Wesen wäre nach-nihilistisch gegen erneut auftretende metaphysische Verlockungen immun. Damit erst ist das Kernmotiv von Nietzsches Philosophie erreicht. Wie ein Brennglas lenkt sein Denken immer wieder auf diesen Punkt und auf die damit verbundene Einsicht, daß nach der Auflösung der ‚wahren‘ Welt nicht etwa die bloß ‚scheinbare‘ übrigbleibt, sondern daß mit der ‚wahren‘ auch die ‚scheinbare‘ destruiert ist. Zu sagen, daß der Mensch also fortan in eine Welt des ‚Scheins‘ eingeschnürt ist, verkennt die Reichweite der Selbstdestruktion der ‚wahren Welt‘. Am Ende steht nicht das Gefängnis des ‚Scheins‘, sondern die explizite Übernahme und Bejahung des Willen-zur-Macht-und-Interpretations-Charakters des Daseins und darin der Perspektivität als solcher. Dies ist kein Zurückgeworfensein vor den Schleier einer vermeintlichen Wahrheit-an-sich, sondern die Überwindung der eben dieser Vorstellung zugrunde liegenden Optik. Denn die einstimmende Übernahme des Grundcharakters ist zugleich interner Triumph über diese Beschaffenheit der Welt. Zugleich wird die Gestaltung des Zukünftigen angesichts der Einsicht, daß die ‚Wahrheit‘ und der ‚Wert‘ der Welt von der Interpretation abhängen, nicht nur möglich, sondern sogar gefordert. Die Aufgabe des ametaphysischen Menschen der Zukunft besteht darin, neue Texturen zu verfassen. Die Überwindung des Nihilismus ist im Innersten eine Frage der vorhandenen oder nicht vorhandenen interpretativen Kräfte.

Den nach Graden fortschreitenden Selbstzerfall, die notwendige Selbst-Überwindung und Entwertung der metaphysischen Welt hat Nietzsche am eindrucksvollsten in den sechs Punkten zusammengefaßt *Wie die ‚wahre Welt‘ endlich zur Fabel wurde*. Dieser Text muß als eine umgekehrte Genealogie gelesen werden. Sie verläuft vom äußersten Punkt einer vom realen Dasein entfernten metaphysischen Welt bis zur Wiedergewinnung des ursprünglichen Grundcharakters der für den Menschen einzigen Welt und Wirklichkeit. Im Sinne einer voranschreitenden Überwindung rollt Nietzsche die „Geschichte eines Irrtums“ zurück.

„1. Die wahre Welt erreichbar für den Weisen, den Frommen, den Tugendhaften, – er lebt in ihr, *er ist sie*. (Älteste Form der Idee, relativ klug, simpel, überzeugend. Umschreibung des Satzes ‚ich, Plato, *bin* die Wahrheit‘.)

2. Die wahre Welt, unerreichbar für jetzt, aber versprochen für den Weisen, den Frommen, den Tugendhaften (‚für den Sünder, der Busse thut‘). (Fortschritt der Idee: sie wird feiner, verfänglicher, unfasslicher – *sie wird Weib*, sie wird christlich . . .)

3. Die wahre Welt, unerreichbar, unbeweisbar, unversprechbar, aber schon als gedacht ein Trost, eine Verpflichtung, ein Imperativ. (Die alte Sonne im Grunde, aber durch Nebel und Skepsis hindurch; die Idee sublim geworden, bleich, nordisch, königsbergisch.)

4. Die wahre Welt – unerreichbar? Jedenfalls unerreicht. Und als unerreicht auch *unbekannt*. Folglich auch nicht tröstend, erlösend, verpflichtend: wozu könnte uns etwas Unbekanntes verpflichten? ... (Grauer Morgen. Erstes Gähnen der Vernunft. Hahnenschrei des Positivismus.)

5. Die ‚wahre Welt‘ – eine Idee, die zu Nichts mehr nütze ist, nicht einmal mehr verpflichtend, – eine unnütz, eine überflüssig gewordene Idee, *folglich* eine widerlegte Idee: schaffen wir sie ab! (Heller Tag; Frühstück; Rückkehr des bon sens und der Heiterkeit; Schamröthe Plato's; Teufelslärm aller freien Geister.)

6. Die wahre Welt haben wir abgeschafft: welche Welt blieb übrig? die scheinbare vielleicht? ... Aber nein! *mit der wahren Welt haben wir auch die scheinbare abgeschafft*! (Mittag; Augenblick des kürzesten Schattens; Ende des längsten Irrthums; Höhepunkt der Menscheit; INCIPIT ZARATHUSTRA.)“[33]

Der erste Teil dieses sechsstufigen Passus nimmt seinen Ausgang bei der Welt der Platonischen Ideen und betrifft die Entwicklung bis zu Kant am Ende des dritten Abschnitts. Dies kann auch als der Weg reformuliert werden, der von der alten Wesen-Ontologie zur neuzeitlich restringierten und subjektivitätstheoretisch gewendeten Ontologie der Erscheinungsdinge und der regulativen Ideen führt. Der Kantischen Zweiweltenlehre zufolge haben es die endlichen Geister an keiner Stelle und zu keiner Zeit mit den Dingen-an-sich zu tun, die jedoch gleichwohl als letzter Grund dessen, was in der Welt der Erscheinungsdinge erscheint, angenommen werden. Die in einer solchen Auffassung enthaltene Selbstwidersprüchlichkeit, ein Ansichsein weiterhin annehmen zu wollen, obwohl dieses doch unter den endlichen Bedingungen nie erkannt werden *kann*, treibt in die weitere Entwicklung der restlichen Etappen bis zur völligen Auflösung der Idee der ‚wahren Welt‘. Diese Aufhebung erreicht ihren Höhepunkt darin, daß mit der ‚wahren‘ auch die Rede von der ‚scheinbaren‘ Welt zurückgelassen, mithin der in solchen Entgegensetzungen verwendete Bezugsrahmen überwunden wird. Das abschließende und zugleich einen neuen Anfang eröffnende ‚Incipit Zarathustra‘ kann so verstanden werden, daß sich jetzt dasjenige Welt-und-Selbst-Verständnis zu entfalten beginnt, an dessen Ende in dem erörterten Sinne der Gedanke der ewigen Wiederkehr des Gleichen steht.

[33] KGW VI, 3, *Götzen-Dämmerung, (Wie die „wahre Welt“ endlich zur Fabel wurde)*, S. 74f.

Die weitgefaßte Rede von der ‚wahren Welt' bedarf der Präzisierung. Dann erst wird das ganze Spektrum dessen, was von der hier geschilderten Selbst-Destruktion betroffen ist, deutlich. Die Idee der ‚wahren Welt' umfaßt die Welt der Platonischen Ideen, das Reich der formalen Logik, das der übersinnlichen wissenschaftlichen Naturgesetze, die Welt religiöser Transzendenz, die Welt der Kunst im Sinne des apollinischen ‚schönen Scheins' und die Welt absoluter Werte, eines ewigen Sittengesetzes und der christlichen Moral sowie alle sich aus diesen Bereichen herleitenden und/oder auf sie beziehenden Formen ‚wahrer' Welten und ‚objektiver' Wahrheiten, kurz: jede Version eines an-sich-seienden Wahren, Guten und Schönen. Die Selbstauflösung der Idee der ‚wahren Welt' betrifft also die Philosophie, die Wissenschaft, die Religion, die Kunst und die Moral in ihren welt- und lebensverneinenden Voraussetzungen, Konstruktionen und Konsequenzen. Obwohl der zitierte Text auf den ersten Blick nur rein anti-platonisch und anti-christlich klingt, ist diese Reichweite herauszustellen. Dies ist nicht nur erfordert, weil Nietzsche die abendländischen Entwicklungen in Philosophie, Wissenschaft, Religion, Kunst und Moral weitgehend durch den Platonismus und das Christentum bestimmt sieht. Darüber hinaus werden derartige Verbindungen zuweilen auch von Vertretern der einzelnen Kultursphären selbst hergestellt. So hat z. B. nicht nur Schopenhauer, sondern später etwa auch der Neukantianer Paul Natorp die Platonischen Ideen mit den neuzeitlich-wissenschaftlichen Naturgesetzen gleichgesetzt. Eine solche Zusammenjochung hätte, obwohl sie sachlich unzutreffend ist, Nietzsche sicherlich symptomatisch und keineswegs überraschend gefunden.[34]

Auch die Physiker glauben auf ihre Art an eine ‚wahre Welt'. Dies geschieht in der Form, daß „eine feste, für alle Wesen gleiche Atom-Systematisation in nothwendigen Bewegungen"[35] angenommen wird. Die ‚scheinbare' Welt reduziert sich dabei auf die „jedem Wesen nach seiner Art zugängliche Seite des allgemeinen und allgemein nothwendigen Seins". Nietzsches Einwand gegen diese wahre Welt setzt hier nicht mit der Kritik an der Atomistik ein, wie er diese in Aufnahme einiger Vorstellungen von Bošković und im Zuge seiner eigenen Lehre der als dynamische Kraftquantationen aufzufassenden Willen-zur-Macht in dem ausgeführten Sinne[36] vorgetragen hat. Auch führt er die Kritik nicht direkt von der Seite der Selbstauflösung der Idee der ‚wahren Welt'. Vielmehr greift er in einem doppelten Sinne auf den Perspekti-

---

[34] P. Natorp interpretiert die Platonische ‚Idee' als ‚reines Gesetz', welches Erfahrungswahrheit begründet, als ‚Methode' und darin als Begründung der Wissenschaft. Vgl. P. Natorp, *Platos Ideenlehre*, Leipzig ^{2}1921, S. 188 und S. 201–216. Zu Schopenhauer vgl. oben Kap. II, 4, S. 66f.

[35] KGW VIII, 3, 14 (186), S. 165.

[36] Vgl. oben Kap. III, 2.

vismus der Willen-zur-Macht-Kräfte zurück, der in der ‚wahren' bzw. ‚objektiven' Welt angeblich ausgeschlossen oder zumindest überwunden sein soll. Das von den Physikern angesetzte Atom ist selbst nach der „Logik jenes Bewußtseins-Perspektivism" erschlossen, von dem die Physiker annehmen, daß er der bloß ‚scheinbaren' und ‚subjektiv' zurechtgemachten Welt angehört. Auch die ‚wahre Welt' der Physiker erweist sich so als eine „subjektive Fiktion". Darüber hinaus haben die Physiker, und das ist der gravierendere Punkt, in ihrer Welt der Atom-Systematisation das entscheidende Moment ausgelassen. Es fehlt diesen Grundbausteinen die ursprünglich-produktive Perspektivität, vermöge deren ein „jedes Kraftcentrum – und nicht nur der Mensch – von sich aus die ganze übrige Welt construirt", d. h. in bezug auf seine Kraft „mißt, betastet, gestaltet"[37]. Damit aber, so ist festzuhalten, kommt der ineins faktische *und* interpretative Vollzugscharakter der Willen-zur-Macht-Kräfte, welche Vollzüge Werden, Wandel und Veränderung, mithin Geschehen ausmachen, im ‚wahren Sein' der Physiker noch gar nicht vor. Auch von dieser Seite ist nicht überraschend, daß die Physik keine Welt-*Erklärung* geben *kann*.

Alle mit der Konstruktion einer wahren Welt und eines wahren Wesens operierenden Weltauslegungen stoßen auf die erkenntnisproblematische Antinomie, daß die Elemente der Wirklichkeit, die der ‚wahren' Welt nicht entsprechen, von irgendwoher stammen müssen, daß sie aber offensichtlich nicht aus dem ‚wahren Wesen' kommen können. Woher also stammen sie, wenn es außer dem wahren Wesen nichts gibt? Nietzsche löst diese Frage dadurch, daß er die Voraussetzung ausfindig macht, unter der dieses Problem überhaupt auftritt, diese dann umkehrt und so die Bedingung angibt, unter der die scheinbar unüberwindliche Schwierigkeit gar nicht mehr entstehen kann. Jene Elemente, die nicht dem wahren Wesen angehören, diesem also fremd sind, sind nicht etwas zum Sein der Dinge Hinzukommendes. Vielmehr ist das ‚wahre Wesen' der Dinge „eine *Erdichtung* des vorstellenden Seins, ohne welche es nicht vorzustellen vermag".[38] Dies lenkt zum einen den Blick darauf, daß gerade die dem sogenannten wahren Wesen der Dinge nicht zugehörigen Eigenschaften, wie z. B. Wechsel, Wandel, Widerspruch und Relativität, Charaktere der Wirklichkeit sind. Zum anderen wird deutlich, daß die Versuchung zur Annahme einer ‚wahren Welt' bereits mit der Struktur des Vorstellens selbst gegeben ist, insofern dieses und der irrtümliche Glaube an etwas Sich-selbst-gleich-Bleibendes und Beharrliches zusammen entstanden sein müssen.

Nietzsche bezeichnet es als die Aufgabe der Wissenschaft, die „Grade des Falschen" und die „Nothwendigkeit des Grundirrthums als der *Lebensbedin-*

---

[37] KGW, a. a. O.

[38] KGW V, 2, 11 (329), S. 467.

gung des vorstellenden Seins" zu ermitteln. Auch hier wieder ist auf eine Umstellung des Problemvektors zu achten. Die entscheidende Frage lautet nicht ‚Wie ist der Irrtum möglich?', sondern „*Wie ist eine Art Wahrheit trotz* der fundamentalen Unwahrheit im Erkennen überhaupt *möglich*?"[39] Die Antwort läuft auch in bezug auf das Vorstellen auf die beiden Aspekte hinaus, erstens, daß auch im fest-stellenden Vorstellen kontrastiv der Werdecharakter der Geschehensprozesse in den Blick gerät, und zweitens, daß das Vorstellen, welches schon für den Bereich des Organischen anzusetzen ist, zwar zwei Größen des Beharrens unterstellt (das Beharren nämlich eines Ich und eines Inhalts, d. h. die Beharrlichkeit der Substanz), daß es selbst aber gerade nicht vom Charakter des Beharrens, sondern von dem des Wechselns, mithin des Werdens ist. Das Vorstellen kann die Prozeßnatur der Geschehensvorgänge nicht eliminieren. Vielmehr ist die Erdichtung eines wahren Wesens der Dinge genealogisch aus dem Werden, aus der Vielheit und aus der Relativität zu rekonstruieren. Die Genealogie der Beharrlichkeit führt auf das Werden, – nicht umgekehrt. Mit dem Vorstellen erweist sich das einzige dem Menschen verbürgte Sein, das *vorstellende* Sein als etwas Nicht-Beharrendes, als etwas Nicht-sich-gleich-Bleibendes. Es ist darüber hinaus vom Charakter des Interpretierens, was ebenfalls zu einer Auflösung der Idee des wahren Wesens führt. So kann schließlich auch gegenüber dem vorstellenden Sein, welches von seinen Inhalten das Gegenteil dessen behauptet, was es selbst ist, der Gesichtspunkt eingebracht werden, daß das, was im Vorstellen behauptet wird, deshalb noch nicht ‚wahr' zu sein braucht oder gar als ‚bewiesen' gelten kann. Der Vorgang des Vorstellens wirkt destruierend auf die Festigkeit des Vorgestellten. Es handelt sich dabei eben nur um eine Existenzbedingung. Kurz: „was das Denken als das Wirkliche faßt, *fassen muß*, kann der Gegensatz des Seienden sein!"[40]

Aus unterschiedlichen Richtungen führt also auch die Selbstauflösung der Idee der ‚*wahren* Welt' und des ‚*wahren* Wesens' vor den Übergang auf die Ebene der ‚letzten Wahrheit', des ewigen Flusses aller Dinge, der von Nietzsche her als das fortwährende Mit- und Gegeneinander-Wirken, als das Zusammen- und Wieder-auseinander-treten der Willen-zur-Macht-und-Interpretations-Komplexe aufzufassen ist. Und es ist das Wie der internen Notwendigkeit dieses Willen-zur-Macht-Geschehens einer zu sich selbst befreiten Welt, das im Sinne des nach-metaphysisch erforderten neuen Welt-und-Selbst-Verständnisses im Gedanken der ewigen Wiederkehr als dem inneren Gipfel des geschehens-logischen Interpretations-Zirkels seinen bis auf weiteres optimalen Ausdruck findet. Die Wiederkunftslehre tritt also nicht in Konkurrenz

[39] KGW V, 2, 11 (325), S. 466.
[40] KGW V, 2, 11 (330), S. 468.

zu den konstruierten Welten und Wahrheiten eines ‚wahren Seins'. Vielmehr kommt die ihr eigentümliche Funktionsstelle überhaupt erst im Anschluß an die Selbst-Auflösung der ‚wahren Welt' in den Blick. Sind die ‚wahren Welten' kennzeichnend für die überlieferte Metaphysik, dann ist festzuhalten, daß der Ewige-Wiederkunfts-Gedanke keine metaphysische Lehre sein *kann*, da sein voller Gehalt überhaupt erst *nach* dem Ende der Metaphysik hervortritt.[41]

4. Wider den Geist der Rache

Die Wiedergewinnung der wirklichen Welt wird im *Zarathustra* in einer stark bildhaften und metaphorischen Sprache ausgedrückt. Zarathustra, der die Menschen lehrt, daß ‚Gut und Böse' kein Ansich, sondern etwas Geschaffenes ist, sieht sich in dem Abschnitt *Von den alten und neuen Tafeln* in einer fernen und bisher noch kaum geahnten Zukunft, in der ihm alles Werden als ein „Götter-Tanz und Götter-Muthwillen"[42] erscheint. Solche Rede ist, wie die vom „großen Mittag", Chiffre für die Beschaffenheit einer vollständig vom Joch der Teleologie und der moralischen Ontologie freigesetzten Welt. In ihr ist das Gestalten des Zukünftigen Verpflichtung. Doch zeigt sich die Pointe dieser Aufgabe erst, sobald deren Verschränkung mit der Stellung zum Vergangenen einbezogen wird. Zarathustras Auffassung zufolge hat das Schaffen am Zukünftigen ineins eine Befreiung des Vergangenen zu sein. Er lehrt, alles Vergangene, alles, was war, „schaffend zu erlösen". Diesem Zusammenhang kommt grundlegende Bedeutung zu, weil der Wille auf das Vergangene nicht zurückwollen kann, es aber gerade auch an diesem Punkt um die Alternative geht, ob das Leben den Übergang zur dionysisch-tragischen Bejahung seiner selbst und aller Realität ohne Abzug und Ausnahme erreicht, oder ob es im Geist der „Rache" gegenüber der Realität, hier vor allem der Vergangenheit steckenbleibt. Zarathustra kommt es darauf an, das „Vergangene am Menschen zu erlösen und alles ‚Es war' umzuschaffen, bis der Wille spricht: ‚Aber so wollte ich es! So werde ich's wollen –'."[43] In deutlicher Abgrenzung gegen jedwedes erlösungs-religiöse Verständnis dieser Stelle betont er, daß allein *dieses* Zu-sich-selbst-kommen der Welt den Sinn der hier verwendeten Rede von ‚Erlösung' ausmacht.

Demgegenüber erscheint das Dasein am Ende einer Perspektive der Rache nicht nur als ‚schuldig', sondern schließlich selbst als ewige Strafe, als die „Strafe ‚Dasein'"[44]. Auch in diesem Falle läßt sich eine Genealogie rekonstru-

---

[41] Vgl. dazu auch Kap. VIII, 5, S. 310f.
[42] KGW VI, 1, *Zarathustra*, III, (*Von alten und neuen Tafeln*, 2), S. 243.
[43] a.a.O., 3, S. 245.
[44] KGW VI, 1, *Zarathustra*, II, (*Von der Erlösung*), S. 177.

ieren. Sie führt zunächst aus dem Leben selbst heraus bis zu dem äußersten Punkt seiner Verkehrung (das Dasein nämlich *als* eine Strafe aufzufassen, entsprechend diesem Verständnis zu leben und zu handeln und die ‚Strafe Dasein‘ sogar als das Ewige anzusehen), um in der Umkehrung dann von dort aus schließlich doch, die Verkehrung auf dem Wege ihrer internen Überwindung zurückholend, bis zu dem Übergang in ein rechtfertigungs-freies, schuld-loses und keiner Heilserlösung bedürftiges Dasein und in die uneingeschränkte Bejahung *dieses* Daseins *als* Dasein vorzudringen. Dies ist zugleich der Punkt, an dem der Gedanke der notwendigen ewigen Wiederkehr des Gleichen seine Einsatzstelle hat. Denn er stellt die Konsequenz und den Gipfel der dann erforderten Allbejahung dar.

Die Erlösung des Vergangenen ist deshalb ein Problem, weil der Wille im Sinne des Mächtigsein-Wollens, welches Wollen zugleich ein Müssen ist, einerseits als das Befreiende angesehen wird, andererseits aber gegen das Vergangene ohnmächtig, allem Vergangenen ein „böser Zuschauer“ ist. Der Wille kann das Vergangene nicht zwingen. Das ist seine „einsamste Trübsal“. Die entscheidende Frage lautet, wie es dem Wollen gelingt, diese Ketten abzuschütteln. Zunächst setzt eine Bewegung ein, an deren Ende das Dasein selbst *als* Schuld und ewige Strafe steht. Wie ist dies zu verstehen, und in welchem Sinne kann von hier aus der Wiederkunfts-Gedanke schließlich als die einzig angemessene neue Welt- und Daseininterpretation aufgefaßt werden? Die Genealogie verläuft folgendermaßen.

Daß die Zeit nicht zurückläuft, versetzt den Willen in „Ingrimm“ und „Unmut“. Das Vergangene ist der Stein, den er „nicht wälzen kann“. Dies führt dazu, daß er all das, worauf er Einfluß hat und was er zu bewegen vermag, nur zähneknirschend ausführt und Rache an allem übt, „was nicht gleich ihm Grimm und Unmuth fühlt“[45]. Die Rache zeigt sich in unterschiedlichen Formen. In Gestalt des ‚Willens zur Gleichheit‘ ist es ihr sogar gelungen, sich ihrerseits als eine gegen alles, was Macht hat, gerichtete ‚Tugend‘ zu präsentieren und auf diese Weise ihre „heimlichsten Tyrannen-Gelüste“[46] zu vermummen. So wird das ursprünglich Befreiende des Wollens zum „Wehethäter“[47]. Der Wille nimmt an allem, was leiden kann, Rache dafür, daß er nicht zurückwollen kann. Dies ist die dem Willen innewohnende „grosse Narrheit“, und

---

[45] a.a.O. – Die Bedeutung des Gesichtspunktes der ‚Rache‘ in Nietzsches Diagnosen hat M. Heidegger betont, vgl. *Was heißt Denken?*, Tübingen ³1971, S. 33ff., 76ff., und *Wer ist Nietzsches Zarathustra?*, in: *Vorträge und Aufsätze*, Teil I, Tübingen ³1967, S. 102ff. Zu Heideggers Auffassung vgl. W. Müller-Lauter, *Der Geist der Rache und die ewige Wiederkehr. Zu Heideggers später Nietzsche-Interpretation*, in: *Redliches Denken*. Festschrift für Gerd-Günther Grau, Stuttgart 1981, S. 92–113. Vgl. auch K. Löwith, *Nietzsches Philosophie*, S. 81ff. und S. 232, Anm. 201.

[46] KGW VI, 1, *Zarathustra*, II, (*Von den Taranteln*), S. 125.

[47] a.a.O., *Zarathustra*, II, (*Von der Erlösung*), S. 176.

„zum Fluche wurde es allem Menschlichen, dass diese Narrheit Geist lernte!" Denn damit begann sich eine folgenschwere Überlegung durch- und festzusetzen. Überall, wo Leid auftritt, da soll es sich immer um Strafe handeln. ‚Strafe' ist das Wort, mit dem die Rache sich selbst ein ‚gutes Gewissen' verschafft. Weil im Wollenden jenes Leid des Nicht-zurück-wollen-könnens wirksam ist, soll jetzt alles Wollen selbst und alles Leben Strafe sein. Ist dieser Punkt erst einmal erreicht, so schließt sich daran das an, was Nietzsche das „Fabellied des Wahnsinns" nennt. Da alles vergeht, so ist es wert zu vergehen. Darin liegt Gerechtigkeit. Alle Dinge sind nach Recht und Strafe geordnet, und wenn es ein ewiges Recht gibt, dann kann es keine Erlösung vom Fluß der Dinge und von der Strafe Dasein geben. Und da das Vergangene nicht abzuändern, der Stein ‚Es war' nicht zu bewegen ist, müssen auch die Strafen ewig sein. „Diess, diess ist das Ewige an der Strafe ‚Dasein', dass das Dasein auch ewig wieder That und Schuld sein muss!"[48] Der einzige Ausweg scheint darin zu bestehen, daß der Wille sich schließlich selbst durchstreicht, daß das Wollen selbst zum Nicht-Wollen wird.

Nietzsche hat hier wohl vor allem zwei philosophische Lehren vor Augen, die zeitlich weit voneinander entfernt, sachlich jedoch nahe beieinander liegen. Zum einen ist die Auffassung des ionischen Naturphilosophen Anaximander zu nennen, der das Entstehen und Vergehen in der Natur, das Werden als einen Abfall vom ewigen unbestimmten wahrhaften Sein und somit das Dasein selbst *als* Schuld und Strafe auffaßte.[49] *Durch* ihr Schuldigsein sind die Dinge überhaupt in ihrer Existenz, und nicht nichts. Zum anderen ist Schopenhauers Willenslehre anzuführen, für die es aus dem Leiden keine andere Rettung als die Verneinung des Willens zum Leben gibt. Für Schopenhauer ist die Welt selbst das Weltgericht.[50] In aller Schärfe hat Nietzsche sein Denken immer wieder gegen eine solche Konzeption gestellt, die zur Verewigung des Daseins *als* Schuld und Strafe führt, in einem lebensverneinenden Pessimismus endet und die Willen, die ursprünglich-produktiven Willen-zur-Macht-und-Interpretations-Kräfte, ihrer Aktivität beraubt, in sich verkehrt und zu etwas bloß Reaktivem degradiert. In Nietzsches Sicht der Dinge ist jeder Wille ein „Schaffender". Und vom Willen zum *internen* Mächtigsein her, welches zur Voraussetzung hat, daß der Grund-, mithin der Willen-zur-Macht-und-Interpretations-Charakter allen Daseins als der eigene eingesehen, übernommen und uneingeschränkt bejaht wird, gilt es auch die Rede von der Erlösung des Vergan-

---

[48] a.a.O., S. 176f.

[49] Zu Anaximander vgl. KGW III, 2, *Die Philosophie im tragischen Zeitalter der Griechen*, Aph. 4, S. 311ff.

[50] Christentum, Brahmanismus und Buddhismus sind Schopenhauer zufolge darin gleich, daß sie sämtlich eine „schwere Verschuldung des Menschengeschlechts durch sein Dasein selbst" lehren (*Werke*, Bd. II, S. 773). Zu Nietzsches Kritik an Schopenhauer vgl. oben Kap. II, 4.

genen zu verstehen.[51] Der Hinweis auf Anaximander sowie auf die dahinter stehenden Probleme des Verhältnisses zum einen von Einheit und Vielheit, zum anderen von Sein und Werden macht deutlich, daß es hier um weit mehr als bloß um einen kritischen Reflex auf den Schopenhauerschen Pessimismus geht.

Das Vergangene ist solange „ein Bruchstück, ein Räthsel, ein grauser Zufall" bis der „schaffende Wille" dazu sagt: ‚So wollte ich es, so werde ich es wollen!' Aber ist dies schon erreicht? „Ist der Wille schon abgeschirrt von seiner eignen Thorheit? Wurde der Wille sich selber schon Erlöser und Freudebringer? Verlernte er den Geist der Rache und alles Zähneknirschen? Und wer lehrte ihn Versöhnung mit der Zeit, und Höheres als alle Versöhnung ist? Höheres als alle Versöhnung muss der Wille wollen, welcher der Wille zur Macht ist –: doch wie geschieht ihm das? Wer lehrte ihn auch noch das Zurückwollen?"[52] Die Antwort auf diese Fragen erfolgt in dem Abschnitt *Vom Gesicht und Rätsel*, in dem Zarathustra den Wiederkunfts-Gedanken verkündet. Dieser wird dann in dem Passus *Der Genesende* aufgenommen und weitergeführt. Der Gedanke der ewigen Wiederkehr des Gleichen erscheint als Ausdruck des höchsten überhaupt nur möglichen *internen* Mächtigseins über die Beschaffenheit der Welt und als die Überwindung des Geistes der Rache.

Dabei ist zunächst zu beachten, daß dieser neue Boden überhaupt erst betreten werden kann, nachdem der Übergang sowohl vom ‚Willen' im subjektivitätstheoretischen Sinne als auch vom Schopenhauerschen ‚Willen zum Leben' zu Nietzsches Konzept der ‚Willen-zur-Macht' vollzogen worden ist. Der subjektive Wille glaubt sich in einer Freiheit des Wählenkönnens, des *äußeren* Mächtigseins und in einer Nicht-Notwendigkeit seiner Vollzüge. Darin werden aber zumindest drei Aspekte übersehen. Erstens ist Willensfreiheit nicht im Sinne absoluter Initiative, sondern als subjektives Begleitgefühl von Prozessen der Machtsteigerung aufzufassen.[53] Zweitens erfährt der Subjektbegriff eine Auflösung, sobald die ihm zugeschriebenen Leistungen in die ursprünglichen Interpretations-Prozesse, die selbst Dasein haben, zurückübersetzt werden. Drittens kann es sich dort, wo es nur um *äußere* Beziehungen geht, nicht um eine wahre Mächtigkeit handeln. Und das Schopenhauersche Programm einer Verneinung des Willens zum Leben kommt, abgesehen von Mängeln in der Bestimmung des Willensbegriffs selbst, theoretisch einer Vernichtung der Welt gleich. In keinem dieser Fälle kann es zu einer erfolgreichen Mächtigkeit über die Zeit kommen, denn der Subjektivitäts-Wille kann die

---

[51] Daß es sich darin auch um eine Symmetrie von Vergangenem und Zukünftigem in bezug auf Gegenwärtiges handelt, wird unten in Kap. X, 2, S. 357–361 erörtert.

[52] KGW VI, 1, *Zarathustra*, II, (*Von der Erlösung*), S. 177.

[53] Vgl. dazu im einzelnen Kap. IV, 2 und 3.

Schranke des ‚Es war' nicht durchbrechen, und die Willens-Verneinung sucht aus der Welt des Werdens und aus der Zeit herauszuspringen. Dagegen bedeutet die Bestimmung der Willen als Willen-zur-Macht den Übergang in den Machtcharakter jeden Wollens und in die Internität der Geschehens-Relationen. Mit dieser Internität hängt zusammen, daß jeder Wille-zur-Macht mit jedem anderen Machtwillen, deren Zusammenspiel die Realität im ganzen ausmacht, und daß Vergangenes, Gegenwärtiges und Zukünftiges in bezug auf ihren Grundcharakter gleichen Wesens, eben vom Charakter des Willens-zur-Macht und der Interpretation sind. Wenn sich ein *solcher* Wille uneingeschränkt selbst will, dann will er damit ipso facto *alle* Realität, mithin auch alle Vergangenheit und Zukunft, und zwar will er die Realität im Großen wie im Kleinen als ewig identisch wiederkehrend. Denn anderenfalls würde das ontotheologische Rechtfertigungsproblem und damit die Gefahr der Abwertung zumindest von Teil-Realitäten erneut aufbrechen.

Erst der Gedanke der ewigen Wiederkehr des Gleichen führt zu einer internen Mächtigkeit über die Zeit, genauer gesagt zur Mächtigkeit über das Werden, denn ‚Zeit' ist eine Abstraktion aus der Struktur des Werdens, nicht umgekehrt. *Diese* Mächtigkeit braucht sich nicht als ein prometheischer Subjektivismus mißzuverstehen und kann auch nicht mehr als Selbst-Ermächtigung kritisiert werden. Sie kann sagen, daß sie das Vergangene so wollte, will und wollen wird, wie es ist. Interne Mächtigkeit hat nichts mit Zwangsverhältnissen zu tun. Sie ist vielmehr der Triumph, der sich *in* und *mit* der Übernahme des Grundcharakters des Daseins über eben diese Beschaffenheit der Welt einstellt. Und erst im Gedanken der ewigen Wiederkehr wird diejenige Bedingung konzipiert, unter der diese Mächtigkeit über die Zeit in der Zeit erreicht ist. Indem mit der ewigen Wiederkehr zugleich eine Erlösung vom ewigen Fluß der Dinge in dem Sinne gelehrt wird, daß der ganze Fluß, die ganze diese Welt ausmachende raum-zeitliche Ereignis-Konkatenation in jedem ihrer Momente wiederkehrt, entzieht die Wiederkunftslehre auch der oben skizzierten Möglichkeit, das Dasein *als* Strafe zu interpretieren, den Boden. Denn jetzt vergeht man nicht mehr, weil man es wohl wert ist zu vergehen, sondern um wiederkehren zu können. Der Wiederkunftsgedanke ist äußerster Prüfstein und zugleich höchster Ausdruck eines vom Geist der Rache befreiten Welt-und-Selbst-Verständnisses, einer vorbehaltlosen Bejahung aller Realität, der vergangenen, gegenwärtigen und zukünftigen, der Geschichte und der materiellen Natur, des Werdens und des Vergehens. Wer die ewige identische Wiederkehr von allem und jedem wollen kann, der steht jenseits des Rache-Syndroms.

X. Die ‚unvernünftige' Notwendigkeit der Welt

1. Die Welt als Würfelspiel

Jedes Geschehen vollzieht sich mit der sich in seinem Vollzug intern selbst-konstituierenden absoluten Notwendigkeit. Diese beruht darauf, daß jede Kraft in den Prozessen fortwährender wechselseitiger Kraftfeststellungen das ganze Machtquantum, das sie *als* die jeweilige Kräfterelation *ist*, einbringt. Adiaphorie ist ausgeschlossen. Doch wie ist diese Notwendigkeit mit dem Befund Zarathustras zu vereinen, daß jetzt alle Dinge von der „Knechtschaft" der Teleologie befreit sind, daß über ihnen jetzt der „Himmel Zufall" steht, und daß, nachdem verstanden wurde, daß es hinter den Dingen keinen ewigen Willen und keine ewige Vernunft gibt und mit den Dingen nichts erreicht oder bezweckt werden soll, der Himmel ein „Tanzboden" für „göttliche Zufälle", ein „Göttertisch" für „göttliche Würfel und Würfelspieler" ist. Wie verhält sich die absolute Geschehens-Notwendigkeit zur neuen Reinheit des Himmels, die dem Zufall Raum gibt und darin besteht, daß es „keine ewige Vernunft-Spinne und -Spinnetze"[1], kurz: daß es keine Vernunft in der Sache gibt. Wird die Wiederkunftslehre damit vom Zufall abhängig?

Zunächst läßt sich an die Metapher des Würfelspiels anknüpfen, um darzulegen, was in dem Vergleich der Welt mit einem Würfelspiel gemeint ist und weshalb sich darin ‚Zufall' und ‚Notwendigkeit' einander keineswegs ausschließen. Ein Würfelspiel entzieht sich sowohl der Berechenbarkeit im Sinne sicherer Prognose als auch dem Kausalprinzip. Gleiche Ursachen haben hier nicht gleiche Wirkungen, sondern bereits der allerfeinste Unterschied auf der Seite der Ursachen (wie z. B. eine kleine Veränderung der Temperatur oder der Oberflächenbeschaffenheit der Hand des Spielers, des Würfels oder des Würfeltischs oder die geringste Verschiebung in den Gravitationsverhältnissen) führt schnell zu so starken Abweichungen auf der Seite der Wirkung, daß das Kausalprinzip keine Anwendung mehr finden kann. Geringste Veränderungen, die einerseits gar nicht ausgeschlossen werden können, da eine absolut identische Reproduzierbarkeit nicht durchführbar ist, andererseits aber so minimal sind, daß sie unter die Rede von ‚gleichen Ursachen' subsumiert werden müssen, können dazu führen, daß der Würfel von seiner Kante anstatt auf die

---

[1] KGW VI, 1, *Zarathustra,* III, (*Vor Sonnen-Aufgang*), S. 205f.

eine auf die andere Seite fällt, mithin eine völlig verschiedene Zahl anzeigt.[2] Das Würfelspiel demonstriert, daß selbst einfache physikalische Systeme sehr bald einen unberechenbaren, einen *chaotischen* Verlauf nehmen.[3] Dies ist der erste Aspekt, auf den es ankommt, wenn die Welt als Würfel-*Spiel* gekennzeichnet wird. Aber, und dies ist der zweite und im Hinblick auf das Verständnis der Wiederkunftslehre ebenso gewichtige Punkt, dies heißt nicht, daß hier die Notwendigkeit fehlt!

Es wäre naiv, wollte man aus der Unberechenbarkeit des Würfelspiels und aus einem ‚zufälligen' Schütteln, Mischen und Werfen der Würfel folgern, daß die schließlich gewürfelte Zahl ‚nicht notwendig' ist. Auch im Würfelspiel bestätigen sich Zufall und Notwendigkeit wechselseitig, sind immer schon ineinander übergegangen, ohne sich dabei gegenseitig zum Verschwinden bringen zu können oder auch nur zu wollen. Zufall und Notwendigkeit sind in diesem Sinne keine Gegensätze. Wollte man sie dazu machen, hätte man den *Spiel*charakter zerstört. Das Eigentümliche der Auffassung Nietzsches kann durch einen Blick auf die Deutung, die Gilles Deleuze unter Rückgriff auf das Bild des Würfelspiels[4] gegeben hat, verdeutlicht werden. Aufschlußreich ist, aufgrund welcher Überlegungen der für Nietzsche letztlich entscheidende Gesichtspunkt bei Deleuze noch ausgespart bleibt.

Deleuze spricht der ‚Zahl', der Großen Zahl, der Glückszahl, die den ganzen Wurf wiederholen läßt, zentrale Bedeutung zu. Doch es ist nicht dieser Aspekt, der hier interessiert. Um die Pointe Nietzsches herauszustellen, ist vielmehr lehrreich, daß in Deleuzes Interpretation Mallarmés Gedichte *Un coup de dés jamais n'abolira le hasard* und *Igitur* eine wichtige Rolle spielen. Deleuze unterstreicht einerseits zwar die Ähnlichkeiten zwischen Nietzsche und Mallarmé. Doch sehr zu Recht stellt er andererseits auch die grundsätzlichen Unterschiede beider heraus. Im Gegensatz zu Nietzsche ist für Mallarmé kennzeichnend, daß er die Notwendigkeit stets als das Auslöschen des Zufalls begreift. Man hat öfters vermerkt, daß *Un coup de dés* sich einer metaphysischen Zweiweltenlehre fügt, in der der ‚Zufall' das ‚Dasein' und die ‚Notwendigkeit' die ‚reine Idee' oder das ‚Wesen' bedeutet. Entscheidend ist, daß in Mallarmés Sicht der Zufall, mithin das Dasein verneint werden muß, damit der Wurf gelingt. Oder andersherum: der Wurf gelingt nur, wenn der die Not-

---

[2] Diesen Zusammenhang, daß ‚kleinste Veränderungen in den Ursachen' zu ‚großen Unterschieden in den Wirkungen' führen, gilt es neben die oben in Kapitel II,2, S. 44ff. erörterte und ebenfalls zu einer Einschränkung des Kausalprinzips führende Beziehung ‚kleine Ursachen – große Wirkungen' zu stellen.

[3] Dieses Problem beginnt die Physiker heute immer stärker zu interessieren. Vgl. U. Deker/H. Thomas, *Unberechenbares Spiel der Natur. Die Chaos-Theorie*, in: *Bild der Wissenschaft*, 1983 (Heft 1), S. 63–75. Zum Verhältnis von Chaos und Wiederkunftslehre vgl. unten Kap. XIII, 2, S. 442ff.

[4] Vgl. G. Deleuze, *Nietzsche*, S. 31ff., 38ff.

wendigkeit begrenzende Zufall ausgelöscht ist. Die damit verbundene Entwertung des Daseins und des Lebens ist offensichtlich. Insofern ist Deleuze zuzustimmen, wenn er Mallarmés Auffassung als Nihilismus kennzeichnet. Allerdings glaubt Deleuze vor diesem Hintergrund nun das Eigentümliche von Nietzsches Auffassung darin sehen zu müssen, daß dieser den Zufall nicht auslösche, sondern um jeden Preis retten und herausstreiten möchte. Dies gelte auch im Hinblick auf die Wiederkunftslehre.

Doch eine solche Optik geht Nietzsches Denken noch nicht auf den Grund. Anders als Deleuze vermutet folgt aus Nietzsches Lehre in der Tat, und hier trifft er sich formal durchaus mit Mallarmé, daß eine konsequent gedachte interne ‚Notwendigkeit' die Rede vom ‚Zufall' gegenstandslos macht. Doch gilt es genau darauf zu achten, wie hier die Korrelationen erfolgen. Zunächst ist zu betonen, daß es der sinn-logischen Struktur nach nicht die ‚Notwendigkeit', sondern die ‚Teleologie', der ‚Zweck' ist, der den eigentlichen Gegenbegriff zum ‚Zufall' darstellt. Damit ist eine veränderte Betrachtungsweise erfordert. Mit der Teleologie entfällt schließlich auch der Zufall. Dies wird noch näher zu erörtern sein.[5] Sodann ist herauszustellen, daß das, was Nietzsche, und hier ist er von Mallarmé deutlich unterschieden, mit ‚Notwendigkeit' meint, gerade nicht als die Sphäre des Intelligiblen, der reinen Idee, des ewigen Wesens, nicht als eine ‚wahre' Welt mißverstanden werden darf. Die absolute Geschehens-Notwendigkeit betrifft vielmehr die Relationen der Willen-zur-Macht-und-Interpretations-Kräfte, ohne deren Vollzüge es gar keine Veränderung, keinen Wechsel und Wandel, mithin keine Realität gäbe. Auf dieser Ebene ist Geschehen und Notwendig-Geschehen eine Tautologie. Der Satz ‚Geschehen ist notwendig' ist quasi ein analytischer Satz. In Nietzsches Konzept spricht sich mithin das genaue Gegenteil von Malarmés ‚Notwendigkeit' aus. Läuft diese auf eine Entwertung des Daseins hinaus, so wird genau diese Möglichkeit in Nietzsches Begriff der Notwendigkeit versperrt. Das hat jedoch nichts mit einer Rettung des ‚Zufalls' zu tun. *Als* absolut notwendiges, d. h. in dem, was und wie es das, was es seiner Kräftenatur nach ist, ist jedes Geschehen zugleich und auf immer unabwertbar. Und indem diese geschehens-logische Notwendigkeit bejaht wird, werden alle Seiten der Realität, gerade auch die bisher abgespaltenen und exkommunizierten uneingeschränkt bejaht. Das Kräfte-Spiel der Willen-zur-Macht-Organisationen *ist* die absolute Notwendigkeit. In diesem Sinne läßt sich Nietzsches Überlegung reformulieren, daß die von Heraklit gedachte Lehre *„vom Gesetz im Werden und vom Spiel in der Nothwendigkeit"*[6] nicht mehr rückgängig gemacht werden kann. Und es ist der Wiederkunftsgedanke, der die *interne* Verschränkung

[5] Vgl. den Abschnitt 4 dieses Kapitels.
[6] KGW III, 2, *Die Philosophie im tragischen Zeitalter der Griechen*, Aph. 8, S. 329.

dieser beiden Komponenten sowie der Frage nach dem Wert des Daseins in dem oben als Urlogik des fünfstelligen Interpretations-Zirkels dargelegten Sinne symbolisiert.[7]

Zarathustra verwendet die Metapher, daß alles Werden ein „Götter-Tanz"[8] ist. Aber diese Götter sind nicht mehr die anthropomorphen griechischen Götter über dem Kosmos, sondern die vielen Willen-zur-Macht-und--Interpretations-Kräfte in ihrem wechselseitigen Spiel von Reiz, Auslösung, Kraft-Feststellung, Einverleibung, Funktionsaufprägen, Optimierung und Vergänglichkeit. Dies ist der neue und zukünftige Polytheismus, der nicht mehr als ein Rückfall in einen neuen Götzenglauben verstanden werden kann. Jeder Macht-und-Interpretations-Wille ein ‚Gott', der aus seiner Perspektive die ganze übrige Welt konstruiert und sich dabei, unter der Erfahrung vor allem des Todes des Einen Gottes und des Nihilismus sowie des Fortfalls eines ‚an sich' Wahren, Guten und Schönen die ganze ‚Wahrheit' zumuten darf und muß. Doch es handelt sich darin nicht um eine neue Absolutheit. Die *neue* Auslegung der Wirklichkeit ist vielmehr durch die Sterblichkeit auch jeder noch so fest geglaubten Interpretations-Wahrheit gekennzeichnet. Die neuen Götter sind vom Charakter der Interpretation und damit prinzipiell vergänglich. Jede der auf die interpretativen Kräfte zurückgehenden ‚Wahrheiten' ist eo ipso eine Perspektive, ist Interpretation. Da die Interpretativität als solche nicht nur nicht verlassen, sondern gerade in ihre geschehens-logisch wirksame Zirkelhaftigkeit explizit eingetreten und diese aktiv übernommen werden soll, *kann* es keine absolute bzw. objektive Wahrheit mehr geben. Dies gilt nicht nur im Hinblick auf das alte metaphysische Wahrheitsverständnis, sondern auch für die neuen Interpretations-Wahrheiten. Deren Lebendigkeit beruht nicht zuletzt darauf, daß sie auch vergehen können.

2. *Wiederkunftslehre und monumentalische Betrachtung des Vergangenen*

Da es für Nietzsche den Kosmos als eine aus sich heraus verbindliche Wirklichkeit und Einheit, *die* Welt als ein geordnetes, gegliedertes und harmonisches Ganzes, welches die Integration und Reintegration seiner Teile vollbringt, nicht mehr gibt, kann auch diejenige Gestalt der Wiederkunftslehre, wie sie in den antiken Kosmologien, etwa bei den Pythagoreern zu finden ist, nicht als Vorläufer für Nietzsches Gedanke angesehen werden. Auch ist es nicht so, daß Nietzsche im Paragraphen zwei der *Zweiten Unzeitgemäßen*, dort also, wo er die „monumentalische" Betrachtungsweise der Vergangenheit

---

[7] Vgl. Kap. VIII, 5.
[8] KGW VI, 1, *Zarathustra*, III, (*Von alten und neuen Tafeln*, 2), S. 243.

erörtert, seinen Gedanken der ewigen Wiederkehr bereits beschrieben hat.[9] An dieser frühen Stelle wird vielmehr deutlich, daß eine als Kosmologie im alten Sinne entfaltete Wiederkunftslehre nicht gelingt. Doch zeigt sich in diesem Zusammenhang bereits eines der auch für den späteren Wiederkunftsgedanken wichtigen Motive: die Suche nach einer Bestärkung für die aktiven Kräfte, denen Nietzsche zufolge die Geschichte gehört.

Der Nutzen der monumentalischen Art der Historie besteht darin, daß das einmal möglich gewesene Große „auch wohl wieder einmal möglich sein wird"[10]. Nietzsche weist jedoch sogleich auf das Ungenaue und auf den Zwang hin, der damit der Individualität des Vergangenen angetan werde, insofern diese in eine allgemeine Form gepreßt werden muß. Vor diesem Hintergrund ist dann von der Kosmologie der Wiederkehr im Sinne der Pythagoreer die Rede. „Im Grunde ja könnte das, was einmal möglich war, sich nur dann zum zweiten Male als möglich einstellen, wenn die Pythagoreer Recht hätten zu glauben, dass bei gleicher Constellation der himmlischen Körper auch auf Erden das Gleiche, und zwar bis auf's Einzelne und Kleine sich wiederholen müsse: so dass immer wieder, wenn die Sterne eine gewisse Stellung zu einander haben, ein Stoiker sich mit einem Epikureer verbinden und Cäsar ermorden und immer wieder bei einem anderen Stande Columbus Amerika entdekken wird. Nur wenn die Erde ihr Theaterstück jedesmal nach dem fünften Akt von Neuem anfienge, wenn es feststünde, dass dieselbe Verknotung von Motiven, derselbe deux ex machina, dieselbe Katastrophe in bestimmten Zwischenräumen wiederkehrten, dürfte der Mächtige die monumentale Historie in voller ikonischer *Wahrhaftigkeit*, das heisst jedes Factum in seiner genau gebildeten Eigenthümlichkeit und Einzigkeit begehren: wahrscheinlich also nicht eher, als bis die Astronomen wieder zu Astrologen geworden sind. Bis dahin wird die monumentale Historie jene volle Wahrhaftigkeit nicht brauchen können".[11] Die monumentalische Betrachtung des Vergangenen wird immer die „*effectus*" auf Kosten der „*causae*" als monumental, als nachahmungswürdig herausstellen. Wichtig ist ihr nicht der „wahrhaft geschichtliche Connexus von Ursachen und Wirkungen". Dieser würde, vollständig erkannt, nur zu der Einsicht führen, „dass nie wieder etwas durchaus Gleiches bei dem Würfelspiele der Zukunft und des Zufalls herauskommen könne".[12]

Die Frage nach dem Verhältnis des aktiven Gestaltens der Zukunft und der zugleich unauflöslichen Beziehung zum Vergangenen ist, wie für die ganze

---

[9] Dies hat wohl zuerst Ch. Andler, *Nietzsche*, Bd. IV, Paris 1928, S. 226, Anm. 2 behauptet.

[10] KGW III, 1, *Unzeitgemässe Betrachtungen* II, Kap. 2, S. 256. Vgl. auch oben Kap. VIII, 2, S. 264, Anm. 34.

[11] KGW, a.a.O., S. 257.

[12] a.a.O., S. 257f.

Zweite Unzeitgemäße, so auch in diesem Rahmen leitend. Aufschlußreich ist, daß Nietzsche in diesem frühen Zusammenhang überhaupt auf eine Version der Wiederkunftslehre zu sprechen kommt. Ihn beschäftigt die Frage, unter welchen Voraussetzungen es möglich ist, das Vergangene in seiner bedingenden Kraft für das Gegenwärtige uneingeschränkt sowie jedes einzelne der vergangenen Ereignisse in seiner Einzigkeit, mithin so, wie es gewesen ist, wollen *und zugleich* derjenige sein zu können, der das Zukünftige schafft und gestaltet. Von der anderen Seite, d. h. derjenigen einer Absicht auf höchste Bedeutsamkeit und Unabwertbarkeit auch jedes gegenwärtigen und eigenen Handelns, Denkens und Erlebens, ist dieses Problem noch um die Frage zu erweitern, wie einem solchen aktiv-schöpferischen Tätigsein Notwendigkeit und Gravität verliehen werden kann, wie also Möglichsein und Notwendigkeit ineins zu erreichen sind? Der Horizont der hier gesuchten Antwort läßt sich zunächst in Abhebung gegen eine andere Überlegung des frühen Nietzsche verdeutlichen.

In der Tragödienschrift bedauert Nietzsche den Untergang der Tragödie bei den Griechen, der zugleich der Untergang des Mythos war. Bis zu dieser Zeit konnten die vorsokratischen Griechen alle ihre Erlebnisse sogleich an Mythen anknüpfen, ja das Erlebte war „nur durch diese Anknüpfung zu begreifen". Dadurch mußte den frühen Griechen auch die unmittelbare Gegenwart „sofort ‚sub specie aeterni' und in gewissem Sinne als zeitlos erscheinen".[13] Der Wert eines Volkes wie der eines Individuums zeigt sich Nietzsche zufolge an dem Maß, in dem dieses „auf seine Erlebnisse den Stempel des Ewigen zu drücken vermag". Doch ist das, was in dieser frühen Schrift Verewigung im Mythos heißt, deutlich von der Aeternität im Sinne des späteren Wiederkunftsgedankens zu unterscheiden.[14] Der Unterschied trägt zur näheren Kennzeichnung der Wiederkunftslehre bei. Für die Vorsokratiker handelte es sich, der Tragödienschrift zufolge, um eine „Anknüpfung" des Erlebten an Mythen, um den Versuch, sich in den „Strom des Zeitlosen" zu tauchen, dem sich auch Staat und Kunst angeschlossen hatten, um auf diese Weise „vor der Last und der Gier des Augenblicks Ruhe zu finden". Indem auf die Erlebnisse so der „Stempel des Ewigen" gesetzt werde, sei ein Volk bzw. ein Mensch damit „gleichsam entweltlicht". Darin zeige sich die innere Überzeugung „von der wahren, d. h. der metaphysischen Bedeutung des Lebens"[15]. Die Verewigung des Lebens dagegen, wie sie in der späteren Wiederkunftslehre konzipiert wird, ist in all diesen Bestimmungen unterschieden.

---

[13] KGW III, 1, *Die Geburt der Tragödie*, Kap. 23, S. 143f.

[14] Vgl. dazu auch die Abgrenzung des Wiederkunftsgedankens vom Mythos, oben Kap. VIII, 5, S. 320–323.

[15] KGW, a.a.O.

Es handelt sich darin nicht um eine äußere Anknüpfung an einen vorgegebenen Mythos, sondern um eine aus dem Inneren des Lebens selbst erfolgende und als höchste, aber interne Steigerung eben dieses Lebens auszulegende Verewigung. Es geht auf diese Weise darum, daß der Geschehensprozeß, welcher Welt, Wirklichkeit und Leben genannt wird und zu dem auch der Mensch sowie dessen erhöhter und verstärkter Typus gehört, die Funktionsstelle des vormaligen Gottes, des metaphysisch Gründenden und auch des Mythos nicht nur selber einnimmt, sondern an einem entscheidenden Punkt auch verändert. Jetzt sind Welt und Mensch das Sich-selbst-Segnende und das sich durch sich selbst Verewigende, *ohne* daß dies als eine Hybris des Menschen als Subjekt mißverstanden werden könnte. Denn zum einen gibt es ein solches Subjekt gar nicht, sobald der Mensch in das umfänglichere Kräfte-, d. h. Willen-zur-Macht-und-Interpretations-Geschehen, eine von dessen Ausgestaltungen er ist, zurückübersetzt wird, und zum anderen gewinnt sich diese Selbst-Segnung gerade *als* Zugehörigkeit und einstimmende Übernahme des Grundcharakters *alles* Werdenden. Dies ist zu unterscheiden sowohl von einer sich selbst ermächtigenden Subjektivität als auch von einer Haltung bloßer Sympathie und Solidarität alles Kreatürlichen. Es handelt sich nicht um eine Vergöttlichung des Menschen, sondern um eine Art Vergottung der Welt als Welt. Weiterhin geht es in der Wiederkunftslehre gerade nicht darum, sich der Zeit und dem Augenblick zu entziehen, unterzutauchen, sich zu entweltlichen, sondern vielmehr darum, in dionysisch-tragischer Bejahung aller Realität ohne Abzug und Ausnahme zu dem Äußersten vorzudringen, was an ‚Lust' von seiten der Internität der Geschehensprozesse selbst, *von innen her* zu erlangen ist und von Nietzsche in jene bereits erwähnte und zugespitzte Formulierung gebracht wurde, daß der Gipfel darin bestehe, die „ewige Lust des Werdens *selbst zu sein*"[16]. Die Aeternität, wie sie im Wiederkunftsgedanken gelehrt wird, kommt aus dem Werdecharakter selbst. Die Wiederkunftslehre ist unüberbietbarer Gegenzug zur Entweltlichung in jedwedem Sinne.

Der frühe Nietzsche verfügt noch nicht über hinreichende Mittel, die Probleme, die er bereits hat und die ihn bis in die Spätzeit beschäftigen, auch zu lösen. Dies läßt sich an der *Zweiten Unzeitgemäßen* vor allem im Problemfeld von Zufall, Teleologie, Notwendigkeit und Wiederkunftslehre zeigen. Auch hier steht im Hintergrund die Frage, wie die Möglichkeit des Schaffens am Zukünftigen mit der Notwendigkeit zusammengedacht werden kann. Das systematische Problem besteht darin, daß, obwohl der teleologische Determinismus des Weltprozesses[17] (und damit auch der sinn-logische Gegenbegriff zur

---

[16] KGW VI, 3, *Götzen-Dämmerung*, (*Was ich den Alten verdanke*, 5), S. 154. Vgl. oben Kap. VIII, 5, S. 315. Zum Lustbegriff vgl. Kap. IV, 1.

[17] Nietzsche wendet sich hier insbesondere gegen Eduard v. Hartmann, vgl. KGW III, 1, *Unzeitgemässe Betrachtungen*, II, Kap. 9, S. 313f., 318, 320.

‚Teleologie', der ‚Zufall', sowie das Konzept der ‚Willensfreiheit') zurückgewiesen wird, dennoch der Notwendigkeitsbegriff nicht aufgegeben werden darf. Anderenfalls wäre das Schaffen zwar möglich, aber ohne die Dignität der Notwendigkeit. Dem teleologisch-quietistischen, philiströsen und zynischen Satz ‚Alles mußte so kommen, wie es gekommen ist' könnte nicht der ateleologisch-motivierende Satz ‚Alles, was geworden ist und werden wird, ist durch sich selbst und als eigene Tat von absoluter Notwendigkeit' entgegengesetzt werden. Obwohl Nietzsche das Problem nicht in diese pointierte Form bringt, spukt es doch in der *Zweiten Unzeitgemäßen* bereits herum. Erst die spätere Lehre der Willen-zur-Macht-Kräfte erlaubt es, Ateleologie und Notwendigkeit produktiv miteinander zu vereinen. Ähnliches gilt hinsichtlich der Frage einer Wiederkehr des Gleichen.

Aus der monumentalischen Betrachtungsweise der Historie ergibt sich, daß die Wiederkunftslehre die im Hinblick auf die Handlungsmotivierung und die Lebenssteigerung angemessenste Geschichtskonzeption wäre. Gerade sie aber scheint undurchführbar, weil der Aspekt, daß Großes einmal möglich gewesen, mithin auch wieder einmal möglich ist, nicht mit der ‚objektiven' Individualität jedes Vergangenen vereinbar ist. In der Historienschrift ist kein Instrumentarium in Sicht, diesem Problem beizukommen. Nietzsche läßt es denn auch auf sich beruhen. Aus der Perspektive der achtziger Jahre jedoch lassen sich Interpretamente benennen, die diese Schranke an fünf zentralen Stellen durchbrechen.

Erstens sind die Kräfte, die die Ereignis/Geschichts-Kette bestimmen, selbst wesentlich durch das Zugleich von Faktizität und Interpretativität charakterisiert. Welt und Geschichte *sind* überhaupt nur *als* Interpretations-Geschehen. Dies erweist den Objektivismus der Individualitäten des historischen Sinns als Schein, zerstört die ‚wahre Welt' des Historismus, der in dieser Hinsicht den objektivistischen Wissenschaften nicht nachsteht. Zugleich ergibt sich in dem oben vor allem im achten Kapitel dargestellten Sinne sowohl aus dem Werdecharakter der werdenden Welt als auch aus der höchsten überhaupt nur möglichen Aufwertung des Daseins im ganzen und in jedem seiner einzelnen Momente notwendig ein Wollen-Müssen der Wiederkehr des Gleichen. Von daher könnte der Wiederkunftsgedanke durchaus als die mit voller ikonischer Wahrhaftigkeit versehene monumentalische Stellung zum Vergangenen und Zukünftigen gekennzeichnet werden. Zweitens bewegt Nietzsche sich in der frühen Abhandlung noch in den Vorstellungsbahnen des Kausalismus. Später dagegen ist gerade der Übergang auf die Ebene des nicht nach dem Ursache-Wirkung-Schema aufzufassenden Kräfte-*Geschehens* maßgebend. Drittens ist Nietzsche zu dieser Zeit noch der Ansicht, daß die jeweils lebenden Individuen „Resultate"[18] früherer Geschlechter sind. Später dagegen ist

[18] a.a.O., Kap. 3, S. 266.

von grundlegender Bedeutung, daß das Individuum die ganze es bedingende Kette selber *ist*. Viertens ist in der Historienschrift der Unterschied zwischen (a) der Wiederkehr des Möglichseins von Großem (z. B. einer Situation wie der, aus der die Renaissance hervorging) innerhalb der bekannten Geschichtsspanne und (b) der kreisförmig identischen Wiederkehr der ganzen Ereignis-Kette als solcher noch nicht deutlich im Blick. In der erstgenannten Hinsicht kann es keine identische Wiederholung geben. Das hat Nietzsche auch später nie anders gesehen.[19] Doch ist damit die zweite und eigentlich relevante Möglichkeit nicht ausgeschlossen. Sie ist im Wiederkunftsgedanken der achtziger Jahre ausschlaggebend. Dieser ist Nietzsche unter anderem auch deshalb möglich, weil er jetzt nicht mehr in der ironisierenden Polemik von ‚Weltprozeß' und „Persönlichkeit des Erdflohs"[20] steckenbleibt, sondern, im Rekurs auf das Willen-zur-Macht-Geschehen und die Auffassung des Individuums als Verkörperung der ganzen ihm vorausliegenden, es bedingenden und in ihm fortlebenden Vergangenheit sowie der aus ihm hervorgehenden Zukunft, über die Möglichkeit verfügt, Mensch und Weltprozeß ohne Hypostasierung zusammenzudenken. Dies ist zugleich mit der Einsicht zu verbinden, daß das ursprünglich-produktive Welt-und-Selbst-Verständnis in seiner geschehenslogischen Funktion als Grenze der Welt[21] notwendigerweise holistisch ist.

Fünftens scheint es so, als könne der frühe Nietzsche, unter dem Eindruck einer gebotenen Abwehr des lebensfeindlichen Übermaßes an Historischem, die Wiederkunftslehre, die motivierend wirken könnte, nur in der Nähe des ‚Überhistorischen', d. h. nur dadurch entfalten, daß er den Blick vom Werden weg und auf das Ewige und Gleichbedeutende hin lenkt. Doch dann scheitert diese Lehre an dem noch nicht als Schein durchschauten Objektivismus der Individualität des Vergangenen. Später dagegen hat Nietzsche gesehen, daß er dem Wiederkunftssgedanken überhaupt nur dann die gewünschten Leistungen abgewinnen kann, wenn er ihn aus einer Verbindung des Historischen, des Werdecharakters als solchen *und* einer monumentalischen Stellung zu Vergangenheit und Zukunft konzipiert. Während 1874 ein „fortwährendes Verschieben der Horizont-Perspektiven"[22], wie es mit dem Historischen verbunden ist, als lebensschwächend und sogar als zerstörerisch angesehen wird, konnte oben[23] dargelegt werden, daß die Wiederkunftslehre als Interpretation der Interpretationen, mithin gerade aus einer wechselseitigen Intensivierung von Horizont-Erweiterungen/Verschiebungen zu verstehen ist. Auf diese

---

[19] Vgl. auch W. Kaufmann, *Nietzsche*, S. 373. Vgl. oben die Ausführungen zur Identität der Indiszernibilien Kap. VII, 3, S. 219ff.

[20] KGW, a.a.O., Kap. 9, S. 308.

[21] Dies wurde in Kap. VI, 5 entfaltet.

[22] a.a.O., Kap. 9, S. 319; vgl. Kap. 10, S. 326.

[23] Vgl. Kap. VIII, 5.

Weise werden Historisches und monumentalische Betrachtung vereinbar. Freilich verschwindet damit das Gefahrenmoment nicht. Aber es erscheint in einem anderen Licht. Die Gefährlichkeit selbst wirkt selektiv und besteht in dem bereits dargelegten Sinne darin, daß die Einverleibung der ‚letzten Wahrheit', des Flusses aller Dinge, für die Erhaltung der Art möglicherweise verhängnisvoll sein kann. Dies ist das Risiko, das für die Spezies von einer zu sich selbst befreiten Welt des Werdens ausgeht. Doch ohne dieses immer wieder erneut einzugehende Experiment würde die Spezies in bloße Erhaltung, ins bloße Weiterleben und in Bestandssicherung verfallen, die, da Leben im Kern Selbst-Überwindung und Steigerung ist, bereits Symptom für einen zwar langsamen, die Organisationskraft aber unweigerlich schwächenden Verfallsprozeß sind. Nietzsches Wiederkunftslehre muß als die äußerste Konsequenz einer Welt des zu sich selbst gekommenen Werdens, welches darin seinen Charakter der Faktizität und ineins der Interpretativität eingeholt hat, aufgefaßt werden. Im Wiederkunftsgedanken wird die ursprüngliche Einheit von Werden, Wert und Aeternität intern zu Ende gedacht. Das ist die Pointe. Sie ist deutlich zu unterscheiden sowohl von der Auffassung Karl Löwiths, die Wiederkunftslehre stelle auf der Spitze des ‚historischen Sinns' einen Rückstieg in den antiken Kosmos dar, als auch von der Ansicht Walter Kaufmanns, der die Wiederkunftslehre aus dem ‚Überhistorischen', als „die äußerste Apotheose des überhistorischen Standpunkts"[24] verstehen möchte.

Nietzsche verfügt mit der Wiederkunftslehre über ein effektives Gegenmittel gegen die diffundierende Wirkung eines Übermaßes an Historischem, welches über die beiden in der *Zweiten Unzeitgemäßen* angebotenen Instrumente (des ‚Unhistorischen', d. h. des Vergessens, und des ‚Überhistorischen', d. h. des Standpunkts der Ewigkeit und des Gleichbedeutenden) insofern entscheidend hinausgeht, als jetzt Historisches und Ewiges, Werden, Wert und Aeternität im Rückgang in sich selbst miteinander zusammengeschlossen werden. Das Verhältnis zum Vergangenen sollte Nietzsche zufolge von der Maxime geleitet sein, daß der „Spruch der Vergangenheit" immer ein „Orakelspruch" ist, den die Menschen „nur als Baumeister der Zukunft, als Wissende der Gegenwart"[25] verstehen werden. Daß gerade auch in dieser Überlegung ein Schlüssel zum Verständnis und zur Begründung des Wiederkunftsgedankens liegt, hat Nietzsche nicht erkannt. Er hat die Reichweite der damit angesprochenen Symmetrie von Vergangenem und Zukünftigem in bezug auf jede Bestimmung von Gegenwärtigem nicht gesehen, zumindest nicht dargelegt und nicht für die Wiederkunftslehre fruchtbar gemacht.

---

[24] Vgl. W. Kaufmann, *Nietzsche*, S. 375. Vgl. K. Löwith, *Nietzsches Philosophie*, S. 113–126.
[25] KGW, a.a.O., Kap. 6, S. 290.

Spiegelbildlich zu Nietzsches Abwehr eines schädlichen Übermaßes an Historischem und historischem Sinn kann die Frage gestellt werden, warum denn der Mensch die Vergangenheit, die Geschichte überhaupt braucht, wo doch eine ungeschichtliche oder eine übergeschichtliche Haltung erheblich zukunfts-motivierender scheinen? Auf diese Frage kann nicht einfach mit dem Hinweis geantwortet werden, daß der Mensch geschichtlich ist. Denn das erklärt noch nicht, warum er ein Verhältnis zur Vergangenheit *benötigt*. Richtet man diese Frage an die Historienschrift, so wäre in einem ersten Schritt zu antworten: weil der Mensch in der Geschichte etwas erfährt, was er bei sich selbst nicht ohne weiteres, zumal nicht unter seinen jetzigen Existenzbedingungen erfahren kann, kurz: weil die Geschichte etwas weiß, was er nicht unmittelbar von sich selbst weiß. Was aber ist das? Es muß etwas anderes sein als bloß die Auskunft, daß der Mensch geschichtlich ist. Die positive Antwort besteht in dem bereits erwähnten Zusammenhang, daß die Gestaltung des Zukünftigen einmal möglich war und von daher wieder möglich sein wird. Diese Motivbeschaffung ist der positive Hintergrund der ganzen *Zweiten Unzeitgemäßen*. Aber das ist strenggenommen immer noch keine zufriedenstellende Antwort auf die Ausgangsfrage, warum der Mensch die Vergangenheit im Sinne bewußter Aneignung nötig hat.

Eine weitere, von Nietzsche selbst zwar nicht erwogene, aber doch in der Linie seines Denkens liegende Antwort gerät in den Blick, sobald man fragt, unter welchen Voraussetzungen die Angewiesenheit auf Geschichte überhaupt auftritt. Eine zugespitzte Antwort könnte folgendermaßen aussehen. Auf Geschichte ist der Mensch überhaupt erst angewiesen, *nachdem* er durch eine *Ent*weltlichung, die in gewissem Sinne auch eine *Ent*körperlichung bedeutet, hindurch gegangen ist, d.h. erst nachdem er Individuum geworden ist und weiter, nachdem er sich *als* individuelles Bewußtsein auch von sich selbst als der Leib-Organisation, die er ist, in einem allein auf Bewußtsein und Selbstbewußtsein gerichteten Sinne abgekoppelt hat. Der Dualismus von Körper und Geist, wie er z. B. in seiner Cartesianischen Ausprägung für das neuzeitliche Bewußtsein bedeutungsvoll geworden ist, ist eines der bereits späten Symptome dieses Vorgangs. Zu den daraus resultierenden Schwierigkeiten gehört, daß sich das entweltlichte und entkörperlichte Individuum schließlich als leer, am Ende als bedeutungs- und wertlos empfindet. In diesem Sinne ist der Nihilismus eine Konsequenz der entweltlichenden und entkörperlichenden Individuierung und Versubjektivierung. In dem Maße, in dem nun auch die Erinnerung an die volle Person, d.h. an die ursprüngliche Einheit von Welt, Leib und Geist abnimmt, wird auch der Begriff eben dieses Individuum selbst flüchtiger, gravitäts- und schwereloser. Übrig bleibt schließlich das nihilistische Individuum, dem nicht nur das gestaltende Schaffen der Zukunft, sondern sogar die eigene Welt-, Fremd- und Selbst-Erfahrung als ursprüngliche Einheit von

Körper und Geist abhanden gekommen ist. Dies ist die Situation, in der der Geschichte qua Erinnerung an gewesene Möglichkeiten, die als geschichtliche Taten zugleich körperlich, weltlich und individuell sind, grundlegende Bedeutung zukommt. Die Erinnerung, der Rekurs auf Dagewesenes und die Angewiesenheit auf Geschichte zeigen sich in dieser Perspektive als ein doppeltes Bedürfnis.

Zum einen treten sie überhaupt erst auf der Spitze des individuellen Bewußtseins in voller Gestalt hervor. Und insofern damit, als Übermaß an Historischem, eine noch weitere Entweltlichung und Entkörperlichung verbunden ist, unterliegen sie, am Maßstab der Vernatürlichung gemessen, folgerichtig der Kritik. Zum anderen aber kann gerade in der Erinnerung *als* Geschichte eine neue Verwelt- und Verkörperlichung des Individuums in Gang gesetzt werden. Die Geschichte zeigt, daß diese möglich gewesen sind, und daß sie, als Geschichte, wieder möglich sein werden. Der Rekurs auf das Dagewesene trägt so zur Vernatürlichung des Menschen bei. Und die Wiederkunftslehre erscheint dann als der darüber hinausgehende Versuch, diesen immer noch nicht sonderlich motivierenden Rückgriff auf dagewesene Möglichkeiten zu überbieten, ihn schließlich, insofern *jedes* Individuum unverzichtbar und überaus wertvoll für den Weltprozeß im ganzen ist, gar nicht mehr benötigen *und gleichwohl nicht* in eine a-geschichtliche Welt, etwa in die der erratischen Festigkeit des Mythos, zurückfallen zu müssen. In dieser Perspektive wäre also der Mensch als nihilistisches Individuum in dem skizzierten Doppelsinn auf Geschichte angewiesen, und die Wiederkunftslehre erschiene in beiden Hinsichten als Gipfel der Betrachtung. Man könnte jedoch einwenden, daß damit die Ausgangsfrage, warum der Mensch die Vergangenheit überhaupt benötigt, auf das Nihilismus-Problem eingeschränkt, mithin nicht allgemein beantwortet sei. Erfordert ist also ein noch umfassenderes Argument.

Anzuknüpfen ist an die oben zitierte Maxime Nietzsches zum Verständnis des Vergangenen. Wird der darin betonte Zusammenhang zwischen Vergangenem, Gegenwärtigem und Zukünftigem zu Ende gedacht und in bezug auf seine Struktur verallgemeinert, dann läßt sich sagen, daß die den Geschehensprozeß konstituierenden Ereignisse in symmetrischer Weise zugleich von der Vergangenheit *und* von der Zukunft desjenigen relationalen Kräfte-Komplexes bestimmt werden, innerhalb dessen sie sich als das, was und wie sie *sind,* vollziehen und auf dessen Gestalt, Intensität und Richtung sie eben dadurch auch ihrerseits prägend einwirken. Dies gilt zunächst in epistemologischer Hinsicht. Nach dem gebotenen Übergang vom *Ding*-Schema in die Ebene des *Ereignis*-Schemas, d. h. der Kräfte-*Prozesse* als Inbegriff dessen, was die Welt ausmacht, sind die Vorgänge der Identifizierung und der Wiederholung eines Ereignisses nicht ohne Bezugnahme auf die Symmetrie von Vergangenem und Zukünftigem zu klären. Dies wird bereits an der Frage deutlich, wo ein Ereignis beginnt bzw. aufhört und ein anderes ablöst bzw. selbst abgelöst wird. Zur Identifikation und Identität eines Ereignisses werden Vergangenheit und Zukunft sowie die an den internen Funktionen des Schemas selbst haftende Interpretativität gleichermaßen benötigt. In der Geschichtsbetrachtung wird dies etwa an den Schwierigkeiten des Epochenbegriffs besonders deutlich.

Diese Struktur ist, wie Gilbert N. Lewis im Rahmen der physikalischen Lichttheorie dargelegt hat, auch für die Zustände physikalischer Systeme von grundlegender Bedeutung. Die jeweils gegenwärtigen Phänomene eines Systems werden von dessen zukünftigen Zuständen in einem nicht geringeren Maße als von den vergangenen bestimmt.[26] Das hat zur Folge, daß auch hier das Konzept einer unilinearen zeitlichen Kausalität und mit dieser die Vorstellung einer linearen Gerichtetheit der Zeit selbst, wie sie nicht nur in dem an der Grammatik des Urteils orientierten Sprach- und Verstandesdenken und in der klassischen Galilei-Newtonschen Physik, sondern auch noch in einigen Interpretationen der Quantenmechanik vertreten wird, aufgegeben werden muß.[27] Es gilt Symmetrie der Zeitstruktur. Sie ergibt sich aus der Prozeßnatur der Ereignisse selbst. Denn Ereignisse haben Passagencharakter. Sie *sind* der Übergang von einem Zustand in einen nächsten und damit in jedem ihrer gegenwärtigen Vollzugsmomente Transition zwischen der Welt des Vergangenen

[26] Vgl. G. N. Lewis, *The symmetry of time in physics*, in: *Science*, 71 (1930), S. 569.

[27] Vgl. G. N. Lewis, a.a.O., S. 577. Als Beispiel einer auf Irreversibilität und Gerichtetheit abstellenden Interpretation der physikalischen ‚Zeit‘ und entsprechend der Betonung zeitlicher Asymmetrie vgl. C. F. v. Weizsäcker, *Der zweite Hauptsatz und der Unterschied von Vergangenheit und Zukunft*, (1939), in: Ders. *Die Einheit der Natur*, S. 172–182 und Ders. *Evolution und Entropiewachstum*, in: *Beiträge zur Zeitstruktur von Information, Entropie und Evolution*, hg. von E. v. Weizsäcker, Stuttgart 1974, S. 200–221. Der Gedanke des *ewigen Werdens* und des *Kreislaufs aller Ereignisse* ist mit *dieser* auf Erstarrung, auf den sogenannten Wärmetod hinauslaufenden Interpretation des Zweiten Hauptsatzes und der Quantenmechanik nicht zu vereinen. Vgl. zu den damit verbundenen Problemen auch Kap. XI, 2, S. 381–390.
Der theoretische Physiker Ludwig Boltzmann stellt gegen Ende seiner *Vorlesungen über Gastheorie*, Bd. II, S. 256 und dort im Zusammenhang seiner Interpretation des Zweiten Hauptsatzes der Thermodynamik, mithin des Wärmegleichgewichts, die Frage, ob die erfahrungsmäßig gegebene Irreversibilität und Einseitigkeit der Zeitfolge „mit der Unendlichkeit oder ringförmigen Geschlossenheit derselben vereinbar“ ist oder nicht? Wird diese Frage bejaht, so müsse dabei als Weltvorstellung ein System benutzt werden, dessen zeitliche Veränderungen „durch Gleichungen gegeben werden, in denen die positive und negative Zeitrichtung gleich berechtigt sind und mittels dessen doch durch eine besondere specielle Annahme der Schein der Irreversibilität in langen Zeiträumen erklärbar ist“ (S. 257). Dies treffe bei der atomistischen Weltauffassung zu. Wird die Welt als ein mechanisches System von einer „enorm grossen Anzahl von Bestandteilen und von enorm langer Dauer“ gedacht, so daß die räumlichen und zeitlichen Dimensionen desjenigen Fixsternhimmels, dem die Erde zugehört, „winzig gegen die Ausdehnung des Universums und Zeiten“ sind, so werden für das Universum die beiden Richtungen der Zeit „ununterscheidbar“, ebenso wie es „im Raume kein Oben oder Unten giebt“ (S. 257). Vgl. in diesem Zusammenhang auch unten Kap. XII, 2, S. 417f., Anm. 22.

und der des Zukünftigen und werden entsprechend von beiden bestimmt. Dies zu sagen setzt übrigens nicht das Konzept einer absoluten Zeit voraus. Vielmehr wird umgekehrt deutlich, daß der Zeitbegriff als Extrapolation der Ereignis-Relationen entfaltet werden kann. Doch interessiert hier vor allem die symmetrische Verschränkung von Vergangenem und Zukünftigen. Daß das Vergangene im Gegenwärtigen bedingend fortlebt, wurde bereits in dem Sinne herausgestellt, daß das Individuum als Leib-Organisation nicht bloß Resultat einer Entwicklung, sondern die ganze es bedingende Ereignis-Geschichte des Organischen und des Anorganischen, die ganze Entwicklungs-Kette selber *ist*. Diese Struktur enthält die abschließende Komponente der Antwort auf die Ausgangsfrage, warum der Mensch die Vergangenheit überhaupt nötig hat.

Das schöpferische Gestalten des Zukünftigen *ist* ineins bestimmende Wirkung des Vergangenen. Erst indem beide Bestandteile als symmetrische Einheit aufgefaßt werden, ist auch eine Selbst-Bestimmung des gegenwärtigen Zustandes, mithin auch überhaupt erst eine Bestimmung dessen, *als* was sich der fortwährende Prozeß notwendiger Selbst-Überwindung vollzieht, möglich. In jedes aktuell Gegenwärtige gehen Wirkungen des Vergangenen bedingend ein, und in jedem gegenwärtigen Ereignis sind bereits auch Beziehungen des Zukünftigen enthalten. Wollte man aus einem Ereignis die es bedingende Vergangenheit und/oder die interne Bezogenheit auf das Zukünftige herausnehmen, so hätte man das Ereignis negiert. Auch *dieser* Gesichtspunkt führt zu einer Aeternität *jeden* einzelnen Momentes des das Universum ausmachenden Geschehensprozesses. Denn jedes einzelne Ereignis ist auf diese Weise und in dem Sinne ‚ewig', daß es in alle zukünftigen Zustände und Ereignisse der Welt bedingend eingeht, sich darin wiederholt und eben dadurch unsterblich ist.[28] Das Individuum schließt das ganze es bedingende Vergangene in sich, setzt dieses fort und lebt seinerseits in allen Zukünften bedingend weiter. Das ist gewissermaßen der ‚objektive' Aeternalismus einer jeden Individualität, die ‚objektive' Wiederholung des Gleichen selbst innerhalb einer Geschehensreihe. Die Vergangenheit ist so gesehen deshalb ein Orakelspruch, weil sie erst die Hälfte der Geschichte ist. Letztlich ist diese symmetrische Struktur auch der Grund für die Gültigkeit des hermeneutischen Postulats, daß ein Verstehen von vergangenem Sinn nicht ohne die Anwendung des Interpretandum auf die Situation des Interpretierenden möglich ist. Denn diese Symmetrien dürfen natürlich nicht deterministisch-statisch, nicht naturgesetzlich vorgestellt werden. Auch darin kann man eine Befreiung der Vergangenheit und deren notwendige Beziehung zum Schaffen des Zukünftigen erblicken. Und in der Wie-

---

[28] Dies trifft sich mit der Auffassung von A. N. Whitehead, der diesen Zusammenhang in *Process and Reality*, ([1]1929), New York 1957, S. 71 die „objective immortality" (vgl. S. 44) eines jeden Ereignisses nennt.

derkunftslehre, so könnte man sagen, werden beide Komponenten unter leitendem Einschluß des Wert-Gesichtspunktes in ihrer notwendigen Zusammengehörigkeit zu Ende gedacht.

Eine solche Überlegung kann für eine Begründung der Wiederkunftslehre über den Aspekt einer ‚objektiven‘ Ewigkeit hinaus in einem doppelten Sinne fruchtbar gemacht werden. Zunächst liegt in ihrer Konsequenz, daß in *diesem* Sinne die Zeit selbst, in bezug auf jeden gegenwärtigen Ereignis-Zustand, von der Form nicht der unilinear-kausalen Geraden, sondern der des Kreises ist. Sodann wird auch deutlich, was in der Rede mitgemeint sein könnte, daß der ‚letzte‘ Zustand der Weltbewegung mit dem ‚ersten‘ identisch ist.[29] Die Symmetrie der Zeit selbst nötigt in eine solche Vorstellung und macht, zu Ende gedacht, zugleich deutlich, daß diese Struktur der Zusammengehörigkeit von ‚letztem‘ und ‚erstem‘ Zustand überall, in jedem Zeit-Ereignis erreicht ist und nicht im Sinne eines Beobachtungs- bzw. Meßergebnisses fixiert werden kann und braucht. Die Wiederkehr erfolgt in jedem Augenblick.

Dies kann mit der Frage nach dem Wert des Daseins unmittelbar verknüpft werden. Denn der Verzicht auf die unilineare Zeitvorstellung hat die im Hinblick auf jedes einzelne Ereignis (Handeln, Denken, Erleben) entscheidend aufwertende, geradezu vergöttlichende Konsequenz, daß *jedes* Ereignis als eine Konkreszierung des gesamten Universums angesehen werden kann und muß, mithin umgekehrt seinerseits für alle anderen, für das ganze Universum folgenreich und bestimmend ist. Dies ist freilich nicht im Sinne der Repräsentation eines wohlgeordneten Ganzen, nicht als Spiegelung nach Art der Leibnizschen Monaden, sondern in dem dargelegten Sinne zu verstehen, daß die Welt das Gesamt-Spiel der von einer jeden Kraftzentrierung aus erfolgenden perspektivischen Konstruktion der ganzen übrigen Welt ist. Das in einer Perspektive Repräsentierte ist etwas, das zuvor aus eben dieser Perspektivität heraus überhaupt erst zu demjenigen *So-und-so*-Etwas wurde, als das es dann wiedergegeben werden *kann*. In diesem Vorgang sind nicht nur Faktizität und Interpretativität, sondern auch Vergangenes und Zukünftiges wechselseitig aufeinander angewiesen und bedingend ineinander übergegangen, ohne sich allerdings gegenseitig auszulöschen. Die Symmetrie von Vergangenem und Zukünftigem ist für ein Verständnis des Zusammenhangs von Wiederkunftslehre und monumentalischer Betrachtung der Geschichte grundlegend. Dieser Gesichtspunkt ist neben die von Nietzsche explizit ausgeführte Auffassung zu stellen, daß jede Kräfte-Konkretion das ganze sie bedingende Vergangene selber *ist*. Zu ergänzen wäre also die notwendige interne Bezogenheit eines jeden Ereignisses und eines jeden Individuums auf alle seine Zukünfte und damit die Einsicht, daß, unter Fortfall einer Metaphysik absoluter Initiative, jede Ge-

---

[29] Vgl. KGW VII, 1, 1 (27); vgl. dazu unten Kap. XI, 3, S. 398ff. und oben Kap. VII, 2, S. 212.

genwart und jedes einzelne Moment des Weltprozesses notwendig doppelter Natur ist, daß es das Vergangene *und* das Zukünftige ineins enthält.

3. Die Ordnungslosigkeit der Welt

Die absolute, jedoch ametaphysische Notwendigkeit jeden Geschehens, wie sie mit der Prozeßnatur der Machtwillen verknüpft ist, gewinnt an Kontur, je mehr die mannigfaltigen Vermenschlichungen der Natur zurückgelassen werden. Doch darf die sich in den Kräftevollzügen selbst-konstituierende Notwendigkeit in keinem Falle mit einer Determination weder im Sinne der Teleologie noch im Sinne der mechanistischen Gesetzmäßigkeit und Kausalität verwechselt werden. Hinter, über, unter oder in dem Geschehen ist keine ordnende Vernunft, kein Gott, kein Geist, kein Determinismus und kein Gesamtbewußtsein wirksam. Die interne Geschehens-Notwendigkeit ist weder logozentrisch noch biozentrisch und weder maschinenmäßig noch organologisch aufzufassen. Nietzsche hat dies an keiner Stelle seines Werkes so komprimiert und facettenreich zum Ausdruck gebracht wie im Aphorismus 109 der *Fröhlichen Wissenschaft*. Dort wird die Vermenschlichung der Natur zurückgeholt und damit zugleich der Blick auf die Welt der ursprünglich-produktiven Willen-zur-Macht-und-Interpretations-Prozesse gelenkt. In den freiwerdenden Raum dringt dann Nietzsches neue Auslegung der Welt ein. In ihr schließen sich die interne Notwendigkeit jeden Geschehens, der Chaos-Charakter der Welt im ganzen und der Kreislauf der Wiederkehr nicht mehr gegenseitig aus. Die ewige Wiederkehr ist eben, da sie sich auf das Wie der internen Notwendigkeit der diese Welt ausmachenden Willen-zur-Macht-und-Interpretations-Prozesse bezieht, ihrerseits eine „unvernünftige Nothwendigkeit“[30].

„Hüten wir uns, zu denken, dass die Welt ein lebendiges Wesen sei. Wohin sollte sie sich ausdehnen? Wovon sollte sie sich nähren? Wie könnte sie wachsen und sich vermehren? Wir wissen ja ungefähr, was das Organische ist: und wir sollten das unsäglich Abgeleitete, Späte, Seltene, Zufällige, das wir nur auf der Kruste der Erde wahrnehmen, zum Wesentlichen, Allgemeinen, Ewigen umdeuten, wie es Jene thun, die das All einen Organismus nennen? Davor ekelt mir. Hüten wir uns schon davor, zu glauben, dass das All eine Maschine sei; es ist gewiss nicht auf Ein Ziel construirt, wir thun ihm mit dem Wort ‚Maschine‘ eine viel zu hohe Ehre an. Hüten wir uns, etwas so Formvolles, wie die kyklischen Bewegungen unserer Nachbar-Sterne überhaupt und überall vorauszusetzen; schon ein Blick in die Milchstrasse lässt Zweifel auftauchen, ob es dort nicht viel rohere und widersprechendere Bewegungen giebt,

[30] KGW V, 2, 11 (225), S. 426.

ebenfalls Sterne mit ewigen geradlinigen Fallbahnen und dergleichen. Die astrale Ordnung, in der wir leben, ist eine Ausnahme; diese Ordnung und die ziemliche Dauer, welche durch sie bedingt ist, hat wieder die Ausnahme der Ausnahmen ermöglicht: die Bildung des Organischen. Der Gesammt-Charakter der Welt ist dagegen in alle Ewigkeit Chaos, nicht im Sinne der fehlenden Nothwendigkeit, sondern der fehlenden Ordnung, Gliederung, Form, Schönheit, Weisheit, und wie alle unsere ästhetischen Menschlichkeiten heissen. Von unserer Vernunft aus geurtheilt, sind die verunglückten Würfe weitaus die Regel, die Ausnahmen sind nicht das geheime Ziel, und das ganze Spielwerk wiederholt ewig seine Weise, die nie eine Melodie heissen darf, – und zuletzt ist selbst das Wort ‚verunglückter Wurf' schon eine Vermenschlichung, die einen Tadel in sich schliesst. Aber wie dürften wir das All tadeln oder loben! Hüten wir uns, ihm Herzlosigkeit und Unvernunft oder deren Gegensätze nachzusagen: es ist weder vollkommen, noch schön, noch edel, und will Nichts von alledem werden, es strebt durchaus nicht darnach, den Menschen nachzuahmen! Es wird durchaus durch keines unserer ästhetischen und moralischen Urtheile getroffen! Es hat auch keinen Selbsterhaltungstrieb und überhaupt keine Triebe; es kennt auch keine Gesetze. Hüten wir uns, zu sagen, dass es Gesetze in der Natur gebe. Es giebt nur Nothwendigkeiten: da ist Keiner, der befiehlt, Keiner, der gehorcht, Keiner, der übertritt. Wenn ihr wisst, dass es keine Zwecke giebt, so wisst ihr auch, dass es keinen Zufall giebt: denn nur neben einer Welt von Zwecken hat das Wort ‚Zufall' einen Sinn. Hüten wir uns, zu sagen, dass Tod dem Leben entgegengesetzt sei. Das Lebende ist nur eine Art des Todten, und eine sehr seltene Art. – Hüten wir uns, zu denken, die Welt schaffe ewig Neues. Es giebt keine ewig dauerhaften Substanzen; die Materie ist ein eben solcher Irrthum, wie der Gott der Eleaten. Aber wann werden wir am Ende mit unserer Vorsicht und Obhut sein! Wann werden uns alle diese Schatten Gottes nicht mehr verdunkeln? Wann werden wir die Natur ganz entgöttlicht haben! Wann werden wir anfangen dürfen, uns Menschen mit der reinen, neu gefundenen, neu erlösten Natur zu *vernatürlichen*."[31]

Diese Freisetzung der Welt von ihren ästhetischen, moralischen oder juridischen Vermenschlichungen ist auch im Zusammenhang der Erörterungen zur Destruktion der ‚wahren Welt' im vorigen Kapitel zu sehen. Sie gewinnt noch schärferes Profil, sobald sie in ein Verhältnis zum einen zur alten Kosmos-Idee sowie zu dem mit dieser verbundenen Begriff der reinen Theoria, zum anderen zu der davon grundlegend unterschiedenen neuzeitlichen Konstruktion des Universums durch die Vernunft gesetzt wird. Den Anknüpfungspunkt bildet die von Nietzsche vorgenommene Verkehrung der alten Mi-

---

[31] KGW V, 2, *Die fröhliche Wissenschaft,* III, Aph. 109, S. 145–147.

mesis-Vorstellung: das All strebt nicht danach, den Menschen nachzuahmen. Die Pointe dieses Satzes wird erst an der Erinnerung deutlich, daß es für das antike Verständnis von Theoria sowie von deren prägender Kraft für die Praxis im Ethos kennzeichnend war, daß der Mensch, zumindest aber der Philosoph, in einem passivisch-kontemplativen und vernehmenden Sinne die unveränderliche Ordnung des Kosmos schaut und von dieser dann genötigt wird, ihre geordneten, gegliederten, form-, schönheits- und weisheitsvollen Strukturen und Proportionen auf dem Wege der Mimesis sowohl der einzelnen Seele als auch dem Staat als dem Ort der Lebenspraxis anzuverwandeln. Der antiken Auffassung ging es darum, die Strukturen des Kosmos in Psychē und Pólis zur Darstellung zu bringen. Es ist offensichtlich, daß Nietzsche zu einer vollständigen Umkehrung dieses Verhältnisses gelangt. Er sieht die Idee einer aus sich heraus verbindlichen, in sich ruhenden und als unsterblich aufgefaßten Ordnung des Kosmos bereits als das Ergebnis einer Projektion von seiten des Menschen, bereits als Werk eines bestimmten Willen-zur-Macht an. Doch was hat dies, so wird man fragen, mit der Idee der ‚wahren Welt' zu tun?

Entscheidend ist, daß der Möglichkeit einer theoretischen Kontemplation der unveränderlichen Kosmos-Ordnung bereits die Setzung einer dem Werden enthobenen Seins-Ordnung vorausliegt. Historisch ist dies in seiner für die abendländische Tradition folgenreichen Version erstmals in der Lehre des Parmenides vom ungewordenen und unvergänglichen Sein erfolgt. Das Parmenideische Sein enthüllt sich nur im und als Denken, nur im und als Logos, und an ihm gemessen ist die sinnlich wahrnehmbare Welt des Werdens eine vergängliche und bloß ‚scheinbare' Welt des meinenden Dafürhaltens der Sinne, eine Welt der Doxa. Die damit verbundene Abwertung des Werdens tritt dann in Platons Lehre in der Gestalt auf, die Nietzsche immer wieder und entschieden bekämpft hat. Es bedarf kaum der Erwähnung, daß es unter den frühen griechischen Philosophen nicht Parmenides, sondern der das Werden gegenüber dem Sein herausstellende und Identität leugnende Heraklit ist, dem Nietzsches ganze Sympathie gehört. Historisch wie systematisch ist es dieses, der Auffassung des Kosmos sowie der Möglichkeit seiner Kontemplation auf dem Wege reiner Theoria bereits vorausliegende Verhältnis von Logos und Doxa (von festem, unveränderlichem, dem Wechsel und der Unbeständigkeit enthobenem und in sich ruhendem ‚Sein' einerseits, und dem vergänglichen, ungewissen, mit Affekten, Trieben und Unvernunft durchsetzten ‚Werden' andererseits), das die im vorigen Kapitel erörterte Auftrennung von ‚wahrer' und ‚scheinbarer' Welt heraufbeschwört.

Die Idee einer ‚wahren Welt', hier der Kosmos-Ordnung, konnte für eine gewisse Zeit zu den Existenzbedingungen des Menschen gehören, konnte als ein Erhaltungsmittel gegen die Einsicht wirken, daß eine *an-sich-seiende* Ordnung des Daseins nicht gegeben ist, ja daß nicht einmal die Frage einer solchen

Zweck- und Ordnungs-Ontologie ihrer sinn-logischen Struktur nach kohärent expliziert werden kann. Die nihilistischen Konsequenzen der Idee der ‚wahren Welt' lassen sich, wie zu sehen war, nicht auf Dauer verbergen. Darüber hinaus ist die Vorstellung eines aus sich heraus verbindlichen Kosmos, obwohl sie der Philosoph der reinen Theoria als etwas Affekt-, Trieb-, Perspektive- und Interesseloses ausgibt, ihrerseits eine bestimmte perspektivische Fiktion. Auch sie ist eine lebensdienliche Wertschätzung. Wird zudem daran erinnert, daß die Rede von ‚*der* Welt im ganzen' für Nietzsche gerade nicht mehr im alten kosmologischen Sinne, sondern bloß als ein Wort für das Gesamtspiel der partikularen Aktionen und Reaktionen von einem jeden der Willen-zur-Macht-und-Interpretations-Zentren aus aufzufassen ist, dann ist nicht mehr zu übersehen, wie gründlich in dem zitierten Aphorismus die alte Kosmos-Idee der reinen Theoria zerstört wird. Nicht nur richtet sich der Mensch, insonderheit der Philosoph, nicht mehr nach vermeintlich vorgegebenen Strukturen einer ‚wahren Welt an sich'. Umgekehrt hat auch die Überwindung der Vermenschlichung der Natur so weit zu gehen, daß selbst das scheinbare Übereinstimmen des Naturgeschehens mit den vom Menschen in dieses hineinprojizierten Ordnungsstrukturen in keinem Falle so aufzufassen ist, als strebe nun die Natur danach, den Menschen nachzuahmen. Das wäre eine Art umgekehrt sekundäre Teleologie. Auch sie noch muß ausgeschlossen werden.

Der letztgenannte Gesichtspunkt ließe sich etwa auch daran illustrieren, daß die Anwendbarkeit der Mathematik auf Naturvorgänge, die Mathematisierbarkeit weiter Bereiche der Natur, keineswegs bedeutet, daß in der Natur Gesetzmäßigkeiten im Sinne der Mathematik, der formalen Logik und der Naturwissenschaft herrschen, und die Natur sich diesen unterwirft, sich nun gleichsam ihrerseits die aus pragmatischen Motiven konstruierten Ordnungsmuster auf mimetischem Wege anverwandelt und auf diese Weise berechenbar wird. Und selbst wenn dem so wäre, so ist das eingangs dieses Kapitels bereits betonte und in der Forschung jüngster Zeit erneut beachtete *chaotische* Verhalten selbst einfacher physikalischer Systeme bei auch nur geringsten Unterschieden in den Anfangsbedingungen[32] ein untrügliches Anzeichen dafür, daß hier, wie auch in aller interessegeleiteten Einwirkung im Bereich der Praxis und der Moral, die am Leitfaden des Kausalprinzips bzw. der Idee des Wahren, Guten und Schönen erfolgende Domestikation nicht tief geht.

Doch ist damit erst die eine der beiden Seiten dessen, was in Nietzsches Weltbegriff destruiert wird, in den Blick gebracht. Das Weltganze im Sinne einer in sich ruhenden, unveränderlichen, von der Perspektivität, der Vielheit und dem Werdecharakter gereinigten ‚wahren Welt' und einer so aus sich heraus verbindlichen Wirklichkeit gibt es nicht mehr. Doch heißt dies nicht, daß Nietzsches Weltbegriff nun (wie man in Weiterführung des Aspektes, daß alle

[32] Vgl. oben S. 347.

Wirklichkeits-Ordnung bereits Ergebnis einer vom Menschen vorgenommenen Projektion ist, vermuten könnte) im Sinne der konstruierend verfahrenden Vernunft der neuzeitlichen Rationalität aufzufassen ist. In der Neuzeit wird das Universum, wie überhaupt alle Gegenstände der Erfahrung, nicht mehr als eine vorgegebene Struktur entfaltet, sondern durch und als Vernunft konstruiert. Kant hat diese Veränderung der Denkungsart einprägsam in das Bild von der kopernikanischen Wende gefaßt. Vor Kant nahm man an, daß sich die Erkenntnis nach den Gegenständen zu richten hätte. Doch hat sich gezeigt, daß unter dieser Voraussetzung eine Erweiterung der Erkenntnis im apriorischen Sinne nicht zu erreichen ist. Deshalb ist nun umgekehrt vorzugehen. Die Vernunft, ausgestattet mit ihren Prinzipien und mit dem Experiment, der Experimentalmethode, hat an die Natur so heranzutreten, daß sich die Gegenstände nach der Erkenntnis zu richten haben.[33] In diesem Sinne hat die neuzeitliche Rationalität, in konsequenter Subjektivierung der Erkenntnis, das Universum durch die Vernunft konstruiert. Wird Nietzsches Weltbegriff vor dieser Folie betrachtet, so ist festzustellen, daß er nicht nur die alte Idee der Welt als Kosmos, sondern auch den neuzeitlichen Begriff einer Konstruktion des Universums durch die Vernunft auflöst. ‚Die Welt' ist weder ein Lebewesen noch eine Maschine. Wie jedes seiner einzelnen Momente, so ist auch der Weltprozeß im ganzen weder teleologisch-organologisch noch kausal-mechanisch zu erklären. Das ist konsequent. Denn ‚*die* Welt im ganzen' ist in Nietzsches Sicht nichts anderes als das sich fortwährend wandelnde Zusammenspiel der vielen partikularen Aktionen und Reaktionen von einem jeden Kraftzentrum aus, ist mithin auch als ganze dieses vielfältige Spiel des Zusammen- und Wieder-auseinander-tretens, des Entstehens, Wachsens und Vergehens der Willen-zur-Macht-und-Interpretations-Organisationen, hinter deren Prozesse nicht noch eine metaphysische oder vernunft-spekulative Geordnetheit, keine Vernunft in der Sache imaginiert werden darf. Vom ‚Ganzen' der Welt kann nur noch in ähnlicher Weise gesprochen werden, wie Nietzsche dies in bezug auf die organische Welt einmal so ausdrückt, daß diese die „Aneinanderfädelung von Wesen mit erdichteten kleinen Welten um sich"[34] ist.

Daß Nietzsches Philosophie und näherhin ihr Weltbegriff gegen das System-Denken der konstruierenden Vernunft im Sinne des Deutschen Idealismus steht, läßt sich durch eine weitere Erinnerung an Kant verdeutlichen. Mit der kopernikanischen Wende ändert Kant nicht nur den Begriff des Gegenständlichen, insofern dieses jetzt von der Erkenntnis abhängig ist, und nicht umgekehrt. In der damit geschaffenen Möglichkeit apriorischer Erkenntnis, d.h. einer Erkenntnis der Erkenntnis im Sinne der transzendentalen Reflexion

---

[33] Vgl. I. Kant, *Kritik der reinen Vernunft*, Ausg. R. Schmidt, B XIII–XVIII.
[34] KGW VII, 3, 34 (247), S. 223.

auf die Bedingungen der Möglichkeit von Erkenntnis *überhaupt*, welche Bedingungen zugleich die Bedingungen der Möglichkeit von Gegenständlichkeit *überhaupt* sind[35], hat Kant das Denken in eine ausgezeichnete Situation gebracht. Denn jetzt kann das Denken von der ‚möglichen Erfahrung überhaupt' und eben darin *ineins* von den ‚möglichen Gegenständen überhaupt' handeln und ist von der Erfahrung im faktisch-empirischen Sinne nicht nur nicht abhängig, sondern darf dies auch gerade nicht sein. Dies erst macht deutlich, wieso überhaupt in dem bekannt umfänglichen und emphatischen Sinne in der Philosophie des Deutschen Idealismus, besonders dann bei Hegel, vom ‚System' die Rede sein konnte. Es besteht damit nämlich die Möglichkeit, eine ‚Vernunft in der Sache' zu konstruieren, sie als List des Geschehens auszugeben und auch den zeitlich-geschichtlichen Weltprozeß als ‚System' zu entwickeln.

Auf diesen Hintergrund bezogen ist das, was von Nietzsche in Sachen ‚die Welt im ganzen' zu hören war, als die Auflösung *solchen* System-Denkens in die Daß-Faktizität der alle Realität ausmachenden, gänzlich immanenten Willen-zur-Macht-und-Interpretations-Vollzüge zu lesen. Und der Gesamtcharakter dieser Welt ist und bleibt in alle Ewigkeit Chaos. Mit dem Rekurs auf die ametaphysische und doch nicht-positivistische, gleichwohl aber absolute *Faktizität* geht notwendig die Selbst-Überwindung der Reflexionsbestimmungen der Urteilsgrammatik in das ursprüngliche *Interpretations*-Geschehen einher.[36] Die Welt im Sinne alles dessen, was und wie es geschieht, ist immer und überall Interpretations-Geschehen. Das hat, wie gezeigt wurde, nichts mit mangelnder Strenge oder fehlender Notwendigkeit und nichts mit Beliebigkeit oder Relativismus zu tun. Die internen Ereignis-Relationen geschehen vielmehr mit derjenigen sich im und als Vollzug selbst-konstituierenden absoluten Notwendigkeit, deren Wie der Gedanke der ewigen Wiederkehr des Gleichen in dem erörterten Sinne symbolisiert.[37] Doch schließt der Interpretations-Gedanke eine System-Philosophie aus, obwohl er selbst geschehens-*logischer* Natur ist. Eine solche Auffassung setzt ein ‚System' weder voraus noch wird ein solches darin impliziert. Die Wiederkunftslehre ist keine System-Philosophie.

Steht Nietzsche mit der Wende gegen eine solche idealistische Selbst-Überschätzung von Bewußtsein, Selbstreflexion und Vernunft gegen diejenige Komponente der neuzeitlichen Rationalität, die ihren Ausgang beim Selbstbewußtsein Cartesianischer Provenienz nimmt, so befindet er sich mit der Zurückweisung des Maschinencharakters der Welt ebenfalls in einem Gegensatz zur neuzeitlichen Auffassung. Diese hat, man denke an Newton, Leibniz und

---

[35] Vgl. *Kritik der reinen Vernunft*, A 111.
[36] Vgl. dazu oben Kap. VI, 5, S. 164–168.
[37] Vgl. oben Kap. VIII, 5.

auch an Kant, das Universum als Weltmaschine aufgefaßt. Kant betonte, daß man der Natur einen Mechanismus als Hypothese unterlegen müsse, damit Naturerkenntnis in den exakten Wissenschaften überhaupt möglich sei. Dies ist von den Mechanisten in der Auslegung des Lebendigen und natürlich auch des Weltalls als Maschine ohne Rücksicht auf Grenzüberschreitungen, gegen die Kant besonders empfindlich war, durchgeführt worden.

Nietzsches Philosophie betreibt aber nicht nur eine Destruktion sowohl der antiken als auch bestimmter Teile der neuzeitlichen Weltauffassung. Vielmehr hat die ganze bisherige Untersuchung gezeigt, daß und in welchem Sinne dieses Denken eine *neue Auslegung* der Wirklichkeit und der Wahrheit gibt. Darin kommt dem Gesichtspunkt, daß die Welt aus sich selbst heraus zwar ewig tätig ist, nicht jedoch ewig Neues im Sinne von unendlich Verschiedenem schaffen kann, zentrale Bedeutung zu. Die Welt ist als das ,unvernünftige' Notwendigkeits-Spiel der vielen Willen-zur-Macht-und-Interpretations-Komplexe, mithin der vielen kleinen Welten aufzufassen. Für eine jede dieser Kräfte-Organisationen ist kennzeichnend, daß sie nicht als eine unendliche Kraft, nicht als ein mit dem Vermögen zu ewiger Neugestaltung ausgestattetes Gebilde, nicht als unerschöpfliche Kreativität mißverstanden werden kann. Dies gilt konsequenterweise auch für die Welt als ganze. Das von Nietzsche vorgeschlagene neue Welt-und-Selbst-Verständnis nimmt als primäre bzw. letzte Qualifizierung der die Wirklichkeit ausmachenden Geschehensprozesse deren Willen-zur-Macht-Charakter *und* die ewige Wiederkehr des Gleichen an. Dem Sommer 1885 entstammt ein Nachlaß-Fragment, das geradezu als Komplementärtext zu dem oben erörterten Aphorismus der *Fröhlichen Wissenschaft*, als ein Text gelesen werden kann, der die dort nur indirekt in den Blick gebrachte Welt der Willen-zur-Macht-und-Interpretations-Kräfte ins Positive formuliert. Insofern es sich darin um eine Darstellung derjenigen Struktur handelt, die in der neuen Auslegung die geschehens-logische Grenze der Welt bildet, mithin nicht ihrerseits distanzierend beobachtet und nicht deskriptiv erfaßt werden *kann*, ist nicht verwunderlich, daß Nietzsche sich hier ausgiebig der Metapher bedient.

„Und wißt ihr auch, was mir ,die Welt' ist? Soll ich sie euch in meinem Spiegel zeigen? Diese Welt: ein Ungeheuer von Kraft, ohne Anfang, ohne Ende, eine feste, eherne Größe von Kraft, welche nicht größer, nicht kleiner wird, die sich nicht verbraucht sondern nur verwandelt, als Ganzes unveränderlich groß, ein Haushalt ohne Ausgaben und Einbußen, aber ebenso ohne Zuwachs, ohne Einnahmen, vom ,Nichts' umschlossen als von seiner Grenze, nichts Verschwimmendes, Verschwendetes, nichts Unendlich-Ausgedehntes, sondern als bestimmte Kraft einem bestimmten Raum eingelegt, und nicht einem Raume, der irgendwo ,leer' wäre, vielmehr als Kraft überall, als Spiel von Kräften und Kraftwellen zugleich Eins und ,Vieles', hier sich häufend und zugleich dort sich mindernd, ein Meer in sich selber stürmender und fluthender Kräfte, ewig sich wandelnd, ewig zurücklaufend, mit ungeheuren Jahren der Wiederkehr, mit einer Ebbe und Fluth seiner Gestalten, aus den einfachsten in die vielfältigsten hinaustreibend, aus dem Stillsten, Starrsten, Kältesten hinaus in das Glühendste, Wildeste, Sich-selber-widersprechendste, und dann wieder aus der Fülle heimkehrend zum Einfachen, aus dem Spiel der Widersprüche zurück bis zur Lust des Einklangs, sich selber bejahend noch in dieser Gleichheit seiner Bahnen und Jahre, sich selber segnend als das, was ewig wiederkommen muß, als ein Werden, das kein Sattwerden, keinen Überdruß, keine Müdigkeit kennt –: diese meine *dionysische* Welt des Ewig-sich-selber-Schaffens, des Ewig-sich-selber-Zerstörens, diese Geheimniß-Welt der doppelten Wollüste, dieß mein Jenseits von Gut und Böse, ohne Ziel, wenn nicht im Glück des Kreises ein Ziel liegt, ohne Willen, wenn nicht ein Ring zu sich selber guten Willen hat, – wollt ihr einen *Namen* für diese Welt? Eine *Lösung* für alle ihre Räthsel? ein *Licht* auch für euch, ihr Verborgensten, Stärksten, Unerschrockensten, Mitternächtlichsten? – *Diese Welt ist der Wille zur Macht – und nichts außerdem!* Und auch ihr selber seid dieser Wille zur Macht – und nichts außerdem!“[38]

Nietzsche läßt diese Aufzeichnung mit der gleichen Eindringlichkeit in der Bestimmung der Welt als ‚Wille zur Macht und nichts außerdem‘ enden wie dies auch in dem danach publizierten und wichtigen Aphorismus 36 in *Jenseits von Gut und Böse* der Fall ist. Doch zeigt der Inhalt dieses Fragments deutlich, daß es auch mit dem Zweiklang hätte schließen können: die Welt ist Wille zur Macht und ewige Wiederkehr – nichts außerdem. In der Tat gipfelt eine frühere Fassung dieser Aufzeichnung im Ewigen-Wiederkunfts-Gedanken. Die ursprüngliche Version lautet von der Stelle an, wo es heißt, daß die Welt ohne Ziel ist: „wenn nicht ein Ring guten Willens ist, auf eigner alter Bahn sich immer um sich und nur um sich zu drehen: diese *meine* Welt, – wer ist hell genug dazu, sie zu schauen, ohne sich Blindheit zu wünschen? Stark genug, diesem Spiegel seine Seele entgegen zu halten? Seinen eignen Spiegel dem Dionysos-Spiegel? Seine eigne Lösung dem Dionysos-Räthsel? Und wer das vermöchte, müßte er dann nicht noch ‚mehr‘ thun? Dem ‚Ring der Ringe‘ *sich selber* anverloben? Mit dem Gelöbniß der eignen *Wiederkunft*? Mit dem Ringe der ewigen Selbst-Segnung, Selbst-Bejahung? Mit dem Willen zum Wieder-und-noch-ein-Mal-Wollen? zum Zurück-Wollen aller Dinge, die je gewesen sind? Zum Hinaus-Wollen zu Allem, was je sein muß? Wißt ihr nun, was mir *die Welt* ist? Und was ich will, wenn ich *diese* Welt – will? –“[39]

---

[38] KGW VII, 3, 38 (12), S. 338f.

[39] Dieser Text findet sich bei M. Montinari, Kommentar zu KGW VII, 3, 38 (12), in: KSA Bd. 14, S. 727. – Wenn *Wille zur Macht und ewige Wiederkehr* als die ‚Lösung aller Rätsel‘

Mit der Bestimmung der Welt als das vielfältige, aus sich selbst heraus lebende und in sich selbst zurücklaufende Kräfte-Spiel ist verbunden, daß diese Welt weder einer metaphysischen noch einer moralischen Rechtfertigung zugänglich ist, sondern einzig und allein eine *physische* und *ästhetische* Bedeutung hat. Zugleich ist erneut auf die in früheren Zusammenhängen herausgearbeitete Auffassung der Wirklichkeit im Sinne des geschehens-logischen Interpretations-Zirkels hinzuweisen. Aufgrund der vollständigen Internität der Relationen ist darin auch die Gefahr ausgeschaltet, die Prozeßnatur der Welt so zu verstehen, als gewinne sie ihre Bedeutsamkeit erst dadurch, daß sie sich auf etwas außerhalb ihrer Existierendes bezieht und dieses zur Darstellung bringt bzw. repräsentiert. Die Welt ist ihr eigener Vollzug und darin die ganze Realität. In ihr wird nichts Externes abgebildet, weder direkt noch indirekt. Der Vollzug der Willen-zur-Macht-und-Interpretations-Kräfte ist nicht Stellvertreter von irgendetwas. Er ist seine ganze Bedeutung selbst, nicht Wiedergabe, sondern fortwährende Welt-*Erzeugung*. Der zugleich physischen und ästhetischen Bedeutung entspricht auch die Rede vom Kräfte-Spiel. Insofern das Ästhetische nicht mehr als ‚schöner Schein', sondern im Sinne des *Amor fati* als das Notwendige *in* und *an* den Dingen aufzufassen ist[40], *ist* das Notwendigkeits-Spiel der Kräfte-Welt ineins deren ganze physische und ästhetische Bedeutung. Und insofern der Wiederkunfts-Gedanke den Urverlauf eben dieser Welt in der Verschränkung der kräfte-quantitativen mit den wert-interpretativen Komponenten symbolisiert, ist die Wiederkunftslehre ineins physio-physikalische und ästhetische Lehre.

4. *Zufall und Zweck*

Daß angesichts der absoluten sich intern selbst-konstituierenden Notwendigkeit jeden Geschehens letztlich auch die Rede von ‚Zufall' ihren Sinn ver-

der Welt bezeichnet werden, so ist daran zu erinnern, daß es in solcher Rede weder um einen Mythos noch darum geht, der Welt diejenige Rätselhaftigkeit zu nehmen, die mit der *Daß*-Faktizität, der Endlichkeit, dem Werdecharakter, der Geschichtlichkeit und dem wertschätzenden Interpretationscharakter als solchen verbunden ist. Vgl. dazu oben Kap. VIII, 5, S. 318–323. Diese Bestimmungen hintergehen zu wollen, käme einer Negation der Welt gleich. Um eine ‚Lösung' handelt es sich vielmehr in genau dem Sinne, wie bei einem klug gestellten Rätsel zwar die Möglichkeit besteht, viele Worte als Lösung vorzuschlagen (– so gibt es viele an sich mögliche Weltkonzeptionen –), es aber nur *ein* Wort gibt, welches in der Lage ist, das Rätsel in all seinen Teilen und Richtungen zu lösen. Dieses Wort lautet hier: *Wille zur Macht und ewige Wiederkehr,* und die Teile sind, auf ihre beiden systematischen Grundpfeiler zugespitzt, das *Problem des Werdens,* d. h. die Erklärung des Übergangs von einem Zustand in einen nächsten, und die Frage nach dem *Wert des Daseins,* d. h. die prinzipielle Unabwertbarkeit des Weltprozesses im ganzen und in jedem seiner einzelnen Momente.

[40] Zu Nietzsches Kunstauffassung vgl. oben Kap. II, 5.

liert, läßt sich auch an den *Zarathustra*-Texten verfolgen. Hier sind vor allem zwei Aspekte zu beachten, zum einen und erneut die Metapher des Würfelspiels, zum anderen die merkwürdige Formulierung, daß Zarathustra sich als der „Erlöser des Zufalls" versteht. Es wurde bereits betont, daß der Zufall seiner sinn-logischen Voraussetzung nach nicht primär mit der Frage nach der ‚Notwendigkeit' zu verbinden ist. Das entscheidende Begriffspaar ist vielmehr dasjenige von ‚Zufall' und ‚Zweck'. Dies geht auch aus dem Rahmen hervor, in dem im *Zarathustra* vom reinen „Himmel Zufall" die Rede ist, in dem Abschnitt *Vor Sonnen-Aufgang*. Wohlgemerkt: ‚*vor* Sonnenaufgang', d.h. in der Ökonomie des *Zarathustra* ist damit noch nicht die Stunde des „Mittags", in der die Welt ganz bei sich selbst und aus sich heraus ist, erreicht. Zarathustra hat die Dinge von der Teleologie, von der „Knechtschaft unter dem Zwecke" erlöst und ihnen ihren „älteste(n) Adel"[41] zurückgegeben. In diesen Kontext gehört die positive Rede vom Zufall.

Nietzsche hat gesehen, daß die Existenz des Zufalls nicht nur nichts gegen die Teleologie auszurichten vermag, sondern daß umgekehrt von Zufall überhaupt nur unter kontrastiver Bezugnahme auf Zwecke, d.h. auf Teleologie gesprochen werden kann. Erst die ‚Zwecke' geben der Rede vom ‚Zufall' ihren Sinn, als Abweichung etwa oder als Unregelmäßigkeit. Der Rekurs auf den Zufall kann also kein Angriff auf die Teleologie sein. Vielmehr stützt er diese gerade. Diesen Zusammenhang hatte schon Aristoteles bemerkt und folglich den Zufall als Einwand gegen die Teleologie stichhaltig zurückweisen können. Es ist zu beachten, daß Nietzsche dem ‚Zufall' nicht in die Falle geht. Wer den Zufall stark macht, hat die Teleologie bereits zugestanden. Nietzsche führt, und dies zeigt, wie sehr er das Problem auch von seiner sinn-logischen Seite durchschaut, den Angriff auf die Teleologie über die interne Notwendigkeit des Willen-zur-Macht-Geschehens, welches die einzige Realität ist. Damit ist, wie in früheren Zusammenhängen im einzelnen ausgeführt[42], eine Überwindung der Teleologie verbunden. Und mit der Teleologie bricht notwendigerweise auch der Zufall in sich zusammen.

Doch ist in einem ersten Schritt, der im Auslöschen der ‚Zwecke' besteht, eine Freisetzung, ja eine scheinbare Alleinherrschaft des ‚Zufalls' zu verzeichnen, und es gibt für Zarathustra Grund, diese Befreiung vom Zweck zu feiern. Aber damit ist man eben noch nicht bei der Einsicht in den Grundcharakter des Geschehens selbst angelangt. So ist nicht verwunderlich, wenn am Ende des Dritten Teils des *Zarathustra*, in dem Abschnitt über *Die sieben Siegel*, zwar wiederum vom göttlichen Würfelspiel die Rede ist, jetzt der ‚Zufall' aber fehlt, und der „Göttertisch", an dem die Würfel fallen, nun nicht mehr der

---

[41] KGW VI, 1, *Zarathustra*, III, (*Vor Sonnen-Aufgang*), S. 205.
[42] Vgl. vor allem Kap. V und VI.

Himmel, sondern die Erde ist. Diese Bewegung vom Himmel auf die Erde kann gelesen werden als das überwindende Zurückholen jenes etwa für die Aristotelische Physik und Metaphysik charakteristischen Weges von der Erde an den Himmel und von dort zu den Göttern, wobei stets davon ausgegangen wurde, daß die Erde nicht ohne den Himmel und dieser wiederum nicht ohne die Götter sein und auch nicht erklärt werden könne. Die Umkehrung dieses Vektors hat weitreichende Konsequenzen.

Sie mündet zunächst in die Erfahrung, daß ‚das Ganze', sofern solche Rede überhaupt noch beibehalten werden soll, unverzichtbar von einem jeden einzelnen der Momente abhängt, – und nicht umgekehrt. Damit unterstehen Gestalt, Intensität und Richtung des Geschehensverlaufs den Funktionsweisen der vielen kleinen Kräfte-Welten. Dies ist der *neue* Polytheismus, das Mit- und Gegeneinander-Wirken der vielen Willen-zur-Macht-und-Interpretations-Kräfte. Die Vektoränderung führt zu einer Zunahme der Internität der Betrachtung, und dies wiederum bewirkt schließlich, daß Wesen, die sich selbst und darin den ganzen Zusammenhang, dem sie entstammen und für dessen aktive zukünftige Gestaltung sie unverzichtbar sind, uneingeschränkt bejahen, nicht nur das So-und-nicht-anders-sein der Dinge, sondern darüber hinaus die ewige identische Wiederkehr von allem und jedem wollen. Wenn das Dasein eines jeden einzelnen Prozeßmomentes so unverzichtbar wertvoll ist, und wenn die fortwährenden Prozesse wechselseitiger Kräfte-Feststellung die interne Geschehens-Notwendigkeit *sind,* dann treibt eben diese Erfahrung in ein Wollen-Müssen der ewigen Wiederkunft des Prozesses im ganzen und in jedem seiner Momente. Dies ist ein ‚Wollen', da anderenfalls die interne Wertschätzung noch nicht ihren Gipfel erreicht hätte, und es ist zugleich ein ‚Müssen', weil unterhalb dieses Gipfels, bei der geringsten überhaupt nur denkbaren Herabsetzung eines Momentes gegenüber irgend einem anderen, das Rechtfertigungsproblem und damit die moralische Ontologie erneut auf den Plan tritt. Eine Überwindung der Metaphysik ist letztlich ohne Übernahme des Gedankens der ewigen Wiederkehr des Gleichen wohl nicht zu haben.

Die Würfel des Geschehens fallen nicht mehr am Himmel der Vernunftzwecke eines geordneten, aus sich heraus verbindlichen Kosmos oder gar bei den darüber thronenden Göttern. Eine solche Wirklichkeit gibt es jetzt nicht mehr. Vielmehr ist der Gesamtcharakter der Welt ‚rein', d.h. ziel-, zweck-, sinn- und ordnungslos, keiner mathematischen Berechenbarkeit und Prognose zugänglich und nicht dem Kausalprinzip unterworfen, mithin auf immer Chaos, was, wie zu sehen war, jedoch keineswegs fehlende Notwendigkeit bedeutet. Aber die Notwendigkeit des Weltprozesses ist eben eine ‚unvernünftige', eine, die nicht von irgendeiner Vernunft in der Sache vor-gewußt, vorbestimmt oder gar determiniert ist. Die Notwendigkeit, die ein jeder der Geschehensprozesse instantiiert, wird von diesem selbst auch immer erst hervorgebracht. Geschehen schließt in sich selbst seine eigene Notwendigkeit. Jeder Kräfte-Vollzug ist, aufgrund seiner sich darin ipso facto realisierenden internen Notwendigkeit und aufgrund der dargelegten symmetrischen Verschränkung von Vergangenem und Zukünftigem die ganze Moira selbst. Götter und Schicksal im alten Sinne gibt es nicht mehr. Denn gäbe es Götter, dann gäbe es nichts zu schaffen. Das Schaffen-Können und -Müssen aber (als die „grosse Erlösung vom Leiden" und als „des Lebens Leichtwerden"[43]) und die mit ihm verbundene Befreiung sind es, die Zarathustra von Gott und den Göttern weglocken und immer wieder zum Menschen hinziehen. Das von Zarathustra damit aufgeworfene Problem läßt sich in zwei unterschiedlichen Hinsichten präzisieren.

Zunächst ist zu bedenken, daß das Streben nach einem *an-sich-seienden* Wahren, Guten und Schönen die endlichen Geister am Ende in drei Sackgassen führt. Entweder muß sich der um das Ansich bemühte Mensch schließlich selbst eines naturalistischen Fehlschlusses bezichtigen, denn was sollte das für ein Ansich sein, dem man unter den Bedigungen der Endlichkeit habhaft werden kann. Oder es ergibt sich die prinzipielle Unmöglichkeit von Erkennen und Handeln, da die onto-theologischen Gründe eo ipso nicht eingesehen und damit auch nicht als Richtschnur fungieren können. Oder aber die Erkennenden und Handelnden, sprich die Interpretierenden und Schaffenden, müßten in letzter Konsequenz notwendig selbst zu Göttern werden. Letzteres wäre die ironische und selbst-destruktive Wende der illegitim zu hoch angesetzten ‚Archai', ‚Werte' und ‚Götter' sowie der metaphysischen Aufforderung, diese strebend zu erkennen und ihre Gehalte ins Werk zu setzen. Sodann ist zu beachten, daß der Aspekt der Endlichkeit dem Schaffenkönnen des Menschen zugute kommt. Es ist für den Menschen in dieser Perspektive von erheblichem Vorteil, daß er kein Gott ist. Denn der Gott wäre unfrei und könnte nichts schaffen, weil er die Weltordnung gewählt und Einsicht in ihren notwendigen Verlauf hat. Weil der Mensch endlich ist, ist er ‚frei' im Sinne erfolgreichen Schaffenkönnens. Freilich heißt dies nicht, daß er etwas an der *internen* Notwendigkeit des Geschehens selbst ändern könnte. Das ist aber auch gar nicht das Problem. Die Pointe besteht vielmehr darin, daß er gerade angesichts *dieser* Notwendigkeit gut schaffen hat. Denn jedes einzelne Tun, Denken und Erleben wird *in* seinem Vollzug zu etwas absolut Notwendigem, geht bedingend in alle Zukünfte der Ereignis-Kette ein, gewinnt also auch in diesem Sinne eine Aeternität, die sich schließlich im Gedanken der ewigen Wiederkehr des Gleichen vollendet.

Vor diesem Hintergrund wird auch deutlich, daß sich die absolute Geschehens-Notwendigkeit, deren Bejahung ihren Höhepunkt im *Amor fati* als

[43] KGW VI, 1, *Zarathustra*, II, (*Auf den glückseligen Inseln*), S. 106.

einer Haltung erlangt, der das Notwendige an den Dingen *als* das ‚Schöne' gilt, und das Gestalten-Können der Zukunft sowie das nach-nihilistische Schaffen neuer Werte einander nicht nur nicht ausschließen, sondern wechselseitig erfordern. Diese Struktur ist auch in bezug auf Zarathustras Selbstverständnis, „Erlöser des Zufalls"[44] zu sein, fruchtbar zu machen. Nachdem alle Dinge vom Joch der Vernunft- und Moral-Zwecke befreit worden sind, – und dies ist gewissermaßen eine *erste* Erlösung des Zufalls – tritt um so deutlicher hervor, daß der Menschheit bisher das Ziel noch fehlt, daß immer noch „Schritt um Schritt mit dem Riesen Zufall" gerungen wird, und daß über der ganzen Menschheit bisher noch der „Unsinn", der „Ohne-Sinn" waltet.[45] Der Mensch hat bisher an einen *gegebenen* Sinn geglaubt, und dieser Glaube hat ihn in der Tat für eine lange Zeit vor dem Nihilismus bewahrt. Wenn nun aber nicht mehr vom ‚Sinn' als etwas Gegebenem ausgegangen, d.h. der Glaube an einen metaphysischen oder zumindest an einen moralischen Sinn seine interpretierende und orientierende Kraft verloren hat, dann greift die Einsicht um sich, daß es überhaupt noch keinen ‚Sinn' im Vollbegriff dieses Wortes, noch keine explizite Sinn-*Erzeugung* gegeben hat. In Nietzsches Sicht ist die Menschheit jetzt zum ersten Mal in der Situation, in Hinsicht auf die Zukunft und im Blick auf die „ganze bewohnte Erde"[46] aus sich selbst heraus, von innen her Ziele zu setzen. Und es gibt keine metaphysische oder moralische Instanz, der darüber Rechenschaft abgelegt werden müßte. Sinn-Erzeugung ist wesentlich Erzeugung von Maßstäben. Pointiert heißt es, daß die Menschheit „von nun an durchaus mit sich anfangen (kann), was sie will".[47] Dieser Satz formuliert Freisetzung und Belastung des zukünftigen Menschen in einem. Und wenn, so fragt Nietzsche zugespitzt, der Menschheit das Ziel bisher noch fehlt, „fehlt da nicht auch – sie selber noch?"[48] Zarathustras Rede vom ‚Erlöser des Zufalls' meint hier also jene Schaffenden, die die neuen nach-nihilistischen Wertetafeln bringen. Darin *kann* es sich nicht mehr um extern-geoffenbarte Tafeln handeln. Vielmehr hätte sich in ihnen der Grundcharakter der Wirklichkeit, mithin der Willen-zur-Macht-und-Interpretations-Charakter der Geschehens-Prozesse selbst zu erfassen und als gänzlich adualistische Maßstäblichkeit leitend zu werden. Das Ideal bestünde darin, ein Optimum an Kompossibilität zwischen der Steigerung der Komplexität nach innen wie nach außen bei zugleich stil-bildender organisierender Kraft eben dieser Vielheiten,

[44] KGW VI, 1, *Zarathustra,* III, (*Von alten und neuen Tafeln,* 3), S. 244f.; II, (*Von der Erlösung*), S. 175.

[45] KGW VI, 1, *Zarathustra,* I, (*Von der schenkenden Tugend,* 2), S. 96.

[46] KGW IV, 3, *Menschliches, Allzumenschliches,* II, (*Vermischte Meinungen und Sprüche,* Aph. 179), S. 93.

[47] Ebenda.

[48] KGW VI, 1, *Zarathustra,* I, (*Von tausend und Einem Ziele*), S. 72.

mithin eine Erweiterung der Interpretations-Horizonte zu erreichen, die zugleich eine Erhöhung des internen Mächtigseins bedeutet, welches Mächtigsein seinerseits neue Horizonte der Auslegung freigibt.

Insofern in solcher Übernahme des Grundcharakters allen Daseins auch die absolute Geschehens-Notwendigkeit, die eine Teleologie ausschließt, explizit bejaht wird, ist auch in dieser Perspektive kein Platz mehr für die Idee des ‚Zufalls'. Nietzsche notiert später einmal, daß er die aktive Kraft im Zufall, daß er „das Schaffende inmitten des Zufälligen“ erkannt habe. Zufall ist selbst nur *„das Aufeinanderstossen der schaffenden Impulse“*[49], und in deren Relationenlogik gibt es nichts Nichtwesentliches und nichts Nichtnotwendiges. Der Übergang auf diese Ebene der Betrachtung kann als die eigentliche, als die *zweite* Erlösung und Überwindung des Zufalls angesehen werden. In ihr erst ist die Welt ganz bei sich selbst. Und der darin am Leitfaden der internen Verschränkung der Fragen des Werdecharakters der werdenden Welt, des Daseinswertes und der Aeternität erreichten Immanenz, Einzigkeit und Unabwertbarkeit der Welt vermag, soll sowohl einem erneuten Rückfall in den Nihilismus als auch neuen metaphysischen, vor allem gnostischen Verlockungen der Boden entzogen werden, letztlich allein der Gedanke der ewigen Wiederkehr des Gleichen ein angemessenes Welt-und-Selbst-Verständnis zu geben.[50]

Wenn der wichtige dritte Teil des *Zarathustra* mit dem Titel *Die sieben Siegel (Oder: das Ja- und Amen-Lied)* schließt und jeder der sieben Abschnitte damit endet, daß aus einer uneingeschränkten und vorbehaltlosen Bejahung *aller* Realität das Wollen der ewigen Wiederkehr folgen müßte, so zeigt die darin enthaltene Anspielung auf die sieben Siegel der Offenbarung des Johannes, daß der Wiederkunfts-Gedanke auch als eine in Vektor und Gehalt umgekehrte Apokalypse, als Offenbarung der Welt zu sich gelesen werden kann.

Mit dem Hinweis auf diesen äußersten Punkt sollen die Betrachtungen des Zweiten Teils schließen. In ihnen ging es vor allem um die verstandeslogischen Probleme einer Begründbarkeit und um die Bestimmung der sinn-logischen Funktion des *Gedankens* der ewigen Wiederkehr. Der folgende Dritte Teil erörtert die Wiederkunfts-*Lehre* zunächst im Kontext einiger Komponenten des neuzeitlich wissenschaftlichen Denkens und mündet dann erneut in die Frage der interpretativen Kräfte und der Überwindung des Nihilismus. Die bereits im Ersten Teil als Hintergrundfolie verwendeten Begriffe der Erhaltung, der Steigerung, der Teleologie und der Interpretation gewinnen jetzt erneut leitmotivische Funktion. Sie bestimmen den Aufbau der restlichen Kapitel.

---

[49] KGW VII, 1, 24 (28), S. 703f.
[50] Dies wurde oben in Kap. VIII, 5 im einzelnen erörtert.

Dritter Teil

Wiederkunftslehre und neuzeitliches Denken

„... das ganze Spielwerk wiederholt ewig seine Weise, die nie eine Melodie heissen darf".
(Nietzsche, KGW V,2, Fröhl. Wiss., Aph. 109, S. 146)

„... immer mehr lernen, das Nothwendige an den Dingen als das Schöne sehen".
(Nietzsche, KGW V,2, Fröhl. Wiss., Aph. 276, S. 201)

„... triumphirend jeden Augenblick des allgemeinen Daseins gutzuheißen".
(Nietzsche, KGW VIII,1,5 (71), S. 218)

XI. Erhaltungskonzept und ewige Wiederkehr

1. Philosophischer Gedanke und wissenschaftliche Lehre

Philosophie ist, um eine Wendung Wittgensteins zu gebrauchen, „keine Lehre, sondern eine Tätigkeit“[1]. Sie ist wesentlich Vollzug der Gedanken, Klärung ihrer Voraussetzungen und Entfaltung ihrer Implikationen. In ihr wird nicht von einem auf etwas anderes ‚geschlossen‘. Ihre Tätigkeit besteht vielmehr darin, die in jedem Welt- und Selbst-Verständnis, in jedem Sprechen, Denken, Handeln und Erleben *implizit* in Anspruch genommenen Sinnbedingungen *explizit* zu machen. In der Philosophie kommen mithin keine ‚Schlüsse‘ im Sinne prämissen-folgernder Ableitung vor. In ihr wird auch nichts ‚bewiesen‘. Darin liegt einer der Unterschiede zwischen Philosophie auf der einen, formaler Logik und Wissenschaft auf der anderen Seite. Nietzsche hat ihn auch in Sachen ewige Wiederkehr beachtet. Jedenfalls ist herauszustellen, daß es im Wiederkunfts-Gedanken nicht um ‚objektive Gegebenheiten‘ geht, von denen her ein deduktives Beweisen möglich wäre.[2] Eine solche Sicht der Dinge ist vor dem Hintergrund der Ausführungen zum geschehens-logischen Interpretations-Zirkel sowie zur Bestimmung des Wiederkunfts-Gedankens als dessen internem Gipfel nicht mehr möglich. Nietzsche ist dem wissenschaftlichen Denken nicht verfallen, wenn er sich auch an ihm orientiert.

Die ewige Wiederkehr ist wesentlich *Gedanke*, nicht wissenschaftliche Theorie. Sie bezieht sich auf die ursprüngliche Einheit des Welt-und-Selbst-Verständnisses, auf diejenige Struktur also, in und als deren Vollzug Wirklichkeit überhaupt erst *als* Wirklichkeit ist. In diesem Sinne ist sie vom Charakter des Logischen, wie dieses als Interpretations-Zirkel entfaltet wurde. Doch ist daran zu erinnern, daß dies nicht zu einer sich ausschließenden Gegensätzlichkeit von Gedanke und Wissenschaft führt. Auch dies ist vor dem Hintergrund des Interpretations-Zirkels nicht mehr möglich. Denn auf dessen Basis läßt sich die Idee einer logischen Kluft, d. h. eines unüberbrückbaren Unterschieds zwischen Gedanke und Wissenschaft sowie zwischen kognitiver und ästhetischer Erkenntnis und Erfahrung, nicht mehr sinnvoll aufrechterhalten.[3] Es

---

[1] L. Wittgenstein, *Tractatus*, Nr. 4.112, in: *Schriften*, Bd. I, S. 31.

[2] Vgl. dazu auch die Abgrenzung gegen ein objektivistisches und rein szientifisches Verständnis der Wiederkunftslehre in Kap. VIII, 3.

[3] Vgl. Kap. VI, 5, S. 176–180 und VIII, 5, S. 307, 311f.

handelt sich jedes Mal um *Interpretationen*, und erst auf dem Boden der Interpretativität *als solcher* geht es dann um je unterschiedliche, nicht aber um kontradiktorisch verschiedene Darstellungsformen. Es mag gute Gründe geben, den Gedanken der ewigen Wiederkehr nicht als Theorie zu entfalten. Aber dies bedeutet nicht, daß eine Darstellung *auch*[4] als Theorie aus den Sinnbedingungen dieses Gedankens überhaupt herausfällt.

Zugleich ist an die asymmetrische Beziehung zwischen logischem Gedanken und empirisch-theoretischer Wissenschaft zu erinnern. Zwar ist es so, daß der logische Gedanke, insofern er sich auf die Struktur des Zustandekommens von etwas *als* das Etwas, auf das dann z. B. in der Wissenschaft unter den Titeln Empirie und Tatsache rekurriert wird, bezieht, jeder *So-und-so*-Erfahrung vorausliegt, mithin erfahrungswissenschaftlich gar nicht widerlegt werden *kann*. Aber andererseits ist es gerade dieser Bezug auf die Struktur der Erfahrung, der den Weg verbaut, die Erörterung eines Gedankens von den Ergebnissen der Wissenschaft abzukoppeln. Freilich kann es nicht darum gehen, jenen in dieser zu begründen. Daher ist es für eine mögliche Triftigkeit der Wiederkunftslehre nicht erforderlich, daß sie sich als wissenschaftliche Theorie direkt beweisen lassen muß. Wie im Rahmen der früher erörterten Frage, ob diese Lehre sich verstandesmäßig kohärent ‚denken' läßt[5], so geht es auch im Verhältnis zur physikalischen Wissenschaft vor allem darum, ob der Wiederkunftsgedanke innerhalb der Wissenschaft ausgeschlossen werden kann oder nicht. Mehr als der Aufweis, ihn nicht sicher, d. h. nicht etwa so wie das perpetuum mobile, ausschließen zu können, ist nicht erfordert. Denn die philosophische Begründung vollzieht sich als Gedanke, nicht als Theorie. Sollte es darüber hinaus so sein, daß auch die Rahmenbedingungen, denen sich die neuzeitliche Rationalität ausgesetzt sieht und innerhalb deren auch die Wissenschaft großgeworden ist, den Wiederkunftsgedanken erfordern, und er sich in *diesem* Sinne auch als *Lehre* darstellen läßt, so ist dies mit seiner Kennzeichnung als *Gedanke* gut verträglich. Die Verbindung des Wiederkunftsgedankens mit einer vom asketischen Ideal befreiten Wissenschaft, die sich dem Pathos redlichen Erkennens und Denkens verschrieben hat, ist in jeder Hinsicht zu begrüßen, zumal dann, wenn eine der Möglichkeiten, diesen „abgründlichen"[6] Gedanken zu ertragen und mit seiner Einverleibung zu beginnen, darin besteht, ihn zu *lehren*[7]. Darüber hinaus bedarf die ewige Wiederkehr, insofern sie *als Gedanke* Bedeutung trägt, zugleich auch der Veranschaulichung und Visualisierung. Wenn dieses Erfordernis im Rahmen der Bedingungen moder-

---

[4] Über den dreifachen Sinn solcher Rede vom *‚auch'* vgl. Kap. VII, 1, S. 196f.

[5] Vgl. die Erörterungen zur Endlichkeit des Quantums und der Unendlichkeit seiner Zustände (Kap. VII, 2) sowie zum Principium identitatis indiscernibilium (Kap. VII, 3).

[6] KGW VI, 1, *Zarathustra*, III, (*Vom Gesicht und Rätsel*, 2), S. 195.

[7] Vgl. KGW V, 2, 11 (141), S. 392.

nen Denkens erfüllt werden kann, so ist dies auch deshalb zu begrüßen, weil sich auf diese Weise noch innerhalb des neuzeitlichen Bewußtseins eine Struktur des Welt-und-Selbst-Verständnisses artikulieren läßt, die ihrem Motiv und vollem Gehalt nach bereits post-neuzeitlich ist.

Die positive Beziehung von philosophischem Gedanken und wissenschaftlicher Lehre nimmt weder dem Gedanken etwas von seiner Grundstellung noch erhebt sie die Wissenschaft in den Rang der Fundamentaldisziplin. Dies ist unter den Bedingungen des Interpretationscharakters jeden Geschehens gar nicht mehr möglich. Die Einsicht in die Natur des geschehens-logischen Interpretations-Zirkels entzieht sowohl einer Auffassung der Erkenntnis und der Wahrheit als Korrespondenz als auch der Vorstellung, Philosophie, aufgefaßt als Prinzipienforschung, stehe zur Wissenschaft in einer apriorisch-präskriptiven Beziehung, den Boden. Wissenschaftliche Theorien stellen keine Welt-Erklärungen und keine Adäquationen von Verstand und Sache, von Satz und Sachverhalt dar. Denn das Korrespondenz-Schema selbst ist nicht mehr aufrechtzuerhalten. Der objektive Beobachtungsstandpunkt, dessen es zur Überprüfung einer vermeintlichen Übereinstimmung bedürfte, ist nicht nur etwas für den Menschen Unerreichbares, sondern es *kann* ihn für ein endlich-perspektivisches Wesen nicht geben. Zudem wird in der Korrespondenztheorie die Funktionsweise der zeichen-vermittelten Welt- und Selbst-Auffassungen, vor allem deren aktiv-konstruierender Charakter, gründlich verkannt. Auch die Vorgänge der Rezeptivität und der Anpassung sind als intern-aktive Funktionen des Interpretationssystems zu entfalten. Darüber hinaus wird in den auf die Verifizierung bzw. Falsifizierung ihrer Hypothesen bedachten Wissenschaften diejenige empirische Erfahrungswelt bereits vorausgesetzt, um deren Zustandekommen es in einer philosophischen Logik, genauer gesagt in einer Interpretations-Logik, allererst geht. Dies darf umgekehrt jedoch nicht so mißverstanden werden, als verfüge die Philosophie über Einsichten in ein metaphysisches Koordinatensystem, innerhalb dessen sie dann der Wissenschaft nach Art eines Platzanweisers ihren Ort, Gegenstand und ihre Aufgaben zuweisen könnte. Beide Male wäre der Interpretationscharakter nicht konsequent zu Ende gedacht.

Sowohl jedes Wissen als auch jedes Beweisen, jedes Beweisargument und nicht nur das explizit persuasive Argument ist vom Charakter des Interpretierens, mithin des Hineinlegens und Herstellens von Wahrheit. Dazu gehört auch der Rückgriff auf das bereits fest verwurzelte und organisierend wirkende Für-wahr-halten, auf die alt eingesessenen ‚Wahrheiten' bzw. ‚Irrtümer'. Ohne Bezugnahme auf sie ist dem, was als Wissen, Gewißheit, Objektivität und als Beweis betrachtet werden soll, keine Geltung bzw. Rechtfertigung zu verschaffen. Die Überzeugungs-Kraft eines Gedankens liegt in seiner wie sublimiert auch immer ausgelösten Steigerung des Machtgefühls. Ebenso wie sich eine Kraft *als* die Wirkung, die sie ist, *beweist*, so wird auch ein Gedanke „durch seine *Wirkung* bewiesen"[8]. Solche Wirkung ist ihrerseits bereits Ausdruck des in einer realen Machtorganisation erfolgreich verankerten Auslegungs-Schemas[9], das dann wiederum auslegend wirkt. In *diesem* Sinne wäre der Wiederkunfts-Gedanke dann ‚als wahr bewiesen', wenn er organisch geworden und die Struktur des Welt-und-Selbst-Verhältnisses organisieren, d. h. die handlungs- und sinn-orientierende Auslegung des fortwährenden Auslegungs-Geschehens bestimmen würde. Dann wäre die Welt ‚bewiesenermaßen' eine der ewigen Wiederkehr.

Als ‚bewiesen' kann und muß sodann auch das gelten, was einen jeweils erreichten Zustand und dessen Beschaffenheit in quasi analytischer Weise kennzeichnet. Der Zustand selbst zeigt, ob das Behauptete der Fall ist oder nicht. Diese Struktur liegt z. B. vor, wenn Nietzsche in einer für den Wiederkunftsgedanken zentralen Nachlaßaufzeichnung schreibt: „daß die Welt *nicht* auf einen Dauerzustand hinauswill, ist das Einzige, *was bewiesen ist*".[10] Der Umstand, daß in *diesem* Augenblick die Behauptung formuliert werden kann ‚Die Welt will auf einen Dauerzustand hinaus', ist indirekter ‚Beweis' für deren Unrichtigkeit. Er ist dies deshalb, weil das Fassen und Aussprechen dieses Gedankens eine Handlung, ein Geschehen, ein Werden *ist*, und eben darin, bei Annahme der Zeit-Unendlichkeit der Welt, das Behauptete widerlegt, genauer gesagt, wider*lebt*. Wäre die Behauptung gültig, dann könnte sie gar nicht formuliert und ausgesprochen werden, weil diese einzige und sich selbst genügende Welt diesen ihren Zustand dann faktisch auch schon erreicht haben, mithin in ihm verharren müßte. Die anderenfalls unausweichlichen dialektischen Verstrickungen zwischen Werden und Sein sowie die Frage, warum die Welt ihren Dauerzustand noch nicht erreicht habe, wären unauflösbar. Die Behauptung ‚Die Welt will auf einen Dauerzustand hinaus' wird mithin im Zuge ihres Behauptens indirekt selbst-destruktiv. Ihre Negation (nicht ihr Gegenteil), der Gedanke, daß die Welt nicht auf einen Dauerzustand hinaus will, gewinnt von hier aus an ‚Bewiesenheit'. Die Negativfassung zu leugnen wäre gleichbedeutend damit, die Wirklichkeit des gegenwärtigen Zustandes zu negieren. Darin könnte man eine späte nihilistische Konsequenz einer teleologischen und an einem festen Seinsbegriff interessierten Betrachtungsweise sehen.

---

[8] KGW VIII, 3, 14 (57), S. 37. – Nietzsche hält die *Tragödienschrift* für ein „bewiesenes" Buch, weil es *„den Besten seiner Zeit* genug gethan hat" (KGW III, 1, Aph. 2, S. 7f.).

[9] Vgl. in diesem Zusammenhang auch oben Kap. VI, 3, S. 153 und VIII, 5, S. 305f.

[10] KGW VIII, 2, 10 (138), S. 201. – Ein weiteres Beispiel solcher ‚Bewiesenheit' im Sinne intransitiver Selbst-Garantie: von der verschwenderischen Ökonomie des Naturgeschehens ist zu sagen, daß es *„bewiesener Maassen* unser Geschlecht bisher erhalten hat" (KGW V, 2, *Fröhliche Wissenschaft,* I, Aph. 1, S. 43f.).

Auch in solcher Rede von ‚bewiesen' sind Faktizität und Interpretation vollständig ineinander übergegangen. Es handelt sich also auch darin nicht um einen Objektivismus. Gilt diese Relativität im Hinblick auf jedes Wissen, Beweisen und Überzeugen, dann wird zugleich deutlich, daß es in bezug auf die Wiederkunftslehre nicht darum gehen kann, dieser als wissenschaftliche Theorie einen Beweis objektiver Gültigkeit im Sinne einer Korrespondenz von Theorie und Sachverhalt zu verschaffen. Das liefe auf eine unheilige Allianz von Metaphysik und Wissenschaftsgläubigkeit hinaus, die beide sich in den objektivistischen Schein teilen. Vor allem der Rekurs auf die Interpretativität als solche entzieht dem grundsätzlich den Boden. Aber in einem berechtigten Sinne geht es um die Frage möglicher Kohärenz zwischen dem philosophischen Wiederkunfts-Gedanken und den Rahmenbedingungen des neuzeitlich-wissenschaftlichen Denkens. Dies ist der Horizont der folgenden Erörterungen.

2. *Die Rahmenbedingungen des Weltprozesses*

Die grundlegende Stellung des Erhaltungssatzes der Kraft/Energie konnte Nietzsche bei seiner ausgedehnten naturwissenschaftlichen und naturphilosophischen Lektüre nicht verborgen bleiben, und angesichts des damaligen Siegeszuges des Energiesatzes wird er sich dessen Einfluß auch kaum haben entziehen können. Doch zeigt die Wiederkunftslehre nicht nur einen Einfluß von seiten des Energiesatzes, d. h. des Ersten Hauptsatzes der Thermodynamik. Es handelt sich in ihr auch um eine Auseinandersetzung mit dem Entropiesatz und der Wärmetodhypothese, wie diese im Zuge bestimmter Interpretationen des auf Rudolf Clausius und William Thomson zurückgehenden Zweiten Hauptsatzes der Thermodynamik auftreten, mit Problemen also, die, nachdem sich der Satz von der Erhaltung der Kraft/Energie endgültig durchgesetzt hatte, die zeitgenössischen Diskussionen zu bestimmen begannen.

In Julius Robert Mayers *Mechanik der Wärme*, die Nietzsche in der zweiten Auflage 1874 benutzte, hatte er sowohl die einschlägigen Arbeiten Mayers zum Erhaltungsproblem als auch die bereits erörterte Abhandlung *Über Auslösung*[11] gefunden. Daß Nietzsche Helmholtz' Abhandlung *Über die Erhaltung der Kraft* (1847) gelesen hat, läßt sich nur vermuten. Immerhin führt er diesen Titel in einer Notiz eigens an.[12] Auch kann nicht mit Sicherheit gesagt werden, daß er Ernst Machs Buch über *Die Geschichte und die Wurzel des Satzes von der Erhaltung der Arbeit* (1. Aufl. 1872) gekannt hat. Doch ist dies

---

[11] Inwiefern dieser Text über die Erhaltungsproblematik hinausgeht, wurde oben Kap. II, 2, S. 44–49 erörtert.

[12] Vgl. A. Mittasch, *Nietzsche*, S. 21 und 366.

noch eher zu vermuten als im Falle der Helmholtzschen Abhandlung. Nietzsche war an Machs Arbeiten interessiert, und beide vertraten in einer Reihe von Aspekten ähnliche Auffassungen. Doch unabhängig von der Frage solcher primären Quellen ist zu beachten, daß der Energiesatz etwa ab 1860/70 zu einem der allgemein akzeptierten obersten Grundsätze aller wissenschaftlichen Naturforschung aufstieg. Diese Stellung hat er bis heute inne. Um mit dem Erhaltungssatz bekannt zu werden, bedurfte es also keiner besonderen Suche. Den mit ihm verbundenen Fragen und Problemen begegnete man in der Literatur auf Schritt und Tritt, bis in eher popularisierende Werke hinein, wie z. B. in dem von Nietzsche herangezogenen Buch von J. G. Vogt *Die Kraft. Eine real-monistische Weltanschauung* (1878). In Nietzsches Bibliothek befanden sich mehrere einschlägige Werke, aus denen er nähere Kenntnis der Probleme des Energiesatzes sowie auch der mit dem Zweiten Hauptsatz verbundenen Wärmetodhypothese besaß.[13] Daß Nietzsche sich intensiv mit der naturwissenschaftlichen und naturphilosophischen Literatur seiner Zeit beschäftigte, ist ebenso bekannt wie seine nach der Niederlegung der Baseler Professur geäußerte Ansicht, zur Ausarbeitung der ihn beschäftigenden Fragestellungen im Grunde für zehn Jahre Naturwissenschaften an den Universitäten Wien und Paris studieren zu müssen.[14]

Wird die Wiederkunfts*lehre* von der Welt der Kräfte her, wie diese auch Gegenstand der physikalischen Wissenschaft sein kann, in den Blick gebracht, dann bildet der Erhaltungsgedanke in Gestalt des Energiesatzes einen wichtigen Hintergrund der Argumentation. Da Nietzsche nicht nur den Gedanken der Autonomie und Autarkie der Welt betont, sondern auch die Idee einer einmaligen Schöpfung, eines endlichen Anfangs der Welt in der Zeit zurückweist, erscheint der Weltprozeß als ein sich von Zeit-Unendlichkeit her gänzlich aus sich selbst heraus vollziehendes Geschehen. Die Prozesse sind durch Werden und Vergehen gekennzeichnet. Werden und Vergehen selbst aber haben nicht irgendwann begonnen und werden nicht irgendwann zu Ende sein. Das Prozeß-Geschehen selbst ist nichts Gewordenes und hört nie auf. Die Welt erhält sich *im* Werden und Vergehen. Die Hypothese einer zu einem endlichen Zeitpunkt geschaffenen Welt kann nicht in Betracht gezogen werden, denn für eine solche Annahme gibt es keinen zureichenden Grund. Und der Begriff ‚schaffen' sei in diesem Zusammenhang bloß noch ein undefinierbares Wort, „rudimentär aus Zeiten des Aberglaubens"[15]. Mit einem Wort aber erkläre man

---

[13] Vgl. die Aufstellungen bei M. Oehler, *Nietzsches Bibliothek*, Weimar 1942 und (auszugsweise) bei A. Mittasch, a.a.O., S. 365–369.

[14] Vgl. L. Andreas-Salomé, *Friedrich Nietzsche*, 1894, S. 128. Zur naturwissenschaftlichen Lektüre der frühen Zeit vgl. die Hinweise bei K. Schlechta/A. Anders, *Friedrich Nietzsche. Von den verborgenen Anfängen seines Philosophierens*, Stuttgart 1962.

[15] KGW VIII, 3, 14 (188), S. 166.

nichts. Die Auffassung der Kraft als etwas aus dem Nichts Geschaffenes taugt nicht zu einer Hypothese.

Die Immanenz und Endogenität der ungeschaffenen Welt gilt hinsichtlich des Weltprozesses im ganzen und für jedes seiner einzelnen Momente. Dies steht in einem Gegensatz sowohl zum christlichen Gedanken der *creatio ex nihilo* als auch zur aristotelischen Lehre vom Ersten Bewegenden und natürlich auch zu dem, Aspekte christlicher und aristotelischer Observanz in sich vereinigenden Theologoumenon der *creatio continua*, gegen die sich bereits die Frühe Neuzeit stellte.[16] Es ist aufschlußreich zu beobachten, daß diese frühneuzeitlichen Problemstrukturen in gewandelter und beinahe bis zur Unkenntlichkeit säkularisierter Form selbst noch in den seit dem späten 19. Jahrhundert bis heute virulenten Diskussionen um die Energieerhaltung, um die aus dem Zweiten Hauptsatz gezogene und von der Setzung eines endlichen Anfangs der Weltbewegung abhängige Hypothese des Temperaturgleichgewichts, der Entropiezunahme und des sogenannten Wärmetodes bzw., je nach der dabei zugrunde gelegten Gesamtgestalt des Raumes, einer Verflüchtigung der Welt ins Nichts, anzutreffen sind.

Nietzsche, der die zeitgenössischen Auseinandersetzungen um diese Fragen mit Interesse verfolgte, bringt diesen ganzen Komplex und das mit ihm verknüpfte Problem der Finalität des Weltprozesses zugleich in eine Verbindung mit seiner Kritik am Mechanismus. Da die Welt bereits von Zeit-Unendlichkeit her die Welt, die sie ist, ist, müßte, wenn sie irgendeinen Ziel- bzw. Endzustand (ein Gleichgewicht, eine Erstarrung, eine Verflüchtigung) anstrebe oder darauf angelegt sei, ein solcher Zustand bereits auch eingetreten sein und andauern. Entscheidend für die Zurückweisung der Gleichgewichts- bzw. Erstarrungs-These ist der Rekurs auf die Zeit-Unendlichkeit. Nichts kann das Denken hindern, „von diesem Augenblick an rückwärts rechnend zu sagen ‚ich werde nie dabei an ein Ende kommen‘: wie ich vom gleichen Augenblick vorwärts rechnen kann, ins Unendliche hinaus“. Jeder der Weltbewegung erreichbare Endzustand hätte also auch schon erreicht sein und von da an fortbestehen müssen. Dies aber ist offensichtlich nicht der Fall. Die Welt scheint nicht darauf angelegt zu sein, zu „erstarren“, zu „vertrocknen“, „absterben“ bzw. sich „verflüchtigen“ zu wollen und zu müssen. Die Einsicht in diesen Umstand ist gleichbedeutend mit der Einsicht in den ewigen Werdecharakter der ungeschaffenen, werdenden Welt. Dies ist in Nietzsches Sicht die „einzige Gewißheit“, über die das Denken verfügt, und die als „Correktiv gegen eine große Menge an sich möglicher Welt-Hypothesen“[17] dient. Dieser Befund ist kritisch auf die mechanistische Weltauslegung zu beziehen. Wenn der Mecha-

---

[16] Vgl. Kap. I, 5, S. 28–32.
[17] KGW VIII, 3, 14 (188), S. 167.

nismus der ihm von Lord Kelvin (alias William Thomson) in Gestalt der Wärmetodhypothese gezogenen Konsequenz eines Finalzustandes nicht entgehen kann, dann ist er eben dadurch „widerlegt". Da die Wärme-Mechanik zur Annahme eines solchen Endzustandes eher führt als zur Idee einer Wiederholung der Zustände des Systems, stellt sie, da die Welt einen solchen Finalzustand offensichtlich nicht erreicht hat, ihn aber, falls er überhaupt möglich wäre, bereits erreicht haben müßte, in Nietzsches Augen lediglich eine „unvollkommene und nur vorläufige Hypothese"[18] dar. Die Mechanistik ist nicht nur, obwohl ihrem Selbstverständnis nach anti-teleologisch, immer noch mit einer Reihe von Restteleologismen durchsetzt. Sie führt darüber hinaus, wird sie mit der thermodynamischen Betrachtungsweise von Wärmekraftmaschinen verbunden und in dieser Verbindung zum Modell des gesamten Universums erhoben, auch noch zur Konsequenz einer Irreversibilität und darin einer evolutionistischen Auffassung des Universums, zu einem Finalzustand und auf diese Weise zu einer Rehabilitierung der Teleologie alten Stils.[19] In dieser Version könnte sogar die aristotelische Vorstellung der ‚natürlichen Örter' erneut Konjunktur erhalten. Und die in der Wärmetodhypothese konzipierte Auslöschung des Werdens, die Eliminierung der Zeit, wie sie mit einem Zustand völliger Ereignislosigkeit verbunden wäre, könnte am Ende sogar als die physikalische Objektivation des Parmenideischen Seins erscheinen. Darüber hinaus sieht sich die aus dem Zweiten Hauptsatz abgeleitete These eines toten Endzustandes der Weltbewegung, soll damit zugleich die Unmöglichkeit einer periodischen Wiederkehr der Zustände des Universums behauptet werden, weiteren Einwänden ausgesetzt.

Das an arbeitsverrichtenden Wärmekraftmaschinen als Erfahrungssatz abgelesene Prinzip der notwendigen Entropiezunahme bis zum schließlichen Ausgleich der Temperaturdifferenz, mithin der Erstarrung des Universums, hat nicht den gleichen Universalitätsgrad wie der Erste Hauptsatz (Energiesatz), als dessen Einschränkung es aufzufassen ist. Der Zweite Hauptsatz ist allgemein, aber nicht universal.[20] Zudem ist es logisch keineswegs zwingend, *alle* Vorgänge ausschließlich unter der Perspektive der Carnot-Clausius-Thomsonschen Irreversibilität zu betrachten. Die darin betonte Abnahme der Ordnung bzw. Zunahme der Unordnung der Systeme und, übertragen auf

---

[18] a.a.O., S. 168.

[19] Nietzsche sieht die Mechanistik in solche Konsequenzen verstrickt. Er macht also keinen grundsätzlichen Unterschied zwischen dem Mechanismus und der Thermodynamik des Zweiten Hauptsatzes. Das bedeutet zugleich, daß er nicht von der Möglichkeit Gebrauch machen will, die Wiederkehr von Anfangszuständen sowie aller möglichen Zustände eines Systems nach dem Modell einer *vollkommenen mechanischen Maschine*, die notwendig ihre Zustände wiederholen muß, zu denken. Vgl. dazu oben Kap. VIII, 3, S. 268.

[20] Vgl. in diesem Sinne auch A. Rey, *Le retour éternel et la philosophie de la physique*, Paris 1927, S. 88–95.

das Weltall, des Universums enthält, für sich genommen, kein Argument gegen die Möglichkeit periodischer Wiederholungen. Es ist durchaus konzipierbar, daß eben auch diese Unordnung *innerhalb* des Kreislaufs liegt.[21] Weiterhin ist zu betonen, daß nicht nur, wie in der Wärmetodhypothese ausschließlich, die Systeme als ganze, sondern auch das Verhalten von deren elementaren Teilchen betrachtet werden muß. Die Einbeziehung dieser Komponente hat erhebliche Konsequenzen. Abel Rey zitiert den Physiker Paul Langevin, um diesen Kritikpunkt an Carnot und Clausius herauszustellen. „L'irréversibilité n'existerait pas pour nous si nous pouvions suivre individuellement, comme on le fait pour les astres en mécanique céleste, le mouvement de chacun des atomes dont la matière se compose".[22] Bezogen auf Nietzsches Auffassung ist zu betonen, daß dieser Gesichtspunkt gerade auch dann Bedeutung erlangt, wenn es nicht die Atomistik ist, die dabei zugrunde gelegt wird. Es geht letztlich auch hier um den entscheidenden Übergang von einer externen und makroskopischen zur internen und vielheitlichen Struktur der Kräftevollzüge als solcher. Die sich ausschließlich auf den Globalaspekt der Systeme beziehenden Überlegungen stehen in der Gefahr, der Struktur der Gründe, die zu den thermodynamischen Effekten führen, nicht angemessen Rechnung zu tragen. Mit Langevin und Rey ist hier an die Brownsche Molekularbewegung zu denken. Diese zeigt, daß ein mikroskopisch gerade noch wahrnehmbares kleines Teilchen in einem Gas oder einer Flüssigkeit sich niemals in Ruhe befindet, sondern stets, und je kleiner das Teilchen desto ausgeprägter, Bewegungen ungeordneter Translation und Rotation vollführt. So gibt es Schwierigkeiten, den Zweiten Hauptsatz aus den Gesetzen der Molekularbewegung abzuleiten. Er stellt, als Erfahrungssatz, eine statistische Aussage dar, nicht mehr.

Schließlich ist an dieser Stelle bereits zu erwähnen, daß Ernst Zermelo den von Henri Poincaré in seiner Preisschrift über das Dreikörperproblem theoretisch bewiesenen Satz, demzufolge die Zustände eines geschlossenen mechanischen Systems materieller Punkte im Laufe der Zeit mit beliebiger Annäherung und unzählige Male wiederkehren müssen, so auf die Wärmebewegung der Moleküle angewandt hat, daß irreversible Vorgänge unmöglich, periodische Wiederholungen dagegen unausweichlich werden. Auf dem Boden des Poincaréschen Beweises kann es keine eindeutige und stetige Funktion $S = S(x_1, x_2, x_3, \ldots x_n)$ der Zustandsgröße Entropie geben, die beständig zunimmt. Irreversible Vorgänge wären nur dann möglich, wenn sich die Moleküle entweder ins

---

[21] Vgl. dazu auch die Ausführungen zum Verhältnis von Chaos und Kreislauf Kap. XIII, 2, S. 442ff. Vgl. auch A. Rey, a. a. O., S. 268.

[22] P. Langevin bei A. Rey, a. a. O., S. 298. Zu der in anderen Hinsichten erforderlichen Abgrenzung gegenüber der von Rey vertretenen rein szientifischen Auffassung vgl. oben Kap. VIII, 3.

Nichts zerstreuen oder ihre Geschwindigkeit ins Unendliche wachsen würde. Keine dieser beiden Möglichkeiten kommt jedoch in Betracht. Die Verflüchtigung ist durch die Endlichkeit des Systems, die unendlich großen Geschwindigkeiten durch den Energiesatz ausgeschlossen.[23]

In der Diskussion um die Bedeutung des Zweiten Hauptsatzes für die Wiederkunftslehre ist zudem zu beachten, daß Nietzsche die mit seinem Gedanken verbundene Reversibilität nicht gegen die Irreversibilität der Zeit im Sinne des notwendigen Voranschreitens als solchem, sondern nur gegen die in der Clausius-Tradition damit zugleich festgelegte Finalität stellt. Die Wiederkunftslehre darf nicht mit der Vorstellung des Zurückwollens, des Rückstiegs in einen früheren Zustand und dessen erneutem, dann gar verbessertem Durchlaufen verwechselt werden. Eine solche Möglichkeit gibt es innerhalb der jeweiligen series rerum selbst nicht. Der Ring läuft in jedem seiner Momente irreversibel. Aber er läuft als ganzer in sich selbst zurück, und in *diesem* Sinne erfolgt Wiederkehr des Gleichen ohne Finalität. Wiederkehr meint also nicht Umkehr der Zeitordnung, nicht ein Rückwärtslaufen der Zeit. Die Schwierigkeit besteht darin, eine Irreversibilität zu denken, die nicht zugleich auch auf Finalität festgelegt ist. Eine solche Sichtweise ist aber erfordert, sobald die Zeit als Veränderung und diese wiederum nur als Kräfte-, und das heißt in Nietzsches Perspektive als das ateleologische Willen-zur-Macht-Geschehen, sobald also die Zeit als eine Abstraktion der prozessualen Ereignis-Struktur aufzufassen ist. Im endogenen Vollzug der Kräfterelationen handelt es sich, qua Tätigsein-Müssen und mithin qua Bewegung und Zeitlichkeit, um irreversible Vorgänge. Aber diese sind, stellt man sich ganz auf die Innenseite ihres Vollzuges selbst, nicht als kausal und/oder final determinierte Prozesse aufzufassen. Zwar ist das Nicht-Eingehen-Können einer möglichen Relation im wirklichen Kräftegeschehen keine reale Möglichkeit. Doch dies hat nichts mit finaler Gerichtetheit zu tun. Darüber hinaus ist in puncto Irreversibilität und Unordnung eine weitere Unterscheidung zu beachten. Der oberflächengrammatischen Struktur des Sprechens und Denkens über die Welt zufolge scheint es nicht möglich, innerhalb des Sprach- und Verstandesschemas, das auf Gerichtetheit und Ordnung, auf geordnete Weltorientierung aus ist, Ungeordnetheit als solche denken zu können. Doch die Struktur der Sprache und die Grammatik des Urteils verbürgen auch hier, obwohl das Weltverständnis

---

[23] Vgl. E. Zermelo, *Ueber einen Satz der Dynamik und die mechanische Wärmetheorie,* in: *Annalen der Physik und Chemie,* N. F. (= 3. Folge), Bd. 57, 1896, hier S. 485, 489 und 491. Vgl. zu Poincaré und Zermelo unten Kap. XII, 2, S. 417ff. und dort die Anmerkungen 22 und 23.
Auf die Frage, wie es um die Möglichkeit einer Wiederkunftslehre angesichts der heutigen Auffassungen in der Elementarteilchenphysik und deren Anwendung auf die Entwicklung des Universums steht, wird ebenfalls weiter unten (Kap. XII, 2, S. 428ff.) eingegangen.

nicht unabhängig von ihnen formuliert werden kann, nicht ohne weiteres die Struktur der Sache. Die Zunahme an Ungeordnetheit schließt, ohne daß auf einen Demiurgen, auf etwas Drittes oder auf entsprechende Interpretamente zurückgegriffen werden müßte, erneute Übergänge in Geordnetheiten nicht aus.

In bezug auf mögliche Konsequenzen des Zweiten Hauptsatzes für die Wiederkunftslehre ist wichtig, ob, vom Jetzt ausgehend, beim Rückgang in den Ereignisketten ein endlicher Anfang der Welt in der Zeit angenommen werden muß oder nicht. Ein solcher Anfang gehört zu den logischen Bedingungen, das Ende des Universums in einem endlichen Zeitraum sinnvoll konzipieren zu können. Je weniger er plausibel gemacht werden kann, desto eher muß die Welt als bereits von Zeit-Unendlichkeit her bestehende gedacht werden. Nietzsche gehört zu denen, die für einen solchen ausgezeichneten Beginn keinen zureichenden Grund sehen. Auf dieses kosmologische Anfangsproblem kann auch die heute unter den Physikern bevorzugte „Urknall"-Theorie (derzufolge die Expansion des Universums ihren Ausgang von einem Zustand außerordentlich hoher Dichte und ungeheuren Drucks genommen hat, der aber nicht, wie die Bezeichnung nahelegt, als eine plötzliche Explosion, sondern als eine eher gleichförmige Entwicklung, die mit einem schnell aufgeblasenen Ballon verglichen wurde, vorzustellen ist) bislang keine zufriedenstellende Antwort geben.[24] Und selbst wenn sich die physikalische Auffassung eines endlichen Anfangs des Kosmos erhärten sollte, dann bleibt, neben den skizzierten Bedenken gegen eine Übertragung des Zweiten Hauptsatzes auf die Ebene des Welt-Modells, stets an den auf das Denken selbst bezogenen Gesichtspunkt zu erinnern, daß dieses durch nichts an der Sinnhaftigkeit seiner Überlegung gehindert werden kann, daß man beim Rückwärts- ebenso wie beim Vorwärtsgehen nie an ein Ende gelangt. Wenn die Welt aber zeit-unendlich ist, dann nimmt dies der Prognose eines sei's als Erstarrung, sei's als Verflüchtigung imaginierten Endzustandes der kosmologischen Entwicklung ihre Überzeugungskraft. Wäre die Welt überhaupt eines solchen Zustandes fähig, so müßten Bewegung und Veränderung längst zu Ende sein. Insofern z. B. auch das bewußte Denken, der ‚Geist', ein Werden ist, ‚beweist' auch er in dem eingangs dieses Kapitels[25] erörterten Sinne, daß die Welt kein Ziel, keinen Finalzustand kennt, daß sie „des Seins unfähig ist"[26].

[24] Vgl. S. Weinberg, *Die ersten drei Minuten. Der Ursprung des Universums*, München 1980, S. 142ff., der herausstellt, daß es gerade die noch mangelnde Kenntnis im Bereich der Elementarteilchenphysik sei, die eine Antwort auf diese Frage nicht erlaube. „Unsere Unwissenheit in der Physik des Allerkleinsten ist also gewissermaßen der Schleier, der uns den Blick auf den wirklichen Anfang verwehrt" (S. 142; vgl. S. 154). Der Zustand des Universums vor den ersten 10^{-43} Sekunden (vgl. dazu das Diagramm bei H. Fritzsch, *Vom Urknall zum Zerfall*, München 1983, S. 278) ist ungeklärt.

[25] Oben S. 380f.

[26] KGW VII, 3, 36 (15), S. 280.

Mit der Frage, ob die Welt einen endlichen Anfang hat oder nicht, stehen also gewichtige Lehrstücke auf dem Spiel. Sowohl die physikalische Hypothese eines kosmischen Endzustandes als auch die christliche Dogmatik der creatio ex nihilo bedürfen eines solchen ausgezeichneten Anfangspunktes in der Zeit. Anderenfalls könnte schwerlich weder der auf das Weltganze angewandte Entropiesatz noch die christliche Lehre vom Schöpfer-Gott aufrechterhalten werden. Sind dagegen diese Interpretamente sinnvoll zu konzipieren, dann droht der Welt in einer bevorstehenden endlichen Zukunft ein Finalzustand entweder der Erstarrung, des thermischen Gleichgewichts oder der Verflüchtigung ins Nichts. Damit wäre das Ende auch jenes Herakliteischen Werdens verbunden, das gegen die Idee eines gleichförmigen Seins herauszustreiten und von jedweder Rechtfertigungs-Bedürftigkeit freizuhalten Nietzsches Anliegen ist. Wollte man dies in eine Verbindung mit der Vorstellungswelt sowohl Anaximanders als auch Schopenhauers bringen, dann käme ein solcher ‚fester' Finalzustand des Universums einer physikalischen Erlösung des *als* Dasein schuldigen Werdens, der ‚Strafe Werden' gleich.[27] In dieser Perspektive erscheint die physikalische Kosmologie und ihre These vom Ende der Welt überraschenderweise im Lichte derjenigen moralischen Ontologie, gegen die Nietzsches Denken erklärtermaßen Front macht. Erst vor diesem Hintergrund wird verständlich, daß Nietzsche die zeitgenössischen und vor allem unter Rückgriff auf formallogische Prozeduren durchgeführten Versuche, der Welt einen endlichen Anfang in der Zeit zu attestieren, zumeist mit einer „theologischen Hinterabsicht"[28] verknüpft sieht.

In deutlicher Polemik gegen entsprechende Passagen aus Eugen Dührings *Cursus der Philosophie als streng wissenschaftlicher Weltanschauung und Lebensgestaltung* (1875) markiert Nietzsche einen für das Wiederkunftsargument wichtigen Aspekt. Um ihn angemessen zu verstehen, ist zunächst an Dührings Argumentation zu erinnern. In Orientierung am Wesen der Zahl betont Dühring, daß „die rückwärts fortschreitende Unendlichkeit eben nur ein voreiliges Vorstellungsgebilde (ist). Da sie nämlich in der Wirklichkeit in umgekehrter Richtung durchlaufen sein müsste, so würde sie bei jedem ihrer Zustände eine unendliche Zahlenreihe hinter sich haben. Hiemit wäre aber der unzulässige Widerspruch einer abgezählten unendlichen Zahlenreihe begangen, und so erweist es sich als widersinnig, noch eine zweite Richtung der Unendlichkeit vorauszusetzen. Soweit das Sein oder die Welt in einer Production von Zuständen besteht, die wie die Zahlen sich aneinanderreihen, muss irgend ein Zustand dieser Art als der erste gesetzt werden, weil sonst eine falsche unzulässige Unendlichkeit angenommen werden müsste".[29] Diese Argumentation

[27] Vgl. oben Kap. IX, 4, S. 341ff.

[28] KGW VIII, 3, 14 (188), S. 166.

entspricht offensichtlich dem Beweisgang der These in Kants Erster Antinomie. Kant formuliert als Beweis der Thesis, daß die Welt einen Anfang in der Zeit habe und dem Raum nach auch in Grenzen eingeschlossen ist, folgende Argumentation: „Denn, man nehme an, die Welt habe der Zeit nach keinen Anfang: so ist bis zu jedem gegebenen Zeitpunkte eine Ewigkeit abgelaufen, und mithin eine unendliche Reihe aufeinander folgender Zustände der Dinge in der Welt verflossen. Nun besteht aber eben darin die Unendlichkeit einer Reihe, daß sie durch sukzessive Synthesis niemals vollendet sein kann. Also ist eine unendlich verflossene Weltreihe unmöglich, mithin ein Anfang der Welt eine notwendige Bedingung ihres Daseins".[30]

Vorrangig gegen Dühring gedacht, greift Nietzsche diesen Zusammenhang in Gestalt des Hinweises auf, daß man in jüngster Zeit des öfteren in dem Begriff der Zeit-Unendlichkeit der Welt „nach hinten" (regressus in infinitum) einen Widerspruch hat finden wollen. Man habe ihn schließlich auch gefunden, freilich um den Preis, dabei den „Kopf mit dem Schwanz zu verwechseln"[31]. Nietzsche stellt demgegenüber den bereits betonten Gesichtspunkt heraus, daß es keinen Grund gibt, der die Möglichkeit ausschließt, vom Jetzt aus sowohl nach hinten als auch nach vorn zu sagen, daß man an kein Ende gelange. Erst wenn man den Fehler mache, den er, Nietzsche, sich hüte zu begehen, „diesen correkten Begriff eines regressus in infinitum gleichzusetzen mit einem *gar nicht vollziehbaren* Begriff eines unendlichen *pro*gressus bis jetzt, erst wenn ich die *Richtung* (vorwärts oder rückwärts) als logisch indifferent setzte, würde ich den Kopf, diesen Augenblick, als Schwanz zu fassen bekommen: das bleibe Ihnen überlassen, mein Herr Dühring!"[32] Es kann hier außer acht gelassen werden, ob Nietzsche den in Dührings Position aufgeworfenen Problemen gerecht wird, welche Stellung Schopenhauers bekannte Kritik an Kants Beweis der Thesis der Ersten Antinomie einnimmt, und in welcher Weise die von Oskar Becker[33] eingeführten und in diesem Zusammenhang hilfrei-

---

[29] E. Dühring, *Cursus der Philosophie*, Leipzig 1875, S. 19.

[30] I. Kant, *Kritik der reinen Vernunft*, Ausg. R. Schmidt, A 426/B 454. Vgl. auch O. Becker, *Nietzsches Beweise*, in Ders.: *Dasein und Dawesen*, S. 54.

[31] KGW VIII, 3, 14 (188), S. 167.

[32] Ebenda. In einem Brief an Peter Gast betont Nietzsche 1885, daß die Unmöglichkeit einer Gleichgewichtslage und die Unzerstörbarkeit der Kraft zu seinen „Glaubensartikeln" gehören. „Doch haben wir *Dühring* gegen uns: zufällig finde ich eben diesen schönen Satz ‚der Ursprungszustand des Universums oder, deutlicher bezeichnet, eines veränderungslosen, keine zeitliche Häufung von Verschiedenheiten einschließenden Seins der Materie, ist eine Frage, die nur derjenige Verstand abweisen kann, der in der Selbstverstümmelung seiner Zeugungskraft den Gipfel der Weisheit sieht.' Dieser Berliner ‚Maschinist' hält uns also, mein werther Freund, für castrati: zum Mindesten hoffe ich, wir haben eine Art Schadenersatz für den angedeuteten Mangel darin, daß wir – ‚schöner singen' als Herr Dühring" (Brief an P. Gast vom 23. Juli 1885, KGB III, 3, S. 69).

[33] Vgl. O. Becker, a.a.O., S. 55.

chen Unterscheidungen von ‚regressus in infinitum' und ‚progressus in infinito' zum einen, und von ‚progressus in infinitum' und ‚progressus ex infinito' zum anderen zur Lösung dieser Fragen beitragen. Im Augenblick kommt es lediglich auf zwei die Funktionsstelle der Argumentation Nietzsches betreffende Aspekte an.

Zunächst ist die Aufhebung der Idee einer Schöpfung der Welt zu einem endlichen Zeitpunkt und durch einen göttlichen Creator zu beachten. Ineins mit der Sicherung des Werdecharakters der werdenden, ihrerseits aber ungewordenen Welt geht es darum, dem hinter der Anfangsidee wirksamen theologischen und auf den „creator spiritus"[34] zielenden Motiv den Boden zu entziehen. Sodann ist ein bestimmter Aspekt der Argumentation O. Beckers aufzugreifen, ohne damit jedoch dessen Auffassung, Nietzsches Wiederkunftslehre sei ein wissenschaftliches *Beweis*argument, übernehmen zu müssen. Wenn Kants Gedanke, daß „bis zu jedem gegebenen Zeitpunkte eine Ewigkeit abgelaufen und mithin eine unendliche Reihe aufeinander folgender Zustände der Dinge in der Welt verflossen" ist, akzeptiert werden kann (– und Becker betont zu Recht, daß er „unantastbar"[35] ist –), dann folgt daraus in der Tat, daß Nietzsches Grundeinwand gegen die Wärmetodhypothese stichhaltig ist: „Hätte die Welt ein Ziel, so müßte es erreicht sein".[36] Ein solcher Finalzustand ist aber offensichtlich nicht eingetreten. Dann aber kann man nicht umhin festzuhalten, daß, da jedem Jetzt bereits auch eine Ewigkeit vorausliegt, alles, was im Weltprozeß überhaupt geschehen *kann*, auch schon einmal, ja unzählige Male geschehen sein *muß*. Ein unendlicher Prozeß kann, geht es um das *wirkliche* Geschehen und nicht um die im formellen Denken mögliche mathematische Quantifizierbarkeit der Unendlichkeit, letztlich nur periodisch gedacht werden.[37]

Die Diskussion des Gedankens der ewigen Wiederkehr hat also neben der Frage seiner positiven Begründbarkeit stets auch diejenigen Problemstellungen im Blick zu behalten, denen durch seine hypothetische Annahme der Boden entzogen wird. Auch dies trägt zur Triftigkeit des Arguments, zu seinen guten Gründen bei. Nietzsche notiert bereits 1881 eines der vor dem Hintergrund der Erfahrung des Todes Gottes entscheidenden Motive des Wiederkunftsge-

---

[34] KGW VIII, 3, 14 (188), S. 167.

[35] O. Becker, a.a.O., S. 56.

[36] KGW VII, 3, 36 (15), S. 280.

[37] Jedenfalls lassen sich nur unter Annahme der Periodizität die anderenfalls auftretenden Unvereinbarkeiten zwischen unendlicher Zeit und asymptotischer Annäherung an den entropischen Endzustand starrer Gleichförmigkeit lösen. Das ist die Folgerung auch von O. Becker, a.a.O., S. 66, die auch W. Müller-Lauter gegen die Behandlung der zeitlichen Vergangenheit in der Wärmetod-Theorie stellt. Diese schließe nicht aus, „daß *nach* einer künftigen Ereignislosigkeit wieder ein Ereignisneubeginn erfolgen könnte" (W. Müller-Lauter, *Nietzsche*, S. 176f.).

dankens. „Wer nicht an einen *Kreisprozeß des Alls* glaubt, *muß* an den *willkürlichen* Gott glauben – so bedingt sich meine Betrachtung im Gegensatz zu allen bisherigen theistischen! (s. Vogt p. 90)".[38] Der Hinweis in Klammern bezieht sich auf das erwähnte Buch von J. G. Vogt, das an der genannten Stelle die „Begründung des Kreisprozesses" als die „erste und höchste Aufgabe einer wahren Mechanik" nennt. Vogt bringt dort nicht nur den auch für Nietzsche zentralen Gesichtspunkt ein, daß eine Welt, deren „mechanische Wirkungsform nicht in erster Linie mit innerer, unabweisbarer Notwendigkeit den Kreisprozess bedingt, . . . erst den Händen eines Schöpfers unterbreitet werden (muß), damit die in Wirklichkeit existirende, gegliederte Welt sich entwickeln könne". Er weist auch die Ansicht derjenigen zurück, die an die Stelle des Kreisprozesses „die Anstrebung eines gewissen Grenzzustandes, eines todten Beharrungszustandes, setzen möchten". Es sei nicht einsichtig zu machen, warum dieser Zustand nicht bereits eingetreten ist und auf welche Weise diejenigen Faktoren, die für die heutige und keineswegs als erstarrt anzusprechende Konstellation von Wärme und Bewegung bestimmend sind, „in die Welt gekommen sind und wieder aus ihr verschwinden können"[39]. Vogt stellt allerdings noch nicht den Zusammenhang dieser beiden Aspekte her, der für Nietzsches Wiederkunftsgedanke von Bedeutung ist. Die Wärmetodhypothese kann, da sie einen endlichen Anfang der Welt voraussetzen muß, in eine indirekte Verbindung mit dem theologischen Schöpfungsgedanken gebracht werden. Wird die Welt nicht als ein Gebilde gänzlich autonomer und autarker Immanenz und vollständiger Internität ihrer Prozeß-Relationen, sondern als das Werk eines Schöpfer-Erhalter-Gottes oder eines Demiurgen aufgefaßt, dann wird es geradezu unvermeidlich, nicht auch auf die damit zusammenhängenden Konsequenzen zu verfallen, die schließlich alle darauf hinauslaufen, die Realität des Werdens doch wieder ihrer nicht hintergehbaren Ursprünglichkeit zu berauben, sie einer neuen Rechtfertigungsbedürftigkeit und damit direkt oder indirekt einem moralisch-ontologischen Seinsbegriff unterzuordnen.

Auf die im Wiederkunftsgedanken auf diese Weise gewonnene Unabhängigkeit der Welt von der Idee der Erschaffung nicht nur ihrer Form, sondern auch ihres Stoffs durch einen willkürlichen Gott könnte ein Pantheist mit seiner Auffassung antworten, daß das Leben des Weltalls und Gott zusammenfallen, daß das All die Gottheit selbst sei. In einem radikalen Pantheismus würde die Aseïtät Gottes ganz zu einem Durchsichselbstsein der Welt. Der Gedanke der ewigen Wiederkehr des Gleichen steht jedoch auch zu einer solchen Konzeption noch, in der die Welt zwar bereits sehr wertvoll, eben als göttlich

---

[38] KGW V, 2, 11 (312), S. 459.
[39] J. G. Vogt, *Die Kraft*, Leipzig 1878, S. 90.

gedacht wird, in einem unverkennbaren Gegensatz. Denn in einer solchen pantheistischen Sicht, in der die vormals allein für Gott reservierten Attribute auf die Welt selbst übergegangen sind (natura sive deus), ist die Welt gleichwohl noch nicht im vollen Sinne bei sich selbst, vor allem noch nicht bei der Endlichkeit der vielen Kräfte-Prozesse, in und als deren Vollzüge sie das ist, was und wie sie ist, angelangt. Der Pantheismus begünstigt die Hoffnung, die Welt irgendworin doch dem „alten geliebten, unendlichen, unbegrenzt-schöpferischen Gotte"[40] gleichen zu lassen. Darin steckt die Idee des Weiterlebens Gottes als Welt. Dies kann sich etwa in der Auffassung ausdrücken, daß nun die Welt selbst mit der göttlichen Schöpfungskraft, mit einer „unendlichen Verwandlungs-Kraft", mit einem „Vermögen zur *ewigen Neuheit*"[41] ausgestattet gedacht wird. Damit die Welt aber zu sich selbst kommt und bei sich bleiben kann, muß sie entgöttlicht und ihrer Endlichkeitsbedingungen inne werden. Alles andere nötigt in einen unendlichen und damit nicht einmal zur Hypothese tauglichen Kraftbegriff.

Aspekte dieser Art lassen sich selbst noch an der in der Mitte des zwanzigsten Jahrhunderts von H. Bondi, Th. Gold und F. Hoyle entwickelten „steady-state"-Theorie[42] des Kosmos ausfindig machen, die heute allerdings von anderen Modellen, insbesondere von der „Urknall"-Theorie verdrängt worden ist. Die Steady-state-Theorie geht zwar davon aus, daß das Universum immer das gewesen ist, was es ist, es also keinen endlichen Anfang in der Zeit gibt. Damit der Kosmos aber trotz seiner fortwährenden Expansion die durchschnittlichen Eigenschaften, vor allem seine durchschnittliche Dichte konstant halten kann, wird angenommen, daß er auch fortwährend neue Materie erzeugt. Auf diese Weise wird der Konsequenz entgegengedacht, daß die Welt sich anderenfalls bereits ins Nichts verflüchtigt haben müßte. Die „continual creation of matter"[43] ist der systematisch zentrale Begriff dieser Theorie. In ihm kann man eine späte und auf die kosmische Entwicklung transformierte Variante des vor-neuzeitlichen Interpretaments der creatio continua sehen. Dieser Zusammenhang wird auch daran deutlich, daß das Konzept kontinuierlicher Materie-Schöpfung mit der Vorstellung der Nicht-Erhaltung der Energie korrelativ ist. Das ist eine fundamentale Implikation der Steady-state-Theorie und zugleich der Punkt, an dem umgekehrt und schlagartig hervortritt, worin die systematische und historische Funktion des Energiesatzes und

---

40 KGW VII, 3, 36 (15), S. 280.

41 Ebenda. Zum Verhältnis von Pantheismus und Wiederkunftslehre vgl. auch unten Kap. XIII, 4, S. 454.

42 Vgl. die Darstellung bei H. Bondi, *Cosmology*, Cambridge 1960, S. 140–156. F. Hoyle weicht im Ausgangspunkt, nicht aber in den Konsequenzen von Bondi und Gold ab, vgl. a.a.O., S. 152ff.

43 H. Bondi, a.a.O., S. 143.

des Prinzips der intransitiven Selbsterhaltung besteht. In der Steady-state-Theorie wird die Verflüchtigung des Universums also durch eine Überlegung ausgeschlossen, die durchaus an das, jetzt freilich aus astro-physikalischen Problemstellungen heraus auftretende und höchst säkularisiert auf das Universum selbst herübergewanderte, ursprünglich aber allein Gott vorbehaltene Vermögen fortwährender Neuschöpfung erinnert. Demgegenüber wird zu sehen sein, daß in Nietzsches Weltkonzeption die theoretische Gefahr einer Verflüchtigung der Welt ins Nichts durch Rückgriff auf den durch den Astrophysiker J. C. Fr. Zöllner vermittelten Raumbegriff B. Riemanns, mithin durch eine bestimmte Auffassung der Gesamtgestalt des Raumes abgewehrt wird. Der Kreisgedanke schließt also nicht nur einen auf den Schöpfergott oder einen Demiurgen angewiesenen Finalismus des Weltprozesses, sondern auch ein ewiges und letzten Endes als ‚göttlich' zu qualifizierendes Hervorbringen immer neuer und nie gleicher Gestalten aus. Wird im ersten Falle nicht der Zeit-Unendlichkeit Rechnung getragen, so im zweiten nicht der Endlichkeit und Bestimmtheit sowohl der Gesamtmenge an Kraft als auch jeder konkreten Kräfte-Organisation.

Die wissenschaftlich-theoretische Version der Wiederkunftslehre erscheint bei Nietzsche als eine Konsequenz aus den Implikationen der Rahmenbedingungen, denen sich auch das neuzeitlich wissenschaftliche Denken ausgesetzt sieht. Hier sind vor allem vier Aspekte zu nennen: erstens (1) der *Energiesatz* im Sinne der Unzerstörbarkeit und Bestimmtheit des Gesamtquantums der Kraft/Energie sowie die dazu korrelative, zwar selbst der Veränderung unterworfene, aber nicht unendliche Anzahl der Kräfte-, und das heißt der Willen-zur-Macht-Organisationen, deren unbegrenzte Teilbarkeit nichts gegen ihre Endlichkeit besagt; zweitens (2) die unbegrenzte, aber nicht unendliche *Gesamtgestalt des Raumes*; drittens (3) die *Zeit-Unendlichkeit* und viertens (4) die mit der Internität der Kräfte-Relationen verknüpfte absolute *Geschehens-Notwendigkeit.* Diese vier Rahmenbedingungen entsprechen dem, was im Zuge der zu Beginn des Zweiten Teils erörterten Probleme, ob sich die Wiederkunftslehre auch in verstandeslogischer Hinsicht durchhalten läßt, als Basisannahmen für die theoretische Triftigkeit des Arguments ausgezeichnet wurde.[44] Die verstandeslogischen und die wissenschaftlichen Bedingungen der Wiederkunftslehre korrespondieren einander. Und aus der Verbindung dieser Rahmenbedingungen, ihrer Spezifikationen und Konsequenzen ergibt sich in Nietzsches Sicht der Dinge, daß die Welt nicht über eine unendliche Anzahl verschiedener Zustände und Konfigurationen verfügt, daß es ein ewiges Neu-Werden im Sinne des Nie-Gleichen nicht geben *kann.*

---

[44] Vgl. Kap. VII, 2, S. 215ff.

Seitdem die Unzerstörbarkeit und Konstanz der Kraft/Energie konzipiert wird, kann das Denken Nietzsche zufolge der verführerischen Vorstellung widerstehen, „zur unendlichen Thätigkeit in der Zeit gehöre eine *unendliche* Kraft, die durch keinen Verbrauch erschöpft werde".[45] Dies führt in bezug auf die Wiederkunftslehre vor den entscheidenden Punkt. Die Welt der Kräfte ist weder einer Vermehrung noch einer Verminderung, aber auch keines Stillstandes fähig. Die Kraft ist nicht unendlich groß, allerdings „ewig thätig". Aber, und darin liegt die Pointe, sie „kann nicht mehr unendliche Fälle schaffen", sie „muß sich wiederholen". Das ist *Nietzsches* „Schluß".[46] Auf diese Zusammenhänge kommt Nietzsche in den Aufzeichnungen aus dem Jahre 1881 und in seinen späteren Argumentationen immer wieder, wenn auch mit unterschiedlichen Akzentuierungen zurück.[47] Ein bestimmter, endlicher und konstanter Gesamtbetrag der All-Kraft in Verbindung mit einer endlichen Zahl von Kraft-Organisationen sowie einer bestimmten Gesamtgestalt des Raumes kann, unter den weiteren Voraussetzungen, daß Kraft, ihrem Wesen nach, nie zur Ruhe kommen, nie stillstehen *kann,* sondern fortwährend und ewig tätig sein *muß,* daß die Zeit, im Unterschied zum Raum, unendlich ist und daß es keine indifferenten, sondern nur absolut notwendige Geschehens-Relationen gibt, nicht zu unendlich verschiedenen Kraftlagen und nicht zu einem unendlichen Neuwerden im Sinne nie gleicher Gestaltungen der Welt führen. „Unendlich *viele* Kraftlagen hat es gegeben, aber nicht unendlich *verschiedene*: letzteres setzte eine *unbestimmte* Kraft voraus. Sie hat nur eine ‚Zahl' von möglichen Eigenschaften".[48]

Die Welt im ganzen ist als das Mit- und Gegeneinander-Wirken der jeweils spezifischen Aktionen und Reaktionen der vielen Willen-zur-Macht-und-Interpretations-Kräfte aufzufassen. Diese Totalität ist nicht im Sinne Eines umfassenden und die Bewegungen der Teile regulierenden Ganzen vorzustellen, das den einzelnen Kräftevollzügen der Sache nach vorausliegt und seinerseits zu wachsen trachtet. Die Welt im ganzen hat weder einen Erhaltungs- noch einen Wachstumstrieb. *Als ganze* hat sie überhaupt keine Triebe[49], obwohl sie selbst nichts anderes als das Gesamt der fortwährenden Vollzüge vieler Triebprozesse, vieler wirkender Kräfte ist. Insgesamt und nach der Seite der Energieverteilung betrachtet ist die Welt dasjenige Gesamtquantum an Kraft, um dessen Nutzung, Ausbeutung, neu- und uminterpretierende Aus-

---

[45] KGW V, 2, 11 (269), S. 442.

[46] Ebenda.

[47] Vgl. KGW V, 2, etwa 11 (148), S. 396; 11 (190), S. 414; 11 (202), S. 421; KGW VII, 3, 35 (54) und (55), S. 258f. KGW VIII, 3, 14 (188), S. 166ff.

[48] KGW V, 2, 11 (232), S. 428. Auf die von hier aus sich ergebenden Differenzierungen im Begriff der Möglichkeit wird unten (Kap. XII, 1, S. 412f.) eingegangen.

[49] Vgl. auch oben Kap. X, 3, S. 362.

richtung und Gestaltung die vielen Willen-zur-Macht-Komplexe mit- und gegeneinander ringen. Die Zustände dieser Verhältnisse von Aktivität und Reaktion *sind* die Zustände der Welt, *sind* die Welt. Diese selbst kann sich in diesen Prozessen weder vermehren noch vermindern. Wohin sollte sie sich ausdehnen? Woher sich „ernähren", woher sich „mit *Überschuß* ernähren?"[50] Dies ist wiederum mit der Auffassung zu verbinden, daß eine bestimmte Kraft nicht, man stelle sie sich „noch so groß und noch so sparsam in der Veränderung"[51] vor, unendlich neue Veränderungen und Kräftekonstellationen hervorbringen kann. Unter Anwendung der oben skizzierten Vier-Bedingungenlehre führt die Verbindung dieser Komponenten erneut vor die ausschlaggebende Alternative. Entweder ist die Gesamtkraft erst von einem bestimmten Zeitpunkt an überhaupt tätig und wird auch in einer endlichen Zukunft mit ihrem Tätigsein aufhören. Oder aber, und dies ist Nietzsches Konsequenz, „es giebt *nicht* unendlich neue Veränderungen, sondern ein Kreislauf von bestimmter Zahl derselben spielt sich wieder und wieder ab: die Thätigkeit ist ewig, die Zahl der Produkte und Kraftlagen ist endlich".[52] Die absolute Geschehens-Notwendigkeit, die eine Indifferenz bzw. Adiaphorie in den Konkatenationen der Ereignisse ausschließt, hat in Verbindung mit dem Kontinuitätsgedanken zur Folge, daß, wenn auch nur ein einziger Augenblick der Welt wiederkehrte, eben dadurch auch alle anderen wiederkehren müßten.[53] Da es sich in den Übergängen von einem Zustand in den nächsten um ein Voranschreiten in der Zeit und in *diesem* Sinne um Irreversibilität der Ereignis-Prozesse handelt, bedeutet dies zugleich, daß zwischen jeder Kräfte-Konfiguration und ihrer Wiederkehr „alle überhaupt noch möglichen Combinationen abgelaufen sein müßten"[54]. Dabei bedingt jede dieser Kombinationen „die ganze Folge der Combinationen in derselben Reihe"[55].

3. Die Gestalt des Raumes als Ursache ewiger Bewegung

Eine der Voraussetzungen der Wiederkunftslehre ist die Gesamtgestalt des Raumes. Ihr kommt in Nietzsches Argumentation eine prominente Stellung zu. In einem unbestimmten ebenso wie in einem kugelförmigen Raum wäre eine Gleichgewichtslage der als Kräftegeschehen aufgefaßten Welt möglich und, vor dem Hintergrund der Zeit-Unendlichkeit, bereits auch eingetreten. Von daher muß, so Nietzsches Überlegung, die Gestalt des Raumes die „Ur-

---

[50] KGW V, 2, 11 (213), S. 423.
[51] KGW V, 2, 11 (305), S. 456.
[52] a.a.O., S. 456f.
[53] Vgl. KGW VII, 1, 15 (3), S. 503; vgl. KGW V, 2, 11 (148), S. 396.
[54] KGW VIII, 3, 14 (188), S. 168.
[55] Ebenda.

sache der ewigen Bewegung sein, und zuletzt aller ‚Unvollkommenheit'"[56]. Die Rede von ‚Unvollkommenheit' ist natürlich ironisch, denn nur an der alten metaphysischen Idee eines festen, sich gleich bleibenden Seins gemessen erscheint das ewige Werden als etwas Unvollkommenes. Eine solche Vorstellung aber ist unter den Voraussetzungen der Philosophie Nietzsches gar nicht mehr sinnvoll konzipierbar. Näherhin führt der Rekurs auf den Raumbegriff zu der Einsicht, daß nur bei der „falschen" Annahme eines unendlichen Raumes, in dem sich die Kraft verflüchtigt, der Letztzustand der Welt ein „unproduktiver", ein „todter"[57], d.h. ein völlig ereignis-loser Dauerzustand ist. In einem Brief an Peter Gast aus dem Jahre 1885 betont Nietzsche, daß er „den ‚endlichen', d.h. bestimmt gestalteten Raum für unabweislich" halte, und daß die Unmöglichkeit einer Gleichgewichtslage der Kräfte vor allem mit der Frage zusammenhänge, „*wie* gestaltet der Gesammt-Raum ist"[58]. Mit Sicherheit habe er nicht die Gestalt einer Kugel. Dies ist mit Nietzsches weiterer Voraussetzung zu verbinden, daß der Raum, wie die Materie, aber im Unterschied zur Zeit, eine „subjektive Form"[59] ist. Der Raumbegriff sei auch erst durch die Annahme „leeren Raumes" entstanden. Den aber „gibt es nicht". Denn: „Alles ist Kraft".[60] In Sachen Zeit liegen die Dinge etwas anders. Es gilt, daß die sich *als* relationales Kräfte-Geschehen vollziehenden Bewegungen ebenso Maß für die Auffassung und Messung der Zeit sind, wie umgekehrt diese Maß zur Bestimmung von Bewegungen ist. Die Vorstellung des absoluten Raumes hat nur Sinn als „Substrat der Kraft"[61]. Diese aber ist „begrenzt", und sie ist es, die „gestaltet". Die Zeit dagegen ist ewig. „Aber *an sich* giebt es nicht Raum, noch Zeit".[62] Kraft/Energie und Raum sind letztlich nur zwei unterschiedliche sprachliche und gedankliche Konzepte für ein und dieselben Prozesse. Endlichkeit der Kraft/Energie bedeutet mithin notwendig Nicht-Unendlichkeit des Raumes. Und was die Zeit angeht, so ist, da Veränderung gleichbedeutend ist mit Zeitlichkeit, und vice versa, und da vom ewigen Werden als dem im oben erörterten Verständnis einzig ‚Bewiesenen'[63] ausgegangen wird, in diesem Sinne auch die Zeit-Unendlichkeit ‚bewiesen'. Auf diese Weise hängen Kraft/Energie-, Raum- und Zeitvorstellung notwendig miteinander zusammen. Raum und Zeit sind Abstraktionen aus den relationalen Ereignis-Strukturen und dienen ihrerseits zu deren Lokalisierung und Identifikation.

---

[56] KGW VII, 3, 35 (54), S. 258.
[57] KGW VII, 1, 1 (27), S. 11.
[58] An P. Gast, 23. Juli 1885, KGB III, 3, S. 69.
[59] KGW VII, 1, 1 (3), S. 5.
[60] Ebenda.
[61] KGW VII, 3, 36 (25), S. 285.
[62] Ebenda. Hervorhebung von Verf.
[63] Vgl. S. 379ff.

In Nietzsches Raumbegriff liegt ein deutlicher Einfluß von seiten des Astrophysikers J. C. Fr. Zöllner und seines Buches *Über die Natur der Cometen. Beiträge zur Geschichte und Theorie der Erkenntnisse* (^{1}1872; ^{3}1883) vor.[64] Näherhin geht es um die Aufnahme des durch Zöllner vermittelten Raumbegriffs B. Riemanns, d.h. um das Konzept eines in sich selbst zurücklaufenden sphärischen Raumes. Auf diese Weise steht Riemanns sphärische Geometrie mit Nietzsches Lehre der ewigen Wiederkehr des Gleichen in einer indirekten Verbindung.[65] Für Zöllner besteht die Ausgangsüberlegung darin, daß bei Annahme einer endlichen Quantität der Materie und eines unendlichen euklidischen Raumes sowie der Unendlichkeit der Zeit die Dichte der Materie im Sinne einer Zerstreuung überall unendlich klein geworden sein müßte.[66] Dies aber ist offensichtlich nicht der Fall. Um die Schwierigkeit aufzulösen, könnte man versuchen, entweder den Raum oder die Zeit physisch zu begrenzen. Im Hinblick auf Nietzsches Auffassung ist zunächst Zöllners Argument gegen die Annahme einer physischen Begrenzung der Zeit aufschlußreich. Dies wäre nämlich nichts anderes als die Einführung eines Schöpfer-Gottes. Wird ein endlicher Anfang der Welt in der Zeit angenommen, dann wird auch der Gedanke wahrscheinlich, daß sich dieser Anfangszustand fortwährend jenem Endzustande annähert, in dem sich die Elemente der Materie dann in unendlich großen Abständen befinden. „Physisch wäre ein solcher Prozess gleichbedeutend mit einer allmäligen Auflösung der Welt in *Nichts* oder mit einem *Verschwinden* der Welt".[67] Man könnte in dieser Perspektive über Zöllner noch hinausgehen und zugespitzt sogar sagen, daß gerade die Annahme eines Schöpfergottes zum schließlichen Auslöschen der Welt führt. Zöllners Einspruch gegen die Möglichkeit solchen Verschwindens hat eine gewisse Ähnlichkeit mit Nietzsches und auch mit der Leibnizschen Auffassung. Nicht nur bedeutet die Annahme eines Schöpfungsaktes keine logische, sondern bloß eine „willkürliche"[68] Begrenzung der Kausalreihe. Auch die Annahme einer Begrenzung der Zeit, d.h. eines endlichen Aufhörens in der Zukunft als der einzig möglichen Weise, Veränderungen anschaulich plausibel zu machen, enthält Zöllner zufolge einen Widerspruch gegen den Satz vom zureichenden Grunde.

---

[64] Auf diesen Zusammenhang hat O. Becker, *Nietzsches Beweise*, S. 46ff. aufmerksam gemacht.

[65] O. Becker betont a.a.O., S. 47, daß Zöllner „wohl der erste" war, der von Riemanns sphärischer Geometrie „eine ernsthafte physikalische Anwendung" machte, „vielleicht der einzige bis zum ‚Kosmologischen Glied' der Einsteinschen Gravitationsgleichung!"

[66] Vgl. dazu und zum Folgenden J. C. Fr. Zöllner, *Über die Natur der Cometen*, hier benutzt in der veränderten, dritten Auflage 1883, S. 90–104 (*Über die Endlichkeit der Materie im unendlichen Raume*).

[67] a.a.O., S. 96.

[68] Ebenda.

Entfällt die Annahme einer Begrenzung der Zeit, so heißt dies nicht, daß damit eine Begrenzung auch hinsichtlich der Raumeigenschaften auszuschließen ist. Dies ist der Punkt, an dem Zöllner auf die Riemannsche Vorstellung eines unbegrenzten, aber nicht unendlichen Raumes verweist und diese erläutert. Zöllner führt aus, daß die Teile in einem solchen Raume „nie unendlich weite Punkte erreichen können. Dieselben müßten sich nach endlichen Zeitintervallen, deren Größe von der Geschwindigkeit der Bewegung und dem Krümmungsmaße des Raumes abhängt, wieder nähern und auf diese Weise pendelartig periodisch lebendige Kraft in Spannkraft bei Annäherung, und Spannkraft in lebendige Kraft bei Entfernung verwandeln".[69] Erst mit einem so konzipierten Raumbegriff ist derjenige Doppeleffekt erreicht, der das Denken zufriedenstellt. Zum einen ist man nicht zu einer physischen Begrenzung weder der Zeit noch des Raumes gezwungen. Dies würde, wie Zöllner klar gesehen hat, sogleich vor die Frage nach dem Woher und der Beschaffenheit solcher Begrenzung führen und damit in neue bzw. alte metaphysisch-theologische Verstrickungen nötigen. Zum anderen wird gleichwohl die Annahme eines unendlichen Raumes vermieden, in den sich die Kraft dann zum letzten, unproduktiven und toten Zustand verflüchtigen würde und bereits auch verflüchtigt haben müßte.

Der Gedanke, daß es sich bei der Weltbewegung um Prozesse der Umwandlung von Spannkraft in lebendige Kraft und vice versa handelt, ist geeignet, die Wiederkunftslehre an jenem Punkte zu stützen, wo es um die Frage geht, ob aus dem ‚letzten' erschließbaren Zustand der diese Welt ausmachenden Ereignis-Sequenzen ein Wiedereintritt in den periodischen Kreislauf der Ereignis-Reihen möglich oder gar unausweichlich wird. Die Zusammengehörigkeit und das Ineinanderübergehen von ‚lebendiger' und ‚toter' Kraft spielte auch schon in der Leibnizschen Dynamik eine wichtige Rolle.[70] Je nach Gesichtspunkt baut sich die eine jeweils aus der anderen auf, und das Integral nach der Zeit macht diese Vorgänge auch mathematisch zugänglich. Auch in der Helmholtzschen Abhandlung über die Erhaltung der Kräfte ist das Verhältnis von lebendiger Kraft und Spannkraft zentral. Bei Nietzsche sind diese Vorstellungen mit im Spiel, wenn er etwa unter dem Titel „Grundsätze" notiert, daß der „*letzte*" physikalische Zustand der Welt der Kräfte auch „notwendig der *erste* sein"[71] muß. Daß dieser Zusammenhang für Nietzsches Betrachtungsweise grundlegend ist, wurde bereits auch im Rahmen der Erörterungen zur theoretischen Begründbarkeit des Wiederkunftsarguments herausgestellt.[72] Er ist jetzt im Kontext der Überlegung zu betonen, daß die Um-

---

[69] a.a.O., S. 100.
[70] Vgl. auch oben Kap. I, 4, S. 18ff.
[71] KGW VII, 1, 1 (3), S. 5.
[72] Vgl. Kap. VII, 2, S. 212.

wandlung, die „Auflösung der Kraft in *latente* Kraft" die Ursache für die „Entstehung der *lebendigsten* Kraft"[73] sein muß. Die Überlegung, daß das Denken von jedem Jetzt aus sowohl nach vorwärts als auch nach rückwärts fortschreiten kann, ohne dabei ein Ende annehmen zu müssen, ist jetzt also mit der anderen zu verbinden, daß die vorhandene Welt der Kräfte sowohl nach rückwärts als auch nach vorwärts in einen „einfachsten Zustand"[74] der Kräfte führt. Das Erreichen solcher Zustände ist konzipierbar aufgrund vor allem zweier Annahmen.

Erstens kann sich aus einem „System *bestimmter* Kräfte", d.h. aus „einer *meßbar sicheren* Kraft", in Verbindung mit der erörterten Korrelation zu der zwar veränderlichen, aber nicht unendlichen Anzahl der Kraftzentren, „keine *Unzähligkeit* der Zustände"[75] ergeben. Zweitens ist mit der Übernahme des Konzepts eines zwar unbegrenzten, aber nicht-unendlichen Raumes die Möglichkeit einer Verflüchtigung der Kraft ausgeschlossen. Nietzsche nimmt nun an, daß die beiden einfachsten Zustände, der ‚erste' und der ‚letzte', „identisch" sind. Dieser Zustand der Kräfte-Welt ist „zugleich – und +".[76] Der Gesichtspunkt der Zeit-Unendlichkeit sowohl nach vorn als auch nach hinten, innerhalb deren Verlauf dieser einfachste Zustand bereits auch einmal, mehrere, ja strenggenommen unzählige Male erreicht gewesen sein muß, ist noch dadurch zu verstärken, daß die Vorstellung, es könnte eine Zeitlosigkeit im Sinne einer leeren bzw. einer Nicht-Zeit geben, zurückgewiesen werden muß. Die Rede von einer Nicht-Zeit hätte nur im Falle metaphysischer Annihilation der Kräfte selbst Sinn. Für Kräfte aber ist charakteristisch, daß sie ihrem Betrag nach zwar stets von endlicher Größe sind, daß sie ihrer Natur nach aber ewig tätig sein müssen, d.h. nicht stillstehen können. Auch wenn Kräfte zerfallen, bedeutet dies keine metaphysische Annihilation, d.h. sie verschwinden nicht ins reine Nichts. Ruhe bzw. vermeintlicher Stillstand sind unendlich kleine Bewegungen, und das scheinbare Verschwinden ist Transformation der Existenzweise. Insofern Veränderung für jede Kraft wesentlich ist, ist es auch die Zeitlichkeit. Denn letztere ist Nietzsche zufolge „nur die Nothwendigkeit der Veränderung noch einmal begrifflich gesetzt"[77]. Und aus der nicht auflösbaren Verbindung der Endlichkeit des Gesamtquantums sowie einer jeden der einzelnen Kräfte-Relationen mit dem ewigen Tätigsein-Müssen, d.h. der Veränderung und Zeitlichkeit, ergibt sich, daß in einem bestimmten Zustand der Gesamtkraft die „absolute Bedingtheit einer neuen Vertheilung aller ihrer

[73] KGW, a.a.O.
[74] KGW VII, 1, 1 (27), S. 11.
[75] Ebenda.
[76] Ebenda.
[77] KGW VII, 3, 35 (55), S. 259.

Kräfte"[78] gegeben ist. Wenn nun der einfachste, der Plus-Minus-Zustand in der Zeit-Unendlichkeit bereits unzählige Male erreicht worden sein muß, dann kommt der Umstand, daß der augenblickliche Zustand, *dieser* jetzige Zustand, in dem der Leser diesen Satz liest, offensichtlich keiner der Starre, des Gleichgewichts oder der Verflüchtigung ist, dem Hinweis gleich, daß es aus dem Plus-Minus-Zustand immer wieder zu einem Übergang in die Ereignis-Ketten, sprich in die Prozesse der Umwandlung von toter in lebendige Energie und umgekehrt gekommen sein muß.

Daß die Gesamtgestalt des Raumes für eine Erörterung der Verlaufsform der Weltbewegung von grundsätzlicher Bedeutung ist, zeigt sich etwa auch an einer von Zöllner eher beiläufig angemerkten Überlegung. Erst durch Rekurs auf die zwar unbegrenzte, aber nicht-unendliche Gestalt des Raumes könne „*die Gesammtheit* der sinnlichen Welt dem *Principe von der Erhaltung der Kraft* unterworfen werden". Dies ist bei der Voraussetzung „einer *unendlichen* Quantität der vorhandenen Materie nur für *willkürlich* abgegrenzte Gebiete möglich".[79] Die Frage nach der Raumgestalt greift also in diesem Sinne noch hinter die Ebene der mit dem Erhaltungssatz bezeichneten Unzerstörbarkeit und Konstanz des Gesamtquantums der Masse bzw. Energie zurück. Im Sinne wechselseitiger Verweisung und Inanspruchnahme besteht mithin eine Verbindung zwischen dem neuzeitlichen Erhaltungsprinzip, wie dieses in seiner auf Leibniz zurückgehenden Form als Energiesatz auftritt, Bernhard Riemanns Konzept des in sich selbst zurücklaufenden sphärischen Raumes und Nietzsches Wiederkunftslehre. Nimmt man alle in diesem Kapitel erörterten Aspekte zusammen, so sind die zum Verständnis von Nietzsches lapidarem Diktum „Der Satz vom Bestehen der Energie fordert die *ewige Wiederkehr*"[80] benötigten Elemente beieinander.

Deutlich geworden ist auch, daß Nietzsche, obwohl er hinsichtlich des Prozeßcharakters der Willen-zur-Macht-Vollzüge das fundamentalistische Erhaltungsapriori strikt ablehnt, den Erhaltungsgedanken in Gestalt des Energiesatzes im Rahmen der Wiederkunftslehre bereitwillig aufnimmt. Zur Sicherung des autarken und autonomen Aus-sich-selbst-heraus-Lebens der Welt, der Immanenz sowie der Endlichkeit, Bestimmtheit und Einzigkeit dieser Welt erfüllt der Energiesatz eine wichtige Funktion. Doch folgt daraus nicht, daß die tatsächlichen Kräftevollzüge, die Übergänge von einem einmal erreichten Zustand in einen anderen, durch das Erhaltungsprinzip und die Erhaltungskausalität charakterisiert werden können. Die Wiederkunftslehre ist nicht allein und nicht direkt aus der Unzerstörbarkeit und Konstanz des Ge-

---

[78] Ebenda.
[79] J. C. Fr. Zöllner, a.a.O., S. 101.
[80] KGW VIII, 1, 5 (54), S. 209.

samtquantums der Kraftmenge zu begründen. Insofern ‚die Welt im ganzen' überhaupt nur als das Gesamt-Spiel der partikularen Aktionen und Reaktionen der vielen Kräftekomplexe, d.h. der vielen Willen-zur-Macht-Organisationen *ist*, besteht die Schwierigkeit darin, die Wiederkunftslehre aus einer Verbindung beider Komponenten, der Gesamt-Erhaltung und der gerade nicht durch Erhaltungskausalität und nicht durch Selbsterhaltung gekennzeichneten Willen-zur-Macht-Vollzüge zu gewinnen. Auf diese Weise kann auch auf der Ebene der eher kräfte-physikalischen Darstellungsform des Wiederkunftsgedankens (in der der *Interpretations*charakter dieses Gedankens lediglich aus heuristischen, nicht jedoch aus theoretischen oder gar aus sachlichen Gründen zurücktritt, denn jeder Kräftevollzug *ist* eo ipso ein Interpretationsgeschehen) der Auffassung entgegengetreten werden, die ewige Wiederkehr des Gleichen sei primär eine *Erhaltungs*-Lehre. Dieses Problem wird im folgenden Kapitel zu erörtern sein. Zuvor jedoch ist kurz auf einige mit dem Energiesatz oftmals verbundene Fehleinschätzungen und auf einige weitere Relativierungen der Eklärungskapazität des darin verwendeten Erhaltungsgedankens aufmerksam zu machen. Dies kann im Anschluß an die kritische Stellung von Nietzsches Zeitgenosse Ernst Mach zu Erhaltungsprinzip und Mechanistik erfolgen. Wenn Nietzsche im Rahmen seiner theoretisch-wissenschaftlichen Begründung der Wiederkunftslehre auf den Energiesatz zurückgreift, so heißt dies weder, daß das Erhaltungsprinzip damit erneut eine fundamentale Stellung gewinnt, noch widerspricht dies der Grundauffassung, daß jede Welt- und Selbst-Auslegung essentiell vom Charakter des Interpretierens ist.

4. *Fehleinschätzungen des Energiesatzes*

In der zweiten Hälfte des neunzehnten Jahrhunderts wurde mit dem Gedanken, daß sich die Kraft durch alle ihre Ver- und Umwandlungen hindurch erhält, die Vorstellung verknüpft, daß alles, was ist, sich fortwährend bewegen müsse. Dieser Aspekt kam weniger der mechanistischen, als vielmehr einer dynamisch-energetischen Weltauslegung zugute. Daneben konnte der Erhaltungssatz die Auffassung stärken, daß jedes Seiende sich in seinem jeweiligen Zustand zu erhalten strebt. Beide Folgerungen jedoch sind Kurzschlüsse, die sich nicht aus dem Energiesatz selbst ergeben. Weder behauptet bzw. impliziert dieser, daß alles sich in ständiger Bewegung befindet, noch behauptet bzw. impliziert er, daß das wirkliche Geschehen im Prinzip der Selbst-Erhaltung sein Wesensmerkmal hat. Was Nietzsche betrifft, so ist davon auszugehen, daß er in seinem Rückgriff auf den Energiesatz im Rahmen der Wiederkunftslehre weder der einen noch der anderen dieser Folgerungen erlegen ist. Darüber hinaus sind zwei weitere Fehlverbindungen zurückzuweisen.

Erstens bedeutet Nietzsches Rückgriff auf den Energiesatz keineswegs, daß er zugleich auch einen Zusammenhang zwischen Erhaltungssatz und Substanzgedanke gesehen oder gar akzeptiert hätte, und zwar weder im Sinne der alten Ontologie noch in dem der auf die Welt der Erscheinungsdinge prinzipientheoretisch eingeschränkten Sichtweise der Kantischen Ersten Analogie, des Grundsatzes der Beharrlichkeit der Substanz.[81] Zweitens ist davon auszugehen, daß Nietzsche in keinem Falle jenem Fehlschluß erlegen ist, dem sich die Mechanisten seiner Zeit so bereitwillig hingaben. Diese hielten den Satz von der Erhaltung der Kraft/Energie, wie besonders H. v. Helmholtz in seiner Herleitung und Durchführung dieses Grundsatzes aus den mechanischen Kräften[82] deutlich gezeigt zu haben schien, für einen Beweis der Richtigkeit und Unerschütterlichkeit der ganzen mechanistischen Weltauslegung selbst. Der fehlerhafte Umkehrschluß bestand darin, aus der Herleitbarkeit des Energiesatzes *auch* aus den mechanischen Kräften zu schließen, daß damit ein Beweis für die Gültigkeit der Galilei-Newtonschen Mechanik als der einzig legitimen Version von Physik und Weltauslegung überhaupt geliefert sei. Der Energiesatz ist, abgesehen von seiner spekulativen Verwurzelung, gerade auch für den sich gegen den Mechanismus Ende des neunzehnten Jahrhunderts durchzusetzen beginnenden Dynamismus und die diesem folgende Energetik grundlegend. Es ist sicher kein Zufall, daß man erst in dieser Tradition Leibniz als den eigentlichen Begründer dieses Satzes wiederentdeckt hat. Den Erhaltungssatz zu akzeptieren, bedeutet also keineswegs automatisch eine Übernahme der Mechanistik. Vor diesem Hintergrund ist ein Blick auf die Position Ernst Machs aufschlußreich. Machs Gedanken berühren sich an vielen Stellen mit denen Nietzsches. Dabei interessiert hier nicht der mögliche Bezug in Sachen Phänomenalismus und Empfindungspositivismus, sondern Machs Einstellung zum Erhaltungssatz und zur Mechanistik. Auf einem Notizzettel, wahrscheinlich aus dem Jahre 1882, vermerkt Nietzsche, nach Mitteilung von M. Oehler, neben anderen naturwissenschaftlichen und naturphilosophischen Titeln auch die Arbeit Machs über *Die Geschichte und die Wurzel des Satzes von der Erhaltung der Arbeit* (1. Aufl. 1872).[83] Diese Abhandlung ist auch für die hier erörterten Zusammenhänge instruktiv.

---

[81] Vgl. I. Kant, *Kritik der reinen Vernunft*, A 182/B 225ff.

[82] Vgl. H. v. Helmholtz, *Über die Erhaltung der Kraft*, Berlin [1]1847, mit Zusätzen Leipzig 1882.

[83] Der Hinweis auf diesen Notizzettel bei A. Mittasch, *Nietzsche*, S. 369. Die anderen Titel sind: G. Th. Fechner, *Über die physikalische und philosophische Atomenlehre*, (2. Aufl. 1864); K. Lasswitz, *Atomistik und Kritizismus*, 1878; C. Neumann, *Über die Prinzipien der Galilei-Newtonschen Theorie*. – Die Arbeit E. Machs jetzt in Ders.: *Abhandlungen*, hg. von J. Thiele, Amsterdam 1969. Vgl. dazu auch E. Mach, *Über das Prinzip der Erhaltung der Energie*, zuerst in: *The Monist*, V, dt. in Machs *Populärwissenschaftlichen Vorlesungen*, [4]1910, S. 167–216.

Mach zeigt eine deutliche Abneigung sowohl gegen jede metaphysische als auch gegen jede einseitig mechanistische Wirklichkeitsauslegung. Was den Energiesatz betrifft, so kommt er allerdings an keiner Stelle seines Buches auf Leibniz zu sprechen. Das ist sicherlich ein Mangel dieser sich historisch verstehenden und erstmals die systematische und methodische Relevanz der historischen Kritik für die Rationalitätsstandards der Physik betonenden[84] Schrift. Mach geht zurück auf Stevin, Galilei, Huyghens und die Bernoullis, ohne die zentrale Bedeutung von Leibniz, die gerade bei den beiden Bernoullis zu verfolgen ist, zu sehen. Auch die positiven Bemerkungen Machs zu J. R. Mayer, der nicht im strikten Sinne ins mechanistische Lager gehört (z. B. schloß Mayer sich nicht der mechanistischen Deutung der Wärme als Bewegung an) hätten durch Bezug auf Leibniz eine Präzisierung erfahren können. Es steht Mach also nur die Linie des Mechanismus, nicht die Tradition des Dynamismus vor Augen. Doch eben dadurch ist seine Stellung zur Mechanistik und zum Erhaltungssatz aufschlußreich und kann in eine Verbindung mit Nietzsche gebracht werden.

Immer wieder weist Mach darauf hin, wie sehr die Mechanik an den Augenschein gebunden ist. Damit hängt zusammen, daß auch der Erhaltungssatz auf seinen Vorstellungs- und Modellcharakter hin relativiert werden muß. Die Mechanik habe sich nur deshalb so hartnäckig festsetzen können, weil sie der Alltagserfahrung und der Vorstellungsfähigkeit vertraut ist und entgegenkommt. Vor diesem Hintergrund kritisiert Mach die mechanistische Schrift von Wilhelm Wundt *Über die physikalischen Axiome* von 1866. Dieser Text[85], der als das Credo der Mechaniker um die Mitte des 19. Jahrhunderts und zur Zeit Nietzsches angesehen werden kann, nennt als Axiome: daß alle Ursachen in der Natur Bewegungsursachen sind; daß jede Bewegungsursache (und alle Bewegung ist hier natürlich Ortsbewegung) außerhalb des Bewegten liege; daß alle Bewegungsursachen in der Richtung der geraden Verbindungslinie wirken; daß die Wirkung jeder Ursache verharrt; daß jeder Wirkung eine gleiche Gegenwirkung entspricht, und daß jede Wirkung der Ursache äquivalent ist. Mit Hilfe dieses Axiomenarsenals fassen die Mechanisten *alle* Naturerscheinungen als mechanische Vorgänge auf. Mach dagegen bestreitet dem Mechanismus das Recht, über den Bereich der Mechanik im engeren Sinne hinaus für das ganze Feld physikalischer Naturforschung maßgebend sein zu können.

---

[84] In dieser Hinsicht ist dann vor allem E. Machs *Die Mechanik in ihrer Entwicklung historisch-kritisch dargestellt*, erste Auflage 1883, bis heute berühmt.

[85] In der zweiten Auflage 1910 als: *Die Prinzipien der mechanischen Naturlehre*. Machs Kritik in: *Geschichte und Wurzel*, S. 18ff., S. 26f. und in: *Prinzip der Erhaltung*, S. 189–192. – Auch Schopenhauer hatte sich bereits gegen den „*natürlichen Hang*, jede Naturerscheinung wo möglich *mechanisch* zu erklären“, gewandt, vgl. *Welt als Wille und Vorstellung* II, Kap. 23, in: *Werke*, Bd. II, S. 390 (die erste Hervorhebung von Verf.).

Wenn man heute glaube, „daß die mechanischen Thatsachen verständlicher sind wie andere, dass sie die Grundlage für andere physikalische abgeben könnten, so ist dies eine Täuschung".[86] In diesem Zusammenhang finden sich Überlegungen Machs, die bis in den Tonfall hinein so bei Nietzsche stehen könnten: „Wissen wir denn im Grunde genommen *mehr* davon, warum ein Körper *einen Ort* verläßt und an einem *anderen* auftaucht, als wie so ein *kalter* Körper *warm* wird? Gesetzt auch, wir *verstünden* die mechanischen Vorgänge *vollständig*, könnten und dürften wir deshalb andere Vorgänge, die wir nicht verstehen, *aus der Welt schaffen*? Nach diesem Prinzipe wäre es wirklich das einfachste, die Existenz der ganzen Welt zu leugnen. Die Eleaten sind eigentlich dahin gelangt, und die Herbartianer waren nicht weit von diesem Ziel. Die Physik, in dieser Weise behandelt, liefert uns nun ein Schema, in dem wir die wirkliche Welt kaum wiedererkennen. Und in der Tat erscheint Menschen, welche sich dieser Ansicht durch einige Jahre hingegeben haben, die *Sinnenwelt*, von welcher, als einer wohl vertrauten Sache, sie ausgegangen waren, plötzlich als das größte – – ‚Welträtsel'. So *erklärlich* es also auch ist, daß man bestrebt war, alle physikalischen Vorgänge ‚auf Bewegungen der Atome zurückzuführen', so muß man doch sagen, daß dies ein chimärisches Ideal ist."[87] Für Mach dagegen besteht die Aufgabe und das Ziel der Naturwissenschaft darin, den Zusammenhang der Erscheinungen aufzuweisen. In dieser Perspektive sind Theorien wie „dürre Blätter, welche abfallen, wenn sie den Organismus der Wissenschaft eine Zeit lang in Athem gehalten haben".[88]

Diese kritische Haltung gegenüber den Prinzipien des Mechanismus wäre bei Nietzsche sicherlich auf Zustimmung gestoßen, ebenso wie Machs Hochschätzung der Physiologie und der physiologischen Psychologie. Die Physiologie wird nach Machs Ansicht „mit einem Worte die eigentlichen realen Elemente der Welt aufschließen"[89]. Die sich aus dem Wechselspiel von Naturwissenschaft und Psychologie ergebenden Aufschlüsse werden, so Machs Vermutung, die Kenntnisse der mechanischen Physik weit hinter sich lassen. Mach

---

[86] E. Mach, *Geschichte und Wurzel*, S. 32. – Anders als Mach war übrigens der junge Max Planck der Ansicht, daß es keinen Grund für die Besorgnis Machs gäbe, bei der Mechanistik könnte es sich um eine allzu begrenzte Betrachtungsweise handeln. Im Vorwort zur zweiten Auflage (1909) der Machschen Arbeit zur Erhaltungsfrage findet sich eine Replik auf diese Einschätzung Plancks. Mach kann seinerseits „durchaus nicht die Besorgnis teilen, welche aus Äußerungen, wie jenen M. Plancks (*Die Einheit des physikalischen Weltbildes*, Leipzig 1909, S. 31–38) hervorzugehen scheint, daß die orthodoxe Physik eine kräftig abwehrende Verteidigungsrede nötig hat". Vielmehr befürchtet Mach, daß dadurch die „einfachen, natürlichen, ja unvermeidlichen Überlegungen", die er, Mach, angeregt habe, zu spät zu ihrem Recht kommen. Es ist bekannt, daß Machs Gedanken auf die Relativitätstheorie gewirkt haben, und daß Einstein ihn sehr geschätzt hat.

[87] E. Mach, *Prinzip der Erhaltung*, S. 191.

[88] *Geschichte und Wurzel*, S. 46.

[89] *Die ökonomische Natur der physikalischen Forschung*, in: *Vorlesungen*, S. 243.

hat gesehen, daß das mechanistische Modell schnell an die Grenzen seiner Anwendbarkeit stößt, sobald die Wirklichkeitsbetrachtung über den Augenschein hinaus vorangetrieben wird.[90] In bezug auf das Verhältnis von Nietzsches Denken zu Auffassungen Ernst Machs gilt es jedoch zu unterscheiden. Gegenüber der einseitigen und oberflächlichen Weltauslegung des Mechanismus stellt Machs Perspektive sicherlich einen Fortschritt dar. Doch bedeutet dies keineswegs, daß Nietzsche, der der physiologischen Empfindungslehre in mancher Hinsicht vergleichbare Ansichten vertritt, damit auch den Tatsachen-Positivismus, der von Mach als neue Grundlage aller Wissenschaft und Weltauslegung proklamiert wird, übernimmt oder diesem auch nur nahesteht. Das Gegenteil ist der Fall. Diese Trennungslinie zwischen beiden Autoren ergibt sich vor allem in Konsequenz der Interpretationsproblematik. Die zentrale Stellung, die das Interpretieren bei Nietzsche einnimmt, richtet sich auch gegen den älteren Positivismus etwa von Comte oder Mach. Gerade die angebliche Priorität der ‚Tatsachen' vor den ‚Interpretationen' wird von Nietzsche mit guten Gründen umgekehrt. Die Fakten-Gläubigkeit des älteren Positivismus konnte bis zu einem gewissen Grade ein konstitutives Vorurteil von Wissenschaft sein, nicht aber die Funktionsstelle von Philosophie einnehmen. Denn im Positivismus wird bereits die *So-und-so*-Welt vorausgesetzt, um die Klärung von deren Zustandekommen es in der Philosophie, die in diesem Sinne stets kategoriale Logik ist, allererst geht. Der Glaube an fest-stehende Tatsachen, Positivismus im weitesten Sinne, kommt in der Philosophie nicht vor. Erst da, wo der philosophische Gedanke Positivität überwindet, gelangt er in sein eigentliches Element. Bereits der Satz, daß die Welt aus Fakten besteht, ***kann*** selbst kein Faktum, sondern ***muß*** Interpretation sein. Diese Zusammenhänge wurden oben[91] im einzelnen erörtert und brauchen nicht wiederholt zu werden. Im Hinblick auf die mit dem Energiesatz und der Mechanistik verbundenen Probleme kommt es hier nur auf den positiven Bezug zwischen

---

[90] Zu Nietzsches Kritik an Mechanismus und Atomistik vgl. oben Kap. V, 5, S. 129ff. und III, 2, S. 85–88.
Angemerkt sei schließlich noch, daß Mach und Nietzsche nicht nur hinsichtlich der Naturbetrachtung, sondern auch in bezug auf die Auffassung des ‚Subjekts' Ähnlichkeit zeigen. In Sachen ‚Ich' ist für beide kennzeichnend, daß sie dieses nicht im Sinne eines festen, gar transzendentalphilosophischen Subjekt- und Einheitspunktes, sondern als einen vielheitlichen Strukturkomplex, selbst bereits als eine Resultante, nicht als Ursprung, sondern, mit Hume gesprochen, als „a bundle or collection of different perceptions" auffassen. (D. Hume, *A treatise of human nature*, Ausg. L. A. Selby-Bigge, Oxford 1967, Buch I, 4,6, S. 252). Vgl. E. Mach, *Die Analyse der Empfindungen*, (^{1}1886), ^{6}1911, S. 2ff. und S. 18–23. Eine Wesensverschiedenheit zwischen Ich und Welt besteht nicht. Mach zufolge ist auch das Ich, wie alles andere Seiende, ein Empfindungskomplex, der sich nur dadurch von anderen unterscheidet, daß er in sich auf eine stärkere Weise zusammenhängt als mit diesen, die Außenwelt ausmachenden Komplexen.

[91] Vgl. Kap. VI, 2–5.

Mach und Nietzsche an, der darin besteht, daß der Erhaltungssatz auf seinen Modellcharakter hin relativiert und die Mechanistik als eine bei weitem zu eingeschränkte Theorieform aufgefaßt wird.

Trotz der allgemeinen Übernahme des Energiesatzes seit Mitte des neunzehnten Jahrhunderts bestand damals durchaus keine Übereinstimmung hinsichtlich der Frage nach dessen Grundlagen. Von den einen wurde er auf die Unmöglichkeit eines perpetuum mobile, von anderen dagegen allein auf eine experimentelle Begründung zurückgeführt. Und bei Julius Robert Mayer sind spekulative Momente, die den betreffenden Überlegungen bei Leibniz ähnlich sind, in die Begründung eingegangen. Ernst Mach hat darauf hingewiesen, daß außerdem „ein bisher wenig beachtetes *logisches* und ein rein *formales* Bedürfnis“[92] in der Formulierung des Energiesatzes eine wesentliche Rolle spielte. Mach legt dar, daß sich das moderne Energieprinzip erst durch „eine *substanzielle* Auffassung der Arbeit und jeder physikalischen Zustandsänderung“[93] ergibt, die, indem sie umgekehrt verläuft, Arbeit erzeugt. Er betont, daß das Bedürfnis nach einer *solchen* Auffassung, die „durchaus *nicht notwendig,* aber *formal sehr bequem* und *anschaulich* ist“, bei J. R. Mayer und J. P. Joule hervortritt. Auf den ersten Blick entsteht zwar der Eindruck einer metaphysischen Begründung des Energiesatzes. Dies ist der Fall, wenn Mayer sagt, daß ‚ex nihilo nil fit‘ und die Erschaffung und die Vernichtung von Kraft/Arbeit als etwas auffaßt, daß außerhalb des Bereichs menschlichen Wirkens liegt, und wenn Joule betont, daß es „manifestly absurd“ ist, „to suppose that the powers with which God has endowed matter can be destroyed“[94]. Dagegen sieht Mach in Sätzen von der Art des Energiesatzes lediglich das „formale Bedürfnis nach einer *anschaulichen, übersichtlichen, einfachen* Rechnung“[95] am Werk. Dieses Bedürfnis habe sich im „praktischen Leben“ entwickelt und werde nun in den Bereich der Wissenschaft übertragen. In einer solchen Einschätzung steht die pragmatische Komponente ganz im Vordergrund, und es ist nichts mehr zu spüren von jenen philosophischen Problemzusammenhängen der Spätscholastik und der Frühen Neuzeit, in deren Kontext sich das Erhaltungsprinzip in einem intransitiven und damit auch für die Physik brauchbaren Sinne gegen vielfache Widerstände theologisch-metaphysischer Art allererst durchzusetzen hatte. In Machs Augen ist zuerst das „formale Bedürfnis“ vorhanden, und diesem wird dann nach und nach die Naturauffassung „angepaßt“.[96]

Darüber hinaus rückt Mach das Erhaltungsprinzip kritisch in die Nähe des Substanzgedankens. Alle Bemühungen, die Welt „in Gedanken abzuspie-

[92] *Prinzip der Erhaltung,* a.a.O., S. 170.
[93] a.a.O., S. 214.
[94] J. P. Joule bei Mach, a.a.O., S. 215.
[95] Ebenda. [96] Ebenda.

geln", wären erfolglos, wenn es nicht gelänge, in allem Wechsel etwas Bleibendes auszumachen. Dies sei der eigentliche Antrieb für den Substanzbegriff, „dessen Quelle von jener der modernen Ideen über die *Erhaltung* der Energie nicht verschieden ist"[97]. Mach illustriert dies am Satz von der Erhaltung der Materie, d. h. der Masse. „Zwar pflegt man die Erhaltung des Gewichtes oder genauer die Erhaltung der Masse als einen direkten Nachweis der Beständigkeit der Materie anzusehen. Allein dieser Nachweis verflüchtigt sich, wenn wir auf den Grund gehen, in eine solche Menge von instrumentalen und intellektuellen Operationen, daß er gewissermaßen nur eine *Gleichung* konstatiert, welcher unsere Vorstellungen, Tatsachen nachbildend, zu genügen haben. Den dunklen Klumpen, den wir unwillkürlich hinzudenken, suchen wir vergebens außerhalb unseres Denkens. So ist es also überall der rohe Substanzbegriff, der sich unbemerkt in die Wissenschaft einschleicht, der sich immer als unzulänglich erweist und sich auf immer kleinere Teile der Welt zurückziehen muß."[98]

Auch die Sätze von der Erhaltung der Materie, d.h. der Masse, und der Energie können also nicht als ein Objektivismus verstanden werden. Dies gilt auch unter den Bedingungen der modernen Physik, in der, aufgrund der dort formulierten Energie-Masse-Beziehung, das Gesetz über die Massenerhaltung mit dem über die Energieerhaltung zusammenfällt. Obwohl die Energieerhaltung in der vierdimensionalen Notation der Relativitätstheorie als eine Invariante erscheint, ist sie als solche doch nicht unabhängig vom Bezugssystem. Es handelt sich um einen schema-abhängigen regulativen Grundsatz, der dazu dient, die Welt als Eine Welt konzipieren, über die Vorgänge in ihr eine gemeinsame Verständigung ermöglichen und sie einer mathematischen Berechenbarkeit zugänglich machen zu können. Dieser Zusammenhang ist bereits bei dem Begründer des Energiesatzes zu finden. Leibniz leitet den Erhaltungssatz letztlich aus dem Prinzip des Besten ab und betont zugleich den Aspekt der damit möglich werdenden mathematischen Berechenbarkeit.[99] Der von Ernst Mach betonte Aspekt, daß es sich im Erhaltungssatz um eine pragmatisch-lebensdienliche, denkökonomische und praktisch erfolgreiche Fiktion handelt, wird auch deutlich, wenn man dieses Prinzip im Sinne der *Als-ob*-Betrachtung Hans Vaihingers auffaßt. Darüber hinaus ist an die Einschätzung Henri Poincarés zu erinnern, dieser Satz könne deshalb gar nicht falsch werden, weil jede Abweichung nur eine neue Art der Energie definiere.[100] Dieser

[97] *Die ökonomische Natur*, in: *Vorlesungen*, S. 230.

[98] a.a.O., S. 233f.

[99] Vgl. G. W. Leibniz, *Specimen dynamicum*, pars II, sect. I, in: *Math. Schr.*, Bd. VI, S. 437–440, und *Théodicée*, § 345.

[100] Vgl. H. Poincaré, *La science et l'hypothèse*, Paris 1909, S. 148–155, 158f. Vgl. H. Vaihingers *Die Philosophie des Als Ob*, Leipzig 1911. Aus der Sicht neuerer Wissenschaftsphilosophie vgl. zu dem Verhältnis von Tatsachen, Theorierahmen und Notationen N. R. Hanson, *Patterns of discovery*, Cambridge 1958, vor allem Kap. I–V.

Gesichtspunkt spielt bis in die gegenwärtige Physik eine wichtige Rolle. Als eine besondere Herausforderung erscheint heute die Möglichkeit, das Verhalten von theoretisch ernötigten, aber experimentell bisher noch nicht nachgewiesenen Elementarteilchen könnte dazu führen, den Energiesatz aufgeben zu müssen.

Wenn Nietzsche also auf den Erhaltungssatz der Kraft/Energie, und zwar nicht auf die Erhaltungskausalität im Sinne des ‚causa aequat effectum', sondern lediglich auf die Unzerstörbarkeit und Konstanz des Gesamtquantums zurückgreift, so verfällt er damit nicht einem wissenschaftlichen Objektivismus. Er bedient sich nur eines der für den Philosophen auf spekulativem Wege gewonnenen, für den Wissenschaftler dagegen in bezug auf geschlossene Systeme durch die Äquivalenzbeziehung von Wärme und Bewegung gesicherten obersten Grundsatzes aller wissenschaftlichen Naturforschung. Wissenschaftliche Sätze und Hypothesen sind keine Garanten ‚objektiver' Wahrheit, sie verbürgen keine Objektivität in der Sache. Wie sollten sie auch, da sie doch selbst, wie am Beispiel des Energiesatzes erläutert, eine Kunst, wesentlich Interpretation, nicht jedoch Welt-Erklärung sind. Der Versuch, dem Wiederkunfts-Gedanken *auch* eine der wissenschaftlichen Diskussion zugängliche Darstellungsform zu geben, verkehrt diesen nicht zu einer wissenschaftlichen Theorie. Und schon gar nicht wird darin der Interpretationscharakter des Wiederkunftsgedankens aufgegeben. Basis der Betrachtung bleibt nach wie vor der geschehens-logische Interpretations-Zirkel, der allen einzelnen Darstellungsformen immer schon vorausliegt. Es geht vielmehr darum, ob die im Gedanken der ewigen Wiederkehr enthaltene Naturphilosophie auch als Physik für sich allein bestehen und dargestellt werden kann. Diese Perspektive wird im folgenden Kapitel weiter verfolgt. Neben der Frage, ob die Wiederkunftslehre von seiten der modernen Naturwissenschaft ausgeschlossen werden kann, wird zu zeigen sein, daß die Wiederkunftslehre auch in ihrer eher physikalischen Darstellung nicht als Erhaltungs-, sondern als eine energietheoretische Optimierungslehre aufzufassen ist.

XII. Steigerungscharakter und Maximalökonomie des Werdens

1. *Möglichkeiten und Wirklichkeiten*

Der Energiesatz sichert das Konzept der Einen unzerstörbaren und konstanten Kraftmenge. Er stellt eine Rahmenbedingung, nicht jedoch eine Qualifizierung der einzelnen Kräftevollzüge und keine Erklärung des Übergangs von einem Zustand in einen nächsten dar. Der Grundcharakter der kräfte-relationalen Prozesse, deren Gesamtheit diese Welt ausmacht, kann nicht im Rekurs auf die Erhaltungskausalität oder das Prinzip intransitiver Selbsterhaltung erfaßt werden. Nietzsches neuer Auslegung der Wirklichkeit zufolge besteht er im Willen-zur-Macht-und-Interpretations-Charakter jeden Geschehens, mithin nicht in Erhaltung und Selbst-Erhaltung, sondern in Steigerung, Erweiterung und Intensivierung der Relationen des internen Mächtigseins und korrelativ dazu der Horizonte der Interpretation in dem im Ersten Teil erörterten Sinne.[1] Im Hinblick auf die eher kräfte-physikalische Version der Wiederkunftslehre ergibt sich vor diesem Hintergrund folgende Optik.

Innerhalb des Einen Gesamtquantums an Energie vollziehen sich die vielen Prozesse des relationalen Mit- und Gegeneinander-Wirkens der Willen-zur-Macht-Organisationen. Da ‚die Welt im ganzen' weder im Sinne eines Organismus noch in dem einer Maschine, überhaupt nicht als ein ‚tätiges Ganzes' aufzufassen ist, sondern immer nur *als* das Gesamt-Spiel der von jedem der vielen Kraftzentren aus konstruierten Um- und Außenwelten Realität hat, stellt jede Konfiguration der vielen kleinen Welten einen Zustand ‚der Welt im ganzen' und damit zugleich des Einen unzerstörbaren und konstanten Gesamtquantums an Energie dar. Jeder Zustand der Welt *ist* ein spezifischer Zustand der Gesamtenergie, näherhin des Verhältnisses von Spannkraft und lebendiger Kraft, von potentieller und kinetischer Energie. Für die Wiederkunftslehre bedeutet dies, daß sie aus der internen Verschränkung *beider* Komponenten, der Konstanz der Einen Kraftmenge *und* dem Steigerungs-, Auslassungs-, Erweiterungs- und Intensivierungs-Conatus der vielen Willen--zur-Macht-Organisationen zu rekonstruieren ist. Dies ist der Fall, obwohl Nietzsche selbst in einigen Nachlaß-Aufzeichnungen direkt und allein von der Endlichkeit des Gesamtquantums her argumentieren möchte.[2]

---

[1] Vgl. vor allem die Kapitel II, III und VI.

[2] Vgl. zu diesem Punkt auch schon Kap. VII, 2, S. 211ff.

In den fortwährenden Prozessen wechselseitiger Kraftfeststellungen der Machtwillen muß, aufgrund des Kontinuitätsprinzips und der Konstanz der Gesamtmenge, jeder Mehrung bzw. Minderung an einer Stelle zugleich eine Minderung bzw. Mehrung an einer anderen entsprechen. Darüber hinaus muß der Gesichtspunkt, daß es sich in den Willen-zur-Macht-Vollzügen um Prozesse nicht der Erhaltung, sondern der Steigerung handelt, mit dem Aspekt der Ereignis-*Konkatenation*, der Geschehens-Kette und deren interner sowie irreversibler Notwendigkeit verknüpft werden. Damit werden auch für die folgenden Erörterungen drei Überlegungen wichtig, von denen die ersten beiden bereits dargelegt wurden, die dritte dagegen noch näher auszuführen ist. Erstens ist daran zu erinnern, daß die Wiederkehr auch nur eines einzigen Ereignisses die Wiederkehr der ganzen Kette nach sich zieht.[3] Zweitens ist erneut zu betonen, daß jedes einzelne Moment der Kette die *ganze* Kette selbst *ist.*[4] Drittens schließt die interne absolute Notwendigkeit jeden Geschehens einen bloß theoretisch-formellen Begriff der Möglichkeit, für den z. B. alles möglich ist, was sich nicht widerspricht, mithin auch unendliche Möglichkeiten aus. Bei Priorität der Wirklichkeit gilt hier Einheit von Möglichkeit und Wirklichkeit. Werden diese Gesichtspunkte mit der Annahme verknüpft, daß die Zustände des Universums nicht als Konstellationen fester Bausteine, sondern als Energie-Verteilungen aufzufassen sind, dann sind Zustände konzipierbar, in denen das Umwandlungsverhältnis von latenter und lebendiger Kraft eine Gestalt annimmt, die, da die Kräfte nicht stillstehen *können* und die im vorigen Kapitel dargelegten Rahmenbedingungen anzusetzen sind, eine Neu-Verteilung der Kräfte notwendig macht. Gerade dies aber ist nun auch derjenige Punkt, an dem die Anzahl der Möglichkeiten am größten, die Wahrscheinlichkeit einer identischen Wiederkehr der Serie im ganzen wie in jedem ihrer einzelnen Momente mithin am geringsten zu sein scheint.

Doch wenn ein System bestimmter Kräfte zwar unbegrenzt *viele*, nicht aber unendlich *verschiedene* Zustände seiner selbst hervorbringen kann, da eine unendliche Verschiedenheit eine unendlich wachsende Kraft voraussetzen würde, für die es jedoch aufgrund der Einen Kraftmenge gar keine Nahrung, gar kein Material gibt, dann ist auch im Zustand erforderlicher Neuverteilung der Kräfte die Anzahl der unterschiedenen Möglichkeiten zwar unermeßlich groß, aber dennoch nicht unendlich. Außerdem ist der Bereich der Möglichkeiten dadurch limitiert, daß auch in den ‚einfachsten', den ‚letzten' und zugleich ‚ersten' Zuständen die Geschehens-Notwendigkeit nicht außer Kraft gesetzt ist, etwa im Sinne einer Adiaphorie unendlicher Wahl-Möglichkeiten. Zwar besitzt der Zustand der Einfachheit einen äußerst niedrigen Grad an Or-

[3] Vgl. Kap. VII, 3, S. 245f. und XI, 2, S. 395.
[4] Vgl. Kap. VI, 4, S. 159f.

ganisiertheit und Komplexität, aber er ist eben doch immer noch und immer schon bzw. bereits wieder ein spezifischer Kräfte-Zustand, – und nicht Nichts. Alles andere impliziert einen Verstoß gegen die beiden denknotwendigen Grundsätze, daß aus Nichts nichts wird, und daß Nichts zu Nichts wird. Stehen zudem die End- und Anfangszustände indiszernibel ineinander, so liegt eben darin die Nicht-Unendlichkeit der Möglichkeiten. Denn ineins mit der Ereignis-Kette selbst sind auch diese Zustände wirkliche, mithin mögliche Zustände, nicht jedoch solche der Indifferenz oder infiniter Möglichkeiten. Unendliche Möglichkeiten kommen im wirklichen Geschehen nicht vor.

Darüber hinaus findet sich bei Nietzsche die in den Zusammenhang der Würfelspiel-Metapher gehörende wahrscheinlichkeitstheoretische Überlegung, daß, bei Voraussetzung einer unermeßlichen Menge möglicher Fälle, „die zufällige Erreichung *des gleichen Wurfs* wahrscheinlicher (ist) als die absolute Nie-Gleichheit"[5]. Dies ist notwendig der Fall, da die Wahrscheinlichkeit größer Null ist. Obwohl Nietzsche die Wiederkunftslehre *nicht* wahrscheinlichkeitstheoretisch begründet[6], ist doch zu beachten, daß *auch* die Wahrscheinlichkeitslehre schließlich vor die Möglichkeit der ewigen Wiederkehr führt. Der Wahrscheinlichkeitskalkül stellt ein im Vergleich zu der im klassischen Rationalismus angenommenen Prognosesicherheit von Theorien abgeschwächte Version der Voraussage und zugleich eine Konsequenz der Einsicht in die gebotene Abschwächung des Konzepts kausal-mechanischer Determination dar. Dabei ist zu beachten, daß die Angabe hoher Wahrscheinlichkeitsgrade nicht zum Ausschluß hoher Unwahrscheinlichkeiten, und schon gar nicht zu einer Gleichsetzung von Unwahrscheinlichkeit und Unmöglichkeit führt. Unter der Voraussetzung der Zeit-Unendlichkeit liegt es also in der Natur der Wahrscheinlichkeitsüberlegung selbst, daß irgendwann einmal auch die hohen Unwahrscheinlichkeiten, schließlich *alle* Unwahrscheinlichkeiten, mithin *alle* Möglichkeiten eintreten und wiedereintreten müssen.[7] Der Satz ‚Die unwahrscheinlichen Zustände sind unmöglich' *kann* kein Satz der Wahrscheinlichkeitslehre sein. Doch im Blick auf Nietzsches Wiederkunftslehre ist zu betonen, daß das Wahrscheinlichkeitsargument nur als eine bestimmte Zwischenstufe anzusehen ist.

---

[5] KGW V, 2, 11 (245), S. 433; vgl. auch Kap. VII, 2, S. 214; vgl. X, 1 (Würfelspiel).

[6] Dies ist wichtig zu betonen. Denn die Gegner des Wiederkunftsarguments, so z. B. M. Čapek, *The theory of eternal recurrence*, in: *The Journal of Philosophy*, 57 (1960), S. 292f., weisen die der Wahrscheinlichkeitsüberlegung zugrunde liegende Vorstellung des Universums z. B. als eines aus festen Karten bestehenden Kartenspiels zurück und glauben damit bereits auch Nietzsches Lehre getroffen zu haben. Diese jedoch wird von einer solchen Kritik nicht einmal berührt, da sie das Kritisierte gar nicht in Anspruch nimmt.

[7] Vgl. auch A. Rey, *Le retour éternel*, S. 305, der diese Überlegung auf den Zweiten Hauptsatz anwendet. Das Carnot-Clausius-Prinzip erscheint dann als die Angabe einer sehr hohen Unwahrscheinlichkeit, die jedoch nicht mit einer Unmöglichkeit zu verwechseln ist.

Zunächst ist zu beachten, daß diese Version der Wiederkunftslehre erst dann auf den Plan tritt, wenn nicht mehr angenommen wird, daß es eine im Wesen der Kraft liegende Absichtlichkeit gibt, die als Erklärung dafür herangezogen werden könnte, daß nie etwas Gleiches wiederkehrt. Der Rekurs auf die Wahrscheinlichkeit setzt also eine Entgöttlichung bzw. die Überwindung der Vermenschlichungen der Natur bereits voraus. In diesem Sinne wäre der Wahrscheinlichkeitskalkül in Nietzsches Perspektive zu begrüßen, zumal dann, wenn auch er die Wiederkunftslehre nicht nur nicht ausschließt, sondern sogar zu stützen vermag. Doch ist die Freisetzung von der ‚Absichtlichkeit' und der Rückgriff auf die Wahrscheinlichkeit ebenso ein Übergangsstadium wie im Rahmen der erörterten Freisetzung von der Teleologie die positive Betonung des ‚Zufalls'.[8] Ebenso wie der Zufall so muß auch die Wahrscheinlichkeit in einem zweiten Schritt in die interne Notwendigkeit der jedes Geschehen ausmachenden Willen-zur-Macht-und-Interpretations-Prozesse zurückübersetzt werden. Unter dem Gesichtspunkt der Geschehens-Notwendigkeit ist alles, was der Erreichung des gleichen Wurfs vorausliegt bzw. auf diesen folgt, nicht weniger notwendig als dieser selbst.

Zu beachten ist, daß in Nietzsches Texten zur Wiederkunftslehre stets zwei Bedeutungen des Möglichkeitsbegriffs zu unterscheiden sind. In der Aufzeichnung, in der das Wahrscheinlichkeitsargument erwähnt wird, spricht Nietzsche von „unendlichen Möglichkeiten" und davon, daß „die Zahl der Möglichkeiten größer als die der Wirklichkeiten"[9] sei. Wie ist dies damit zu vereinen, daß, wie es an gleicher Stelle heißt, alles Werden sich „in der Wiederholung einer bestimmten Zahl vollkommen gleicher Zustände" bewegt? Zunächst ist darauf hinzuweisen, daß es vor dem Hintergrund der Zeit-Unendlichkeit zwar unendlich *viele*, aber unter Hinzuziehung der weiteren Rahmenbedingungen nicht unzählig *verschiedene* Möglichkeiten gibt. Unendliche Möglichkeiten gibt es zum einen im Sinne des formellen und theoretisch konstruierten Begriffs der Möglichkeit, zum anderen und auf das wirkliche Geschehen bezogen von jedem Jetzt aus sowohl nach rückwärts wie nach vorwärts im Sinne alles dessen, was in der hinter bzw. vor jedem Jetzt liegenden Zeit-Unendlichkeit geschehen ist bzw. in Zukunft geschehen wird. Im Horizont des ewigen Werdens kann nach hinten wie nach vorn von ‚unendlich vielen' Möglichkeiten gesprochen werden. Und insofern stets nur aus der Perspektive eines Jetzt *innerhalb* der Ereignis-Kette oder, falls diese als periodischer Kreislauf gedacht wird, *innerhalb* des Kreislaufs der Ereignis-Ketten zu sprechen ist, bis zu dem hin der an sich denkbare Fall eines Stillstandes, eines Gleichgewichts oder einer Verflüchtigung der Kräfte, d. h. eine Erschöpfung

[8] Vgl. oben Kap. X, 4, S. 370 und 373f.
[9] KGW V, 2, 11 (245), S. 432.

der Möglichkeiten nicht eingetreten ist, so kann gesagt werden, daß in *diesem* Sinne die Zahl der Möglichkeiten größer sein muß als die der Wirklichkeiten. Doch darf dies nicht in einem ontologischen Sinne mißverstanden und nicht in einen Primat der Möglichkeit vor der Wirklichkeit umgedeutet werden. ‚Unendlich verschiedene' Möglichkeiten im Sinne einer nicht nur formell denkbaren, sondern einer realen Unerschöpflichkeit sind von Nietzsches Auffassung her nicht zu konzipieren. Nietzsche gehört auf die Seite derer, für die nur das Wirkliche und Notwendige das Mögliche ist. Die Festlegung dessen, was alles ‚möglich' ist, kann allerdings nicht der Urteilsfähigkeit des Menschen überlassen bleiben. Aber „unter allen Umständen ist der gegenwärtige Zustand ein möglicher", denn – „es ist ein wirklicher"[10]. Und es sind die *wirklichen* Zustände (zu denen dann etwa auch die Vorstellung gehört, es gäbe unendliche Möglichkeiten), die im Horizont der erörterten Bedingungen alle schon ihres Gleichen gehabt haben müssen und haben werden. So ist die in Nietzsches Philosophie vorherrschende Priorität der Wirklichkeit vor der Möglichkeit nicht zu verkennen. In der philosophischen Tradition wurden, z. B. bei Leibniz, Spinoza und Schelling, die unendlichen Möglichkeiten durch ihren Bezug auf Gott limitiert. Bei Nietzsche erfolgt, *nach* der Erfahrung des Todes Gottes, diese Selbst-Limitierung durch Bezug auf die Endlichkeit sowie Nicht-Adiaphorie der Kräfte selbst und auf die absolute Geschehens-Notwendigkeit. Dabei ist diese Welt, im Unterschied zur Leibnizschen Auffassung, nicht deshalb die beste aller möglichen, weil sie sich dem auch für Gott verbindlichen Prinzip der Wahl des Besten verdankt, Gott seinem Wesen nach also gar nicht anders konnte, als der besten aller möglichen Welten Existenz zu geben, sondern weil diese Welt die überhaupt einzige wirkliche und alle anderen möglichen, vollkommeneren bzw. unvollkommeneren, gar ‚wahreren' Welten immer nur hinzugedichtet sind.[11]

Wird dies auf die Auffassung angewandt, daß ein Zustand des Weltprozesses konzipierbar ist, in dem eine Neu-Verteilung der Kräfte erforderlich wird, dann kann gesagt werden, daß eben dieser ‚letzte' bzw. ‚erste' und ‚einfachste' Zustand zugleich auch derjenige ist, in dem die Möglichkeiten im Sinne nicht-unzähliger Verschiedenheit erschöpft bzw. nach Art des Verhältnisses von lebendiger Kraft und Spannkraft gänzlich latent geworden sind. Das Reich der Möglichkeiten ist angesichts der Natur der Kräfte selbst-konsumtiv. Zugleich ist deutlich, daß entlang der Ereignis-Kette nicht zu jedem Zeitpunkt *alle* Möglichkeiten zur Wahl stehen. Dies würde mit dem internen *Notwendigkeits*charakter der Ereignis-*Konkatenation* unverträglich sein. Jedes konkrete und darin zugleich alle Zukunft mit-bedingende Ereignis mag zwar dadurch,

---

[10] a.a.O.

[11] Zur Entstehung und Selbst-Destruktion der ‚wahren Welten' vgl. oben Kap. IX, 3.

daß es *bestimmtes* Ereignis ist, den Blick auf Möglichkeiten, auf ein Auch-anders-sein-können, auch allererst freigeben und diese aus ihrem zunächst bloß diffusen Seinkönnen herausheben und als nicht-ergriffene überhaupt erst *als* Möglichkeiten profilieren. Aber unter dem Gesichtspunkt der *wirklichen* Geschehensprozesse nimmt eben damit die Priorität der Wirklichkeit vor der Möglichkeit auch stetig zu. Und wenn diese Prozesse aufgrund der dargelegten Bedingungen nicht zu einem vollständigen und andauernden Stillstand führen können, dann werden Wiederholungen der wirklichen Ereignisse schließlich unausweichlich.

In diesem Zusammenhang ist daran zu erinnern, daß die Geschehensprozesse auch nicht mit Hilfe der für die aristotelische Metaphysik zentralen Unterscheidung von Seinkönnen und Wirksamsein, von dýnamis und enérgeia gekennzeichnet werden können.[12] Darüber hinaus ist deutlich, daß das Verhältnis verschiedener Kräfte-Lagen, d. h. der Kraftzustände der Welt zueinander und zu ‚möglichen' Gesamtlagen, mithin die Verknüpfung der Lagen untereinander, nicht als ein Fall freier Kombinatorik, nicht als Anwendungsfall des Kombinationskalküls aufgefaßt werden kann. Genau dies aber wird von einigen Kritikern der Wiederkunftslehre immer wieder unterstellt.[13] Doch abgesehen davon, daß sich die Wiederkunftslehre durchaus *auch* als Kombinatorik entfalten läßt[14], ist in einem solchen Einwand der für die Bestimmung der wirklichen Kräfte-Relationen schließlich entscheidende Aspekt, die interne absolute Notwendigkeit jeden Geschehens, überhaupt nicht bedacht. Der undurchschaute Fehler, dem die Kritiker der Wiederkunftslehre hier erliegen, läßt sich noch genauer fassen.

Zum einen wird er durch die am Modell einer mechanistischen Atomistik orientierten Deutungen der Wiederkunftslehre hervorgerufen. Feste Elemente und ein geschlossenes System legen die Vorstellungen der Kombinatorik nahe. Obwohl festzuhalten ist, daß Autoren wie Oskar Becker oder Rose Pfeffer Nietzsches Wiederkunftslehre auch für wissenschaftlich plausibel halten, und obwohl Nietzsche offensichtlich weder Atomist noch Mechanist ist, sondern dynamische Kraftzentren lehrt, liegt doch bisher kein Versuch vor, die Wiederkunfts*lehre* unter durchgehender Bezugnahme auf die für diese Auffassung kennzeichnenden Willen-zur-Macht-Prozesse auch in ihrer physikalisch-theoretischen Darstellungsform zu rekonstruieren.[15] So ist nicht überraschend,

---

[12] Vgl. Kap. I, 2, S. 7ff. und I, 3, S. 10.

[13] So z. B. bei B. Magnus, *Nietzsche's Existential Imperative,* S. 94–98.

[14] Wie in Kap. VII, 2, S. 209, 213–217 und VIII, 4, S. 280–288 gezeigt.

[15] Die Argumentation von O. Becker, *Nietzsches Beweise,* a. a. O., ist voraussetzungs- und beweislogischer Art: Nietzsche habe alle Bedingungen genannt, die zur Triftigkeit des Wiederkunftsarguments erforderlich sind.
R. Pfeffer hält (*Nietzsche: Disciple of Dionysus,* Lewisburg 1972, S. 138f.) zu Recht eine energetische Auffassung der Wiederkunftslehre für angebracht. Aber die Autorin entwickelt die-

daß auch die mit dem Erweiterungs-, Mehrungs-, Auslassungs- und Steigerungs-Conatus der Willen-zur-Macht-und-Interpretations-Kräfte verbundene und für die Wiederkunftslehre wichtige, stets maximalistische *ökonomisch-energetische Notwendigkeit* in bisherigen Deutungen nicht in den Blick geraten ist.

Zum anderen beruht die Fehlargumentation darauf, daß die genannten Differenzierungen im Begriff der Möglichkeit nicht beachtet werden. Wenn Nietzsche betont, daß zwischen dem Auftreten und der Wiederkehr einer Kräfte-Lage „alle überhaupt noch möglichen"[16] anderen durchlaufen sein müssen, so darf dies nicht im Sinne des Kombinationsverhältnisses von n zu n-Fakultät (n!) verstanden werden. Damit hätte man den Notwendigkeitscharakter der Willen-zur-Macht-Prozesse und das irreversible Voranschreiten der Zustands-Kette, in deren Vollzügen es den von der Kombinatorik noch suggerierten Spielraum möglicher Wahl der Konfigurationen gar nicht gibt, unterschlagen. Daß ‚alle möglichen' Lagen durchlaufen sein müssen, bevor es zu

---

sen Gesichtspunkt nicht näher. Außerdem führt die von ihr vorgeschlagene Richtung einer solchen Rekonstruktion von Nietzsches Auffassungen und Intentionen wieder weg. Mit der Abkehr vom materialistischen Mechanismus müsse auch die Vorstellung einer identischen Wiederkehr derselben Zustände aufgegeben werden. Vgl. a.a.O., S. 142. Nicht die einzelnen Zustände des Universums kehren Pfeffer zufolge identisch wieder, sondern „what returns is the total pattern of life, *der Gesamtcharakter des Lebens*" (S. 143). Doch dies ist, so muß gegen Pfeffer herausgestellt werden, nicht *Nietzsches* Wiederkunftslehre. Der Rekurs auf ein allgemeines Muster der Natur und des Lebens stellt in interpretatorischer Hinsicht einen Rückzug dar, mit dem die starke Version des Wiederkunftsgedankens im Sinne einer identischen Wiederkehr nicht nur des Einen Musters, sondern eines jeden einzelnen Ereignisses preisgegeben wird. Ginge es letztlich nur um den Gesamtcharakter als stets gleichen, dann wäre der Sinn der Wiederkunftslehre so allgemein gehalten, daß darin keine besondere Herausforderung mehr zu sehen ist. Zudem wäre der Wiederkunftsgedanke dann als Lehre kaum mehr zu unterscheiden von einer platonisierenden und ideen-realistischen Wiederkehr (‚Alles, was ist, ist Abbild der Einen immer gleichen Idee') oder einer pantheistischen und substanztheoretischen Wiederkehr (‚Alles, was ist, ist Modus der Einen immer gleichen Substanz'). Dazu, daß Nietzsches Lösung nicht einfach die eines Pantheismus sein kann, vgl. unten Kap. XIII, 4, S. 454 und XI, 2, S. 391f.; zur Abgrenzung des Aeternalismus der Wiederkunftslehre gegen den Platonischen Realismus vgl. oben Kap. VII, 3, S. 229f. und 245f.
Daß R. Pfeffer auf das Gesamtmuster (total pattern) zurückgreift, überrascht nicht, sobald man sieht, daß sie noch in der von Heideggers Nietzsche-Interpretationen geprägten Tradition steht, derzufolge der Wille zur Macht als metaphysisches Prinzip (vgl. S. 162) und die Wiederkunftslehre als Seinslehre (vgl. S. 146) aufzufassen sei. Doch Nietzsches Denken weist solche Versuche, der Einheit einen ontologischen Vorrang vor der Vielheit sowie dem Sein Priorität vor dem Werden zuzusprechen, erklärtermaßen zurück. Die Willen-zur-Macht-Kräfte sind nicht metaphysisches Prinzip (vgl. Kap. I, 4, S. 20ff.), und die ewige Wiederkehr des Gleichen ist keine Seinslehre. Sie ist Urlogik des Interpretations-Zirkels und des Werdens (vgl. Kap. VIII, 5). Vom Werden aber gilt, daß es nicht im Sinne eines festen, sich gleich bleibenden Seins *ist*, sondern selbst immer erst *wird*. Zugleich muß der Versuch zurückgewiesen werden, Wille zur Macht und ewige Wiederkehr deshalb für kompatibel zu halten, weil der Wille zur Macht als das der Einen Substanz bei Spinoza vergleichbare metaphysische Prinzip angesehen wird, das dann, als Gesamtcharakter, immer wiederkehrt.

[16] KGW VIII, 3, 14 (188), S. 168.

einer Wiederkehr derselben kommen kann, bezieht sich so gesehen zunächst auf diejenige Ereignis-Konkatenation, die, da es ein „großes langes ungeheures Jahr des Werdens"[17] gibt, durchlaufen sein muß, bevor der Zustand einer erforderlichen Neuverteilung der Kräfte erreicht ist, die dann zu einer Wiederkehr der Ereignis-Kette im ganzen und in jedem ihrer Momente führt.

2. *Wiederkunftslehre und moderne Wissenschaft*

Auch in Hinsicht auf die wissenschaftliche Darstellungsform der Wiederkunftslehre ist eine dynamisch-energetische und an der internen Notwendigkeit sowie der Optimierungstendenz der Willen-zur-Macht-und-Interpretations-Prozesse orientierte Betrachtungsweise erforderlich. Diese Prozesse sind grundsätzlich durch das Ineinanderstehen von Faktizität und Interpretation gekennzeichnet, wie dieses im einzelnen erörtert und dann als der geschehenslogische Interpretations-Zirkel dargelegt wurde.[18] Die dort entfaltete und sowohl vom formellen Denken im Sinne des prämissen-folgernden Schließens als auch von der Wissenschaft im Sinne der Verifizierung bzw. Falsifizierung hypothetischer und deskriptiver Theorien unterschiedene *philosophisch-logische* Betrachtungsweise sowie die Bestimmung der ewigen Wiederkehr als die letzte Konsequenz bzw. den internen Gipfel dieses Interpretations-Zirkels[19] bleiben auch dann grundlegend, wenn es um eine eher wissenschaftlich-physikalische Darstellung und Veranschaulichung der Wiederkunftslehre geht. Legt man nun innerhalb deren die dynamisch-energetische Weltauslegung zugrunde, dann wird deutlich, daß Nietzsches Wiederkunftslehre sowohl von der Vorstellung periodischer Wiederholung der Zustände eines kausal-mechanischen und atomistischen Systems als auch von kosmologischen Lehren über die zyklische Entwicklung des Universums, wie diese im neunzehnten und zu Beginn des zwanzigsten Jahrhunderts diskutiert wurden, zu unterscheiden ist. Gegner des Wiederkunftsarguments waren damals etwa Alois Riehl oder der bereits erwähnte Eugen Dühring, während unter die Anhänger etwa Abel Rey, Gilbert N. Lewis[20], Charles Sander Peirce[21], Ernst Zermelo und in gewisser Hinsicht auch Henri Poincaré zu rechnen sind.

---

[17] KGW VII, 2, 25 (7), S. 6.

[18] Vgl. Kap. VI, 4 und 5.

[19] Kap. VIII, 5.

[20] Zu A. Rey vgl. oben Kap. VIII, 3, S. 267–272. Bei G. N. Lewis wäre die Wiederkehr eine Konsequenz seiner Auffassung von der Symmetrie der Zeit, wie er sie vertritt in *The symmetry of time in physics*, in: *Science*, 71 (1930), S. 569–577. Vgl. dazu auch oben Kap. X, 2, S. 358. – Einen Überblick über die Geschichte des Wiederkunftsbegriffs bieten M. Čapek, *Eternal Recurrence*, in: *The Encyclopedia of Philosophy*, hg. von P. Edwards, Bd. III, 1967, S. 61–63, und B. Magnus, *Nietzsche's Existential Imperative*, S. 59–68.

Poincaré hat unter Anwendung der Hamiltonschen Bewegungsgleichungen gezeigt, daß jedes mechanische System, welches aus einem endlichen Aggregat von Elementen besteht, die aufeinander wirken, bei entsprechend langem Zeitintervall beliebig oft die gleichen Konfigurationen durchlaufen muß. Diese Folgerung ergibt sich aus dem Beweis, daß in einem solchen System jeder Punkt P seine Ausgangsposition r_0 mit beliebiger Annäherung unendliche Male durchläuft. Es besteht eine Null-Wahrscheinlichkeit, daß ein solcher Punkt „ne traverse pas cette région plus de k fois depuis l'époque 0 jusqu'à l'époque + ∞".[22] In diesem System kann es also keine Irreversibilität der Vor-

---

Zu E. Dühring vgl. oben Kap. XI, 2, S. 388f. A. Riehls Einwand (*Nietzsche*, [5]1909, S. 137f.), Nietzsche habe in seinem Beweis der Wiederkunftslehre vergessen, daß „auch der Raum in demselben Sinne unendlich ist, wie die Zeit", bricht in sich selbst zusammen. Zum einen ist dieses Argument sachlich unzutreffend. Raum und Zeit sind nicht in demselben Sinne unendlich. Wie zu sehen war (vgl. Kap. XI, 3, S. 396ff.) faßt Nietzsche die Gesamtgestalt des Raumes als unbegrenzt auf, im Unterschied sowohl zu einer Unendlichkeit als auch zu einer Begrenztheit. Zum anderen wird die Zeit von Nietzsche nicht als eine unabhängig von den Kräftebewegungen absolute Realität aufgefaßt (vgl. Kap. XI, 3, S. 396 und S. 399), wie Riehl mit seinem Hinweis auf das Antinomische der Unendlichkeitsbegriffe, das Nietzsche nicht bedacht habe, zu unterstellen scheint.

[21] Ch. S. Peirce geht davon aus, daß die Zeit als ganze ohne Begrenzung und ein Kontinuum ist. Jedes Segment jedoch, jeder Augenblick ist begrenzt und eingerahmt von zwei Quanta continua, die selbst zur Zeit gehören. Daß die Zeit keine Begrenzung hat, heißt dann, daß es keinen ausgezeichneten ersten bzw. letzten Zustand der Zeit gibt. Vor diesem Hintergrund gilt, daß die Zeit „has no instant from which there are more or less than two ways in which time is streched out, whether they always be in their nature the foregoing and the coming after, or not. If that be so, since every portion of time is bounded by two instants, there must be a connection of time ring-wise. Events may be limited to a portion of this ring; but the time itself must extend round or else there will be a portion of time, say future time and also past time, not bounded by two instants. The justification of this view is that it extends the properties we see belong to time to the whole of time without arbitrary exceptions not warranted by experience" (*Collected Papers*, hrsg. von Ch. Hartshorne/P. Weiss, Bd. I, 1960, Nr. 498, S. 267f.; vgl. Nr. 499f.) Da die Auffassung der ‚Zeit selbst' mit den ‚Ereignissen in ihr' verknüpft ist, kommt dies der Behauptung gleich, daß auch die Ereignisse, mit all ihren graduellen Verschiebungen kreisförmig wiederkehren.
Diese Argumentation von Peirce, aus der Kontinuität der Zeit auf deren Zirkularität zu schließen, ist, für sich genommen, angreifbar. Aus der Vor- und Nachher-Begrenzung jeden Zeitsegmentes folgt noch nicht direkt die Kreisförmigkeit. Diese ist erst in Verbindung mit zumindest drei weiteren Argumenten erreicht. Erstens ist jedes eine Zeitstelle einnehmende Ereignis durch die angrenzenden Momente des Zeitkontinuums nicht nur begrenzt und eingebunden, sondern als individuiertes Ereignis *bestimmt*. Vgl. oben Kap. X, 2, S. 357ff. Zweitens wäre hinzuzufügen, daß eine Prozeßunendlichkeit letztlich nur als periodische gedacht werden kann. Drittens ist die Verbindung zur dynamisch-energetischen Betrachtungsweise der wirklichen Kräfte-Vollzüge in dem von Nietzsche konzipierten Sinne herzustellen (vgl. unten Kap. XII, 3). Dies führt dazu, den unter dem Gesichtspunkt der Kräfteverteilung ‚letzten' Zustand mit dem ‚ersten' als ein und denselben denken zu müssen (vgl. Kap. XI, 3, S. 398f.; VII, 2, S. 212 und XII, 1, S. 410f.), wobei zugleich Invarianz der Verschiebungen des Zeitnullpunktes gilt. Erst aufgrund dieser Zusätze gewinnt das von Peirce vorgetragene Argument Triftigkeit.

[22] H. Poincaré, *Sur le problème des trois corps et les équations de la dynamique*, in: *Acta Mathematica*, 13 (1890), S. 72; vgl. dort den ganzen § 8 und S. 6. Es ist nicht Poincarés Absicht, in dieser Abhandlung einen Beweis für das kosmologische Wiederkunftsargument zu liefern.

gänge, sondern muß es periodische und schließlich unzählige Wiederkehr der Zustände geben. Ernst Zermelo hat dieses Poincarésche Theorem explizit auf die mechanische Wärmetheorie angewandt und auf hohem theoretischem Niveau den Wiederkehreinwand gegen die Irreversibilitätsthese, die in der Carnot-Clausius-Tradition aufgestellt wird, formuliert. Zermelo gelangt zu dem Ergebnis, daß es in jedem mechanischen System beliebig vieler materieller Punkte, „deren Beschleunigungen nur von ihrer Lage im Raum abhängen, ... keine *irreversiblen* Vorgänge für alle Anfangszustände (gibt), die ein noch so kleines Gebiet von endlicher Ausdehnung erfüllen, falls sowohl die Coordinaten als die Geschwindigkeiten der Punkte endliche Grenzen niemals überschreiten".[23] Dies ist gleichbedeutend damit, daß sich alle Zustände des Sy-

---

Doch das von ihm in bezug auf die Bewegungsvorgänge entwickelte Argument muß jeder mechanischen Betrachtungsweise des Kosmos attraktiv erscheinen. Dies ist auch deshalb der Fall, weil das von Poincaré betrachtete mechanische System so geartet ist, daß es durch Bewegungsgleichungen beschrieben werden kann, die ihrerseits Verallgemeinerungen der Newtonschen Gesetze der Mechanik darstellen.

L. Boltzmann betont in seinen *Vorlesungen über Gastheorie*, Leipzig 1898, Bd. II, S. 253f., daß „ein abgeschlossenes System einer endlichen Zahl von Molekülen, wenn es anfangs in einem geordneten und dann zu einem ungeordneten Zustand übergegangen ist, endlich nach Verlauf einer bei grosser Zahl der Moleküle unvorstellbar langen Zeit wieder geordnete Zustände annehmen muss." Auch dies ist ein Beispiel dafür, daß und wie aus einer Auffassung der Welt als eines aus einer enormen Anzahl von Elementen zusammengesetzten mechanischen Systems ein Universum der Wiederkehr abgeleitet werden kann. Darüber hinaus enthält Boltzmanns Argumentation die Möglichkeit einer Ableitung des Wärmegleichgewichts gerade auch durch Umkehr der Zeitfolge (vgl. a.a.O., S. 260–264). Zu Boltzmanns Versuch, Irreversibilität und Kreisförmigkeit der Zeitfolge miteinander zu vereinen, vgl. oben Kap. X, 2, S. 358, Anm. 27.

Poincaré selbst spricht sich im Rahmen der Probleme des Zweiten Hauptsatzes und der Theorie von Arrhenius, der das Universum als eine große thermodynamische Maschine auffaßte, für einen Verzicht auf den „rêve du *Retour éternel* et de la perpetuelle renaissance des mondes" aus (*Leçons sur les hypothèses cosmogoniques*, Paris 1911, S. XXIII).

23 E. Zermelo, *Ueber einen Satz der Dynamik und die mechanische Wärmetheorie*, in: *Annalen der Physik und Chemie*, Neue Folge (= 3. Folge), Bd. 57, 1896, S. 490. Zermelos Ansicht, daß die Anwendbarkeit des Satzes von Poincaré auf die Wärmelehre und näherhin auch auf die kinetische Gastheorie zu einer Korrektur an deren mechanischen Voraussetzungen führen müßte, hat L. Boltzmann zu einer Replik veranlaßt. Vgl. L. Boltzmann, *Entgegnung auf die wärmetheoretischen Betrachtungen des Hrn. E. Zermelo*, in: a.a.O., Bd. 57, 1896, S. 773–784. Für den hier erörterten Zusammenhang ist vor allem auf drei Aspekte der Boltzmannschen Erwiderung hinzuweisen.

Erstens hält Boltzmann Poincarés Theorie für „selbstverständlich richtig" (S. 773). Zweitens weist er den Vorschlag zurück, die auf diesem Theorem beruhende Argumentation nötige zu einer Modifikation der kinetischen Gastheorie. Das ist das Hauptanliegen der Boltzmannschen Entgegnung. Drittens betont er, daß die Vorgänge in einem abgeschlossenen System theoretisch betrachtet zwar periodischer Natur sind, daß es dabei aber um ungeheuer große Zeitintervalle gehe, die keiner direkten Beobachtung mehr zugänglich sind, weshalb ein strenges Wiederkunftsargument der Berechtigung entbehre (vgl. a.a.O., S. 777f. und 781). Festzuhalten ist, daß Boltzmann die rein theoretische Triftigkeit des Wiederkunftsarguments, wie es sich aus Poincarés Beweisführung ergibt, nicht bestreitet. Daran ändert auch der von ihm formulierte Vorbehalt nichts. Denn weder das Unermeßliche des fraglichen Zeitraums noch

stems mit beliebig kleinen Abänderungen periodisch wiederholen. Könnte man dieses mechanische und mathematisierbare System auf die kosmologische Ebene transponieren und als Welt-Modell verwenden, so wäre damit ein *Beweis* für die Notwendigkeit der Wiederholungen bzw. für die unendliche Periodizität der Vorgänge geliefert. Diese Übertragung ist jedoch für eine nichtmechanistische und nicht-atomistische, sondern dynamisch-energetische, nicht an festen materiellen Körpern, sondern an relationalen Kräfte-Ereignissen orientierte Weltauffassung nicht möglich. Zugleich sind solche kosmologischen Lehren heute kaum mehr plausibel zu machen, da ihre Voraussetzungen nicht mit den modernen Kenntnissen über die physikalische Welt in Einklang zu bringen sind.

Vor solchem Hintergrund ist das Spezifische von *Nietzsches* Weise, die Wiederkunftslehre *auch* einer kräfte-physikalischen Begründung und Darstellung für zugänglich zu halten, herauszuarbeiten. Dies hat neben die grundsätzlichere und letztlich entscheidende Bestimmung der ewigen Wiederkehr als *philosophischer Gedanke* zu treten. Der Unterschied ist zu beachten. So kann es auch hier wiederum nicht darum gehen, Nietzsches Auffassung Objektivität im Sinne der Wissenschaft verschaffen zu wollen.[24] Dies wäre eine naive und Nietzsche nicht auf den Grund gehende Absicht. Da jedoch auch die ‚Kräfte', wie sie für die Wissenschaft Gegenstand physikalischer Betrachtung sind, letztlich als Willen-zur-Macht-Kräfte zu qualifizieren sind, und da Nietzsches Denken, bei allem Unterschied zur Vorgehensweise der Wissenschaften, nicht in eine Opposition zum wissenschaftlichen Denken gebracht werden darf, ist auf das Verhältnis von moderner Physik und Wiederkunftslehre einzugehen. Dabei soll es vor allem um die Frage gehen, ob die unter Rekurs auf die moderne, d. h. die Wissenschaft des zwanzigsten Jahrhunderts gegen die Möglichkeit einer zyklischen Auffassung des Weltprozesses vorgebrachten Gegenargumente wirklich das leisten, was sie zu leisten vorgeben. Zugleich kann auf diese Weise verhindert werden, daß in einem Zuge mit der wissenschaftlich-kosmologischen Version des Wiederkunftsarguments im Sinne des späten neunzehn-

---

die geforderte empirische Beobachtbarkeit stellen einen Einwand gegen die theoretische Notwendigkeit einer Wiederkehr der Zustände endlicher Systeme, in denen der Energiesatz gilt und deren Bewegungen mit den Hamiltonschen Gleichungen beschrieben werden können, dar. Zudem ist daran zu erinnern, daß der externe Beobachtungsstandpunkt in der Wiederkunftslehre von vornherein und systematisch ausgeschlossen ist. Es geht nicht um Fragen der verifizierenden Beobachtung, sondern darum, welche Verlaufsform des Weltprozesses vom Jetzt aus extrapolativ sinnvoll konzipiert und so erschlossen werden kann, daß das Denken darin zufriedengestellt ist.
Auf die wärmetheoretischen Einwände Boltzmanns hat Zermelo geantwortet in Ders.: *Ueber mechanische Erklärungen irreversibler Vorgänge,* in: a.a.O., Bd. 59, 1896, S. 793–801.

[24] Vgl. auch die Abgrenzungen der Wiederkunftslehre gegen ein objektivistisches und rein szientifisches Verständnis in Kap. VIII, 3.

ten und beginnenden zwanzigsten Jahrhunderts auch *Nietzsches* Wiederkunfts*gedanke* für obsolet erklärt wird. Der Hinweis auf die moderne Wissenschaft kann nicht das Alibi liefern, sich mit diesem Gedanken erst gar nicht auseinandersetzen zu müssen.

Es ist zu fragen, ob die Voraussetzungen der modernen Physik Nietzsches Wiederkunftslehre ausschließen oder nicht? Diese Frage wird in der Literatur, meist voreilig, deutlich gegen die Wiederkunftslehre entschieden. Dabei lassen sich die möglichen Einwände zusammenfassen. Es sind vor allem vier der Wiederkunftslehre unterstellte Annahmen, von denen behauptet wird, daß sie sich nicht mit dem Wissen der modernen Physik vereinbaren lassen.[25] Erstens (1) beruhe das Wiederkunftsargument auf der Annahme, daß das Universum aus festen Einheiten, aus Atomen besteht, die sich in ihrem Wechsel entlang der Zeit nicht verändern und zu jeder Zeit als solche identifizierbar sind. Zweitens (2) müsse die Zahl dieser Entitäten endlich sein. Drittens (3) werde die Rede von einem ‚Zustand des Universums zu einem bestimmten Zeitpunkt' für sinnvoll gehalten. Und viertens (4) müsse behauptet werden, daß ein bestimmter gegebener Zustand alle folgenden Zustände kausal determiniere. Diesen Voraussetzungen können dann vier Aspekte der modernen Physik entgegengehalten werden. Erstens (1) haben deren Atome nicht mehr die Starrheit und Beharrlichkeit wie diese für die klassische Auffassung des Atoms kennzeichnend war. Zweitens (2) ist die Endlichkeit der Materie sowie der Energie nicht dasselbe wie die endliche Anzahl der atomaren Elemente. Drittens (3) scheint mit der Relativitätstheorie die Möglichkeit zu schwinden, einen instantanen Zustand des Universums zu konzipieren. Und viertens (4) ist die Vorstellung einer Kausal-Determination der Konfigurationsreihe angesichts der Unschärferelation kaum mehr zu verteidigen.

Das klingt überzeugend, zumal dann, wenn Resultate der modernen Physik auch für die philosophische Betrachtung Folgen haben. Wären die genannten Voraussetzungen in der Tat auch die, auf deren Erfülltsein Nietzsches Wiederkunftslehre angewiesen ist, so wäre eine Zurückweisung aus der Perspektive des modernen wissenschaftlichen Denkens nur konsequent. Doch gegen eine solche Folgerung kann in drei Schritten argumentiert werden. Zunächst ist herauszustellen, daß Nietzsches Universum der ewigen Wiederkehr nicht mehr im Rahmen des Weltbildes der klassischen Physik beschrieben werden kann. Nietzsches ‚Welt' gehört zum einen in den Kontext der den Kausal-Mechanismus überwindenden und ins 20. Jahrhundert vorweisenden dynamisch-energetischen Weltauslegung, und sie ist zum anderen selbst bereits eine nachneuzeitliche, eine wesentlich relativistische Welt. Von hier aus ist sodann

---

[25] Vgl. B. Magnus, *Nietzsche,* S. 65f.; vgl. M. Čapek, *Eternal Recurrence,* a.a.O., S. 62f. und Ders.: *The Theory of Eternal Recurrence,* in: *The Journal of Philosophy,* 57, (1960), S. 290.

zu fragen, welche Widerlegungskapazität die angeführten Voraussetzungen der modernen Physik gegen Nietzsches Auffassung der Wiederkunftslehre tatsächlich besitzen. Und schließlich ist zu ermitteln, ob die Vorstellung periodischer Zyklen der kosmischen Entwicklung durch die Auffassungen der heutigen Elementarteilchen- und Astrophysik ausgeschlossen wird oder nicht.

Der Weltbegriff Nietzsches, wie er in den Erörterungen des Ersten und des Zweiten Teils dieser Untersuchung entwickelt und dann auch zur Grundlage der Deutung der Wiederkunftslehre wurde[26], ist ein relativistischer. Um dies vor Augen zu führen, genügt eine stenogrammartige Erinnerung an einige der grundlegenden Aspekte. Auszugehen ist von der Auflösung eines festen Subjekt-, Ding- und Substanz-Begriffs. Erfordert ist der Übergang vom Ding- in das Ereignis-Schema der Weltauffassung. Bausteine des Universums sind nicht mehr Dinge im Sinne materieller Körper, sondern Ereignisse im Sinne der immer nur für eine bestimmte Dauer zu relativ stabilen Einheiten zusammen- und dann wieder auseinandertretenden, konkreszierenden und disgregierenden Willen-zur-Macht-und-Interpretations-Prozesse. Ereignisse haben eo ipso ein anderes Verhältnis zu den Raum-Zeit-Stellen als materielle Körper (denn es können sowohl mehrere Ereignisse an demselben Ort und zu derselben Zeit zugleich stattfinden, als auch einzelne Ereignisse sich über verschiedene Örter und Zeiten verteilen), und sie sind von vornherein in einem stärkeren Maße relativ zueinander. Darüber hinaus führt der Interpretationscharakter eines jeden ereignis-artigen Kraftzentrums und damit einer jeden Weltauslegung notwendig in die Relativität der Weltauffassungen, mithin der Seinsweisen der Welt. Das philosophische Relativitätsprinzip ist an der Struktur der Ereignisse abgelesen und wird umgekehrt zugleich auf deren Bestimmung angewandt. ‚Die Welt im ganzen' ist notwendigerweise nur ein Wort für das Zusammen-, das Mit- und Gegeneinander-Wirken der vielen Perspektivitäts-Gefüge, deren jedes die ganze übrige Welt von sich aus konstruiert. *Als* die jeweiligen Perspektiven sind mithin die vielen kleinen Welten relativ zueinander. Relativ ist die Welt also nicht in Hinsicht auf ein absolutes Koordinatensystem, sondern in bezug auf die jeweiligen Kräfte-Organisationen und deren Funktionsweisen. Realität ist eine interne Funktion der Perspektivität. Alle raum-zeitlichen Bestimmungen stehen unter solcher Perspektivität. Dabei tritt jede dieser Perspektiven mit absolutem Anspruch auf Gültigkeit auf, und es gibt keine übergeordnete, keine externe Instanz, die der einen Perspektive einen Vorrang vor der anderen zuzuerkennen erlaubt. Einen solchen Vorrang in der Sache *kann* es unter den Bedingungen der Perspektivität als solcher gar nicht mehr geben. Jede Perspektive muß sich, und zwar gerade in und aufgrund der Relativität, die ganze ‚Wahrheit' zutrauen. Dem entspricht, daß es

[26] Vgl. vor allem die Kapitel VI, VIII und X.

keinen externen und fixen Beobachtungsstandpunkt geben kann, daß jeder Betrachter selbstreferentiell dem, worauf sich sein Interesse richtet, auch seinerseits zugehörig ist, und daß die Welt nicht eine Ansammlung materieller Körper, nicht ein Museum von Dingen, sondern Vollzug von Ereignissen, Fluß aller Dinge, Begriffe, Typen und Arten ist. Letztlich gibt es nur noch „*Grade des Seienden,* man verliert *das* Seiende"[27]. Zugleich ist im Kleinen wie im Großen eine chaotische, sich der mathematischen Berechenbarkeit und dem Kausalprinzip weitgehend entziehende Ordnungslosigkeit der Welt[28] zu verzeichnen, die sowohl gegen den antiken Kosmos als auch gegen die neuzeitliche Konstruktion der Welt als Vernunft steht. Wenn von ‚Zuständen' der Welt die Rede ist, so meint dies stets die ihrerseits im Fluß befindlichen Verhältnisse der Kräfte-Konfigurationen, mithin von Bezugssystemen zueinander, hinter deren Gesamt-Spiel kein absolutes Koordinatensystem plaziert werden kann. Den Beobachter, der das Ganze in den Blick nehmen könnte, gibt es nicht. Und selbst wenn es ihn gäbe, so wäre seine Beobachtung doch auch wiederum nur *eine,* nicht *die* Welt-Perspektive. All diese Aspekte machen deutlich, daß Nietzsches Weltbegriff ein relativistischer ist. Darüber hinaus kann die Relativität, wie sie ipso facto mit der nicht aufhebbaren und nicht hintergehbaren Perspektivität im Sinne des geschehens-logischen Interpretations-Zirkels verknüpft ist, als das *philosophische* Relativitätsprinzip angesprochen werden. Das physikalische Relativitätsprinzip erscheint dann als eine von dessen Ausgestaltungen. Und es ist zu betonen, daß es diese relativistische Willen-zur-Macht-und-Interpretations-Welt ist, auf die Nietzsche seinen Gedanken der ewigen Wiederkehr des Gleichen bezieht. Für die Wiederkunftslehre sind die oben angeführten Voraussetzungen (starre Einheiten; feststehende Zahl; objektiver Zustand; kausale Determination) weder kennzeichnend noch erforderlich. Dies leitet über zur Frage der tatsächlichen Widerlegungskapazität der vier genannten und in der modernen Physik wesentlichen Gesichtspunkte.

Was die erste der Voraussetzungen betrifft, so geht Nietzsche nicht von der Korpuskulartheorie der klassischen Physik, nicht von Atomen aus. Er hält die Atomistik seit Bošković für gründlich widerlegt.[29] Ausgangspunkt sind vielmehr die als Willen-zur-Macht aufzufassenden dynamisch-energetischen Kräfte-Organisationen. Doch scheint dies das Wiederkunftsargument zunächst nicht zu stützen, sondern eher zu unterminieren. Von festen Einheiten, die sich nicht verändern, kann in Nietzsches Denken also gerade nicht die Rede sein. Es geht um relationale Geschehensprozesse, in denen sich die Willen-zur-Macht-Organisationen ihrerseits fortwährend wandeln. Hier Identität

---

[27] KGW VIII, 2, 10 (19), S. 131.
[28] Vgl. Kap. X, 3.
[29] Vgl. oben Kap. III, 2, S. 85–88.

im Sinne einer Unveränderlichkeit entlang der Zeit zuschreiben oder verlangen zu wollen, hieße verkennen, daß es für die Vollzüge der Kräfte-Komplexe selbst diese für das Verstandesdenken allerdings kennzeichnende Schwierigkeit der Identifikation und der Re-Identifikation so gar nicht gibt. Entscheidend wird, daß auf dieses Kräfte-Geschehen eine ökonomisch-energetische Betrachtungsweise anzuwenden ist. Unter dem Gesichtspunkt der Optimierungstendenz des Werdens, wie diese notwendig mit den Übermächtigungsvorgängen fortwährender Selbst-Überwindung *als* Mehrung und gänzliche Auslassung des zur Verfügung stehenden Kraftquantums verbunden ist, erreicht der Werde-, d.h. der Welt-Prozeß schließlich einen Zustand, in dem, da alle Energie in Leben verwandelt und dieses zu einem Höchstzustand gelangt ist, eine Neuverteilung der Kräfte unausweichlich wird. Ohne diese energetische Betrachtungsweise[30] ist die wissenschaftliche Version der Wiederkunftslehre Nietzsches nicht zu verstehen. Ob dabei die dynamischen Willen-zur-Macht-Quantationen in Hinsicht auf philosophische Probleme und Konsequenzen in eine Verbindung mit den von der modernen Physik konzipierten Elementarteilchen gebracht werden könnten, sei dahingestellt. Zu bedenken ist, daß Nietzsche kein Philosoph des ‚Aufbauens' bzw. des Zusammensetzens ist. Die Welt ‚besteht' nicht aus Elementen, sondern sie ist das Gesamt der prozessualen Ereignis-Konkatenationen, ist Prozeß-Welt. Aufmerksam zu machen ist jedoch auf einen möglichen Bezug zu den modernen Feldtheorien, einem der grundlegendsten Lehrstücke der gesamten Physik, in deren Vorgeschichte Bošković, auf den Nietzsche sich beruft, einen wichtigen Platz einnimmt.[31]

Die Gegner der Wiederkunftslehre berufen sich darauf, daß, wenn es keine festen und permanenten Elemente gibt, es auch keine Wiederholung der Konfigurationen geben könne. Gegen diese Ansicht können jetzt zwei Aspekte ins Feld geführt werden. Ein solcher Einwand geht erstens insofern ins Leere, als er Nietzsches Weltauffassung gar nicht trifft. Und zweitens ist er auch für sich genommen keineswegs logisch triftig. Denn aus dem Fortfall fester Elemente folgt nicht auch schon die Unmöglichkeit einer Wiederkehr der Zustände. Es ist zu beachten, daß es in der hier gegen die Wiederkunftslehre verwendeten Argumentationsfigur nicht die Wiederkunftslehre, sondern deren Kritik ist, die die als unzutreffend erkannte Vorstellung der sich in der Zeit durchhaltenden stabilen Elemente nach wie vor in Anspruch nimmt, eben in Gestalt der Voraussetzung, daß nur unter Annahme fester Elemente Wiederkehr möglich sei. Dies aber ist eine unausgewiesene Behauptung, die zudem noch darüber hinwegtäuscht, daß die Kritik hier von dem lebt, was sie selbst

[30] Vgl. unten Kap. XII, 3, S. 432–436.
[31] Vgl. Kap. I, 4, S. 20, Anm. 25. In diese Vorgeschichte gehört auch die Pneuma-Lehre der Stoiker, in deren System Pneuma und Kreislauf zusammengedacht wurden.

bestreitet. Dagegen ist für Nietzsches Weltbegriff, wie er auch der Wiederkunftslehre zugrunde liegt, charakteristisch, daß von der Orientierung an festen Dingen und Elementen in die Ebene der Ereignisse, Prozesse und Zustandsänderungen sowie *deren* interner Notwendigkeit übergegangen werden muß. Obwohl man *auch* aus der Mechanik eines endlichen Aggregats von Elementen notwendig zur Wiederkehr der Konfigurationen gelangt, ist für Nietzsches Auffassung gerade der die Mechanistik und die Atomistik überwindende Übergang in eine relativistische Dynamik der Kräfte, die als Willen-zur-Macht-und-Interpretations-Kräfte qualifiziert werden, grundlegend. Hier liegt auch der mögliche Verbindungspunkt zu der für die modernen Feldtheorien kennzeichnenden Vorstellung, daß der Zustand des Universums als Kräfte-Verteilung aufzufassen ist.

Wenn es so ist, daß die Physik sich auf die Annahme eines „einheitlichen Urfeldes"[32] zubewegt, dann könnte Nietzsches dynamisch-energetische Auffassung der Wiederkunftslehre etwa auch dahingehend formuliert werden, daß eben dieses Urfeld eine in sich selbst zurücklaufende zyklische Verlaufsform hat, in der es, unter Heranziehung weiterer Bedingungen, zu identischen Neu-Verteilungen der Energieverhältnisse kommt und auch kommen muß. Dieses ‚muß' wäre dann als eine Konsequenz des Umstandes zu entfalten, daß auch bei Fortfall eines absoluten Koordinatensystems gleichwohl Invarianzen der Transformation von einem Koordinatensystem in ein anderes erhalten bleiben, daß in *diesem* Sinne, d.h. im Sinne einer Invarianz gegenüber Verschiebungen des Zeitnullpunktes, auch eine Homogenität der Zeit weiterhin besteht, und daß es vor allem der Energiesatz ist, der sich durch alle Transformationen als invariant behauptet und den Übergang von der klassischen in die moderne Physik ohne Abstriche überstanden hat.[33] Damit aber bestehen auch im Horizont der relativistischen Physik diejenigen Bedingungen, von denen her die Wiederkunfts*lehre* sich versteht.

Was die zweite der vier Annahmen (die einer festen Anzahl der Entitäten) betrifft, so wurde hinsichtlich der Kräfte-Organisationen bereits für Differenzierungen in den Begriffen Finitheit, Infinitheit, Unendlichkeit und Unbegrenztheit argumentiert.[34] Es ist zu unterscheiden zwischen der in sich unbegrenzten Teilbarkeit und der Endlichkeit einer jeden Kräfte-Quantation. Erstere besagt nichts gegen letztere, von der die Wiederkunftslehre ihren Ausgang nimmt. Zugleich wurde die Korrelation (nicht die Deduktion!) zwischen der Endlichkeit des Gesamtquantums an Kraft/Energie und der Endlichkeit der konkreszierten, der vielen spezifischen Kräfte-Organisationen herausge-

[32] C. Fr. v. Weizsäcker, *Die Einheit der Natur,* S. 404.
[33] Vgl. a.a.O., S. 385f.
[34] Vgl. oben Kap. VII, 2.

stellt. Die Zahl der jeweils konkreszierten Kräfte-Organisationen ist selbst im Fluß. Das ist eine Folge des fortwährenden funktions-aufprägenden Übergreifens von Willen-zur-Macht-Organisationen über andere Willen-zur-Macht-Organisationen bzw. der Disgregation solcher Gebilde, Effekt mithin des Werdens selbst, auf eben dessen Grundgesetz sich die Wiederkunftslehre bezieht. Die diesbezüglichen Argumentationen brauchen hier nicht noch einmal wiederholt zu werden.

In bezug auf die dritte der Annahmen ist zunächst zu beachten, daß die Wiederkunftslehre nicht mit der Möglichkeit steht und fällt, einen Gesamtzustand des Universums zu einem bestimmten Zeitpunkt konzipieren zu können. Erstens wird auch hier wiederum unter Inanspruchnahme des bereits überholten Schemas von durchgängig bestimmtem sowie identifizierbarem Träger und wechselnden Zuständen/Eigenschaften gegen die Möglichkeit eben dieses Schemas argumentiert, nicht aber gezeigt, daß aus der Relativität der Welt die Unmöglichkeit des Wiederkunftsgedankens folgt. Darüber hinaus wird nicht mit der Möglichkeit gerechnet, daß gerade nach Fortfall dieses alten Schemas und unter den Bedingungen des damit gebotenen Übergangs in den Gedanken, daß jeder relativistische Zustand das ‚Ganze' *ist,* die Wiederkunftslehre durchaus konzipierbar bleibt, ganz abgesehen noch von der für den Wiederkunfts-*Gedanken* fundamentalen Verschränkung von Faktizität und Interpretation, die sich gerade in einer relativistischen Welt als grundlegend erweist. Denn die relativistische Auffassung der Welt ist Konsequenz des Interpretationscharakters jeder Weltauslegung, – nicht umgekehrt. Und der Wiederkunfts-Gedanke kann in dem erörterten Sinne als *Interpretation der Interpretationen*[35] aufgefaßt werden. Zweitens wird hier ein wichtiger Unterschied übersehen. Der Umstand, daß ein synchroner Gesamtzustand des Universums zu einem bestimmten Zeitpunkt nicht nach Art einer einheitlichen Beobachtung abgelesen werden kann, besagt nichts dagegen, daß eben diejenigen Kräfte-Relationen, deren Vollzüge das relativistische Universum ausmachen und ineins vor die Unmöglichkeit führen, das ‚Ganze' zu jedem Zeitpunkt beobachten zu können (was gleichbedeutend ist mit der Unmöglichkeit eines absoluten Koordinatensystems), in jedem ihrer Vollzüge ***bestimmt, finit*** und ***absolut notwendig*** sind. *Diese* Bestimmungen, und nicht die Idee eines instantan gegebenen Gesamtzustandes, sind für die Wiederkunftslehre grundlegend und konzeptionell primär. Erst auf ihrer Basis kann dann sekundär die Vorstellung von instantanen Zuständen des Universums entstehen, nicht umgekehrt. Der Fortfall dieser letztgenannten Möglichkeit hat keine destruierende Wirkung in bezug auf die Bedingungen, in deren Rahmen sich die Wiederkunftslehre formuliert.

[35] Vgl. Kap. VIII, 5, S. 304–320. Zum Interpretationscharakter vgl. Kap. VI, 4 und 5.

Die aus der Relativitätstheorie folgende Unmöglichkeit, einen instantanen Gesamtzustand konzipieren, d.h. einen Schnitt synchroner Gleichzeitigkeit durch die Welt legen zu können, besagt nichts gegen die Möglichkeit eines Universums der Wiederkehr. Die relativistische Auffassung von Raum und Zeit richtet sich zunächst und vor allem gegen das der klassischen, der Galilei-Newtonschen Physik unterliegende Konzept einer absoluten realen Zeit. Damit fällt der Gedanke eines absoluten Raum-Zeit-Koordinatensystems. Ein solches liegt aber auch Nietzsches Denken gerade nicht mehr zugrunde. Hinzu tritt ein weiterer Gesichtspunkt. Während Newtons Konzept einer realen absoluten, intransigenten, irreversiblen und selbst verfließenden Zeit noch geeignet war, die Idee einer identischen Wiederkehr, mithin einer Wiederkehr der Ereignisse auch an derselben Zeitstelle, die zugleich eine logische Stelle ist, systematisch zurückzuweisen, tritt mit der relativistischen Auffassung immerhin eine Auslegung auf, die eine Wiederkehr schon nicht mehr ausschließen kann. Schließlich ist darauf hinzuweisen, daß die Relativität der Zeitbestimmungen, vor allem der Gleichzeitigkeit, nicht bedeuten kann, daß das relationale Verhältnis (z.B. zweier sich mit unterschiedlichen Geschwindigkeiten gegeneinander bewegender Bezugssysteme, von denen aus ein beobachtbares Ereignis unterschiedliche Zeitstellen zugesprochen bekommt, wie dies in Einsteins berühmtem Eisenbahn-Bahnsteig-Beispiel erfolgt[36]) ohne Notwendigkeit ist. Relativität darf nicht als fehlende Notwendigkeit mißverstanden werden. Oder andersherum: auch ein vollständig relativistisches Universum ist absolut notwendig. Die Welt ist diejenige Welt, die sie ist, aus den jeweiligen Aktions- und Reaktions-Perspektiven der vielen Kräfte-Organisationen, relativistisch formuliert: der vielen Bezugssysteme. Das verhindert sowohl die an einem absoluten Koordinatensystem orientierte Rede von einer ‚Einheit der Welt im ganzen' als auch einen schlechten Pluralismus im Sinne der Beliebigkeit. Einheit *ist* nur als Relationalität. Aber die Relationen des wirklichen Geschehens sind im Sinne der Internität der Relationen absolut notwendig. *Diese* Notwendigkeit ist eine der Basisbedingungen für die Begründung der Wiederkunftslehre.

Nietzsches Weltbegriff ist einer der Relativität, nicht aber des erkenntnistheoretischen, ethischen oder ästhetischen Relativismus. Diese beiden Bestimmungen sind deutlich zu unterscheiden. Die Rede vom ‚Relativismus' trifft Nietzsches Denken nicht, nicht mehr. Zum einen ist sie nur vor dem Hintergrund eines metaphysischen Verständnisses des Wahren, Guten und Schönen überhaupt sinnvoll. Diese Ideen jedoch werden in Nietzsches Philosophie nicht mehr nur als nicht erreichbar, sondern als ihrer sinn-logischen Struktur

---

36 Vgl. A. Einstein, *Über die spezielle und die allgemeine Relativitätstheorie*, Braunschweig [14]1922, S. 14–20.

nach für ein endlich-perspektivisches Wesen auch nicht einmal ohne Unsinnsverdacht erfragbar und in diesem Sinne als gar nicht vorhanden erfahren. Die Kennzeichnung ‚Relativismus' geht also ins Leere. Zum anderen ist auch die Rede von ‚Relativismus' im Sinne einer nicht hintergehbaren Bindung an den je subjektiven, perspektivischen Standpunkt ohne Belang. Dies ergibt sich notwendig, sobald gesehen wird, daß es außerhalb des geschehens-logischen Interpretations-Zirkels[37] nichts von diesem Unabhängiges, nichts objektiv Gegebenes gibt. Die Bezogenheit der Relativität auf das Interpretations-Schema ist so sicher wie nur irgend möglich, sobald eine metaphysische oder objektivistische Weltvorstellung aufgegeben werden muß. Die vollständige Relativität von Nietzsches Weltbegriff bewirkt, daß der Relativismus-Einwand immer zu spät kommt und keinen Boden unter den Füßen hat. Dabei zeichnet sich Nietzsches Auffassung der kräfte-konfigurationalen und in diesem Sinne relativistischen Welt vor allen anderen Weltkonzeptionen dadurch aus, daß sie das *Interpretieren* nicht bloß in ein nachträgliches Verhältnis zur Welt setzt, sondern als den ursprünglichen Vorgang denkt, *in und als* dessen Vollzug Welt und Wirklichkeit überhaupt erst zu dem werden, was und wie sie dann in raumzeitlichen Gestaltungen, als innere und äußere Erfahrung für das interpretierende und zugleich interpretierte Wesen Mensch sind. Auf *dieser* Ebene ist die erörterte interne Verknüpfung von Werden und Wert, von Relativität und Wertschätzung anzusiedeln. Doch dies hat nichts mit einem Relativismus zu tun.

Der letzte der vier oben skizzierten Einwände behauptet, daß die Wiederkunftslehre auf der Annahme beruhe, ein gegebener Zustand lege alle folgenden Zustände im Sinne kausaler Determination fest, während die Unschärferelation der modernen Physik einer solchen Vorstellung den Boden entziehe. Demgegenüber ist zunächst daran zu erinnern, daß die absolute interne Notwendigkeit jeden Geschehens, mithin der Umstand, daß das, was geschieht, so geschieht, wie es geschieht, gerade *nicht* als eine kausale Determination gedacht werden kann.[38] Die Notwendigkeit, die mit den Vollzügen der Willen-zur-Macht-und-Interpretations-Prozesse verknüpft ist, wird nicht durch die Unbestimmtheitsrelation von Impuls und Ort eingeschränkt oder gar außer Kraft gesetzt. Durch die Unschärferelation wird das Ereignis selbst keinen Deut weniger ‚notwendig'. Es wäre naiv, wollte man in der Unbestimmtheitsrelation eine Rehabilitierung des Zufälligen oder gar einen Beweis für ‚Freiheit' sehen. Weder die Unbestimmtheit in Sachen Gleichzeitigkeit noch die Widerlegung des etwa für den Kontinuitätsgedanken grundlegenden Prinzips, daß

---

[37] Vgl. Kap. VI, 5.

[38] Dies wurde in mehreren Zusammenhängen betont, vgl. etwa die Kap. V, 5, S. 130ff.; VI, 5, S. 163f. 168, 180; X, 1, S. 346f.; X, 3, S. 361f. und unten S. 428, 432, 434f.

die Natur keine Sprünge mache (natura non facit saltus), Kausalität und kausale Determination also durchgängig gelten, schließen die von der Lehre der Willen-zur-Macht-Kräfte her konzipierte interne absolute Geschehens-Notwendigkeit aus, als deren Urlogik im Sinne des geschehens-logischen Interpretations-Zirkels die ewige Wiederkehr gedacht werden kann. Beide Aspekte signalisieren zunächst einmal nur, daß der kausale Determinismus sowie die für die gesamte klassische Physik grundlegenden Momente der durchgängigen Bestimmtheit und der damit verbundenen Objektivierbarkeit an eine Grenze ihrer Erklärungsleistung gestoßen sind, von der her dann Wahrscheinlichkeitsgleichungen als das Äußerste an Erklärung angesehen werden müssen. Daß der Kausal-Determinismus also nicht mehr durchgängig gilt, besagt nichts gegen die von Nietzsche ins Auge gefaßte Notwendigkeit allen Geschehens.

Die Frage, wie es um ein mögliches Ende der Welt steht, ist bereits aus methodischen Überlegungen nicht im Sinne sicherer Prognose zu entscheiden. Denn Kausalverknüpfungen haben niemals den Charakter logischer Schlüsse, und der auf historischem und tatsachenbezogenem Wissen beruhende Schluß von Vergangenem auf Zukünftiges *kann* kein sicheres Wissen sein. Hinzu kommt, daß bereits einfachste physikalische Systeme schnell chaotisches, d. h. unberechenbares, nicht voraussagbares und dem Kausalprinzip entzogenes Verhalten zeigen.[39] Diese Einschränkungen gelten auch für die Rede vom Ende der Welt. In der Optik der heutigen Physik haben sich im Ausgang von der sogenannten „Urknall"-Theorie zwei Alternativen über die kosmische Entwicklung ergeben. Wird sich die Expansion des Kosmos ewig fortsetzen oder tritt aufgrund der Gravitationswirkungen eine Verlangsamung und ein schließlicher Stillstand bzw. eine Umkehrung der vom Urknall ausgegangenen Entwicklung ein? Näherhin wird die Frage entscheidend, ob die tatsächliche Massendichte des Universums größer oder kleiner als die angebbare kritische Massendichte ist, von der abhängt, ob der Kosmos für immer expandiert oder nicht.[40] Ist die tatsächliche Massendichte kleiner als die kritische Dichte, dann sieht die gegenwärtige Physik das Universum auf einen Zustand hinauslaufen, in dem alle Materie nach zwar unermeßlichen Zeiträumen (in der Größenordnung von bis zu 10^{100} Jahren), aber in einer prinzipiell endlichen Zeit in kalte elektromagnetische Strahlung zerfällt und vom Universum nur noch ein ewiger Zustand diffusen Lichts bleibt. In diesem Falle käme die Expansion nicht an irgendein Ende, und der Kosmos wäre unendlich groß.

Anders dagegen liegen die Dinge, wenn, was keineswegs ausgeschlossen ist, die Massendichte größer als die kritische Dichte ist. Dieser Fall wäre gege-

---

[39] Vgl. Kap. X, 1, S. 346f.

[40] Eine gedrängte Charakterisierung dieser beiden Alternativen vom heutigen Wissensstand aus findet sich bei H. Fritzsch, *Vom Urknall zum Zerfall. Die Welt zwischen Anfang und Ende*, München 1983, S. 284–295. Vgl. in diesem Zusammenhang auch oben Kap. VIII, 3, S. 269.

ben, wenn die Massendichte der Neutrinos, mithin jener merkwürdigen Teilchen, auf deren Massegehalt die Physiker heute Jagd machen und die dadurch ausgezeichnet sind, daß sie in einer nur äußerst geringen Wechselwirkung mit der normalen Materie (die sich der heutigen Physik zufolge aus zwei Quarks und einem Elektron als Urteilchen aufbaut) stehen, größer als die kritische Massendichte wäre. Obwohl nicht Favorit der heutigen Astrophysik, ist diese Annahme „durchaus möglich“[41]. In diesem Falle wäre von einem endlich großen Kosmos auszugehen, und die Expansion des Universums käme aufgrund der Gravitationswirkungen in einen Ruhezustand, aus dem heraus dann eine „Umkehrung des Urknalls“[42], auf die Expansion des Kosmos also dessen Kontraktion erfolgte. Die Ereigniskette würde dann umgekehrt durchlaufen, d.h. die Galaxien fallen aufeinander zu, die Temperatur nimmt ständig zu, es kommt zur Auflösung der Sterne und dann auch der Stoffe, schließlich wird wieder der Zustand heißen Gases, wie er kurz nach dem Urknall bestand, erreicht und zuletzt tritt der Kosmos wieder in seinen freilich nach wie vor noch nicht geklärten Zustand der ‚letzten‘ bzw. ‚ersten‘ 10^{-43} Sekunden.[43] Doch was hat dies, so wird man fragen, mit Nietzsches Wiederkunftslehre zu tun?

Zunächst ist zu beachten, daß diese zweite der beiden Alternativen eine Entwicklung der Expansion und Kontraktion des Universums beschreibt, die von einem *einfachsten* Zustand hinaus bis zur äußersten Komplexität der Gebilde und von dort wieder in einen einfachsten Zustand zurück führt. Der *erste* und der *letzte* Zustand des Universums wären damit dieselben. Das ist eine Auffassung, die Nietzsche, wie zu sehen war, explizit vertreten hat. Dies gilt unbeschadet der Feststellung, daß es in Nietzsches Sicht nicht die Gravitationswirkungen, die Massendichten und die im Zuge der Kontraktion eintretenden Temperatursteigerungen, sondern die internen Beziehungen zwischen Spannkraft und lebendiger Kraft sind, die zu einer Identität des ‚letzten‘ mit dem ‚ersten‘ Zustand, von Anfang und Ende der Welt führen. Die Frage ist auch hier wiederum, ob es nach dem Eintritt in den ‚letzten‘ Zustand, der zugleich der Wiedereintritt in den ‚ersten‘ ist, zu einer Wiederholung der ganzen Entwicklung, zu einer erneuten Expansion vom Einfachsten bis ins Komplexeste hinaus und von dort wieder zurück geben kann oder nicht. Da der Anfang der Welt, die „mysteriösen“[44] ersten 10^{-43} Sekunden, auch für die

[41] H. Fritzsch, a.a.O., S. 295.

[42] a.a.O., S. 296.

[43] Vgl. dazu das Schaubild zur Entwicklung des Kosmos bei H. Fritzsch, a. a. O., S. 278 und den abgekürzten Bericht über die kosmische Entwicklung von der ersten bis zur jetzigen, der achten Epoche, S. 265–281. Dieser Report wäre jetzt in umgekehrter Richtung zu lesen.

[44] H. Fritzsch, a.a.O., S. 267; vgl. S. Weinberg, *Die ersten drei Minuten*, München 1980, S. 154.

astrophysikalische Theorie bisher im Dunkeln liegt, ist die Möglichkeit eines Wiedereintritts der kosmischen Entwicklung auch von seiten der heutigen Physik zumindest nicht auszuschließen. Zwar führt in der Optik der neueren Physik die fortschreitende Kontraktion schließlich auf die Punktualität des Urknalls zurück, von dem aus Raum, Zeit und Materie in ihrem physikalischen Sinne auch überhaupt erst ihren Ausgang genommen haben und nun selbst an den Übergang zu ihrer eigenen Nicht-Existenz gelangen. Doch folgt daraus nicht, daß sie, zumal es sich um identische Bedingungen handeln muß, nicht auch erneut wieder beginnen können, daß die Kontraktion also in eine erneute Expansion übergehen kann. Daß Raum und Zeit in diesem Sinne auch selbst vergehen und wiederkehren könnten, würde z. B. auch bedeuten, daß bei der Wiederkehr eines Ereignisses die Uhren und Kalender, deren man sich bei der Lokalisierung und Identifizierung gern bedienen möchte und die ihrerseits Bestandteil der Wiederkehr, nicht jedoch externe Beobachter oder unabhängige Meßinstrumente sind, wiederum dieselbe Anzeige zeigen müßten. Denn es sind die Raum-Zeit-Stellen selbst, die wiederkehren. Auch darin könnte man eine Lösung des Problems sehen, daß die Wiederkehr eines Ereignisses zu derselben Zeit und doch auch wiederum nicht zu derselben Zeit stattfindet.[45]

In diesem Zusammenhang und vor dem Hintergrund der Idee einer bislang noch ausstehenden einheitlichen Theorie der Materie und der Gravitation findet sich bei Harald Fritzsch eine Überlegung, die noch näher an die Vorstellungswelt der Wiederkunftslehre heranreicht. Die Gravitationswirkungen könnten dazu führen, daß die entlang der Kontraktion des Universums erfolgende Zunahme der Temperatur nicht ins Unendliche steigt, sondern „nach Erreichen eines maximalen Wertes wieder sinkt" und zwar „infolge einer erneuten Expansion des Kosmos"[46]. Das kommt der Behauptung gleich, daß ein neuer Zyklus des Universums beginnt. Die Kontraktion könnte temperaturmäßig bis in die Größenordnung zwischen 10^{28} und 10^{32} Grad (der heute angenommenen Temperatur kurz nach dem Urknall) steigen, in welchem Bereich die Quarks entstanden sind, um dann, aufgrund von Gravitationswirkungen, erneut in Expansion überzugehen, d. h. erneut zur Bildung von Atomen, Stoffen, Sternen und schließlich auch von Galaxien zu führen, um dann vom äußersten Punkt der Expansion wieder in den Prozeß der Kontraktion und damit letztlich in die Identität von Anfang und Ende überzugehen. Bemerkenswert ist Fritzschs Feststellung: „Nichts spricht in diesem Fall gegen die Möglichkeit, unendlich viele solcher Zyklen zu haben. Unsere gegenwärtige Epoche

---

[45] Diese Fragen wurden oben im Rahmen des Principium identitatis indiscernibilium erörtert, vgl. Kap. VII, 3, S. 232–244.

[46] H. Fritzsch, a. a. O., S. 297.

wäre dann zufällig die kalte 8. Epoche eines der möglicherweise unendlich vielen Zyklen, die das Universum durchläuft."[47] Dies aber wäre offensichtlich ein Universum zyklischer, schließlich ewiger Wiederkehr. Es ist festzuhalten, daß eine solche Auffassung also auch aus der Sicht heutiger Elementarteilchen- und Astrophysik, die nicht mehr nur auf die Probleme des Zweiten Hauptsatzes der Themodynamik fixiert ist, eine der beiden möglichen Alternativen in bezug auf die kosmische Entwicklung darstellt. Oder schwächer formuliert: ein Universum der Wiederkehr kann auch aus heutiger physikalischer Sicht der Dinge nicht ausgeschlossen werden. Diese schwache Formulierung genügt der Wiederkunftslehre bereits. Denn die ewige Wiederkehr des Gleichen erfährt ihre letztlich entscheidende Begründung ja, wie zu sehen war, *nicht* als wissenschaftliche *Theorie*, sondern als geschehens-logischer *Gedanke*. Im Folgenden ist nun zu sehen, in welchem Sinne Nietzsches energetische Auffassung des Weltprozesses, die ebenfalls einen Maximalwert der Verteilung konzipiert, von dem aus die Entwicklung in sich selbst zurückläuft, für eine Darstellungsform der Wiederkunftslehre fruchtbar gemacht werden kann.

3. *Die maximal-ökonomische Betrachtungsweise*

Kräfte können ihrer Natur nach nicht stillstehen. Ihr Maß ist zwar sowohl hinsichtlich jedes einzelnen relationalen Vollzugs als auch in bezug auf das Eine Gesamtquantum etwas Festes, ihre Seinsweise dagegen flüssig. Endlichkeit darf also nicht mit Ruhe verwechselt werden. Vielmehr gilt, daß Kraft und Ruhe bzw. Sich-gleich-bleiben einander ausschließen, „sich widerstreiten"[48]. ‚Die Welt im ganzen' wäre, soll sie so gedacht werden, daß sie zwar Kraft verliert, es aber gleichwohl nicht zu einem Stillstand kommt, entweder einer externen Kraftzufuhr bedürftig oder sie müßte, im Falle des Sichvermehrens, als „etwas an sich *Wunderbares* und Frei- und *Selbstschöpferisch-Göttliches*"[49] gesetzt werden. Beide Male handelt es sich Nietzsche zufolge nicht um einen sinnvoll konzipierbaren Kraftbegriff. Es ist für Nietzsche im Großen wie im Kleinen undenkbar, daß Kraft etwas „*Un*-Festes", etwas „Undulatorisches"[50] sein könnte. Dies hat natürlich keineswegs zur Folge, daß in den fortwährenden Prozessen der Kräfte-Bestimmungen, deren Verschiebungen dann als Veränderung, Wechsel, Bewegung und Geschehen angesprochen werden, ein Erhaltungsapriori herrscht. Erhaltung *kann* nicht Prinzip des Werdens sein.

---

[47] Ebenda.

[48] KGW VII, 3, 35 (54), S. 258f.

[49] KGW V, 2, 11 (292), S. 451. Vgl. dazu auch die Bemerkung zur Steady-state-Theorie, Kap. XI, 2, S. 392f.

[50] KGW, a.a.O., S. 452.

Das Wesen der dynamischen Kraft-Quanta besteht darin, auf andere Kraft-Quanta zu wirken. Diese Vorgänge können durch das Konzept von Ursache und Wirkung deshalb nicht erfaßt werden, weil in der kausalen Täter-Tat-Relation die Hauptsache, der Prozeßcharakter, d.h. das Transitorische des Übergangs von einem Zustand in einen nächsten, gar nicht vorkommt.[51] An die Welt der mit- und gegeneinander ringenden Willen-zur-Macht-und-Interpretations-Kräfte reicht die kausal-mechanische Welt-Auslegung nicht heran. Der Mechanismus formuliert lediglich bestimmte, nach Maßgabe des Auges und des Tastsinns imaginierte Folgeerscheinungen dieses ursprünglich-produktiven Kräfte-Geschehens.[52] Darüber hinaus fehlt der kausalen Mechanistik auch jede energetisch-*ökonomische* Betrachtungsweise, d.h. die zentralen Aspekte des Wachstums, der Ansammlung bzw. der Minderung und des Konsums der Kräfte bleiben unberücksichtigt. Für Kräfte-Prozesse ist aber in Nietzsches Sicht der Dinge nicht nur der Gesichtspunkt der Konstanz und Unzerstörbarkeit der Gesamtenergie, sondern vor allem eine „Maximal-Ökonomie des Verbrauchs"[53] bestimmend. Diese Optimierungstendenz, die auch in dem Sinne als ‚ökonomisch' anzusprechen ist, daß mit immer weniger Aufwand an Kraft immer mehr erreicht werden soll, ist Nietzsche zufolge für jedes wirkliche Geschehen charakteristisch. Sie gilt von den kleinsten bis zu den größten, für den Menschen noch wahrnehmbaren Willen-zur-Macht-Organisationen, vom Protoplasma bis zu Gesellschaften, Staaten, Völkern und von den äußersten Regionen des Anorganischen über die Welt des Organischen bis hin zu Bewußtheit und bewußtem Denken. Der Wille zur Akkumulation von Kraft ist Grundcharakter *allen* Daseins, mithin auch in der kosmischen Ordnung anzusetzen, die das Gesamtspiel der vielen kräfte-spezifischen Aktionen und Reaktionen ist. So muß auch auf der Ebene der Wiederkunftslehre in ihrer wissenschaftlich-physikalischen Version der Unterschied zwischen einer mechanistischen, mit einer Einerleiheit der Kräfte operierenden und einer am Gesichtspunkt der Optimierung orientierten verbrauchs-ökonomischen Betrachtungsweise betont werden. Und wenn der jeweilige Zustand des Gesamtquantums der Kraft/Energie stets nur *als* das Zusammenspiel der vielen partikularen Zustände *ist*, dann läßt sich diese Betrachtungsweise auch aus der Perspektive ‚des Werdens im ganzen', dessen „Urgesetz"[54] die Wiederkunftslehre symbolisiert, formulieren. In einem diesbezüglich aufschlußreichen Fragment aus dem Herbst 1887 heißt es: „mechanistisch betrachtet, bleibt die Energie des Gesammt-werdens constant; ökonomisch betrachtet,

---

[51] Vgl. KGW VIII, 3, 14 (81), S. 52f.
[52] Vgl. dazu auch Kap. V, 5.
[53] KGW VIII, 3, 14 (81), S. 53.
[54] KGW V, 2, 11 (157), S. 400.

steigt sie bis zu einem Höhepunkt und sinkt von ihm wieder herab in einem ewigen Kreislauf; dieser ‚Wille zur Macht' drückt sich in der *Ausdeutung*, in der *Art* des *Kraftverbrauchs* aus – Verwandlung der Energie in Leben und Leben in höchster Potenz erscheint demnach als Ziel. Dasselbe Quantum Energie bedeutet auf den verschiedenen Stufen der Entwicklung Verschiedenes".[55] Reformuliert man diese Denkfigur im Horizont sowohl der im vorigen Kapitel erörterten Rahmenbedingungen des Weltprozesses als auch der modernen Physik im Sinne des oben gegen Ende des letzten Gliederungspunktes Ausgeführten, so ließe sich etwa folgendes sagen.

Die kosmische Entwicklung erscheint als eine Entwicklung der Gesamtenergie, die sich so vollzieht, daß von einem einfachen Zustand in immer komplexere und schließlich hochgradig ausdifferenzierte Gestaltungen des Lebens bis hin zu einem maximalen Wert fortgegangen wird, daß die Entwicklung dann von diesem Höhepunkt wieder herabsinkt und sich erneut auf den einfachsten Zustand zubewegt, um dann, nachdem die Identität des ‚letzten' mit dem ‚ersten' Zustand und die Notwendigkeit einer neuen Verteilung der Kräfte erreicht ist, von neuem in den Prozeß der Herausbildung zunehmend komplexerer Lebensgebilde überzugehen. Und dieser zyklische Vorgang findet unendlich viele Male, Nietzsche zufolge „in einem ewigen Kreislauf"[56] statt. Dabei gilt, daß jedes der Entwicklungsstadien jeweils der ganze Zustand des Gesamt-Werdens *ist*. Jeder Zustand ist Inkorporation der ganzen Ereignis-Kette, und im Sinne der ökonomischen Betrachtungsweise kann gesagt werden, daß die Kette „als *Ganzes wachsend*"[57], d. h. als ganze zu immer differenzierteren Lebensformen fortgehend aufzufassen ist, wobei auch der Höchstzustand der Welt nicht als einer des Gleichgewichts gedacht werden kann.

Zugleich ergibt sich von hier aus die Überlegung, daß gerade auf dem Höhepunkt einer Entwicklung auch deren Niedergang angelegt sein muß. Die Entwicklung verläuft von einfachsten bis in ausdifferenzierte Gebilde und sinkt von diesem Höhepunkt dann wieder herab. Dies gilt für alle Formen des Lebens, von hochgradig komplexen Organismen bis hin zu den Fragen, die unter dem Titel der Décadence, welche eben dadurch auch zu einem physiologischen Problem wird, behandelt werden, worunter der formalen Struktur nach eine Überfülle an innerer wie äußerer Komplexität bei zugleich nicht mehr vorhandener Organisationskraft zu verstehen ist. Auf den Weltbegriff bezogen ist zunächst die damit erreichte Abgrenzung gegen das Substanz-Akzidens-Schema von Bedeutung. Es ist nicht so, daß sich *an* oder *mit* der Welt

---

[55] KGW VIII, 2, 10 (138), S. 201.
[56] KGW, a. a. O.
[57] KGW VIII, 2, 9 (8), S. 7.

verschiedene Prozesse und Entwicklungen abspielen. Vielmehr *ist* die Welt dieses Entwicklungsgeschehen selbst. Die Vorstellung, es gäbe zunächst ‚*die* Welt' im Sinne eines Trägers bzw. einer sich gleich bleibenden Substanz und sodann einen Wechsel ihrer Zustände und Eigenschaften im Sinne von Akzidenzien, ist gründlich fehl am Platze. Die Zustände der Welt sind nicht deren Akzidenzien, sondern diese selbst. Die Welt *ist* substanz- und subjekt-lose Prozeß-Welt. Deshalb kann gesagt werden, daß dasselbe Energiequantum auf seinen unterschiedlichen Entwicklungsstufen Verschiedenes bedeutet. Darin steckt auch, daß der Energiesatz von der Idee der Substanz unabhängig gemacht wird. Und die Verschiedenheit der Energiezustände drückt sich in Nietzsches Sicht vor allem in der Art des Kraftverbrauchs und damit, da jeder Kräftevollzug zugleich als ein Interpretationsprozeß aufzufassen ist, in der Art, in Richtung und Intensität der Interpretation aus. Vor dem Hintergrund der erläuterten Auffassung, daß jede Willen-zur-Macht-Kraft interpretiert und jedes Interpretieren ein Wille-zur-Macht ist[58], läßt sich sagen, daß die unterschiedlichen Zustände der Gesamtenergie unterschiedliche Weisen des Interpretierens sind, – und umgekehrt. In diesem Sinne hängen Gesamtenergie, Weltprozeß, Interpretation und zyklische Wiederholung der Ereignis-Konkatenationen zusammen. Zugleich ist auch hier wiederum deutlich, daß Nietzsches Auffassung der Kräfte nicht in Kontradiktion zu der in der physikalischen Wissenschaft vertretenen steht, daß es sich also nicht um andere Kräfte handelt. Der Unterschied besteht darin, daß Nietzsche über die Wissenschaft hinaus die Frage verfolgt, worum es denn eigentlich in den Wirkvollzügen von Kräften geht, welches die Natur der Kräfte ist und in welchem Sinne diese mit dem Interpretationscharakter nicht nur in Symbiose leben, sondern in einer Beziehung interner Zusammengehörigkeit stehen. Die zitierte Stelle kann mithin auch so gelesen werden, daß in ihr der systematische Verbindungspunkt zwischen der Wiederkunfts-*Lehre* im Sinne einer wissenschaftlich-physikalischen Darstellung und dem Wiederkunfts-*Gedanken* im Sinne des geschehenslogischen Interpretations-Zirkels enthalten ist.

In diesem Zusammenhang ist erneut darauf aufmerksam zu machen, daß weder die einzelnen Ereignisreihen noch die zyklischen Wiederholungen als ein Determinismus aufzufassen sind. Der Fehler, dem man immer wieder aufsitzt, besteht darin, daß die Formulierbarkeit des Geschehens als die „Folge einer über dem Geschehen waltenden Necessität"[59] mißverstanden wird. Die „absolute Necessität des gleichen Geschehens in einem Weltlauf wie in allen übrigen in Ewigkeit" ist kein „Determinismus *über* dem Geschehen", sondern lediglich Ausdruck des Umstandes, „daß das Unmögliche nicht möglich ist

[58] Vgl. Kap. VI, 4 und 5.
[59] KGW VIII, 2, 9 (91), S. 47.

(. . .), daß eine bestimmte Kraft eben nichts anderes sein kann als eben diese bestimmte Kraft; daß sie sich an einem Quantum Kraft-Widerstand nicht anders ausläßt, als ihrer Stärke gemäß ist – Geschehen und Nothwendig-Geschehen ist eine Tautologie."[60] Die ewige Wiederkehr des Gleichen ist kein Determinismus, aber sie ist absolut notwendig. Das ist die Pointe dieses Passus und für ein Verständnis dieser Lehre grundlegend. Da es innerhalb eines Weltlaufs nicht zwei identisch gleiche Dinge geben kann, muß sich die Rede vom ‚gleichen' Geschehen hier allein auf die identische Wiederkehr der Weltläufe selbst beziehen. Und diese Wiederkehr darf deshalb nicht als ein Determinismus ‚über' dem Geschehen verstanden werden, weil sie sich aus jener Notwendigkeit der Willen-zur-Macht-Prozesse ergibt, die eben darin besteht, daß eine Kraft nichts anderes als die Kraft, die sie ist, sein kann. Wird diese Überlegung nun von ihrem Ende her zurückgelesen, so ist sie gleichbedeutend mit der Vorstellung, daß sich die Notwendigkeit der ewigen Wiederkehr gewissermaßen analytisch aus der Natur der Kräfte, aus der internen Notwendigkeit der Willen-zur-Macht-Vollzüge ergibt und darin zugleich deren Verlaufsform bestimmt sowie darüber hinaus in axiologischer Hinsicht *alles* Dasein als etwas prinzipiell Unabwertbares, eben weil ewig Wiederkehrendes, auszeichnet. In bezug auf dieses Verhältnis der Willen-zur-Macht-Prozesse und der ewigen Wiederkehr ist die Frage nach einer Priorität des einen vor dem anderen unangebracht. Das Charakteristische ist vielmehr, daß beide gleichursprünglich sind, darin freilich nicht bloß koexistieren, sondern im Sinne einer kohärenten Zirkularität zusammengehören.

Zugleich läßt sich im Hinblick auf die Stellung des Erhaltungsgedankens auf der Ebene der Wiederkunftslehre sagen, daß die Aeternität, die einem jeden der Ereignisse des Weltprozesses zuteil wird, und in der es sich für immer ‚erhält', gerade nicht Folge eines *Erhaltungs*prinzips, sondern interne Konsequenz des Conatus der Macht-Optimierung ist, der die Kräfte-Prozesse charakterisiert. Aus der Erhaltung folgt keine Wiederkehr. Um wiederkehren und sich in *diesem* Sinne in alle Ewigkeit ‚erhalten' zu können, ist Steigerung, Selbst-Überwindung und Vergehen erforderlich. Ohne Vergehen-Können gibt es keine Wiederkehr. Dies ist gleichzeitig der Weg von der Unbestimmtheit zur Bestimmtheit und Individuiertheit eines jeden einzelnen Ereignisses und von dort in den Übergang des Vergehens. So gesehen erweist sich die Bestimmtheit eines jeden Kräfte-Ereignisses ineins als dessen höchste Steigerung und Intensivierung. Bestimmtheit ist Gipfel der Steigerung, und von diesem Höhepunkt sinkt die Entwicklung dann wieder herab. Auf die Welt im ganzen übertragen hätte die Rede von der Bestimmtheit dem Zustand äußerster Komplexität der Formen des Lebendigen zu entsprechen, auf welchem Höhepunkt

[60] KGW VIII, 2, 10 (138), S. 201f. Die Hervorhebung von Verf.

der kosmischen Entwicklung das Herabsinken im Sinne des Übergangs von der Expansion in die Kontraktion einsetzt. Dieses Herabsinken ist aber nötig, um wiederkehren zu *können*. Die Wiederkunftslehre ist also nicht nur in ihrer grundsätzlichen Auffassung als geschehens-logischer *Gedanke*, sondern auch in kräfte-physikalischer Hinsicht keine Erhaltungs-, sondern eine Steigerungslehre, die das Vergehen notwendigerweise einschließt.

Der Gesichtspunkt der Maximalökonomie enthält für Nietzsche auch die einzige Möglichkeit, der Rede von ‚Gott' einen Sinn beizulegen. Gott wäre dann „*nicht* als treibende Kraft", sondern „als *Maximal-zustand*, als eine *Epoche*"[61] aufzufassen. Göttlich könnte derjenige „Punkt in der Entwicklung des *Willens zur Macht*" heißen, „aus dem sich ebenso sehr die Weiterentwicklung als das Vorher, das Bis-zu-ihm erklärte".[62] An Stelle der Formulierung ‚Entwicklung des Willens zur Macht' kann der Ausdruck ‚Die Welt als das Gesamt der Kräfte-Prozesse' eingesetzt werden. Dies verhindert sowohl ein evolutionistisches als auch ein metaphysisches Mißverständnis. Denn Welt ist hier im Sinne des vielheitlichen Zusammen- und Gegeneinander-Wirkens der Kräfte-, und das heißt der Willen-zur-Macht-und-Interpretations-Prozesse, als das vollständig immanente, aus und von sich selbst lebende sowie in sich selbst zurücklaufende Meer der Kräfte aufzufassen. Die Metapher des Meeres schließt Reversibilität und Periodizität der Vorgänge ein, ohne den Charakter des Voranschreitens, wie er eo ipso mit jedem Kräftevollzug verbunden und in *diesem* Sinne irreversibel ist, leugnen zu müssen. Sie unterscheidet sich auch darin vom vektoriellen Denken teleologischer und evolutionistisch unilinearer Gerichtetheit. Um jedoch den spezifischen Sinn der Auffassung Gottes als eines kräfte-prozessualen „Culiminations-Moment(s)"[63] und, bei Annahme einer ewigen Wiederkehr des Gleichen, entsprechend *jeden* Daseins als eine „ewige Vergottung und Entgottung" zu verstehen, ist herauszustellen, daß es sich bei *diesen* Höchstzuständen nicht um *Wert*-Höhepunkte, sondern einzig und allein um „Macht-Höhepunkte"[64] handelt. Dieser Unterschied ist in bezug auf die Sicherung der Immanenz des Weltprozesses und für den Ausschluß nicht nur eines theologischen, sondern auch noch eines philosophischen Gottesbegriffs überlieferter Art zu beachten.

Die Auffassung des ökonomischen Maximalzustandes als des höchsten *Wert*-Zustandes würde erneut dazu nötigen, alle anderen, vergangenen bzw. zukünftigen und auch die gegenwärtigen Momente des Prozesses um dieses einen Höhepunktes willen rechtfertigen zu müssen. Dies aber liefe einer der

---

[61] KGW VIII, 2, 10 (138), S. 201.
[62] Ebenda.
[63] KGW VIII, 2, 9 (8), S. 7.
[64] Ebenda.

Absichten der Wiederkunftslehre zuwider, das Werden nämlich in *jedem* seiner Momente ganz aus sich selbst heraus gerechtfertigt sein zu lassen. Zum einen also wäre erneut eine teleologische Rechtfertigung der Welt erforderlich. Zum anderen würde sich diese noch von der für die Philosophie weitgehend kennzeichnenden Vorstellung speisen, daß es ein „Gesamtsensorium", ein Gesamtbewußtsein, ein „bewußtes Mitleben und Mitwollen alles dessen, was geschieht"[65], gibt, welches dann letztlich als ‚Geist' oder als ‚Gott' imaginiert werden *müßte*. Der bisherigen Philosophie ist Nietzsche zufolge nicht hinreichend klar gewesen, „daß *eben damit* das *Dasein* zum *Monstrum* wird"[66]. Die Annahme eines dem Prozeßgeschehen vorausliegenden oder es begleitenden Gottes bzw. eines Gesamtsensoriums führt in Nietzsches Sicht unvermeidlich dazu, das Dasein verleugnen, das Leben schließlich verneinen zu müssen. Denn dadurch, so ist zu erläutern, würde eine doppelte Konsequenz unvermeidlich.

Zunächst wäre jedes individuelle Dasein deshalb in seinem Status herabgesetzt, weil ihm in Gestalt eines Gesamtbewußtseins gleichsam ein platonisches Universale wesensmäßig voranginge, ohne das die Individualia nicht diejenigen sein könnten, die sie sind. Anders jedoch als in dieser platonischen Auffassung ist aus der Sicht von Nietzsches Philosophie, die hier in die Tradition des Nominalismus gehört, die Welt eine Welt von Individuen (nicht im Sinne von Atomen, sondern von Einzeldingen), über denen es keinen Gesamt-Geist, keine platonisierende Gesamt-Idee zu konstruieren gilt. Sodann wäre das Leben durch die Annahme eines Gottes, eines Geistes, einer Idee oder eines Absoluten in dem Sinne geleugnet, daß eben gerade unter dieser Annahme nicht nur das praktische, das kognitive und das ästhetische Leben aufgrund seiner Endlichkeits- und Perspektivitätsbedingungen nie in der Lage sein *kann*, dieses Absoluten habhaft zu werden, sondern daß es in der Welt der Individuen für diese Individuen nicht wirklich die Möglichkeit des Schaffens und des Schöpfens, d.h. der Sinn- und der Wahrheits-*Erzeugung* gibt. Die Annahme eines Absoluten hat so gesehen entweder quietistische oder zynische Konsequenzen.

Vor allem darin, daß jedwede Version eines zweck- und mittelsetzenden Gesamtbewußtseins ausgeschieden werden konnte, sieht Nietzsche die „große Erleichterung"[67]. Auf diese Weise hören die Menschen auf, „Pessimisten sein zu *müssen*". Des Menschen „größter *Vorwurf* gegen das Dasein war die *Existenz Gottes*".[68] Und erst wenn die Freisetzung vom Joch der Teleologie sowie

[65] KGW VIII, 2, 10 (137), S. 200.
[66] Ebenda.
[67] a.a.O., S. 201.
[68] Ebenda.

der Rechtfertigungsbedürftigkeit bis zu diesem äußersten Punkt vorangegangen ist, wird die Welt als die Welt des Mit- und Gegeneinander-Wirkens der aktiven Kräfte und Gegenkräfte und damit die Möglichkeit freigegeben, Gott nicht mehr als die treibende Kraft oder als ein Gesamtsensorium aufzufassen, sondern den energetischen Maximalzustand der Welt ‚Gott' zu nennen. Gründlicher kann das Verhältnis in der Rede von Gott, Welt und Mensch nicht verändert werden. ‚Gott' wäre jetzt der Name für einen bestimmten Weltzustand, für eine Gipfelkonstellation im ewigen Spiel der Willen-zur-Macht-und-Interpretations-Komplexe. Da das Werden selbst in den Kreislauf der ewigen Wiederkehr führt und damit zugleich *innerhalb* dessen liegt, ist die Wiederkunftslehre die im Verhältnis zu einer solchen Gottesauffassung ursprünglichere Lehre. Der Wiederkunftsgedanke hat Priorität vor diesem Gottesgedanken. Zugleich ist damit auch und in grundlegendem Unterschied zu Religionen, die das Leben und das Dasein als etwas Flüchtiges verachten und nach einem anderen, jenseitig-wesentlichen Leben und Sein schielen[69], eine nicht mehr zu überbietende Einzigkeit und Wichtigkeit *dieser* wirklichen Welt gesetzt. Da auch der Mensch seiner Beschaffenheit nach nichts anderes als eine bestimmte Ausgestaltung und Verzweigung der Willen-zur-Macht-und-Interpretations-Prozesse und damit bedingter *und bedingender* Bestandteil des Weltprozesses selbst ist, so ist der als Maximalzustand aufgefaßte Gott auch vom Menschen, und zwar vornehmlich auch vom vergehenden und sterbenden Menschen abhängig. Denn jeder einzelne vergehende Mensch gehört, obwohl „Stäubchen vom Staube"[70], zu den unverzichtbaren und notwendigen Bedingungen, an denen die Wiederkehr *aller* anderen Dinge, mithin auch die des ökonomisch-energetischen Höhezustandes, Gottes also hängt. Schon in *Menschliches, Allzumenschliches* war, wenngleich noch ohne den auf die Welt als das Willen-zur-Macht-Geschehen bezogenen Akzent zu lesen: „In Wahrheit ist jeder Mensch selber ein Stück Fatum; (...) Du selber, armer Aengstlicher, bist die unbezwingliche Moira, welche noch über den Göttern thront, für Alles, was da kommt".[71]

[69] Vgl. dazu etwa KGW V, 2, 11 (159), S. 401 und 11 (187), S. 413.
[70] KGW VII, 2, 25 (7), S. 7.
[71] KGW IV, 3, *Menschliches, Allzumenschliches,* II, 2, Aph. 61, S. 218.

XIII. Die Wiederkunftslehre als ateleologische und interpretative Weltkonzeption

1. Ziel- und Zwecklosigkeit der Welt

Wenn die Wiederkunftslehre sowohl in ihrer Grundversion als geschehens-logischer Gedanke als auch in ihrer kräfte-physikalischen Darstellungsform als Konsequenz und zugleich als Verlaufsform des Weltprozesses konzipiert wird, dann ist sie zunächst in genau dem Sinne ateleologischen Charakters, wie die diese Welt ausmachenden Kräfte-Vollzüge, die Willen-zur-Macht-und-Interpretations-Prozesse, wesentlich ateleologisch sind. Die Wiederkehr ist mit den Willen-zur-Macht-Prozessen intern, nicht extern verknüpft. Der genaue Sinn solcher Rede von Ateleologie wurde in früheren Zusammenhängen im einzelnen erörtert und braucht hier nicht wiederholt zu werden.[1] Darüber hinaus wurde das anti-teleologische Motiv der Wiederkunftslehre bereits deutlich. Zum einen ist daran zu erinnern, wie entschieden Nietzsche die Auffassung der Welt als eines Organismus zurückweist. Das Universum der ewigen Wiederkehr ist nicht nach Art des organologischen Modells der Integration und Re-integration der Teile von einem Ganzen her vorzustellen. Zum anderen trat die Anti-Teleologie immer dort zutage, wo die Wiederkunftslehre gegen die aus dem zweiten Hauptsatz der Thermodynamik gefolgerte Wärmetod- bzw. Gleichgewichts-Hypothese gestellt wurde. Die Welt ist in Nietzsches Sicht nicht auf einen Ziel- bzw. Endzustand angelegt, und zwar ist sie dies nicht nur nicht in einem metaphysischen und/oder moralischen, sondern eben auch nicht in einem physikalischen Sinne. Und die Kreisförmigkeit als solche kann nicht als Teleologie aufgefaßt werden.

Das In-sich-selbst-zurück-laufen des Kreises ist bereits seiner Form nach einer teleologischen Deutung kaum zugänglich. Es bliebe nur die Möglichkeit, das *da capo*, das Sich-selbst-wollen des Kreises im ganzen und eines jeden seiner Momente, ‚teleologisch' zu nennen. Aber das wäre ein Sprachgebrauch der nicht zur Festigung der Teleologie, sondern zu deren Destruktion führt. Denn zu sagen, daß das Wollen dessen bzw. das Streben nach dem, was ohnehin schon ist, bzw. das Wollen seiner selbst Teleologie sei, besiegelt deren

[1] Vgl. vor allem Kap. VI sowie V, 2 und 3.

Auslöschung. Dies wird noch dadurch verstärkt, daß die in der Wiederkunftslehre gedachte Verlaufsform ihrerseits nicht etwas Gewordenes und auch nichts Werdendes ist, sondern als *ewige* Wiederkehr, d.h. ohne Anfang oder Ende konzipiert wird, weder also eine Entstehung dieser Verlaufsform, für die dann auf einen endlichen Anfang und auf eine Entwicklung in der Zeit zurückgegriffen werden müßte, noch eine Progredienz oder gar eine Amelioration im Sinne eines sich aus Kreisen aufbauenden allmählichen Voranschreitens der Gesamt-Entwicklung selbst anzusetzen ist. Hätte die Welt ein Ziel, so müßte es bereits auch erreicht sein und noch bzw. für immer andauern. Dies gilt vor dem Hintergrund der Zeit-Unendlichkeit, d.h. des die Natur der Kräfte definierenden unbegrenzten Wirken-Müssens, nicht nur in bezug auf einen irgendwoher beabsichtigten, sondern auch für einen „unbeabsichtigten"[2] Finalzustand. Anders formuliert heißt dies, daß die ewige Wiederkehr nur durch eine Absichtlichkeit vermieden werden könnte. Auch dies zeigt, daß die Wiederkunftslehre keine teleologische Weltkonzeption artikuliert. Hier sind zwei Varianten von Absichtlichkeit zu unterscheiden.

Die erste wurde im Zusammenhang des Wahrscheinlichkeitskalküls bereits erwähnt. Sie besteht in der Überlegung, daß selbst ein ‚zufälliges' Erreichen des „gleichen Wurfs"[3], d.h. eine Wiederholung, die sich ‚zufällig' ergeben würde, wahrscheinlicher ist als die absolute Nie-Gleichheit, und daß es zur Eliminierung dieser Wahrscheinlichkeit einer ins Wesen der Kraft selbst hineingelegten Absichtlichkeit bedürfte, um Wiederholungen zu verhindern. Die Teleologie würde hier in der absichtlichen Herbeiführung und Aufrechterhaltung einer Null-Wahrscheinlichkeit der Wiederkehr bestehen. Das käme, bei Zeit-Unendlichkeit, der Annahme einer zu unendlich verschiedenen Gestaltungen fähigen Schöpferkraft gleich. Doch dies ist weder eine logisch sinnnoch eine empirisch gehaltvolle Hypothese, da sie nicht mit dem Relationen- und vor allem nicht mit dem Endlichkeitscharakter der Kräfte, durch den diese definiert sind, in Einklang zu bringen ist.

Die zweite Variante der Absichtlichkeit ist gnoseologischer Art. Sie ergibt sich aus der fest verwurzelten und auch von der Grammatik des Urteils und des Verstandesdenkens nahegelegten Gewohnheit, bei jedem Vorgang sogleich an Ziele und Zwecke zu denken. So hat man im Denken Mühe, „sich selber die Ziellosigkeit der Welt nicht wieder als Absicht zu denken"[4]. Das ist der Struktur nach die gleiche Schwierigkeit, die auch in bezug auf die Rede von einer vollständigen Ordnungslosigkeit, d.h. einer Unordnung der Welt besteht.

---

2 KGW V, 2, 11 (292), S. 451.

3 KGW V, 2, 11 (245), S. 433. Zum Wahrscheinlichkeitsargument vgl. oben Kap. XII, 1, S. 411f.

4 KGW VII, 3, 36 (15), S. 280.

Auch diese scheint als solche nicht *gedacht* und nicht *ausgesprochen*, sondern ihrerseits immer noch als eine Weise des Ordnens, eben der Unordnung, gekennzeichnet werden zu können. Hinsichtlich der Ziellosigkeit der Welt führt dies zu der Vorstellung, daß die Welt „absichtlich einem Ziele *ausweiche*", und daß sie „sogar das Hineingerathen in einen Kreislauf künstlich zu verhüten wisse".[5] Auf einen solchen Gedanken müssen Nietzsche zufolge all diejenigen verfallen, die der Welt ein „Vermögen zur *ewigen Neuheit* aufdekretiren möchten", d.h. all die, die der endlichen, bestimmten, weder zu vermehrenden noch zu vermindernden Kraft, welche die Welt im ganzen ausmacht, zunächst den Rang eines Gesamt-Subjekts und dieser Gesamtmenge sodann eine „Wunder-Fähigkeit zur *unendlichen* Neugestaltung ihrer Formen und Lagen"[6] zusprechen möchten. Auch diese Version der Absichtlichkeit erreicht ihr Ziel nicht. Sie scheitert zunächst aus den gleichen Gründen, die auch für die erste Variante angeführt wurden. Darüber hinaus werden in diesem zweiten Falle fragwürdige Voraussetzungen metaphysisch-theologischer Art benutzt (die Kraft hat das göttliche Vermögen zu ewiger Verschiedenheit ihrer Gestaltungen; das Quantum wird unterderhand zum Subjekt) sowie eine wichtige Unterscheidung nicht beachtet. Die *Ziellosigkeit* der Welt, d.h. der Umstand, daß die Welt nicht auf einen Finalzustand angelegt und diesen zu erreichen bestrebt ist, daß also mit der Weltbewegung nicht irgendein Ziel, Sinn oder Zweck verfolgt wird, darf nicht als *Unzweckmäßigkeit* der einzelnen Weltzustände mißverstanden, d.h. nicht so aufgefaßt werden, daß, wenn es keine Gesamt-Finalität gibt, dies gleichbedeutend damit ist, daß dann auch die einzelnen Zustände des Weltprozesses den jeweiligen kräfte-pragmatischen Erfordernissen und Bedürfnissen entgegenstehen oder zumindest nicht optimal entsprechen. Eine solche Folgerung ist deshalb zurückzuweisen, weil die Kräftevollzüge darin, was und wie sie sind, ipso facto dasjenige in einem optimalen Sinne sind, was und wie sie sind. Eine Kraft kann, wenn sie durch die Wirkung, die sie ausübt, definiert ist, weder hinter sich zurückbleiben noch gegen sich selbst verstoßen. Aber dies ist eine analytische Beziehung, keine teleologische. Entsprechend darf man den Chaoscharakter der Welt bzw. die *Ordnungslosigkeit* der Welt, die darin besteht, daß es hinter dem Geschehen keine ordnende Hand, keinen Geist, keinen Gott, kein Gesamtbewußtsein und kein Vernunftprinzip gibt, nicht mit *Unorganisiertheit* verwechseln. Die Welt kann als vollständig *ordnungslos* und zugleich als hochgradig *organisiert* gedacht werden. Denn etwas ist das Etwas, das es ist, immer nur in und als Organisation. Unorganisiertheit gibt es nicht. Aber die Faktizität der Organisiertheit hat nichts mit einer metaphysisch-ontologischen Ordnung zu tun.

---

[5] Ebenda.
[6] Ebenda.

Diese Unterscheidungen unterlaufen das oben angesprochene gnoseologische Problem. Zugleich wird einsichtig, daß das Chaos der Welt im Sinne des Ausschlusses jedweder Ziel- und Zwecktätigkeit des Gesamtprozesses dem Gedanken des Kreislaufs *nicht* widerstreitet. Die Welt als die identische zyklische Wiederkehr der sie ausmachenden Ereignis-Konkatenationen, die ihr „Spiel in infinitum spielt“[7], hat auch in infinitum kein Ziel. Jedwede teleologische Auslegung des Weltprozesses geht also am Eigentümlichen sowohl der Willen-zur-Macht-und-Interpretations-Kräfte als auch des Gedankens der ewigen Wiederkehr des Gleichen vorbei. Vor diesem Hintergrund sind kurz die beiden Fragen zu diskutieren, ob denn nun der ewige Chaos-Charakter der Welt oder der ewige Kreislauf identischer Geschehensketten ursprünglicher und welcher Art das Verhältnis von Werdecharakter und Kreisprozeß ist.

2. *Chaos und Kreislauf*

Auszugehen ist von dem bereits erwähnten Aspekt, daß die in der Wiederkunftslehre gedachte Urgesetzlichkeit des Werdens ihrerseits nichts Gewordenes ist. Sie darf also nicht nach der „falschen Analogie der Kreisbewegung *innerhalb* des Ringes“[8] vorgestellt werden. Der Kreislauf der Wiederkehr ist nicht aus dem Chaos entstanden, d.h. es gab da nicht zuerst ein Chaos, aus dem sich dann nach und nach, durch das Wirken eines Dritten, gar durch das Werk eines Demiurgen oder des Noûs, eine zunehmend harmonischere und schließlich „feste kreisförmige Bewegung aller Kräfte“[9] ergeben hätte. Vielmehr ist alles, was ist bzw. war und sein wird, insofern ewig und ungeworden, als es nicht auf unerklärliche Weise erst in die Welt, ins Dasein hinein gekommen ist und dann auf noch unerklärlichere Weise wieder daraus verschwinden würde. Wenn es einmal ein „Chaos der Kräfte“ gegeben hat, dann „war das Chaos ewig und kehrte in jedem Ringe wieder“[10]. Einmal etabliert und in seinen Implikationen zu Ende gedacht ist der Kreislauf der Wiederkunftslehre, ebenso wie das Eine Gesamtquantum an Kraft/Energie, „Urgesetz“, welches keine Ausnahme und keine Übertretung zuläßt. Dabei braucht kaum eigens mehr betont zu werden, daß in solcher Rede vom „Gesetz dieses Kreises“ und vom „Urgesetz“[11] weder ein externer Zwang noch eine von innen her subintelligierte Freiheit des Wählenkönnens, und zwar weder im Sinne kausal-mechanistischer Determination und Naturgesetzlichkeit noch im Sinne teleologi-

[7] KGW VIII, 3, 14 (188), S. 168.
[8] KGW V, 2, 11 (157), S. 400.
[9] Ebenda.
[10] Ebenda.
[11] Ebenda.

scher und finalistischer Erklärungsweisen gesehen werden kann. Die Wiederkunftslehre formuliert kein ,Gesetz', wenn darunter eine externe Gesetzlichkeit *über* den Kräfteprozessen verstanden wird. Sie ist auch kein ,Gesetz' weder im Sinne einer Vorschrift noch in dem einer Deskription faktisch-kontingenter Vorgänge. Die zyklische Wiederkehr ist ,Urgesetz des Werdens' im Sinne genau derjenigen internen, sich in ihrem Vollzug selbst-konstituierenden, darin aber unerbittlichen, absoluten Notwendigkeit der Kräfte-Prozesse, d.h. der wirk-relationalen Übergänge von einem Zustand in einen nächsten. Vielleicht hätte Nietzsche statt vom ,Gesetz' besser von der ,internen Notwendigkeit' sprechen sollen, um Mißverständnisse erst gar nicht aufkommen zu lassen. Erinnert sei auch daran, daß diese Notwendigkeit, die darin besteht, daß die Kräfte-Relationen diejenigen Kräfte-Relationen sind, die sie sind, natürlich nichts mit einem Positivismus zu tun hat, für den die Welt aus feststehenden Tatsachen besteht. Denn die Wiederkunftslehre gewinnt sich nicht im Ausgang von einer empirischen Welt der Fakten, sondern im Rückgang in diejenige kräfte-relationale und wesentlich interpretative Vollzugsebene der Welt-und-Selbst-Auslegung, die *immer schon* in Anspruch genommen ist, *bevor* es überhaupt eine *So-und-so*-Welt und schließlich dann auch eine Welt der Tatsachen gibt.

An der Überlegung, daß, wenn es einmal ein Chaos der Kräfte gab, auch dieses Chaos ewig wiederkehrt, wird deutlich, daß bei Nietzsche in Sachen ,Chaos' zwei Bedeutungen zu unterscheiden sind. Denn die Rede von der Wiederholung des Chaos scheint in einer nicht zu vereinenden Spannung zu der grundlegenden Bestimmung zu stehen, daß der Gesamtcharakter der Welt „in alle Ewigkeit Chaos"[12] ist. Es ist also zu unterscheiden zwischen (1) dem Chaos im Sinne eines bestimmten Zustandes der Welt der Kräfte, dem andere Zustände vorausliegen bzw. folgen, und (2) dem Chaos als Kennzeichnung des *Gesamt*charakters der Welt. Was die erste dieser beiden Bestimmungen angeht, so ist, da das Dasein keinen endlichen Anfang in der Zeit hat, die Bedeutung auszuschließen, die der Begriff des Chaos bei den vorsokratischen Griechen und noch bei Aristoteles hat, daß das Chaos nämlich der am Anfang der Welt stehende gähnende Raum bzw. Abgrund ist, in den die Welt dann durch den Akt eines Demiurgen oder durch den Noûs hineingebildet wurde. Die zweite und für Nietzsche grundlegendere Bestimmung, daß der Gesamtcharakter der Welt auf immer Chaos ist, läßt sich in dreifacher Hinsicht präzisieren.

Zunächst (a) artikuliert sich in dieser Kennzeichnung der Umstand, daß ein Großteil der tatsächlichen Kräfteprozesse einer mathematischen Berechenbarkeit und dem Kausalprinzip sowie der sich daraus ergebenden Prognosesicherheit nicht zugänglich ist. Im Zusammenhang der Erhaltungskausalität und

[12] KGW V, 2, *Die fröhliche Wissenschaft,* III, Aph. 109, S. 146.

dann vor allem der von Nietzsche gern verwendeten Metapher vom Würfelspiel wurde dieser Aspekt bereits betont.[13] Selbst einfachste Vorgänge zeigen bei auch nur der geringfügigsten Veränderung in den Anfangsbedingungen schnell chaotisches, sprich unberechenbares, nicht mehr mit dem Kausalitätsgesetz einzufangendes und nicht mehr prognostizierbares Verhalten. Das Verhalten von Billardkugeln oder Würfeln liefert dafür ein leicht zugängliches Beispiel. Sodann (b) ist die Welt in dem Sinne ‚chaotisch', daß in ihr weder für die vielfältigen juridischen, moralischen und ästhetischen Vermenschlichungen (daß die Natur z. B. gerecht, gut, weise, schön ist) noch für die unterschiedlichen Vergöttlichungen der Welt (daß diese z. B. mit der Gottheit selbst zusammenfalle, daß der Weltprozeß die Selbstoffenbarung Gottes ist, daß die Welt mit der Fähigkeit zu ewiger Neuheit ihrer Gestalten ausgestattet ist) Anhaltspunkte zu finden sind. Und schließlich (c) meint ‚Chaos' hier das in bezug auf den Gesamtcharakter der Welt herauszustellende Fehlen einer metaphysischen Geordnetheit hinter dem vielfältigen Spiel des Mit- und Gegeneinander-Wirkens der vielen Kräfte-Organisationen. Chaos bedeutet hier den Ausschluß z. B. der System-Philosophie im Sinne des Deutschen Idealismus, der Teleologie, der Rückführbarkeit auf einen planenden Schöpfer-, Erhalter- und Gestalter-Gott sowie einer Auffassung der Welt als eines Organismus oder als einer Maschine. Chaos bedeutet, daß es keine Vernunft in der Sache gibt.

Selbstverständlich heißt dies in keiner der genannten Hinsichten, daß in den Geschehensprozessen die Notwendigkeit fehlt. Die Rede vom Chaos darf nicht so verstanden werden, als würde darin die in bezug auf das wirkliche Geschehen grundlegende Einsicht aufgehoben, daß das Unmögliche nicht möglich ist. Aber nachdem nicht mehr von einer Geordnetheit-*an-sich* auszugehen ist, erscheint die Welt der Kräfte als freigesetzt von jedweder metaphysischen Bevormundung sowie als ‚Material' der Steigerungsprozesse, mithin als Material und Tätigkeit ihrer selbst *und zugleich* in jeder einzelnen ihrer Kräfte-Relationen als absolut notwendig. So gesehen ist das Chaos die ‚unvernünftige' Notwendigkeit[14] oder umgekehrt formuliert: der Gesamtcharakter der in ihren Vollzügen absolut notwendigen Welt ist Chaos. Und insofern die Wiederkunftslehre sich auf die Verlaufsform *dieser* Notwendigkeit bezieht, kann man sagen, daß sie das Urgesetz des Chaos symbolisiert, ohne dieses je in irgendeine Objektivität oder Vernünftigkeit zu überführen. Das Chaos des Gesamtcharakters und der Kreislauf der Wiederkehr sind gleich-ursprünglich und ihrerseits nicht noch einmal zu hintergehen.

---

[13] Vgl. Kap. II, 2, S. 44ff. und Kap. X, 1, S. 346f.
[14] Vgl. dazu auch die Ausführungen in Kap. X, 3.

3. Prozeß und Wiederkehr

Jeder Übergang von einem Kräftezustand in einen nächsten, jedes Werden und Vergehen also, vollzieht sich „innerhalb"[15] des Kreislaufs der Wiederkehr und des Gesamtquantums der Energie. Kreisprozeß und Energiemenge sind ihrerseits nichts Gewordenes. Wie aber ist dies mit der von Nietzsche des öfteren betonten „*Unschuld* des Werdens"[16] zu vereinen? Zunächst muß daran erinnert werden, daß Nietzsche erklärtermaßen auf der Suche nach einer Weltkonzeption ist, die das Werden *als* Werden ganz aus sich selbst heraus und in jedem Augenblick gerechtfertigt sein läßt bzw. „unabwerthbar"[17] macht. Es „darf absolut nicht das Gegenwärtige um eines Zukünftigen willen oder das Vergangene um des Gegenwärtigen willen gerechtfertigt werden".[18] Und unter den vielen an sich möglichen Weltkonzeptionen ist allein die Wiederkunftslehre in der Lage, den Werdecharakter der werdenden Welt zu sichern und gegen erneut drohende Abwertungen und Rechtfertigungen zu verteidigen. Sie ist dies deshalb, weil in ihr die Bedingungen angegeben und synthetisiert werden, unter deren Geltung die Schuldlosigkeit und die Unabwertbarkeit bzw. die Vollkommenheit des Werdens keiner Bedrohung mehr ausgesetzt ist. Wie ist dies zu verstehen?

Es ist auch hier wiederum zu beachten, daß der Weltprozeß, wenn er auf einen Zielzustand hin angelegt wäre bzw. absichtlich oder unabsichtlich in einen solchen hineingeraten könnte, diesen bereits auch erreicht haben müßte. Wenn die Welt eines solchen Zustandes fähig wäre, und wenn es in ihrem Verlaufe auch nur einen einzigen Augenblick ‚festes Sein' im strengen Sinne gegeben hätte, so müßte es mit allem Werden und Vergehen bereits ein Ende haben. Dies jedoch ist offensichtlich nicht der Fall. So erweist sich umgekehrt die Nicht-Finalität als ein wichtiges Kriterium zur Beurteilung der verschiedenen Weltkonzeptionen. Diejenigen, für die ein Ziel- und Endzustand schließlich unausweichlich wird, können aufgrund dieser ihrer finalistischen Konsequenz als widerlegt angesehen werden. Für die Wiederkunftslehre dagegen ist charakteristisch, daß sie eine solche Finalität des Weltprozesses nicht nur vermeidet, sondern systematisch ausschließt. Eben dadurch aber ist sie zugleich die Weltkonzeption, die das Werden als Werden in jedem seiner Momente und ganz aus sich selbst heraus gerechtfertigt sein läßt. Darüber hinaus spielt auch in diesem Zusammenhang die interne Geschehens-Notwendigkeit eine wichti-

---

[15] KGW V, 2, 11 (157), S. 400.

[16] Vgl. z. B. KGW VI, 3, *Götzen-Dämmerung*, (*Die vier grossen Irrthümer*, Aph. 8), S. 91, oder KGW VIII, 2, 9 (91), S. 50.

[17] KGW VIII, 2, 11 (72), S. 276.

[18] Ebenda.

ge Rolle. Wenn ‚Werden' das Wort für den Übergang von einem Zustand in den nächsten ist, und wenn diese Übergänge als kräfte-relationale Vollzüge intern von absoluter Notwendigkeit sind, dann muß diejenige Konzeption, in der sich die Verlaufsform eben dieser Geschehens-Notwendigkeit ohne finalistische, kausal-deterministische oder evolutionstheoretische Hypotheken artikuliert, zugleich auch diejenige sein, die dem Werden als Werden im vollsten Sinne gerecht wird.

Dies zeigt zugleich, daß das größte Hindernis für eine Freisetzung des Werdens als Werden in dem besteht, was man im Unterschied zur *internen* Notwendigkeit die *externe* Notwendigkeit nennen kann. Darunter wäre nicht nur die kausale Determination im Sinne der äußeren Verursachung, sondern auch diejenige Notwendigkeit zu verstehen, die von einer umfassenden „Gesammtgewalt", einem „ersten Motor"[19] oder einem vorgegebenen teleologischen Umzu ausginge. Welcher Art ein solches Gesamtbewußtsein auch immer sein mag, man könnte schließlich nicht umhin, das Werden unter diesen Gesichtspunkt zu bringen und damit abzuwerten. Um dies zu vermeiden, ist nicht nur ein solches Gesamtsensorium zu eliminieren, sondern man darf letztlich „*nichts Seiendes überhaupt zulassen*"[20]. Denn dies wäre bereits ein Schritt in jene Richtung, an deren Ende die Konstruktion einer Welt ‚festen Seins', einer ‚an sich seienden und wahren Welt' steht, von der aus dann der Werdecharakter der werdenden Welt diskreditiert und das Dasein schließlich nicht nur als etwas der Rechtfertigung Bedürftiges, sondern *als* Schuld ausgelegt wird. Daß Nietzsche gegen dieses Welt-und-Selbst-Verständnis erklärtermaßen Front macht, wurde bereits erörtert.[21] Hier kommt es lediglich auf den Gesichtspunkt des Werdens als solchen an. Vor allem drei Aspekte sind herauszustellen. Das Werden hat „*keinen Zielzustand*", d. h. es „mündet nicht in ein ‚Sein'".[22] Das Werden ist „*kein Scheinzustand*", sondern einzige Realität. Von ihr aus gesehen ist „die *seiende* Welt ein Schein". Das Werden ist „werthgleich in jedem Augenblick: die Summe seines Werthes bleibt sich gleich: *anders ausgedrückt: es hat gar keinen Werth*, denn es fehlt Etwas, woran es zu messen wäre und in Bezug worauf das Wort ‚Werth' Sinn hätte. Der *Gesammtwerth der Welt ist unabwerthbar*, folglich gehört der philosophische Pessimismus unter die komischen Dinge".[23] Diesen drei Grundcharakteren des Werdens wird in keiner anderen Weltkonzeption so uneingeschränkt Rechnung getragen wie in der Lehre der ewigen Wiederkehr des Gleichen. Diese enthält keinen Finalismus, ist keine Seins-Lehre, und sie sichert die Un-

---

[19] Ebenda.
[20] a. a. O., S. 277.
[21] Vgl. dazu Kap. IX, 3 und 4.
[22] KGW, a. a. O., S. 277.
[23] a. a. O., S. 277f.

abwertbarkeit der Welt im Großen wie im Kleinen in einem nicht mehr zu überbietenden Ausmaß: Alles wird und kehrt ewig wieder. Die Formulierung gibt die Bedingungen an, unter denen die innere Einheit des Werdecharakters der werdenden Welt mit der Unabwertbarkeit des Daseins und einer a-platonischen und a-christlichen Aeternität konzipiert werden kann. Und der Rekurs auf die *interne* Notwendigkeit des Werdens, auf die Nezessität *im* Werden, ist eo ipso nichts, was den Werdecharakter zerstört, sondern ihn vielmehr in seiner Notwendigkeit herausstellt.

4. Ist der Wiederkunftsgedanke auch nur Interpretation?

Daß die Welt im Großen wie im Kleinen ewig als dieselbe wiederkehrt, *kann* kein Faktum, sondern *muß* Interpretation sein. Dies ergibt sich nicht nur daraus, daß die Wiederkunftslehre einen externen Beobachtungsstandpunkt sowie empirische Verifizierbarkeit systematisch ausschließt. Es ist vor allem eine Konsequenz aus der Einsicht, daß jedes Sprechen und Denken über die Welt sowie bereits jedes Empfinden, Wahrnehmen, Erleben und Handeln, daß jede Welt-und-Selbst-Auslegung ipso facto ein Interpretieren ist. Im Interpretieren wird nicht eine objektiv seiende Welt wiedergegeben bzw. naturgetreu abgebildet, sondern eine Welt als die *So-und-so*-Welt nach Maßgabe der internen Funktionen des Interpretations-Schemas, aus dem man nicht heraustreten kann, allererst konstruiert. *Die* Eine objektive Welt und *die* interpretationsfreie bzw. schema-unabhängige Betrachtungsweise *kann* es nicht geben. Jede Perspektive muß sich die ganze ‚Wahrheit' zutrauen; aber keine Perspektive kann *die* Eine Perspektive sein. Bereits in den Tätigkeiten der sinnlichen Wahrnehmung handelt es sich nicht um Wiedergabe, sondern um interpretierendes Herstellen. Sinnesorgane wie z. B. das Auge, das Ohr, der Geschmacks- oder der Geruchssinn geben nicht objektiv, neutral oder interesselos wieder, sie konstruieren vielmehr, d. h. sie grenzen ab, selegieren, setzen zusammen, zerlegen, verbinden zu Koalitionen und prägen Funktionen auf. Dies ist in der Welt des Denkens, Erlebens und Handelns nicht anders. Es geht jedes Mal um unterschiedliche Weisen des Interpretierens und darin um ein Machtwollen, um unterschiedliche Erscheinungsformen der Willen-zur-Macht. Deshalb konnte gesagt werden, daß jedes Interpretieren ein Machtwollen, jedes Machtwollen ein Interpretieren, und daß das Wirklichkeitsverständnis im Sinne des geschehens-logischen Interpretations-Zirkels zu entfalten ist.[24] Jeder Übergang von einem Zustand in einen nächsten ist so gesehen als das neu-auslegende Übergreifen von Macht-und-Interpretations-Komplexen

[24] Vgl. dazu Kap. VI, vor allem VI, 5.

über andere Macht-und-Interpretations-Komplexe aufzufassen. Darin sind Faktizität und Interpretativität in dem erörterten Sinne vollständig ineinander übergegangen. Die Welt *ist* nur *in und als* Interpretation, und der Weltprozeß ist die Konkatenation der vielen Willen-zur-Macht-und-Interpretations-Prozesse, um deren Verlaufsform interner Notwendigkeit und damit um deren geschehens-logisches Wie es in dem Gedanken der ewigen Wiederkehr des Gleichen geht. Der Interpretationscharakter des Wiederkunftsgedankens ist letztlich eine Konsequenz seiner Stellung als das ‚unvernünftige' Logische der Welt und davon, daß eben dieses Logische *als* Interpretation aufzufassen ist. Der Wiederkunftsgedanke hat, da er sich auf das ursprüngliche Welt-und-Selbst-Verständnis und damit auf die Ebene *vor* jeder dualismus-nahen bzw. in Solipsismen mündenden Auftrennung von Mensch ‚und' Welt bezieht, seine sinn-logische Funktion nicht *in* der Welt, sondern *als* deren Grenze, mithin *vor* jeder *So-und-so*-Welt. Diese Zusammenhänge wurden im einzelnen erörtert. Der Gedanke ewiger Wiederkehr konnte schließlich als der interne Gipfel, als die Urlogik des fünfstelligen Interpretations-Zirkels, außerhalb dessen es keine Realität gibt, als die Interpretation der Interpretationen bestimmt und entfaltet werden.[25] Doch hindert dies nicht, daß er, wie in den beiden ersten Kapiteln des Dritten Teiles ausgeführt wurde, auch einer Darstellung als wissenschaftliche Lehre fähig ist. Auch darin gibt er nichts von seinem Interpretationscharakter preis, zumal Wissenschaft selbst eine Kunst, eine Interpretation ist. Es handelt sich nur um eine unterschiedliche Darstellungsform, um eine andere Notationsweise.

Spätestens an dieser Stelle wird sich erneut das natürliche Bewußtsein mit dem von ihm aus derartigen Überlegungen gezogenen Fazit zu Wort melden. Wenn selbst der Wiederkunftsgedanke, der von Nietzsche immerhin als der Gedanke der Gedanken angesehen wird, wesentlich Interpretation ist, dann sei nicht mehr zu sehen, worauf sich sein beanspruchter Vorrang vor anderen an sich möglichen Daseinskonzeptionen gründet oder anders gewendet: die Wiederkunftslehre sei eben auch bloß Interpretation. Diese Formulierung verrät zwar von neuem das fundamentale Mißverständnis in bezug auf das Interpretieren, dieses nämlich als etwas zur reinen Welt-und-Selbst-Erfahrung Hinzutretendes bzw. lediglich als dasjenige Medium anzusehen, mit dessen Hilfe das zuvor Gegebene abgebildet wird. Eine solche Auffassung bemerkt nicht, daß es das Interpretieren ist, das bereits wirksam gewesen sein muß, bevor man von der Wirklichkeit überhaupt eine Erfahrung *als* So-und-so-Wirklichkeit haben *kann*. Gleichwohl soll abschließend unter vier Gesichtspunkten auf jenen Vorbehalt geantwortet werden.

---

[25] Vgl. vor allem Kap. VIII, 5.

Erstens (1) ist grundsätzlich an die Ausführungen zu verweisen, in denen die Wiederkunftslehre als die *Interpretation der Interpretationen* gekennzeichnet wurde. Hier sind lediglich die Stichworte der dortigen Ergebnisse abgekürzt in Erinnerung zu rufen.[26] Der Wiederkunftsgedanke geht an Umfänglichkeit, an Intensivierungskapazität und in puncto Ausdeutung über andere Weltauslegungen deutlich hinaus. Interpretation der Interpretationen ist er auch, insofern er *erst zuletzt*, nach einer langen Geschichte unterschiedlicher Welt-und-Selbst-Interpretationen in seinem vollen Gehalt zutage tritt. In diesem Zusammenhang wurden neun Gesichtspunkte unterschieden. Der Vollbegriff der ewigen Wiederkehr ergibt sich erst nach dem Ende der metaphysischen und der theologischen Weltauslegung, nachdem der Nihilismus durchschritten ist, nach einer Vorgeschichte des Wiederkunftsarguments selbst, nach dem expliziten Eintritt in den geschehens-logischen Interpretations-Zirkel, nachdem die Einverleibung der ‚letzten Wahrheit', d.h. des ewigen Flusses aller Dinge , mithin das Experiment mit der Wahrheit möglich und nicht mehr automatisch existenzgefährdend erscheint, nachdem die Ebene der Untrennbarkeit des Welt-und-Selbst-Verständnisses, der ursprünglichen Einheit von Mensch und Welt betreten wurde, nachdem der Mensch Individuum im vollsten Sinne geworden ist, nachdem die dem Wiederkunftsgedanken selbst noch bevorstehende Geschichte durchlaufen ist und nachdem sowohl das Was als auch das Wie der Welt seinen Charakter als Arkanum verloren und nur noch den einer Daß-Rätselhaftigkeit hat.

Daneben ist zweitens (2) an die hohe Anzahl onto-theologischer Voraussetzungen bzw. Implikate zu erinnern, auf die diese Weltkonzeption *nicht* mehr verpflichtet ist. Zu nennen wäre etwa, daß die Wiederkunftslehre ohne einen Schöpfer-, Erhalter-, Gestalter-, Heils- oder Erlöser-Gott, ohne einen Demiurgen, ohne einen endlichen Anfang in der Zeit, entsprechend auch ohne einen End- bzw. einen Zweck- oder Zielzustand, mithin ohne Teleologie, ohne Finalismus, aber auch ohne eine metaphysische Letztursächlichkeit, ohne ein Gründendes, weiterhin ohne organologische oder maschinenmäßige Implikationen, ohne Vermenschlichung und ohne Vergöttlichung der Welt, ohne metaphysische und/oder moralische Rechtfertigungslasten und ohne erneut dualistische und weltverneinende Heils-, Erlösungs- oder Glück-Lehren auskommt. Anders ausgedrückt: in dem Gedanken der ewigen Wiederkehr des Gleichen wird ein Großteil der Probleme, die in der okzidentalen Tradition eine kardinale Stellung einnahmen und zu den meistdiskutierten Fragen gehörten, dadurch gelöst, daß die Bedingungen angegeben und synthetisiert werden, unter deren Geltung sie gar nicht mehr als Probleme auftreten kön-

[26] Vgl. im einzelnen Kap. VIII, 5, S. 306–320.

nen. Der Wiederkunftsgedanke stellt also nicht deshalb einen außerordentlichen Schachzug dar, weil er mit Subtilität einzelne Argumente oder ganze Weltkonzeptionen widerlegt, sondern weil er das Schema, innerhalb dessen diese überhaupt sinnvolle Probleme sein konnten, von Grund auf verändert. Damit werden die vormaligen Interpretamente nicht einfach ‚falsch'. Angesichts des Interpretationscharakters einer jeden Welt-Auslegung wäre eine solche Auffassung naiv und würde implizit erneut Probleme der Rechtfertigung heraufbeschwören. Aber diese Weltauslegungen erscheinen jetzt als altgewordene Gestalten des Interpretierens, als Interpretationen, deren Zeit vorüber ist. Ins Positive gewendet ist der Ausschluß der genannten onto-theologischen Verpflichtungen gleichbedeutend mit der Sicherung der vollständigen Immanenz der Welt und der Internität der sie ausmachenden Kräfte-Relationen gegenüber jedweder Art erneut drohender gnostischer Metaphysmen und Dualismen.

Drittens (3) ist abermals zu betonen, daß es unter den soeben skizzierten Bedingungen allein der Gedanke der ewigen Wiederkehr ist, der die beiden „größten"[27] philosophischen Gesichtspunkte, das Problem des *Werdens* und die Frage nach dem *Wert des Daseins* zusammenschließt, in ihrer ursprünglichen Einheit denkt und einer *gemeinsamen* Lösung zuführt. Die ewige Wiederkehr wird so gedacht, daß sie sich in Konsequenz des Werdecharakters der werdenden Welt als deren Verlaufsform und Ur-Geschichte ergibt und *darin zugleich* höchster überhaupt nur möglicher Ausdruck der Unabwertbarkeit des Daseins im ganzen und in jedem einzelnen seiner Momente ist. *Daß alles wird und ewig wiederkehrt,* dies ist die lapidare Wendung, die den Zusammenschluß der beiden, nur scheinbar durch eine logische Kluft getrennten Bereiche des Werdens und des Wertens pointiert. Zugleich ergibt sich in bezug auf jede der beiden Seiten dieses einen Zusammenhangs ein gesonderter Effekt. Zunächst ist zu betonen, daß das Werden Priorität vor dem Sein hat. Letzteres ist aus ersterem abkünftig, nicht umgekehrt. Nietzsche zufolge muß man dem Werden einen „tieferen Sinn und reicheren Werth"[28] beimessen als dem, was ‚*ist*'. Und was den Wert des Daseins betrifft, so *kann* es sich unter den Bedingungen der ewigen Wiederkehr und damit höchster Wertschätzung bzw. prinzipieller Unabwertbarkeit nicht mehr um die „erbärmliche Form des deutschen Pessimismus"[29] handeln, wie dieser vor allem von Schopenhauer artikuliert wurde.

Darüber hinaus überwindet der Gedanke der ewigen Wiederkehr des Gleichen den Nihilismus, weil dessen Sinnlosigkeitsverdikt gegen alles Dasein

[27] KGW VII, 1, 24 (7), S. 688.
[28] KGW V, 2, *Die fröhliche Wissenschaft,* V, Aph. 357, S. 281.
[29] KGW VII, 1, 24 (7), S. 688.

in einer Welt der periodischen Wiederkehr gar keine Basis mehr besitzt. Wenn ‚Sinn' nicht etwas Gegebenes, sondern etwas immer erst zu Erzeugendes ist, dann ist der Mißmut über die Sinn-losigkeit des Daseins entweder Anzeichen dafür, daß doch noch mit einem irgendwo vorhandenen, obzwar verborgenen Sinn-*an-sich* gerechnet wird, oder psychologischer und existenzieller Ausdruck der Schwierigkeiten, nicht ohne vor-*gegebenen* Sinn leben bzw. den Sinnverlust nicht verschmerzen zu können. Näher besehen geht das ganze Unbehagen unter den Bedingungen der *neuen* Welt-und-Selbst-Auslegung ins Leere. Was soll das Klagen über nicht zu entdeckenden Sinn-an-sich, wenn Sinn gar nichts Gegebenes, gar kein Ansich sein *kann*? Die Frage so formulieren heißt, das Nihilismusproblem einer quasi analytischen Lösung zuführen. Die alte Sinn- bzw. Sinnlosigkeits-Frage kann gar nicht mehr entstehen, weil sie ihre Bedeutung, ihren vermeintlichen Referenten, den außerhalb des Interpretations-Zirkels vermuteten metaphysischen und moralischen Sinn, auf den sie sich zu beziehen vorgibt, verloren hat. Zugleich wird deutlich, daß die Überwindung des Nihilismus wesentlich eine Angelegenheit der *interpretativen* Kräfte ist. Wer also das Interpretieren entweder objektivistisch hintergehen oder als etwas ‚*bloß* Perspektivisches' diskreditieren möchte, der beraubt sich eben damit der Möglichkeit, den Nihilismus überwinden zu können, d.h. er bemerkt nicht, daß in dem geforderten Verschwinden der Interpretation auch die Möglichkeit eines nach-nihilistischen Welt-und-Selbst-Verständnisses verschwindet. Eine Ausschaltung der Interpretativität käme dem Auslöschen der Wirklichkeit *als* Wirklichkeit gleich. Vor dem Hintergrund der Grundeinsicht, daß das Was, das Wie und der Wert[30] des Daseins von der Interpretation abhängen – nicht umgekehrt –, läßt sich aus Nietzsches Sicht das Problem der Überwindung des Nihilismus als die Frage reformulieren, ob, nachdem die eine und in der okzidentalen Tradition bislang für die überhaupt einzig mögliche gehaltene Gesamtwertung der Welt, die platonisch-christliche und erweitert die metaphysisch-moralische Deutung der Welt, untergegangen ist[31], *neue interpretative Kräfte* aufgeboten werden können oder nicht. Nihilismus ist also der Niedergang der metaphysisch-moralischen Welt-*Interpretation*, und es ist die Frage, ob der Mensch jenseits des Nihilismus einen neuen Horizont der Welt-und-Selbst-Auslegung zu etablieren vermag oder nicht.

Die Enstehung eines neuen Daseinsverständnisses, neuer und nicht mehr metaphysisch oder moralisch, sondern wesentlich ästhetisch und physio-logisch bestimmter Welt- und Sinn-Texturen (die sich freilich nicht mehr als apriorische oder objektive, absolute Wahrheiten mißverstehen dürften, sondern als Interpretationen-*auf-Zeit* die Auslegung dessen, was als real, wahr,

---

[30] Vgl. KGW VIII, 1, 2 (108), S. 112.
[31] Vgl. dazu KGW VIII, 1, 5 (71), S. 215.

wertvoll und schön gilt, mithin die Lebensformen bestimmen würden) ist jedoch nicht so zu verstehen, als könne man sie auf dem Wege methodisch geregelter moralischer Argumentation oder im Sinne der Handlungslogik herbeiargumentieren. Derartige Strategien einer theoretischen Klärung praktischer Normen sowie der argumentativen Rechtfertigung ihrer problematisierten Geltung dürfen sich in ihrem Status und ihrer Wirkung nicht überschätzen. Sie erreichen nicht den *lebensweltlichen* Sinn und sind von daher auch nicht in der Lage, das Problem des Nihilismus, aufgefaßt als Depotenzierung lebensweltlich funktionierender Hintergrundsemantik, zu thematisieren oder gar zu lösen. Die für eine erfolgreiche Überwindung des Nihilismus benötigten neuen interpretativen Kräfte werden weder konstruktivistisch aufgebaut[32] noch im Rekurs auf ein sprachphilosophisch gewendetes Apriori der Verständigungs-Gemeinschaft, in dem heute von einigen Autoren sogar die Möglichkeit der Begründung einer formal-kognitivistischen Ethik vermutet wird[33], hervorgebracht. Nach der anderen Seite ist jedoch ebenso deutlich zu betonen, daß der Gedanke einer substantialen Sittlichkeit etwa Hegelscher Provenienz oder ein naturteleologisches Institutionen-Ethos Gehlenscher[34] Prägung auch nicht mehr möglich sind. Von dem neuen menschlich-übermenschlichen Welt-und-Selbst-Verständnis gilt, daß es aufgrund vor allem des vollständigen Ineinanders von Faktizität und Interpretativität weder substantialistisch noch naturalistisch, aber auch nicht subjektivistisch verstanden werden *kann*. Aus einer *bereits jenseits* des Nihilismus stehenden Perspektive würden alle drei Optionen als Regressionen erscheinen. Lebensweltlicher Sinn wird in der Sicht von Nietzsches Denken von der jeweiligen Beschaffenheit der Willen-zur-Macht-und-Interpretations-Prozesse selbst, weder aus einer theoretischen Einstellung noch durch die Erinnerung an einen archaisierenden oder als zweite Natur bzw. als sekundäre Teleologie auszugebenden Quasi-Substantialismus und auch nicht durch einen prometheischen Subjektivismus erzeugt. Umgekehrt greift er dann freilich bis in die Logik der Forschung und in die Rechtfertigungspraxis sowohl theoretischer Aussagen als auch praktischer Normen sowie in die Auffassung dessen, was als Welt, als Ich und als Person gilt, durch.

---

[32] Die Entwicklung einer Methodik und einer Orthosprache des moralischen Argumentierens ist ein Programmpunkt des Konstruktivismus des Erlanger Kreises. Vgl. P. Lorenzen/O. Schwemmer, *Konstruktive Logik, Ethik und Wissenschaftstheorie*, Mannheim/Wien/Zürich 1973, die Abschnitte II und III, 4.

[33] Dies ist die Auffassung von K.-O. Apel und, weniger aprioristisch, von J. Habermas. Vgl. K.-O. Apel, *Das Apriori der Kommunikationsgemeinschaft und die Grundlagen der Ethik*, in: Ders.: *Transformation der Philosophie*, Frankfurt/M. 1973, Bd. II, vor allem S. 415–435; J. Habermas, *Die Wahrheitsfähigkeit praktischer Fragen*, in: Ders.: *Legitimationsprobleme im Spätkapitalismus*, Frankfurt/M. 1973, S. 140–152.

[34] Vgl. A. Gehlen, *Moral und Hypermoral*, Frankfurt/M. ³1973, Kap. 7–9; Ders.: *Urmensch und Spätkultur*, Frankfurt/M. ⁴1977, Kap. 20–24.

Der Gedanke der ewigen Wiederkehr des Gleichen treibt die Verzweiflung, die sich für das menschlich-allzumenschliche Daseinsverständnis im Zuge der Erfahrung des Todes Gottes und der damit verknüpften Einsicht einstellt, daß ein ‚Sinn' hinter den Geschehensprozessen nicht gegeben ist, und daß mit und in den Prozessen des Werdens kein Ziel oder Zweck verfolgt wird, in ihr Extrem. Denn unter der Perspektive der ewigen Wiederkehr ist alles Dasein auf ewig ohne *gegebenen* Sinn und ohne ein vor-gegebenes oder von einem Gesamtsensorium vor-gewußtes Ziel. Als der „lähmendste" und ent-täuschendste Gedanke erweist sich so die Vorstellung einer „*Dauer*, mit einem ‚Umsonst', ohne Ziel und Zweck"[35]. Nietzsche fordert, diesen Gedanken in seiner „furchtbarsten" Form, und das heißt in Verbindung mit der Wiederkunftslehre zu denken: „das Dasein, so wie es ist, ohne Sinn und Ziel, aber unvermeidlich wiederkehrend, ohne ein Finale ins Nichts".[36] Die Wiederkunftslehre ist also zunächst die „extremste Form" des Nihilismus: „das Nichts (das ‚Sinnlose') ewig!"[37] Aber die illusionslose Durchquerung dieser Talsohle enthält ineins die Erfahrung, daß, wenn es keinen vorgebenen Sinn gibt, *eben dadurch alles und jedes* unabwertbar bzw. absolut wertvoll wird. Das ist der intern-kontrastive und ins Positive umschlagende Effekt, auf den Nietzsches Philosophie aus ist. Dieses Denken möchte jenseits des Nihilismus Fuß fassen und eine nach-nihilistische Lebensform in ersten Umrissen sichtbar machen. Aber es weiß nur zu genau um die Schwierigkeiten, einen solchen Standpunkt überhaupt gewinnen zu können. Zunächst ist unumgänglich, den Nihilismus bis in seine äußerste Form zu durchmessen. Alles andere wäre bloß abgebrochener oder unvermerkt atavistisch umgebogener Nihilismus. Doch geht es nicht darum, „bei einer Negation, beim Nein, bei einem Willen zum Nein"[38] stehenzubleiben. Vielmehr will dieses Denken „bis zum Umgekehrten hindurch – bis zu einem *dionysischen Jasagen* zur Welt, wie sie ist, ohne Abzug, Ausnahme und Auswahl".[39] Und eine solche uneingeschränkte Bejahung impliziert, zu Ende gedacht, das Wollen-Müssen der ewigen kreisförmigen Wiederkehr von Allem und Jedem. Anderenfalls wäre die Bejahung nicht vorbehaltlos und nicht vollständig. Diese Haltung zum Dasein ist der höchste Zustand, den ein Philosoph erreichen kann. Zugleich ist in diesem Zusammenhang auf einen weiteren Aspekt aufmerksam zu machen.

Obwohl sich der Wiederkunftsgedanke zunächst als Vollstrecker des Nihilismus erweist, ist er selbst jedoch gerade nicht als eine Folge des Nihilismus

[35] KGW VIII, 1, 5 (71), S. 217.
[36] Ebenda.
[37] Ebenda.
[38] KGW VIII, 3, 16 (32), S. 288.
[39] Ebenda.

und nicht im Sinne einer nihilistischen Konsequenz aufzufassen. In einer solchen Optik könnte die Wiederkunftslehre schwerlich die Überwindung des Nihilismus beinhalten, denn als die aus dem Nihilismus erwachsene Konsequenz und Umkehrung liefe sie Gefahr, von diesem selbst noch, zumindest aber von seinem Schatten, hinterrücks bestimmt zu sein. Der Wiederkunftsgedanke erweist sich vielmehr als die äußerste interne Konsequenz einer auf der Ebene der ursprünglich-produktiven Welt-und-Selbst-Interpretation leitenden Haltung uneingeschränkter und vorbehaltloser Bejahung aller Realität. Er ist also Konsequenz eines theoretischen, praktischen und ästhetischen Habitus, der den Nihilismus bereits zurückgelassen hat und mit diesem nicht den Ausgangspunkt teilt. Diese Differenz ist ebenso zu beachten wie umgekehrt die Verbindung von Wiederkunftsgedanke und Nihilismus. Dem entspricht nach der anderen Seite, daß es unter der Erfahrung des Todes Gottes und des heraufkommenden Nihilismus folgerichtig ist, wenn Nietzsche den Wiederkunftsgedanken nicht über ein pantheistisches ‚natura sive deus', nicht also auf dem Wege über eine Vergöttlichung der Welt, sondern über das Extrem des Nihilismus, über die ewige Sinn- und Ziellosigkeit des Daseins ins Spiel bringt. Obwohl ein radikaler Pantheismus mit seiner Annahme, daß alles vollkommen, göttlich und ewig sei, „*ebenfalls zu einem Glauben an die ‚ewige Wiederkunft*'"[40] führt (– denn was sollte das für eine Vollkommenheit, Göttlichkeit und Ewigkeit sein, die die Dinge ein einziges Mal auftreten und dann für immer verschwinden läßt? –), *kann* dies doch nicht der Weg Nietzsches sein.

Soll der Weltprozeß, obwohl ihm kein vorgebener Sinn und keine Teleologie mehr zugesprochen werden kann, gleichwohl im ganzen wie in jedem seiner Momente als absolut gerechtfertigt angesehen und uneingeschränkt bejaht werden, dann ist dies nur so vorzustellen, daß etwas innerhalb des Prozesses in jedem seiner Momente gegenwärtig und erreicht ist, und zwar muß dies immer das Gleiche sein.[41] Diese Bedingung erfüllt, bei vollständiger Immanenz des Weltprozesses, allein der Gedanke der ewigen kreisförmigen Wiederkehr des Gleichen. Er macht das Dasein im ganzen und jedes einzelne Moment unüberbietbar wertvoll, sowohl gegenüber den Fiktionen externer Instanzen als auch in den Beziehungen untereinander. Vor diesem Hintergrund läßt sich präzisieren, was es heißt, den Nihilismus als überwunden zurückzulassen.

Ein Individuum, dem dies gelänge, würde sich vor allem dadurch auszeichnen, daß in seinem Welt-und-Selbst-Verständnis drei Bedingungen erfüllt bzw. drei fundamentale Perspektiven leitend sind. Zunächst (a) müßte es in der Lage sein, den Grundcharakter allen Daseins, das heißt den Willen-zur-Macht-und-Interpretations-Charakter, auch als seinen eigenen vorbehaltlos

---

[40] KGW VIII, 1, 5 (71), S. 217. Vgl. dazu auch oben Kap. XI, 2, S. 391f.
[41] Vgl. a.a.O., S. 218 und oben Kap. VIII, 5, S. 300f.

und mit Lust zu bejahen[42] und sich darin seinerseits in dem Sinne als überaus wertvoll und unverzichtbar auffassen, daß es, als dieses Individuum, das es ist, sowohl die ganze ihm vorausliegende und es bedingende Geschehens-Kette der Welt als auch alle Zukunft dieser Kette selber *ist* bzw. in sich trägt. In solcher expliziten Übernahme der Geschehens-Notwendigkeit, die ein jedes einzelne Individuum in diesem Sinne selber *ist*, liegt zugleich ein interner Triumph über eben diese Beschaffenheit der Welt. Das ist die Gestalt, die das überlieferte Problem des Verhältnisses von Notwendigkeit und Freiheit jetzt angenommen hat.[43] Sodann (b) hätte dieses Individuum sich in jedem Handeln, Denken und Erleben mit der Dignität einer ewigen Wiederkehr dieses seines Handelns, Denkens und Erlebens ausgezeichnet, mit Aeternität geadelt zu wissen. Und schließlich (c) müßte es, da seine eigene Wiederkehr von der alles anderen ebenso abhängt wie dessen von seiner, die ewige Wiederkehr von Allem und Jedem begehren. Indem dieses Individuum eine solche uneingeschränkte Bejahung erreicht, wird ihm der Gedanke der ewigen Wiederkehr nicht Schrecknis, sondern Ausdruck äußerster Steigerung und höchster überhaupt nur möglicher Bestätigung seiner Welt-und-Lebens-Haltung. Ein solches Individuum verfügt in eben diesen drei Komponenten über ein Welt-und-Selbst-Verständnis, das den Nihilismus überwunden hat. Der Gedanke der ewigen Wiederkehr des Gleichen ist Gipfel einer post-nihilistischen Daseinsinterpretation.

Viertens (4) ist in bezug auf den Einwand, daß doch auch der Wiederkunftsgedanke bloß Interpretation sei, das Augenmerk auf die sinn-kritischen Voraussetzungen und Implikationen der Rede von ‚*bloß* Interpretation' zu lenken. Zunächst ergibt eine solche Qualifizierung nur dann einen Sinn, wenn entweder ein wissenschaftlicher Objektivismus oder ein metaphysisches, ein an-sich-seiendes Wahres, Gutes und Schönes, bzw. wenn eine außerhalb der internen Funktionen des Interpretations-Schemas liegende Realität vorausgesetzt wird. Eine solche Annahme läßt sich aber vor dem Hintergrund der Ausführungen zum geschehens-logischen Interpretations-Zirkel nicht mehr aufrechterhalten. Von Realität und Sinn kann außerhalb der Interpretationsprozesse gar nicht sinnvoll gesprochen werden. Insofern Realität eine interne Funktion des Schemas des Welt-und-Selbst-Verständnisses und diese vom Wesen des Interpretierens ist, ist alles, was ist, Interpretation und Interpretation alles, was ‚*ist*'. Dies gilt in Nietzsches Sicht nicht nur vom Menschen, sondern in bezug auf die perspektivische Konstruktion der Welt von einem jeden der vielen faktisch-interpretativen Kraftzentren aus. Nicht nur das Wie, sondern auch das Was und vor allem der Wert der Welt hängen vom Interpretations-

[42] Vgl. KGW, a.a.O.
[43] Vgl. dazu oben Kap. VIII, 5, S. 301ff.

Schema ab. Und da es nicht nur eine, sondern viele Interpretationen der Welt gibt, gibt es nicht mehr *die* Eine Seinsweise der Welt, sondern Weisen der Welt-*Interpretation*.

Vor dem Hintergrund der konstitutiven, nicht hintergehbaren und nicht operational herstellbaren Rolle des Interpretierens, wie dieses als Fundamentalvorgang aufgefaßt und dann als geschehens-logischer Interpretations-Zirkels näher entfaltet wurde, ist es grundsätzlich nicht mehr möglich, in bezug auf die notwendigerweise stets innerhalb dieses Zirkels formulierten Weltauslegungen relativierend oder gar herabsetzend davon zu sprechen, daß es sich darin eben ‚auch *bloß*' um Interpretation handle. Solche Redeweise verrät entweder eine Gedankenlosigkeit oder aber einen undurchschauten Rückfall in dasjenige metaphysische Denken alter Ontologie und objektiver Wahrheit, dem der zu Ende gedachte Interpretations-Gedanke den Boden bereits entzogen hat. Beharrt das natürliche Bewußtsein auch jetzt noch obstinat auf seiner Formulierung, so wäre es erneut durch das ganze Argument, d.h. in und durch den Interpretations-Zirkel zu schicken. Seine Hartnäckigkeit ist ein Akt letzter Verzweiflung, der aber schon allein deshalb vergeblich ist, weil er über seine eigene Beteuerung nicht hinauskommt. Denn er kann nicht einmal spezifizieren, was das eigentlich für eine *außerhalb* des Interpretations-Zirkels liegende Wirklichkeit sein soll, die es zu erfassen gälte. Darüber hinaus bemerkt eine solche Position nicht, daß sie sich durch die Wendung ‚auch bloß Interpretation' implizit selbst auf die Verpflichtung festlegt, dem Interpretieren *als solchem* nachzufragen. Wer an dieser Stelle den Zusatz ‚auch' nicht verwendet und nur von ‚bloß Interpretation' spricht, der erweist sich eben dadurch unterderhand als Metaphysiker oder Objektivist. Wer dagegen die Idee einer metaphysischen Wahrheit und das Ideal einer wissenschaftlichen Objektivität schon nicht mehr fraglos voraussetzt und deshalb das ‚auch' in seinen Einwand aufnimmt, der kann auf den darin um der Sinnhaftigkeit der Formulierung selbst willen implizit in Anspruch genommenen perspektivisch-interpretativen Charakter eines *jeden* Welt-und-Selbst-Verständnisses verpflichtet werden. Wenn die Verwendung des ‚auch' sinnvoll sein soll, dann führt die Klärung der logischen Form des verwendeten Ausdrucks in den Interpretations-Zirkel. Und wenn dieser dann im Hinblick auf eine optimale Kompossibilität von Werden, Wert und Aeternität intern durchlaufen wird, dann erscheint *zuletzt* der Gedanke der ewigen Wiederkehr des Gleichen als der Gipfel der Betrachtung, als die Interpretation der Interpretationen. Wer sich also aus der ganzen Sache mit der Bemerkung heraushalten möchte, daß doch wohl auch dies alles nur Interpretation sei, der ist bereits in sie verwickelt. Er weiß es nur noch nicht. Und wenn er es wüßte, so wäre auch dies wiederum kein Schritt in Richtung auf eine neue objektive Wahrheit. Es wäre ein Schritt in die Interpretativität als solche.

Literaturverzeichnis

G. Abel: Stoizismus und Frühe Neuzeit. Zur Entstehungsgeschichte modernen Denkens im Felde von Ethik und Politik, Berlin/New York 1978.

–: Nietzsche contra ‚Selbsterhaltung'. Steigerung der Macht und ewige Wiederkehr, in: Nietzsche-Studien, 10/11 (1981/82), S. 367–407 (mit Diskussion).

Ch. Andler: Nietzsche. Sa vie et sa pensée, 6 Bände, Paris 1920ff.

L. Andreas-Salomé: Friedrich Nietzsche in seinen Werken, Wien 1894.

K.-O. Apel: Das Apriori der Kommunikationsgemeinschaft und die Grundlagen der Ethik, in: Ders.: Transformation der Philosophie, Bd. II, Frankfurt/M. 1973, S. 358–435.

Aristoteles: Physikvorlesung, in: Werke, hg. von H. Flashar, Bd. 11, übers. von H. Wagner, Darmstadt ³1979.

–: Nikomachische Ethik, in: Werke, hg. von H. Flashar, Bd. 6, übers. von F. Dirlmeier, Darmstadt ⁶1974.

–: Problemata Physica, in: Werke, hg. von H. Flashar, Bd. 19, übers. von H. Flashar, Berlin 1962.

A. J. Ayer: The identity of indiscernibles, (1953), in: Ders.: Philosophical essays, London ²1959, S. 26–35.

H. P. Balmer: Freiheit statt Teleologie. Ein Grundgedanke von Nietzsche, (Phil. Diss. Tübingen 1972), Freiburg/München 1977.

O. Becker: Nietzsches Beweise für seine Lehre von der ewigen Wiederkehr, (1936), in: Ders.: Dasein und Dawesen. Ges. philos. Aufsätze, Pfullingen 1963, S. 41–66.

H. Bergson: Die Wahrnehmung der Veränderung, (1911), in: Ders.: Denken und schöpferisches Werden, Meisenheim 1948, S. 149–179.

E. Biser: Gott ist tot. Nietzsches Destruktion des christlichen Bewußtseins, München 1962.

M. Black: The identity of indiscernibles, in: Mind, 61 (1952), S. 153–164.

H. Blumenberg: Die kopernikanische Wende, Frankfurt/M. 1965.

–: Die Legitimität der Neuzeit, Frankfurt/M. 1966.

–: Selbsterhaltung und Beharrung. Zur Konstitution der neuzeitlichen Rationalität, (1969), in: H. Ebeling (Hg.), Subjektivität und Selbsterhaltung, Frankfurt/M. 1976, S. 144–207.

–: Säkularisierung und Selbstbehauptung, Frankfurt/M. 1974.

–: Die Genesis der kopernikanischen Welt, Frankfurt/M. 1975.

–: Schiffbruch mit Zuschauer. Paradigma einer Daseinsmetapher, Frankfurt/M. 1979.

–: Die Lesbarkeit der Welt, Frankfurt/M. 1981.

L. Boltzmann: Vorlesungen über Gastheorie, II. Theil, Leipzig 1898.

–: Entgegnung auf die wärmetheoretischen Betrachtungen des Hrn. E. Zermelo, in: Annalen der Physik und Chemie, Neue Folge (= 3. Folge), Bd. 57, 1896, S. 773–784.

H. Bondi: Cosmology, Cambridge 1960.

W. Bröcker: Nietzsche und der europäische Nihilismus, in: Zeitschrift für philosophische Forschung, 3 (1949), S. 161–177.

–: Aristoteles, (dritte um einen zweiten Teil erweiterte Auflage) Frankfurt/M. 1964.

M. Čapek: The theory of eternal recurrence in modern philosophy of science, with special reference to C. S. Peirce, in: The Journal of Philosophy, 57 (1960), S. 289–296.

–: Eternal return, in: The Encyclopedia of Philosophy, hg. von P. Edwards, Bd. 3, New York/London 1967, S. 61–63.

O. Caspari: Leibniz' Philosophie, beleuchtet vom Gesichtspunkt der physikalischen Grundbegriffe von Kraft und Stoff, Leipzig 1870.

L. Couturat: La logique de Leibniz, Paris 1901, Nachdruck Hildesheim 1961.

A. Danto: Nietzsche as Philosopher, New York/London 1965.
D. Davidson: Kausale Beziehungen, (1967), in: G. Posch (Hg.): Kausalität. Neue Texte, Stuttgart 1981, S. 79–101.
–: The individuation of events, (1969), in: Ders.: Essays on Actions and Events, Oxford 1980, S. 163–180.
U. Deker/H. Thomas: Unberechenbares Spiel der Natur. Die Chaos-Theorie, in: Bild der Wissenschaft, 1983, Heft 1, S. 63–75.
G. Deleuze: Nietzsche et la philosophie, Paris 1962, dt.: Nietzsche und die Philosophie, München 1976.
R. Descartes: Oeuvres, hg. von C. Adam/P. Tannery, 12 Bd. Paris 1897–1909.
K.-H. Dickopp: Nietzsches Kritik des Ich-denke, (Phil. Diss., Bonn 1965), Bonn 1965.
W. Dilthey: Weltanschauung und Analyse des Menschen seit Renaissance und Reformation. Ges. Schr. II, Stuttgart/Göttingen [8]1969.
M. Djurić: Die antiken Quellen der Wiederkunftslehre, in: Nietzsche-Studien , 8 (1979), S. 1–16.
E. Du Bois-Reymond: Leibnizsche Gedanken in der neueren Naturwissenschaft, in: Monatshefte der Königl. Preus. Akad. d. Wiss. zu Berlin (1870), Berlin 1871, S. 835–854.
E. Dühring: Cursus der Philosophie als streng wissenschaftlicher Weltanschauung und Lebensgestaltung, Leipzig 1875.
–: Robert Mayer. Der Galilei des 19. Jahrhunderts, Leipzig 1879.
H. Ebeling (Hg.): Subjektivität und Selbsterhaltung. Beiträge zur Diagnose der Moderne, Frankfurt/M. 1976.
A. Einstein: Über die spezielle und die allgemeine Relativitätstheorie, Braunschweig [14]1922.
O. Ewald: Nietzsches Lehre in ihren Grundbegriffen. Die ewige Wiederkunft des Gleichen und der Sinn des Übermenschen, Berlin 1903.
G. Th. Fechner: Über die physikalische und philosophische Atomenlehre, Leipzig [2]1864.
J. Figl: Interpretation als philosophisches Prinzip. Friedrich Nietzsches universale Theorie der Auslegung im späten Nachlaß, (= Monographien und Texte zur Nietzsche-Forschung, Bd. 7), Berlin/New York 1982.
E. Fink: Nietzsches Philosophie, Stuttgart 1960.
H. Fritzsch: Quarks. Urstoff unserer Welt, München/Zürich 1981.
–: Vom Urknall zum Zerfall. Die Welt zwischen Anfang und Ende, München/Zürich 1983.
J. Frohschammer: Monaden und Weltphantasie, München 1879.
M. Funke: Ideologiekritik und ihre Ideologie bei Nietzsche, Stuttgart-Bad Cannstatt 1974.
H.-G. Gadamer: Das Erbe Hegels, in: H.-G. Gadamer/J. Habermas: Das Erbe Hegels, Frankfurt/M. 1979, S. 33–94.
–: Wahrheit und Methode, Tübingen [2]1965.
A. Gehlen: Urmensch und Spätkultur, Frankfurt/M. [4]1977.
–: Moral und Hypermoral, Frankfurt/M. [3]1973.
J. Granier: Le problème de la vérité dans la philosophie de Nietzsche, Paris 1966.
G.-G. Grau: Christlicher Glaube und intellektuelle Redlichkeit. Eine religionsphilosophische Studie über Nietzsche, Frankfurt/M. 1958.
–: Sublimierter oder realisierter Wille zur Macht?, in: Nietzsche-Studien, 10/11 (1981/82), S. 222–277.
R. H. Grimm: Nietzsche's Theory of Knowledge, (= Monographien und Texte zur Nietzsche-Forschung, Bd. 4), Berlin/New York 1977.
M. Gueroult: Leibniz. Dynamique et Métaphysique, Paris 1967.
G. E. Guhrauer (Hg.): Leibnitz's Deutsche Schriften, Bd. II, Berlin 1840.
A. Guzzoni (Hg.): 90 Jahre philosophische Nietzsche-Rezeption, Meisenheim a. Glan 1979.
A. E. Haas: Die Begründung der Energetik durch Leibniz, in: Annalen der Naturphilosophie, hg. von W. Ostwald, 7 (1908), S. 373–386.
J. Habermas: Erkenntnis und Interesse, Frankfurt/M. 1968.
–: Nachwort zu Friedrich Nietzsche, Erkenntnistheoretische Schriften, Frankfurt/M. 1968.
–: Über das Subjekt in der Geschichte, (1972), in: Ders.: Kultur und Kritik, Frankfurt/M. 1973, S. 389–398.

–: Die Wahrheitsfähigkeit praktischer Fragen, in: Ders.: Legitimationsprobleme im Spätkapitalismus, Frankfurt/M. 1973, S. 140–152.
–: Zur Rekonstruktion des Historischen Materialismus, Frankfurt/M. 1976.
N. R. Hanson: Patterns of discovery. An inquiry into the conceptual foundations of science, Cambridge 1958.
G. W. F. Hegel: Phänomenologie des Geistes, hg. von J. Hoffmeister, Hamburg [6]1952.
–: Wissenschaft der Logik, hg. von G. Lasson, 2 Bde, Nachdruck der Ausg. 1932/34, Hamburg 1975.
–: Enzyklopädie der philosophischen Wissenschaften im Grundrisse (1830), in: Ders.: Werke, Ausgabe Frankfurt/M. 1970, Bd. 8.
M. Heidegger: Sein und Zeit, Tübingen [12]1972.
–: Nietzsche, 2 Bde, Pfullingen [3]1961.
–: Vom Wesen der Wahrheit, (1943), in: Ders.: Wegmarken, Frankfurt/M. 1967, S. 73–97.
–: Brief über den ‚Humanismus', (1946), in: Ders.: Wegmarken, Frankfurt/M. 1967, S. 145–194.
–: Was heißt Denken?, Tübingen [3]1971.
–: Wer ist Nietzsches Zarathustra?, in: Ders.: Vorträge und Aufsätze, Teil I, Tübingen, [3]1967, S. 93–118.
H. v. Helmholtz: Über die Erhaltung der Kraft, Berlin [1]1847, mit Zusätzen Leipzig 1882.
D. Henrich: Die Grundstruktur der modernen Philosophie, mit einer Nachschrift: Über Selbstbewußtsein und Selbsterhaltung, in: H. Ebeling (Hg.), Subjektivität und Selbsterhaltung, Frankfurt/M. 1976, S. 97–143.
J. E. Heyde: Indiscernibilien, in: Historisches Wörterbuch der Philosophie, hg. von J. Ritter und K. Gründer, Bd. IV, 1976, Sp. 283–285.
Th. Hobbes: Opera philosophica quae latine scripsit omnia, hg. von W. Molesworth, 5 Bde, London 1839–1845, Nachdruck Aalen 1961/62.
–: The English Works, hg. von W. Molesworth, 11 Bde, London 1839–1845, Nachdruck Aalen 1961/62.
U. Hölscher: Die Wiedergewinnung des antiken Bodens. Nietzsches Rückgriff auf Heraklit, in: Neue Hefte für Philosophie, 15/16 (1979), S. 156–182.
F. Hoyle: Astronomy and Cosmology, San Francisco 1975.
W. Hübener: Sinn und Grenzen des Leibnizschen Optimismus, in: Studia Leibnitiana, X/2 (1978), S. 222–246.
–: Die notwendige Grenze des Erkenntnisfortschritts als Konsequenz der Aussagenkombinatorik nach Leibniz' unveröffentlichtem Traktat ‚De l'Horizon de la doctrine humaine', in: Studia Leibnitiana Supplementa, Bd. XV, 1975, S. 55–71.
D. Hume: A treatise of human nature, Ausg. L. A. Selby-Bigge, Oxford 1967.
E. Husserl: Erfahrung und Urteil. Untersuchungen zur Genealogie der Logik, hg. von L. Landgrebe, mit einem Nachwort von L. Eley, Hamburg [5]1976.
M. Jammer: Feld, Feldtheorie, in: Historisches Wörterbuch der Philosophie, hg. von J. Ritter, Bd. II, Sp. 923f.
C. P. Janz: Friedrich Nietzsche. Biographie, 3 Bde, München 1978/9.
K. Jaspers: Nietzsche. Einführung in das Verständnis seines Philosophierens, Berlin/New York [4]1974.
–: Nietzsche und das Christentum, München [2]1952.
I. Kant: Werke, hg. von W. Weischedel, 10 Bde, Darmstadt [3]1960ff.
–: Kritik der reinen Vernunft, Ausg. R. Schmidt, Hamburg 1956.
–: Kritik der Urteilskraft, Ausg. K. Vorländer, Hamburg (Nachdr. d. 6. Aufl. 1924) 1974.
W. Kaufmann: Nietzsche. Philosopher, Psychologist, Antichrist, Princeton [4]1974, dt.: Nietzsche. Philosoph – Psychologe – Antichrist, übers. von J. Salaquarda, Darmstadt 1982.
F. Kaulbach: Nietzsche und der monadologische Gedanke, in: Nietzsche-Studien, 8 (1979), S. 127–156.
–: Nietzsches Idee einer Experimentalphilosophie, Köln/Wien 1980.

S. Kierkegaard: Die Wiederholung. Ein Versuch in der experimentierenden Psychologie von Constantin Constantius, (1843), in: Gesammelte Werke, 5./6. Abtlg., übers. von E. Hirsch, Düsseldorf/Köln 1967, S. 1–97.
E. Knobloch: Die mathematischen Studien von G. W. Leibniz zur Kombinatorik, Wiesbaden 1973.
M. Landmann: Geist und Leben. Varia Nietzscheana, Bonn 1951.
F. A. Lange: Geschichte des Materialismus und Kritik seiner Bedeutung in der Gegenwart, 2 Bde, [1]1866; Nachdruck hg. von A. Schmidt, Frankfurt/M. 1974.
K. Lasswitz: Atomistik und Kriticismus. Ein Beitrag zur erkenntnis-theoretischen Grundlegung der Physik, Braunschweig 1878.
G. W. Leibniz: Die philosophischen Schriften, hg. von C. I. Gerhardt, 7 Bde, Berlin 1875–90; Nachdruck Hildesheim 1965.
–: Mathematische Schriften, hg. von C. I. Gerhardt, 7 Bde, Berlin 1849–63; Nachdruck Hildesheim 1962.
–: Hauptschriften zur Grundlegung der Philosophie, 2 Bde, übers. von A. Buchenau, hg. von E. Cassirer, Hamburg [3]1966.
–: Opuscules et fragments inédits, hg. von L. Couturat, Paris 1903, Nachdruck Hildesheim 1961.
–: Die Theodizee, übers. von A. Buchenau, Hamburg [2]1968.
–: Apokatastasis (panton), gedr. in: M. Ettlinger: Leibniz als Geschichtsphilosoph, München 1921, S. 27–34, (= Niedersächsische Landesbibliothek Hannover, Leibniz-Archiv: LBr, Bl. 73–74 und Bl. 72).
–: De l'Horizon de la doctrine humaine (= Niedersächsische Landesbibliothek Hannover, Leibniz-Archiv: LH IV, vol. V, 9, Bl. 2–5).
G. N. Lewis: The symmetrie of time in physics, in: Science, 71 (1930), S. 569–577.
G. Chr. Lichtenberg: Gedanken. Eine Auslese, Weimar 1950.
K. Löwith: Von Hegel zu Nietzsche. Der revolutionäre Bruch im Denken des 19. Jahrhunderts, Stuttgart 1950.
–: Nietzsches Philosophie der ewigen Wiederkehr des Gleichen, Stuttgart [2]1956.
P. Lorenzen/ O. Schwemmer: Konstruktive Logik, Ethik und Wissenschaftstheorie, Mannheim/Wien/Zürich 1973.
E. Mach: Die Geschichte und die Wurzel des Satzes von der Erhaltung der Arbeit, Prag 1872; wiederabgedruckt in: Ders.: Abhandlungen, hg. von J. Thiele, Amsterdam 1969.
–: Über das Prinzip der Erhaltung der Energie, in: The Monist V, dt. dann in Ders.: Populärwissenschaftliche Vorlesungen, Leipzig [4]1910, S. 167–216.
–: Populär-wissenschaftliche Vorlesungen, Leipzig [4]1910.
–: Die Mechanik, historisch-kritisch dargestellt, [1]1883, Nachdruck der 9. Aufl. 1933, Darmstadt 1976.
–: Erkenntnis und Irrtum. Skizzen zur Psychologie der Forschung, [1]1905, Nachdruck der 5. Aufl. 1926, Darmstadt 1980.
–: Die Analyse der Empfindungen und das Verhältnis des Physischen zum Psychischen, [1]1886, Jena [6]1911.
B. Magnus: Nietzsche's Eternalistic Counter-myth, in: The Review of Metaphysics, 26 (1973), S. 604–616.
–: Nietzsche's Existential Imperative, Bloomington & London 1978.
–: Eternal Recurrence, in: Nietzsche-Studien, 8 (1979), S. 362–377.
St. Mallarmé: Sämtliche Gedichte, franz.-dt., Heidelberg [3]1974.
G. Martin: Leibniz. Logik und Metaphysik, Köln 1960.
J. R. Mayer: Beiträge zur Dynamik des Himmels, und andere Aufsätze, hg. von B. Hell, Leipzig 1927. (Dort auch die Abhandlung ‚Über Auslösung', 1876).
–: Die Mechanik der Wärme, dritte, ergänzte Aufl. hg. von J. J. Weyrauch, Stuttgart 1893. (Dort auch die Arbeiten über die Energieerhaltung).
M. Merleau-Ponty: Humanisme et terreur, Paris [12]1951.
–: Les aventures de la dialectique, Paris [16]1955.
A. Mittasch: Julius Robert Mayers Kausalbegriff, Berlin 1940.

–: Friedrich Nietzsche als Naturphilosoph, Stuttgart 1952.
M. Montinari: Nietzsche lesen, Berlin/New York 1982.
G. E. Moore: Wittgenstein's Lectures in 1930–1933, in: Mind, LXIV, S. 1–27.
G. Müller: Bibliographie zur Apokatastasis-Frage, in: Ders.: Identität und Immanenz. Zur Genese der Theologie von David Friedrich Strauß, Darmstadt 1968, S. 321–338.
W. Müller-Lauter: Nietzsche. Seine Philosophie der Gegensätze und die Gegensätze seiner Philosophie, Berlin/New York 1971.
–: Nietzsches Lehre vom Willen zur Macht, in: Nietzsche-Studien, 3 (1974), S. 1–60.
–: Der Organismus als innerer Kampf. Der Einfluß von Wilhelm Roux auf Friedrich Nietzsche, in: Nietzsche-Studien, 7 (1978), S. 189–235.
–: Das Willenswesen und der Übermensch. Ein Beitrag zu Heideggers Nietzsche-Interpretationen, in: Nietzsche-Studien, 10/11 (1981/82), S. 132–192.
–: Der Geist der Rache und die ewige Wiederkehr. Zu Heideggers später Nietzsche-Interpretation, in: F. W. Korff (Hg.): Redliches Denken, Festschrift für Gerd-Günther Grau, Stuttgart 1981, S. 92–113.
T. Nagel: Physicalism, in: Philosophical Review, 74 (1965), S. 339–356.
P. Natorp: Platos Ideenlehre. Eine Einführung in den Idealismus, Leipzig ²1921.
F. Nietzsche: Werke. Kritische Gesamtausgabe (= KGW), hg. von G. Colli und M. Montinari, ca. 33 Bände in 8 Abteilungen, Berlin/New York 1967ff.
–: Werke, 19 Bände und 1 Register-Band (Großoktav-Ausgabe = GA), 2. Aufl. Leipzig 1901–1913.
–: Sämtliche Werke. Kritische Studienausgabe (= KSA), hg. von G. Colli und M. Montinari, Berlin/New York und München 1980.
–: Briefwechsel. Kritische Gesamtausgabe (= KGB), hg. von G. Colli und M. Montinari, 22 Bände in 4 Abteilungen, Berlin/New York 1975ff.
–: Friedrich Nietzsches Briefe an Peter Gast, hg. von P. Gast Leipzig 1908.
M. Oehler: Nietzsches Bibliothek, Weimar 1942.
R. Oehler: Friedrich Nietzsche und die Vorsokratiker, Leipzig 1904.
Ch. S. Peirce: Collected Papers, hg. von Ch. Hartshorne/P. Weiss, Bd. I (Principles of Philosophy), Cambridge/Mass. 1960.
–: Schriften zum Pragmatismus und Pragmatizismus, hg. von K.-O. Apel, Frankfurt/M. ²1976.
J.W. Petersen: Mysterion apokatastaseos, 3 Bde., Offenbach 1701.
R. Pfeffer: Eternal Recurrence in Nietzsche's Moral Philosophy, in: The Review of Metaphysics, 19 (1965), S. 267–300.
–: Nietzsche. Disciple of Dionysus, Lewisburg 1972.
M. Planck: Das Prinzip der Erhaltung der Energie, ¹1887, Leipzig ³1913.
–: Die Einheit des physikalischen Weltbildes, Leipzig 1909.
–: Vorträge und Erinnerungen, ⁵1949, Nachdruck Darmstadt 1979.
Platon: Phaidon, in: Studienausgabe, Bd. III, bearb. von D. Kurz, Darmstadt 1974.
–: Timaios, in: Studienausgabe, Bd. VII, bearb. von K. Widdra, Darmstadt 1972.
E. F. Podach: Gestalten um Nietzsche. Mit unveröffentlichten Dokumenten zur Geschichte seines Lebens und seines Werkes, Weimar 1932.
H. Poincaré: Sur le problème des trois corps et les équations de la dynamique, in: Acta Mathematica, 13 (1890), S. 1–271.
–: Leçons sur les hypothèses cosmogoniques, Paris 1911.
–: La science et l'hypothèse, Paris 1909.
H. Poser: Zur Theorie der Modalbegriffe bei G. W. Leibniz, Wiesbaden 1969.
E. Ràdl: Geschichte der biologischen Theorien in der Neuzeit, 2 Bde, Leipzig 1909/13, Nachdruck Hildesheim 1970.
A. Rey: Le retour éternel et la philosophie de la physique, Paris 1927.
A. Riehl: Fr. Nietzsche. Der Künstler und der Denker, Stuttgart ⁵1909.
R. Rorty: Philosophy and the mirror of nature, Princeton 1979, dt.: Der Spiegel der Natur. Eine Kritik der Philosophie, Frankfurt/M. 1981.
J. Salaquarda: Dionysos gegen den Gekreuzigten. Nietzsches Verständnis des Apostels Paulus, in: Zeitschrift für Religions- und Geistesgeschichte, 26 (1974), S. 97–124.

–: Mythos bei Nietzsche, in: H. Poser (Hg.), Philosophie und Mythos, Berlin/New York 1979, S. 174–198.
–: (Hg.), Nietzsche, (Wege der Forschung, Bd. 521), Darmstadt 1980.
F. W. J. Schelling: Philosophische Untersuchungen über das Wesen der menschlichen Freiheit und die damit zusammenhängenden Gegenstände, (1809), in: Werke, hg. von M. Schröter, Bd. IV, München 1965, S. 223–308.
H. Schipperges: Am Leitfaden des Leibes. Zur Anthropologie und Therapeutik Friedrich Nietzsches, Stuttgart 1975.
K. Schlechta: Der Fall Nietzsche. Aufsätze und Vorträge, München 1958.
K. Schlechta/A. Anders: Friedrich Nietzsche. Von den verborgenen Anfängen seines Philosophierens, Stuttgart-Bad Cannstatt 1962.
H. J. Schmidt: Nietzsche und Sokrates. Philosophische Untersuchungen zu Nietzsches Sokratesbild, Meisenheim 1969.
H.-G. Schmitz: Übersetzung und Kommentierung des Apokatastasis-Fragments von Leibniz, (unveröffentlichtes, masch.-schr. Exemplar; bei K. Müller: Leibniz-Bibliographie, Frankfurt/M. 1967, Nr. 1756).
A. Schopenhauer: Sämtliche Werke, 5 Bde, hg. von W. v. Löhneysen, Darmstadt ²1968.
W. Sellars: Science, Perception and Reality, London/New York 1963.
G. Simmel: Schopenhauer und Nietzsche, Leipzig 1907.
J. Simon: Grammatik und Wahrheit. Über das Verhältnis Nietzsches zur spekulativen Satzgrammatik der metaphysischen Tradition, in: Nietzsche-Studien, 1 (1972), S. 1–26.
–: Teleologisches Reflektieren und kausales Bestimmen, in: Zeitschrift für philosophische Forschung, 30 (1976), S. 369–388.
–: Friedrich Nietzsche, in: Klassiker der Philosophie, hg. von O. Höffe, Bd. II, München 1981, S. 203–224.
I. Soll: Reflections on Recurrence: A Reexamination of Nietzsche's Doctrine ‚die Ewige Wiederkehr des Gleichen', in: R. C. Solomon (Hg.): Nietzsche, New York 1973, S. 322–342.
R. C. Solomon (Hg.): Nietzsche. A collection of critical essays, New York 1973.
M. Sommer: Die Selbsterhaltung der Vernunft, Stuttgart-Bad Cannstatt 1977.
R. Spaemann: Bürgerliche Ethik und nichtteleologische Ontologie, (1963), wiederabgedruckt in H. Ebeling (Hg.), Subjektivität und Selbsterhaltung, Frankfurt/M. 1976, S. 76–96.
–: Der Verzicht auf Teleologie, in: R. E. Vente (Hg.), Erfahrung und Erfahrungswissenschaft, Stuttgart 1974, S. 90–95.
–: Naturteleologie und Handlung, in: Zeitschrift für philosophische Forschung, 32 (1978), S. 481–493.
B. de Spinoza: Opera, 4 Bde, hg. von C. Gebhardt, Heidelberg o. J. (1924).
J. Stambaugh: Untersuchungen zum Problem der Zeit bei Nietzsche, Den Haag 1959.
–: Nietzsche's Thought of Eternal Return, Baltimore/London 1972.
M. C. Sterling: Recent discussions of eternal recurrence: some critical comments, in: Nietzsche-Studien, 6 (1977), S. 261–291.
K. Ulmer: Nietzsche. Einheit und Sinn seines Werks, Bern/München 1962.
–: Nietzsches Idee der Wahrheit und die Wahrheit der Philosophie, in: Philosophisches Jahrbuch, 70 (1963), S. 295–310.
H. Vaihinger: Die Philosophie des Als-Ob. System der theoretischen, praktischen und religiösen Fiktionen der Menschheit auf Grund eines idealistischen Positivismus. Mit einem Anhang über Kant und Nietzsche, Leipzig ³1918.
J. G. Vogt: Die Kraft. Eine real-monistische Weltanschauung, Leipzig 1878.
J. Volkelt: Arthur Schopenhauer, Stuttgart 1923.
S. Weinberg: Die erten drei Minuten. Der Ursprung des Universums, München 1980.
C. F. v. Weizsäcker: Die Geschichte der Natur, Göttingen ⁷1970.
–: Die Einheit der Natur, München 1974.
–: Der zweite Hauptsatz und der Unterschied von Vergangenheit und Zukunft, (1939), in: Ders.: Die Einheit der Natur, München 1974, S. 172–182.
–: Evolution und Entropiewachstum, in: Offene Systeme I, Beiträge zur Zeitstruktur von Information, Entropie und Evolution, hg. von E. v. Weizsäcker, Stuttgart 1974, S. 200–221.

A. N. Whitehead: Process and Reality. An Essay in Cosmology, ([1]1929), Reprint New York 1957.
L. L. Whyte (Hg.): Roger Joseph Boscovich. Studies of his life and work on the 250. anniversary of his birth, London 1961.
W. Wieland: Die aristotelische Physik, Göttingen 1962.
L. Wittgenstein: Tractatus logico-philosophicus, in: Schriften Bd. 1, Frankfurt/M. [4]1980, S. 7–83.
–: Philosophische Untersuchungen, in: Schriften, Bd. 1, Frankfurt/M. [4]1980, S. 279–544.
W. Wundt: Über die physikalischen Axiome, [1]1866; in der zweiten Auflage als: Die Prinzipien der mechanischen Naturlehre, Stuttgart 1910.
W. S. Wurzer: Nietzsche und Spinoza, Meisenheim 1975.
E. Zermelo: Ueber einen Satz der Dynamik und die mechanische Wärmetheorie, in: Annalen der Physik und Chemie, Neue Folge (= 3. Folge), Bd. 57, 1896, S. 485–494.
–: Ueber mechanische Erklärungen irreversibler Vorgänge. Eine Antwort auf Hrn. Boltzmann's ‚Entgegnung', in: Annalen der Physik und Chemie, Neue Folge (= 3. Folge), Bd. 59, 1896, S. 793–801.
J. C. Fr. Zöllner: Über die Natur der Cometen. Beiträge zur Geschichte und Theorie der Erkenntniss, [1]1872, Leipzig [3]1883.
A. Zuboff: Nietzsche and Eternal Recurrence, in: R. C. Solomon (Hg.): Nietzsche, New York 1973, S. 343–357.

Personenregister

Sachregister

Nietzsche-Studien

Internationales Jahrbuch für die Nietzsche-Forschung

Begründet von Mazzino Montinari · Wolfgang Müller-Lauter · Heinz Wenzel †
Herausgegeben von Günter Abel · Ernst Behler † · Jörg Salaquarda · Josef Simon

Band 26 · 1997

1998. 24 × 17 cm. XIV, 640 Seiten. Leinen.
ISBN 3-11-015725-X

Aus dem Inhalt: P. Wotling, „Der Weg zu den Grundproblemen". Statut et structure de la psychologie dans la pensée de Nietzsche – G. Gritzmann, Nietzsches Lyrik als Ausdruckskunst: Poetisch und stilistisch konstitutive Merkmale in Nietzsches 6. "Dionysos-Dithyrambus" *Die Sonne sinkt* – C. P. Janz, Die Musik im Leben Friedrich Nietzsches – F. Roth, Die absolute Freiheit des Schaffens. Ästhetik und Politik bei Nietzsche – R. A. Rethy, "From Tacitus to Nietzsche: Thoughts and Opinions from Two Millennia" – Chr. Niemeyer, Nietzsches rhetorischer Antisemitismus – J. Salaquarda, Die *fröhliche Wissenschaft* zwischen Freigeisterei und neuer „Lehre" – W. Groddeck, Die „Neue Ausgabe" der „Fröhlichen Wissenschaft". Überlegungen zu Paratextualität und Werkkomposition in Nietzsches Schriften nach „Zarathustra" – M. Brusotti, Erkenntnis als Passion. Nietzsches Denkweg zwischen *Morgenröthe* und der *Fröhlichen Wissenschaft* – G. Mattenklott, Der Taktschlag des langsamen Geistes. Tempi in der „Fröhlichen Wissenschaft" – R. Reschke, „Welt-Klugheit" – Nietzsches Konzept vom Wert des Mediokren und der Mitte. Kulturkritische Überlegungen des Philosophen im Umkreis seiner „Fröhlichen Wissenschaft" – A. Kremer-Marietti, Menschliches-Allzumenschliches: Nietzsches Positivismus? – D. Collins, On the Aesthetics of the Deceiving Self in Nietzsche, Pindar, and Theognis – W. Stegmaier, Geist. Hegel, Nietzsche und die Gegenwart – G. Wohlfahrt, Wer ist Nietzsches Zarathustra? – L. Renzi, Das Ohr-Motiv als Metapher des Stils und der „Zugänglichkeit". Eine Lektüre der Aphorismen 246 und 247 von Nietzsches „Jenseits von Gut und Böse" – G. Whitlock, Examining Nietzsche's "Time Atom Theory" Fragment from 1873. Preliminary Remarks – R. Perkins, An Innocent Little Story. Nietzsche and Jesus in Allegorical Conjunction – D. Fuchs, *Der Wille zur Macht*: Die Geburt des „Hauptwerks" aus dem Geiste des Nietzsche-Archivs – S. Ireton, Heidegger's Ontological Analysis of Death and its Prefiguration in Nietzsche – A. Fambrini, Ola Hansson und Georg Brandes: Einige Bemerkungen über die erste Rezeption Nietzsches – H.-J. Koch, Die Nietzsche-Rezeption durch Rudolf Pannwitz. Eine kritische Kosmologie – E. Haufe, Nietzsches „vortreffliche Alwine" – H. Traub, „So ruft, mit grossem Munde, der grosse Fichte!". Über ein Fichte-Zitat bei Friedrich Nietzsche – P. Hoy, The Will to Power # 468/KGW VIII/1 2 [87], § 2: A Knot that Won't Unravel? – F. Bornmann, Zur Chronologie und zum Text der Aufzeichnungen von Nietzsches Rhetorikvorlesungen – D. Behler, Nietzsche and the Feminine – E. Behler, Nietzsche und die Antike – G. Parkes, "Composing the Soul" – K. S. Guthke, Die Geburt des Nietzsche-Mythos aus dem Ungeist Elisabeths. „Lebensabriß" aus Paraguay – E. v. Wilamowitz-Moellendorff, Die bibliographische Erschließung von Leben, Werk und Wirkung Friedrich Nietzsches – ein Bericht zur Lage, mit einem Ausblick auf das Projekt "Nietzsche-Bibliographie" der Herzogin Anna Amalia Bibliothek Weimar.

Walter de Gruyter · Berlin · New York

CPSIA information can be obtained at www ICGtesting com
Printed in the USA
LVOW111803210413

330162LV00011B/454/P